2012 Fujian Statistical Yearbook

福建统计年鉴

福 建 省 统 计 局
国家统计局福建调查总队 编

我们，用数字尊重社会……

We respect the society with data ...

中国统计出版社
China Statistics Press

（京）新登字041号

图书在版编目（CIP）数据

福建统计年鉴. 2012 : 汉英对照 / 福建省统计局, 国家统计局福建调查总队编. -- 北京 : 中国统计出版社, 2012.8
ISBN 978-7-5037-6614-5

Ⅰ. ①福… Ⅱ. ①福… ②国… Ⅲ. ①统计资料－福建省－2012－年鉴－汉、英 Ⅳ. ①C832.57-54

中国版本图书馆CIP数据核字(2012)第170278号

福建统计年鉴-2012

作　　者/ 福建省统计局　国家统计局福建调查总队
责任编辑/ 佘竞雄
装帧设计/ 陈　泓
出版发行/ 中国统计出版社
通信地址/ 北京市西城区月坛南街57号　邮编 100826
办公地址/ 北京市丰台区西三环南路甲6号
电　　话/ (010)63376907
网　　址/ http://csp.stats.gov.cn
印　　刷/ 福州青盟印刷有限公司
经　　销/ 新华书店
开　　本/ 890×1240 毫米　1/16
字　　数/ 1776千字
印　　张/ 39.75
印　　数/ 1-1500册
版　　别/ 2012 年 7 月第 1 版
版　　次/ 2012 年 7 月第 1 次印刷
书　　号/ ISBN 978-7-5037-6614-5/C·2689
定　　价/ 270.00元

本书附同版本CD-ROM一张，光盘内容以书面文字为准。
中国统计版图书，如有印装错误，本社发行部负责调换。

编委会及编辑人员

一、编委会

主　任: 孙希有　张福坤

副主任: 林文芳　陈志强　雷志亮　吴建国

张晓玲　陈志良　康　君　周　榕

编　委: (以姓氏笔画为序)

于　强　王华乐　叶图强　江　美　许木枝

苏　林　严　蓉　李　富　杨洪春　吴大强

何尚旺　何焰彬　张大风　张晋闽　张梓游

陈光政　邱勇辉　林　光　林成养　林秀琴

林英厦　林昭利　林嗣杰　林鹰漳　周　雁

郑蔚菱　侯超英　唐梅光　翁福官　郭华生

郭善耘　徐　斌　黄一民　黄文忠　黄光泰

黄家述　黄向晖　董文岐　程友源　程思怡

曾大武　蔡启奋

二、编辑部

总 编 辑: 杨洪春

副总编辑: 潘建明　赵忠廉　唐国华

编辑人员: （以姓氏笔画为序）

尤昌霖　王宗飞　王　鹏　叶一标　余　波

苏雅彤　郑　伟　林　宇　林治柑　饶晓燕

康梅华

执行编辑: 唐国华

英文翻译: 余　波

数据库及智能排版: 林治柑　余　波　王　鹏　王宗飞

EDITORIAL BOARD AND STAFF

编者说明

一、《福建统计年鉴—2012》，是一部信息高度密集的统计资料书。全书系统收录了2011年福建省全省及各地区、各部门经济和社会发展各方面的统计数据，以及重要年份福建国民经济主要指标的统计数据，是一部全面反映福建经济和社会发展情况的资料性年刊。

二、全书内容分为23个部分：1.综合；2.国民经济核算；3.人口、就业和职工工资；4.固定资产投资；5.对外经济；6.能源；7.人民生活；8.价格指数；9.城市概况；10.财政金融；11.农业；12.工业；13.建筑业；14.交通运输和邮电通信业；15.批发零售、住宿餐饮和旅游业；16.科学和教育；17.文化和体育；18.卫生事业；19.环境保护；20.公共管理和其他社会活动；21.企业调查；22.市县国民经济主要指标；23.海峡西岸经济区主要经济指标。各篇末均附有《主要统计指标解释》。

三、与《福建统计年鉴－2011》相比较，本年鉴在统计内容和编辑上主要做了如下修订：1.综合篇章增加了基本单位年报的法人单位数统计资料。2.主要年份统一调整为2000，2005，2010，2011等四个年份。3.根据年报制度变化的新情况，某些篇章的统计指标进行了规范和调整。

四、金门县统计资料除另有注明外，暂未列入本年鉴。

五、本年鉴重要统计数据的资料来源、计算口径等均在各篇另有注明。

六、本年鉴使用的度量衡单位均采用国家统一的标准计量单位。

七、本年鉴对过去发布的统计资料重新进行了核实，凡与本年鉴数据有出入的，以本年鉴为准。

八、本年鉴中部分合计数或相对数由于单位取舍不同而产生的计算误差，均不做机械调整。

九、本《年鉴》符号使用说明：“空格”表示没有、未掌握该指标数据或不足小数位的数据；“#”表示其中项。

十、本年鉴产值总量指标按当年价格计算，增长速度和产值指数按可比价格计算。

十一、本年鉴计算增长速度、指数均采用“水平法”。

Editor's Notes

Ⅰ.*Fujian Statistical Yearbook-2012* is an annual statistic publication of comprehensive information with highly density. The yearbook covers very comprehensive data in 2011 and some selected data series in important years of provincial and regional levels and in different departments , reflects various aspects of Fujian social and economic development.

Ⅱ.The yearbook contains twenty-three chapters: 1.General Survey; 2.National Economy Accounting; 3. Population,Employment and Wages; 4.Investment in Fixed Assets; 5 .Foreign Trade; 6. Energy; 7. People's Living Conditions; 8.Price Indices; 9.General Survey of Cities; 10.Finance; 11.Agriculture; 12.Industry; 13.Construction ; 14. Transportation, Postal and Telecommunication Services ; 15.Wholesale,Retail Trades, Hotels, Catering Services and Tourism ; 16.Science and Education; 17.Culture and Sports; 18.Health; 19. Environment Protection; 20.Publish Administration and Others; 21. Enterprise Survey; 22.Main Economic Indicators of City Prefecture and County; 23. Main Economic and Social Indicators of the Economic Zone on the West Coast of Taiwan Straits etc. At the end of each chapter, Explanatory Notes on Main Statistical Indicators are included.

Ⅲ. In comparison with the *Fujian Statistical Yearbook 2011*, following revisions have been made in this new version in terms of the statistical contents and in editing:

1.The order of the individual chapters have adjusted, General Survey increase the basic Unit of the Annual Report Legal Entity.2.Years mainly uniformed justment 2000,2005,2010,2011 four years. 3. According to the new situation of the annual report system changes, some statistical indexes of the text and the adjustment of the standard.

Ⅳ.The data of Jinmen county are not included in this yearbook except for some additional notes on it.

Ⅴ.Data source, calculation scope for important statistical data in this yearbook are noted in each chapter.

Ⅵ.The units of measurement used in this yearbook are national standard measurement units.

Ⅶ. The statistics data published in the past is re-verified in this book. Any discrepancy between the data of this book, it prevails.

Ⅷ. As a result of the different unit choices,part of the total or relative data produce calculation error in The yearbook,we do not mechanical adjustment.

Ⅸ. Notations used in the yearbook: "Blank Space" indicates absence or ignorance or insufficient decimal place of data indicator; "#" indicates a major breakdown of the total.

Ⅹ.The indicator of production value in this yearbook is calculated according to prices of the year. Growth rate and indices of production value is calculated according to comparable prices.

Ⅺ.Growth rates and indices in this yearbook are calculated by "level approach".

目　　录

Contents

第一篇　综合
General Survey

第二篇　国民经济核算
National Economy Accounts

第三篇　人口、就业和职工工资
Population,Employment and Wages

第四篇 固定资产投资
Investment in Fixed Assets

第五篇　对外经济
Foreign Trade

第六篇 能源
Energy

第七篇　人民生活
People's Living Conditions

第八篇 价格指数
Price Indices

第九篇　城市概况
General Survey of Cities

第十篇　财政金融
Finance

第十一篇 农业
Agriculture

第十二篇　工业
Industry

第十三篇　建筑业
Construction

第十四篇　交通运输和邮电通信业
Transportation, Postal and Telecommunication Services

第十五篇　批发零售、住宿餐饮和旅游业
Wholesale,Retail Trades, Hotels, Catering Services and Tourism

第十六篇 科学和教育
Science and Education

第十七篇　文化和体育
Culture and Sports

第十八篇　卫生事业
Health

第十九篇 环境保护
Environment Protection

第二十篇 公共管理和其他社会活动
Publish Administration and Others

第二十一篇 企业调查
Enterprise Survey

第二十二篇 市县国民经济主要指标
Main Economic Indicators of City Prefecture and County

第二十三篇　海峡西岸经济区各市主要经济指标
Main Economic and Social Indicators of the Economic Zone on the West Coast of Taiwan Straits

第一篇　综合

Chapter 1　General Survey

资料整理：林宇 叶春山 江椿
Database Editor: Linyu Yechunshan Jiangchun

简要说明

本篇资料的主要内容及来源

本篇包括全省行政区划及国民经济和社会发展综合资料二部分。

行政区划划分资料由福建省民政厅提供。国民经济和社会发展综合部分来源于本年鉴各篇章中的资料，由省统计局综合统计处、省统计局普查中心加工整理。

Brief Introduction

Main Content and Source of Data

This chapter mainly covers two parts: the data of divisions of administrative areas and general survey of economy and society development.

Data on divisions of administrative areas are provided by the Bureau of Civil Affairs of Fujian Provincial Department. Data on general survey of eco -nomy and society development are compiled and processed by the Division of Comprehensive Statistics of the Fujian Provincial Bureau of Statistics and the Division of General Survey Centre of the Fujian Provincial Bureau of Statistics.

1-1 全省行政区划(2011年底)
Division of Administrative Areas in Fujian,2011

设区市名称 Cities	县级行政单位数(个) Number of Administrative Units at County Lever 合计 Total	 县 County	 县级市 Cities at County Level	 市辖区 District	县级行政单位名称 Name of Administrative Units at County Level
总计 Total	85	45	14	26	
福州市 Fuzhou	13	6	2	5	鼓楼区 仓山区 台江区 马尾区 晋安区 福清市 长乐市 闽侯县 连江县 罗源县 闽清县 永泰县 平潭县 Gulou Cangshan Taijiang Mawei Jin'an Fuqing Changle Minhou Lianjiang Luoyuan Minqing Yongtai Pintan
厦门市 Xiamen	6			6	思明区 海沧区 湖里区 集美区 同安区 翔安区 Siming Haicang Huli Jimei Tongan Xiang'an
莆田市 Putian	5	1		4	城厢区 涵江区 荔城区 秀屿区 仙游县 Chengxiang Hanjiang Licheng Xiuyu Xianyou
三明市 Sanming	12	9	1	2	三元区 梅列区 永安市 明溪县 清流县 宁化县 大田县 尤溪县 沙县 将乐县 泰宁县 建宁县 Sanyuan Meilie Yongan Mingxi Qingliu Ninghua Datian Youxi Shaxian Jiangle Taining Jianning
泉州市 Quanzhou	12	5	3	4	鲤城区 丰泽区 洛江区 泉港区 石狮市 晋江市 南安市 惠安县 安溪县 永春县 德化县 金门县 Licheng Fengze Luojiang Quangang Shishi Jinjiang Nan'an Huian Anxi Yongchun Dehua Jinmen
漳州市 Zhangzhou	11	8	1	2	芗城区 龙文区 龙海市 云霄县 诏安县 漳浦县 长泰县 东山县 南靖县 平和县 华安县 Xiangcheng Longwen Longhai Yunxiao Zhao'an Zhangpu Changtai Dongshan Nanjing Pinghe Hua'an
南平市 Nanping	10	5	4	1	延平区 邵武市 武夷山市 建瓯市 建阳市 顺昌县 浦城县 光泽县 松溪县 政和县 Yanping Shaowu Wuyishan Jian'ou Jianyang Shunchang Pucheng Guangze Songxi Zhenghe
龙岩市 Longyan	7	5	1	1	新罗区 漳平市 长汀县 永定县 上杭县 武平县 连城县 Xinluo Zhangping Changting Yongding Shanghang Wuping Liancheng
宁德市 Ningde	9	6	2	1	蕉城区 福安市 福鼎市 霞浦县 古田县 屏南县 寿宁县 周宁县 柘荣县 Jiaocheng Fu'an Fuding Xiapu Gutian Pingnan Shouning Zhouning Zherong

1-2 国民经济和社会发展总量和速度指标

项目 Item	总量指标 Aggregate Data 1978	1990	2000	2005
人口与就业 Population and Employment				
年末总人口（万人） Population at Year-end(10000 persons)	**2446**	**3037**	**3410**	**3557**
#城镇人口 Urban		642	1432	1758
年末从业人员（万人） Employment at Year-end(10000 persons)	**924.41**	**1348.38**	**1660.19**	**1868.50**
城镇登记失业人员 Number of Registered Unemployed Persons in Urban Areas	20.82	9.00	9.10	14.86
城镇单位在岗职工平均工资（元） Average Wage of Staff and Workers on the Job(yuan)	**567**	**2162**	**10584**	**17146**
国民经济核算 National Accounts				
地区生产总值（亿元） Gross Domestic Product(100 million yuan)	**66.37**	**522.28**	**3764.54**	**6554.69**
第一产业 Primary Industry	23.93	147.01	640.57	827.36
第二产业 Secondary Industry	28.19	174.47	1628.45	3175.92
工业 Industry	23.85	150.55	1422.34	2801.88
建筑业 Construction	4.34	23.92	206.11	374.05
第三产业 Tertiary Industry	14.25	200.80	1495.52	2551.41
人均地区生产总值（元） Per Capita GDP(yuan)	273	1763	11194	18353
固定资产投资 Investment in Fixed Assets				
全社会固定资产投资总额（亿元） Total Investment in Fixed Assets(100 million yuan)	**13.35**	**115.41**	**1082.47**	**2344.73**
按登记注册类型分 By Status of Registration and Region				
#国有经济 State-owned	8.66	69.49	436.49	785.82
集体经济 Collective-owned	2.22	12.17	43.58	70.80
私营个体经济 Private	2.47	31.69	160.75	418.68
港澳台商及外商投资 Funds from HongKong, Macao, TaiWan and Foreign Enterprises			262.27	496.99

Principal Aggregate Indicators on National Econmic and Social Development and Growth Rates

		平均增长速度(%) Average Annual Growth Rate(%)				2011年比上年增长(%) 2011 as Percentage of the last Years(%)
2010	2011	1979-2011	1991-2011	2001-2011	2006-2011	
3693	**3720**	1.3	1.0	0.8	0.7	0.7
2108	2161		5.9	3.8	3.5	2.5
2241.59	**2459.99**	3.0	2.9	3.6	4.7	9.7
14.49	14.64	-1.1	2.3	4.4	-0.2	1.0
32647	**38989**	13.7	14.8	12.6	14.7	19.4
14737.12	**17560.18**	**12.8**	**13.5**	**12.3**	**13.6**	**12.3**
1363.67	1612.24	6.0	5.6	3.5	3.7	4.4
7522.83	9069.20	15.7	17.3	14.9	16.3	16.2
6397.71	7675.09	16.2	17.7	15.1	16.2	16.7
1125.12	1394.11	8.4	14.1	14.0	17.5	13.3
5850.62	6878.74	13.3	12.6	11.7	12.6	9.1
40025	47377	11.3	12.3	11.3	12.9	11.6
8273.42	**10119.47**	**22.3**	**23.7**	**22.5**	**27.6**	**27.1**
2827.69	3116.42	19.5	19.9	19.6	25.8	13.1
267.45	268.02	15.6	15.9	18.0	24.8	30.6
2200.13	2663.16	23.6	23.5	29.1	36.1	27.1
1071.62	1290.84			15.6	17.2	23.5

1-2 续表1

项目 Item	总量指标 Aggregate Data 1978	1990	2000	2005
按城乡分 By Urban and Rural				
城镇 Urban	9.45	81.39	863.21	1986.31
#房地产开发 Real Estate Development		13.47	207.37	540.39
农村 Rural	3.90	34.02	219.26	358.42
全社会施工房屋建筑面积（万平方米） **Floor Space of Buildings under Construction(10000 sq.m)**		**336.21**	**10118.93**	**17805.02**
全社会竣工房屋建筑面积（万平方米） Floor Space of Buildings Completed(10000 sq.m)			4806.13	7140.36
能源生产与消费 **Production and Consumption of Energy**				
能源生产总量（万吨标准煤） Total Energy Production(10000 tons of SCE)	461.00	966.52	1654.17	2423.87
能源消费总量（万吨标准煤） Total Energy Consumption(10000 tons of SCE)	688.00	1458.30	2942.60	6141.60
财政 **Revenue**				
财政总收入（亿元） Budgtary Revenue of Local Government(100 million yuan)	15.13	57.06	369.67	788.11
地方财政一般预算收入（亿元） Budgtary Revenue of Local Government(100 million yuan)			234.11	432.60
财政支出（亿元） Government Expenditure(100 million yuan)	15.14	68.45	324.18	593.07
金融 **Finance**				
金融机构人民币各项存款余额（亿元） **Deposits RMB of Financial System(100 million yuan)**	**25.95**	**359.45**	**3114.32**	**7248.40**
#财政存款 Fiscal Deposits			39.59	128.33
储蓄存款 Savings Deposits		183.26	1767.59	3903.05
金融机构人民币各项贷款余额（亿元） **Loans RMB of Financial System(100 million yuan)**	**31.43**	**381.93**	**2438.82**	**5068.68**
#短期贷款 Short-term Loans			1728.01	2366.93

Continued

		平均增长速度(%) Average Annual Growth Rate(%)				2011年比上年增长(%) 2011 as Percentage of the last Years(%)
2010	2011	1979-2011	1991-2011	2001-2011	2006-2011	
7460.07	9374.83	23.3	25.4	24.2	29.5	26.7
1818.86	2402.61		28.0	24.9	28.2	32.1
813.34	744.64	17.3	15.8	11.8	13.0	32.1
30754.70	**40505.78**		**25.6**	**13.4**	**14.7**	**33.9**
7166.91	10202.64			7.1	6.1	50.3
3260.42	2816.73	5.6	5.2	5.0	2.5	-13.6
9808.52	10652.60	8.7	9.9	12.4	9.6	8.6
2056.01	2597.01	16.9	19.9	19.4	22.0	26.3
1151.49	1501.51			18.4	23.0	30.4
1695.09	2198.18	16.3	18.0	19.0	24.4	29.7
18309.45	**21055.49**	22.5	21.4	19.0	19.5	15.0
678.08	834.38			31.9	36.6	23.1
8101.02	9068.62		20.4	16.0	15.1	11.9
15231.36	**18165.19**	21.3	20.2	20.0	23.7	19.3
6594.50	7836.03			14.7	22.1	18.8

1-2 续表2

项目 Item	总量指标 Aggregate Data 1978	1990	2000	2005
中长期贷款 Medium-term &Long-term Loans			510.32	2350.80
保险公司赔款及给付金额（亿元） Payment of Insurance Companies(100 million yuan)			**17.76**	**40.55**
价格指数（上年=100） Price Indices(preceding year=100)				
居民消费价格指数 Consumer Price Index	100.2	99.3	102.1	102.2
工业生产者出厂价格指数 Producer Price Index			100.5	100.2
工业生产者购进价格指数 Purchasing Price Index forRaw Material,Fuel and Power			112.4	108.1
固定资产投资价格指数 Price Index for Investment in Fixed Assets			100.2	100.7
农业 Agriculture				
农林牧渔业总产值（亿元） Gross Output Value of Agriculture,Forestry,Animal Husbandry and Fishery(100 million yuan)	**36.33**	**227.12**	**1037.27**	**1373.01**
主要农产品产量（万吨） Output of Major Farm Products(10000 tons)				
粮食 Grain	744.90	879.64	854.68	662.04
油料 Oil-bearing Crops	13.80	17.66	25.79	27.42
甘蔗 Sugar Cane	288.03	344.28	82.71	93.33
烤烟 Tobacco	1.23	4.26	9.14	11.51
茶叶 Tea	2.03	5.82	12.60	18.48
水果 Fruits	10.10	75.78	356.44	479.36
肉类 Meat	24.27	61.65	145.92	164.85
禽蛋 Poultry Eggs		12.94	40.69	37.91
奶类 Milk	0.93	4.87	9.91	19.10
水产品 Aquatic Products	54.44	145.59	527.89	542.37
食用菌 Edible Fungus		18.24	46.25	56.00

Continued

		平均增长速度(%) Average Annual Growth Rate(%)				2011年比上年增长(%) 2011 as Percentage of the last Years(%)
2010	2011	1979-2011	1991-2011	2001-2011	2006-2011	
8372.64	9906.51			30.9	27.1	18.3
102.90	**123.90**			19.3	20.5	20.4
103.2	105.3	5.4	4.4	2.0	2.9	5.3
103.2	103.9			0.4	0.8	3.9
107.7	108.0			4.3	4.4	8.0
103.3	106.2		4.4	2.3	3.5	6.2
2307.06	**2730.94**	**6.5**	**6.3**	**3.6**	**3.9**	**4.1**
661.89	672.80	-0.3	-1.3	-2.2	0.3	1.6
26.64	27.46	2.1	2.1	0.6	0.0	3.1
61.55	55.97	-4.8	-8.3	-3.5	-8.2	-9.1
12.45	14.22	7.7	5.9	4.1	3.6	14.2
27.26	29.60	8.5	8.1	8.1	8.2	8.6
564.48	605.93	13.2	10.4	4.9	4.0	7.3
180.21	182.96	6.3	5.3	2.1	1.8	1.5
26.28	25.22		3.2	-4.3	-6.6	-4.0
15.74	15.79	9.0	5.8	4.3	-3.1	0.3
587.42	603.78	7.6	7.0	1.2	1.8	2.8
76.27	82.00		7.4	5.3	6.6	7.5

1-2 续表3

项目 Item	总量指标 Aggregate Data			
	1978	1990	2000	2005
造林面积（万亩） **Areas of Afforestation**	**292.06**	**455.86**	**36.75**	**36.33**
工业 **Industry**				
工业总产值（亿元） Gross Industrial Output Value(100 million yuan)	63.14	531.49	3994.86	9995.89
主要工业产品产量 **Output of Major Industrial Products**				
原煤(万吨) Coal	423.05	925.37	375.03	1331.74
原盐(万吨) Salt	94.67	67.21	28.37	34.49
罐头(万吨) Canned Food	4.10	14.41	26.78	78.57
布(亿米) Cloth	1.12	2.26	5.59	20.13
纱(万吨) Yarn	1.84	5.48	14.36	68.00
机制纸及纸板(万吨) Machine-made Paper and Paperboard	20.08	52.09	85.07	187.11
农用化肥(万吨) Chemical Fertilizers	16.40	43.64	61.38	60.27
烧碱(万吨) Caustic Soda	4.32	8.70	15.64	25.51
水泥(万吨) Cement	120.45	540.04	1513.64	2713.62
平板玻璃(万重量箱) Plain Glass	43.59	66.06	479.87	641.51
生铁(万吨) Pig Iron	26.57	62.60	149.37	393.96
钢材(万吨) Rolled Steel	13.82	56.28	283.79	735.90
彩色电视机(万台) Color TV		123.14	204.19	373.90
微型电子计算机（万台） Micro-computers			88.77	371.44
汽车(万辆) Motor Vehicles	0.09	0.07	2.96	7.03
发电量(亿千瓦小时) Electricity	40.69	136.65	403.73	778.25

Continued

		平均增长速度(%) Average Annual Growth Rate(%)				2011年比上年增长(%) 2011 as Percentage of the last Years(%)
2010	2011	1979-2011	1991-2011	2001-2011	2006-2011	
44.81	**319.08**	**0.3**	**-1.7**	**21.7**	**43.6**	**612.1**
23805.32	30330.59	19.4	21.1	18.0	19.2	16.5
2442.73	2480.86	5.5	4.8	18.7	10.9	1.6
33.39	23.90	-4.1	-4.8	-1.5	-5.9	-28.4
203.21	237.43	13.1	14.3	21.9	20.2	16.8
31.20	36.06	11.1	14.1	18.5	10.2	15.6
184.74	218.90	15.6	19.2	28.1	21.5	18.5
432.06	529.69	10.4	11.7	18.1	18.9	22.6
57.87	52.14	3.6	0.9	-1.5	-2.4	-9.9
20.11	21.04	4.9	4.3	2.7	-3.2	4.6
5793.20	6570.86	12.9	12.6	14.3	15.9	13.4
2715.05	3507.07	14.2	20.8	19.8	32.7	29.2
558.81	441.18	8.9	9.7	10.3	1.9	-21.1
1340.56	1560.28	15.4	17.1	16.8	13.3	16.4
903.10	1115.32		11.1	16.7	20.0	23.5
738.27	898.56			23.4	15.9	21.7
19.50	19.08	17.6	30.6	18.5	18.1	-2.0
1356.32	1578.90	11.7	12.4	13.2	12.5	16.4

1-2 续表4

项目 Item	总量指标 Aggregate Data 1978	1990	2000	2005
规模以上工业企业主要经济指标（亿元）Principal Indicators of Industrial Enterprises above Designated Size(100 million yuan)				
资产总计 Original Value of Fixed Assets			3368.64	6841.37
主营业务收入 Revenue from Principal Business		352.56	2468.69	7848.24
利润总额 Total Profits	6.75	16.09	110.80	407.55
建筑业 Construction				
建筑业企业从业人员（万人）Number of Employed Persons(10000 persons)	4.54	30.98	41.37	81.72
建筑业总产值（亿元）Gross Output Value(100 million yuan)	3.31	32.54	271.15	889.41
房屋施工面积（万平方米）Under Construction(10000 sq.m)	416.57	969.35	4085.40	10268.29
房屋竣工面积（万平方米）Completed Construction(10000 sq.m)	183.40	499.30	1729.00	4191.35
交通运输邮电 Transportation,Postal and Telecommunication				
铁路营业里程（公里）Length of Railways in Operation(km)	**1009**	**1021**	**1454**	**1613**
公路通车里程（公里）Length of Highways in Operation(km)	29109	41011	51073	58286
高速公路 Expressway			351	1208
内河通航里程（公里）Length of Navigable Inland Waterways in Operation(km)	3629	3888	3701	3245
客运量（万人）Passenger Traffic(10000 persons)	**7928**	**39495**	**44203**	**55615**
铁路 Railways	718	1234	1428	1486
公路 Highways	6285	36639	41696	52452
水运 Waterways	924	1567	726	985
民航 Civil Aviation	1.15	55.49	353.25	692.19
货运量（万吨）Freight Traffic(10000 tons)	**4871**	**20321**	**29483**	**40400**
铁路 Railways	1261	1902	2475	3601

Continued

		平均增长速度(%) Average Annual Growth Rate(%)				2011年比上年增长(%) 2011 as Percentage of the last Years(%)
2010	2011	1979-2011	1991-2011	2001-2011	2006-2011	
16058.70	18582.15			16.8	18.1	15.7
21479.37	26850.95		22.9	24.2	22.8	25.0
1754.18	2114.54	19.0	26.2	30.7	31.6	20.5
229.57	219.09	12.5	9.8	16.4	17.9	-4.6
3062.17	3873.87	23.9	25.6	27.3	27.8	26.5
28406.86	35674.45	14.4	18.7	21.8	23.1	25.6
9095.78	10943.78	13.2	15.8	18.3	17.3	20.3
2110	**2110**	2.3	3.5	3.4	4.6	0.0
91015	92322	3.6	3.9	5.5	8.0	1.4
2350	2652			20.2	14.0	12.9
3245	3245	-0.3	-0.9	-1.2	0.0	0.0
77153	**81082**	7.3	3.5	5.7	6.5	5.1
3640	4696	5.9	6.6	11.4	21.1	29.0
70714	73259	7.7	3.4	5.3	5.7	3.6
1444	1596	1.7	0.1	7.4	8.4	10.5
1356	1532	24.4	17.1	14.3	14.2	13.0
66159	**75272**	8.7	6.4	8.9	10.9	13.8
3765	3826	3.4	3.4	4.0	1.0	1.6

1-2 续表5

项目 Item	总量指标 Aggregate Data 1978	1990	2000	2005
公路 Highways	2671	16710	22924	27579
水运 Waterways	929	1708	4078	9210
民航 Civil Aviation	0.02	0.83	5.84	10.09
沿海主要港口货物吞吐量（万吨） **Volume of Freight Handled at Major Coastal Ports (10000 tons)**	**408.13**	**1496.50**	**6944.17**	**19605.25**
邮电业务 **Business Volume of Postal and Telecommunication Services**				
函件（万件） Number of Letters Delivered(10000 piece)	8790	16228	24163	22879
报刊期发数（万份） Number of Newspapers and Magazines Distributed	258	614	650	501
移动电话年末用户（万户） Number of Mobile Telephone Subscribers at Year-end (10000 household)			441	1302
固定电话年末用户（万户） Number of Fixed Telephone Subscribers at Year-end (10000 household)	6	23	563	1399
国内贸易 **Domestic Trade**				
社会消费品零售总额（亿元） Total Retail Sales of Consumer Goods(100 million yuan)	30.56	207.74	1320.80	2351.72
进出口 **Exports and Imports**				
海关进出口总额（亿美元） Total Exports and Imports(customs)	2.03	43.39	212.23	544.11
出口总额 Total Exports	1.90	24.49	129.08	348.42
进口总额 Total Imports	0.13	18.90	83.15	195.69
旅游 **Tourism**				
接待入境游客人数（万人次） **Number of Tourists (Overnight Visitors)**		**70.79**	**161.33**	**197.39**
#外国人 Foreigner		10.54	49.75	72.36
台湾同胞 Compatriots from Taiwan		36.28	47.79	58.94

Continued

		平均增长速度(%) Average Annual Growth Rate(%)				2011年比上年增长(%) 2011 as Percentage of the last Years(%)
2010	2011	1979-2011	1991-2011	2001-2011	2006-2011	
45575	52558	9.4	5.6	7.8	11.3	15.3
16803	18872	9.6	12.1	14.9	12.7	12.3
15.81	16.65	22.6	15.3	10.0	8.7	5.3
32687.01	**37278.95**	14.7	16.5	16.5	11.3	14.0
25198	24494	3.2	2.0	0.1	1.1	-2.8
503	531	2.2	-0.7	-1.8	1.0	5.6
3022	3553			20.9	18.2	17.6
1046	1015	16.9	19.8	5.5	-5.2	-3.0
5310.03	6276.19	17.5	17.6	15.2	17.8	18.2
1087.80	1435.22	22.0	18.1	19.0	17.5	31.9
714.93	928.38	20.6	18.9	19.6	17.7	29.9
372.87	506.85	28.5	17.0	17.9	17.2	35.9
368.14	**427.42**		**8.9**	**9.3**	**13.7**	**16.1**
115.27	140.02		13.1	9.9	11.6	21.5
156.92	185.07		8.1	13.1	21.0	17.9

1-2 续表6

项目 Item	总量指标 Aggregate Data 1978	1990	2000	2005
港澳同胞 Compatriots from Hong Kong,Macao		23.97	63.80	66.09
国际旅游外汇收入（亿美元） Foreign Exchange Earnings from International Tourism			**8.94**	**13.05**
教育 Education				
在校学生数（万人） Students Enrollment(10000 persons)				
普通高等学校 Regular Institutions of Higher Education	2.05	5.56	13.14	40.70
普通中等学校 Regular Secondary Schools	119.98	120.69	269.46	302.74
普通小学 Primary Schools	370.23	337.08	369.10	273.27
科技 Science and Technology				
从事科技活动人员（万人） Number of Scientists and Engineers(10000 persons)		**2.04**	**6.82**	**8.62**
研究与试验发展经费内部支出（亿元） Expenditures on Research and Development (100 million yuan)			21.19	53.73
技术市场成交额（亿元） Volume of Transaction in Technical Markets (100 million yuan)		**0.44**	**17.26**	**17.20**
专利情况（项） Patent				
申请量 Number of Applicated		540	4211	9460
授权量 Number of Granted		276	3003	5147
文化 Culture				
图书出版总印数（万份） Number of Books Published(10000 copies)	6818	16312	20298	10643
杂志出版总印数（万份） Number of Magazines Issued(10000 copies)	388	3157	4463	2841
报纸出版总印数（万份） Number of Newspaper Issued(10000 copies)	14784	41455	68897	87962
电视节目制作时间（小时） Time for TV Programs Production			**16519**	**42637**
艺术表演团体（个） Art Performance Troupes(unit)	101	91	96	91
公共图书馆（座） Libraries(set)	23	74	81	84

Continued

		平均增长速度(%) Average Annual Growth Rate(%)				2011年比上年增长(%) 2011 as Percentage of the last Years(%)
2010	2011	1979-2011	1991-2011	2001-2011	2006-2011	
95.94	102.34		7.2	4.4	7.6	6.7
29.78	**36.34**			13.6	18.6	22.0
64.78	67.48	11.2	12.6	16.0	8.8	4.2
260.22	260.61	2.4	3.7	-0.3	-2.5	0.1
238.89	246.09	-1.2	-1.5	-3.6	-1.7	3.0
17.87	**21.61**		11.9	11.1	16.6	20.9
170.89	221.52			23.8	26.6	29.6
38.12	**53.41**		25.7	10.8	20.8	40.1
21994	32325		21.5	20.4	22.7	47.0
18063	21857		23.1	19.8	27.3	21.0
7749	8294	0.6	-3.2	-7.8	-4.1	7.0
2940	3677	7.1	0.7	-1.7	4.4	25.1
99982	111850	6.3	4.8	4.5	4.1	11.9
55424	**61271**			**12.7**	**6.2**	**10.5**
93	93	-0.2	0.1	-0.3	0.4	0.0
86	89	4.2	0.9	0.9	1.0	3.5

1-2 续表7

项目 Item	总量指标 Aggregate Data 1978	1990	2000	2005
博物馆（个） Museums(unit)	13	58	81	82
居民生活 **People's Living Conditions**				
城镇居民人均可支配收入（元） **Per Capita Annual Disposable Income of Urban Households (yuan)**	**371**	**1749**	**7432**	**12321**
城镇居民人均消费支出（元/人） Per Capita Consumption in Urban Areas	285	1431	5639	8794
城镇居民人均住房建筑面积（平方米） Per Capita Floor Space of Residential Buildings(sq.m)		18.1	28.0	31.4
农民人均纯收入（元） **Per Capita Net Income of Rural Residents(yuan)**	**138**	**764**	**3230**	**4450**
农民人均生活消费支出(元) Peasants'per Capita Living Consumption Expenditure(yuan)	113	708	2410	3293
农村居民人均住房使用面积（平方米） Per Capita Floor Space of House(sq.m)		18.5	32.1	40.2
卫生 **Health Care**				
卫生机构数（个） **Number of Health Institutions(unit)**	**3809**	**4885**	**9807**	**7932**
#医院、卫生院 Hospitals	1111	1198	1323	1318
卫生技人员数（人） **Medical Technical Personnel(person)**	**54855**	**86772**	**97569**	**100937**
医生 Doctor	22097	35696	41461	44309
卫生机构床位数（张） **Number of Hospital Beds(set)**	**51505**	**68073**	**90091**	**88239**
#医院、卫生院 Hospitals	45331	60664	82389	81268

Continued

		平均增长速度(%) Average Annual Growth Rate(%)				2011年比上年增长(%) 2011 as Percentage of the last Years(%)
2010	2011	1979-2011	1991-2011	2001-2011	2006-2011	
94	96	6.2	2.4	1.6	2.7	2.1
21781	**24907**	**13.6**	**13.5**	**11.6**	**12.4**	**14.4**
14750	16661	13.1	12.4	10.4	11.2	13.0
38.5	37.9		3.6	2.8	3.2	-1.6
7427	**8779**	**13.4**	**12.3**	**9.5**	**12.0**	**18.2**
5498	6541	13.1	11.2	9.5	12.1	19.0
49.3	49.8		4.8	4.1	3.7	1.0
6999	**7285**	**2.0**	**1.9**	**-2.7**	**-1.4**	**4.1**
1325	1355	0.6	0.6	0.2	0.5	2.3
140133	**155729**	**3.2**	**2.8**	**4.3**	**7.5**	**11.1**
55402	59225	3.0	2.4	3.3	5.0	6.9
112334	**123784**	2.7	2.9	2.9	5.8	10.2
103933	114824	2.9	3.1	3.1	5.9	10.5

1-3 国民经济和社会发展结构指标

Composition Indicators on National Economic and Social Development

单位：% (%)

项目 Item	1978	1990	2000	2005	2010	2011
一、人口						
Population						
（一）性别结构						
Sexual Composition						
男 Male	51.73	51.36	51.5	50.4	51.5	51.4
女 Female	48.27	48.64	48.5	49.6	48.6	48.6
（二）城乡结构						
Urban and Rural Composition						
城镇 Urban			42.0	47.3	57.1	58.1
乡村 Rural			58.0	52.7	42.9	41.9
二、就业产业结构						
EmploymentIndustrial Composition						
第一产业 Primary Industry	75.12	58.36	46.8	37.6	28.4	26.3
第二产业 Secondary Industry	13.44	20.55	24.5	31.2	36.6	37.8
第三产业 Tertiary Industry	11.45	21.09	28.7	31.2	35.0	35.9
三、国民经济核算						
National Accounting						
（一）地区生产总值产业结构						
Industrial Composition						
第一产业 Primary Industry	36.0	28.2	17.0	12.6	9.3	9.2
第二产业 Secondary Industry	42.5	33.4	43.3	48.5	51.0	51.6
第三产业 Tertiary Industry	21.5	38.4	39.7	38.9	39.7	39.2
（二）地区生产总值需求结构						
Demand Composition						
最终消费 Final Consumption Expenditure	79.9	73.0	54.4	50.2	42.6	40.7
资本形成总额 Gross Capital Formation	34.0	29.0	42.5	44.8	54.2	56.2
货物和服务净出口 Net Exports of Goods and Services	-13.9	-2.0	3.1	5.0	3.2	3.1
四、固定资产投资						
Investment in Fixed Assets						
（一）产业结构						
Industrial Composition						
第一产业 Primary Industry			1.8	2.6	1.9	1.7
第二产业 Secondary Industry			44.5	39.6	35.0	37.0

1-3 续表1

Continued

单位：%　　(%)

项目 Item	1978	1990	2000	2005	2010	2011
第三产业 Tertiary Industry			53.7	57.8	63.1	61.3
（二）经济类型结构 Economic type Composition						
#国有经济 Stated-owned	64.9	60.2	40.3	33.5	34.2	30.8
集体经济 Collective-owned	16.6	10.6	4.0	3.0	3.2	2.6
私营个体经济 Private and individual economy	18.5	27.5	14.9	17.9	26.6	26.3
外商及港澳台 Enterprises with Funds from HongKong,Macao,TaiWan and Foreign			24.2	21.2	13.0	12.8
五、能源 Energy						
能源消费结构 Composition of Total Energy Consumption						
煤炭 Coal	63.7	67.0	54.4	62.0	57.8	64.4
石油 Petroleum	12.9	12.1	23.3	22.3	23.6	22.5
天然气 Natural Gas				0.1	4.0	4.3
水力发电 Hydro power	23.4	20.9	22.3	15.6	14.2	8.2
风力发电 Wind power					0.4	0.6
六、农业 Agriculture						
（一）农林牧渔业产值结构 Composition of Gross Output Value of Agriculture						
农业 Farming	77.7	52.1	40.6	40.3	42.3	41.6
林业 Forestry	6.4	9.5	7.9	7.1	8.2	8.7
牧业 Animal Husbandry	10.5	22.9	20.1	19.4	16.5	17.5
渔业 Fishery	5.5	15.6	31.4	28.9	29.2	28.7
农林牧渔服务业 Services of Agriculture , Forestry , Animal Husbandry and Fishery				4.4	3.8	3.5
（二）农作物播种面积 Total Sown Areas of Farm Crops						
粮食作物 Grain Crops	81.9	75.8	65.5	54.7	54.3	53.7
七、工业 Industry						
工业企业资产结构 Composition of Capital of Industrial Enterprises						

1-3 续表2

Continued

单位：% (%)

项目 Item	1978	1990	2000	2005	2010	2011
大型企业 Large Enterprises				22.0	23.7	31.8
中型企业 Medium-sized Enterprises				41.7	40.9	37.7
小型企业 Small Enterprises			64.5	36.3	35.4	30.5
规模以上工业增加值 Value- added of Industry above Designated Size						
大型企业 Large Enterprises			13.5	18.2	20.1	32.2
中型企业 Medium-sized Enterprises			35.2	40.4	39.3	32.3
小型企业 Small Enterprises			51.3	41.4	40.6	35.4
八、建筑业 Construction						
建筑业总产值经济类型结构 Composition of Gross Output Value ofConstruction Industry						
国有企业 State-owned Enterprise	56.8	41.1	48.6	21.9	14.6	13.1
集体企业 Collective-owned Enterprises	39.9	34.7	33.0	9.9	2.0	1.9
港澳台商投资企业 Enterprises with Funds from Hong Kong, Macao & Taiwan				1.2	1.1	1.0
外商投资企业 Foreign Funded Enterprises				0.5	0.1	0.1
其他 Other Enterprises				66.5	82.2	83.9
九、交通运输业 Transportation						
（一）货运量结构 Composition ofPassenger Traffic						
铁路 Railways	25.9	9.4	8.4	8.9	5.7	5.1
公路 Highways	54.8	82.2	77.8	68.3	68.9	69.8
水运 Waterways	19.1	8.4	13.8	22.8	25.4	25.1
民航 Civil Aviation			0.020	0.025	0.024	0.022
（二）客运量结构 Composition of Freight Traffic						
铁路 Railways	9.1	3.1	3.2	2.7	4.7	5.8
公路 Highways	79.3	92.8	94.3	94.3	91.7	90.4
水运 Waterways	11.7	4.0	1.6	1.8	1.9	1.9

1-3 续表3

Continued

单位：% (%)

项目 Item	1978	1990	2000	2005	2010	2011
民航 Civil Aviation	0.01	0.14	0.8	1.2	1.8	1.9
十、国内贸易 **Domestic Trade**						
社会消费品零售总额结构 **Composition of Retail Sales of Consumer Goods**						
城镇 Cities					89.0	89.6
乡村 Counties					11.0	10.4
十一、海关货物进出口 **Imports and Exports of Goods**						
（一）出口货物总额 **Composition of Exports**						
初级产品 Primary Goods			10.6	6.2	7.4	8.1
工业制成品 Manufactured Goods			89.4	93.8	92.6	91.9
（二）进口货物总额 **Composition of Imports**						
初级产品 Primary Goods			12.3	17.0	27.5	36.6
工业制成品 Manufactured Goods			87.7	83.0	72.5	63.4
十二、国际旅游 **International Tourism**						
来华旅游人数结构 **Composition of Tourists Visiting China**						
#外国人 Foreigners		14.9	30.8	36.7	31.3	32.8
港澳同胞 Hong Kong and Macao Compatriots		33.9	39.5	33.5	26.1	23.9
台湾同胞 Taiwan Compatriots		51.3	29.6	29.9	42.6	43.3
十三、科技 **Science and Technology**						
（一）R&D经费内部支出按支出来源分（亿元） **Intramural Expenditure for R&D by Expenditure Source (100 million yuan)**						
#政府资金 Government Funds			14.6	9.9	10.3	8.3
企业资金 Enterprises Funds			74.5	87.7	86.9	89.0
国外资金 Abroad Funds			1.7	0.2	0.8	0.6
（二）R&D经费内部支出（亿元） **Intramural Expenditure for R&D(100 million yuan)**						

1-3 续表4

Continued

单位：% (%)

项目 Item	1978	1990	2000	2005	2010	2011
基础研究 Basic Research			3.1	2.2	2.5	1.8
应用研究 Applied Research			6.7	9.5	5.6	5.3
试验发展 Experimental Development			86.4	87.1	92.0	92.8
十四、居民消费 People's Consumption Conditions						
（一）城镇居民消费结构 Consumption Composition of Urban Residents						
食品 Food				40.9	39.3	39.2
衣着 Clothing			8.7	8.1	8.7	9.0
家庭设备用品及服务 Household Appliances and Service			8.6	5.2	6.6	7.1
医疗保健 Health Care and Medical Services			4.7	5.4	4.2	4.6
交通通信 Transport and Communications			8.6	11.9	14.9	14.8
教育文化娱乐服务 Education, Cultural and Recreation Services			10.4	12.6	12.1	11.3
居住 Residence			9.4	12.2	10.9	10.0
杂项商品与服务 Miscellaneous Goods and Services			4.9	3.7	3.4	4.0
（二）农村居民消费结构 Consumption Composition of Rural Residents						
食品 Food			48.7	46.1	46.1	46.4
衣着 Clothing			4.9	5.7	5.6	6.0
居住 Residence			14.6	13.9	15.7	15.8
家庭设备用品及服务 Household Appliances and Services			4.6	4.7	5.3	5.5
交通通讯 Transport and Telecommunications			8.6	11.1	11.6	11.1
文教娱乐用品及服务 Education, Cultural and Recreation and Services			10.6	10.8	8.4	7.7
医疗保健 Health Care and Medical Services			3.6	4.7	4.6	4.9
其他商品及服务 Other Goods and Services			4.6	3.1	2.6	2.5

1-4 国民经济和社会发展比例和效益指标
Indicators on National Economic and Social Development

项目 Item	1978	1990	2000	2005	2010	2011
一、人口与就业 **Population and Employment**						
出生率（‰） Birth Rate(‰)	25.35	24.44	11.60	11.60	11.27	11.41
死亡率（‰） Death Rate(‰)	6.31	6.71	5.85	5.62	5.16	5.20
自然增长率（‰） Natural Growth Rate(‰)	19.04	17.73	5.75	5.98	6.11	6.21
城镇登记失业率（%） Registered Unemployment Rate in Urban Areas(%)	9.10	2.60	2.60	4.00	3.77	3.69
二、国民经济核算 **National Accounting**						
工业增加值占地区生产总值比重(%) Proportion of Value added of Industry to GDP(%)	35.9	28.8	37.8	43.3	43.4	43.7
人均地区生产总值（元） Per Capita GDP(yuan)	273	1763	11194	18353	40025	47377
三、固定资产投资 **Investment in Fixed Assets**						
全社会固定资产投资相当于地区生产总值比例（%） Proportion of Investment in Fixed Assets to GDP（%）	20.1	22.1	28.8	35.8	56.1	57.6
房地产投资占全部固定资产投资比重（%） Proportion of Investment in Real Estate toFixed Assets（%）		11.7	19.2	23.1	22.0	23.7
全社会房屋建筑面积竣工率（%） Rate of Total Floor Space of Buildings Completed in Construction（%）	…		140.4	41.1	23.3	25.2
四、财政金融 **Finance**						
财政总收入相当于地区生产总值比例（%） Proportion of Government Revenue to GDP（%）	22.8	10.9	9.8	12.0	14.0	14.8
财政支出相当于地区生产总值比例（%） Proportion of Government Expenditures to GDP（%）	22.8	13.1	8.6	9.1	11.5	12.5
金融机构年末人民币存款余额相当于地区生产总值比例（%） Bank Deposits as Percentage of GDP（%）	39.1	68.8	82.7	110.6	124.2	119.9
金融机构年末人民币贷款余额相当于地区生产总值比例（%） Bank Loans as Percentage of GDP（%）	47.4	73.1	64.8	77.3	103.4	103.4

1-4 续表1
Continued

项目 Item	1978	1990	2000	2005	2010	2011
五、能源 Energy						
能源消费弹性系数 Elasticity Ratio of Energy Consumption		0.52	0.66	1.12	0.72	0.70
电力消费弹性系数 Elasticity Ratio of Electricity Consumption		0.73	1.45	1.20	1.14	1.24
单位地区生产总值能耗（吨标准煤/万元） Energy Consumption per Unit of GDP（ton of SCE/ 10 000 yuan)				0.94	0.78	0.64
规模以上工业增加值单位能耗（吨标准煤/万元） Energy Consumption per Unit ofIndustrial Enterprises above Designated Size（ton of SCE/ 10 000 yuan)				1.45	1.08	1.07
六、农业 Agriculture						
每亩农产品产量（千克） Output of Farm Crops per Hectare of Sown Area(kg)						
粮食 Grain	219	282	312	326	358	366
油料 Oil-bearing Crops	85	105	138	149	159	163
七、工业 Industry						
规模以上工业 Industrial Enterprises above Designated Size						
工业增加值率（%） Ratio of Industrial Value-added to Gross IndustrialOutput Value(%)			27.46	27.47	27.60	26.47
总资产贡献率（%） Ratio of Total Assets to Industrial Output Value(%)			9.26	11.89	18.80	18.04
资产负债率（%） Assets-LiabilityRatio(%)			57.52	52.71	52.74	52.20
流动资产周转次数（次） Number of Times of Annual of TurnoverCirculating Funds (time)			1.89	2.41	2.87	2.77
成本费用利润率（%） Ratio of Profits to Industrial Cost(%)			4.76	5.52	8.83	8.42

1-4 续表2

Continued

项目　Item	1978	1990	2000	2005	2010	2011
产品销售率（%） Proportion of Products Sold(%)			96.95	97.33	97.76	97.50
八、建筑业 **Construction**						
建筑业劳动生产率(按增加值计算)（元/人） Overall Labor Productivity(in terms of value-added per employee)			20402	26597	42605	36678
技术装备率（元/人） Value of machines per laborer(yuan/person)						
按全部职工计算 In terms of total staff & worker			7503	7764	5065	4185
产值利税率（%） Ratio of Pre-tax Profit to Gross Output Value(%)		1.5	5.2	5.7	6.4	6.9
九、交通运输业 **Transportation**						
铁路网密度（公里/万平方公里） Railway Density(km/sq.km)			117.26	130.08	170.16	170.16
公路网密度（公里/万平方公里） Highway Density(km/sq.km)			4315.00	4700.48	7339.92	7445.32
十、对外贸易 **Trade**						
进出口总额相当于地区生产总值比例 Proportion of Total Value of Imports & Exports to GDP		43.4	46.7	68.0	50.0	52.8
#出口总额相当于地区生产总值比例（%） Proportion of Total Value of Exports to GDP		24.5	28.4	43.5	32.8	34.1
机电产品出口占出口总额的比重 Proportion of Total Value of Mechanical and Electrical Products to GDP	...			45.1	41.1	36.8
高新技术产品出口占出口总额的比重 Proportion of Total Value of High and New-tech Products to GDP	...			22.5	18.4	14.8
十一、自然资源 **Natural Resources**						

1-4 续表3

Continued

项目　Item	1978	1990	2000	2005	2010	2011
森林覆盖率（%） Forest Coverage(%)	39.5	43.2	60.52	62.96	63.10	63.10
十二、居民生活 **People's Living Conditions**						
城镇基尼系数 Gini Coefficient of Urban		0.300	0.310	0.334	0.350	0.369
农村基尼系数 Gini Coefficient of Rural		0.238	0.295	0.358	0.365	0.372
城镇恩格尔系数（%） Engle Coefficient of Urban(%)		63.5	44.7	40.9	39.3	39.2
农村恩格尔系数（%） Engle Coefficient of Rural(%)		60.0	48.7	46.1	46.1	46.4
城镇居民人均可支配收入与农民人均纯收入之比（以农民人均纯收入为1） Proportion of Income in Urban Areas to in Rural Areas (Rural=1)	2.70	2.29	2.30	2.77	2.93	2.84
十三、科技教育卫生 **Science and Technology ,Education,Health Care**						
研究与试验发展经费（R&D）支出相当于地区生产总值比例（%） R&D Expenditures as Percentage of GDP			0.56	0.82	1.16	1.26
学龄儿童毛入学率（%） Rough Enrollment Rate of Pre-primary Schools(%)		99.10	99.86	99.79	100.00	99.98
小学毕业生升学率（%） Graduation Rate of Primary Schools(%)		64.96	97.27	98.34	96.70	97.69
初中毕业生升学率（%） Graduation Rate of Junior high schools(%)		49.71	49.97	77.66	92.90	84.08
每千人拥有卫生技术人员数（人） Number of Licensed(Assistant) Doctors per 1000 Population (person)				2.75	3.97	4.19
#医生 Doctor	0.90	1.20	1.20	1.00	1.50	1.59
每千人拥有卫生机构床位数（张） Number of Hospital Beds per 1000 Population(set)	2.10	2.20	2.60	2.50	3.18	3.33

1-5 平均每天主要社会经济活动

Selected Indicators on Average Daily Social and Economic Activities

项目 Item	1978	1990	2000	2005	2010	2011
一、全省每天创造的财富 **Daily Provice Production**						
地区生产总值（亿元） Gross Domestic Product(100 million yuan)	0.18	1.43	10.29	17.96	40.38	48.11
农林牧渔总产值（亿元） Gross Output Value of Farming,Forestry, AnimalHusbandry and Fishery(100 million yuan)	0.10	0.62	2.83	3.76	6.32	7.48
工业总产值（亿元） Gross Output Value of Industry(100 million yuan)	0.17	1.46	10.91	27.39	65.22	75.19
财政总收入（亿元） Government Revenue(100 million yuan)	0.04	0.16	1.01	2.16	5.63	7.12
#地方财政一般预算收入 Local Government Revenue			0.64	1.19	3.15	4.11
财政一般预算支出（亿元） Government Expenditure(100 million yuan)	0.04	0.19	0.89	1.62	4.64	6.02
原煤(万吨) Coal(ton)	1.16	2.54	1.02	3.65	6.69	6.80
原盐(吨) Salt(ton)	2593.70	1841.37	775.14	944.93	914.87	654.79
发电量(亿千瓦时) Electricity(10000 kwh)	0.11	0.37	1.10	2.13	3.72	4.33
粗钢(吨) Crude Steel(ton)	442.74	1415.34	3413.66	10474.79	29777.62	31969.50
钢材(吨) Rolled Steel(ton)	378.63	1541.92	7753.83	20161.64	36727.72	42747.40
生铁(吨) Pig Iron(ton)	727.95	1715.07	4081.15	10793.42	15309.73	12087.12
水泥(万吨) Cement(ton)	0.33	1.48	4.14	7.43	15.87	18.00
平板玻璃(重量箱) Plain Glass(weigh case)	1194.25	1809.86	13111.20	17575.62	74384.88	96084.38
布(万米) Cloth(10000 m)	30.68	61.92	152.64	551.41	854.80	987.95
纱(吨) Yarn(ton)	50.41	150.14	392.46	1863.13	5061.27	5997.26
服装(万件) Clothes(10000 pcs)		30.46	108.95	223.40	800.75	819.34
机制纸及纸板(吨) Machine-made Paper and Paperboard(ton)	550.14	1427.12	2324.32	5126.30	11837.36	14512.05
农用化肥(吨) Chemical Fertilizers(ton)	449.32	1195.62	1677.05	1651.23	1585.60	1428.49
烧碱(吨) Caustic Soda(ton)	118.36	238.36	427.32	698.90	551.01	576.44

1-5 续表1
Continued

项目 Item	1978	1990	2000	2005	2010	2011
彩色电视机(万台) Color TV(10000 set)		0.34	0.56	1.02	2.47	2.47
卷烟(万箱) Tobacco(10000 ton)	0.06	0.21	0.27	0.33	0.46	0.48
罐头(吨) Canned Food(ton)	112.33	394.79	731.69	2152.60	5567.37	6504.81
粮食(万吨) Grain(ton)	2.04	2.41	2.34	1.81	1.81	1.84
油料(吨) Oil-bearing Crops(ton)	378.07	483.91	704.61	751.35	729.98	752.33
甘蔗(吨) Sugar Cane(ton)	7891.30	9432.43	2259.83	2557.11	1686.34	1533.42
茶叶(吨) Tea(ton)	55.62	159.45	345.21	506.30	746.85	810.96
水果(万吨) Fruits(ton)	0.03	0.21	0.98	1.31	1.55	1.66
肉类（吨） Meat(ton)		1967.95	3986.89	4516.44	4937.26	5012.60
水产品（吨） Aquatic Products(ton)	0.15	0.40	1.44	1.49	1.61	1.65
食用菌（吨） Edible Fungus(ton)		499.73	1263.62	1534.23	2089.49	2246.58
二、全省每天消费量 **Daily Provice Consumption**						
最终消费支出（亿元） Final Consumption Expenditure(100 million yuan)	0.15	1.04	5.60	9.03	17.26	20.00
居民消费支出 Household Consumption Expenditure	0.12	0.79	4.21	6.56	12.91	15.19
政府消费支出 Government Consumption Expenditure	0.02	0.25	1.39	2.47	4.35	4.81
能源消费量（万吨标准煤） Energy Consumption(10000 tons of SCE)	1.88	4.00	8.04	16.83	26.87	29.19
社会消费品零售总额（亿元） Total Retail Sales of Consumer Goods(100 million yuan)	0.08	0.57	3.61	6.44	14.55	17.17
三、每天其他经济活动（万元） **Other Daily Economic Activities(10000 yuan)**						
资本形成总额（亿元） Gross Capital Formation(100 million yuan)	0.06	0.41	4.38	8.06	21.98	27.60
固定资产形成总额（亿元） Gross Fixed Capital Formation(100 million yuan)	0.04	0.30	3.32	7.27	20.11	24.82

1-5 续表2
Continued

项目 Item	1978	1990	2000	2005	2010	2011
存货增加（亿元） Changes in Inventories(100 million yuan)	0.03	0.12	1.05	0.79	1.87	2.78
全社会固定资产投资总额（亿元） Total Investment in Fixed Assets(10000 yuan)	0.04	0.32	2.96	6.42	22.67	27.72
城镇 Urban	0.03	0.22	2.36	5.44	20.44	25.68
农村 Rural	0.01	0.09	0.60	0.98	2.23	2.04
住宅竣工面积（万平方米） Floor Space of Completed Building(sq.m)	0.19	6.68	9.38	10.97	9.93	11. 27
国际旅游外汇收入（万美元） Foreign Exchange Earnings from International Tourism			244.21	357.61	815.96	815.89
能源生产总量（万吨标准煤） Total Energy Production(10000 tons of SCE)	1.26	2.65	4.52	6.64	8.93	7.72
货运周转量（亿吨公里） Freight Traffic	0.20	0.75	1.88	4.32	8.17	9.33
客运周转量（万人公里） Passenger Traffic	978.90	4805.48	9124.86	13090.96	17774.25	19830.96
货物进出口总额（万美元） Total Value of Imports and Exports	55.62	1188.79	5798.72	14907.21	29802.81	39321.22
出口总额（万美元） Total Exports	52.05	670.98	3526.85	9545.74	19587.16	25435.01
进口总额（万美元） Total Imports	3.56	517.81	2271.87	5361.47	10215.66	13886.21
主要港口货物吞吐量（万吨） Freight Handled at Principal Seaports(10000 tons)	1.12	4.10	18.97	53.71	89.55	102.13
邮电业务总量（万元） Business Volume of Postal and Telecommunication Services (10000 yuan)	27.67	200.55	6730.60	14240.00	32717.53	14068.49
邮寄函件（万件） Number of Letters(10000 piece)	24.08	44.46	66.02	62.68	69.04	67.11
图书出版总印数（万份） Books(10000 copies)	18.68	44.69	55.46	29.16	21.23	22.72
杂志出版总印数（万份） Magazines(10000 copies)	1.06	8.65	12.19	7.78	8.06	10.07
报纸出版总印数（万份） Newspapers(10000 copies)	40.50	113.58	188.24	240.99	273.92	306.44
四、全省每天婚姻变动 **Daily Marriages Changes**						
结婚对数（对） Marriages(couples)			714	746	1046	1049
离婚对数（对） Divorces(couples)			33	71	120	133

1-6 全省法人单位数和从业人员数(2011年)
Number of Legal Entities and Employed (2011)

项目	Item	法人单位数（个）Number of Legal Entities (unit)	单产业法人 Single Industry	多产业法人 Multi-Industry	从业人员数（万人）Number of Employed Persons (10000 persons)
按登记注册类型	Grouped by Status of Registration	356196	337041	19155	1272.86
内资	Domestically funded enterprises	342082	323292	18790	1021.63
国有	State-owned	41391	36856	4535	158.83
集体	Collective-owned	9782	8878	904	25.70
股份合作	Cooperative	2650	2531	119	11.71
联营	Cooperative	841	813	28	4.02
国有联营	State-owned	184	175	9	1.15
集体联营	Collective-owned	294	286	8	0.95
国有与集体联营	State-owned and Collective-owned	81	76	5	0.48
其他联营	Others	282	276	6	1.43
有限责任公司	Limited-Liability Corporations	37030	35936	1094	202.62
国有独资公司	State-owned	587	551	36	5.67
其他责任有限公司	Others	36443	35385	1058	196.96
股份有限公司	Share Holding Corporations Ltd.	4825	4439	386	47.68
私营	Private Enterprises	194283	191035	3248	506.44
私营独资	Private-owned	44510	44037	473	70.76
私营合伙	Private-cooperative	18144	18004	140	29.89
私营有限责任公司	Private-limited liability	124054	121594	2460	382.15
私营股份有限公司	Private-share holding	7575	7400	175	23.65
其他	Others	51280	42804	8476	64.63
港澳台商投资	Funds from HongKong, Macao,TaiWan	8781	8580	201	154.81
合资经营（港或澳、台资）	Joint Venture	1670	1618	52	33.96
合作经营（港或澳、台资）	Cooperative Operation	139	135	4	1.20
港、澳、台商独资经营	Venture Exclusively	6728	6591	137	116.05
港、澳、台商投资股份有限公司	Share Holding	232	225	7	2.57
其他港澳台商投资	Others	12	11	1	1.03
外商投资	Foreign Funded Enterprises	5333	5169	164	96.41
中外合资	Joint Venture	1368	1316	52	26.54
中外合作	Cooperative Operation	119	115	4	0.86
外商独资	Venture Exclusively with Foreign Investment	3613	3518	95	66.06
外商投资股份有限公司	Share Holding with Foreign Investment	215	202	13	2.75
其他外商投资	Others	18	18		0.20
按机构类型分类	Grouped by Status of Registration	356196	337041	19155	1272.86
企业	Enterprise	278403	271835	6568	1117.24
事业单位	Institution	25722	23730	1992	80.46
机关	Agencies Organizations	8020	5934	2086	28.50

1-6 续表1

Continued

项目	Item	法人单位数（个） Number of Legal Entities (unit)	单产业法人 Single Industry	多产业法人 Multi-Industry	从业人员数（万人） Number of Employed Persons (10000 persons)
社会团体	Community Organization	11053	10818	235	9.55
其他	Others	32998	24724	8274	37.11
按行业	Grouped by Sector	356196	337041	19155	1272.86
农、林、牧、渔业	Farming,Forestry,Animal Husbandy and Fishery	14630	14528	102	21.99
农业	Agriculture	6617	6582	35	9.70
林业	Forestry	1741	1705	36	2.97
畜牧业	Animal Husbandry	2530	2508	22	2.92
渔业	Fishery	2121	2117	4	4.42
农、林、牧、渔服务业	Service of Farming,Forestry,Animal Husbandy and Fishery	1621	1616	5	1.97
采矿业	Mining and Quarrying	3038	3015	23	18.81
煤炭开采和洗选业	Coal Mining and Dressing	336	332	4	7.11
石油和天然气开采业	Petroleum and Natural Gas Mining	3	3		…
黑色金属矿采选业	Ferrous Metals Mining and Dressing	335	334	1	2.54
有色金属矿采选业	Nonferrous Metals Mining and Dressing	342	339	3	1.55
非金属矿采选业	Nonmetal Minerals Mining and Dressing	1955	1940	15	7.51
其他采矿业	Others Mining and Quarrying	67	67		0.09
制造业	Manufacturing	88371	87531	840	583.54
农副食品加工业	Agricultural and Sideline Products Processing	3948	3909	39	22.57
食品制造业	Food Manufacturing	2500	2432	68	16.32
饮料制造业	Beverage Manufacturing	3702	3636	66	13.96
烟草制品业	Tobacco Processing	12	11	1	0.48
纺织业	Textile Industry	4052	4017	35	40.86
纺织服装、鞋、帽制造业	Textile Garments , Shoes and Caps Products	8008	7932	76	64.35
皮革、毛皮、羽毛(绒)及其制品业	Leather , Furs , Down and Relate Products	4091	4072	19	72.21
木材加工及木、竹、藤、棕、草制品业	Timber Processing,Bamboo,Cane,Palm Fiber and Straw Products	4371	4331	40	19.11
家具制造业	Furniture Manufacturing	1706	1691	15	9.24
造纸及纸制品业	Papermaking and Paper Products	2908	2891	17	15.71
印刷业和记录媒介的复制	Printing and Record Medium Reproduction	2585	2558	27	6.89
文教体育用品制造业	Cultural , Educational and Sports Goods	1109	1099	10	8.92

1-6 续表2

Continued

项目	Item	法人单位数（个）Number of Legal Entities (unit)	单产业法人 Single Industry	多产业法人 Multi-Industry	从业人员数（万人）Number of Employed Persons (10000 persons)
石油加工、炼焦及核燃料加工业	Petroleum Processing , Coking and Nuclear Fuel Processing	121	120	1	0.86
化学原料及化学制品制造业	Raw Chemical Materials and Chemical Products	2992	2957	35	12.82
医药制造业	Medical and Pharmaceutical Products	426	417	9	3.23
化学纤维制造业	Chemical Fiber	185	184	1	2.71
橡胶制品业	Rubber Products	1240	1232	8	10.09
塑料制品业	Plastic Products	4699	4675	24	29.80
非金属矿物制品业	Nonmetal Minerals Products	10880	10788	92	55.00
黑色金属冶炼及压延加工业	Smelting and Pressing of Ferrous Metals	499	497	2	7.19
有色金属冶炼及压延加工业	Smelting and Pressing of Nonferrous Metals	455	447	8	5.41
金属制品业	Metal Products	4586	4552	34	16.35
通用设备制造业	General Equipment	4281	4242	39	18.67
专用设备制造业	Special Purpose Equipment	3368	3347	21	12.99
交通运输设备制造业	Transport Equipment	2994	2951	43	20.21
电气机械及器材制造业	Electric Equipment and Machinery	3998	3966	32	24.60
通信设备、计算机及其他电子设备制造业	Telecommunications , Computer , and Other Electronic Equipment	2190	2166	24	33.22
仪器仪表及文化、办公用机械制造业	Instruments , Meters , Cultural and Clerical Machinery	879	869	10	7.18
工艺品及其他制造业	Handicraft Article and Other Manufacturing	5321	5279	42	31.95
废弃资源和废旧材料回收加工业	Waste Resources and Materials Recovering	265	263	2	0.64
电力、燃气及水的生产和供应业	Production and Supply of Electricity Gas and Water	6441	6311	130	15.05
电力、热力的生产和供应业	Production and Supply of Electric Power and Hot Power	5437	5320	117	12.52
燃气生产和供应业	Production and Supply of Gas	87	82	5	0.34
水的生产和供应业	Production and Supply of Water	917	909	8	2.20
建筑业	Construction	10825	10518	307	236.86
房屋和土木工程建筑业	Building and Civil Engineering	4399	4205	194	172.92
建筑安装业	Installation	1590	1551	39	10.16
建筑装饰业	Building Decontion	3075	3023	52	9.89
其他建筑业	Others	1761	1739	22	43.90
交通运输、仓储和邮政业	Transport,Storage and Post	8393	8027	366	32.42
铁路运输业	Railways	49	49		0.63

1-6 续表3
Continued

项目	Item	法人单位数（个） Number of Legal Entities (unit)	单产业法人 Single Industry	多产业法人 Multi-Industry	从业人员数（万人） Number of Employed Persons (10000 persons)
道路运输业	Highways	3404	3246	158	14.42
城市公共交通业	City Public Transport	238	227	11	3.42
水上运输业	Waterways	1022	996	26	3.74
航空运输业	Civil Aviation	45	40	5	1.08
管道运输业	Pipeline	2	1	1	…
装卸搬运和其他运输服务业	Loading,Unloadingand Others	2661	2544	117	4.97
仓储业	Storages	596	582	14	1.17
邮政业	Posts	376	342	34	2.98
信息传输、计算机服务和软件业	Information Transmission, Computer Software and Services	7823	7684	139	11.77
电信和其他信息传输服务业	Telecommuni-cations and Others	1671	1588	83	5.79
计算机服务业	Severce Computer	4091	4066	25	2.90
软件业	Software	2061	2030	31	3.08
批发和零售业	Wholesale and Retail Trade	84607	81967	2640	90.83
批发业	Wholesale	58153	56783	1370	54.07
零售业	Retail Trade	26454	25184	1270	36.77
住宿和餐饮业	Hotels and Catering Services	5848	5659	189	23.87
住宿业	Hotels	2603	2551	52	11.48
餐饮业	Catering Services	3245	3108	137	12.38
金融业	Financial Intermediation	3311	2904	407	19.19
银行业	Banking	513	336	177	10.36
证券业	Securities	158	149	9	0.49
保险业	Insurances	520	347	173	6.42
其他金融活动	Others	2120	2072	48	1.92
房地产业	Real Estate	11290	10708	582	22.11
租赁和商务服务业	Leasing and Business Services	25713	25170	543	27.08
租赁业	Leasing	1792	1770	22	1.13
商务服务业	Business Services	23921	23400	521	25.96
科学研究、技术服务和地质勘查业	Scientific Research, Technical Service and Geologic Prospecting	8800	8437	363	12.09
研究与试验发展	Research and Development	1046	1026	20	1.29

1-6 续表4

Continued

项目	Item	法人单位数（个） Number of Legal Entities (unit)	单产业法人 Single Industry	多产业法人 Multi-Industry	从业人员数（万人） Number of Employed Persons (10000 persons)
专业技术服务业	Professional and Technical Services	5132	4894	238	8.33
科技交流和推广服务业	Science and Technology Exchange and Promotion Services	2481	2386	95	1.98
地质勘查业	Geological Survey	141	131	10	0.49
水利、环境和公共设施管理业	Management of Water Conservancy, Environment and Public Facilities	2667	2569	98	5.54
水利管理业	Water resources management	697	665	32	0.84
环境管理业	Environmental management	697	667	30	2.10
公共设施管理业	Public Facilities Management	1273	1237	36	2.61
居民服务和其他服务业	Services to Households and Other Services	5453	5293	160	7.68
居民服务业	Residents service	2661	2553	108	4.37
其他服务业	Others	2792	2740	52	3.31
教育	Education	12276	11236	1040	52.86
卫生、社会保障和社会福利业	Health, Social Security and Social Welfare	6064	5686	378	16.33
卫生	Health	4779	4420	359	15.31
社会保障业	Social Security	467	463	4	0.41
社会福利业	Social Welfare	818	803	15	0.61
文化、体育和娱乐业	Culture, Sports and Entertainment	4622	4488	134	8.95
新闻出版业	News Publish	256	246	10	0.66
广播、电视、电影和音像业	Radio,Television,Film,Phonotape and Videotape	502	461	41	1.96
文化艺术业	Culture art Industry	1809	1771	38	2.16
体育	Sports	286	276	10	0.46
娱乐业	Entertainment	1769	1734	35	3.71
公共管理和社会组织	Public Management and Social Organizations	46024	35310	10714	65.89
中国共产党机关	The Communist Party of China	1033	938	95	1.30
国家机构	National Organization	13406	11163	2243	34.65
人民政协和民主党派	People's Political Consultative and Democratic Party	241	231	10	0.29
群众团体、社会团体和宗教组织	Mass Organizations,Social Organizations and Religious Organizations	14689	14420	269	12.43
基层群众自治组织	Grassroots Autonomous Organization of The People	16655	8558	8097	17.22

1-7 各设区市按机构类型分的法人单位数(2011年)

Number of Legal Entities by Type of Institutions and Region(2011)

单位：个 (unit)

地区	Region	法人单位数 Number of Legal Entities	企业法人 Business Entity	事业法人 Institution Entity	机关法人 Government Entity	社会法人 Social Organization	其他法人 Others
福建省	Fujian	356196	278403	25722	8020	11053	32998
福州市	Fuzhou	68037	53542	3891	1243	1620	7741
厦门市	Xiamen	61341	57176	1123	465	857	1720
莆田市	Putian	13484	9379	1550	475	283	1797
三明市	Sanming	26030	17328	3015	1093	1360	3234
泉州市	Quanzhou	70968	58948	4197	1027	1849	4947
漳州市	Zhangzhou	36833	27461	3826	1082	1087	3377
南平市	Nanping	29851	20160	3431	991	1633	3636
龙岩市	Longyan	21461	14467	2225	693	1496	2580
宁德市	Ningde	28191	19942	2464	951	868	3966

1-8 各设区市按主要行业分的法人单位数(2011年)

单位：个

项目	Item	福建省 Fujian	福州市 Fuzhou
农、林、牧、渔业	Farming, Forestry, Animal Husbandy and Fishery	14630	2012
采矿业	Mining and Quarrying	3038	295
制造业	Manufacturing	88371	12068
电力、燃气及水的生产和供应业	Production and Supply of Electric Power,Gas and Water	6441	575
建筑业	Construction	10825	2369
交通运输、仓储和邮政业	Transport,Storage and Post	8393	1984
信息传输、计算机服务和软件业	Information Transmission, Computer Software and Services	7823	2137
批发和零售业	Wholesale and Retail Trade	84607	18797
住宿和餐饮业	Lodgings and Catering Services	5848	1544
金融业	Financial Intermediation	3311	446
房地产业	Real Estate	11290	2430
租赁和商务服务业	Leasing and Business Services	25713	6452
科学研究、技术服务和地质勘查业	Scientific Research, Technical Service and Geologic Prospecting	8800	1891
水利、环境和公共设施管理业	Management of Water Conservancy,Environment and Public Facilities	2667	420
居民服务和其他服务业	Services to Households and Other Services	5453	1436
教育	Education	12276	2848
卫生、社会保障和社会福利业	Health, Social Security and Social Welfare	6064	2142
文化、体育和娱乐业	Culture, Sports and Entertainment	4622	1096
公共管理和社会组织	Public Management and Social Organizations	46024	7095

Number of Legal Entities by Region and Sector(2011)

(unit)

厦门市 Xiamen	莆田市 Putian	三明市 Sanming	泉州市 Quanzhou	漳州市 Zhangzhou	南平市 Nanping	龙岩市 Longyan	宁德市 Ningde
807	687	1388	1790	2052	1914	1537	2443
22	45	728	500	218	297	787	146
12357	4074	4570	29023	10225	5847	3724	6483
60	150	1264	893	648	817	1115	919
2508	359	677	1766	1086	887	582	591
2091	215	569	1235	837	647	355	460
2224	183	345	989	766	437	327	415
22787	2286	4718	14811	7111	5160	3275	5662
1205	202	377	947	438	438	389	308
327	164	273	656	212	600	355	278
2395	397	714	1878	1217	918	613	728
7064	512	1483	3256	2211	1950	1140	1645
1662	245	811	944	971	1206	465	605
289	133	266	311	418	389	196	245
1438	121	281	855	445	347	262	268
965	808	796	2653	1540	1033	910	723
248	236	521	761	542	771	430	413
638	167	412	600	548	456	346	359
2254	2500	5837	7100	5348	5737	4653	5500

1-9 各设区市按登记注册类型分的企业法人单位数(2011年)

单位：个

地区	Region	企业法人单位数 Number of Business Entities	内资企业 Domestic Funded Enterprises	#国有企业 State-owned Enterprises	#集体企业 Collective-owned Enterprises	#股份合作企业 Cooperative Enterprises
福建省	Fujian	278403	264381	6689	7572	2488
福州市	Fuzhou	53542	50913	1520	2008	377
厦门市	Xiamen	57176	53350	1071	454	314
莆田市	Putian	9379	8828	290	301	167
三明市	Sanming	17328	17036	458	779	117
泉州市	Quanzhou	58948	54842	773	1106	804
漳州市	Zhangzhou	27461	25651	952	1062	303
南平市	Nanping	20160	19837	781	797	173
龙岩市	Longyan	14467	14110	373	557	105
宁德市	Ningde	19942	19814	471	508	128

Number of Business Entities by Region and Status of Registration(2011)

(unit)

#联营企业 Joint Ownership	#有限责任公司 Limited-Liability Corporations	#股份有限公司 Share Holding Corporations Ltd.	#私营企业 Private Enterprises	港澳台商投资企业 Funds from HongKong, Macao,TaiWan	外商投资企业 Foreign Funded Enterprises
725	36720	4736	189941	8736	5286
154	6244	1011	37490	1473	1156
141	13231	828	35815	2163	1663
49	2659	276	4431	359	192
120	1123	218	13181	195	97
97	5165	851	42200	2790	1316
53	2148	437	19310	1251	559
32	2093	402	13682	197	126
48	1335	525	9694	249	108
31	2722	188	14138	59	69

1-10 各设区市按营业状态分的企业法人单位数(2011年)

Number of Business Entities by Region and Operation Status(2011)

单位：个 (unit)

地区	Region	企业法人单位数 Number of Business Entities	营业 In Business or Operating	停业(歇业) Closed	筹建 In Preparation	当年关闭 Closed in the Year	当年破产 Bankrupted in the Year	其他 Others
福建省	Fujian	278403	223726	11283	38051	2961	184	2198
福州市	Fuzhou	53542	44283	2661	5456	651	23	468
厦门市	Xiamen	57176	48076	1615	6912	181	15	377
莆田市	Putian	9379	7610	328	1124	223	10	84
三明市	Sanming	17328	14521	602	2039	100	7	59
泉州市	Quanzhou	58948	48966	2082	6650	561	30	659
漳州市	Zhangzhou	27461	19176	1806	5722	490	34	233
南平市	Nanping	20160	15223	1362	2964	385	40	186
龙岩市	Longyan	14467	13168	309	708	170	10	102
宁德市	Ningde	19942	12703	518	6476	200	15	30

主要统计指标解释

行政区划 指国家对行政区域的划分.根据宪法规定,我国的行政区域划分如下：(1)全国分为省、自治区、直辖市；(2)省、自治区分为自治州、县、自治县、市；(3)自治州分为县、自治县、市；(4)县、自治县分为乡、民族乡、镇；(5)直辖市和较大的市分为区、县；(6)国家在必要时设立的特别行政区。

平均增长速度 我国计算平均增长速度有两种方法：一种是习惯上经常使用的“水平法”，又称几何平均法，是以间隔期最后一年的水平同基期水平对比来计算平均每年增长(或下降)速度；另一种是“累计法”，又称代数平均法或方程法，是以间隔期内各年水平的总和同基期水平对比来计算平均每年增长(或下降)速度。在一般正常情况下，两种方法计算的平均每年增长速度比较接近；但在经济发展不平衡、出现大起大落时，两种方法计算的结果差别较大。

本《年鉴》内所列的平均增长速度，均用“水平法”计算。从某年到某年平均增长速度的年份，均不包括基期年在内。如建国四十三年的平均增长速度是以 1949 年为基期计算的，则写为 1950-1992 年平均增长速度，其余类推。

国民经济行业分类 自 2003 年定期报表开始使用新的《国民经济行业分类》(GB/T4754-2002)，该分类是由国家统计局组织修订，经国家质量监督检验检疫总局批准，于 2002 年 5 月 10 日发布实施。这次修订是在 1994 年分类标准的基础上，参照联合国《全部经济活动的国际标准产业分类》(ISIC/Rev. 3) 进行的。修订后的《国民经济行业分类》(GB/T4754-2002) 共有门类 20 个，大类 95 个，中类 396 个，小类 913 个。新增门类 4 个，大类增加 3 个，中类增加 28 个，小类增加 67 个。2011 年，国家统计局发布了新修订的国家标准《国民经济行业分类》(GB/T4754-2011)。

企业(单位)登记注册类型 是以在工商行政管理机关登记注册的各类企业为划分对象，以工商行政管理部门对企业登记注册的类型为依据，将企业登记注册类型分为内资企业、港澳台商投资企业和外商投资企业三大类。内资企业包括国有企业、集体企业、股份合作企业、联营企业、有限责任公司、股份有限公司、私营公司和其他企业；港澳台商投资企业和外商投资企业分别包括合资经营企业、合作经营企业、独资经营企业和股份有限公司。对不在工商行政管理部门进行登记注册的行政机关、事业单位和社会团体，主要按其经费来源和管理方式进行划分。

国有企业 指企业全部资产归国家所有，并按《中华人民共和国企业法人登记管理条例》规定登记注册的非公司制的经济组织。不包括有限责任公司中的国有独资公司。

集体企业 指企业资产归集体所有，并按《中华人民共和国企业法人登记管理条例》规定登记注册的经济组织。

股份合作企业 指以合作制为基础，由企业职工共同出资入股，吸收一定比例的社会资产投资组建，实行自主经营，自负盈亏，共同劳动，民主管理，按劳分配与按股分红相结合的一种集体经济组织。

联营企业 指两个及两个以上相同或不同所有制性质的企业法人或事业单位法人，按自愿、平等、互利的原则，共同投资组成的经济组织。联营企业包括国有联营企业、集体联营企业、国有与集体联营企业和其他联营企业。

有限责任公司 指根据《中华人民共和国公司登记管理条例》规定登记注册，由两个以上、五十个以下的股东共同出资，每个股东以其所认缴的出资额对公司承担有限责任，公司以其全部资产对其债务承担责任的经济组织。有限责任公司包括国有独资公司以及其他有限责任公司。

股份有限公司　指根据《中华人民共和国公司登记管理条例》规定登记注册，其全部注册资本由等额股份构成并通过发行股票筹集资本，股东以其认购的股份对公司承担有限责任，公司以其全部资产对其债务承担责任的经济组织。

私营企业　指由自然人投资设立或由自然人控股，以雇佣劳动为基础的营利性经济组织。包括按照《公司法》、《合伙企业法》、《私营企业暂行条例》规定登记注册的私营有限责任公司、私营股份有限公司、私营合伙企业和私营独资企业。

其他内资企业　指上述企业之外的其他内资经济组织。

与港澳台商合资经营企业　指港澳台地区投资者与内地企业依照《中华人民共和国中外合资经营企业法》及有关法律的规定，按合同规定的比例投资设立、分享利润和分担风险的企业。

与港澳台商合作经营企业　指港澳台地区投资者与内地企业依照《中华人民共和国中外合作经营企业法》及有关法律的规定，依照合作合同的约定进行投资或提供条件设立、分配利润和分担风险的企业。

港澳台商独资经营企业　指依照《中华人民共和国外资企业法》及有关法律的规定，在内地由港澳台地区投资者全额投资设立的企业。

港澳台商投资股份有限公司　指根据国家有关规定，经外经贸部依法批准设立，其中港、澳、台商的股本占公司注册资本的比例达 25% 以上的股份有限公司。凡其中港、澳、台商的股本占公司注册资本的比例小于 25%的，属于内资企业中的股份有限公司。

中外合资经营企业　指外国企业或外国人与中国内地企业依照《中华人民共和国中外合资经营企业法》及有关法律的规定，按合同规定的比例投资设立、分享利润和分担风险的企业。

中外合作经营企业　指外国企业或外国人与中国内地企业依照《中华人民共和国中外合作经营企业法》及有关法律的规定，依照合作合同的约定进行投资或提供条件设立、分配利润和分担风险的企业。

外资企业　指依照《中华人民共和国外资企业法》及有关法律的规定，在中国内地由外国投资者全额投资设立的企业。

外商投资股份有限公司　指根据国家有关规定，经外经贸部依法批准设立，其中外资的股本占公司注册资本的比例达 25% 以上的股份有限公司。凡其中外资股本占公司注册资本的比例小于 25%的，属于内资企业中的股份有限公司。

行政机关、事业单位和社会团体　参照企业登记注册类型，主要按其经费来源和管理方式划分。具体规定如下：

⑴行政机关：包括国家机关和政党机关，原则上均列为“国有”。但有特殊规定的，如供销社等，则列为“集体”。

⑵事业单位：包括经国家机构编制部门和有关业务主管部门批准成立的各类事业单位，不包括实行企业化管理的事业单位。事业单位的划分办法如下：

①由国家财政预算拨款或列入财政预算外资金管理以及经费主要来源于国有主管部门或国有上级单位的事业单位，列为“国有”。

②经费主要来源于集体单位的事业单位，列为“集体”。

③公民个人(或个人合伙)开办的事业单位，列为“私营”。

④上述以外的其他事业单位，如果其经费来源不明确，按管理方式进行归类。

⑶社会团体：包括经民政部门批准成立以及未纳入社会团体管理条例范围的工会、妇联等各类社会团体。社会团体的划分办法如下：

①未纳入民政部社会团体管理条例范

围的工会、妇联、共青团、青联、工商联、科协、侨联等社会团体，国家拨款设立的基金会或基金管理组织以及经费主要来源于国有业务主管部门或国有上级单位的社会团体，列为“国有”。

②经费主要来源于集体单位的社会团体，列为“集体”。

③公民个人(或个人合伙)开办的社会团体，划为“私营”。

④上述以外的其他社会团体，如果其经费来源不明确，改按管理方式进行归类。

Explanatory Notes on Main Statistical Indicators

Administrative Division refers to the division of administrative areas by the state. The Constitution of the People's Republic of China stipulates that the administrative areas in China are divided as:1) The whole Country is divided into provinces, autonomous regions and municipalities directly under the central government; 2) Provinces and autonomous regions are divided into autonomous prefectures, counties, autonomous counties and cities; 3) Autonomous prefectures are divided into counties, autonomous counties and cities; 4) Counties and autonomous counties are divided into townships, nationality townships and towns; 5) Municipalities and large cities are divided into districts and counties, 6) The state shall, when necessary, establish special administrative regions.

Average Annual Growth Rate Two methods for calculating average annual growth rate are applied in China,one is often called level approachor the method of calculating geometric average,which is derived by comparing the level of the last year of the interval with that of the beginning year;the other is calledaccumulative approach or algebraic average or equation method,which is derived by the summation of the actual figure of each year in the interval divided by the figure in the base year.Usually the results calculated by the two methods are fairly close, but they differed sharply when uneven economic development occurred with striking fluctuations in growth.

The average annual growth rates listed in this statistical yearbook are calculated by level approach except for the growth rate of investment in fixed assets. The base years are not listed when the years are listed for average annual growth rates. For instance,the average annual growth rate of 43 years since 1949 is listed as average annual growth rate of 1950-1992 without listing the base year 1949.And the analogy of this is also the same for the rest of the years.

Industrial Classification of the National Economy The new *Industrial Classification of the National Economy* (GB/T 4754-2002) is introduced starting from the compilation of 2003 annual statistics. The new revision was based on the 1994 classification and organized by the National Bureau of Statistics taking into consideration of the *International Standards of the Industrial Classification of All Economic Activities* (ISIC/Rev.3) of the United Nations, and the new Classification was promulgated by the National Administration of Quality Supervision, Inspection and Quarantine on May 10, 2002. The revised version of the *Industrial Classification of the National Economy* (GB/T 4754-2002) is composed of 20 major divisions, 95 divisions, 396 major groups and 913 groups, including 4 new major divisions, 3 new divisions, 28 major groups and 67 groups.In 2011, the National Bureau of Statistics inspected *Industrial Classification of the National Economy* (GB/T 4754-2011).

Registration Status of Enterprises Enterprises are classified into 3 categories, namely domestic-funded enterprises, enterprises with investment from Hong Kong, Macau and Taiwan, and enterprises with foreign investment, in the light of the registration status of an enterprise in industrial and commercial administration agencies.

enterprises, cooperative enterprises, joint ownership enterprises, limited liability corporations, share-holding corporations Ltd., private enterprises and other enterprises. Included in the enterprises with investment from Hong Kong, Macau and Taiwan and enterprises with foreign investment are joint-venture enterprises, cooperative enterprises, sole investment enterprises and share-holding corporations Ltd. For government agencies, institutions and social organizations which are not requested to be registered in industrial and commercial administration agencies, they are classified mainly by their sources of funds and way of management.

State-owned Enterprises refer to non-corporation economic units where the entire assets are owned by the state and which have registered in accordance with the *Regulation of the Peoples Republic of China on the Management of Registration of Corporate Enterprises*. Excluded from this category are sole state-funded corporations in the limited liability corporations.

Collective-owned Enterprises refer to economic units where the assets are owned collectively and which have registered in accordance with the *Regulation of the Peoples Republic of China on the Management of Registration of Corporate Enterprises*.

Cooperative Enterprises refer to a form of collective economic units (enterprises) where capitals come mainly from employees as their shares, with certain proportion of capital from the outside, where production is organized on the basis of independent operation, independent accounting for profits and losses, joint work, democratic management, and a distribution system that integrates remuneration according to work with dividend according to capital share.

Joint Ownership Enterprises refer to economic units established by two or more corporate enterprises or corporate institutions of the same or different ownership, through joint investment on the basis of equality, voluntary participation and mutual benefits. They include state joint ownership enterprises, collective joint ownership enterprises, joint state-collective enterprises, other joint ownership enterprises.

Limited Liability Corporations refer to economic units established with investment from 2-50 investors and registered in accordance with the *Regulation of the Peoples Republic of China on the Management of Registration of Corporations*, each investor bearing limited liability to the corporation depending on its share of investment, and the corporation bearing liability to its debt to the maximum of its total assets. Limited liability corporations include exclusive state-funded limited liability corporations and other limited liability corporations.

Share-holding Corporations Ltd. refer to economic units registered in accordance with the *Regulation of the Peoples Republic of China on the Management of Registration of Corporations*, with total registered capitals divided into equal shares and raised through issuing stocks. Each investor bears limited liability to the corporation depending on the holding of shares, and the corporation bears liability to its debt to the maximum of its total assets.

Private Enterprises refer to profit-making economic units invested and established by natural persons, or controlled by natural persons using employed labour. Included in this category are private limited liability corporations, private share-holding corporations Ltd., private partnership enterprises and private-funded enterprises registered in accordance with the *Corporation Law, Partnership Enterprises Law and Interim Regulations on Private Enterprises*.

Other Domestic-funded Enterprises refer to domestic-funded economic units other than those mentioned above.

Joint-venture Enterprises with Funds from Hong Kong, Macau and Taiwan refer to enterprises jointly established by investors from Hong Kong, Macau and Taiwan with enterprises in the mainland of China in accordance with the *Law of the Peoples Republic of China on Sino-foreign Joint Venture Enterprises* and other relevant laws, where the share of investment, profits and risks is stipulated in the contract.

Cooperative Enterprises with Funds from Hong Kong Macau and Taiwan established by investors from Hong Kong, Macau and Taiwan with enterprises in the mainland of China in accordance with the *Law of the Peoples Republic of China on Sino-foreign Cooperative Enterprises* and other relevant laws, where the investment or provision of facilities, and the share of profits and risks is stipulated in the cooperative contract.

Enterprises with Sole (exclusive) Investment from Hong Kong, Macau and Taiwan refer to enterprises established in the mainland of China with exclusive investment from investors from Hong Kong, Macau and Taiwan in accordance with the *Law of the Peoples Republic of China on Foreign-Funded Enterprises* and other relevant laws.

Share-holding Corporations Ltd. with Investment from Hong Kong, Macau and Taiwan refer to share-holding corporations Ltd. established with the approval from the Ministry of Foreign Trades and Economic Relations in line with relevant state regulations, where the share of investment from Hong Kong, Macau or Taiwan businessmen exceeds 25% of the total registered capital of the corporation. In case the share of investment from Hong Kong, Macau or Taiwan is less than 25% of the total registered capital, the enterprise is to be classified as domestic-funded share-holding corporation Ltd.

Joint-venture Enterprises with Foreign Investment refer to enterprises jointly established by foreign enterprises or foreigners with enterprises in the mainland of China in accordance with the *Law of the Peoples Republic of China on Sino-foreign Joint Venture Enterprises* and other relevant laws, where the share of investment, profits and risks is stipulated in the contract.

Cooperation Enterprises with Foreign Investment refer to enterprises jointly established by foreign enterprises or foreigners with enterprises in the mainland of China in accordance with the *Law of the Peoples Republic of China on Sino-foreign Cooperative Enterprises* and other relevant laws,where the investment or provision of facilities, and the share of profits and risks is stipulated in the cooperative contract.

Enterprises with Sole (exclusive) Foreign Investment refer to enterprises established in the mainland of China with exclusive investment from foreign investors in accordance with the *Law of the Peoples Republic of China on Foreign-Funded Enterprises* and other relevant laws.

Share-holding Corporations Ltd. with Foreign Investment refer to share-holding corporations Ltd. established with the approval from the Ministry of Foreign Trades and Economic Relations in line with relevant investment from foreign investors exceeds 25% of the total registered capital of the corporation. In case the share of foreign investment is less than 25% of the total registered capital, the enterprise is to be classified as domestic-funded share-holding corporation Ltd.

Government Agencies, Institutions and Social Organizations are classified into following categories by source of funds and way of management taking reference of the registration status of enterprises:

(1) Government Agencies: include state and party agencies, classified in principle as "state-owned". There are exceptions, such as supply and marketing cooperatives which are classified as "collective".

(2) Institutions: include institutions of various types established with the approval by organization and staffing departments of the government, but exclude institutions where enterprise management system is introduced. Institutions are further classified as follows:

(a) Institutions whose main budget is listed in the government budget appropriations or extra-budget funds, or allocated from the budget of their competent government agencies. Such institutions are classified as "state-owned".

(b) Institutions whose budget mainly comes from collective units. Such institutions are classified as "collective".

(c) Institutions other than those mentioned above whose source of budget is not clear. Such institutions are classified by way of management.

(3) Social Organizations: include social organizations established with the approval from the Ministry of Civil Affairs, and organizations that are not covered by social organization management regulations such as Trades unions, women's federations etc.. Social organizations are further classified as follows:

(a) Social organizations that are not covered by social organization management regulations of the Ministry of Civil Affairs such as Trades unions, women's federations, communist youth leagues, youth associations, industrial and commerce associations, scientists associations, overseas Chinese associations, etc., foundations and fund management organizations established with funds from the state, and social organizations whose funds mainly come from the budget of their competent government agencies. Such institutions are classified as "state-owned".

(b) Social organizations whose budget mainly comes from collective units. Such institutions are classified as "collective".

(c) Social organizations established by individual or a group of citizens, which are classified as "private".

(d) Social organizations other than those mentioned above whose source of budget is not clear. Such organizations are classified by manner of management.

第二篇　国民经济核算

Chapter 2　National Economy Accounting

资料整理：孙晓峰 陈玲

Database Editor: Sunxiaofeng Chenling

简 要 说 明

本篇资料的主要内容及来源

国民经济核算篇主要包括福建省地区生产总值及其增长、结构、三次产业对经济增长的贡献、消费水平等方面的资料。

1993 年以后福建省地区生产总值的数据已按照国家统计局制定的统一方案，根据 2004 年经济普查资料采用国际上通用的“总趋势离差法”进行了调整。

本篇资料来源于国民经济核算统计报表，由省统计局国民经济核算处整理提供。

Brief Introduction

Main Content and Source of Data

Data in the chapter reflect the overall situation and development of economy on the macro level, including growth rate and components of GDP, share of the three industries to the increase of GDP and household consumption expenditure.

Historical data of GDP were recompiled in accordance with the uniform plan of NBS and revised by trend approach.

Data in this chapter are prepared according to the data of national accounts and compiled by the Division of National Accounts of Fujian Provincial Bureau of Statistics.

2-1 主要社会经济效益指标

Main Indicators on Economic Efficiency

项目 Item	2000	2005	2007	2008	2009	2010	2011
社会劳动生产率 （元/人） Overall Labor Productivity(yuan/person)	**22878**	**35599**	**46652**	**52858**	**57602**	**67754**	**79254**
总产出中间投入率 （%） Ratio of Input to Total Output (%)	**61.9**	**61.4**	**61.6**	**62.6**	**62.3**	**62.1**	**63.2**
第一产业 Primary Industry	38.2	39.7	40.8	41.1	40.9	40.9	41.0
第二产业 Secondary Industry	73.5	72.1	72.3	72.8	72.8	71.7	72.6
工业 Industry	73.9	72.2	72.8	73.2	73.3	72.4	73.0
建筑业 Construction	70.9	71.4	68.2	70.0	70.0	67.5	69.7
第三产业 Tertiary Industy	44.2	34.2	38.1	41.6	39.4	41.4	42.5
#交通运输、仓储和邮政业 Transport,Storage,Post and Telecommunication Services	47.2	46.6	46.0	54.8	54.4	55.7	56.3
批发和零售业 Wholesale,Retail Trade and Catering Services	44.0	22.9	19.9	28.8	27.7	28.6	30.3
增加值率 （%） Value-added Rate (%)	**38.1**	**38.6**	**38.4**	**37.4**	**37.7**	**37.9**	**36.8**
第一产业 Primary Industry	61.8	60.3	59.2	58.9	59.1	59.1	59.0
第二产业 Secondary Industry	26.5	27.9	27.7	27.2	27.2	28.3	27.4
工业 Industry	26.1	27.8	27.2	26.8	26.7	27.6	27.0
建筑业 Construction	29.1	28.6	31.8	30.0	30.0	32.5	30.3
第三产业 Tertiary Industy	55.8	65.8	61.9	58.4	60.6	58.6	57.5
#交通运输、仓储和邮政业 Transport, Storage, Post and Telecommunication Services	52.8	53.4	54.0	45.2	45.6	44.3	43.7
批发和零售业 Wholesale and Retail Trade	56.0	77.1	80.1	71.2	72.3	71.4	69.7

注：1.本表均按当年价格计算；2.本部分2004年及以前年份第一产业，不包括农林牧渔服务业。交通运输、仓储和邮政业包括电信业，但不包括城市公共交通业。批发和零售业包括餐饮业。

Note:a)Data in this table are caculated at current prices. b)Primary industry before 2004 exclude services of farming,forestry,animal,husbandry and fishery. The Data of transport, storage,post and telecommunication services include telecommunication, but exclude urban public transport. The Data of wholesale and retail trade include catering services.

2-2 主要年份总产出

Total Output in Selected Years

(100 million yuan)

年份 Year	总产出（亿元） Output (100 million yuan)	第一产业 Primary Industy	第二产业 Secondary Industy	第三产业 Tertiary Industy	总产出指数 Indices 以1952为100 (year of 1952=100)	总产出指数 Indices 以上年为100 (preceding year=100)
1952	18.43	11.07	4.70	2.66	100.0	124.5
1957	35.64	17.05	10.59	8.00	192.6	105.5
1962	42.16	14.81	13.84	13.51	206.5	98.4
1965	54.35	18.80	21.45	14.10	287.7	113.4
1970	67.81	21.12	29.79	16.90	365.1	118.0
1975	96.03	27.06	51.33	17.64	506.0	104.8
1978	138.83	36.33	73.71	28.79	710.6	121.7
1979	155.69	43.11	83.80	28.78	764.6	107.6
1980	169.83	45.49	95.85	28.49	831.7	108.8
1981	204.17	56.11	103.73	44.33	960.5	115.5
1982	229.65	63.73	116.27	49.65	1057.9	110.1
1983	253.07	68.08	126.43	58.56	1140.8	107.8
1984	306.08	80.66	159.41	66.01	1344.9	117.9
1985	399.54	99.05	210.91	89.58	1645.3	122.3
1986	466.22	107.07	249.31	109.84	1802.0	109.5
1987	603.52	132.97	316.59	153.96	2156.0	119.6
1988	838.36	182.00	451.80	204.56	2565.6	119.0
1989	1040.95	209.92	554.54	276.49	2898.2	113.0
1990	1175.79	227.12	600.94	347.73	3244.1	111.9
1991	1428.36	253.51	747.33	427.52	3811.4	117.5
1992	1910.42	295.54	1053.44	561.44	4895.9	128.5
1993	2993.36	386.34	1743.08	863.94	6564.2	134.1
1994	4229.26	574.05	2422.96	1232.25	8562.5	130.4
1995	5483.28	738.63	3244.08	1500.57	10041.8	117.3
1996	6419.24	850.67	3776.66	1791.91	11642.0	115.9
1997	7436.80	925.56	4462.70	2048.54	13690.5	117.6
1998	8220.00	973.37	4978.46	2268.17	15280.3	111.6
1999	8877.25	1010.82	5410.96	2455.47	16989.2	111.2
2000	9870.58	1037.27	6154.43	2678.88	18759.6	110.4
2001	10506.33	1061.61	6591.76	2852.96	20560.0	109.6
2002	11324.01	1088.70	7252.42	2982.89	23028.4	112.0
2003	12866.74	1135.20	8462.96	3268.58	26154.9	113.6
2004	14912.98	1301.21	10008.78	3602.99	29629.1	113.3
2005	16995.93	1373.03	11385.95	4236.95	33523.8	113.2
2006	19833.74	1445.08	13329.91	5058.74	37533.4	112.0
2007	24160.16	1692.16	16197.54	6270.47	43725.7	116.5
2008	28960.02	1965.02	19557.35	7437.65	50656.1	115.8
2009	32436.81	2001.24	22110.23	8325.34	58001.2	114.5
2010	38915.25	2307.05	26616.53	9991.67	66974.0	115.5
2011	47739.92	2730.93	33045.93	11963.06	77555.9	115.8

2-3 总产出

Total Output

单位：亿元 (100 million yuan)

项目 Item	2000	2005	2007	2008	2009	2010	2011
总产出(亿元) Total Output(100 million yuan)	**9870.58**	**16995.93**	**24160.16**	**28960.02**	**32436.81**	**38915.25**	**47739.92**
第一产业 Primary Industry	1037.27	1373.03	1692.16	1965.02	2001.24	2307.05	2730.93
第二产业 Secondary Industry	6154.43	11385.95	16197.54	19557.35	22110.23	26616.53	33045.93
工业 Industry	5447.13	10065.44	14341.78	17141.44	19115.57	23152.34	28440.16
建筑业 Construction	707.30	1320.52	1855.76	2415.91	2994.66	3464.19	4605.77
第三产业 Tertiary industy	2678.88	4236.95	6270.47	7437.65	8325.34	9991.67	11963.06
#交通运输、仓储和邮政业 Transport,Storage,Post and Telecommunication Services	777.53	844.23	1173.59	1556.13	1649.35	1965.92	2203.69
批发和零售业 Wholesale,Retail Trade and Catering Services	713.07	741.74	962.31	682.44	1443.96	1835.11	2168.49
总产出指数(上年=100) Indices of Total Output(preceding year=100)	**110.4**	**113.2**	**116.5**	**115.8**	**114.5**	**115.5**	**115.8**
第一产业 Primary Industry	103.1	102.9	104.5	105.7	105.0	103.5	104.1
第二产业 Secondary Industry	112.2	113.5	118.8	116.9	115.1	117.5	118.7
工业 Industry	113.1	114.4	119.0	116.5	113.6	119.5	118.2
建筑业 Construction	101.2	105.7	116.9	120.4	126.8	103.3	121.5
第三产业 Tertiary industy	107.5	116.0	113.7	115.5	115.2	112.2	111.0
#交通运输、仓储和邮政业 Transport,Storage,Post and Telecommunication Services	108.9	107.5	109.9	125.9	110.8	112.1	109.4
批发和零售业 Wholesale,Retail Trade and Catering Services	105.6	110.0	106.5	126.4	117.7	114.1	112.2
总产出构成(%) Composition of Total Output(%)	**100.0**	**100.0**	**100.0**	**100.0**	**100.0**	**100.0**	**100.0**
第一产业 Primary Industry	10.5	8.1	7.0	6.8	6.2	5.9	5.7
第二产业 Secondary Industry	62.4	67.0	67.0	67.5	68.1	68.4	69.2
工业 Industry	55.2	59.2	59.4	59.2	58.9	59.5	59.6
建筑业 Construction	7.2	7.8	7.6	8.3	9.2	8.9	9.6
第三产业 Tertiary industy	27.1	24.9	26.0	25.7	25.7	25.7	25.1
#交通运输、仓储和邮政业 Transport,Storage,Post and Telecommunication Services	7.9	5.0	4.9	5.4	5.1	5.1	4.6
批发和零售业 Wholesale and Retail Trade	7.2	4.4	4.0	4.4	4.5	4.7	4.5

2-4 主要年份地区生产总值

Gross Domestic Product in Selected Years

单位：亿元 (100 million yuan)

年份 Year	地区生产总值 Gross Domestic Product	第一产业 Primary Industry	第二产业 Secondary Industry	工业 Industry	建筑业 Construction	第三产业 Tertiary Industy	人均GDP（元） Per Capita GDP (yuan)
1952	12.73	8.39	2.42	2.17	0.25	1.92	102
1957	22.03	12.31	5.20	4.23	0.97	4.52	154
1962	22.12	10.26	5.12	4.00	1.12	6.74	137
1965	28.81	13.48	8.31	6.55	1.76	7.02	166
1970	34.70	15.34	10.64	8.56	2.08	8.72	173
1975	46.48	19.43	17.81	14.29	3.52	9.24	203
1978	66.37	23.93	28.19	23.85	4.34	14.25	273
1979	74.11	27.97	31.37	26.20	5.17	14.77	300
1980	87.06	31.95	35.68	29.55	6.13	19.43	348
1981	105.62	39.30	39.75	33.16	6.59	26.57	416
1982	117.81	44.24	42.92	35.25	7.67	30.65	457
1983	127.76	47.27	46.05	37.76	8.29	34.44	487
1984	157.06	55.72	56.39	44.47	11.92	44.95	591
1985	200.48	68.13	72.56	62.09	10.47	59.79	737
1986	222.54	72.24	82.19	67.06	15.13	68.11	809
1987	279.24	89.24	101.28	82.69	18.59	88.72	999
1988	383.21	118.16	141.82	120.45	21.37	123.23	1349
1989	458.40	135.77	163.82	142.45	21.37	158.81	1589
1990	522.28	147.01	174.47	150.55	23.92	200.80	1763
1991	619.87	168.64	217.74	188.29	29.45	233.49	2041
1992	784.68	194.87	291.60	241.78	49.82	298.21	2557
1993	1114.20	254.36	455.79	381.95	73.84	404.05	3556
1994	1644.39	362.90	720.97	618.06	102.91	560.52	5193
1995	2094.90	464.82	882.34	748.92	133.42	747.74	6526
1996	2484.25	537.38	1026.64	875.50	151.14	920.23	7646
1997	2870.90	576.63	1214.81	1039.62	175.19	1079.46	8775
1998	3159.91	610.04	1335.05	1132.79	202.26	1214.82	9603
1999	3414.19	628.86	1434.30	1230.22	204.08	1351.03	10323
2000	3764.54	640.57	1628.45	1422.34	206.11	1495.52	11194
2001	4072.85	651.11	1803.50	1586.48	217.02	1618.24	11691
2002	4467.55	664.78	2036.97	1808.95	228.02	1765.80	12739
2003	4983.67	692.94	2340.82	2061.31	279.51	1949.91	14125
2004	5763.35	786.84	2770.49	2438.62	331.87	2206.02	16235
2005	6554.69	827.36	3175.92	2801.88	374.05	2551.41	18353
2006	7583.85	865.98	3695.04	3230.49	464.56	3022.83	21105
2007	9248.53	1002.11	4476.42	3896.76	579.66	3770.00	25582
2008	10823.01	1158.17	5318.44	4593.24	725.20	4346.40	29755
2009	12236.53	1182.74	6005.30	5106.38	898.92	5048.49	33437
2010	14737.12	1363.67	7522.83	6397.71	1125.12	5850.62	40025
2011	17560.18	1612.24	9069.20	7675.09	1394.11	6878.74	47377

2-5 主要年份地区生产总值构成

Composition of Gross Domestic Product in Selected Years

单位：% (%)

年份 Year	地区生产总值 Gross Domestic Product	第一产业 Primary Industry	第二产业 Secondary Industry	工业 Industry	建筑业 Construction	第三产业 Tertiary Industy
1952	100.0	65.9	19.0	17.0	2.0	15.1
1957	100.0	55.9	23.6	19.2	4.4	20.5
1962	100.0	46.4	23.1	18.1	5.1	30.5
1965	100.0	46.8	28.8	22.8	6.1	24.4
1970	100.0	44.2	30.7	24.7	6.0	25.1
1975	100.0	41.8	38.3	30.7	7.6	19.9
1978	100.0	36.0	42.5	35.9	6.5	21.5
1979	100.0	37.8	42.3	35.4	7.0	19.9
1980	100.0	36.7	41.0	33.9	7.0	22.3
1981	100.0	37.2	37.6	31.4	6.2	25.2
1982	100.0	37.6	36.4	29.9	6.5	26.0
1983	100.0	37.0	36.0	29.6	6.5	27.0
1984	100.0	35.5	35.9	28.3	7.6	28.6
1985	100.0	34.0	36.2	31.0	5.2	29.8
1986	100.0	32.5	36.9	30.1	6.8	30.6
1987	100.0	31.9	36.3	29.6	6.7	31.8
1988	100.0	30.8	37.0	31.4	5.6	32.2
1989	100.0	29.6	35.7	31.1	4.7	34.7
1990	100.0	28.1	33.4	28.8	4.6	38.4
1991	100.0	27.2	35.1	30.4	4.8	37.7
1992	100.0	24.8	37.2	30.8	6.3	38.0
1993	100.0	22.8	40.9	34.3	6.6	36.3
1994	100.0	22.1	43.8	37.6	6.3	34.1
1995	100.0	22.2	42.1	35.7	6.4	35.7
1996	100.0	21.6	41.3	35.2	6.1	37.1
1997	100.0	20.1	42.3	36.2	6.1	37.6
1998	100.0	19.3	42.3	35.8	6.5	38.4
1999	100.0	18.4	42.0	36.0	6.0	39.6
2000	100.0	17.0	43.3	37.8	5.5	39.7
2001	100.0	16.0	44.3	39.0	5.3	39.7
2002	100.0	14.9	45.6	40.5	5.1	39.5
2003	100.0	13.9	47.0	41.4	5.6	39.1
2004	100.0	13.7	48.1	42.3	5.8	38.3
2005	100.0	12.6	48.5	43.3	5.4	38.9
2006	100.0	11.4	48.7	43.7	5.7	39.9
2007	100.0	10.8	48.4	43.4	5.7	40.8
2008	100.0	10.7	49.1	42.4	6.7	40.2
2009	100.0	9.7	49.1	41.7	7.4	41.2
2010	100.0	9.3	51.0	43.4	7.6	39.7
2011	100.0	9.2	51.6	43.7	7.9	39.2

注：2004年以前年份第一产业增加值不含农林牧渔服务业。

Note:The value-added of primary industry before 2004 exclude services of farming , forestry , animal , husbandry and fishery.

2-6 分行业地区生产总值

Gross Pomestic Product by Sector

单位：亿元 (100 million yuan)

项目 Item	2000	2005	2007	2008	2009	2010	2011
地区生产总值 Gross Pomestic Product	**3764.54**	**6554.69**	**9248.53**	**10823.01**	**12236.53**	**14737.12**	**17560.18**
第一产业 Primary Industry	**640.57**	**827.36**	**1002.11**	**1158.17**	**1182.74**	**1363.67**	**1612.24**
农、林、牧、渔业 Agriculture , Forestry , Animal Husbandry and Fishery		827.36	1002.11	1158.17	1182.74	1363.67	1612.24
农业 Agriculture		356.1	435.62	484.22	522.67	616.32	716.77
林业 Forestry		65.23	78.78	97.26	104.99	122.08	153.08
畜牧业 Animal Husbandry		143.36	179.5	223.96	192.22	198.53	250.14
渔业 Fishery		227.84	266.41	307.62	316.08	376.37	436.93
农、林、牧、渔服务业 Services of Agriculture , Forestry , Animal Husbandry and Fishery		34.83	41.8	45.11	46.78	50.37	55.32
第二产业 Secondary Industry	**1628.45**	**3175.92**	**4476.42**	**5318.44**	**6005.3**	**7522.83**	**9069.2**
工业 Industry	1422.34	2801.88	3896.76	4593.24	5106.38	6397.71	7675.09
采矿业 Mining and Quarrying		83.25	143.12	198.42	252.54	313.39	403.91
制造业 Manufacturing		2496.73	3450.72	4111.11	4555.67	5731.47	6912.22
电力、燃气及水的生产和供应业 Production and Supply of Electric Power, Gas,Water		221.9	302.92	283.71	298.17	352.85	358.96
建筑业 Construction	206.11	374.05	579.66	725.2	898.92	1125.12	1394.11
第三产业 Tertiary Industy	**1495.52**	**2551.41**	**3770**	**4346.4**	**5048.49**	**5850.62**	**6878.74**
交通运输、仓储和邮政业 Transport, Storage and Post Services	410.66	447.2	626.32	703.72	751.42	871.16	963.85
信息传输、计算机服务和软件业 Information Transmission, Computer Software and Services		184.93	269.35	290.64	314.29	344.19	373.73
批发和零售业 Wholesale and Retail Trade	399.11	571.3	769.15	897.32	1043.42	1310.94	1511.29
住宿和餐饮业 Lodgings and Catering Services		120.84	175.1	205.57	235.98	266.47	300.35
金融业 Finance	118.85	186.12	385.84	497.65	612.2	767.58	862.41
房地产业 Real Estate	147.60	331.8	511.5	506.98	656.61	679.03	911.16
租赁和商务服务业 Rent and Business Services		82.03	144.75	177.7	208.52	237.04	342.97
科学研究、技术服务和地质勘查业 Scientific Reseach, Ploytechnic Services and Geological Prospecting		36.83	59.61	71.06	90.69	103.13	121.89
水利、环境和公共设施管理业 Water Conservancy, Environment and Public Facilities Management		18.28	24.87	27.42	30.51	51.18	57.12
居民服务和其他服务业 Resident Services and Others		113.65	162.15	203.12	261.42	265.81	314.65
教育 Education		169.62	231.32	266.22	239.05	269.91	293.96
卫生、社会保障和社会福利业 Health Care, Social Ensure and Walfare		75.49	98.84	114.04	164.36	206.54	260.68
文化、体育和娱乐业 Culture, Sports and Entertainment		45.94	79.54	98.76	110.93	124.87	152.38
公共管理和社会组织 Public Management and Social Organizations		167.4	231.67	286.2	329.09	352.77	412.3
国际组织 National Organizations							

2-7 主要年份地区生产总值指数(上年=100)

Indices of Gross Domestic Product in Selected Years(preceding year=100)

单位：以上年为100 (preceding year=100)

年份 Year	地区生产总值 Gross Domestic Product	第一产业 Primary Industry	第二产业 Secondary Industry	工业 Industry	建筑业 Construction	第三产业 Tertiary Industy	人均GDP Per Capita GDP
1952	123.3	112.1	131.5	145.7	138.9	119.3	121.1
1957	106.7	109.5	95.3	124.2	50.4	117.3	103.0
1962	98.6	107.6	94.2	79.4	155.7	94.6	96.4
1965	110.9	111.5	120.3	126.2	101.2	100.4	107.5
1970	109.9	105.0	123.2	112.9	101.9	101.0	105.7
1975	102.9	100.5	106.6	108.7	98.2	101.1	100.5
1978	117.8	101.5	132.4	138.7	90.4	121.5	115.6
1979	105.5	104.9	109.7	107.0	137.4	99.0	103.9
1980	118.4	113.9	118.1	113.5	155.1	125.7	117.2
1981	115.5	108.5	110.3	113.8	91.0	136.3	114.0
1982	109.3	106.8	108.2	104.5	134.9	114.2	107.5
1983	106.2	104.7	107.3	107.4	106.7	106.5	104.4
1984	117.9	110.1	120.3	124.9	93.7	124.3	116.3
1985	117.6	105.3	123.3	124.2	115.8	123.5	114.9
1986	105.7	102.1	113.0	105.2	177.0	99.4	104.5
1987	113.6	110.5	110.0	117.1	75.4	121.9	111.8
1988	114.3	102.6	125.1	132.7	67.6	109.7	112.6
1989	107.8	109.7	104.9	108.5	51.2	110.7	106.1
1990	107.5	101.7	108.1	109.3	63.6	111.4	104.7
1991	114.2	109.1	122.0	123.7	111.2	111.5	111.4
1992	120.3	110.5	128.5	126.8	140.6	120.0	119.0
1993	122.6	109.4	135.9	139.5	112.8	118.3	120.1
1994	120.3	109.3	132.6	133.9	122.0	113.0	119.0
1995	114.6	109.5	117.3	116.4	125.2	114.2	113.0
1996	113.3	108.8	114.3	115.2	107.6	114.6	112.0
1997	114.0	108.0	116.1	116.5	113.4	114.5	113.2
1998	110.8	106.7	112.4	112.5	111.6	110.8	110.2
1999	109.9	105.7	111.5	112.5	101.9	109.9	109.3
2000	109.3	102.6	111.2	112.2	100.4	110.0	107.5
2001	108.7	103.5	110.2	110.8	105.6	109.2	104.9
2002	110.2	102.7	113.8	115.1	104.2	109.2	109.1
2003	111.5	103.3	115.6	115.4	117.7	109.7	110.8
2004	111.8	104.4	114.9	115.3	111.3	110.8	111.2
2005	111.6	102.7	112.3	112.3	111.7	113.7	110.9
2006	114.8	100.8	116.6	116.0	121.5	117.1	114.1
2007	115.2	103.9	118.2	118.5	116.4	114.6	114.5
2008	113.0	105.0	115.1	115.0	115.6	112.3	112.3
2009	112.3	104.7	113.7	113.0	118.8	112.3	111.6
2010	113.9	103.3	118.1	118.0	119.3	110.6	113.2
2011	112.3	104.4	116.2	116.7	113.3	109.1	111.6

2-8 主要年份地区生产总值指数(1952年=100)

Indices of Gross Domestic Product in Selected Years(year of 1952=100)

单位：以1952年为100 (year of 1952=100)

年份 Year	地区生产总值 Gross Domestic Product	第一产业 Primary Industry	第二产业 Secondary Industry	工业 Industry	建筑业 Construction	第三产业 Tertiary Industy	人均GDP Per Capita GDP
1952	100.0	100.0	100.0	100.0	100.0	100.0	100.0
1957	172.0	137.1	226.0	200.7	452.0	233.3	150.0
1962	159.8	86.4	259.5	193.1	885.4	317.5	122.3
1965	215.1	132.1	363.8	319.7	759.5	348.9	153.2
1970	255.9	146.5	480.3	425.5	969.2	400.0	157.4
1975	331.5	171.0	810.3	723.4	1495.8	423.9	179.7
1978	451.2	188.5	1207.1	1197.8	1095.1	698.2	229.5
1979	476.1	197.7	1324.7	1282.1	1505.1	690.9	238.3
1980	563.9	225.3	1564.4	1455.1	2334.6	868.4	279.3
1981	651.1	244.4	1725.4	1655.8	2124.0	1183.8	318.2
1982	711.6	261.1	1866.4	1731.0	2865.6	1351.6	342.1
1983	755.3	273.2	2002.4	1858.8	3057.8	1439.1	357.2
1984	890.7	300.8	2408.9	2321.9	2865.6	1788.3	415.3
1985	1047.5	316.7	2968.2	2884.7	3318.8	2207.8	477.4
1986	1107.3	323.4	3354.0	3033.9	5873.0	2194.6	498.8
1987	1257.9	357.5	3689.9	3554.0	4426.5	2674.7	557.7
1988	1437.6	366.7	4616.0	4716.4	2993.7	2933.4	627.7
1989	1549.3	402.3	4842.1	5118.2	1533.5	3246.6	665.9
1990	1665.8	409.0	5233.3	5595.3	975.0	3615.6	696.9
1991	1902.8	446.1	6384.1	6919.7	1084.3	4030.9	776.4
1992	2288.8	492.8	8205.4	8776.3	1524.9	4835.4	924.1
1993	2806.2	539.0	11153.4	12245.5	1719.7	5720.9	1109.8
1994	3375.7	589.0	14790.3	16402.4	2097.4	6461.8	1320.9
1995	3869.0	644.9	17347.3	19090.2	2625.3	7376.8	1493.2
1996	4384.0	701.5	19836.0	21987.4	2824.9	8455.2	1671.7
1997	4998.3	757.7	23037.7	25605.2	3204.0	9679.2	1893.1
1998	5538.0	808.3	25890.5	28798.0	3576.2	10720.4	2085.4
1999	6086.9	854.3	28860.0	32407.2	3644.2	11777.1	2279.9
2000	6653.7	876.2	32080.0	36372.6	3660.4	12954.3	2451.1
2001	7229.8	906.9	35339.6	40308.3	3865.7	14150.5	2570.9
2002	7964.4	931.4	40210.4	46395.4	4029.4	15453.7	2805.6
2003	8877.3	962.2	46501.5	53537.1	4741.1	16958.1	3108.2
2004	9927.7	1004.9	53417.5	61744.0	5276.4	18784.7	3455.0
2005	11079.3	1031.5	59968.7	69361.6	5892.1	21357.2	3831.0
2006	12719.0	1039.4	69938.6	80438.8	7160.7	25010.5	4371.8
2007	14652.3	1079.5	82670.5	95284.9	8335.3	28655.6	5004.6
2008	16557.1	1133.2	95139.3	109593.1	9632.7	32174.5	5619.0
2009	18595.9	1186.5	108138.7	123788.4	11444.8	36143.2	6272.6
2010	21180.7	1225.7	127711.8	146008.6	13655.5	39974.4	7101.4
2011	23785.9	1279.6	148401.1	170392.0	15471.7	43612.1	7925.2

2-9 三次产业对经济增长的贡献及拉动(1980-2011年)

Contribution Share and Contribution of the Three Components of GDP to the Growth of GDP(1980-2011)

单位：%　　(%)

年份 Year	贡献率 Contribution Share				地区生产总值增长率 Growth of Gross rate Domestic Product	拉动（百分点）Contribution（percentage point）			
	第一产业 Primary Industry	第二产业 Secondary Industry	#工业 Industry	第三产业 Tertiary Industry		第一产业 Primary Industry	第二产业 Secondary Industry	#工业 Industry	第三产业 Tertiary Industry
1980	25.1	43.2	28.6	31.7	18.4	4.6	8.0	5.3	5.8
1981	20.6	26.6	29.9	52.8	15.5	3.2	4.1	4.6	8.2
1982	26.0	33.5	16.3	40.5	9.3	2.4	3.1	1.5	3.8
1983	26.1	44.7	38.6	29.2	6.2	1.6	2.8	2.4	1.8
1984	19.2	43.1	45.1	37.7	17.9	3.4	7.7	8.1	6.8
1985	9.5	51.4	47.3	39.1	17.6	1.7	9.0	8.3	6.9
1986	10.4	92.8	32.9	-3.2	5.7	0.6	5.3	1.9	-0.2
1987	21.3	32.1	45.6	46.6	13.6	2.9	4.4	6.2	6.3
1988	4.9	74.1	85.3	21.0	14.3	0.7	10.6	12.2	3.0
1989	29.9	29.1	47.4	41.0	7.8	2.3	2.3	3.7	3.2
1990	5.4	48.3	55.0	46.3	7.7	0.4	3.6	4.1	3.5
1991	19.0	50.9	47.4	30.1	14.4	2.7	7.2	6.7	4.3
1992	14.7	49.5	40.8	35.8	20.3	3.0	10.0	8.3	7.3
1993	10.8	59.8	56.9	29.4	22.6	2.4	13.5	12.9	6.7
1994	10.6	67.0	62.0	22.4	20.3	2.2	13.6	12.6	4.5
1995	13.7	54.4	46.2	31.9	14.6	2.0	7.9	6.8	4.7
1996	13.3	50.7	47.7	36.0	13.3	1.8	6.7	6.4	4.8
1997	11.0	54.7	50.0	34.3	14.0	1.5	7.7	7.0	4.8
1998	11.4	55.4	50.2	33.2	10.8	1.2	6.0	5.4	3.6
1999	10.1	56.8	55.8	33.1	9.9	1.0	5.6	5.5	3.3
2000	4.7	59.6	59.4	35.7	9.3	0.4	5.6	5.5	3.3
2001	6.9	50.7	47.2	42.4	8.7	0.6	4.4	4.1	3.7
2002	4.3	59.5	57.3	36.2	10.2	0.4	6.1	5.8	3.7
2003	4.3	62.0	54.2	33.7	11.5	0.5	7.1	6.2	3.9
2004	5.2	59.2	54.2	35.6	11.8	0.6	7.0	6.4	4.2
2005	3.0	51.3	46.0	45.7	11.6	0.3	6.0	5.3	5.3
2006	0.7	54.4	46.1	45.0	14.8	0.1	8.0	6.8	6.7
2007	2.8	59.1	52.5	38.1	15.2	0.4	9.0	8.0	5.8
2008	3.8	58.8	51.4	37.4	13.0	0.5	7.6	6.7	4.9
2009	3.6	57.1	47.6	39.3	12.3	0.5	7.0	5.9	4.8
2010	2.1	67.9	58.7	30.0	13.9	0.3	9.4	8.2	4.2
2011	3.3	67.2	59.0	29.5	12.3	0.4	8.3	7.3	3.6

2-10 主要年份按收入法计算的地区生产总值

Gross Domestic Product by Income Approach in Selected Years

单位：亿元　(100 million yuan)

年份 Year	地区生产总值 Gross Regional Product	劳动者报酬 Compensation of Employees	生产税净额 Net Taxes on Production	固定资产折旧 Depreciation of Fixed Assets	营业盈余 Operating Surplus	占地区生产总值比重（%）Ratio(%) 劳动者报酬 Compensation of Employees	生产税净额 Net Taxes on Production	固定资产折旧 Depreciation of Fixed Assets	营业盈余 Depreciation of Fixed Assets
1978	66.37	42.16	7.07	5.85	11.29	63.5	10.7	8.8	17.0
1979	74.11	47.78	7.75	6.48	12.1	64.5	10.5	8.7	16.3
1980	87.06	55.96	8.97	7.55	14.58	64.3	10.3	8.7	16.7
1981	105.62	68.13	10.45	9.22	17.82	64.5	9.9	8.7	16.9
1982	117.81	76.46	11.34	10.21	19.8	64.9	9.6	8.7	16.8
1983	127.76	82.74	12.24	11.12	21.66	64.8	9.6	8.7	17.0
1984	157.06	101.47	14.8	13.84	26.95	64.6	9.4	8.8	17.2
1985	200.48	126.06	19.89	18.38	36.15	62.9	9.9	9.2	18.0
1986	222.54	139.73	21.78	20.54	40.49	62.8	9.8	9.2	18.2
1987	279.24	175.22	27.25	25.84	50.93	62.7	9.8	9.3	18.2
1988	383.21	241.25	39.27	35.49	67.2	63.0	10.2	9.3	17.5
1989	458.40	281.5	46.73	43.13	87.04	61.4	10.2	9.4	19.0
1990	522.28	322.04	50.9	51.24	98.1	61.7	9.7	9.8	18.8
1991	619.87	376.87	62.25	63.31	117.44	60.8	10.0	10.2	18.9
1992	784.68	472.85	80.58	79.79	151.46	60.3	10.3	10.2	19.3
1993	1114.20	623.02	125.34	114.12	251.72	55.9	11.2	10.2	22.6
1994	1644.39	832.09	184.89	155.7	471.71	50.6	11.2	9.5	28.7
1995	2094.90	1101.69	210.71	231.67	550.82	52.6	10.1	11.1	26.3
1996	2484.25	1291.05	247.08	284.74	661.38	52.0	9.9	11.5	26.6
1997	2870.90	1498.69	275.15	345.43	751.62	52.2	9.6	12.0	26.2
1998	3159.91	1650.26	316.66	388.04	804.95	52.2	10.0	12.3	25.5
1999	3414.19	1769.6	345.36	431.13	868.11	51.8	10.1	12.6	25.4
2000	3764.54	1824.79	371.62	491.48	1076.64	48.5	9.9	13.1	28.6
2001	4072.85	1960.79	392.29	555.29	1164.49	48.1	9.6	13.6	28.6
2002	4467.55	2172.3	434.87	630.3	1230.08	48.6	9.7	14.1	27.5
2003	4983.67	2412.18	522.41	735.98	1313.1	48.4	10.5	14.8	26.3
2004	5763.35	2539.45	780.6	704.03	1739.27	44.1	13.5	12.2	30.2
2005	6554.69	2890.79	868.51	914.15	1881.24	44.1	13.3	13.9	28.7
2006	7583.85	3334.3	1019.66	989.48	2240.42	44.0	13.4	13.0	29.5
2007	9248.53	3997.16	1314.35	1070.74	2866.27	43.2	14.2	11.6	31.0
2008	10823.01	5728.03	1334.19	1317.13	2443.65	52.9	12.3	12.2	22.6
2009	12236.53	6510.05	1553.2	1412.19	2761.08	53.2	12.7	11.5	22.6
2010	14737.12	7400.03	1867.67	1562.99	3906.43	50.2	12.7	10.6	26.5
2011	17560.18	8741.77	2287.51	1834.11	4696.79	49.8	13.0	10.4	26.7

2-11 主要年份第三产业增加值

Value-added of the Tertiary Industry in Selected Years

单位：亿元 (100 million yuan)

年份 Year	第三产业 Tertiary Industy	#交通运输、仓储和邮政业 Transport,Storage and Post	#批发和零售业 Wholesale and Retail Trade	#金融业 Finance	#房地产业 Real Estate
1952	1.92	0.27	1.00		
1957	4.52	0.64	2.21		
1962	6.74	0.88	2.29		
1965	7.02	1.10	1.57		
1970	8.72	1.47	2.23		
1975	9.24	1.85	1.15		
1978	14.25	3.35	3.47	3.01	0.69
1979	14.77	3.32	3.29	3.08	0.81
1980	19.43	4.40	5.08	4.03	0.92
1981	26.57	6.01	7.01	5.49	1.26
1982	30.65	6.85	8.12	6.34	1.46
1983	34.44	7.29	9.38	7.19	1.65
1984	44.95	9.69	11.82	9.48	2.18
1985	59.79	12.35	15.17	13.00	2.98
1986	68.11	14.54	16.53	14.98	3.43
1987	88.72	19.37	23.14	18.71	4.29
1988	123.23	32.50	40.58	17.40	4.40
1989	158.81	42.60	41.31	29.06	5.23
1990	200.80	48.56	49.53	34.40	8.31
1991	233.49	55.05	60.46	40.52	12.50
1992	298.21	70.51	79.64	48.34	18.89
1993	404.05	99.48	115.99	53.76	33.66
1994	560.52	134.95	146.90	90.76	52.70
1995	747.74	189.55	203.09	93.76	71.37
1996	920.23	235.07	257.03	105.58	83.47
1997	1079.46	283.44	306.22	109.07	93.27
1998	1214.82	326.63	341.19	114.01	105.50
1999	1351.03	366.27	364.97	113.40	126.22
2000	1495.52	410.66	399.11	118.85	147.60
2001	1618.24	428.87	429.56	124.84	165.31
2002	1765.80	445.06	465.91	138.28	188.09
2003	1949.91	478.84	520.56	150.09	215.84
2004	2206.02	537.41	595.35	171.00	248.44
2005	2551.41	447.20	571.30	186.12	331.80
2006	3022.83	521.16	641.13	243.90	435.22
2007	3770.00	626.32	769.15	385.84	511.50
2008	4346.40	703.72	897.32	497.65	506.98
2009	5048.49	751.42	1043.42	612.20	656.61
2010	5850.62	871.16	1310.94	767.58	679.03
2011	6878.74	963.85	1511.29	862.41	911.16

2-12 第三产业增加值构成（1978-2011年）

Composition of Value-added of the Tertiary Industry(1978-2011)

单位：% (%)

年份 Year	第三产业 Tertiary Industy	#交通运输、仓储和邮政业 Transport,Storage and Post	#批发和零售业 Wholesale and Retail Trade	#金融业 Finance	#房地产业 Real Estate
1978	100.0	23.5	24.4	21.1	4.8
1979	100.0	22.5	22.3	20.9	5.5
1980	100.0	22.6	26.1	20.7	4.7
1981	100.0	22.6	26.4	20.7	4.7
1982	100.0	22.3	26.5	20.7	4.8
1983	100.0	21.2	27.2	20.9	4.8
1984	100.0	21.6	26.3	21.1	4.8
1985	100.0	20.7	25.4	21.7	5.0
1986	100.0	21.3	24.3	22.0	5.0
1987	100.0	21.8	26.1	21.1	4.8
1988	100.0	26.4	32.9	14.1	3.6
1989	100.0	26.8	26.0	18.3	3.3
1990	100.0	24.2	24.7	17.1	4.1
1991	100.0	23.6	25.9	17.4	5.4
1992	100.0	23.6	26.7	16.2	6.3
1993	100.0	24.6	28.7	13.3	8.3
1994	100.0	24.1	26.2	16.2	9.4
1995	100.0	25.3	27.2	12.5	9.5
1996	100.0	25.5	27.9	11.5	9.1
1997	100.0	26.3	28.4	10.1	8.6
1998	100.0	26.9	28.1	9.4	8.7
1999	100.0	27.1	27.0	8.4	9.3
2000	100.0	27.5	26.7	7.9	9.9
2001	100.0	26.5	26.5	7.7	10.2
2002	100.0	25.2	26.4	7.8	10.7
2003	100.0	24.6	26.7	7.7	11.1
2004	100.0	24.4	27.0	7.8	11.3
2005	100.0	17.5	22.4	7.3	13.0
2006	100.0	17.2	21.2	8.1	14.4
2007	100.0	16.6	20.4	10.2	13.6
2008	100.0	16.2	20.6	11.4	11.7
2009	100.0	14.9	20.7	12.1	13.0
2010	100.0	14.9	22.4	13.1	11.6
2011	100.0	14.0	22.0	12.5	13.2

2-13 第三产业增加值指数(上年=100)

Indices of Value-added of the Tertiary Industry(preceding year=100)

单位：以上年为100 (preceding year=100)

年份 Year	第三产业 Tertiary Industy	#交通运输、仓储和邮政业 Transport,Storage and Post	#批发和零售业 Wholesale and Retail Trade	#金融业 Finance	#房地产业 Real Estate
1979	99.0	93.8	86.8	100.0	114.3
1980	125.7	132.5	143.7	124.5	108.0
1981	136.3	136.4	136.4	136.2	136.8
1982	114.2	114.2	114.1	114.1	114.6
1983	106.5	106.4	106.4	106.5	106.0
1984	124.3	124.3	124.2	124.3	124.7
1985	123.5	123.5	123.5	123.4	123.4
1986	99.4	100.5	96.7	100.1	100.0
1987	121.9	120.4	125.2	121.0	121.0
1988	109.7	135.7	129.5	76.1	84.0
1989	110.7	110.2	90.8	140.2	99.6
1990	111.4	98.2	110.4	103.1	138.2
1991	111.5	107.2	116.7	113.8	145.4
1992	120.0	120.1	127.1	113.5	139.2
1993	118.3	116.8	121.7	99.1	164.5
1994	113.0	118.9	108.4	122.8	115.3
1995	114.2	117.3	120.8	99.9	117.2
1996	114.6	116.1	118.6	104.5	108.7
1997	114.5	116.0	117.9	104.6	109.1
1998	110.8	109.6	114.8	102.4	103.7
1999	109.9	110.5	111.1	97.8	116.4
2000	110.0	109.1	110.5	106.0	116.8
2001	109.2	107.2	109.8	106.5	113.1
2002	109.2	104.7	109.3	110.8	112.4
2003	109.7	108.3	111.5	107.8	112.5
2004	110.8	111.3	111.4	109.8	108.7
2005	113.7	106.8	108.6	107.4	130.3
2006	117.1	112.6	111.9	129.5	126.2
2007	114.6	110.0	112.6	121.7	110.2
2008	112.3	108.3	110.7	117.8	93.4
2009	112.3	101.9	115.8	125.4	115.7
2010	110.6	112.1	115.2	114.9	101.2
2011	109.1	108.5	109.5	106.6	108.6

2-14 第三产业增加值指数(1978年=100)

Indices of Value-added of the Tertiary Industry(year of 1978=100)

单位：以1978年为100　　(year of 1978=100)

年份 Year	第三产业 Tertiary Industy	#交通运输、仓储和邮政业 Transport,Storage and Post	#批发和零售业 Wholesale and Retail Trade	#金融业 Finance	#房地产业 Real Estate
1979	99.0	93.8	86.8	100.0	114.3
1980	124.4	124.3	124.7	124.5	123.4
1981	169.6	169.5	170.1	169.6	168.9
1982	193.7	193.6	194.1	193.5	193.5
1983	206.3	206.0	206.5	206.1	205.1
1984	256.4	256.0	256.5	256.1	255.8
1985	316.7	316.2	316.8	316.1	315.7
1986	314.8	317.8	306.4	316.4	315.7
1987	383.7	382.6	383.6	382.8	382.0
1988	420.9	519.2	496.7	291.3	320.8
1989	466.0	572.2	451.0	408.4	319.6
1990	519.1	562.0	498.1	421.1	441.6
1991	578.8	602.4	581.4	479.4	642.0
1992	694.6	723.4	738.9	543.9	893.9
1993	821.8	845.1	899.4	538.9	1470.7
1994	928.2	1005.0	975.2	661.6	1696.0
1995	1059.6	1179.2	1178.4	661.1	1986.9
1996	1214.5	1368.8	1397.2	691.0	2159.1
1997	1390.3	1588.1	1647.0	722.9	2356.6
1998	1539.9	1740.9	1890.5	740.2	2444.3
1999	1691.7	1924.6	2100.4	723.8	2845.8
2000	1860.8	2099.4	2320.4	767.0	3323.9
2001	2032.6	2251.2	2548.4	817.1	3760.5
2002	2219.8	2357.6	2786.0	905.8	4227.4
2003	2435.9	2553.6	3107.4	976.4	4755.9
2004	2698.2	2842.6	3461.4	1072.5	5170.8
2005	3067.7	3034.5	3760.7	1151.6	6738.3
2006	3592.5	3417.7	4207.8	1491.8	8501.2
2007	4116.1	3758.2	4739.5	1815.1	9364.8
2008	4621.5	4068.9	5244.9	2138.7	8750.4
2009	5191.6	4144.2	6073.8	2681.5	10128.4
2010	5741.9	4644.2	6997.0	3081.0	10249.9
2011	6264.4	5039.0	7661.7	3284.3	11131.4

2-15 主要年份地区生产总值收入法构成项目

Income Approach Components of GDP in Selcted Years

单位：亿元 (100 million yuan)

项目 Item	2000	2005	2007	2008	2009	2010	2011
劳动者报酬 Compensation of Employees	**1824.79**	**2890.79**	**3997.16**	**5728.03**	**6510.05**	**7400.03**	**8741.77**
第一产业 Primary Industry	550.52	785.71	993.96	1148.76	1171.82	1352.56	1603.19
第二产业 Secondary Industry	635.86	1209.53	1683.09	2515.86	2942.67	3372.40	4019.05
#工业 Industry	511.27	996.77	1340.96	1991.03	2289.48	2554.42	3044.55
第三产业 Tertiary industy	638.41	895.55	1320.10	2063.41	2395.56	2675.07	3119.53
#交通运输、仓储和邮政业 Transport,Storage,Post and Telecommunication Services	154.70	130.44	177.90	355.61	373.73	429.09	479.56
批发和零售业 Wholesale and Retail Trade	173.17	102.01	152.95	389.20	469.34	558.19	620.94
生产税净额 Net Taxes on Production	**371.62**	**868.51**	**1314.35**	**1334.19**	**1553.20**	**1867.67**	**2287.51**
第一产业 Primary Industry	20.10	13.56	2.94	3.76	4.36	3.29	3.29
第二产业 Secondary Industry	213.86	539.43	765.59	819.81	884.90	1091.51	1310.63
#工业 Industry	185.40	524.46	690.40	734.51	780.09	960.61	1144.10
第三产业 Tertiary industy	137.67	315.52	545.83	510.62	663.94	772.87	973.59
#交通运输、仓储和邮政业 Transport,Storage,Post and Telecommunication Services	35.24	58.46	79.83	56.28	50.46	58.73	64.32
批发和零售业 Wholesale and Retail Trade	63.09	127.88	181.25	255.84	313.65	393.63	508.03
固定资产折旧 Depreciation of Fixed Assets	**491.48**	**914.15**	**1070.74**	**1317.13**	**1412.19**	**1562.99**	**1834.11**
第一产业 Primary Industry	18.07	28.09	5.21	5.65	6.56	7.82	5.76
第二产业 Secondary Industry	204.18	435.75	492.95	610.40	644.01	701.16	749.34
#工业 Industry	185.07	388.25	469.44	587.26	615.52	665.46	700.19
第三产业 Tertiary Industy	269.23	450.31	572.57	701.08	761.62	854.01	1079.01
#交通运输、仓储和邮政业 Transport,Storage,Post and Telecommunication Services	85.46	65.80	86.12	124.09	133.85	156.66	174.17
批发和零售业 Wholesale and Retail Trade	30.80	22.95	32.01	43.23	49.25	65.32	69.10
营业盈余 Operating Surplus	**1076.64**	**1881.24**	**2866.27**	**2443.65**	**2761.08**	**3906.43**	**4696.79**
第一产业 Primary Industry	51.88						
第二产业 Secondary Industry	574.56	991.21	1534.78	1372.37	1533.72	2357.76	2990.18
#工业 Industry	540.60	892.39	1395.97	1280.44	1421.29	2217.22	2786.25
第三产业 Tertiary Industy	450.21	890.03	1331.49	1071.28	1227.36	1548.67	1706.61
#交通运输、仓储和邮政业 Transport,Storage,Post and Telecommunication Services	135.27	192.50	282.47	167.74	193.39	226.68	245.80
批发和零售业 Wholesale and Retail Trade	132.04	318.45	402.94	209.05	211.18	293.80	313.22

注：2005年及以后年份行业分类为按新国民经济行业分类(GB/T 4754-2002)划分。

Note: The classifived standards of national ecomonic sector in 2005 and follow years are adopted GB/T 4754-2002.

2-16 分行业地区生产总值收入法构成项目(2011年)

Income Approach Components of GDP by Sector(2011)

单位：亿元　　(100 million yuan)

项目 Item	增加值 Value-added	劳动者报酬 Compensation of Employees	生产税净额 Net Taxes on Production	固定资产折旧 Depreciation of Fixed Assets	营业盈余 Operating Surplus
地区生产总值 **Gross Pomestic Product**	**17560.18**	**8741.77**	**2287.51**	**1834.11**	**4696.79**
第一产业 **Primary Industry**	**1612.24**	**1603.19**	**3.29**	**5.76**	**...**
第二产业 **Secondary Industry**	**9069.20**	**4019.05**	**1310.63**	**749.34**	**2990.18**
工业 Industry	7675.09	3044.55	1144.10	700.19	2786.25
建筑业 Construction	1394.11	974.50	166.53	49.15	203.93
第三产业 **Tertiary Industry**	**6878.74**	**3119.53**	**973.59**	**1079.01**	**1706.61**
交通运输、仓储和邮政业 Transport, Storage and Post Services	963.85	479.56	64.32	174.17	245.80
信息传输、计算机服务和软件业 Information Transmission, Computer Software and Services	373.73	77.69	29.85	129.36	136.83
批发和零售业 Wholesale and Retail Trade	1511.29	620.94	508.03	69.10	313.22
住宿和餐饮业 Lodgings and Catering Services	300.35	236.10	22.41	22.93	18.91
金融业 Finance	862.41	239.03	121.36	25.47	476.55
房地产业 Real Estate	911.16	71.32	143.17	489.90	206.77
租赁和商务服务业 Rent and Business Services	342.97	118.50	26.13	34.04	164.30
科学研究、技术服务和地质勘查业 Scientific Reseach, Ploytechnic Services and Geological Prospecting	121.89	63.46	10.99	10.18	37.26
水利、环境和公共设施管理业 Water Conservancy, Environment and Public Facilities Management	57.12	34.30	2.60	10.16	10.06
居民服务和其他服务业 Resident Services and Others	314.65	268.40	13.52	17.57	15.16
教育 Education	293.96	244.98	1.87	39.21	7.90
卫生、社会保障和社会福利业 Health Care, Social Ensure and Walfare	260.68	197.56	2.73	11.10	49.29
文化、体育和娱乐业 Culture, Sports and Entertainment	152.38	112.42	11.68	12.89	15.39
公共管理和社会服务业 Public Management and Social Organizations	412.30	355.27	14.93	32.93	9.17

2-17 主要年份支出法地区生产总值

Gross Domestic Product by Expenditure Approach in Selected Years

单位：亿元　　(100 million yuan)

年份 Year	支出法地区生产总值 Gross Domestic Product by Expenditure Approach	最终消费 Final Consumption Expenditure	资本形成总额 Gross Capital Formation	货物和服务净出口 Net Exports of Goods and Services	资本形成率(%) Capital Formation Rate(%)	最终消费率(%) Consumption Rate(%)
1952	12.73	11.86	1.42	-0.55	11.2	93.2
1957	22.03	18.19	5.67	-1.83	25.7	82.6
1962	22.12	21.87	0.13	0.12	0.6	98.9
1965	28.81	24.38	6.31	-1.88	21.9	84.6
1970	34.70	32.47	9.68	-7.45	27.9	93.6
1975	46.48	39.66	10.54	-3.72	22.7	85.3
1978	66.37	53.02	22.59	-9.24	34.0	79.9
1979	74.11	60.51	23.07	-9.47	31.1	81.6
1980	87.06	68.06	27.08	-8.08	31.1	78.2
1981	105.62	79.02	28.48	-1.88	27.0	74.8
1982	117.81	91.16	33.21	-6.56	28.2	77.4
1983	127.76	98.26	35.61	-6.11	27.9	76.9
1984	157.06	116.36	43.76	-3.06	27.9	74.1
1985	200.48	145.82	64.54	-9.88	32.2	72.7
1986	222.54	165.37	81.72	-24.55	36.7	74.3
1987	279.24	192.92	97.92	-11.60	35.1	69.1
1988	383.21	262.23	124.64	-3.66	32.5	68.4
1989	458.40	325.85	139.14	-6.59	30.4	71.1
1990	522.28	381.13	151.46	-10.31	29.0	73.0
1991	619.87	443.55	190.40	-14.08	30.7	71.6
1992	784.68	542.90	261.23	-19.45	33.3	69.2
1993	1114.20	682.09	440.95	-8.84	39.6	61.2
1994	1644.39	946.94	735.23	-37.78	44.7	57.6
1995	2094.90	1174.13	953.71	-32.94	45.5	56.0
1996	2484.25	1406.39	1135.23	-57.37	45.7	56.6
1997	2870.90	1630.58	1278.88	-38.56	44.5	56.8
1998	3159.91	1723.93	1451.90	-15.92	45.9	54.6
1999	3414.19	1831.55	1513.82	68.82	44.3	53.6
2000	3764.54	2049.66	1601.29	113.59	42.5	54.4
2001	4072.85	2214.11	1693.63	165.11	41.6	54.4
2002	4467.55	2412.57	1826.23	228.75	40.9	54.0
2003	4983.67	2651.77	2077.08	254.82	41.7	53.2
2004	5763.35	2975.97	2469.87	317.51	42.9	51.6
2005	6568.93	3295.55	2943.65	329.73	44.8	50.2
2006	7820.76	3837.08	3637.46	346.22	46.5	49.1
2007	9426.46	4356.31	4704.56	365.59	49.9	46.2
2008	11569.19	5191.28	5975.76	402.15	51.7	44.9
2009	12777.09	5576.66	6819.66	380.77	53.4	43.6
2010	14931.73	6440.40	8022.95	468.38	53.7	43.1
2011	17932.85	7300.48	10074.75	557.62	56.2	40.7

2-18 主要年份支出法地区生产总值结构

年份 Year	最终消费支出 Final Consumption Expenditure 绝对数(亿元) Level (100 million yuan) 合计 Total	居民消费支出 Household Consumption Expenditure	农村居民 Rural Household	城镇居民 Urban Household	政府消费支出 Government Consumption Expenditure
1952	11.86	10.96	8.68	2.28	0.90
1957	18.19	16.42	11.89	4.53	1.77
1962	21.87	19.44	12.30	7.14	2.43
1965	24.38	21.73	14.77	6.96	2.65
1970	32.47	29.07	20.48	8.59	3.40
1975	39.66	33.89	22.69	11.20	5.77
1978	53.02	44.52	29.36	15.16	8.50
1979	60.51	51.08	33.75	17.32	9.43
1980	68.06	58.04	37.12	20.92	10.02
1981	79.02	68.42	43.71	24.70	10.60
1982	91.16	79.14	49.99	29.15	12.02
1983	98.26	84.99	53.60	31.39	13.27
1984	116.36	101.28	63.38	37.89	15.08
1985	145.82	127.72	75.96	51.76	18.10
1986	165.37	140.94	81.88	59.05	24.43
1987	192.92	163.04	93.28	69.76	29.88
1988	262.23	214.16	122.70	91.46	48.07
1989	325.85	261.21	147.41	113.80	64.64
1990	381.13	289.33	165.17	124.15	91.80
1991	443.55	338.57	177.61	160.95	104.98
1992	542.90	419.67	211.55	208.12	123.23
1993	682.09	534.45	242.40	292.06	147.63
1994	946.94	741.05	327.95	413.10	205.89
1995	1174.13	951.68	397.38	554.29	222.45
1996	1406.39	1100.78	443.46	657.32	305.61
1997	1630.58	1270.82	501.53	769.29	359.76
1998	1723.93	1318.23	526.40	791.83	405.71
1999	1831.55	1374.02	548.91	825.11	457.53
2000	2049.66	1539.58	559.80	979.78	510.09
2001	2214.11	1634.83	592.39	1042.44	579.28
2002	2412.57	1753.57	595.01	1158.56	659.00
2003	2651.77	1920.99	595.26	1325.73	730.79
2004	2975.97	2150.13	635.50	1514.63	825.84
2005	3295.55	2393.17	700.94	1692.23	902.38
2006	3837.08	2846.57	773.60	2072.97	990.51
2007	4356.31	3218.08	856.23	2361.85	1138.23
2008	5191.28	3859.43	1007.07	2852.36	1331.85
2009	5576.66	4140.44	1048.71	3091.73	1436.22
2010	6440.40	4852.20	1158.48	3693.72	1588.20
2011	7300.48	5544.31	1326.20	4218.11	1756.17

Components of Gross Domestic Product by Expenditure Approach in Selected Years

构成(%) Composition (%)				资本形成总额 Gross Capital Formation				
最终消费支出=100 Final Consumption Expenditure=100		居民消费支出=100 Household Consumption Expenditure=100		绝对数（亿元） Level(100 million yuan)			构成(%) Composition (%)	
居民消费支出 Houserhold Consumption Expenditure	政府消费支出 Government Consumption Expenditure	农村居民 Rural Household	城镇居民 Urban Household	合计 Total	固定资本形成总额 Fixed Capital Formation	存货增加 Changes in Invertories	固定资本形成总额 Fixed Capital Formation	存货增加 Changes in Invertories
92.4	7.6	79.2	20.8	1.42	0.85	0.57	59.9	40.1
90.3	9.7	72.4	27.6	5.67	3.11	2.56	54.9	45.1
88.9	11.1	63.3	36.7	0.13	2.11	-1.98	1623.1	-1523.1
89.1	10.9	68.0	32.0	6.31	4.79	1.52	75.9	24.1
89.5	10.5	70.5	29.5	9.68	7.24	2.44	74.8	25.2
85.5	14.5	67.0	33.0	10.54	7.35	3.19	69.7	30.3
84.0	16.0	65.9	34.1	22.59	13.25	9.34	58.7	41.3
84.4	15.6	66.1	33.9	23.07	16.35	6.72	70.9	29.1
85.3	14.7	64.0	36.0	27.08	19.70	7.38	72.7	27.3
86.6	13.4	63.9	36.1	28.48	19.64	8.84	69.0	31.0
86.8	13.2	63.2	36.8	33.21	23.36	9.85	70.3	29.7
86.5	13.5	63.1	36.9	35.61	28.71	6.90	80.6	19.4
87.0	13.0	62.6	37.4	43.76	33.51	10.25	76.6	23.4
87.6	12.4	59.5	40.5	64.54	45.16	19.38	70.0	30.0
85.2	14.8	58.1	41.9	81.72	61.19	20.53	74.9	25.1
84.5	15.5	57.2	42.8	97.92	73.76	24.16	75.3	24.7
81.7	18.3	57.3	42.7	124.64	84.36	40.28	67.7	32.3
80.2	19.8	56.4	43.6	139.14	90.45	48.69	65.0	35.0
75.9	24.1	57.1	42.9	151.46	108.02	43.44	71.3	28.7
76.3	23.7	52.5	47.5	190.40	143.21	47.19	75.2	24.8
77.3	22.7	50.4	49.6	261.23	198.45	62.78	76.0	24.0
78.4	21.6	45.4	54.6	440.95	348.16	92.79	79.0	21.0
78.3	21.7	44.3	55.7	735.23	549.29	185.94	74.7	25.3
81.1	18.9	41.8	58.2	953.71	707.12	246.59	74.1	25.9
78.3	21.7	40.3	59.7	1135.23	849.23	286.01	74.8	25.2
77.9	22.1	39.5	60.5	1278.88	960.86	318.01	75.1	24.9
76.5	23.5	39.9	60.1	1451.90	1116.58	335.32	76.9	23.1
75.0	25.0	39.9	60.1	1513.82	1150.19	363.62	76.0	24.0
75.1	24.9	36.4	63.6	1601.29	1216.91	384.38	76.0	24.0
73.8	26.2	36.2	63.8	1693.63	1269.93	423.71	75.0	25.0
72.7	27.3	33.9	66.1	1826.23	1383.54	442.69	75.8	24.2
72.4	27.6	31.0	69.0	2077.08	1672.63	404.45	80.5	19.5
72.2	27.8	29.6	70.4	2469.87	2100.48	369.39	85.0	15.0
72.6	27.4	29.3	70.7	2943.65	2654.95	288.70	90.2	9.8
74.2	25.8	27.2	72.8	3637.46	3310.15	327.31	91.0	9.0
73.9	26.1	26.6	73.4	4704.56	4344.88	359.68	92.4	7.6
74.3	25.7	26.1	73.9	5975.76	5601.36	374.40	93.7	6.3
74.2	25.8	25.3	74.7	6819.66	6438.28	381.38	94.4	5.6
74.8	25.2	24.4	75.6	8022.95	7341.57	681.38	91.5	8.5
75.9	24.1	23.9	76.1	10074.75	9060.53	1014.22	89.9	10.1

2-19 居民消费支出

Household Consumption Expenditure

单位：亿元 (100 million yuan)

项目 Item	2005	2006	2007	2008	2009	2010	2011
总计 Total	**2393.17**	**2846.57**	**3218.08**	**3859.43**	**4140.44**	**4852.20**	**5544.31**
农村居民 Rural Household	**700.94**	**773.60**	**856.23**	**1007.07**	**1048.71**	**1158.48**	**1326.20**
食品类支出 Food	285.22	290.08	330.49	374.73	386.75	428.49	476.66
衣着类支出 Clothing	35.09	38.15	41.63	45.68	48.97	52.38	62.16
居住类支出 Residence	52.27	61.25	77.47	92.00	84.19	86.92	86.27
家庭设备、用品及服务类支出 Household Facilities, Articles and Services	29.02	29.93	32.55	38.62	45.51	52.96	58.36
医疗保健类支出 Health Care and Personal Articles	28.95	29.39	31.13	56.50	62.79	74.60	94.06
交通和通信类支出 Transportation and Communications	68.71	77.16	82.24	92.66	99.54	115.45	119.06
文教娱乐用品及服务类支出 Recreation, Education and Culture Articles	67.01	59.66	62.95	67.61	70.78	78.06	79.65
金融服务消费支出 Financial Service	42.67	64.82	65.35	107.80	113.40	114.23	106.61
保险服务消费支出 Insurance Service		14.51	14.83	5.83	19.11	11.93	25.81
其它支出 Others	92.00	108.65	117.59	125.64	117.67	148.63	217.56
城镇居民 Urban Household	**1692.23**	**2072.97**	**2361.85**	**2852.36**	**3091.73**	**3693.72**	**4218.11**
食品类支出 Food	590.89	687.02	786.85	961.17	1053.40	1211.32	1394.88
衣着类支出 Clothing	116.49	139.87	172.29	209.18	231.33	268.02	319.10
居住类支出 Residence	176.17	219.87	230.99	246.04	275.36	336.00	354.72
家庭设备、用品及服务类支出 Household Facilities, Articles and Services	74.84	93.70	118.21	136.67	170.33	207.45	259.54
医疗保健类支出 Health Care and Personal Articles	78.63	133.09	133.56	150.66	135.11	151.56	187.17
交通和通信类支出 Transportation and Communications	172.36	219.73	294.30	336.31	393.57	459.55	527.26
文教娱乐用品及服务类支出 Recreation, Education and Culture Articles	181.93	235.53	261.23	275.01	297.08	373.60	401.08
金融服务消费支出 Financial Service	42.94	64.30	65.71	108.30	113.87	131.49	144.75
保险服务消费支出 Insurance Service		21.76	22.11	54.43	38.00	20.90	30.60
其它支出 Others	257.98	258.10	276.60	374.59	383.68	514.13	599.01

2-20 主要年份居民消费水平

Household Consumption Expenditure in Selected Years

年份 Year	居民消费水平(元/人) Households Consumption(yuan/person)			城乡居民消费水平对比(农村居民=1) Urban/Rural Consumption Ratio(Rural Households=1)	居民消费水平指数 Households Consumption					
					(以上年为100) Preceding Year=100			(以1952为100) Year of 1952=100		
	总计 All Households	农村 Rural	城镇 Urban		总计 All Households	农村 Rural	城镇 Urban	总计 All Households	农村 Rural	城镇 Urban
1952	88	79	159	2.0				100.0	100.0	100.0
1957	115	98	214	2.2	101.6	97.8	122.1	122.0	116.8	122.5
1962	120	92	252	2.7	104.1	107.7	106.3	93.7	83.6	100.2
1965	125	102	246	2.4	107.3	107.1	107.9	116.5	103.0	132.3
1970	145	119	304	2.6	102.2	105.5	100.4	133.1	118.2	165.3
1975	148	115	357	3.1	98.9	97.5	102.2	134.4	112.7	192.1
1978	183	140	455	3.3	111.2	110.9	111.2	162.1	134.7	235.9
1979	206	162	473	2.9	106.8	105.9	102.1	173.2	142.7	240.8
1980	231	180	533	3.0	106.9	105.6	104.8	185.1	150.7	252.2
1981	269	211	546	2.6	114.3	114.4	99.8	211.6	172.4	251.8
1982	305	238	607	2.6	107.2	107.3	102.4	226.8	185.0	257.9
1983	322	252	609	2.4	106.7	106.8	102.6	242.0	197.5	264.5
1984	378	297	672	2.3	109.6	108.5	106.1	265.3	214.3	280.6
1985	465	358	818	2.3	116.0	116.4	107.3	307.7	249.4	301.0
1986	507	384	880	2.3	102.9	101.3	100.6	316.6	252.8	302.9
1987	577	432	987	2.3	104.3	103.0	102.5	330.2	260.3	310.5
1988	744	560	1218	2.2	102.4	102.9	97.1	338.2	267.8	301.5
1989	893	659	1462	2.2	100.9	100.3	101.7	341.4	268.7	306.7
1990	979	718	1473	2.1	104.7	104.4	99.4	357.4	280.4	304.8
1991	1118	775	1867	2.4	110.2	104.2	122.3	393.9	292.1	372.8

2-20 续表

Continued

年份 Year	居民消费水平(元/人) Households Consumption(yuan/person) 总计 All Households	农村 Rural	城镇 Urban	城乡居民消费水平对比(农村居民=1) Urban/Rural Consumption Ratio(Rural Households=1)	居民消费水平指数 Households Consumption (以上年为100) Preceding Year=100 总计 All Households	农村 Rural	城镇 Urban	(以1952为100) Year of 1952=100 总计 All Households	农村 Rural	城镇 Urban
1992	1371	923	2342	2.5	118.3	117.1	115.4	465.9	342.1	430.4
1993	1725	1146	2931	2.6	109.4	108.7	107.1	509.7	371.8	460.8
1994	2375	1564	3812	2.4	108.7	107.6	103.7	554.2	399.9	477.8
1995	3019	1997	4590	2.3	110.7	111.6	103.4	613.7	446.4	494.1
1996	3446	2265	5080	2.2	107.9	107.6	103.6	662.3	480.4	511.7
1997	3935	2540	5765	2.3	112.2	110.7	110.7	743.3	531.9	566.5
1998	4052	2548	6025	2.4	103.2	100.8	104.5	767.4	536.2	591.8
1999	4194	2597	6159	2.4	103.8	101.7	103.6	796.6	545.6	613.1
2000	4574	2788	6648	2.4	107.1	106.0	104.6	852.9	578.4	641.2
2001	4770	2811	7125	2.5	105.1	101.7	107.7	896.1	588.1	690.9
2002	5076	2915	7642	2.6	107.2	103.7	109.4	960.5	610.1	756.0
2003	5524	3052	8571	2.8	108.7	104.8	111.5	1044.0	639.6	843.1
2004	6144	3335	9502	2.8	107.3	105.6	106.4	1120.2	675.3	896.9
2005	6793	3730	10296	2.8	108.5	109.1	106.6	1215.5	736.9	956.1
2006	7971	4325	11630	2.7	111.5	108.6	107.9	1355.3	806.9	1054.6
2007	8943	4846	12896	2.7	106.7	105.2	105.9	1446.1	862.6	1114.7
2008	10645	5811	15072	2.6	108.0	109.8	105.7	1561.8	924.4	1154.8
2009	11336	6248	15662	2.5	111.1	112.3	108.4	1735.2	1038.1	1251.8
2010	13187	7169	17900	2.5	108.1	104.9	106.7	1894.6	1125.6	1366.8
2011	14958	8436	19762	2.3	106.8	106.2	105.3	2003.4	1156.5	1406.5

2-21 三大需求对经济增长的贡献及拉动(1980-2011年)

Contribution Share and Contribution of the Three Components of GDP to the Growth of GDP(1980-2011)

单位：% (%)

年份 Year	贡献率(%) Contribution Share(%) 最终消费 Final Consumption Expenditure	资本形成总额 Gross Capital Formation	货物和服务净出口 Net Exports of Goods and Services	地区生产总值增长率(%) Growth rate of Gross Domestic Product(%)	拉动（百分点） Contribution（percentage point） 最终消费 Final Consumption Expenditure	资本形成总额 Gross Capital Formation	货物和服务净出口 Net Exports of Goods and Services
1980	35.8	27.1	37.2	18.4	6.6	5.0	6.8
1981	68.1	5.0	26.9	15.5	10.5	0.8	4.2
1982	71.0	41.7	-12.7	9.3	6.6	3.9	-1.2
1983	108.7	20.7	-29.3	6.2	6.7	1.3	-1.8
1984	51.2	30.6	18.2	17.9	9.2	5.5	3.2
1985	74.5	46.0	-20.5	17.6	13.1	8.1	-3.6
1986	93.3	77.0	-70.4	5.7	5.3	4.4	-4.0
1987	44.0	23.7	32.4	13.6	6.0	3.2	4.4
1988	46.1	32.7	21.3	14.3	6.6	4.7	3.0
1989	43.7	59.7	-3.4	7.8	3.4	4.7	-0.3
1990	140.4	-37.2	-3.3	7.7	10.8	-2.9	-0.2
1991	64.9	37.6	-2.4	14.4	9.3	5.4	-0.3
1992	63.6	35.8	0.5	20.3	12.9	7.3	0.1
1993	30.7	66.8	2.5	22.6	6.9	15.1	0.6
1994	26.4	76.1	-2.5	20.3	5.4	15.4	-0.5
1995	38.6	61.0	0.5	14.6	5.6	8.9	0.1
1996	45.2	58.5	-3.6	13.3	6.0	7.8	-0.5
1997	52.8	52.7	-5.4	14.0	7.4	7.4	-0.8
1998	30.4	61.4	8.2	10.8	3.3	6.6	0.9
1999	38.2	37.7	24.2	9.9	3.8	3.7	2.4
2000	54.4	31.7	13.9	9.3	5.1	2.9	1.3
2001	52.6	31.3	16.1	8.7	4.6	2.7	1.4
2002	50.8	34.2	15.0	10.2	5.2	3.5	1.5
2003	47.0	47.6	5.4	11.5	5.4	5.5	0.6
2004	36.6	54.1	9.3	11.8	4.3	6.4	1.1
2005	36.0	62.5	1.5	11.6	4.2	7.2	0.2
2006	37.2	61.3	1.5	14.8	5.5	9.1	0.2
2007	24.6	74.9	0.5	15.2	3.7	11.4	0.1
2008	32.5	65.0	2.5	13.0	4.2	8.5	0.3
2009	39.2	63.5	-2.7	12.3	4.8	7.8	-0.3
2010	22.9	73.1	4.0	13.9	3.2	10.1	0.5
2011	22.5	74.2	3.3	12.3	2.8	9.1	0.4

注：2004年以前年份第一产业增加值不含农林牧渔服务业。

Note:The value-added of primary industry before 2004 exclude services of farming , forestry , animal , husbandry and fishery.

主要统计指标解释

国内生产总值(GDP)　指按市场价格计算的一个国家(或地区)所有常住单位在一定时期内生产活动的最终成果。国内生产总值有三种表现形态，即价值形态、收入形态和产品形态。从价值形态看，它是所有常住单位在一定时期内生产的全部货物和服务价值超过同期投入的全部非固定资产货物和服务价值的差额，即所有常住单位的增加值之和；从收入形态看，它是所有常住单位在一定时期内创造并分配给常住单位和非常住单位的初次收入之和；从产品形态看，它是所有常住单位在一定时期内最终使用的货物和服务价值减去货物和服务进口价值。在实际核算中，国内生产总值有三种计算方法，即生产法、收入法和支出法。三种方法分别从不同的方面反映国内生产总值及其构成。

对于一个地区来说，称为地区生产总值或地区GDP。

三次产业　三产业的划分是世界上较为常用的产业结构分类，但各国的划分不尽一致。我国的三次产业划分是：

第一产业是指农、林、牧、渔业。

第二产业是指采矿业，制造业，电力、煤气及水的生产和供应业，建筑业。

第三产业是指除第一、二产业以外的其他行业。

劳动者报酬　指劳动者因从事生产活动所获得的全部报酬。包括劳动者获得的各种形式的工资、奖金和津贴，既包括货币形式的，也包括实物形式的，还包括劳动者所享受的公费医疗和医药卫生费、上下班交通补贴、单位支付的社会保险费、住房公积金等。对于个体经济来说，其所有者所获得的劳动报酬和经营利润不易区分，这两部分统一作为劳动者报酬处理。

生产税净额　指生产税减生产补贴后的余额。生产税指政府对生产单位从事生产、销售和经营活动以及因从事生产活动使用某些生产要素(如固定资产、土地、劳动力)所征收的各种税、附加费和规费。生产补贴与生产税相反，指政府对生产单位的单方面转移支出，因此视为负生产税，包括政策亏损补贴、价格补贴等。

固定资产折旧　指一定时期内为弥补固定资产损耗按照规定的固定资产折旧率提取的固定资产折旧，或按国民经济核算统一规定的折旧率虚拟计算的固定资产折旧。它反映了固定资产在当期生产中的转移价值。各类企业和企业化管理的事业单位的固定资产折旧是指实际计提的折旧费；不计提折旧的政府机关、非企业化管理的事业单位和居民住房的固定资产折旧是按照统一规定的折旧率和固定资产原值计算的虚拟折旧。原则上，固定资产折旧应按固定资产当期的重置价值计算，但是目前我国尚不具备对全社会固定资产进行重估价的基础，所以暂时只能采用上述办法。

营业盈余　指常住单位创造的增加值扣除劳动者报酬、生产税净额和固定资产折旧后的余额。它相当于企业的营业利润加上生产补贴，但要扣除从利润中开支的工资和福利等。

支出法国内生产总值　是从最终使用的角度反映一个国家(或地区)一定时期内生产活动最终成果的一种方法，包括最终消费、资本形成总额及货物和服务净出口三部分。计算公式为：

支出法国内生产总值=最终消费+资本形成总额+货物和服务净出口

最终消费　指常住单位为满足物质、文化和精神生活的需要，从本国经济领土和国外购买的货物和服务的支出。它不包括非常住单位在本国经济领土内的消费支出。最终消费分为居民消费和政府消费。

居民消费　指常住住户在一定时期内对于货物和服务的全部最终消费支出。居民消费除了直接以货币形式购买的货物和服务的消费支出外，还包括以其他方式获得的货物和服务的消费支出，即所谓的虚拟消费支出。居民虚拟消费支出包括如下几种类型：单位以实物报酬及实物转移的形式提供给劳动者的货物和服务；住户生产并由本住户消费了的货物和服务，其中的服务仅指住户的自有住房服务和付酬的家庭雇员提供的家庭和个人服务；金融机构提供的金融媒介服务；保险公司提供的保险服务。

政府消费　指政府部门为全社会提供的公共服务的消费支出和免费或以较低的价格向居民住户提供的货物和服务的净支出，前者等于政府服务的产出价值减去政府单位所获得的经营收入的价值，后者等于政府部门免费或以较低价格向居民住户提供的货物和服务的市场价值减去向住户收取的价值。

资本形成总额 指常住单位在一定时期内获得减去处置的固定资产和存货的净额，包括固定资本形成总额和存货增加两部分。

固定资本形成总额 指生产者在一定时期内获得的固定资产减处置的固定资产的价值总额。固定资产是通过生产活动生产出来的，且其使用年限在一年以上、单位价值在规定标准以上的资产，不包括自然资产。可分为有形固定资本形成总额和无形固定资本形成总额。有形固定资本形成总额包括一定时期内完成的建筑工程、安装工程和设备工器具购置(减处置)价值，以及土地改良、新增役、种、奶、毛、娱乐用牲畜和新增经济林木价值。无形固定资本形成总额包括矿藏的勘探、计算机软件等获得减处置。

存货增加 指常住单位在一定时期内存货实物量变动的市场价值，即期末价值减期初价值的差额，再扣除当期由于价格变动而产生的持有收益。存货增加可以是正值，也可以是负值，正值表示存货上升，负值表示存货下降。存货包括生产单位购进的原材料、燃料和储备物资等存货，以及生产单位生产的产成品、在制品和半成品等存货。

货物和服务净出口 指货物和服务出口减货物和服务进口的差额。出口包括常住单位向非常住单位出售或无偿转让的各种货物和服务的价值；进口包括常住单位从非常住单位购买或无偿得到的各种货物和服务的价值。由于服务活动的提供与使用同时发生，一般把常住单位从非常住单位得到的服务作为进口，非常住单位从常住单位得到的服务作为出口。货物的出口和进口都按离岸价格计算。

Explanatory Notes on Main Statistical Indicators

Gross Domestic Product (GDP) refers to the final products at market prices produced by all resident units in a country (or a region) during a certain period of time. Gross domestic product is expressed in three different forms, i.e. value, income, and products respectively. GDP in its value form refers to the total value of all goods and services produced by all resident units during a certain period of time, minus the total value of input of goods and services of the nature of non-fixed assets; in other term, it is the sum of the value-added of all resident units. GDP in the form of income includes the income created by all resident units and distributed to resident and non-resident units. GDP in the form of products refers to the value of all goods and services for final consumption by all resident units minus the imports of goods and services during a given period of time. In the practice of national accounting, gross domestic product is calculated with three approaches, i.e. production approach, income approach and expenditure approach, which reflect gross domestic product and its composition from different aspects.

For a Region, Gross Domestic Product. is called Region GDP.

Three Industries Classification of economic activities into three branches of industries is a common practice in the world, although the grouping varies to some extent form country to country. In China economic activities are categorized into following industries:

Primary industry: refers to agriculture, forestry, animal husbandry and fishery.

Secondary industry: refers to mining and quarrying, manufacturing, production and supply of electricity, water and gas, and construction.

Tertiary industry: refers to all other economic activities not included in primary or secondary industry.

Labourers Remuneration refers to the whole payment of various forms earned by the labourers from the productive activities they are engaged in. It includes wages, bonuses and allowances the labourers earned in monetary form and in kind. It also includes the free medical services provided to the labourers and the medicine expenses, traffic subsidies and social insurance, housing fund paid by the employers. As the individual economy is concerned, since the labourers remuneration is not easily distinguished from the operating profit, both are treated as labourers remuneration.

Net Taxes on Production refers to the difference of the taxes on production minus the subsidies on production. The taxes on production refers to the various taxes, extra charges and fees levied on the production units on their production, sale and business activities as well as on the use of some factors of production, such as fixed assets, land and labour in the production activities they are engaged in. In contrast to the taxes on production, the subsidies on production refer to the unilateral government transfer to the production units and are therefore regarded as negative taxes on production. They include subsidies on the loss due to implementation of government policies, price subsidies, etc.

Depreciation of Fixed Assets refers to the depreciation of fixed assets of a given period, drawn in accordance with the stipulated depreciation rate for the purpose of compensating the wear loss of the fixed assets or the depreciation of fixed assets calculated in a fictitious way in accordance with the stipulated unified depreciation rate in the national economic accounting system. It reflects the value of transfer of the fixed assets in the production of the current period. The depreciation of fixed assets in various enterprises and institutions managed as enterprises refers to the depreciation expenses actually drawn. In government agencies and institutions not managed as enterprises which do not draw the depreciation expenses, as well as for the houses of residents, the depreciation of fixed assets is the imputed depreciation, which is calculated in accordance with the stipulated unified depreciation rate. In principle, the depreciation of fixed assets should be calculated on the basis of the re-purchased value of the fixed assets. However, there is no actual condition to re-evaluate all the fixed assets in China. Therefore, the above-mentioned methods are temporarily adopted at present.

Operating Surplus refers to the balance of the value added created by the resident units after deducting the labourers remuneration, net taxes on production and the depreciation of fixed assets. It is equivalent to the business profit of the enterprises plus subsidies on production, but the wages and welfare expenses paid from the profits should be deducted.

GDP by Expenditure Approach refers to the method of measuring the final results of production activities of a country (region) during a given period from the perspective of final use. It includes final consumption, gross capital formation and net export of goods and services, i.e.:

GDP by expenditure approach = final consumption + gross capital formation + net export of goods and services

Final Consumption refers to the total expenditure of resident units for purchases of goods and services from domestic economic territory and abroad to meet the requirements of material, cultural and spiritual life. It excludes the expenditure of non-resident units on consumption in the economic territory of the country. The final consumption is broken down into household consumption and government consumption.

Households Consumption refers to the total expenditure of resident households on the final consumption of goods and services. In addition to the consumption of goods and services bought by the households directly with money, the households consumption also includes expenditure on goods and services obtained by the households in other ways, i.e. the so-called imputed consumption expenditure, which includes the following: (a) the goods and services provided to the households by the employer in the form of payment in kind and transfer in kind; (b) goods and services produced and consumed by the households themselves, in which the services refer only to the owner-occupied housing and domestic and individual services provided by the paid household workers; (c) financial intermediate services provided by financial institutions; (d) insurance services provided by insurance companies.

Government Consumption refers to the expenditure on the consumption of the public services provided by the government to the whole society and the net expenditure on the goods and services provided by the government to the households free of charge or at low prices. The former equals to the output value of the government services minus the value of operating income obtained by the government departments. The latter equals to the market value of the goods and services provided by the government free of charge or at low prices to the households minus the value received by the government from the households.

Gross Capital Formation refers to the fixed assets acquired minus those disposed of and the net value of inventory, including the gross fixed capital formation and the increase in inventory.

Gross Fixed Capital Formation refers to the value of fixed assets acquired minus those disposals of during a given period. Fixed assets are the assets produced through production activities with specified unit value which could be used for over one year, excluding natural assets. Gross fixed capital formation can be categorized into total tangible capital formation and total intangible capital formation. The total tangible capital formation include the value of the construction projects, installation projects completed and the equipment, apparatus and instruments purchased as well as the value of land improved, the value of draught animals, breeding stock, animals for milk, for wool and for recreational purpose, and the newly increased forest with economic value during a given period. The total intangible capital formation includes the prospecting of minerals, the acquisition of computer software minus the disposal of them.

Increase in Inventory refers to the market value of the change in inventory of resident units during a given period, i.e. the difference of value between the beginning and the end of the period minus the current gains due to the change in prices. The increase in inventory can be positive or negative. A positive value indicates the increase in inventory while a negative value indicates the decrease in inventory.

The inventory includes the raw materials, fuels and reserve materials purchased by the production units as well as the inventory of finished products, semi-finished products, work-in-progress, etc.

Net Export of Goods and Services refers to the difference of the exports of goods and services minus the imports of goods and services. The imports include the value of various goods and services sold or gratuitously transferred by the resident units to the non-resident units. The imports include the value of various goods and services purchased or gratuitously acquired by the resident units from the non-resident units. Because the provision of services and the use of them happen simultaneously, the acquisition of services by the resident units from abroad is usually treated as import while the acquisition of services by non-resident units in this country is usually treated as export. The export and import of goods are calculated at FOB.

第三篇　人口、就业和职工工资

Chapter 3　Population,Employment and wages

资料整理：廖瑛 林增武

Database Editor:Liaoying linzengwu

简 要 说 明

本篇资料的主要内容及来源

本篇主要包括人口、计划生育、就业、工资等资料。人口资料还包括了建国以来进行的六次人口普查主要数据。

户籍人口数由省公安厅提供；计划生育相关资料由省计生委提供；失业统计资料由省劳动和社会保障厅提供；常住人口数由省统计局根据人口抽样调查推算，人口普查主要数据、就业和工资资料由省统计局提供。

Brief Introduction

Main Content and Source of Data

Data in this chapter show the basic condition of population, employment ,wage of staff and works ,family planning. Data of population include the six national population censuses.

The data on household registered population are provided by Fujian Provincial Department of Public Security. Data on family planning come from Fujian Provincial Department of Family planning commission Total region population are estimated by Fujian Provincial Bureau of Statistics in according with the annual national sample survey on population changes. The data of population census, employment and wages are provided by Fujian Provincial Bureau of Statistics.

3-1 主要年份年末常住人口及人口变动

Total Population and Changes at the Year-end

年份 Year	常住总人口（万人） Total Population (10000 persons)	按性别分类 By Sex 男 Male	女 Female	按城乡分 By Rural 城镇 Urban	农村 Rural	人口出生率（‰） Birth Rate (‰)	人口死亡率（‰） Death Rate (‰)	人口自然增长率（‰） Natural Growth Rate (‰)	人口密度（人/平方公里） Population of Per Sq.km(Person/Sq.km)
1952	1270					37.92	13.32	24.60	102
1957	1461					37.56	9.80	27.76	118
1962	1602					41.14	11.65	29.49	129
1965	1759					41.19	7.92	33.27	142
1970	2020					34.23	6.98	27.25	163
1975	2297					29.19	6.58	22.61	185
1978	2446					25.35	6.31	19.04	197
1979	2487					22.91	6.28	16.63	201
1980	2519					18.68	6.27	12.41	203
1981	2563					23.40	6.25	17.15	207
1982	2620					27.91	6.35	21.56	211
1983	2668					24.53	6.31	18.22	215
1984	2720					25.68	6.25	19.43	219
1985	2769					23.88	6.18	17.70	223
1986	2820					24.02	5.85	18.17	227
1987	2875					24.91	5.79	19.21	232
1988	2929					24.34	5.81	18.53	236
1989	2984					24.67	6.10	18.57	241
1990	3037					24.44	6.71	17.73	245
1991	3079					20.03	6.26	13.77	248
1992	3116					18.18	6.02	12.16	251
1993	3150					16.72	5.62	11.10	254
1994	3183					16.24	5.95	10.29	257
1995	3227					15.20	5.90	9.30	261
1996	3261					13.22	5.94	7.28	263
1997	3282					12.41	6.09	6.32	265
1998	3299					11.53	6.20	5.33	266
1999	3316					11.06	5.85	5.21	267
2000	3410	1757	1653	1432	1978	11.60	5.85	5.75	275
2001	3445	1775	1670	1473	1972	11.56	5.52	6.04	278
2002	3476	1790	1686	1587	1889	11.35	5.57	5.78	280
2003	3502	1805	1697	1624	1878	11.43	5.58	5.85	282
2004	3529	1818	1711	1681	1848	11.58	5.62	5.96	285
2005	3557	1793	1764	1758	1799	11.60	5.62	5.98	287
2006	3585	1810	1775	1807	1778	12.00	5.75	6.25	289
2007	3612	1824	1788	1856	1756	12.00	5.90	6.10	291
2008	3639	1830	1809	1929	1710	12.20	5.90	6.30	293
2009	3666	1848	1818	2019	1647	12.20	6.00	6.20	296
2010	3693	1900	1793	2109	1584	11.27	5.16	6.11	298
2011	3720	1912	1808	2161	1559	11.41	5.20	6.21	300

3-2 人口年龄构成

Population by Age

单位：% (%)

年龄组 Age Group	1990			2000			2010			2011		
	合计 Total	男 Male	女 Female	合计 Total	男 Male	女 Female	合计 Total	男 Male	女 Female	合计 Total	男 Male	女 Female
总 计 Total	**100.00**	**51.36**	**48.64**	**100.00**	**51.53**	**48.47**	**100.00**	**51.45**	**48.55**	**100.00**	**51.42**	**48.58**
0—4岁 Aged 0-4	11.28	5.91	5.37	4.76	2.63	2.13	5.77	3.20	2.57	5.92	3.25	2.67
5—9岁 Aged 5-9	10.35	5.35	5.00	7.44	4.07	3.37	5.03	2.73	2.30	5.36	2.91	2.45
10—14岁 Aged 10-14	9.84	5.07	4.77	10.80	5.59	5.21	4.67	2.55	2.12	4.80	2.61	2.18
15—19岁 Aged 15-19	11.00	5.63	5.37	9.77	4.91	4.86	7.63	4.03	3.60	6.68	3.56	3.12
20—24岁 Aged 20-24	10.78	5.43	5.35	8.95	4.51	4.44	10.62	5.32	5.30	10.42	5.24	5.18
25—29岁 Aged 25-29	8.91	4.51	4.40	10.60	5.43	5.17	8.94	4.50	4.44	9.12	4.58	4.54
30—34岁 Aged 30-34	7.57	3.93	3.64	10.11	5.18	4.93	8.26	4.23	4.03	7.82	3.99	3.83
35—39岁 Aged 35-39	6.89	3.56	3.33	8.34	4.28	4.06	9.77	5.01	4.76	9.45	4.85	4.60
40—44岁 Aged 40-44	4.73	2.55	2.18	6.49	3.38	3.11	9.29	4.75	4.54	9.41	4.80	4.61
45—49岁 Aged 45-49	3.61	1.98	1.63	6.04	3.11	2.93	7.54	3.85	3.69	8.42	4.31	4.12
50—54岁 Aged 50-54	3.67	1.99	1.68	4.13	2.21	1.92	5.76	2.98	2.78	5.30	2.73	2.57
55—59岁 Aged 55-59	3.35	1.77	1.58	3.02	1.63	1.39	5.30	2.68	2.62	5.42	2.74	2.68
60—64岁 Aged 60-64	2.95	1.52	1.43	2.87	1.52	1.35	3.52	1.83	1.69	3.70	1.91	1.79
65—69岁 Aged 65-69	2.10	1.01	1.09	2.49	1.26	1.23	2.47	1.29	1.18	2.58	1.34	1.24
70—74岁 Aged 70-74	1.44	0.63	0.81	1.99	0.96	1.03	2.16	1.09	1.07	2.15	1.09	1.06
75—79岁 Aged 75-79	0.90	0.34	0.56	1.23	0.53	0.70	1.64	0.77	0.87	1.73	0.81	0.92
80岁及以上 80 and over	0.63	0.18	0.45	0.97	0.33	0.64	1.63	0.65	0.98	1.72	0.69	1.03

注：1990年、2000年及2010年为人口普查数，2011年为人口抽样调查数。

Note:Data in 1990, 2000 and 2010 are census data.Data in 2011 are data from Sample Survey Population.

3-3 各年龄组人口占总人口的比重

Percentage of Population Group by Age to Total

单位：% (%)

年龄组 Age Group	1982	1990	1995	2000	2010	2011
总计 Total	**100.0**	**100.0**	**100.0**	**100.0**	**100.0**	**100.0**
#育龄妇女(15-49岁) Childbearing Age Woman(15-49)	23.5	25.9	26.7	29.5	30.4	30.0
不满周岁婴儿(0岁) Not-Full-One-Year (0)	2.4	2.3	1.3	1.0	1.1	1.1
学龄前儿童(1-6岁) Preschool Age(1-6)	13.3	13.3	11.2	6.4	6.8	7.1
小学学龄组(7-12岁) Primary(7-12)	15.6	11.6	13.4	11.6	5.6	6.0
初中学龄组(13-15岁) Junior Middle School(13-15)	7.5	6.3	5.5	5.9	3.2	2.9
劳动年龄组 Laborous						
男(16-59岁) Male (16-59)	28.4	30.3	29.8	33.7	36.7	36.2
女(16-54岁) Female (16-54)	24.3	26.6	27.6	30.5	32.6	32.1
超过劳动年龄组 Over-Laborous						
男（60岁及以上） Male（60 and Over）	3.0	3.7	4.5	4.6	5.6	5.8
女（55岁及以上） Female（55 and Over）	5.5	5.9	6.7	6.3	8.4	8.7

注：1982年、1990年、2000年及2010年为人口普查数，1995年、2011年为人口抽样调查数。
Note:Data in 1982,1990,2000 and 2010 are Census data,Data in 1995 and 2011 are from Sample Survey Population.

3-4 出生孩次构成

Composition of Women Population by Number of Living Children Born

单位：% (%)

项目 Item	1981	1989	1995	2000	2010
一孩 1st Birth	40.9	46.2	64.6	74.5	68.2
二孩 2nd Birth	29.8	32.2	28.6	23.3	28.7
三孩及以上 3rd Birth and Over	29.3	21.6	6.8	2.2	3.1

注：1981年、1989年、2000年及2010年为人口普查数,1995年为人口抽样调查数。
Note:Data in 1981, 1989，2000 and 2010 are Census data, Data in 1995 are data from Sample Survey Population.

3-5 各种文化程度人口占总人口的比重

Percentage of Population by Educational Attainment

单位：%　　(%)

项目 Item	1982	1990	1995	2000	2010
大专以上 College and Higher Lever	0.6	1.2	1.4	3.2	8.4
高中(含中专) Senior Secondary School (Specialized Secondary School)	5.7	7.0	6.7	11.3	13.9
初中 Junior Secondary School	12.6	16.9	20.4	35.7	37.9
小学 Primary School	36.3	43.2	43.8	40.2	29.8
文盲、半文盲 Illiterate and Half-Illiterate	25.2	15.9	14.4	9.6	3.2

注：1982年、1990年、2000年及2010年为人口普查数,1995年为人口抽样调查数。
Note:Data in 1982, 1990，2000 and 2010 are Census data, Data in 1995 are data from Sample Survey Population.

3-6 家庭户类型构成

Composition of Family Household

单位：%　　(%)

项目 Item	1982	1990	2000	2010
一人户 One Person	7.7	5.8	9.1	12.1
二人户 Two Persons	8.2	8.6	15.5	17.2
三人户 Three Persons	12.2	16.8	25.4	24.3
四人户 Four Persons	17.1	23.6	24.7	21.7
五人户 Five Persons	18.4	21.4	15.8	13.7
六人户 Six Persons	14.7	11.8	5.9	6.4
七人户 Seven Persons	10.1	5.9	2.2	2.6
八人户 Eight Persons	11.6	2.9	0.8	1.1
九人户 Nine Persons		1.4	0.3	0.5
十人及以上户 Ten Persons and Over		1.8	0.3	0.4

3-7 劳动年龄人口负担系数

Number of Persons Raised per Capita at Working Age

单位：% (%)

项目 Item	1982	1990	1995	2000	2010	2011
总负担系数 Total Dependency Ratio	**69.2**	**57.6**	**57.5**	**42.2**	**30.5**	**32.0**
负担少年系数 The Juvenile and Children Dependency Ratio	61.8	49.6	47.3	32.7	20.2	21.2
负担老年系数 The Aged Dependency Ratio	7.4	8.0	10.2	9.5	10.3	10.8

注：1982年、1990年、2000年及2010年为人口普查数,1995年、2011年为人口抽样调查数。
Note:Data in 1982，1990，2000 andu 2010 are Census data, Data in 1995 and 2011 are data from Sample Survey Population.

3-8 15岁以上人口婚姻状况构成

Composition of Marital Status above Fifteen Age

单位：% (%)

项目	Item	1982	1990	1995	2000	2010
未婚	Single	28.4	25.1	22.5	24.1	22.9
男	Male	33.9	29.7	26.5	27.7	26.1
女	Female	22.6	20.4	18.5	20.4	19.8
有配偶	Married	63.4	67.8	70.3	69.6	70.6
男	Male	61.4	66.1	69.0	68.4	70.0
女	Female	65.5	69.5	71.6	70.7	71.2
离婚	Divorce	0.6	0.6	0.6	0.7	1.1
男	Male	1.0	0.9	1.0	1.0	1.2
女	Female	0.2	0.2	0.3	0.5	0.9
丧偶	Wid owed	7.6	6.5	6.6	5.6	5.4
男	Male	3.7	3.3	3.5	2.9	2.7
女	Female	11.7	9.9	9.6	8.4	8.1

3-9 六次全国人口普查人口基本情况

Basic Statistics on National Population Census in 1953,1964,1982,1990,2000 and 2010

项目 Item	1953	1964	1982	1990	2000	2010
一、总户数和总人口 Total Population and Family Household						
家庭户（万户） Family Household(10000 household)	320	360	514	658	874	1121
总人口（万人） Total Population (10000 persons)	1285	1676	2587	3005	3410	3689
男 Male	662	869	1331	1543	1757	1898
女 Female	623	807	1256	1462	1653	1791
性别比 Sex Ratio (female=100)	106.4	107.8	105.9	105.6	106.3	106.0
平均每户人数（人／户） Population by Age Group(person/household)	4.0	4.7	4.9	4.4	3.6	3.0
二、城乡人口（万人） Population by Residence (10000 persons)						
城镇人口 Urban Population		223	548	642	1432	2106
乡村人口 Rural Population		1453	2039	2363	1978	1583
城镇化率（%） Proportion of Urban Population in Total Population(%)		13.3	21.2	21.4	42.0	57.1
三、民族人口（万人） Population by Ethnicity(10000 persons)						
汉族人口 Han			2562	2958	3351	3610
占总人口比重(%) Percentage to Total Population(%)			99.0	98.4	98.3	97.8
少数民族人口 Ethnic Minorities			25	47	59	80
占总人口比重(%) Percentage to Total Population(%)			1.0	1.6	1.7	2.2
四、人口年龄构成 Population by Age Group						
0-14岁人口(万人) Aged 0-14(10000 persons)	460	709	945	946	760	571
占总人口比重(%) Percentage to Total Population(%)	35.8	42.3	36.5	31.5	22.3	15.5
15－64岁人口(万人) Aged 15-64(10000 persons)	782	914	1530	1907	2422	2828

3-9 续表1

Continued

项目　Item	1953	1964	1982	1990	2000	2010
占总人口比重(%) Percentage to Total Population(%)	60.9	54.5	59.1	63.5	71.0	76.7
65岁及65岁以上人口(万人) Aged 65 and Ovre(10000 persons)	43	53	113	152	228	291
占总人口比重(%) Percentage to Total Population(%)	3.3	3.2	4.4	5.0	6.7	7.9
百岁老年人口(人) Population of 100 and over (persons)	16	14	45	143	373	
男 Male	3	2	7	16	46	
女 Female	13	12	38	127	327	
总抚养比（%）Total Dependency Ratio(%)	**64.2**	**83.3**	**69.2**	**57.6**	**42.2**	**30.5**
少儿抚养比（%）The Juvenile and Children Dependency Ratio (%)	58.8	77.6	61.8	49.6	32.7	20.2
老年抚养比（%）The Aged Dependency Ratio (%)	5.4	5.8	7.4	8.0	9.5	10.3
老少比（%）Population in Juvenile and Children to Aged(%)	9.2	7.4	12.0	16.1	30.1	51.0
平均预期寿命(岁) Life Expectancy(year old)			**68.5**	**70.5**	**74.1**	
男 Male			66.2	68.4	71.8	
女 Female			70.7	72.6	76.6	
五、受教育人口 Population with Various Education Attainments						
每十万人拥有小学及以上文化程度人口(人) Population with Various Education Attainments Per 100 000 Persons (person)						
小学 Primary School		26716	36334	43213	40200	29801
初中 Junior Secondary School		5070	12601	16891	35700	37886
高中及中专 Senior Secondary School andTechnical Secondary School		1826	5716	6991	11300	13876
大专以上 Junior College and Above		439	608	1228	3200	8361
文盲人口 Illiterate Population			651	477	327	90
文盲率（%）Illiterate Rate(%)		58.8	25.2	15.9	9.6	2.4

3-9 续表2

Continued

项目　Item	1953	1964	1982	1990	2000	2010
六、劳动力和就业状况 Labor and Employment						
劳动适龄人口(万人) Population in suit of Employment	701	816	1364	1710	2188	2556
男(16-59岁) Male (aged 16-59)	367	444	736	911	1148	1353
女(16-54岁) Female(aged 16-54)	335	372	628	799	1040	1203
占总人口比重(%) Percentage to Total Population(%)	54.6	48.7	52.7	56.9	64.2	69.3
七、各种婚姻人口占15岁及以上人口比重(%) Population Aged 15 and Over(%)			100	100	100	100
未婚 Never Married			28.4	25.1	24.1	22.9
有配偶 Married			63.4	67.8	69.6	70.6
离婚 Divorced			0.6	0.6	0.7	1.1
丧偶 Widowed			7.6	6.5	5.6	5.4
八、婚姻状况 Basic status of Marital						
育龄妇女人数（万人） Childbearing Women(10000 person)	319	354	608	778	1006	1121
生育旺盛期组(女20－29岁) High Ratio of Childbearing Women	106	109	212	293	328	359
生育率（‰） Fertility Rate (‰)			94.4	90.8	32.9	
总和生育率 Total Fertility Rate			2.7	2.4	1.0	
九、人口自然变动 Natural Growth						
出生率（‰） Birth Rate(‰)	36.67	38.59	27.91	24.44	11.60	11.27
死亡率（‰） Death Rate(‰)	12.55	8.68	6.35	6.71	5.85	5.16
自然增长率（‰） Natural Growth Rate(‰)	24.12	29.91	21.56	17.73	5.75	6.11

3-10 就业基本情况

Basic Statistics of Employment

项目 Item	2000	2003	2005	2010	2011
就业人员合计（万人） Number of Employed Persons(10000 persons)	**1660.19**	**1756.71**	**1868.50**	**2241.59**	**2459.99**
第一产业 Primary Industry	776.43	744.79	702.49	636.54	647.53
第二产业 Secondary Industry	407.05	488.32	582.31	820.89	928.81
第三产业 Tertiary Industry	476.71	523.60	583.69	784.16	883.66
就业人员构成（%） Composition in Percentage(%)					
第一产业 Primary Industry	46.8	42.4	37.6	28.4	26.3
第二产业 Secondary Industry	24.5	27.8	31.2	36.6	37.8
第三产业 Tertiary Industry	28.7	29.8	31.2	35.0	35.9
按城乡分就业人数（万人） Employment in Urban and Rural Areas(10000 persons)					
城镇单位就业人员 Urban	**325.88**	**344.63**	**400.07**	**507.14**	**596.33**
#国有单位 State-Owned Units	170.82	152.54	150.88	155.51	161.65
集体单位 Collective-Owned Units	34.18	24.44	19.10	16.58	15.56
股份合作单位 Cooperative Units	3.64	4.50	5.80	8.14	8.70
联营单位 Ownership Units	3.35	3.84	2.67	1.95	2.96
有限责任公司 Limited Liability Corporations	12.07	23.12	35.88	87.40	130.26
股份有限公司 Share-Holding Corporations Ltd.	9.32	11.52	16.19	31.28	36.71
港澳台商投资单位 Units With Funds From Hong Kong, Macao and Taiwan	51.51	76.68	99.45	110.25	133.64
外商投资单位 Foreign Funded Units	40.26	45.15	64.05	81.88	94.84
城镇私营和个体从业人员 Private Enterprise and Self-employed Individuals	**90.19**	**128.40**	**155.42**	**338.64**	**445.99**
乡村就业人员 Rural	**1244.12**	**1283.68**	**1313.01**	**1395.81**	**1417.67**
城镇单位在岗职工人数（万人） Staff and Workers in Urban Units(10000 persons)	**318.00**	**334.08**	**386.99**	**485.94**	**538.32**
国有单位 State-Owned Units	166.78	147.07	144.51	145.74	142.25
城镇集体单位 Collective-Owned Units	33.15	23.13	18.19	15.38	13.60
其他单位 Others	118.07	163.89	224.29	324.83	382.47
私营单位从业人员数（万人） Private Enterprise and Self-employed Individuals (10000 persons)				**362.67**	**396.24**
城镇登记失业人数（万人） Number of Urban Registered Unemployment(10000 persons)	**9.10**	**14.60**	**14.86**	**14.49**	**14.64**
#16-25岁失业人数（万人） 16-25 years old(10000 persons)	3.60	3.40	2.98	3.17	3.17
占失业人数比重(%) Proportion to Unemployment(%)	39.6	23.3	20.1	21.9	21.6
城镇登记失业率（%） Rate of Urban Registered Unemployment(%)	**2.60**	**4.10**	**4.00**	**3.77**	**3.69**

3-11 主要年份全社会就业情况(年底数)

Total Employment in Selected Years(End of Year)

年份	从业人员数（万人）Total(10000 persons)								城镇登记失业人数（万人）	城镇登记失业率（%）
	合计	城镇单位在岗职工	国有单位	城镇集体单位	其他单位	城镇个私劳动者	乡村劳动者	其他从业人员		
Year	Total	Staff and Workers	State-Owned Units	Urban Collective Owned Units	Others	Self-Employed Individuals and Private Enterprise	Employed Persons in Rural Areas	Others	Number of Urban Registered Unemploy-ment (10000 persons)	Rate of Urban Registered Unemploy-ment (%)
1952	473.66	19.43	19.02	0.41		32.83	421.40			
1957	531.68	63.05	51.40	11.65		5.54	463.09			
1962	582.96	103.49	77.34	26.15		4.75	474.72			
1965	633.15	118.08	83.83	34.25		4.48	510.59			
1970	759.43	133.12	93.36	39.75		3.91	622.40			
1975	854.32	160.88	111.42	49.47		3.24	690.20			
1978	924.41	205.66	148.49	57.17		1.88	716.87		20.82	9.10
1979	953.72	217.99	156.70	61.29		1.72	734.00		23.35	9.60
1980	963.72	231.12	167.45	63.66		2.77	729.83		16.76	6.70
1981	1001.75	242.45	176.35	66.09		3.22	756.08		14.48	5.60
1982	1027.96	249.80	183.03	66.77		4.25	773.91		12.39	4.70
1983	1056.72	254.02	187.30	66.72		7.65	795.05		9.10	3.40
1984	1101.82	262.78	182.82	79.24	0.72	9.15	829.89			
1985	1152.09	274.11	191.37	80.93	1.81	13.78	864.20		16.50	5.40
1986	1188.93	283.86	198.50	81.79	3.57	15.26	889.81		17.45	2.50
1987	1237.74	293.34	205.34	82.26	5.75	19.33	925.07		5.65	1.80
1988	1281.07	301.71	211.00	81.93	8.78	22.59	956.77		7.90	2.40
1989	1301.81	302.50	211.16	78.49	12.85	25.15	974.16		9.50	2.90
1990	1348.38	310.86	214.65	78.12	18.09	25.28	1012.24		9.00	2.60
1991	1436.50	322.28	219.43	77.43	25.41	37.82	1076.40		7.93	2.20
1992	1489.61	338.80	222.04	78.67	38.09	31.46	1119.35		7.08	1.90
1993	1531.42	344.79	220.48	71.32	52.99	46.61	1131.33	8.69	7.65	1.90
1994	1553.57	352.60	218.77	66.25	67.59	59.82	1134.16	7.00	7.60	1.90
1995	1567.09	344.11	217.06	60.30	66.75	66.04	1148.47	8.48	7.20	1.90
1996	1594.37	351.30	217.97	57.47	75.86	68.58	1166.89	7.59	8.08	1.90
1997	1613.41	357.71	215.60	54.80	87.31	66.49	1181.39	7.82	7.80	1.90
1998	1621.87	334.53	187.80	41.36	105.37	78.57	1200.32	8.46	7.98	2.10
1999	1630.85	320.38	175.04	35.71	109.63	88.07	1213.90	8.49	7.93	2.30
2000	1660.19	318.00	166.78	33.15	118.07	90.19	1244.12	7.87	9.10	2.60
2001	1677.79	314.27	158.27	28.91	127.09	98.90	1255.15	9.47	13.23	3.80
2002	1711.32	315.32	149.10	26.54	139.67	111.35	1274.53	10.12	14.96	4.20
2003	1756.71	334.08	147.07	23.13	163.89	128.40	1283.68	10.55	14.60	4.10
2004	1814.03	365.56	145.42	20.96	199.18	128.32	1311.52	8.63	14.51	4.00
2005	1868.50	386.99	144.51	18.19	224.29	155.42	1313.01	13.07	14.86	4.00
2006	1949.58	412.21	144.06	17.23	250.92	182.15	1340.00	15.22	15.13	3.93
2007	2015.33	429.30	142.73	17.24	269.33	222.77	1342.07	21.19	14.85	3.90
2008	2079.78	441.58	144.23	16.70	280.65	263.33	1357.76	17.11	14.95	3.86
2009	2168.86	452.76	142.73	14.41	295.63	319.57	1375.33	21.20	15.19	3.90
2010	2241.59	485.94	145.74	15.38	324.83	338.64	1395.81	21.20	14.49	3.77
2011	2459.99	538.32	142.25	13.60	382.47	445.99	1417.67	25.00	14.64	3.69

注：1.1998年起职工的统计口径为“在岗职工”。1998年以前国有单位统计口径为国有经济单位，集体单位统计口径为集体经济单位，其他单位统计口径为其他各种经济类型单位。2.2006年乡村劳动者人数为推算数。

Note:The statistic scope of staff and workersfrom 1998 refers to staff and workers on the job. Before 1998, the statistic scope of state-owned units refers to state-owned economic units, collective-owned units refers to collective economic units, others refer to the various other economic types.

3-12 主要年份按三次产业分全社会从业人员及构成

Employment and Compoition by Three Strata of Industry in Selected Years

年份 Year	从业人员数(万人) Number of Employed Persons (10000 Persons)				构成（%） Composition in Percentage（%）		
	合计 Total	第一产业 Primary Industry	第二产业 Secondary Industry	第三产业 Tertiary Industry	第一产业 Primary Industry	第二产业 Secondary Industry	第三产业 Tertiary Industry
1952	473.66	388.16	24.79	60.71	81.9	5.2	12.8
1978	924.41	694.37	124.23	105.81	75.1	13.4	11.4
1980	963.72	702.81	130.58	130.33	72.9	13.6	13.5
1985	1152.09	709.10	223.80	219.19	61.5	19.4	19.0
1986	1188.93	723.44	236.75	228.74	60.8	19.9	19.2
1987	1237.74	741.67	253.70	242.37	59.9	20.5	19.6
1988	1281.07	756.38	269.08	255.61	59.0	21.0	20.0
1989	1301.81	764.93	275.45	261.43	58.8	21.2	20.1
1990	1348.38	786.95	277.09	284.34	58.4	20.6	21.1
1991	1436.50	829.55	300.81	306.14	57.7	20.9	21.3
1992	1489.61	837.82	326.87	324.92	56.2	21.9	21.8
1993	1531.42	819.53	355.25	356.64	53.5	23.2	23.3
1994	1553.57	795.03	371.87	386.67	51.2	23.9	24.9
1995	1567.09	788.09	371.03	407.98	50.3	23.7	26.0
1996	1594.37	786.86	383.50	424.00	49.4	24.1	26.6
1997	1613.41	781.38	398.69	433.34	48.4	24.7	26.9
1998	1621.87	785.77	390.54	445.56	48.4	24.1	27.5
1999	1630.85	788.14	390.49	452.22	48.3	23.9	27.7
2000	1660.19	776.43	407.05	476.71	46.8	24.5	28.7
2001	1677.79	766.93	420.92	489.94	45.7	25.1	29.2
2002	1711.32	765.79	445.95	499.58	44.7	26.1	29.2
2003	1756.71	744.79	488.32	523.60	42.4	27.8	29.8
2004	1814.03	728.89	533.59	551.55	40.2	29.4	30.4
2005	1868.50	702.49	582.31	583.69	37.6	31.2	31.2
2006	1949.58	686.28	646.87	616.43	35.2	33.2	31.6
2007	2015.33	658.08	707.46	649.79	32.7	35.1	32.2
2008	2079.78	647.84	739.70	692.24	31.1	35.6	33.3
2009	2168.86	638.63	775.68	754.55	29.5	35.8	34.8
2010	2241.59	636.54	820.89	784.16	28.4	36.6	35.0
2011	2459.99	647.53	928.81	883.66	26.3	37.8	35.9

3-13 按产业和登记注册类型分城镇单位从业人员数(2011年)

Number of Employed in Urban Units by Registration Status ,Region and Industry(2011)

单位: 万人 (10000 persons)

行业 Sector	从业人员 Employment	国有单位 State- Owned Units	城镇集体单位 Urban Collective-Owned Units	其他单位 Others
总计 Total	**596.33**	**161.65**	**15.56**	**419.12**
第一产业 Primary Industry	**6.10**	**5.58**	**0.03**	**0.49**
农、林、牧、渔业 Farming, Forestry, Animal Husbandy and Fishery	6.10	5.58	0.03	0.49
第二产业 Secondary Industry	**399.37**	**23.49**	**7.62**	**368.27**
采矿业 Mining and Quarrying	6.91	1.36	0.59	4.97
制造业 Manufacturing	282.98	3.87	3.10	276.02
电力、燃气及水的生产和供应业 Production and Supply of Electricity Gas and Water	9.53	5.54	0.25	3.74
建筑业 Construction	99.95	12.72	3.67	83.55
第三产业 Tertiary Industry	**190.86**	**132.59**	**7.92**	**50.36**
交通运输、仓储和邮政业 Transport, Storage and Post Services	17.87	12.58	0.34	4.95
信息传输、计算机服务和软件业 Information Transmission, Computer Software and Services	5.43	1.86	0.01	3.56
批发和零售业 Wholesale and Retail Trade	20.13	4.56	1.46	14.11
住宿和餐饮业 Lodgings and Catering Services	8.74	1.96	0.26	6.52
金融业 Finance	13.60	4.87	1.10	7.63
房地产业 Real Estate	9.11	2.51	0.23	6.36
租赁和商务服务业 Rent and Business Services	6.60	3.26	1.21	2.13
科学研究、技术服务和地质勘查业 Scientific Reseach, Ploytechnic Services and Geological Prospecting	5.71	4.01	0.06	1.65
水利、环境和公共设施管理业 Water Conservancy, Environment and Public Facilities Management	4.73	4.14	0.14	0.45
居民服务和其他服务业 Resident Services and Others	1.31	0.83	0.13	0.35
教育 Education	46.05	44.09	0.17	1.79
卫生、社会保障和社会福利业 Health Care, Social Ensure and Walfare	17.14	13.90	2.74	0.50
文化、体育和娱乐业 Culture, Sports and Entertainment	3.80	3.43	0.05	0.32
公共管理和社会组织 Public Management and Social Organizations	30.65	30.59	0.02	0.04

注：本表国民经济行业分类标准采用GB/T 4754-2002。

Note: The classified Standards of national ecomonic sector are adopted GB/T 4754-2002.

3-14 按产业分城镇单位在岗职工人数(年底数)

Number of Staff and Workers in Urban Units by Sector(End of Years)

单位：万人 (10000 persons)

行业 Sector	2003	2005	2010	2011
总计 Total	**334.08**	**386.99**	**485.94**	**538.32**
第一产业 Primary Industry	**7.32**	**7.04**	**4.47**	**3.88**
农、林、牧、渔业 Farming, Forestry, Animal Husbandy and Fishery	7.32	7.04	4.47	3.88
第二产业 Secondary Industry	**187.93**	**237.95**	**309.03**	**364.41**
采矿业 Mining and Quarrying	3.49	4.14	4.69	6.27
制造业 Manufacturing	152.14	197.82	238.99	271.65
电力、燃气及水的生产和供应业 Production and Supply of Electricity Gas and Water	7.81	7.79	9.02	9.04
建筑业 Construction	24.49	28.20	56.33	77.45
第三产业 Tertiary Industry	**138.84**	**142.00**	**172.44**	**170.03**
交通运输、仓储和邮政业 Transport, Storage and Post Services	13.56	13.73	15.55	14.60
信息传输、计算机服务和软件业 Information Transmission, Computer Software and Services	2.97	2.92	4.18	3.71
批发和零售业 Wholesale and Retail Trade	11.72	10.54	13.47	18.48
住宿和餐饮业 Lodgings and Catering Services	4.00	4.69	7.45	8.38
金融业 Finance	8.14	8.33	10.01	9.35
房地产业 Real Estate	3.31	4.78	8.60	8.55
租赁和商务服务业 Rent and Business Services	3.41	4.66	12.07	6.13
科学研究、技术服务和地质勘查业 Scientific Reseach, Ploytechnic Services and Geological Prospecting	3.53	3.70	5.16	5.15
水利、环境和公共设施管理业 Water Conservancy, Environment and Public Facilities Management	3.11	3.53	4.06	3.98
居民服务和其他服务业 Resident Services and Others	1.26	1.16	1.38	1.24
教育 Education	41.69	41.44	43.24	43.71
卫生、社会保障和社会福利业 Health Care, Social Ensure and Walfare	10.89	11.53	14.56	15.34
文化、体育和娱乐业 Culture, Sports and Entertainment	3.03	3.04	3.45	3.34
公共管理和社会组织 Public Management and Social Organizations	28.23	27.95	29.26	28.07

注：本表国民经济行业分类标准采用GB/T 4754—2002。

Note: The classified Standards of national ecomonic sector are adopted GB/T 4754-2002.

3-15 按登记注册类型和产业分城镇单位在岗职工人数(2011年)

Number of Staff and Workers in Urban Units by Status of Registration and Industry(2011)

单位：万人 (10000 persons)

行业 Sector	在岗职工 Staff and Workers of Urban Units on the Job	国有单位 State-Owned Units	城镇集体单位 Urban Collective Owned Units	其他单位 Others
总计 **Total**	**538.32**	**142.25**	**13.60**	**382.47**
第一产业 **Primary Industry**	**3.88**	**3.38**	**0.03**	**0.48**
农、林、牧、渔业 Farming, Forestry, Animal Husbandy and Fishery	3.88	3.38	0.03	0.48
第二产业 **Secondary Industry**	**364.41**	**19.54**	**6.38**	**338.50**
采矿业 Mining and Quarrying	6.27	1.28	0.58	4.41
制造业 Manufacturing	271.65	3.34	2.98	265.33
电力、燃气及水的生产和供应业 Production and Supply of Electricity Gas and Water	9.04	5.28	0.25	3.52
建筑业 Construction	77.45	9.64	2.57	65.25
第三产业 **Tertiary Industry**	**170.03**	**119.33**	**7.20**	**43.50**
交通运输、仓储和邮政业 Transport, Storage and Post Services	14.60	9.79	0.33	4.48
信息传输、计算机服务和软件业 Information Transmission, Computer Software and Services	3.71	1.43	0.01	2.27
批发和零售业 Wholesale and Retail Trade	18.48	4.23	1.38	12.87
住宿和餐饮业 Lodgings and Catering Services	8.38	1.88	0.25	6.26
金融业 Finance	9.35	3.47	0.91	4.97
房地产业 Real Estate	8.55	2.33	0.17	6.04
租赁和商务服务业 Rent and Business Services	6.13	3.01	1.20	1.91
科学研究、技术服务和地质勘查业 Scientific Reseach, Ploytechnic Services and Geological Prospecting	5.15	3.60	0.05	1.50
水利、环境和公共设施管理业 Water Conservancy, Environment and Public Facilities Management	3.98	3.48	0.11	0.39
居民服务和其他服务业 Resident Services and Others	1.24	0.78	0.13	0.34
教育 Education	43.71	41.90	0.16	1.65
卫生、社会保障和社会福利业 Health Care, Social Ensure and Walfare	15.34	12.43	2.44	0.47
文化、体育和娱乐业 Culture, Sports and Entertainment	3.34	2.99	0.04	0.31
公共管理和社会组织 Public Management and Social Organizations	28.07	28.01	0.01	0.04

注：本表国民经济行业分类标准采用GB/T 4754-2002。

Note: The classified Standards of national ecomonic sector are adopted GB/T 4754-2002.

3-16 按产业分城镇单位女性从业人员数(年底数)

Number of Employed Women in the Urban Units by Sector(End of Years)

单位：人 (Person)

行业 Sector	2003	2005	2010	2011
总计 **Total**	**1513006**	**1800430**	**2168427**	**2340753**
第一产业 **Primary Industry**	**28678**	**26559**	**23336**	**19342**
农、林、牧、渔业 Farming, Forestry, Animal Husbandy and Fishery	28678	26559	23336	19342
第二产业 **Secondary Industry**	**926778**	**1191904**	**1387397**	**1519424**
采矿业 Mining and Quarrying	9520	8789	7722	14262
制造业 Manufacturing	854236	1112785	1256958	1343016
电力、燃气及水的生产和供应业 Production and Supply of Electricity Gas and Water	24341	24563	27109	27665
建筑业 Construction	38681	45767	95608	134481
第三产业 **Tertiary Industry**	**557550**	**581967**	**757694**	**801987**
交通运输、仓储和邮政业 Transport, Storage and Post Services	40577	40798	43157	46628
信息传输、计算机服务和软件业 Information Transmission, Computer Software and Services	12567	12710	17072	21398
批发和零售业 Wholesale and Retail Trade	49552	44584	62060	91184
住宿和餐饮业 Lodgings and Catering Services	24892	28374	43034	48838
金融业 Finance	43921	46080	66260	69716
房地产业 Real Estate	10836	14580	28777	32131
租赁和商务服务业 Rent and Business Services	11855	16836	48718	19589
科学研究、技术服务和地质勘查业 Scientific Reseach, Ploytechnic Services and Geological Prospecting	10566	10895	18046	18150
水利、环境和公共设施管理业 Water Conservancy, Environment and Public Facilities Management	12956	14384	17032	18187
居民服务和其他服务业 Resident Services and Others	5691	4550	4449	3789
教育 Education	193401	197494	224198	234062
卫生、社会保障和社会福利业 Health Care, Social Ensure and Walfare	64490	70714	95954	105959
文化、体育和娱乐业 Culture, Sports and Entertainment	12423	12757	14978	14607
公共管理和社会组织 Public Management and Social Organizations	63823	67211	73959	77749

注：本表国民经济行业分类标准采用GB/T 4754-2002。
Note: The classified Standards of national ecomonic sector are adopted GB/T 4754-2002.

3-17 城镇私营及个体劳动者人数(年底数)

Number of Employed Persons in Private Enterprises and Self-employed Individuals in Urban Areas(End of Years)

单位：人　　(person)

行业 Sector	2005	2007	2008	2009	2010	2011
合　计 Total	**1554192**	**2227679**	**2633294**	**3195663**	**3386400**	**4459913**
第一产业 Primary Industry	**28100**	**38814**	**46191**	**55047**	**61273**	**79282**
农、林、牧、渔业 Farming, Forestry, Animal Husbandy and Fishery	28092	38814	46191	55047	61273	79282
第二产业 Secondary Industry	**426800**	**659254**	**725994**	**804864**	**819053**	**1014861**
采矿业 Mining and Quarrying	6875	7773	8914	9385	8588	8444
制造业 Manufacturing	361152	561798	614857	682465	704300	838501
电力、燃气及水的生产和供应业 Production and Supply of Electricity Gas and Water	17264	20284	19710	19381	19962	19648
建筑业 Construction	41471	69399	82513	93633	86203	148268
第三产业 Tertiary Industry	**1099300**	**1529611**	**1861109**	**2335752**	**2506074**	**3365770**
交通运输、仓储和邮政业 Transport, Storage and Post Services	25175	36844	43701	52871	50624	82829
信息传输、计算机服务和软件业 Information Transmission, Computer Software and Services	36173	59431	66114	70751	62011	104628
批发和零售业 Wholesale and Retail Trade	666150	900674	1090561	1399162	1623900	2021942
住宿和餐饮业 Lodgings and Catering Services	86834	115756	158587	184166	170600	242018
金融业 Finance			6179	9145	11140	19470
房地产业 Real Estate	32316	52999	62670	72042	62229	99083
租赁和商务服务业 Rent and Business Services	87222	159429	193278	228636	227400	364539
科学研究、技术服务和地质勘查业 Scientific Reseach, Ploytechnic Services and Geological Prospecting			44792	56246	46699	98182
水利、环境和公共设施管理业 Water Conservancy, Environment and Public Facilities Management			8407	9448	7895	12210
居民服务和其他服务业 Resident Services and Others	124935	132552	157548	217025	205800	271969
教育 Education			3206	3428	3285	3870
卫生、社会保障和社会福利业 Health Care, Social Ensure and Walfare	4005	6479	7603	7152	7927	8829
文化、体育和娱乐业 Culture, Sports and Entertainment	11150	15404	17552	25680	26144	35462
公共管理和社会组织 Public Management and Social Organizations			911		506	739

注：1.本表国民经济行业分类标准采用GB/T 4754-2002。2.其他行业包括：科学研究、技术服务和地质勘查业、水利、环境和公共设施管理业和教育业。

Note: a)The classified Standards of national ecomonic sector are adopted GB/T 4754-2002.b)others include scientific research,technology services and Geological Prospecting,Water conservancy,environment and Public facilities management and education.

3-18 城镇单位企业 事业 机关年末在岗职工人数(1990-2011年)

Number of Staff and Workers in Enterprises, Institutions and Agencies in Ubran Units(1990-2011)

单位：万人 (10000 persons)

年份 Year	总计 Total	企业 Enterprise	事业 Institution	机关 Agencies Organizations
1990	310.86	231.35	56.08	23.43
1991	322.28	238.78	58.89	24.60
1992	338.80	251.24	62.27	25.29
1993	344.79	259.72	58.90	26.18
1994	352.60	263.95	61.56	27.09
1995	344.11	252.76	64.44	26.91
1996	351.30	255.42	68.51	27.38
1997	357.71	260.51	69.76	27.44
1998	334.53	236.48	71.29	26.76
1999	320.38	223.23	70.58	26.57
2000	318.00	221.41	69.62	26.97
2001	314.27	216.69	69.81	27.78
2002	315.32	220.38	67.52	27.42
2003	334.08	238.72	67.09	28.27
2004	365.56	269.41	67.68	28.47
2005	386.99	291.09	67.40	28.51
2006	412.21	315.43	68.14	28.63
2007	429.30	331.12	69.42	28.76
2008	441.58	341.83	70.48	29.27
2009	452.76	361.24	62.52	28.84
2010	485.94	385.88	70.50	29.27
2011	538.32	436.91	72.20	28.12

注：1998年起“职工人数”统计口径为“在岗职工人数”。

Note:Statistic scope of staff and workers from 1998 refers to staff and workers on the job.

3-19 按登记注册类型分城镇单位职工平均工资

Average Wage of Staff and Workers in Urban Units by Status of Registration

单位：元 (yuan)

年份 Year	平均货币工资 Average Earning (yuan)				指数(上年=100) Indices (preceding year=100)			
	总计 Total	国有单位 State-owned Units	集体单位 Collective-owned Units	其他单位 Others	合计 Total	国有单位 State-owned Units	集体单位 Collective-owned Units	其他单位 Others
1978	567	594	520					
1979	610	642	530		107.6	108.1	101.9	
1980	703	737	613		115.2	114.8	115.7	
1981	715	746	637		101.7	101.2	103.9	
1982	765	792	691		107.0	106.2	108.5	
1983	827	861	730		108.1	108.7	105.6	
1984	921	966	813	1742	111.4	112.2	111.4	
1985	1059	1115	912	1855	115.0	115.4	112.2	106.5
1986	1243	1328	1027	1498	117.4	119.1	112.6	80.8
1987	1319	1402	1097	1571	106.1	105.6	106.8	104.9
1988	1644	1742	1342	2100	124.6	124.3	122.3	133.7
1989	1895	2009	1499	2532	115.3	115.3	111.7	120.6
1990	2162	2288	1704	2674	114.1	113.9	113.7	105.6
1991	2420	2502	1936	3217	111.9	109.4	113.6	120.3
1992	2780	2846	2192	3649	114.9	113.7	113.2	113.4
1993	3480	3506	2735	4420	125.2	123.2	124.8	121.1
1994	4890	5001	3644	5763	140.5	142.6	133.2	130.4
1995	5857	5790	4481	7305	119.8	115.8	123.0	126.8
1996	6683	6608	5078	8076	114.1	114.1	113.3	110.6
1997	7559	7621	5582	8636	113.1	115.3	109.9	106.9
1998	8531	8682	6662	8999	112.9	113.9	119.3	104.2
1999	9490	9867	7320	9587	111.2	113.6	109.9	106.5
2000	10584	11170	8140	10422	111.5	113.2	111.2	108.9
2001	12013	13313	9098	11028	113.5	119.2	111.8	105.6
2002	13306	15026	10119	11987	110.8	112.9	111.2	108.7
2003	14310	16460	11386	12719	107.5	109.5	112.5	106.1
2004	15603	18529	12307	13745	109.0	112.6	108.1	108.1
2005	17146	20897	13811	14947	109.9	112.8	112.2	108.7
2006	19318	23926	15695	16880	112.7	114.5	113.6	112.9
2007	22283	28011	18856	19443	115.3	117.1	120.1	115.2
2008	25702	33097	22108	22205	115.3	118.2	117.2	114.2
2009	28666	37345	25588	24556	111.5	112.8	115.7	110.6
2010	32647	41689	27234	28802	113.9	111.6	106.4	117.3
2011	38989	48587	34527	35550	119.4	116.5	126.8	123.4

注：本表1998年起"职工平均工资"统计口径为"在岗职工平均工资"。1998年以前"国有单位"统计口径为"国有经济单位"，"集体单位"统计口径为"集体经济单位"，"其他单位"统计口径为"其他各种经济类型单位"，不含私营企业。

Note:The statistic scope from 1998 in this table refers to average wages of staff and workers on the job.Before 1998, the statistic scope of state-owned units refers to state-owned economic units, collective-owned units refers to collective economic units, others refer to the various other economic types.This table is not including Private Enterprises.

3-20 城镇单位企业 事业 机关在岗职工平均工资

Average Wage of Staff and Workers in Urban Enterprises, Institution and Government Agencies

单位：元 (yuan)

年份 Year	平均货币工资 Average Wage				指数(上年=100) Indices (preceding year=100)			
	总计 Total	企业 Enterprises	事业 Institutions	机关 Agencies & Organizations	合计 Total	企业 Enterprises	事业 Institutions	机关 Agencies & Organizations
1978	567	565	526	657				
1979	610	609	587	672	107.6	107.8	111.6	102.3
1980	703	691	725	828	115.2	113.5	123.5	123.2
1981	715	710	729	777	101.7	102.8	100.6	93.8
1982	765	752	826	805	107.0	105.9	113.3	103.6
1983	827	807	887	949	108.1	107.3	107.4	117.9
1984	921	866	955	995	111.4	107.3	107.7	104.8
1985	1059	1035	1167	1119	115.0	119.5	122.2	112.5
1986	1243	1217	1343	1334	117.4	117.6	115.1	119.2
1987	1319	1261	1585	1412	106.1	103.6	118.0	105.8
1988	1644	1576	1997	1649	124.6	125.0	126.0	116.8
1989	1895	1834	2408	1960	115.3	116.4	120.6	118.9
1990	2162	2048	2698	2235	114.1	111.7	112.0	114.0
1991	2420	2310	3003	2376	111.9	112.8	111.3	106.3
1992	2780	2656	3439	2723	114.9	115.0	114.5	114.6
1993	3480	3403	4049	3222	125.2	128.1	117.7	118.3
1994	4890	4626	5979	5435	140.5	135.9	147.7	168.7
1995	5857	5983	5470	5605	119.8	129.3	91.5	103.1
1996	6683	6809	6304	6476	114.1	113.8	115.2	115.5
1997	7559	7562	7470	7752	113.1	111.1	118.5	119.7
1998	8531	8555	8302	8922	112.9	113.1	111.1	115.1
1999	9490	9298	9671	10604	111.2	108.7	116.5	118.9
2000	10584	10306	10990	11812	111.5	110.8	113.6	111.4
2001	12013	11468	13000	13794	113.5	111.3	118.3	116.8
2002	13306	12641	14614	15251	110.8	110.2	112.4	110.6
2003	14310	13766	15221	16627	107.5	108.9	104.2	109.0
2004	15603	14900	17151	18416	109.0	108.2	112.7	110.8
2005	17146	16157	19520	21357	109.9	108.4	113.8	116.0
2006	19318	18208	22232	24413	112.7	112.7	113.9	114.3
2007	22283	20822	26501	28809	115.3	114.4	119.2	118.0
2008	25702	23804	31422	34587	115.3	114.3	118.6	120.1
2009	28666	26491	35557	40448	111.5	111.3	113.2	116.9
2010	32647	30488	39905	43063	113.9	115.1	112.2	106.5
2011	38989	37102	47060	48038	119.4	121.7	117.9	111.6

注：本表1998年起"职工平均工资"统计口径为"在岗职工平均工资"。

Note:The statistic scope from 1998 in this table refers to average wages of staff and workers on the job.

3-21 按行业分城镇单位在岗职工平均工资

Average Wage of Staff and Workers in Urban Units by Sector

单位：元 (yuan)

行业 Sector	2003	2005	2010	2011
合　计 Total	**14310**	**17146**	**32647**	**38989**
按企事业机关分 Grouped by Enterprises, Institutions and Agencies				
企业 Enterprises	13766	16157	30488	37102
事业 Institutions	15221	19520	39905	47060
机关 Agencies & Organizations	16627	21357	43063	48038
按国民经济行业分 By Sector				
农、林、牧、渔业 Farming, Forestry, Animal Husbandy and Fishery	7975	10017	22923	29187
采矿业 Mining and Quarrying	10860	16664	29399	34032
制造业 Manufacturing	12217	14229	26383	33137
电力、燃气及水的生产和供应业 Production and Supply of Electricity Gas and Water	20562	26695	51335	58275
建筑业 Construction	13779	16161	30344	37046
交通运输、仓储和邮政业 Transport, Storage and Post Services	18181	22623	41046	47344
信息传输、计算机服务和软件业 Information Transmission, Computer Software and Services	33158	40326	61552	59958
批发和零售业 Wholesale and Retail Trade	13373	16491	33155	38738
住宿和餐饮业 Lodgings and Catering Services	10333	12570	22175	26845
金融业 Finance	26245	34993	84307	99114
房地产业 Real Estate	16582	18944	36990	44442
租赁和商务服务业 Rent and Business Services	14538	16986	24595	33178
科学研究、技术服务和地质勘查业 Scientific Reseach, Ploytechnic Services and Geological Prospecting	19913	24346	42553	49956
水利、环境和公共设施管理业 Water Conservancy, Environment and Public Facilities Management	12948	16433	28073	32652
居民服务和其他服务业 Resident Services and Others	15009	15707	34346	36267
教育 Education	15029	19111	41333	47745
卫生、社会保障和社会福利业 Health Care, Social Ensure and Walfare	16589	21733	42629	52244
文化、体育和娱乐业 Culture, Sports and Entertainment	16919	21018	36812	43070
公共管理和社会组织 Public Management and Social Organizations	16567	21616	43077	48388
按三次产业分 By Three Strata of Industry				
第一产业 Primary Industry	7839	10017	22923	29187
第二产业 Secondary Industry	12711	14914	27828	34622
第三产业 Tertiary Industry	16710	21131	41457	48556

3-22 城镇单位从业人员平均劳动报酬(2011年)

Per Capita Payment in Urban Units(2011)

单位：元 (yuan)

项目 Item	单位从业人员 Persons Employed in Units	在岗职工 Staff and Workers on the Job	其他从业人员 Other Employed Persons
合　计 **Total**	**38588**	**38989**	**29347**
按企事业机关分 **Grouped by Enterprises, Institutions and Agencies**			
企业 Enterprises	36868	37102	31304
事业 Institutions	45866	47060	23099
机关 Agencies & Organizations	46863	48038	17536
按国民经济行业分 **By Sector**			
农、林、牧、渔业 Farming, Forestry, Animal Husbandy and Fishery	22021	29187	8727
采矿业 Mining and Quarrying	33539	34032	25504
制造业 Manufacturing	33341	33137	50961
电力、燃气及水的生产和供应业 Production and Supply of Electricity Gas and Water	57728	58275	30945
建筑业 Construction	36770	37046	33886
交通运输、仓储和邮政业 Transport, Storage and Post Services	45761	47344	21382
信息传输、计算机服务和软件业 Information Transmission, Computer Software and Services	59763	59958	55940
批发和零售业 Wholesale and Retail Trade	37998	38738	21526
住宿和餐饮业 Lodgings and Catering Services	26577	26845	17688
金融业 Finance	84296	99114	22621
房地产业 Real Estate	43969	44442	34269
租赁和商务服务业 Rent and Business Services	32928	33178	24325
科学研究、技术服务和地质勘查业 Scientific Reseach, Ploytechnic Services and Geological Prospecting	49201	49956	34730
水利、环境和公共设施管理业 Water Conservancy, Environment and Public Facilities Management	31336	32652	14078
居民服务和其他服务业 Resident Services and Others	35808	36267	23011
教育 Education	46832	47745	20518
卫生、社会保障和社会福利业 Health Care, Social Ensure and Walfare	50672	52244	29647
文化、体育和娱乐业 Culture, Sports and Entertainment	41715	43070	20655
公共管理和社会组织 Public Management and Social Organizations	47138	48388	17628
按三次产业分 **By Three Strata of Industry**			
第一产业 Primary Industry	22021	29187	8727
第二产业 Secondary Industry	34732	34622	38270
第三产业 Tertiary Industry	47167	48556	23490

3-23 按行业分城镇单位在岗职工平均工资(2011年)

Average Wage of Staff and Workers on the Job in Urban Units by Sector(2011)

单位：元　　　　(yuan)

行业 Sector	在岗职工平均工资 Average Wage	国有单位 Stated-owned units	集体单位 Collective-owned units	其他单位 Others
合　计 **Total**	**38989**	**48587**	**34527**	**35550**
按企事业机关分 **Grouped by Enterprises, Institutions Agencies**				
企业 Enterprises	37102	50309	33962	35528
事业 Institutions	47060	47536	36677	42525
机关 Agencies & Organizations	48038	48042	35207	
按国民经济行业分 **By Sector**				
农、林、牧、渔业 Farming, Forestry, Animal Husbandy and Fishery	29187	29826	21506	25131
采矿业 Mining and Quarrying	34032	34737	34643	33763
制造业 Manufacturing	33137	43037	28565	33056
电力、燃气及水的生产和供应业 Production and Supply of Electricity Gas and Water	58275	62569	39324	53110
建筑业 Construction	37046	40821	36338	36460
交通运输、仓储和邮政业 Transport, Storage and Post Services	47344	48069	24345	47198
信息传输、计算机服务和软件业 Information Transmission, Computer Software and Services	59958	63191	17466	58397
批发和零售业 Wholesale and Retail Trade	38738	54952	20298	35399
住宿和餐饮业 Lodgings and Catering Services	26845	30437	26552	25715
金融业 Finance	99114	86005	76865	112467
房地产业 Real Estate	44442	47476	32998	43669
租赁和商务服务业 Rent and Business Services	33178	36613	24695	33050
科学研究、技术服务和地质勘查业 Scientific Reseach, Ploytechnic Services and Geological Prospecting	49956	52411	55067	43706
水利、环境和公共设施管理业 Water Conservancy, Environment and Public Facilities Management	32652	33113	28272	29642
居民服务和其他服务业 Resident Services and Others	36267	36485	23704	40389
教育 Education	47745	47985	44146	41836
卫生、社会保障和社会福利业 Health Care, Social Ensure and Walfare	52244	55657	36153	46212
文化、体育和娱乐业 Culture, Sports and Entertainment	43070	44165	63034	29226
公共管理和社会组织 Public Management and Social Organizations	48388	48443	38550	13056
按三次产业分 **By Three Strata of Industry**				
第一产业 Primary Industry	29187	29826	21506	25131
第二产业 Secondary Industry	34622	46305	32609	33941
第三产业 Tertiary Industry	48556	49507	36262	47967

注：本表不含私营企业。
Note:This table is not including Private Enterprises.

3-24 私营单位从业人员平均劳动报酬（2011年）

Per Capita Payment in Urban Units(2011)

单位：元 (yuan)

项目 Item	2008	2009	2010	2011	2011年比上年增长(%) Ratio(%)
合　计 **Total**	**16747**	**18187**	**21039**	**25559**	**21.5**
按国民经济行业分 **By Sector**					
农、林、牧、渔业 Farming, Forestry, Animal Husbandy and Fishery	14938	16305	18670	24127	29.2
采矿业 Mining and Quarrying	16337	17641	20428	27243	33.4
制造业 Manufacturing	16201	17372	20082	24428	21.6
电力、燃气及水的生产和供应业 Production and Supply of Electricity Gas and Water	17464	18399	21435	23309	8.7
建筑业 Construction	19265	20759	23914	27769	16.1
交通运输、仓储和邮政业 Transport, Storage and Post Services	17988	19069	21681	28375	30.9
信息传输、计算机服务和软件业 Information Transmission, Computer Software and Services	21458	22933	27749	29480	6.2
批发和零售业 Wholesale and Retail Trade	16254	17590	21512	24404	13.4
住宿和餐饮业 Lodgings and Catering Services	13213	13894	16881	20864	23.6
金融业 Finance	25192	27937	32156	31083	-3.3
房地产业 Real Estate	19034	20635	24411	30429	24.7
租赁和商务服务业 Rent and Business Services	17747	18311	20618	27155	31.7
科学研究、技术服务和地质勘查业 Scientific Reseach, Ploytechnic Services and Geological Prospecting	19377	19888	23329	29222	25.3
水利、环境和公共设施管理业 Water Conservancy, Environment and Public Facilitics Management	15089	15621	18073	20633	14.2
居民服务和其他服务业 Resident Services and Others	14563	16341	19168	22969	19.8
教育 Education	19231	21567	24306	24968	2.7
卫生、社会保障和社会福利业 Health Care, Social Ensure and Walfare	19472	21139	23527	28761	22.2
文化、体育和娱乐业 Culture, Sports and Entertainment	16109	16910	19582	21956	12.1
公共管理和社会组织 Public Management and Social Organizations	16389	15348	17113		
按三次产业分 **By Three Strata of Industry**					
第一产业 Primary Industry	14938	16305	18670	24127	29.2
第二产业 Secondary Industry	16900	18171	20940	25580	22.2
第三产业 Tertiary Industry	16244	18307	21502	25482	18.5

主要统计指标解释

人口数　指一定时点、一定地区范围内的有生命的个人的总和。年度统计的年末人口数指每年12月31日24时的人口数。

市、镇、县人口　其定义有两种口径：

第一种口径(按行政建制)

市人口：市管辖区域内的全部人口(含市辖镇，不含市辖区县)；

镇人口：县辖镇的全部人口(不含市辖镇)；

县人口：县辖乡人口。

第二种口径(按常住人口划分)

市人口：设区的市的区人口和不设区的市所辖的街道人口；

镇人口：不设区的市所辖镇的居民委员会人口和县辖镇的居民委员会人口；

县人口：除上述两种人口以外的全部人口。

出生率(又称粗出生率)　指在一定时期内(通常为一年)平均每千人所出生的人数的比率，一般用千分率表示。计算公式为：

出生率＝(年出生人数／年平均人数)×1000‰

式中：出生人数指活产婴儿，即胎儿脱离母体时(不管怀孕月数)，有过呼吸或其他生命现象。年平均人数指年初、年底人口数的平均数，也可用年中人口数代替。

死亡率(又称粗死亡率)　指在一定时期内(通常为一年)一定地区的死亡人数与同期平均人数(或期中人数)之比，一般用千分率表示。计算公式为：

死亡率＝(年死亡人数／年平均人数)×1000‰

人口自然增长率　指在一定时期内(通常为一年)人口自然增加数(出生人数减死亡人数)与该时期内平均人数(或期中人数)之比，一般用千分率表示。计算公式为：

人口自然增长率＝[(本年出生人数－本年死亡人数)／年平均人数]×1000‰＝人口出生率－人口死亡率

在业人口(又称就业人口)　指十五周岁及十五周岁以上人口中从事一定的社会劳动并取得劳动报酬或经营收入的人口。

不在业人口　指十五周岁及十五周岁以上人口中未从事社会劳动的人口，包括在校学生、料理家务、待升学、市镇待业、离退休、退职、丧失劳动能力等非在业人口。

经济活动人口　指在16岁以上，有劳动能力，参加或要求参加社会经济活动的人口；包括就业人员和失业人员。

各单位的就业人员　指在各级国家机关、政党机关、社会团体及企业、事业单位中工作，取得工资或其他形式的劳动报酬的全部人员。包括在岗职工、再就业的离退休人员、民办教师以及在各单位中工作的外方人员和港澳台方人员、兼职人员、借用的外单位人员和第二职业者。不包括离开本单位仍保留劳动关系的职工。各单位的从业人员反映了各单位实际参加生产或工作的全部劳动力。

城镇私营和个体就业人员　指在工商管理部门注册登记，其经营地址设在县城关镇(含城关镇)以上的私营企业从业人员；包括私营企业投资者和雇工。城镇个体就业人员指在工商管理部门注册登记，并持有城镇户口或在城镇长期居住，经批准从事个体工商经营的从业人员；包括个体经营者和在个体工商户劳动的家庭帮工和雇工。

城镇登记失业人员　指有非农业户口，在一定的劳动年龄内，有劳动能力，无业而要求就业，并在当地就业服务机构进行求职登记的人员。

城镇登记失业率　指城镇登记失业人数同城镇从业人数与城镇登记失业人数之和的比。计算公式为：

城镇登记失业率=城镇登记失业人数／(城镇从业人数+城镇登记失业人数)×100%

职工　指在国有经济、城镇集体经济、联营经济、股份制经济、外商和港、澳、台投资经济、其他经济单位及其附属机构工作，并由其支付工资的各类人员，不包括返聘的离退休人员、民办教师、在国有经济单位工作的外方人员和港、澳、台人员(1998年以后的数据均为在岗职工数据，其他相关指标如职工工资总额，职工平均工资等指标也从1998年按此口径进行了相应调整)。

国有单位职工 指在国有经济单位及其附属机构工作，并由其支付工资的各类人员。

城镇集体单位职工 指在城镇集体经济单位及其管理部门工作，并由其支付工资的各类人员。

其他单位职工 指在联营经济、股份制经济、外商投资经济、港、澳、台投资经济单位工作，并由其支付工资的各类人员。

在岗职工 指在本单位工作并由单位支付工资的人员，以及有工作岗位，但由于学习、病伤产假等原因暂未工作，仍由单位支付工资的人员。

工资总额 指各单位在一定时期内直接支付给本单位全部职工的劳动报酬总额。工资总额的计算原则应以直接支付给职工的全部劳动报酬为根据。各单位支付给职工的劳动报酬以及其他根据有关规定支付的工资，不论是计入成本的还是不计入成本的，不论是按国家规定列入计征奖金税项目的，还是未列入计征奖金税项目的，不论是以货币形式支付的还是以实物形式支付的，均包括在工资总额内。

奖金 指支付给职工的超额劳动报酬和增收节支的劳动报酬。

津贴和补贴 指为了补偿职工特殊或额外的劳动消耗和因其他特殊原因支付给职工的津贴，以及为了保证职工工资水平不受物价影响支付给职工的物价补贴。

平均工资 指企业、事业、机关单位的职工在一定时期内平均每人所得的货币工资额。它表明一定时期职工工资收入的高低程度，是反映职工工资水平的主要指标。计算公式为：

职工平均工资＝报告期实际支付的全部职工工资总额／报告期全部职工平均人数

平均工资指数 指报告期职工平均工资与基期职工平均工资的比率，是反映不同时期职工货币工资水平变动情况的相对数。计算公式为：

职工平均工资指数＝报告期职工平均工资／基期职工平均工资

平均实际工资指数 指扣除物价变动因素后的职工平均工资。职工平均实际工资指数是反映实际工资变动情况的相对数，表明职工实际工资水平提高或降低的程度。计算公式为：

职工平均实际工资指数＝(报告期职工平均工资指数／报告期城镇居民消费价格指数)×100%

Explanatory Notes on Main Statistical Indicators

Total Population refers to the total number of people alive at a certain point of time within a given area.The annual statistics on total population is taken at midnight,the 31st of December.

To City，Town and County Population,there are two definitions.The first definition (according to the administrative organizational system):

City Population: Total population under the jurisdiction of City (including population of the town under the jurisdiction of City. excluding the population of counties under the jurisdiction of City).

Town Population: Total population of town under the jurisdiction of County (excluding the population of town under the jurisdiction of City).

County Population: Total population of country under the jurisdiction of County).

The second definition (classified by the permanent population):

City Population: Total population of districts under the jurisdiction of City with district establishment and the population of street under the jurisdiction of City without district establishment.

Town Population: Total resident-committees population of towns under the jurisdiction of City without district establishment and the resident-committees population of towns under the jurisdiction of County.

County Population: Total population except City population and town population.

Birth Rate(or Crude Birth Rate) refers to the ratio of the number of births to the average population during a certain period of time(usually a year) which is often expressed in ‰. The following formula is used:

Brith Rate= (Number of Births/Annual Average Number of Population）×1000‰

Number of births refers to live births i.e. the births when babies had showed any vital phenomena regardless of the length of pregnancy.

Annual average number of population is the average of the number of population at the beginning of the year and that at the end of the year. Sometimes it is substituted for with the mid year population.

Death Rate(or Crude Death Rate) refers to the ratio of the number of deaths to the average population (or mid year population) during a certain period of time (usually a year) which is often expressed in‰. The following formula is used:

Death Rate =(Number of Deaths/ Annual Average Number of Population)×1000‰

Natural Growth Rate of Population refers to the ratio of natural increase in population(number of births minus number of deaths)in a certain period of time(usually a year)to the average population(or mid year population)of the same period which is often expressed in‰. The following formula is applied:

Natural Growth Rate of Population= [(Number of Births-Number of Deaths)/ Average Number of Population]×1000‰

Natural Growth Rate of Population=Birth Rate-Death Rate

Employed Population refers to population aged 15 or over engaging in social labour which generates income.

Unemployed Population refers to population aged 15 or over not engaging in any social labour which generates income, including students enrolled in schools, house wives,students waiting for entering schools with higher level, urban job seekers, retirees, job quitters, disabled, etc.

Economically Active Population refers to the population aged 16 and over who are capable to work, are participating in or willing to participate in economic activities, including employed persons and unemployed persons.

Persons Employed in Various Units refer to all the persons working in government agencies of various levels， political and party organizations， social organizations, enterprises and institutions, and receiving wages or other forms of payment. They include fully-employed staff and workers, re-employed retirees, teachers in schools run by the local people, foreigners and Chinese compatriots from Hong Kong, Macao, and Taiwan working in various units, part-time employees, employees of other units working temporarily at current posts, and employees holding the second job, but exclude staff and workers who have left their working units while keeping their labour contract (employment relation) unchanged. This indicator reflects the total number of laborers actually engaged in production or other operations in various units.

Persons Employed in Private Enterprises and Self-Employed Individuals in Urban Areas Persons employed in private enterprises refer to the persons employed in the private enterprises which have been registered at the departments of industrial and commercial administration and are situated at a County town (i.e. a town where the County government is located) for business operation or at urban areas with the level higher than a County town. The self-employed individuals in urban areas refer to persons who hold the certificates of residence in urban areas or have resided in the urban areas for a long time and have been registered at the departments of industrial and commercial administration and approved to be engaged in individual industrial or commercial business, including self-employed persons as well as helpers and hired labourers who work in the individual households engaged in industrial or commercial business.

Registered Urban Unemployed Persons The registered unemployed persons in urban areas refer to the persons who are registered as permanent residents in the urban areas engaged in non-agricultural activities, aged within the range of working age, capable to labour, unemployed but desirous to be employed and have been registered at the local employment service agencies to apply for a job.

Registered Urban Unemployment Rate Registered unemployment rate in urban areas refers to the ratio of the number of the registered unemployed persons to the sum of the number of employed persons and the registered unemployed persons . The formula is as follows:

Registered urban unemployment rate = [number of registered urban unemployed persons/(number of urban employed persons + number of registered urban unemployed persons)]×100%

Staff and Workers refer to the persons who work in(and receive payment therefrom)enterprises and institutions of state ownership, collective ownership, joint ownership, share holding, foreign ownership, and ownership by entrepreneurs from Hong Kong, Macao, and Taiwan, and other types of ownership and their affiliated units, excluding the retired persons invited to work in the units again, teachers in the schools run by the local people and foreigners and persons coming from Hong Kong, Macao and Taiwan and working in the state-owned economic units. (Number of staff and workers in this yearbook include only fully employed staff and workers, excluding those who have left their working units while keeping their labour contract/employment relation unchanged).

Staff and Workers in State-owned Economic Units refer to the persons who work in the state-owned economic units or their attached units and are listed in their payrolls.

Staff and Workers of Collective Owned Units in Urban Areas refer to the persons who work in collective owned units in urban areas and their administration departments and receive payment therefrom.

Staff and Workers in Units of Other Types of Ownership refer to those who work in(and receive payment therefrom)enterprises and institutions of joint ownership, share holding, foreign ownership, and ownership by entrepreneurs from Hong Kong, Macao, and Taiwan.

Fully Employed Staff and Workers refer to persons who work in, and receive wages from their working units, as well as persons who have their work posts, but are temporarily absent from work for reasons of study or on sick, injury or maternal leave and still receive wages from their working units.

Total Wages refer to the total remuneration payment to staff and workers in various units during a certain period of time. The calculation of total wages is based on the total remuneration payment to the staff and workers. Therefore，all the wages and salaries and other payments to staff and workers are included in the total wages regardless of their sources，category，and forms (in kind or cash). (Total wages of staff and workers in this yearbook include only total wages of fully employed staff and workers, excluding the living allowances distributed to those who have left their working units while keeping their labour contract/employment relation unchanged).

Bonus refers to remuneration payment to workers for extra work and for increasing earnings and practicing economy.

Subsidies and Allowances refer to subsidies paid to staff and workers for compensating special or extra labour and allowances paid to staff and workers to offset the impact of inflation on real wages.

Average Wage refers to the average wage in money terms per person during a certain period of time for staff and workers in enterprises, institutions, and government agencies, which reflects the general level of wage income during a certain period of time and is calculated as follows:

Average Wage of Staff and Workers =Total Wages of Staff and Workers in Reference Period/Average Number of Staff and Workers in Reference Period

Index of Average Wage refers to the ratio of average wage of staff and workers at the report time to that at the reference time. It reflects the relative changing degree of average wage in money terms at the various of time, which is calculated as following:

Index of Average Wage of Staff and Worker = average wage of staff and workers at the report time/average wage of staff and workers at the reference time

Index of Average Real Wage refers to the average wage which has removed the factor of price change. Index of average real wage of staff and worker reflects the relative changing degree of average real wage, and indicates the degree of the rising or declining degree of real wage of staff and worker, which is calculated as following:

Index of Average Real Wage of Staff and Worker = (Index of Average Wage of Staff and Worker at the Report Time/Urban Consumer Prices Index at the Report Time) ×100%.

第四篇　固定资产投资

Chapter 4　Investment in Fixed Assets

资料整理：程思怡 彭锦华 戴斌 唐洪民 范李功

Database Editor:Chengsiyi Pengjinhua Daibin Tanghongmin Fanligong

简 要 说 明

本篇资料的主要内容及来源

本篇资料反映全省固定资产投资和房地产开发企业的基本情况，包括固定资产投资的规模、结构、资金来源和投资的效果等资料。

固定资产投资统计资料来源为：除农户投资由国家统计局福建调查总队投资建筑业调查处提供外；其他资料均由省统计局固定资产投资统计处提供。

本篇的统计调查方法除农户投资统计采用抽样调查方法外，其他均为全面统计报表。

Brief Introduction

Main Content and Source of Data

Data in this chapter show the basic conditions of investment in fixed assets and the basic conditions of enterprises for real estate development of Fujian Province etc. mainly including the total investment in fixed assets, the structure of investment, the resources of investment and the results of investment;

Data on the trans-regional projects are provided by the various departments under the Provincial Government. Data on the individual investment in fixed assets in rural areas are provided by the fixed assets and construction Census division of NBS Survey office in Fujian; others statistical data on the investment in fixed assets are provided by the Division of Investment in Fixed Assets, Fujian Statistical Bureau.

Method of data collection: All Data on the investment in fixed assets are collected by the statistical reporting scheme with the coverage of complete enumeration, except data on the investment in fixed assets in rural areas which are collected through sample surveys.

4-1 全社会固定资产投资

Total Investment in Fixed Assets in the Whole Country

项目 Item	2000	2003	2005	2010	2011
投资总额（亿元） **Total Investment in Fixed Assets(100 million yuan)**	**1082.47**	**1507.87**	**2344.73**	**8273.42**	**10119.47**
按隶属关系分 By Ownership					
中央 Central	63.50	49.44	99.80	757.85	723.70
地方 Local	1018.97	1458.43	2244.93	7515.57	9395.77
#省级 Province	158.60	199.00	293.63	912.52	911.96
按三次产业分 **Gruoped By Three stata of Industry**					
第一产业 Primary Industry	19.41	41.05	60.69	154.15	175.70
第二产业 Secondary Industry	481.26	535.62	928.73	2897.37	3744.26
第三产业 Tertiary Industry	581.80	931.20	1355.32	5221.90	6199.50
按构成分 **Gruop By Construction**					
建筑工程 Construction	578.28	849.02	1202.74	4407.14	6045.05
安装工程 Installation	90.46	73.93	120.11	325.34	410.16
设备工器具购置 Purchase of Equipment and Instruments	288.75	334.87	542.42	1457.82	1693.92
其他费用 Others	124.98	250.05	479.47	2083.11	1970.33
本年资金来源合计 **Total Source of Funds This Year**	**1242.90**	**1835.53**	**2946.95**	**9645.21**	**12439.67**
上年末结余资金 FundsofLastYear-end	131.84	170.93	303.45	711.13	985.95
本年资金来源小计 TotalSourceofFundsThisYear	1111.06	1664.60	2643.51	8934.08	11453.72
国家预算内资金 StateBudgetaryAppropriation	54.26	92.84	165.29	672.50	789.52
国内贷款 DomesticLoans	181.76	307.16	531.26	1543.17	1630.84
债券 Bonds	4.90	2.22	0.69	54.74	22.83
利用外资 ForeignInvestment	136.26	124.06	132.95	286.57	388.41
自筹资金 Fundraising	511.07	802.91	1309.41	4950.82	6573.07
其他资金来源 Others	222.81	335.41	503.91	1426.28	2049.06
房屋建筑面积（万平方米） **Floor Space of Buildings(10000 sq.m)**					
施工面积 Floor Space Under Construction	10118.93	11634.18	17805.02	30754.70	40505.78
#住宅 Residential Buildings	6191.93	7396.05	8832.24	15359.26	18722.15
竣工面积 Floor Space Completed	4806.13	4850.26	7140.36	7166.91	10202.64
#住宅 Residential Buildings	3432.91	3140.13	4005.03	3624.84	4113.14

注：从2011年起，固定资产投资中建设项目投资统计起点标准调整为计划总投资500万元及以上。

Note: Since 2011, Project Investment standard statistical point had adjusted to 5 million yuan or more of total investment.

4-2 主要年份按城乡分全社会固定资产投资额

Total Investment in Fixed Assets in the Whole Country by Rural and Urban Areas in Selected Years

单位：亿元　　(100 million yuan)

年份 Year	全社会固定资产投资额 Total Investment in Fixed Assets	城镇 Urban	#房地产开发 Real Estate	农村 Rural	集体 Collective-owned	农户 Individuals	全社会固定资产投资比上年增长(%) Ratio(%)	全社会新增固定资产 Newly Increased Total Investment in Fixed Assets	城镇 Urban	农村 Rural
1952	0.62	0.38		0.24	0.11	0.13	68.1	0.63	0.39	0.24
1957	2.42	1.87		0.55	0.40	0.15	-55.2	4.75	4.20	0.55
1962	3.23	2.15		1.08	0.59	0.49	-16.6	2.60	1.52	1.08
1965	4.94	3.40		1.54	0.82	0.72	14.9	4.38	2.84	1.54
1970	7.21	4.85		2.36	1.02	1.34	111.4	4.53	2.18	2.35
1975	10.26	6.79		3.47	1.72	1.75	12.8	9.13	5.65	3.48
1978	13.35	9.45		3.90	1.95	1.95	55.2	8.95	5.05	3.90
1979	15.30	11.27		4.03	2.32	1.71	14.6	11.78	7.75	4.03
1980	18.30	13.57		4.73	2.75	1.98	19.6	13.65	8.91	4.74
1981	18.47	13.49		4.98	2.70	2.28	0.9	15.51	10.53	4.98
1982	24.45	16.32		8.13	3.23	4.90	32.4	18.62	10.49	8.13
1983	26.97	18.38		8.59	4.04	4.55	10.3	22.37	13.78	8.59
1984	34.61	24.23		10.38	5.25	5.13	28.3	29.83	19.45	10.38
1985	55.62	42.35		13.27	6.43	6.84	60.7	39.57	26.30	13.27
1986	64.46	48.63	3.57	15.83	4.18	11.65	15.9	49.55	33.71	15.84
1987	81.60	58.84	3.25	22.76	7.86	14.90	26.6	64.24	41.47	22.77
1988	100.29	71.41	7.13	28.88	8.05	20.83	22.9	84.66	55.79	28.87
1989	101.64	72.29	11.02	29.36	7.92	21.44	1.4	78.55	49.19	29.36
1990	115.41	81.39	13.47	34.02	9.12	24.90	13.5	98.86	64.84	34.02
1991	145.63	105.50	21.07	40.12	11.78	28.34	26.2	112.01	71.88	40.13
1992	227.55	176.76	41.03	50.79	16.45	34.34	56.3	157.43	106.64	50.79
1993	368.45	288.61	60.93	79.84	31.84	48.00	61.9	229.81	157.13	72.68
1994	538.87	437.65	101.98	101.21	34.83	66.38	46.3	349.41	254.88	94.53
1995	681.17	551.18	151.37	129.99	43.26	86.73	26.4	438.60	313.84	124.76
1996	790.00	636.66	151.69	153.34	60.25	93.09	16.0	546.08	417.19	128.88
1997	898.47	721.67	148.33	176.80	72.66	104.14	13.7	786.86	621.39	164.47
1998	1048.52	855.64	165.63	192.88	85.62	107.26	16.7	783.01	602.99	180.02
1999	1040.00	846.39	178.62	193.61	105.83	87.78	3.4	841.20	654.29	186.91
2000	1082.47	863.21	207.37	219.26	132.17	87.09	4.1	865.77	674.96	190.81
2001	1134.48	930.10	225.49	204.38	123.75	80.63	4.8	836.95	662.25	174.70
2002	1230.76	1010.76	248.99	220.00	138.00	82.00	8.5	874.73	758.12	116.61
2003	1507.87	1240.78	362.07	267.09	170.67	96.42	22.5	881.96	691.41	190.55
2004	1899.10	1600.54	477.79	298.55	197.84	100.71	25.9	1013.05	790.86	222.19
2005	2344.73	1986.31	540.39	358.42	255.40	103.03	23.5	1189.77	924.64	265.13
2006	3115.08	2765.12	787.36	349.96	233.33	116.63	38.0	1248.87	982.84	266.03
2007	4321.74	3863.01	1132.49	458.74	323.66	135.07	38.7	1594.61	1243.09	351.53
2008	5301.69	4695.51	1129.09	606.18	452.80	153.39	22.7	2235.32	1781.75	453.57
2009	6362.03	5679.44	1136.35	682.59	501.50	181.10	20.0	2943.38	2399.62	543.77
2010	8273.42	7460.07	1818.86	813.34	607.26	206.08	30.0	3184.37	2545.06	639.31
2011	10119.47	9374.83	2402.61	744.64	510.83	233.80	27.1	4859.83	4263.56	596.26

注：1.1999-2011年农村集体系非农户投资；2.按国家制度要求，为剔除与"农村投资"重复计算因素，从1999年起全社会投资均不含城关镇以下私人建房投资；3.自2006年起城镇工矿区私人建房投资纳入项目统计。

Note:a)Collective investment in rural areas from 1999 to 2011 refers to non farmers' investment. b)In accordance with national regulation, total investment in fixed assets from 1999 excludes the investment in private house building under city town level.c)The data from 2006 includes the inverstment in private house building of town areasand.

4-3 主要年份按登记注册类型分全社会固定资产投资额

Total Investment in Fixed Assets in the Whole Country by Status of Registration and Region in Selected Years

单位：亿元 (100 million yuan)

年份 Year	全社会固定资产投资额 Total Investment in Fixed Assets	国有经济 State-owned Units	集体经济 Collective-owned Units	个私经济 Individuals Economy	其他 Others	#联营经济 Joint Ownership Units	#外商及港澳台商投资企业 Units with Funds from Foreign Funded and Hong kong,Macao, Taiwan
1952	0.62	0.37	0.12	0.13			
1957	2.42	1.81	0.45	0.16			
1962	3.23	1.94	0.67	0.62			
1965	4.94	3.09	0.93	0.92			
1970	7.21	4.36	1.16	1.69			
1975	10.26	6.08	1.96	2.22			
1978	13.35	8.66	2.22	2.47			
1979	15.30	10.51	2.62	2.16	0.01		
1980	18.30	12.60	3.13	2.52	0.05		
1981	18.47	12.27	3.36	2.81	0.03		
1982	24.45	15.12	3.95	5.36	0.02		
1983	26.97	16.91	4.77	5.25	0.04		
1984	34.61	21.07	6.52	6.83	0.19		
1985	55.62	37.10	8.89	9.16	0.47		
1986	64.46	43.74	6.44	13.96	0.32		
1987	81.60	52.14	9.75	19.44	0.27		
1988	100.29	60.82	11.51	27.30	0.66		
1989	101.64	61.65	11.30	26.59	2.11		
1990	115.41	69.49	12.17	31.69	2.06		
1991	145.63	91.11	15.59	34.36	4.56		
1992	227.55	124.36	25.65	50.20	27.34		
1993	368.45	195.26	43.09	75.74	54.36	1.50	46.49
1994	538.87	249.14	50.69	103.83	135.20	7.02	112.60
1995	681.17	306.70	61.10	132.33	181.04	5.26	154.86
1996	790.00	323.20	84.23	145.28	237.29	7.55	199.82
1997	898.47	368.64	94.27	159.48	276.08	7.75	220.10
1998	1048.52	429.57	113.25	181.87	323.83	8.82	239.46
1999	1040.00	450.63	63.58	159.39	366.40	10.79	239.67
2000	1082.47	436.49	43.58	160.75	441.65	7.25	262.27
2001	1134.48	484.42	47.66	157.82	444.58	5.12	273.85
2002	1230.76	501.35	51.09	155.12	523.20	4.88	315.15
2003	1507.87	574.95	61.25	232.80	638.87	8.40	341.29
2004	1899.10	632.51	69.80	328.55	868.25	7.60	440.56
2005	2344.73	785.82	70.80	418.68	1069.43	11.73	496.99
2006	3115.08	1081.29	87.32	702.44	1244.02	6.04	615.83
2007	4321.74	1522.96	117.18	1059.61	1621.99	9.80	731.93
2008	5301.69	1914.63	190.41	1294.82	1901.84	13.95	837.87
2009	6362.03	2356.63	251.56	1650.38	2103.47	8.22	850.71
2010	8273.42	2827.69	267.45	2200.13	2978.15	40.04	1071.62
2011	10119.47	3116.42	268.02	2663.16	4071.87	39.00	1290.84

4-4 按产业和城乡分全社会固定资产投资额

Total Investment in Fixed Assets in the Whole Country by Status of Registration and Region

单位：亿元　　(100 million yuan)

行业 Sector	2009 总计 Total	2009 城镇 Urban	2009 农村 Rural	2010 总计 Total	2010 城镇 Urban	2010 农村 Rural	2011 总计 Total	2011 城镇 Urban	2011 农村 Rural
总计 Total	**6362.03**	**5679.44**	**682.59**	**8273.42**	**7460.07**	**813.34**	**10119.47**	**9374.83**	**744.64**
第一产业 Primary Industry	**124.11**	**49.78**	**74.33**	**154.15**	**63.89**	**90.26**	**175.70**	**90.51**	**85.19**
农、林、牧、渔业 Farming, Forestry, Animal Husbandy and Fishery	124.11	49.78	74.33	154.15	63.89	90.26	175.70	90.51	85.19
第二产业 Secondary Industry	**2368.32**	**2074.65**	**293.67**	**2897.37**	**2585.65**	**311.72**	**3744.26**	**3466.41**	**277.85**
采矿业 Mining and Quarrying	109.03	63.91	45.12	113.23	62.32	50.91	111.09	79.33	31.76
制造业 Manufacturing	1734.10	1515.39	218.71	2256.20	2021.20	235.00	3064.84	2841.42	223.42
电力、燃气及水的生产和供应业 Production and Supply of Electricity Gas and Water	490.75	469.92	20.83	505.00	485.59	19.41	538.08	521.45	16.63
建筑业 Construction	34.45	25.43	9.02	22.93	16.54	6.39	30.26	24.21	6.05
第三产业 Tertiary Industry	**3869.61**	**3555.01**	**314.59**	**5221.90**	**4810.54**	**411.36**	**6199.50**	**5817.91**	**381.60**
交通运输、仓储和邮政业 Transport, Storage and Post Services	1016.25	965.25	51.00	1349.37	1284.27	65.10	1384.74	1344.51	40.24
信息传输、计算机服务和软件业 Information Transmission, Computer Software and Services	148.64	147.38	1.26	140.37	139.28	1.09	142.49	142.12	0.37
批发和零售业 Wholesale and Retail Trade	101.94	92.54	9.39	155.01	142.73	12.28	172.15	158.56	13.58
住宿和餐饮业 Lodgings and Catering Services	92.40	86.36	6.03	100.47	94.56	5.90	142.70	137.35	5.35
金融业 Finance	17.33	16.91	0.42	23.17	22.90	0.27	23.25	23.01	0.24
房地产业 Real Estate	1417.42	1268.97	148.45	2246.15	2065.75	180.39	2873.87	2670.71	203.15
租赁和商务服务业 Rent and Business Services	68.39	65.50	2.89	95.96	94.36	1.60	86.95	83.37	3.58
科学研究、技术服务和地质勘查业 Scientific Reseach, Ploytechnic Services and Geological Prospecting	16.21	14.67	1.54	17.23	16.69	0.55	25.96	25.57	0.39
水利、环境和公共设施管理业 Water Conservancy, Environment and Public Facilities Management	613.32	565.28	48.04	706.94	625.08	81.87	809.12	751.40	57.72
居民服务和其他服务业 Resident Services and Others	9.20	7.13	2.07	14.59	9.98	4.61	16.24	13.83	2.40
教育 Education	100.17	89.71	10.46	112.96	97.28	15.67	147.81	124.62	23.19
卫生、社会保障和社会福利业 Health Care, Social Ensure and Walfare	49.50	43.52	5.98	56.25	50.25	6.01	59.99	54.80	5.20
文化、体育和娱乐业 Culture, Sports and Entertainment	53.09	45.79	7.30	78.47	70.13	8.34	138.97	130.30	8.67
公共管理和社会组织 Public Management and Social Organizations	165.74	146.00	19.74	124.96	97.29	27.68	175.27	157.75	17.52
国际组织 Intenational Organzition									

注：本表国民经济行业分类标准采用GB/T 4754-2002。

Note: The classified Standards of national ecomonic sector are adopted GB/T 4754-2002.

4-5 全社会固定资产投资资金来源(1981-2011年)

Sources of Funds for Investment in Fixed Assets in the Whole Country(1981-2011)

单位：亿元 (100 million yuan)

年份 Year	本年资金来源小计 Total Source of Funds(100 million yuan)	国家预算内资金 State Budgetary Appropriation	国内贷款 Domestic Loans	债券 Bonds	利用外资 Foreign Investment	自筹资金 Fundraising	其他资金来源 Others
1981	14.98	5.17	2.41		0.19	6.54	0.67
1982	18.36	3.65	5.02		0.82	7.68	1.19
1983	20.38	4.05	5.52		0.43	8.38	2.00
1984	25.66	5.44	9.21		0.32	9.16	1.53
1985	41.67	6.47	15.19		3.39	13.29	3.33
1986	43.80	6.92	17.99		2.29	12.65	3.95
1987	58.47	9.64	19.85		1.93	21.55	5.50
1988	77.88	5.98	24.69		3.89	30.37	12.95
1989	83.28	6.74	18.62		5.52	34.71	17.69
1990	103.45	8.30	22.88		9.57	42.69	20.01
1991	125.24	6.76	32.16		4.13	55.84	26.35
1992	163.43	5.58	53.68		9.47	80.41	14.29
1993	351.73	8.81	84.08		37.37	158.42	63.05
1994	480.87	7.80	91.55		75.84	227.54	78.14
1995	600.66	9.83	113.19		103.74	253.80	120.10
1996	728.83	11.78	144.05		139.92	306.13	126.95
1997	930.40	10.63	146.67		167.47	363.31	242.32
1998	1051.10	23.41	170.86		230.08	436.39	190.36
1999	997.16	38.36	181.87		133.67	423.74	219.52
2000	1111.06	54.26	181.76	4.90	136.26	511.07	222.81
2001	1205.85	66.97	187.52	3.40	132.01	530.73	285.22
2002	1345.83	78.98	266.11	3.74	150.85	576.90	269.25
2003	1664.60	92.84	307.16	2.22	124.06	802.91	335.41
2004	2139.92	84.62	406.01	3.71	135.91	1048.19	461.48
2005	2643.51	165.29	531.26	0.69	132.95	1309.41	503.91
2006	3557.87	175.07	764.60	9.56	146.59	1669.64	792.41
2007	5011.51	286.69	1048.91	15.29	215.67	2437.05	1007.90
2008	5755.23	400.70	1070.99	11.40	206.24	3124.85	941.05
2009	7091.68	538.15	1420.96	42.58	200.43	3469.15	1420.41
2010	8934.08	672.50	1543.17	54.74	286.57	4950.82	1426.28
2011	11453.72	789.52	1630.84	22.83	388.41	6573.07	2049.06

4-6 全社会固定资产投资资金来源构成(1981-2011年)

Composition of Funds for Investment in Fixed Assets in the Whole Country(1981-2011)

单位：% (%)

年份 Year	国家预算内资金 State Budgetary Appropriation	国内贷款 Domestic Loans	债券 Bonds	利用外资 Foreign Investment	自筹资金 Fundraising	其他资金来源 Others
1981	34.5	16.1		1.3	43.7	4.4
1982	19.9	27.3		4.5	41.8	6.5
1983	19.9	27.1		2.1	41.1	9.8
1984	21.2	35.9		1.2	35.7	6.0
1985	15.5	36.5		8.1	31.9	8.0
1986	15.8	41.1		5.2	28.9	9.0
1987	16.5	33.9		3.3	36.9	9.4
1988	7.7	31.7		5.0	39.0	16.6
1989	8.1	22.4		6.6	41.7	21.2
1990	8.0	22.1		9.2	41.3	19.3
1991	5.4	25.7		3.3	44.6	21.0
1992	3.4	32.8		5.8	49.2	8.7
1993	2.5	23.9		10.6	45.0	17.9
1994	1.6	19.0		15.8	47.3	16.2
1995	1.6	18.8		17.3	42.3	20.0
1996	1.6	19.8		19.2	42.0	17.4
1997	1.1	15.8		18.0	39.0	26.0
1998	2.2	16.3		21.9	41.5	18.1
1999	3.8	18.2		13.4	42.5	22.0
2000	4.9	16.4	0.4	12.3	46.0	20.0
2001	5.6	15.6	0.3	10.9	44.0	23.6
2002	5.9	19.8	0.3	11.2	42.9	20.0
2003	5.6	18.5	0.1	7.5	48.2	20.1
2004	4.0	19.0	0.2	6.4	49.0	21.6
2005	6.3	20.1		5.0	49.5	19.1
2006	4.9	21.5	0.3	4.1	46.9	22.3
2007	5.7	20.9	0.3	4.3	48.6	20.1
2008	7.0	18.6	0.2	3.6	54.3	16.4
2009	7.6	20.0	0.6	2.8	48.9	20.0
2010	7.5	17.3	0.6	3.2	55.4	16.0
2011	6.9	14.2	0.2	3.4	57.4	17.9

4-7 全社会固定资产投资构成(1993-2011年)

Composition of Fixed Assets in the Whole Country(1993-2011)

单位：亿元、% (100 million yuan)

年份 Year	本年完成投资 Composition	#建筑工程 Construction	安装工程 Installation	设备工器具购置 Purchase of Equipment and Instruments	其他费用 Others
总量（亿元） Total(100 million yuan)					
1993	368.45	235.36	16.85	78.44	37.79
1994	538.87	352.39	23.51	103.99	58.98
1995	681.17	455.78	31.67	119.14	74.58
1996	790.00	503.53	38.78	154.85	92.84
1997	898.47	534.67	49.41	212.38	102.00
1998	1048.52	624.06	59.18	237.70	127.58
1999	1040.00	578.05	63.74	267.97	130.25
2000	1082.47	578.28	90.46	288.75	124.98
2001	1134.48	588.88	83.49	321.91	140.20
2002	1230.76	685.69	61.96	312.04	171.07
2003	1507.87	849.02	73.93	334.87	250.05
2004	1899.10	1040.66	96.46	443.35	318.62
2005	2344.73	1202.74	120.11	542.42	479.47
2006	3115.08	1566.78	138.67	610.26	799.36
2007	4321.74	2250.77	185.50	808.66	1076.81
2008	5301.69	2845.35	238.58	1127.87	1089.90
2009	6362.03	3445.72	286.35	1333.59	1296.37
2010	8273.42	4407.14	325.34	1457.82	2083.11
2011	10119.47	6045.05	410.16	1693.92	1970.33
构成（%） Composition (%)					
1993	100.0	63.9	4.6	21.3	10.2
1994	100.0	65.4	4.4	19.3	10.9
1995	100.0	66.9	4.6	17.5	10.9
1996	100.0	63.7	4.9	19.6	11.8
1997	100.0	59.5	5.5	23.6	11.4
1998	100.0	59.5	5.6	22.7	12.2
1999	100.0	55.6	6.1	25.8	12.5
2000	100.0	53.7	8.4	26.6	11.4
2001	100.0	51.9	7.4	28.4	12.4
2002	100.0	55.7	5.0	25.4	13.9
2003	100.0	56.3	4.9	22.2	16.6
2004	100.0	54.8	5.1	23.3	16.8
2005	100.0	51.3	5.1	23.1	20.4
2006	100.0	50.3	4.5	19.6	25.7
2007	100.0	52.1	4.3	18.7	24.9
2008	100.0	53.7	4.5	21.3	20.6
2009	100.0	54.2	4.5	21.0	20.4
2010	100.0	53.3	3.9	17.6	25.2
2011	100.0	59.7	4.1	16.7	19.5

4-8 全社会住宅投资额(1981-2011年)

Total Investment in Residential Buildings in the Whole Country(1981-2011)

单位：亿元　　　　(100 million yuan)

年份 Year	全社会住宅投资额 Total Investment of Residential Buildings	#房地产开发 Real Estate Development	#城乡个人 Urban and Rural Individuals	城镇 Urban Individuals	农村 Rural Individuals
1981	5.20		2.46	0.51	1.95
1982	8.42		4.62	0.43	4.19
1983	8.32		4.27	0.68	3.59
1984	9.62		5.57	1.58	3.99
1985	13.59		7.42	2.15	5.26
1986	17.84	2.56	9.44	1.98	7.46
1987	19.55	2.36	12.75	3.44	9.31
1988	30.15	5.13	18.91	5.76	13.15
1989	32.70	8.02	19.21	4.80	14.41
1990	39.06	9.10	24.68	6.26	18.42
1991	46.92	14.35	25.46	5.49	19.97
1992	78.30	28.76	38.73	14.11	24.61
1993	112.78	39.99	54.68	23.83	30.85
1994	178.38	69.96	77.22	34.15	43.07
1995	219.81	88.51	106.85	41.07	65.78
1996	226.16	75.29	122.01	44.19	77.82
1997	226.72	72.49	123.63	44.27	79.35
1998	256.52	85.44	136.49	56.04	80.45
1999	241.17	105.08	89.22	21.99	67.23
2000	239.64	125.07	90.81	24.54	66.27
2001	235.77	145.22	67.23	17.78	49.45
2002	272.69	160.78	79.14	16.34	62.80
2003	333.28	237.67	76.04	19.95	54.83
2004	414.53	308.45	84.02	21.81	62.21
2005	463.74	363.72	75.43	24.71	50.72
2006	617.48	511.68	68.66	3.59	65.07
2007	933.35	778.39	85.82	2.24	83.58
2008	903.35	735.93	104.59	3.50	101.09
2009	1008.51	743.27	147.01	9.59	137.42
2010	1254.12	975.13	166.34	1.64	164.69
2011	1944.20	1591.56	187.75	0.62	187.13

4-9 全社会住宅竣工面积(1981-2011年)

Floor Space of Residential Buildings Completed in the Whole Country(1981-2011)

单位：万平方米 (10000 sq.m)

年份 Year	全社会住宅竣工面积 Total Floor Space of Residential Bulidings Completed	#房地产开发 Real Estate Development	#城乡个人 Urban and Rural Individuals	城镇 Urban Individuals	农村 Rural Individuals
1981	1478.95		1215.12	68.55	1146.57
1982	1481.65		1053.12	68.03	985.09
1983	1254.20		861.96	98.04	763.92
1984	1324.08		944.18	201.59	742.59
1985	1428.30		1066.52	239.52	827.00
1986	2262.99	112.40	1770.52	212.21	1558.31
1987	1693.05	72.21	1394.48	260.75	1133.73
1988	2438.81	112.25	2106.62	328.71	1777.91
1989	1895.20	145.78	1578.25	243.42	1334.83
1990	2438.93	139.47	2093.88	290.35	1803.53
1991	2144.79	147.03	1815.51	240.51	1575.00
1992	2602.66	181.24	2192.19	522.19	1670.00
1993	2443.93	238.46	1957.67	601.67	1356.00
1994	3639.98	359.14	2952.73	860.17	2092.56
1995	3685.20	585.82	2814.57	1009.28	1805.29
1996	4017.69	419.56	3233.36	1044.95	2188.41
1997	3928.96	500.07	3012.71	1083.27	1929.44
1998	4628.66	450.90	3799.44	1175.60	2623.84
1999	2528.71	604.21	1370.93	427.80	943.13
2000	3432.91	771.81	2376.99	446.99	1930.00
2001	2775.24	1020.46	1490.27	389.27	1101.00
2002	3014.69	1011.33	1727.36	232.36	1495.00
2003	3140.13	1074.29	1798.59	380.59	1418.00
2004	3919.39	1260.55	2402.38	364.38	2038.00
2005	4005.03	1304.85	2523.71	407.03	2116.68
2006	3987.83	1128.59	2575.52	46.14	2529.38
2007	4881.91	1344.42	3235.53	28.99	3206.54
2008	5170.02	1422.84	3485.55	18.10	3467.45
2009	3959.01	1690.85	1896.32	89.74	1806.58
2010	3624.84	1715.87	1603.70	2.00	1601.70
2011	4113.14	2007.34	1736.70	1.82	1734.88

4-10 城镇投资项目数及计划总投资(1993-2011年)

Number of Investment Projects and Value of Investment in Urban Areas(1993-2011)

年份 Year	施工项目（个） Number of Projects Under Construction (unit)	全部建成投产项目（个） Number of Projects Completed and Put Into Use (unit)	计划总投资（亿元） Total Investment of Planned (100 million yuan)	年份 Year	施工项目（个） Number of Projects Under Construction (unit)	全部建成投产项目（个） Number of Projects Completed and Put Into Use (unit)	计划总投资（亿元） Total Investment of Planned (100 million yuan)
1993	6256	3018	767.30	2003	5571	2438	3222.88
1994	5495	2810	1083.79	2004	8857	2594	4308.45
1995	5310	2819	1317.22	2005	7543	2891	5870.27
1996	6123	3458	1532.51	2006	9610	3013	8234.54
1997	5616	3057	1771.04	2007	10713	3699	10429.36
1998	6491	3546	2117.06	2008	11630	4537	13140.14
1999	7488	4149	2218.53	2009	11942	4578	15891.94
2000	6231	3579	2121.71	2010	10751	4014	20508.60
2001	5763	3153	2230.89	2011	12881	5663	21265.09
2002	6066	3269	2281.43				

注：本表不含房地产开发。

Note:Data in this table exclude the investment of the real estate development.

4-11 按三次产业分城镇新增固定资产

Newly Increased Total Investment in Fixed Assets in Urban Areas by Sector

单位：万元 (10000 Yuan)

行业 Sector	城镇新增固定资产投资 Newly Increased Fixed Assets	第一产业 Primary Industry	第二产业 Secondary Industry	第三产业 Tertiary Industry
1995	3138438	26542	961562	2150334
1996	4171918	29567	1372641	2769710
1997	6213913	34270	2080800	4098843
1998	6029888	53699	2634906	3341283
1999	6542937	104613	2378326	4059998
2000	6749598	35593	2863561	3850444
2001	6622464	54362	2353141	4214961
2002	7581186	73912	2813120	4694154
2003	6914113	43138	2356325	4514650
2004	7908627	50759	2988540	4869328
2005	9246365	70219	3489972	5686174
2006	9828376	71354	4791086	4965936
2007	12430850	95946	5585100	6749804
2008	17817461	213955	7183682	10419824
2009	23996153	285723	11058513	12651917
2010	25450575	328619	11601434	13520522
2011	42635638	660199	22191087	19784352

注：本表国民经济行业分类标准采用GB/T 4754-2002。

Note: The classified Standards of national ecomonic sector are adopted GB/T 4754-2002.

4-12 按行业分城镇固定资产投资

Investment in Fixed Assets in Urban Areas by Sector

单位：万元 (10000 Yuan)

行业 Sector	2003	2005	2010	2011
总计 Total	**12407773**	**19863086**	**74600745**	**93748308**
第一产业 Primary Industry	**92142**	**126807**	**638864**	**905119**
农、林、牧、渔业 Farming,Forestry,AnimalHusbandyandFishery	92142	126807	638864	905119
第二产业 Secondary Industry	**3877516**	**7629264**	**25856470**	**34664132**
采矿业 MiningandQuarrying	24690	89046	623237	793275
制造业 Manufacturing	2960775	4905734	20211977	28414238
电力、燃气及水的生产和供应业 ProductionandSupplyofElectricityGasand Water	829368	2407519	4855893	5214498
建筑业 Construction	62683	226965	165363	242121
第三产业 Tertiary Industry	**8438115**	**12107015**	**48105411**	**58179057**
交通运输、仓储和邮政业 Transport,StorageandPostServices	1647469	2307143	12842657	13445067
信息传输、计算机服务和软件业 InformationTransmission,ComputerSoftware andServices	589970	667589	1392837	1421212
批发和零售业 WholesaleandRetailTrade	104879	165035	1427312	1585638
住宿和餐饮业 LodgingsandCateringServices	65451	145365	945649	1373542
金融业 Finance	18737	64103	228963	230061
房地产业 RealEstate	3977427	5736873	20657539	26707141
租赁和商务服务业 RentandBusinessServices	124142	113979	943597	833724
科学研究、技术服务和地质勘查业 ScientificReseach,PloytechnicServicesand GeologicalProspecting	35439	39252	166864	255718
水利、环境和公共设施管理业 WaterConservancy,EnvironmentandPublic FacilitiesManagement	684640	1297129	6250750	7513984
居民服务和其他服务业 ResidentServicesandOthers	15123	15629	99753	138341
教育 Education	412740	541982	972826	1246220
卫生、社会保障和社会福利业 HealthCare,SocialEnsureandWalfare	109322	156605	502479	547975
文化、体育和娱乐业 Culture,SportsandEntertainment	80936	135184	701326	1302973
公共管理和社会组织 PublicManagementandSocialOrganizations	571840	721147	972859	1577461
国际组织 InternationalOrganzition				

注：本表国民经济行业分类标准采用GB/T 4754-2002。

Note: The classified Standards of national ecomonic sector are adopted GB/T 4754-2002.

4-13 按行业分城镇新增固定资产

Newly Increased Total Investment in Fixed Assets in Urban Areas by Sector

单位：万元　　(10000 Yuan)

行业 Sector	2003	2005	2010	2011
合计 Total	**6914113**	**9246365**	**25450575**	**42635638**
第一产业 Primary Industry	**43138**	**70219**	**328619**	**660199**
农、林、牧、渔业 Farming,Forestry,AnimalHusbandyandFishery	43138	70219	328619	660199
第二产业 Secondary Industry	**2356325**	**3489972**	**11601434**	**22191087**
采矿业 MiningandQuarrying	4416	40205	388011	656308
制造业 Manufacturing	1929354	2550195	9389603	18857051
电力、燃气及水的生产和供应业 ProductionandSupplyofElectricityGasand Water	390829	840007	1797555	2598758
建筑业 Construction	31726	59565	26265	78970
第三产业 Tertiary Industry	**4514650**	**5686174**	**13520522**	**19784352**
交通运输、仓储和邮政业 Transport,StorageandPostServices	472703	830801	3155425	4184161
信息传输、计算机服务和软件业 InformationTransmission,ComputerSoftware andServices	574254	548367	968162	1288392
批发和零售业 WholesaleandRetailTrade	62887	51838	657582	852993
住宿和餐饮业 LodgingsandCateringServices	24310	105202	283819	749235
金融业 Finance	15751	58516	148521	134330
房地产业 RealEstate	2322716	2767238	5429820	7602975
租赁和商务服务业 RentandBusinessServices	36166	30759	247419	249212
科学研究、技术服务和地质勘查业 ScientificReseach,PloytechnicServicesand GeologicalProspecting	21985	12053	44195	142619
水利、环境和公共设施管理业 WaterConservancy,EnvironmentandPublic FacilitiesManagement	309045	338936	1488785	2567566
居民服务和其他服务业 ResidentServicesandOthers	7619	8658	24905	82121
教育 Education	219316	309562	265891	589217
卫生、社会保障和社会福利业 HealthCare,SocialEnsureandWalfare	92121	66292	178550	234971
文化、体育和娱乐业 Culture,SportsandEntertainment	30731	48305	220024	546926
公共管理和社会组织 PublicManagementandSocialOrganizations	325046	509647	407424	559634
国际组织 InternationalOrganzition				

注：本表国民经济行业分类标准采用GB/T 4754-2002。

Note: The classified Standards of national ecomonic sector are adopted GB/T 4754-2002.

4-14 按各类型分城镇固定资产投资

Investment in Fixed Assets By Groups

单位：万元 (10000 Yuan)

行业 Sector	2003	2005	2010	2011
总计 Total	**12407773**	**19863086**	**74600745**	**93748308**
按登记注册类型分 Grouped by Status of Registration				
国有企业 Stated-owned Enterprises	4886904	6423753	25228272	27746250
集体企业 Collective-owned Enterprises	259596	286291	1260604	1652809
股份合作 Share Holding Cooperative Enterprises	95712	68677	382550	244190
联　营 Cooperative Enterprises	180566	346359	555806	627150
有限责任公司 Limited Liability Corporations Enterprises	1903607	3457744	15669989	23055802
股份有限公司 Share Holding Enterprises	571189	609772	2398355	3430550
私营企业 Private Enterprises	908340	3278861	17126200	22032354
港澳台商投资企业 Enterprises with Funds from HongKong, Macao,TaiWan and Foreign	1797863	2651621	6244341	7299463
外商投资企业 Foreign Funded Enterprises	1503634	2109391	4246833	5427179
其他 Other Enterprises	300362	630617	1487795	2232561
按隶属关系分 By Ownership				
中央 Central	494412	998046	7530732	7229336
地方 Local	11913361	18865040	67070013	86518972
#省 Province	1990039	2936257	9100941	9110634
按建设性质分 By Kind of Construction				
#新建 New Construction	5388877	9204991	32711883	40596805
扩建 Expansion	2112809	2963634	14350576	17670282
改建 Reconstruction	525678	981314	6126728	7282355

4-15 按行业分城镇固定资产投资构成情况(2011年)

单位：亿元

行业 Sector	合计 Total	按投资构成分 By Type of Construction	
		建筑工程 Construction	安装工程 Installation
总计 Total	**9374.83**	**5481.32**	**392.48**
农、林、牧、渔业 Farming, Forestry, Animal Husbandy and Fishery	**90.51**	**60.43**	**2.77**
农业 Farming	41.39	30.30	1.62
林业 Forestry	9.66	4.65	0.11
畜牧业 Animal Husbandry	12.05	8.04	0.46
渔业 Fishery	9.60	4.15	0.07
农、林、牧、渔服务业 Services in Support of Agriculture	17.82	13.28	0.51
采矿业 Mining and Quarrying	**79.33**	**57.55**	**3.27**
煤炭开采和洗选业 Mining and Washing of Coal	28.87	22.20	1.41
石油和天然气开采业 Extraction of Petroleum and Natural Gas			
黑色金属矿采选业 Mining and Processing of Ferrous Metal Ores	13.24	10.45	0.31
有色金属矿采选业 Mining and Processing of Non-Ferrous Metal Ores	14.28	10.14	0.36
非金属矿采选业 Mining and Processing of Nonmetal Ores	22.25	14.40	1.18
其他采矿业 Mining of Other Ores	0.69	0.35	0.01
制造业 Manufacturing	**2841.42**	**1484.38**	**119.75**
农副食品加工业 Processing of Food from Agricultural Products	138.30	90.78	5.08
食品制造业 Manufacture of Foods	68.76	42.30	1.86
饮料制造业 Manufacture of Beverages	74.83	49.57	1.75
烟草制品业 Manufacture of Tobacco	14.76	5.76	1.94
纺织业 Manufacture of Textile	199.02	83.95	5.66
纺织服装、鞋、帽制造业 Manufacture of Textile Wearing Apparel, Footware and Caps	108.52	66.67	4.78
皮革、毛皮、羽毛(绒)及其制品业 Manufacture of Leather, Fur, Feather and Related Products	91.07	61.00	2.98
木材加工及木、竹、藤、棕、草制品业 Processing of Timber, Manufacture of Wood, Bamboo, Rattan, Palm and Straw Products	93.63	56.58	3.41
家具制造业 Manufacture of Furniture	48.02	30.84	2.08

Composition of Investment in Fixed Assets in Urban Areas by Sector(2011)

(100 million yuan)

		按建设性质分 By Use of Construction		
设备工器具购置 Purchase of Equipment and Instruments	其他费用 Others	#新建 New Construction	#扩建 Expansion	#改建和技术改造 Reconstruction and Technical Renovation
1570.97	**1930.06**	**4059.68**	**1767.03**	**728.24**
12.45	**14.87**	**53.18**	**23.61**	**9.29**
3.75	5.72	24.70	14.02	2.29
0.62	4.28	7.78	1.52	0.35
1.77	1.78	8.73	2.45	0.31
4.78	0.59	3.37	2.52	1.12
1.52	2.50	8.60	3.10	5.22
15.21	**3.30**	**20.98**	**24.77**	**33.03**
4.35	0.91	4.03	4.04	20.39
1.97	0.51	2.10	4.95	6.13
3.15	0.62	5.82	5.37	3.09
5.44	1.23	8.65	10.11	3.42
0.31	0.02	0.39	0.30	
1008.98	**228.31**	**1564.51**	**835.54**	**254.78**
30.89	11.55	88.11	40.85	7.18
19.92	4.67	35.81	18.22	8.13
17.42	6.09	37.63	21.95	4.39
6.00	1.05	0.96	7.26	5.66
96.29	13.13	81.99	78.67	21.27
27.69	9.38	67.02	27.50	7.36
21.89	5.20	48.13	31.72	4.80
26.68	6.96	41.34	43.18	7.94
10.02	5.08	32.83	12.32	0.91

4-15 续表1

单位：亿元

行业 Sector	合计 Total	按投资构成分 By Type of Construction 建筑工程 Construction	 安装工程 Installation
造纸及纸制品业 Manufacture of Paper and Paper Products	106.71	51.68	3.58
印刷业和记录媒介的复制 Printing, Reproduction of Recording Media	26.86	13.80	0.98
文教体育用品制造业 Manufacture of Articles For Culture, Education and Sport Activities	23.97	17.44	0.73
石油加工、炼焦及核燃料加工业 Processing of Petroleum, Coking, Processing of Nuclear Fuel	111.18	34.18	16.28
化学原料及化学制品制造业 Manufacture of Raw Chemical Materials and Chemical Products	156.87	73.96	7.62
医药制造业 Manufacture of Medicines	37.24	20.75	2.09
化学纤维制造业 Manufacture of Chemical Fibers	95.02	45.25	4.10
橡胶制品业 Manufacture of Rubber	39.56	15.94	2.00
塑料制品业 Manufacture of Plastics	86.22	42.84	3.01
非金属矿物制品业 Manufacture of Non-metallic Mineral Products	288.22	145.62	11.32
黑色金属冶炼及压延加工业 Smelting and Pressing of Ferrous Metals	117.51	36.72	6.53
有色金属冶炼及压延加工业 Smelting and Pressing of Non-ferrous Metals	65.20	24.41	5.40
金属制品业 Manufacture of Metal Products	105.64	63.77	3.49
通用设备制造业 Manufacture of General Purpose Machinery	102.50	58.84	5.25
专用设备制造业 Manufacture of Special Purpose Machinery	95.04	51.87	2.67
交通运输设备制造业 Manufacture of Transport Equipment	132.85	80.97	3.86
电气机械及器材制造业 Manufacture of Electrical Machinery and Equipment	152.45	86.52	4.94
通信设备、计算机及其他电子设备制造业 Manufacture of Communication Equipment, Computers and Other Electronic Equipment	156.68	67.47	4.07
仪器仪表及文化、办公用机械制造业 Manufacture of Measuring Instruments and Machinery for Cultural Activity and Office Work	15.56	8.61	0.41
工艺品及其他制造业 Manufacture of Artwork and Other Manufacturing	85.35	53.80	1.88
废弃资源和废旧材料回收加工业 Recycling and Disposal of Waste	3.91	2.51	0.02
电力、燃气及水的生产和供应业 **Production and Supply of Electricity Gas and Water**	**521.45**	**137.58**	**87.43**
电力、热力的生产和供应业 Production and Supply of Electric Power and Heat Power	449.86	96.47	69.20

Continued

(100 million yuan)

		按建设性质分 By Use of Construction		
设备工器具购置 Purchase of Equipment and Instruments	其他费用 Others	#新建 New Construction	#扩建 Expansion	#改建和技术改造 Reconstruction and Technical Renovation
42.44	9.02	62.58	30.80	11.48
9.14	2.95	14.98	6.43	1.94
4.26	1.54	16.02	5.99	0.37
55.51	5.21	106.72	1.28	3.17
63.64	11.66	73.47	36.07	17.40
10.26	4.15	18.53	12.12	3.26
43.20	2.47	48.67	38.32	7.82
15.19	6.42	17.13	19.81	1.33
33.73	6.64	44.10	33.95	1.62
108.23	23.04	138.19	88.83	46.95
69.04	5.22	76.38	14.46	26.57
29.86	5.53	35.55	13.51	11.10
26.02	12.36	60.95	37.21	4.48
30.57	7.83	43.41	48.75	7.46
33.39	7.11	46.65	34.38	9.96
33.63	14.39	90.32	29.55	10.21
49.01	11.99	103.17	26.60	10.69
71.60	13.55	77.90	40.51	6.81
5.40	1.15	7.84	5.91	1.19
16.95	12.72	46.51	27.56	2.85
1.13	0.25	1.61	1.83	0.47
229.58	**66.86**	**208.80**	**230.83**	**73.71**
220.28	63.90	179.63	208.06	55.94

4-15 续表2

单位：亿元

行业 Sector	合计 Total	按投资构成分 By Type of Construction 建筑工程 Construction	安装工程 Installation
燃气生产和供应业 Production and Supply of Gas	18.33	11.64	2.50
水的生产和供应业 Production and Supply of Water	53.26	29.46	15.73
建筑业 Construction	**24.21**	**17.29**	**0.58**
房屋和土木工程建筑业 Construction of Buildings and Civil Engineering	16.42	13.13	0.18
建筑安装业 Building Installation	1.30	0.84	0.26
建筑装饰业 Building Decoration	0.61	0.43	0.10
其他建筑业 Other Construction	5.88	2.90	0.03
交通运输、仓储和邮政业 Transport, Storage and Post Services	**1344.51**	**907.96**	**11.90**
铁路运输业 Railway Transport	202.44	144.60	0.38
道路运输业 Road Transport	796.52	608.12	2.05
城市公共交通业 Urban Public Transport	42.44	13.11	0.12
水上运输业 Water Transport	188.82	86.58	5.81
航空运输业 Air Transport	39.37	6.28	0.05
管道运输业 Transport Via Pipelines	0.58	0.14	
装卸搬运和其他运输服务业 Loading, Unloading and Other Transport Services	7.75	4.05	0.16
仓储业 Storage	64.49	43.56	3.08
邮政业 Post	2.10	1.52	0.24
信息传输、计算机服务和软件业 Information Transmission, Computer Software and Services	**142.12**	**29.29**	**44.36**
电信和其他信息传输服务业 Telecommunications and Other Information Transmission Services	130.20	22.82	43.17
计算机服务业 Computer Services	0.23	0.01	0.05
软件业 Software	11.69	6.46	1.14
批发和零售业 Wholesale and Retail Trade	**158.56**	**101.69**	**8.44**
批发业 Wholesale Trade	95.90	54.38	5.42

Continued

(100 million yuan)

		按建设性质分 By Use of Construction		
设备工器具购置 Purchase of Equipment and Instruments	其他费用 Others	#新建 New Construction	#扩建 Expansion	#改建和技术改造 Reconstruction and Technical Renovation
3.88	0.32	11.90	3.66	1.76
5.42	2.64	17.27	19.12	16.02
3.72	**2.63**	**16.29**	**1.59**	**4.04**
2.39	0.72	9.97	0.63	3.92
0.08	0.13	1.26	0.02	0.02
0.07	0.02	0.48		0.10
1.19	1.76	4.58	0.95	
138.12	**286.52**	**968.59**	**148.16**	**108.82**
1.14	56.31	178.97	3.10	20.37
6.40	179.94	632.22	73.53	85.35
7.84	21.37	30.82	4.69	2.09
83.14	13.29	73.74	39.08	0.65
32.84	0.19	0.62	6.97	0.07
0.32	0.12		0.58	
2.22	1.32	4.61	1.94	0.19
4.22	13.63	47.61	16.16	0.10
	0.34		2.10	
60.36	**8.12**	**17.03**	**93.76**	**31.16**
60.17	4.04	8.11	90.99	30.93
0.15	0.02			0.23
0.04	4.06	8.92	2.77	
22.10	**26.33**	**102.75**	**35.32**	**9.80**
15.40	20.69	58.49	19.56	7.67

4-15 续表3

单位：亿元

行业 Sector	合计 Total	按投资构成分 By Type of Construction 建筑工程 Construction	 安装工程 Installation
零售业 Retail Trade	62.67	47.31	3.02
住宿和餐饮业 Lodgings and Catering Services	**137.35**	**100.44**	**7.94**
住宿业 Lodgings	112.87	83.73	6.08
餐饮业 Catering Services	24.48	16.71	1.86
金融业 Finance	23.01	11.98	1.50
银行业 Bank	21.68	10.92	1.48
证券业 Security Activities			
保险业 Insurance	0.05	0.05	
其他金融活动 Other Financial Activities	1.28	1.02	0.02
房地产业 Real Estate	**2670.71**	**1582.94**	**70.07**
租赁和商务服务业 Rent and Business Services	**83.37**	**48.56**	**1.19**
租赁业 Rent	4.53	0.75	…
商务服务业 Business Services	78.84	47.80	1.18
科学研究、技术服务和地质勘查业 Scientific Reseach, Ploytechnic Services and Geological Prospecting	**25.57**	**21.28**	**1.04**
研究与试验发展 Research and Experimental Development	3.72	2.98	0.34
专业技术服务业 Professional Technical Services	8.11	5.32	0.60
科技交流和推广服务业 Services of Science and Technology Exchanges and Promotion	13.32	12.56	0.10
地质勘查业 Geologic Prospecting	0.42	0.41	
水利、环境和公共设施管理业 Water Conservancy, Environment and Public Facilities Management	**751.40**	**562.57**	**17.53**
水利管理业 Management of Water Conservancy	63.48	52.98	2.31
环境管理业 Environmental Management	51.50	34.70	0.62
公共设施管理业 Management of Public Facilities	636.41	474.89	14.59
居民服务和其他服务业 Resident Services and Others	**13.83**	**11.33**	**0.48**

Continued

(100 million yuan)

设备工器具购置 Purchase of Equipment and Instruments	其他费用 Others	按建设性质分 By Use of Construction #新建 New Construction	#扩建 Expansion	#改建和技术改造 Reconstruction and Technical Renovation
6.70	5.65	44.25	15.77	2.13
9.78	**19.19**	**106.15**	**19.11**	**11.96**
8.63	14.42	87.30	17.50	8.01
1.15	4.77	18.85	1.61	3.95
6.39	3.13	11.16	3.58	4.84
6.31	2.97	10.09	3.32	4.84
		0.05		
0.08	0.16	1.02	0.27	
9.31	**1008.39**	**218.30**	**14.28**	**8.77**
6.19	**27.44**	**49.50**	**18.76**	**9.59**
3.78		0.74	0.19	
2.41	27.44	48.76	18.57	9.59
1.68	**1.58**	**20.40**	**3.81**	**0.78**
0.14	0.26	2.81	0.68	0.20
1.44	0.75	4.19	2.78	0.58
0.10	0.56	13.12	0.20	
...	0.01	0.27	0.15	
14.90	**156.40**	**425.65**	**189.99**	**126.73**
0.79	7.41	29.17	11.40	21.77
2.69	13.49	15.65	5.86	28.96
11.42	135.51	380.83	172.73	76.00
1.10	**0.93**	**7.80**	**3.05**	**1.97**

4-15 续表4

单位：亿元

行业 Sector	合计 Total	按投资构成分 By Type of Construction 建筑工程 Construction	 安装工程 Installation
居民服务业 Services to Households	11.15	9.14	0.41
其他服务业 Other Services	2.68	2.19	0.07
教育 Education	**124.62**	**104.72**	**2.43**
卫生、社会保障和社会福利业 Health Care, Social Ensure and Walfare	**54.80**	**37.61**	**1.97**
卫生 Health	46.37	31.24	1.66
社会保障业 Social Security	4.28	3.20	0.25
社会福利业 Social Welfare	4.15	3.16	0.06
文化、体育和娱乐业 Culture, Sports and Entertainment	**130.30**	**89.51**	**7.49**
新闻出版业 Journalism and Publishing Activities	0.15	0.15	
广播、电视、电影和音像业 Broadcasting, Movies, Television and Audiovisual Activities	4.07	1.90	0.62
文化艺术业 Cultural and Art Activities	55.12	38.28	1.10
体育 Sports Activities	18.30	16.26	0.17
娱乐业 Entertainment	52.65	32.92	5.60
公共管理和社会组织 Public Management and Social Organizations	**157.75**	**114.21**	**2.36**
中国共产党机关 Organs of Communist Party of China	0.66	0.26	
国家机构 Government Agencies	125.45	87.32	1.22
人民政协和民主党派 People's Political Consultative Conference and Democratic Parties	0.08	0.08	
群众团体、社会团体和宗教组织 Non-Governmental Organizations, Social Organizations and Religion Organizations	18.13	14.43	0.66
基层群众自治组织 Grass Roots Self-governing Organizations	13.43	12.13	0.47
国际组织 Intenational Organzition			

Continued

(100 million yuan)

		按建设性质分 By Use of Construction		
设备工器具购置 Purchase of Equipment and Instruments	其他费用 Others	#新建 New Construction	#扩建 Expansion	#改建和技术改造 Reconstruction and Technical Renovation
0.82	0.78	5.94	2.41	1.97
0.28	0.15	1.86	0.64	
3.41	**14.06**	**65.21**	**38.53**	**8.98**
8.32	**6.89**	**26.39**	**18.62**	**3.03**
7.54	5.92	20.59	17.02	2.32
0.52	0.31	3.10	0.54	0.65
0.26	0.66	2.71	1.07	0.07
7.88	**25.42**	**77.90**	**28.05**	**16.40**
			0.15	
1.15	0.40	2.69	1.11	0.05
2.13	13.61	41.94	5.36	7.55
0.15	1.73	6.76	11.17	0.38
4.45	9.68	26.51	10.27	8.43
11.50	**29.68**	**99.09**	**35.67**	**10.56**
0.17	0.23		0.20	
10.56	26.35	84.28	24.48	5.71
				0.08
0.43	2.61	9.01	7.98	0.36
0.35	0.48	5.80	3.01	4.41

4-16 按各类型分城镇新增固定资产

Newly Increased Total Investment in Fixed Assets By Groups

单位：万元　　(10000 Yuan)

行业 Sector	2003	2005	2010	2011
合计 Total	**6914113**	**9246365**	**25450575**	**42635638**
按登记注册类型分 Grouped by Status of Registration				
国有企业 Stated-owned Enterprises	2581850	2716796	6171103	10138398
集体企业 Collective-owned Enterprises	156850	117494	571069	826495
股份合作 Share Holding Cooperative Enterprises	88129	37191	631113	161352
联　营 Cooperative Enterprises	113821	152206	319893	406709
有限责任公司 Limited Liability Corporations Enterprises	884618	1458792	4957731	8650490
股份有限公司 Share Holding Enterprises	293901	314407	935485	1404374
私营企业 Private Enterprises	430560	1558513	7554233	12717650
港澳台商投资企业 Enterprises with Funds from HongKong, Macao, TaiWan and Foreign	999960	1265534	1978995	3688008
外商投资企业 Foreign Funded Enterprises	1091649	1230549	1834273	3476008
其他 Other Enterprises	272775	394883	496680	1166154
按隶属关系分 By Ownership				
中央 Central	468852	304047	2139743	2245627
地方 Local	6445261	8942318	23310832	40390011
#省 Province	848063	1087686	1732223	3214833
按建设性质分 By Kind of Construction				
#新建 New Construction	2349603	3409115	9014894	16102506
扩建 Expansion	1484031	1667155	6290241	11381392
改建 Reconstruction	403362	590094	3022230	4797250

4-17 房地产开发企业（单位）主要指标

Main Indicators of Enterprises for Real Estate Development

项目 Item	2000	2003	2005	2010	2011
企业个数（个）Number of Enterprises(unit)	**1922**	**1900**	**2596**	**3634**	**3576**
内资企业 Domestically funded enterprises	1151	1235	1866	2926	2950
#国有 Stated-owned	356	253	225	216	200
集体 Collective-owned	170	96	91	52	43
港澳台商投资企业 EnterPries with Funds from HongKong,Macao and TaiWan	543	455	470	529	486
外商投资企业 Foreign Funded Enterprises	228	210	260	179	140
土地开发及购置(万平方米) Development and Purchase of Land (10000 sq.m)					
土地购置面积 Purchased Land Space	901.07	1519.37	1822.55	1540.42	1540.26
本年完成投资（亿元）Investment of Completed (100 million yuan)	**207.37**	**362.07**	**540.39**	**1818.86**	**2402.61**
#住宅 Residential Building	125.07	237.67	363.72	975.13	1591.56
本年资金来源(亿元) Source of Funds this Year	346.60	623.57	982.12	3093.69	4193.02
#国内贷款 Domestic Loans	44.78	98.65	156.85	432.46	391.62
利用外资 Foreign Investment	24.94	12.18	14.81	18.17	27.68
自筹资金 Fundraising	54.21	125.29	217.15	1099.64	1428.68
房屋建筑面积（万平方米）Floor Space of Buildings Completed (10000 sq.m)					
施工面积 Floor Space Under Construction	3422.88	4891.04	6107.75	14189.73	18937.98
本年竣工面积 Floor Space Completed this Year	1009.36	1362.95	1576.16	2242.47	2651.71
本年新开工面积 Newiy Started This Year	1102.85	1903.00	2196.57	4679.56	7069.47
#住宅 Residential Buildings	891.87	1571.39	1727.38	3399.53	4880.09
商品房销售面积（万平方米）Real Floor Spale Building Sold (10000 sq.m)	**810.65**	**1250.10**	**1913.84**	**2575.62**	**2706.72**
#住宅 Residential Buildings	675.73	1083.79	1720.56	2139.26	2213.30

4-18 房地产开发企业（单位）主要指标(1986-2011年)

Main Indicators of Enterprises for Real Estate Development(1986-2011)

年份 Year	本年完成投资（亿元） Investment of Completed (100 million yuan)	#住宅 Residential Buildings	商品房销售额（亿元） Real Value of House Sold (100 million yuan)	#住宅 Residential Buildings	商品房销售面积（万平方米） Real Floor Space Sold (10000 sq.m)	#住宅 Residential Buildings
1986	3.57					
1987	3.25					
1988	7.13					
1989	11.01					
1990	13.49					
1991	21.07					
1992	41.03					
1993	60.93		26.61		248.91	
1994	101.98	69.96	39.37	26.03	241.31	188.96
1995	151.37	88.51	66.16	46.14	368.65	309.44
1996	151.69	75.29	48.59	37.61	273.51	234.28
1997	148.33	72.49	83.50	62.04	426.88	346.14
1998	165.63	85.44	105.10	78.71	515.20	441.67
1999	178.62	105.08	123.75	92.54	599.68	511.64
2000	207.37	125.07	168.96	119.39	810.65	675.73
2001	225.49	145.22	199.08	150.75	987.81	843.00
2002	248.99	160.78	225.28	153.95	1047.05	882.92
2003	362.07	237.67	287.16	222.46	1250.10	1083.79
2004	477.79	308.45	354.47	281.26	1384.83	1224.61
2005	540.39	363.72	605.09	481.90	1913.84	1720.56
2006	787.36	511.68	807.46	637.34	2021.69	1743.39
2007	1132.49	778.39	1134.53	938.33	2421.97	2096.39
2008	1129.09	735.93	712.61	562.26	1625.67	1250.00
2009	1136.35	743.27	1477.83	1299.09	2723.23	2420.83
2010	1818.86	975.13	1611.32	1300.13	2575.62	2139.26
2011	2402.61	1591.56	2101.58	1649.34	2706.72	2213.30

4-19 房地产开发投资完成情况(1986-2011)

Main Indicators of Enterprises for Real Estate Development(1986-2011)

年份 Year	企业个数（个） Number of Enterprises (unit)	本年完成投资（亿元） Investment of Completed (100 million yuan)	施工面积（万平方米） Floor Space Under Construction (10000 sq.m)	竣工面积（万平方米） Floor Space Completed (10000 sq.m)	商品房销售面积（万平方米） Real Floor Spale Building Sold (10000 sq.m)	商品房销售额（亿元） Real Value of House Sold (100 million yuan)
1986	102	3.57	220.84	133.25	73.14	
1987	118	3.25	216.38	98.74	51.33	
1988	174	7.13	368.04	154.12	92.88	
1989	168	11.01	413.56	183.73	102.55	
1990	190	13.49	427.57	193.92	107.79	
1991	241	21.07	561.56	215.98	111.44	9.16
1992	391	41.03	842.30	258.48	134.99	16.77
1993	856	60.93	1258.69	307.55	248.91	26.61
1994	1279	101.98	1889.94	470.78	241.31	39.37
1995	1256	151.37	2506.77	732.63	368.65	66.16
1996	1407	151.69	2283.80	526.28	273.51	48.59
1997	1465	148.33	2401.24	662.77	426.88	83.50
1998	1783	165.63	2748.79	578.74	515.20	105.10
1999	1909	178.62	3166.96	788.82	599.68	123.75
2000	1922	207.37	3422.88	1009.36	810.65	168.96
2001	1941	225.49	3717.31	1280.79	987.81	199.08
2002	1869	248.99	4114.64	1323.49	1047.05	225.28
2003	1900	362.07	4891.04	1362.95	1250.10	287.16
2004	2433	477.79	5795.69	1523.91	1384.83	354.47
2005	2596	540.39	6107.75	1576.16	1913.84	605.09
2006	2755	787.36	6992.74	1408.32	2021.69	807.46
2007	2693	1132.49	9651.58	1711.33	2421.97	1134.53
2008	3268	1129.09	11459.72	1906.15	1625.67	712.61
2009	3316	1136.35	11668.17	2240.26	2723.23	1477.83
2010	3634	1818.86	14189.73	2242.47	2575.62	1611.32
2011	3576	2402.61	18937.98	2651.71	2706.72	2101.58

4-20 按各类分组房地产开发投资

Investment of Real Estate Development by Groups

单位：万元 (10000 Yuan)

项目 Item	2000	2003	2005	2010	2011
完成投资额 Investment of Completed	**2073691**	**3620657**	**5403902**	**18188570**	**24026056**
按登记注册类型分 Grouped by Status of Registration					
国有 Stated-owned	452819	576938	572840	1282208	1381287
集体 Collective-owned	95298	208738	189259	276575	340098
股份合作 Share Holding Cooperative	41709	69398	23884	28630	66495
联营 Cooperative	41002	55582	89344	5548	4082
有限责任公司 Limited Liability Corporations	214898	590657	1072799	7056662	10965726
股份有限公司 Share Holding Enterprises	103805	212427	74467	580501	633694
私营企业 Private Enterprises	264209	734706	1785456	5863922	7046628
港澳台商投资企业 Enterprises with Funds from HongKong, Macao and TaiWan	544809	751668	1061142	2277563	2376501
外商投资企业 Foreign Funded Enterprises	304170	396201	514713	701494	727637
其他企业 Other Enterprises	10972	24342	19998	115467	483908
按构成分 By Type of Construction					
建筑工程 Construction	1401960	2438695	3343117	8778945	13968370
安装工程 Installation	77820	151746	225972	537215	638626
设备工器具购置 Purchase of Equitment and Instruments	39495	26659	39738	93941	88363
其他费用 Others	554416	1003557	1795075	8778469	9330697
按工程用途分 By Use of Project					
商业营业用房 House for Busines Use	299123	382660	478198	1623334	2645146
住宅 Residential Building	1250655	2376658	3637199	9751349	15915630
办公楼 Office Buildings	152004	106394	107594	496714	1001870
其他 Others	371909	754945	1180911	6317173	4463410
按隶属关系分 By Ownership					
中央 Central	7188	14621	1943	92324	110301
地方 Local Project	2066503	3606036	5401959	18096246	23915755
#省 Province	178567	229721	94526	241353	709186

4-21 商品房竣工面积(1986-2011)

Main Indicators of Enterprises for Real Estate Development(1986-2011)

单位：万平方米　　(10000 sq.m)

年份 Year	竣工房屋面积 Floor Space Completed	住宅 Residential Buildings	#别墅、高档公寓 High-grade Apartment	办公楼 Office Buildings	商业营业用房 House for Business Used	其他 Others
1986	133.25	112.40				
1987	98.74	72.21				
1988	154.12	114.75				
1989	183.73	145.78				
1990	193.92	139.42				
1991	215.98	147.03		2.50	19.63	46.82
1992	258.48	181.24		2.90	26.91	47.43
1993	307.55	238.46		4.13	28.31	36.65
1994	470.78	359.14	31.86	30.97	51.67	29.00
1995	732.63	585.82	54.07	34.93	80.46	31.42
1996	526.28	419.56	47.28	28.33	61.86	16.53
1997	662.77	500.07	69.60	55.37	80.41	26.92
1998	578.74	450.90	43.15	34.50	70.05	23.29
1999	788.82	604.21	45.05	64.75	82.33	37.53
2000	1009.36	771.81	44.24	71.48	114.68	51.39
2001	1280.79	1020.46	70.99	50.39	153.42	56.52
2002	1323.49	1011.33	32.95	46.53	207.54	58.09
2003	1362.95	1074.29	45.06	45.98	142.37	100.32
2004	1523.91	1260.55	54.46	29.93	154.43	78.99
2005	1576.16	1304.85	39.53	22.22	156.54	92.55
2006	1408.32	1128.59	43.93	44.35	145.36	90.03
2007	1711.33	1344.42	89.66	55.49	163.30	148.12
2008	1906.15	1422.84	83.05	97.64	174.98	210.70
2009	2240.26	1690.85	82.18	47.44	209.32	292.65
2010	2242.47	1715.87	58.22	35.20	165.39	326.01
2011	2651.71	2007.34	78.00	54.75	286.07	303.55

4-22 按工程用途分房地产开发投资(1986-2011)

Main Indicators of Enterprises for Real Estate Development(1986-2011)

单位：亿元 (100 million yuan)

年份 Year	本年完成投资 Investment of Completed	住宅 Residential Buildings	#别墅、高档公寓 High-grade Apartment	办公楼 Office Buildings	商业营业用房 House for Business Used	其他 Others
1986	3.57					
1987	3.25					
1988	7.13					
1989	11.01					
1990	13.49					
1991	21.07					
1992	41.03					
1993	60.93					
1994	101.98	46.23				
1995	151.37	88.51	18.89	18.80	19.06	25.01
1996	151.69	75.29	12.63	16.80	23.57	36.03
1997	148.33	72.49	11.83	20.31	23.63	31.90
1998	165.63	85.44	10.79	19.61	22.69	37.90
1999	178.62	105.08	10.47	16.08	22.78	34.68
2000	207.37	125.07	14.00	15.20	29.91	37.19
2001	225.49	145.22	13.47	12.20	30.63	37.45
2002	248.99	160.78	11.27	9.99	29.85	48.37
2003	362.07	237.67	11.86	10.64	38.27	75.49
2004	477.79	308.45	24.82	9.15	43.93	116.27
2005	540.39	363.72	17.79	10.76	47.82	118.09
2006	787.36	511.68	32.34	24.25	56.29	195.15
2007	1132.49	778.39	52.75	20.91	76.35	256.84
2008	1129.09	735.93	46.18	24.74	80.87	287.55
2009	1136.35	743.27	43.64	37.84	87.30	267.93
2010	1818.86	975.13	55.26	49.67	162.33	631.72
2011	2402.61	1591.56	94.07	100.19	264.51	446.34

4-23 商品房销售面积(1986-2011)

Main Indicators of Enterprises for Real Estate Development(1986-2011)

单位：万平方米 (10000 sq.m)

年份 Year	商品房销售面积 Real Floor Spale Building Sold	住宅 Residential Buildings	#别墅、高档公寓 High-grade Apartment	办公楼 Office Buildings	商业营业用房 House for Business Used	其他 Others
1986	73.14	73.14				
1987	51.33	42.87				
1988	92.88	72.65				
1989	102.55	92.58				
1990	107.79	88.36				
1991	111.44	93.98				
1992	134.99	113.70				
1993	248.91	209.60				
1994	241.31	188.96				
1995	368.65	309.44		21.36	26.67	11.18
1996	273.51	234.28	29.79	10.96	23.96	4.32
1997	426.88	346.14	26.30	27.89	41.55	11.30
1998	515.20	441.67	36.87	24.70	40.39	8.45
1999	599.68	511.64	40.87	21.41	54.30	12.34
2000	810.65	675.73	45.57	41.74	77.89	15.30
2001	987.81	843.00	42.54	33.31	89.66	21.84
2002	1047.05	882.92	29.91	31.19	114.41	18.54
2003	1250.10	1083.79	66.37	34.64	104.86	26.81
2004	1384.83	1224.61	32.24	21.88	100.39	37.95
2005	1913.84	1720.56	37.18	21.05	120.76	51.47
2006	2021.69	1743.39	113.13	41.03	141.95	95.33
2007	2421.97	2096.39	149.21	80.19	155.38	90.00
2008	1625.67	1250.00	62.18	66.52	94.32	214.83
2009	2723.23	2420.83	116.99	32.94	121.26	148.20
2010	2575.62	2139.26	83.01	82.20	176.35	177.81
2011	2706.72	2213.30	78.46	109.17	183.86	200.40

4-24 房地产开发施工、竣工和销售情况(2011年)

Condition of Real Estate Under Construction,Completed and Sale(2011)

项目 Item	合计 Total	住宅 Residen-tial Buildings	#90平方米以下 Floor Space Under 90 sq.m	#144平方米以上 Floor Space Over 144 sq.m	#别墅、高档公寓 High-grade Apart -ment	办公楼 Office Buildings	商业营业用房 House for Business Used	其他 Others
房屋施工面积（万平方米） Floor Space Under Construction (10000 sq.m)	**18937.98**	**13578.69**	**3457.52**	**3013.21**	**514.23**	**773.88**	**1933.46**	**2651.95**
#新开工面积 New Building	7069.47	4880.09	1171.43	807.94	164.66	300.84	839.91	1048.63
房屋竣工面积（万平方米） Floor Space of Completed(10000 sq.m)	**2651.71**	**2007.34**	**557.29**	**520.06**	**78.00**	**54.75**	**286.07**	**303.55**
商品住宅竣工套数（万套） Set of Completed Buildings(10000 sets)		**18.89**	**7.98**	**2.66**	**0.28**			
竣工房屋价值（亿元） Value of Completed Buildings (100 million yuan)	**533.83**	**398.68**	**116.93**	**103.46**	**15.63**	**11.97**	**65.34**	**57.85**
出租房屋面积（万平方米） Floor Space of Houses Leased (10000 sq.m)	**144.41**	**4.50**	**3.09**	**0.23**		**16.02**	**97.01**	**26.88**
商品房销售面积（万平方米） Floor Space Sold(10000 sq.m)	**2706.72**	**2213.30**	**570.74**	**574.49**	**78.46**	**109.17**	**183.86**	**200.40**
#现房销售面积 Buildings Now Availabal	267.21	135.01	37.54	51.81	13.15	20.68	49.27	62.26
期房销售面积 Forward Buildings	2439.51	2078.29	533.21	522.68	65.31	88.49	134.59	138.14
商品房销售额（亿元） Value of House Sold(100 million yuan)	**2101.58**	**1649.34**	**354.15**	**584.69**	**112.09**	**113.04**	**263.78**	**75.42**
#现房销售额 Buildings Now Availabal	162.68	86.98	17.48	43.03	17.20	13.22	41.84	20.64
期房销售额 Forward Buildings	1938.90	1562.36	336.67	541.66	94.88	99.82	221.94	54.78
商品住宅销售套数（万套） Set of Commercial Residential Buildings Sold(10000 sets)		**20.32**	**8.01**	**3.01**	**0.28**			
年(月)末待售面积（万平方米） Floor Space of Buildings no Sold (10000 sq.m)	**736.79**	**336.72**	**58.74**	**126.86**	**26.59**	**41.39**	**170.47**	**188.21**
#待售1-3年 One-three Years	280.63	121.71	23.59	46.03	12.37	8.08	62.09	88.76
待售3年以上 Over Three Years	122.20	19.52	4.67	3.48	1.01	15.32	50.71	36.66

主要统计指标解释

全社会固定资产投资 指以货币形式表现的在一定时期内全社会建造和购置固定资产的工作量以及与此有关的费用的总称。该指标是反映固定资产投资规模、结构和发展速度的综合性指标,又是观察工程进度和考核投资效果的重要依据。全社会固定资产投资按登记注册类型可分为国有、集体、个体、联营、股份制、外商、港澳台商、其他等。

城镇固定资产投资 指城镇各种登记注册类型的企业、事业、行政单位及个体户进行的计划总投资(或实际需要总投资)500万元及500万元以上的建设项目投资、房地产开发投资。县城及以上区域内发生的投资，县及县以上各级政府及主管部门直接领导、管理的建设项目和企业事业单位的投资均为城镇固定资产投资。

房地产开发投资 指各种登记注册类型的房地产开发公司、商品房建设公司及其他房地产开发法人单位和附属于其他法人单位实际从事房地产开发或经营活动的单位统一开发的包括统代建、拆迁还建的住宅、厂房、仓库、饭店、宾馆、度假村、写字楼、办公楼等房屋建筑物和配套的服务设施，土地开发工程(如道路、给水、排水、供电、供热、通讯、平整场地等基础设施工程)的投资;不包括单纯的土地交易活动。

农村固定资产投资 指包括在农村区域范围内进行固定资产投资活动的企业、事业、行政单位及农村个人投资。

固定资产投资的资金来源 根据固定资产投资的资金来源不同，分为国家预算内资金、国内贷款、债券、利用外资、自筹资金和其他资金来源。(1)国家预算内资金:分为财政拨款和财政安排的贷款两部分。包括中央财政的基本建设基金(分经营性基金和非经营性基金两部分)、专项支出(如煤代油专项等)、收回再贷、贴息资金，财政安排的挖潜改造和新产品试制支出、城建支出、商业部门简易建筑支出、不发达地区发展基金等资金中用于固定资产投资的资金;地方财政中由国家统筹安排的资金等。(2)国内贷款:指报告期固定资产投资单位向银行及非银行金融机构借入的用于固定资产投资的各种国内借款，包括银行利用自有资金及吸收的存款发放的贷款、上级主管部门拨入的国内贷款、国家专项贷款(包括煤代油贷款、劳改煤矿专项贷款等)、地方财政专项资金安排的贷款、国内储备贷款、周转贷款等。(3) 债券: 指企业(公司)或金融机构通过发行各种债券，筹集用于固定资产投资的资金。包括由银行代理国家专业投资公司发行的重点企业债券和基本建设债券。(4)利用外资:指报告期收到的用于固定资产建造和购置的国外资金(包括设备、材料、技术在内)。计算利用外资时，需要折算成人民币，折算中所使用的外汇汇率按现汇计算，即按使用外汇时的汇率计算。包括外商直接投资、对外借款(外国政府贷款、国际金融组织贷款、出口信贷、外国银行商业贷款、对外发行债券和股票)及外商其他投资(包括补偿贸易和加工装配由外商提供的设备价款、国际租赁)。不包括我国自有外汇资金(包括国家外汇、地方外汇、留成外汇、调济外汇和中国银行自有资金发行的外汇贷款等)。(5)自筹资金:指固定资产投资单位报告期收到的，由各地区、各部门及企、事业单位筹集用于固定资产投资的预算外资金，包括中央各部门、各级地方和企、事业单位的自筹资金。(6)其他资金来源:指在报告期收到的除以上各种资金之外其他用于固定资产投资的资金，包括社会集资、个人资金、无偿捐赠的资金及其他单位拨入的资金等。

固定资产投资按国民经济行业分 国民经济行业类别是按企业、事业、行政单位所从事的生产或其他社会经济活动性质的同一性进行的分类。如果项目投产后仍属于原投资单位，则该项目行业类别参照现有单位行业类别；如果项目投产后成为新的独立核算法人单位，则按投产后新法人单位主要产品种类或主要用途及社会经济活动种类来划分行业；审核、核准、备案项目按批文描述划分行业。

固定资产投资按建设性质分 建设项目的性质一般分为新建、扩建、改建和技术改造、单纯建造生活设施、迁建、恢复。单纯购置房地产开发单位、农村投资不划分建设性质。 (1)新建:一般指从无到有“平地起家”开始建设的企业、事业和行政单位或独立的工程。现有企业、事业、行政单位一般不属于新建。但如有的单位原有基础很小，经过建设后新增的固定资产价值超过该企、事业、行政单位原有固定资产价值(原值)三倍以上的也应作为新建。(2)扩建:指在厂内或其他地点，为扩大原有产品的生产能力(或效益)或增加新的产品生产能力，而增建主要的生产车间(或主要工程)、分厂、独立的生产线.行政、事业单位在原单位增建业务用房(如学校增建教学用房、医院增建门诊部、病房等)也作为扩建。现有企、事业单位为扩大原有主要产品生产能力或增加新的产品生产能力，增建一个或几个主要生产车间(或主要工程)、分厂，同时进行一些更新改造工程的，也应作为扩建。(3)改建和技术改造:指对原有设施进行技术改造或更新(包括相应配套的辅助性生产、生活福利设施)，没有增建主要生产车间、分厂等。现有企、事业单位为适应市场变化的需要，而改变企业的主要产品种类(如军工企业转产民品等)，或原有产品生产作业线由于各工序(车间)之间能力不平衡，为填平补齐充分发挥原有生产能力而增建不增加本企业主要产品设计能力的车间，也应作为改建。

固定资产投资按构成分 固定资产投资活动按其工作内容和实现方式分为建筑工程、安装工程、设备工具器具购置、其他费用四个部分。(1)建筑工程：是指各种房屋、建筑物的建造工程，又称建筑工作量。这部分投资额必须兴工动料，通过施工活动才能实现，是固定资产投资额的重要组成部分。(2)安装工程：是指各种设备、装置的安装工程，又称安装工作量。在安装工程中，不包括被安装设备本身价值。(3)设备工具器具购置：是指建设单位或企、事业单位购置或自制的，达到固定资产标准的设备工具器具的价值。新建单位及扩建单位的新建车间，按照设计或计划要求购置或自制的全部设备工具器具，不论是否达到固定资产标准均计入“设备工具器具购置”中。(4)其他费用：指在固定资产建造和购置过程中发生的，除上述几项内容以外的各种应分摊计入固定资产的费用。

施工项目 指报告期内进行过建筑或安装施工活动的项目。凡是报告期内施过工的建设项目，不论施工时间长短，均作为施工项目统计。施工项目个数可以反映一定时期固定资产投资的实际规模，与同期建成投产的建设项目个数相比，可以从建设速度的角度反映固定资产投资的效果。根据建设项目施工活动的不同性质，施工项目又分为:本年正式施工项目、本年收尾项目和以前年度全部停缓建项目。

房屋建筑面积 指房屋建筑物勒脚以上外墙外围的水平截面面积，包括房屋建筑物的有效面积和结构面积。该指标是从实物形态上反映建设规模和建设成果的重要指标之一，也是检查工程形象进度、计算工程造价、分析投资效果、研究施工任务和建筑材料之间平衡情况的重要依据。

住宅建筑面积 指施工和竣工房屋建筑面积中供居住用的房屋建筑面积。

施工面积 指报告期内施工的全部房屋建筑面积。包括本期新开工的面积和上期开工跨入本期继续施工的房屋面积，以及上期已停建在本期恢复施工的房屋面积。本期竣工和本期施工后又停缓建的房屋，其建筑面积仍计入本期房屋施工面积中。

竣工面积 指在报告期内房屋建筑按照设计要求已经全部完工，达到住人和使用条件，经验收鉴定合格(或达到竣工验收标准)，正式移交使用单位的各栋房屋建筑面积的总和。

新增固定资产 指报告期内已经完成建造和购置过程,并已交付生产或使用单位的固定资产价值。该指标是表示固定资产投资成果的价值指标，也是反映建设进度,计算固定资产投资效果的重要指标。

竣工房屋住宅套数 指报告期内按照设计要求全部完工，经验收合格，达到居住和使用条件并正式交付使用的成套住宅数量。包括独立厨房、独立卫生间、若干卧室、室内走廊等设施在内的供一户居住和使用的房屋。该指标可以反映住宅建设的产业化程度和城市化进程以及人民居住水平提高的情况。

别墅、高档公寓 指建筑造价和销售价格明显高于一般商品住宅的商品住宅。别墅一般指地处郊区，独立成栋的商品住宅;高档公寓一般指地处市内高尚社区，高层或多层的商品住宅。别墅、高档公寓的确定标准:一是经有房地产投资计划审批权的主管部门审批建设的别墅、高档公寓开发项目;二是销售价格高于当地同等地段商品住宅平均销售价格一倍以上的别墅、公寓开发项目。该指标可以分析房地产投资结构，反映高收入家庭商品住宅的供求平衡情况。

Explanatory Notes on Main Statistical Indicators

Total Investment in Fixed Assets in the Whole Country refers to the volume of activities in construction and purchases of fixed assets and related fees, expressed in monetary terms. It is a comprehensive indicatorwhich shows the size, structure and growth of the investment in fixed assets, providing basis for observing the progress of construction projects and evaluating results of investment. Total investment in fixed assets in the whole country includes, by type of ownership, the investment by the state-owned units, collective units, individuals, joint ownership units, share-holding units, as well as investment by businessmen from foreign countries and from Hong Kong, Macau and Taiwan, and by other units.

Urban Investment in Fixed Assets refer to construction projects involving a total planned (or required) investment of 500,000 yuan and over by urban enterprises and institutions of various types of ownership, by administrative units and by individuals, investment in real estate development, and housing investment by individuals in urban areas and in industrial and mining areas. In other words, all investments that take place in county towns and urban areas, investment in construction projects under the direct leadership and management of government agencies at and above county levels and investments by enterprises and institutions at and above county levels are covered in urban investment in fixed assets.

Investment in Real Estate Development refers to the investment by the real estate development companies, commercial buildings construction companies and other real estate development units of various types of ownership in the construction of house buildings, such as residential buildings, factory buildings, warehouses, hotels, guesthouses, holiday villages, office buildings, and the complementary service facilities and land development projects, such as roads, water supply, water drainage, power supply, heating, telecommunications, land leveling and other projects of infrastructure. It excludes the activities in pure land transactions.

Investment in Housing Construction in Urban Areas and in Industrial and Mining Areas refers to all private housing construction under the jurisdictionof cities, county towns and industrial and mining areas, no matter whether the owner of the house is registered as the permanent resident in the locality or not.

Investment in Rural Areas refers to investment in fixed assets by enterprises, institutions and individuals in rural areas.

Sources of Funds for Investment in Fixed Assets include fund from state budget, domestic loans, foreign investment, self-raised funds, and others depending on the source of investment. (1) Fund from state budget consists of budgetary appropriation and loans from state budget. More specifically, it includes, from the budget of the central government, capital construction fund (operation fund and non-operational fund), special expenses (e.g. expenses on substituting petroleum with coal), loans from repayment, discount fund, expenses on innovation and trial production of new products, expenses on urban construction, expenses on temporary construction by Trades departments, development fund for less developed areas, as well as local budgetary fund transferred from the central budget. (2) Domestic loans refer to loans of various forms borrowed by investing units from banks and non-bank financial institutions during the reference period for the purpose of investment in fixed assets, including loans issued by banks from their self-owned funds and deposit, loans appropriated by higher responsible authorities, special loans by government (including loan for substituting petroleum with coal, special loan for reform-through-labour coal mines), loans arranged by local government from special funds, domestic reserve loan, and working loan, etc. (3)Bonds, refers to the enterprise (company) or financial institutions through the issuance of bonds, raise funds for investment in fixed assets,including bank acting national professional investment by the key enterprise bond issue company bonds and basic construction.(4) Foreign investment refers to foreign funds received during the reference period for the construction and purchase of investment in fixed assets (covering equipment, materials and technology), including foreign borrowings (loans from foreign governments and international financial institutions, export credit, commercial loans from foreign banks, issue of bonds and stocks overseas), foreign direct investment and other foreign investment. Excluded in this category are capitals in foreign exchanges owned by China (foreign exchanges owned by the central and local governments, foreign exchanges retained by enterprises, foreign exchanges by enterprises through regulating mechanism, loans in foreign exchanges issued by the Bank of China with its own fund, etc.). In calculating the utilization of foreign capitals, foreign currencies are converted into Chinese Renminbi applying the current exchange rate when the foreign capitals are actually used. (5) Self-raised funds refer to extra-budgetary funds for investment in fixed assets received by investing units from central government ministries, local governments, enterprises and institutions, including their self-raised funds. (6) Others refer to funds for investment in fixed assets received from the sources other than those listed above, including capitals raised through issuing bonds by enterprises or financial institutions, funds raised from individuals and through donations, and funds transferred from other units.

Investment in Fixed Assets by Sector The classification of construction projects by sector is determined by the major products or the purpose of the projects when they are put into production or use, and by the nature of their social economic activities. In general, one project or one enterprise or institution can only be classified into one sector.

Investment in Fixed Assets by Type of Construction The construction projects in general can be classified, by the type of construction, into new construction, expansion, reconstruction and technical transformation, moving and restoration. However, investment by type of construction is not applied to investment by real-estate development units, investment in rural areas and investment in housing by urban individuals. (1) New construction in general refers to newly constructed enterprises, institutions, administrative agencies or independent projects from scratch. Construction in the existing enterprises, institutions or agencies is not considered as new construction. In case the assets of the existing unit is quite small, and the value of newly added fixed assets exceeds the original value of assets by three times, the expansion will be considered as new construction.(2) Expansion refers to construction of new major production workshop, branch factory or independent production line within a factory or in other locations, for the purpose of increasing the productioncapacity (or improving efficiency) of the original products. Newly constructed houses for the operation of institutions and administrative organizations (such as the newly constructed buildings for teaching in schools, buildings for clinics or wards in hospitals, etc.) are also classified as expansion.Also included in the expansion are investments by existing enterprises or institutions in building major production line(s) or branch factory(ies) along with some work on innovation, for the purpose of expending the productioncapacity of original products or producing new products. (3) Reconstruction refers to construction projects by existing enterprises or institutions in innovation or technical transformation of the old facilities (including auxiliary production equipment and welfare facilities). Also considered as reconstruction is the construction of new workshops by the existing enterprises or institutions to change the variety of products to meet the market demand (such as the production of civil products by defence industries), or to bring the designed productioncapacity into full play through a more balanced production process on production lines. Technical transformation refers to replacement of old technology or equipment by new technology or equipment, in order to expand the reproduction through improvement of technology contents in production, to improve product quality, to promote new products, to save energy and reduce consumption and to improve overall social-economic efficiency. Contents of technical transformation include: updating of machinery, equipment and tools; reforming production process by using energy or materials saving technology; construction of factory workshops and transformation of public facilities; improvement of working conditions and environment, etc.

Investment in Fixed Assets by Structure By their contents, investment activities are classified into 4 categories, i.e. construction and installation, purchase of equipment and instrument, and other expenses.(1) Construction refers to the construction of various houses and buildings and installation of various kinds of equipment and instruments.They include construction of various houses; equipment foundations, industrial kilns and stoves, and metal structure work; preparation works for project construction, and clearing up works post project construction; pavement of railways and roads, drilling of mines and putting up of oil pipes; construction of projects of water conservancy; construction of underground air-raid shelters and construction of other special projects; value of equipment for heating, sanitation, ventilation, lighting, gas, painting, etc. that are covered by the budget of housing projects; laying out of various pipelines (for steam, compressed air, petroleum, tap water and sewage) and lines for electric power and for communications; installation of various machinery equipment, testing operation for pre-testing the quality of installation projects, and land and other development work conducted by real estate developers for commercial housing. The value of equipment installed is not included in the value of installation projects. (2) installation: refers to various equipment, equipment installation, also called the installation work. In the installation of equipment is installed, not including itself value.(3) Purchase of equipment and instruments refers to the total value of equipment, tools, and instruments purchased or self-produced which come up to standards for fixed assets by the construction units or investing enterprises or institutions. Equipment, tools and instruments purchased or self-produced for new workshops by newly established or expanded units are categorized as "purchase of equipment and instruments" no matter whether they come up to the standards for fixed assets.(4) Other expenses refer to expenses occurring during the construction or purchase of fixed assets other than those mentioned above.

Projects under Construction refer to projects with construction and installation activities undertaken in the reference period. All projects that have construction activities undertaken during the reference period are reported as projects under construction irrespective of the length of construction work. The number of projects under construction can reflect the actual size of investment in fixed assets during a given period, and when compared with the number of projects completed and put into use during the same period, it demonstrates the results of investment in fixed assets. Depending on the nature of const ruction activities, projects under construction can also be classified into projects under construct ion in current y ear, winding-up projects in current year and stopped or suspended projects in previous years (with preservation work in current year).

Projects Completed and Put into Use Industrial projects refer to the major projects and accessory facilities completed which result in forming productioncapacity and have been checked and accepted while the living and welfare facilities have been completed and can ensure normal production and formally put into production. Non-industrial projects refer to the major project s and accessory facilities completed which possess the designedcapacity and have been checked, accepted and formally put into production.

Floor Space of Buildings under Construction refers to total floor space of the horizontal section of outer walls above the plinth of the building, including the effective area and the area occupied by the structure. This indicator is one of the important indicators in physical terms to reflect the scale and accomplishment of the construction industry, and important basis for monitoring the pr ogress, calculating the cost, analyzing the efficiency and studying the supply of building materials in relation with the construction projects.

Floor Space of Residential Buildings refers to the floor space of the residential buildings among the total space of buildings under construction or completed.

Floor Space under Construction refers to total floor space of all buildings under construct ion during the reference period, including floor space of newly start ed buildings during the reference period, floor space of construction extended from the previous period to the current period, and floor space of construction suspended during the previous period and resumed in the current period. Floor space of const ruction completed in the current period, and floor space of const ruction started and then suspended in the current period are also included in the floor space under const ruction of the current year.

Floor Space of Buildings Completed refers to the floor space of all buildings completed in the reference period, which have been appraised and accepted (or come up to the designed standards) and have been transferred to the owners for use.

Newly Increased Fixed Assets refer to the newly increased value of fixed assets, constructed or purchased, that have been transfer red to the investors. This is an indicator that demonstrates the results of investment in fixed assets in monetary terms, and an important indicator to reflect the speed of construct ion and to calculate the efficiency of investment.

Number of Flats in Completed Residential Buildings refers to total number of flats completed during the reference period, appraised and accepted as meeting the standards for living, and transfer red for use. A flat includes separate kitchen and bathroom, several bedrooms and corridor, suitable for one household. This indicator reflects the degree of industrialization of the residential building construction, the process of urbanization and the improvement of the living standard of people.

Villas, High-Grade Apartments refers to commercial houses whose construction costs and marketing prices are significantly higher than ordinary housing. Villas are independent structures generally located in the suburbs; high-grade apartments are multi-story buildings located in elegant urban neighborhoods. Criteria for villas and high-grade apartments include: 1) projects for the construction of villas or high-grade apartments have to be approved by competent departments in charge of real estate development and investment plans, and 2) prices for projects on villas or high- grade apartments are higher by over 100% compared with the average prices of ordinary commercial housing projects in similar location. This indicator helps to analyze the investment structure of the real estate industry and the demand and supply of housing for high-income households.

第五篇　对外经济

Chapter 5　Foreign Trade

资料整理：许红琳 程遥 范春霞
Database Editor:Xuhonglin Chengyao Fanchunxiao

简要说明

本篇资料的主要内容及来源

本篇资料反映了全省外经外贸，主要包括进出口、利用外资、对外承包工程和劳务合作、人民币外汇牌价基本情况等方面的内容。

进、出口数据来源于海关统计，利用外资、对外承包工程和劳务合作等资料来源于省外经贸厅，历年人民币对主要外币的年平均汇价资料来源于国家外汇管理局，是根据当年国家外汇管理局提供的每日汇价进行加权平均计算而得出的当年年平均汇价。

本篇资料由省统计局贸易外经统计处整理提供。

Brief Introduction

Main Content and Source of Data

Data in this chapter show the basic conditions of foreign trade and tourism , mainly including imports and exports, utilization of foreign capitals, contracted projects and labor services cooperation, exchange rate of RMB to other currencies etc.

Data on foreign trade are based on the statements made by the Administration of Customs. Data on utilization of foreign capitals, contracted projects and labor services cooperation are provided by Fujian Department Foreign Trade and Economic Cooperation. Average exchange rates of RMB yuan to other currencies over the years come from the State Administration of Exchange Control. The annual average exchange rate is calculated as the weighted mean of the daily exchange rates provided by the State Administration of Exchange Control.

Data in this chapter are collected and compiled by the Division of Trade and External Economic Relations Statistics of Fujian Provincial Bureau of Statistics.

5-1 对外经济基本情况
Basic Statisics on Foreign Trade

项目 Item	2000	2003	2005	2010	2011
海关货物进出口总额（人民币万元）	**17568664**	**29242457**	**44572105**	**73638807**	**92698273**
Total Value of Imports and Exports in Customs (RMB 10000 yuan)					
出口总额	10685474	17492846	28541480	48397273	59962074
Exports					
进口总额	6883190	11749611	16030625	25241534	32736199
Imports					
进出口差额	3802284	5743235	12510855	23155739	27225875
Balance					
海关货物进出口总额（万美元）	**2122332**	**3532551**	**5441130**	**10878027**	**14352244**
Total Value of Imports and Exports in Customs(10000 USD)					
出口总额	1290828	2113173	3484195	7149313	9283779
Exports					
初级产品		137025	215205	529791	753509
Primary Goods					
工业制品		1976148	3268990	6619522	8530270
Industry Goods					
进口总额	831504	1419378	1956935	3728715	5068465
Imports					
初级产品		167792	333239	1024135	1855372
Primary Goods					
工业制品		1251586	1623696	2704521	3213092
Industry Goods					
进出口差额	459324	693795	1527260	3420598	4215314
Balance					
外商直接投资					
Foreign Investment Utilized					
新签合同数(个)	1463	2274	1988	1139	1039
Number of Projects for Contracted Foreign Direct Investment(unit)					
合同投资金额（万美元）	431373				
Total Amount of Contracted Foreign Investment(10000 USD)					
验资口径			595715	737557	921880
Fund Examination Scope					
历史可比口径		725117	855655	1211979	1357766
Old Scope					
实际利用外资（万美元）	380386				
Foreign Investment Actually Utilized(10000 USD)					
验资口径		261318	260775	580279	620111
Fund Examination Scope					
历史可比口径		499329	622984	1031552	1104447
Old Scope					
外商投资企业工商注册情况					
Registration Status of Foreign Funded Enterprises					
年末注册数（个）	16013	16884	17854	17886	17830
Number of Enterprises(unit)					
投资总额（万美元）	4708446	6611776	7533131	12483059	13689837
Total Investment(10000 USD)					
注册资本（万美元）	2758492	3607903	4307474	6935845	7538621
Registered Capital(10000 USD)					
对外承包工程和劳务合作					
Economic Cooperation with Foreign Countries & Regions					
合同金额（万美元）	42093	66071	57252	29187	112460
Contracted Value(10000 USD)					
#对外承包工程	12486	27047	24713	8607	49016
Contracted Projects					
对外劳务合作	29562	39024	32539	20580	63444
Labor Services					
完成营业额（万美元）	44878	50154	50551	46740	81632
Value of Turnover Fulfilled (10000 USD)					
#对外承包工程	10373	19561	19537	23531	50373
Contracted Projects					
对外劳务合作	34479	30593	31014	23209	31259
Labor Services					

5-2 进出口总额(1981-2011年)

Gross Value of Imports and Exports(1981-2011)

年份 Year	进出口总额(万美元) Total Imports and Exports(USD 10000)	出口 Exports	进口 Imports	进出口总额(人民币万元) Total Imports and Exports (RMB 10000 yuan)	出口 Exports	进口 Imports
1981	60827	40127	20700	108272	71426	36846
1982	55067	37023	18044	106279	71454	34825
1983	56366	36995	19371	110477	72510	37967
1984	66472	39167	27305	185457	109276	76181
1985	90084	55718	34366	263946	163254	100692
1986	134771	68647	66124	501348	255367	245981
1987	184500	90400	94100	686340	336288	350052
1988	284300	141600	142700	1057596	526752	530844
1989	342200	182800	159400	1611762	860988	750774
1990	433908	244906	189002	2265000	1278409	986591
1991	574776	314746	260030	3115286	1709071	1406215
1992	805873	438666	367207	4633770	2522330	2111440
1993	1004181	515874	488307	5814208	2986911	2827297
1994	1218953	643020	575933	10397669	5484961	4912708
1995	1444569	790806	653763	12105488	6626954	5478534
1996	1551972	838239	713733	12881368	6957384	5923984
1997	1795280	1025560	769720	14861328	8489586	6371742
1998	1716065	996387	719678	14205586	8248092	5957494
1999	1761956	1035193	726763	14585472	8569328	6016144
2000	2122332	1290828	831504	17568664	10685474	6883190
2001	2262601	1392232	870369	18729811	11524896	7204915
2002	2839882	1737086	1102796	23508543	14379598	9128945
2003	3532551	2113173	1419378	29242457	17492846	11749611
2004	4752704	2939476	1813228	39338131	24330043	15008088
2005	5441130	3484195	1956935	44572105	28541480	16030625
2006	6265921	4126174	2139747	49375457	32514251	16861206
2007	7445081	4994039	2451042	56612396	37974673	18637723
2008	8482094	5699184	2782910	58908991	39581403	19327588
2009	7964937	5331902	2633034	54408483	36422225	17986258
2010	10878027	7149313	3728715	73638807	48397273	25241534
2011	14352244	9283779	5068465	92698273	59962074	32736199

5-3 按主要贸易方式分进出口商品贸易额
Value of Imports and Exports by Main Trade Mode

单位：万美元 (USD 10000)

项目 Item	2000	2003	2005	2010	2011
出口总额 Total Exports	**1290828**	**2113173**	**3484195**	**7149313**	**9283779**
#一般贸易 General Trade	609737	962015	1674278	4384049	6324439
来料加工贸易 Processing and Assembling with Customer's Materials	114888	111335	185823	380759	382092
进料加工贸易 Processing and Assembling with Import Materials	519328	952607	1434781	1979050	2137475
保税监管场所进出境货物 Import and Export Goods in Bonded Area					159550
海关特殊监管区域物流货物 Goods in Customs Special Area					241149
进口总额 Total Imports	**831504**	**1419378**	**1956935**	**3728715**	**5068465**
#一般贸易 General Trade	271095	551015	755531	1924371	3018112
来料加工装配贸易 Processing And Assembling With Customer's Materials	59377	68837	149781	528723	499693
进料加工贸易 Processing And Assembling With Imports Materials	358368	508546	697131	911150	1056258
来料加工装配进口的设备 Processing Equipments	246	872	1345	2492	3053
外商投资企业作为投资进口的设备、物品 Foreign Funded Equipments	80631	78903	86086	71502	107666
保税监管场所进出境货物 Import and Export Goods in Bonded Area					213796
海关特殊监管区域物流货物 Goods in Customs Special Area					125653
海关特殊监管区域进口设备 Import Equipment in Customs Special Area					1097

5-4 按企业性质分进出口商品贸易额
Value of of Imports and Exports by Ownership of Enterprises

单位：万美元 (USD 10000)

项目 Item	2000	2003	2005	2010	2011
进出口总额 Total Imports and Exports	**2122332**	**3532551**	**5441130**	**10878027**	**14352244**
出口总额 Exports	**1290828**	**2113173**	**3484195**	**7149313**	**9283779**
#有进出口经营权 国有企业 State Owned Enterprises	473050	486592	552753	753742	919684
有进出口经营权 集体企业 Collective Owned Enterprises	21980	48413	64248	101156	102332
有进出口经营权 私营企业 Privited Enterprises	36109	232286	691823	2798921	4348993
外商投资企业 Foreign Funded Enterprises	759661	1345878	2175297	3495247	3912418
进口总额 Imports	**831504**	**1419378**	**1956935**	**3728715**	**5068465**
#有进出口经营权 国有企业 State Owned Enterprises	174169	302988	362330	673896	939210
有进出口经营权 集体企业 Collective Owned Enterprises	3963	12096	33200	25754	22236
有进出口经营权 私营企业 Privited Enterprises	7195	83280	160348	684201	998570
外商投资企业 Foreign Funded Enterprises	646028	1020877	1400940	2338407	2955698

5-5 进出口主要分类情况

Value of of Imports and Exports by Major Classification

单位：万美元 (USD 10000)

项目	Item	2000	2003	2005	2010	2011
进出口总额	**Imports and Exports**	**2122332**	**3532551**	**5441130**	**10878027**	**14352244**
出口商品总额	**Exports**	**1290828**	**2113173**	**3484195**	**7149313**	**9283779**
初级产品	Primary Goods		137025	215205	529791	753509
工业制品	Manufactured Goods		1976148	3268990	6619522	8530270
进口商品总额	**Imports**	**831504**	**1419378**	**1956935**	**3728715**	**5068465**
初级产品	Primary Goods		167792	333239	1024135	1855372
工业制品	Manufactured Goods		1251586	1623696	2704521	3213092
机电产品进出口	**Total of mechanical and electronic products**		**1709085**	**2602702**	**4703884**	**5326732**
出口总额	Exports		916216	1572365	2939330	3418110
进口总额	Imports		792869	1030337	1764554	1908622
高新技术产品进出口	**High-tech products**		**841843**	**1279609**	**2560582**	**2641344**
出口总额	Exports		463450	782175	1317431	1373585
进口总额	Imports		378393	497434	1243151	1267759
外商投资企业进出口	**Foreign-Funded Enterprises**	**1405689**	**2366755**	**3576237**	**5833654**	**6868116**
出口总额	Exports	759661	1345878	2175297	3495247	3912418
进口总额	Imports	646028	1020877	1400940	2338407	2955698
一般贸易进出口	**General Trade**	**880832**	**1513030**	**2429809**	**6308421**	**9342551**
出口总额	Exports	609737	962015	1674278	4384049	6324439
进口总额	Imports	271095	551015	755531	1924371	3018112
加工贸易进出口	**Processing and Assembling**	**1051961**	**1641325**	**2467516**	**3799681**	**4075518**
出口总额	Exports	634216	1063942	1620604	2359808	2519567
进口总额	Imports	417745	577383	846912	1439872	1555951

5-6 按主要国别(地区)分出口商品贸易额

Value of Exports by Country (Region)

单位：万美元 (USD 10000)

国别(地区)	Country (Region)	2000	2003	2005	2010	2011
总计	**Total**	**1290828**	**2113173**	**3484195**	**7149313**	**9283779**
亚洲	**Asia**	**598838**	**982369**	**1451213**	**2902323**	**3867565**
#中国香港	Hong Kong China	150910	218079	287749	455702	618100
中国澳门	Macao China	1712	2501	1049	2998	3242
日本	Japan	235623	427520	575271	540847	655987
菲律宾	Philippines	13669	19666	42498	167682	231826
泰国	Tailand	9247	13789	26149	93315	124803
马来西亚	Malaysia	17160	32427	47458	194220	244092
新加坡	Singapore	33553	44079	64781	112406	165183
阿拉伯联合酋长国	United Arab Emirates	13850	33228	54608	121220	171988
欧洲	**Europe**	**243597**	**420589**	**782456**	**1640547**	**2119722**
#德国	Germany	50336	76191	129290	338727	441026
法国	France	17232	23900	51731	110858	140918
意大利	Italy	20560	34052	59350	125495	152698
芬兰	Finland	2243	6337	11766	20697	25260
英国	United Kingdom	32751	49919	86154	187950	257310
丹麦	Denmark	3295	4767	11986	29589	38239
瑞典	Sweden	4921	8221	14360	24651	30715
瑞士	Switzerland	2219	4662	30875	14742	17612
西班牙	Spain	16783	25853	50610	112045	137874
北美洲	**North America**	**342526**	**551189**	**934389**	**1605509**	**1955960**
#加拿大	Canada	23586	39091	70914	118966	145776
美国	United States	318940	512097	863366	1486505	1810163
大洋洲	**Oceania**	**22229**	**39238**	**58104**	**133950**	**179695**
#澳大利亚	Australia	19539	34260	49842	114185	151178
拉丁美洲及非洲	**South America and Africa**	**83638**	**119788**	**258032**	**864546**	**1160836**

5-7 按主要国别(地区)分进口商品贸易额

Value of Imports by Country (Region)

单位：万美元 (USD 10000)

国别(地区)	Country (Region)	2000	2003	2005	2010	2011
总计	**Total**	**831504**	**1419378**	**1956935**	**3728715**	**5068465**
亚洲	**Asia**	**625345**	**1052678**	**1397806**	**2466713**	**3108327**
#中国香港	Hong Kong China	28314	27844	20269	16226	36434
中国澳门	Macao China	220	132	8	33	81
日本	Japan	131488	227591	248474	363345	347073
菲律宾	Philippines	3934	25226	27452	38813	56253
泰国	Tailand	14143	28258	34576	122670	136284
马来西亚	Malaysia	28086	67001	77553	121207	129403
新加坡	Singapore	13641	38443	50249	51225	55521
阿拉伯联合酋长国	United Arab Emirates	3788	1731	4144	2258	3634
欧洲	**Europe**	**88734**	**147011**	**205506**	**436401**	**677581**
#德国	Germany	17143	49618	61429	121344	163144
法国	France	4959	8128	10947	26250	67781
意大利	Italy	9633	15065	21073	40692	55306
芬兰	Finland	2277	2711	6635	10893	18268
英国	United Kingdom	15857	13667	29740	37122	42404
丹麦	Denmark	1632	4005	3251	4216	5305
瑞典	Sweden	2963	4614	5114	9386	21821
瑞士	Switzerland	6064	11251	14145	8924	63671
西班牙	Spain	3157	3345	6017	31233	29548
北美洲	**North America**	**86030**	**139426**	**209506**	**420234**	**560398**
#加拿大	Canada	6106	8156	16665	46738	99649
美国	United States	79910	131271	192836	373471	460744
大洋洲	**Oceania**	**12342**	**20109**	**27841**	**108206**	**239567**
#澳大利亚	Australia	9636	13513	22275	86550	206518
拉丁美洲及非洲	**South America and Africa**	**19053**	**60154**	**116276**	**296951**	**482405**

5-8 按类章分进出口总额(2008-2011年)

Value of of Imports and Exports by Category(2008-2011)

单位：万美元 (USD 10000)

项目 Item	2008		2009		2010		2011	
	出口 Exports	进口 Imports	出口 Exports	进口 Imports	出口 Exports	进口 Imports	出口 Exports	进口 Imports
一、初级产品 Primary Goods	**323470**	**649384**	**360440**	**673287**	**529791**	**1024135**	**753509**	**1855372**
食品及活动物 Food and Live Animals	288379	79427	326858	80967	481404	109572	670814	138219
活动物 Live Animals	208	22	139	34	5	113		77
肉及肉制品 Meat and Meat Products	5862	2580	5098	2328	6648	1774	10010	7328
乳品及蛋品 Dairy Products and Eggs	962	2071	882	2120	1007	5045	1363	7488
鱼、甲壳及软体类动物及其制品 Fish, Shellfish, Mollusks and Other Aquatic Invertebrates	109619	13613	151919	10744	264914	8278	400992	12266
谷物及其制品 Cereals and Products	2140	6503	2388	5021	3482	10945	3324	13794
蔬菜及水果 Vegetable and Fruits	138765	5860	135828	9690	165117	10981	207339	13918
糖、糖制品及蜂蜜 Sugar ,Sugar Products and Honey	6874	779	6993	229	10683	1049	14528	1752
咖啡、茶、可可、调味料及其制品 Coffee, Tea, Coca, Spices and Their Products	9856	669	9560	879	12197	2037	13558	1624
饲料 Forage	4006	45408	3479	47437	4879	66477	4228	75799
杂项食品 Others	10087	1923	10573	2485	12388	2382	15471	4173
饮料及烟类 Beverages and Tobacco	2619	2695	3091	4903	3267	7023	2876	11053
饮料 Beverages	1284	2695	1234	4882	1122	6960	1222	11016
烟草及其制品 Tobacco and Tobacco Products	1335	1	1857	21	2145	64	1654	38
非食用原料 Non-edible Raw Materials	28004	473581	25173	456303	24373	674926	44499	1068834
生皮及生毛皮 Raw Hides and Furs		13929		11485		12142	53	24040
油籽及含油果实 Oil Seeds and Kernels	150	101885	94	115254	18	150830	105	172132
生橡胶 Raw Rubber	1014	41273	409	38708	1133	56506	2009	77622
软木及木材 Cork and Wood	2898	20272	2306	23656	2280	60281	2869	105770
纸浆及废纸 Paper Pulp and Waster Paper	33	66853	76	60651	230	75143	328	98083
纺织纤维(羊毛条除外)及其废料 Textile Fiber and Related Scrap (Excluding Fleece)	3203	4406	1205	2722	2112	8342	8753	13286
天然肥料及矿物(煤、石油及宝石除外) Natural Fertilizers and Mineral (Excluding Coal, Petroleum and Germ)	9353	96933	9466	95743	8714	152323	12502	172101
金属矿砂及金属废料 Metals Ore and Scrap	169	124776	328	104958	677	153940	5927	398738
其他动、植物原料 Other Animal And Vegetable Raw Materials	11186	3255	11289	3126	9210	5417	11952	7062
矿物燃料、润滑油及有关原料 Mineral Fuels, Lubrication Oil and Related Materials	4018	52253	5141	89124	20321	201031	33756	600860

5-8 续表1

Continued

单位：万美元　　　　(USD 10000)

项目 Item	2008		2009		2010		2011	
	出口 Exports	进口 Imports	出口 Exports	进口 Imports	出口 Exports	进口 Imports	出口 Exports	进口 Imports
煤、焦炭及煤砖 Coal, Coke and Briquette	4	26810	5	53187	10	91023	69	159315
石油、石油产品及有关原料 Petroleum, Petroleum Products and Related Materials	4014	15286	5136	19173	20312	56052	33685	358052
天然气及人造气 Natural Gas and Man-made Gas	1	10157		16765		53957	2	83493
动植物油、脂及蜡 Animal and Vegetable Oil ,Fats and Wax	449	41427	176	41989	426	31583	1564	36406
动物油、脂 Animal Oil and Fats	237	966	39	1952	190	2356	1304	1489
植物油、脂 Vegetable Oils and Fats	94	35954	120	39323	199	28278	166	33695
已加工的动植物油、脂及动植物蜡 Processed Animal and Vegetable Oils,Fats and Wax	118	4507	17	714	37	949	94	1223
二、工业制品 **Industry Goods**	**5375715**	**2133525**	**4971463**	**1959748**	**6619522**	**2704521**	**8530270**	**3213092**
化学成品及有关产品 Chemicals and Related Products	203115	407314	141242	419714	224427	515450	313402	692480
有机化学品 Organic Chemicals	27012	159299	22292	127969	32115	152647	42179	236013
无机化学品 Inorganic Chemicals	74343	3972	37999	2612	69541	3766	108645	5137
染料、鞣料及着色料 Dyestuff , Tanning Extracts and Dye Materials	1739	12475	2042	11395	3949	14920	6180	17108
医药品 Medicines	18102	875	19904	2943	25959	2564	25392	4408
精油、香料及盥洗、光洁制品 Essential Oils, Perfumed Materials and Cosmetics	19550	2754	16776	3040	22884	4227	27807	4636
制成废料 Waste Products	12892	9	5326	4	15300		23380	
初级形状的塑料 Plastics of Primary Pattern	21960	182946	15536	225875	18904	255793	27746	307579
非初级形状的塑料 Plastics of non Primary Pattern	11451	21519	9481	24209	16281	49303	24325	62602
其他化学原料及产品 Other Chemical Raw and Products	16064	23445	11887	21667	19495	32229	27749	54999
按原料分类的制成品 Products by Raw material	915117	286773	863894	306611	1190460	387399	1735471	421468
皮革、皮革制品及已鞣毛皮 Leather, Leather Products and Tanned Hides	4132	27394	3556	23953	6037	29037	8399	32707
橡胶制品 Rubber Products	53296	11902	50290	17032	67670	26524	96831	28751
软木及木制品(家具除外) Cork and Wooden Products	49023	842	48327	609	65278	590	73010	677
纸及纸板；纸浆、纸及纸板制品 Paper and Paperboard, Articles of Paper Pulp or Paper and Paperboard Products	30620	16257	32712	14181	47806	20045	113327	20663
纺纱、织物、制成品及有关产品 Spin Textile Products and Related Products	221072	58996	227322	57689	282851	71234	447483	78668
非金属矿物制品 Non Metal Minerals products	291525	16561	310889	10846	401494	36492	531026	45761

5-8 续表2

Continued

单位：万美元 (USD 10000)

项目 Item	2008 出口 Exports	2008 进口 Imports	2009 出口 Exports	2009 进口 Imports	2010 出口 Exports	2010 进口 Imports	2011 出口 Exports	2011 进口 Imports
钢铁 Steel	65063	60268	29671	76089	60745	78804	78572	73451
有色金属 Non-ferrous Metal	71173	66259	45589	85234	75223	95225	103022	107737
金属制品 Metal Products	129213	28293	115537	20977	183357	29448	283800	33053
机械及运输设备 Machinery and Transport Equipments	2115050	930623	1659250	785877	2119813	1104787	2399269	1253914
动力机械及设备 Power Machinery and Equipments	109218	61274	77803	44499	110109	63665	173261	93314
特种工业专用机械 Special Industry Equipment	63955	93989	37965	80593	57327	146878	84722	185468
金工机械 Metal working Machinery	11030	23604	7722	30184	7441	27949	10069	34478
通用工业机械设备及零件 Ordinary Industry Machinery and Parts	171594	107733	155180	71385	210267	119513	264264	144716
办公用机械及自动数据处理设备 Clerical Machinery and Automatic Data Processing Equipments	332680	108312	239129	98543	208199	151123	211074	114834
电信及声音的录制及重放装置设备 Telecommunications and Sound Record and Replay Equipment	679612	89285	566401	69684	744159	81723	815254	119734
电力机械、器具及其电气零件 Power Machinery and Parts	407971	353770	350262	307956	467608	400344	504127	449704
陆路车辆(包括气垫式) Land Vehicles	151318	20295	86778	16077	147999	38517	195421	33444
其他运输设备 Other Transportation Equipment	187414	60569	138009	66954	166705	75074	141077	78222
杂项制品 Miscellaneous Manufactured Articles	2140805	505791	2305169	446049	3081697	690622	4078727	692511
活动房屋、卫生、水道、供热及照明装置 Movable Room, Sanitary Equipment, Supply of Hotand Lighting Apparatus	37729	1522	36854	1014	59979	1629	93611	1232
家具及其零件、褥垫及类似填充制品 Furniture and Related Parts	172171	5785	197153	4360	268221	2903	359321	6866
旅行用品、手提包及类似品 Tour Goods, Handbags and Related Products	136493	256	132458	126	192981	266	306990	439
服装及衣着附件 Garments and Related Parts	575394	2335	717031	1418	869783	1732	1230997	2927
鞋靴 Footwears	523701	5630	533139	4871	724771	5599	927887	6058
专业、科学及控制用仪器和装置 Special, Scientific and Controlled Instruments and Equipment	192697	425695	220324	359827	338551	575275	328046	557130
摄影器材、光学物品及钟表 Photographic, Optical Instruments and Clocks	74525	40819	71979	51800	102640	72822	130468	83875
未列名杂项制品 Other Miscellaneous Manufactured Articles	428095	23750	396231	22633	524770	30396	701407	33983
未分类的商品及交易品 Unclassified Goods	1627	3024	1907	1497	3125	6263	3402	152720

5-9 人民币汇率(年平均价)

Refercene Exchange Rate of RMB （Period Average）

单位：元 (yuan)

年份 Year	100美元 100 US Dollars	100日元 100 Japanese Yen	100港元 100 Hong Kong Dollars	100欧元 100 Euros
1985	293.66	1.25	37.57	
1986	345.28	2.07	44.22	
1987	372.21	2.58	47.74	
1988	372.21	2.91	47.70	
1989	376.51	2.74	48.28	
1990	478.32	3.32	61.39	
1991	532.33	3.96	68.45	
1992	551.46	4.36	71.24	
1993	576.20	5.20	74.41	
1994	861.87	8.44	111.53	
1995	835.10	8.92	107.96	
1996	831.42	7.64	107.51	
1997	828.98	6.86	107.09	
1998	827.91	6.35	106.88	
1999	827.83	7.29	106.66	
2000	827.84	7.69	106.18	
2001	827.70	6.81	106.08	
2002	827.70	6.62	106.07	800.58
2003	827.70	7.15	106.24	936.13
2004	827.68	7.66	106.23	1029.00
2005	819.17	7.45	105.30	1019.53
2006	797.18	6.86	102.62	1001.90
2007	760.40	6.46	97.46	1041.75
2008	694.51	6.74	89.19	1022.27
2009	683.10	7.30	88.12	952.70
2010	676.95	7.73	89.13	897.25
2011	645.88	8.11	82.97	900.11

注：欧元自2002年开始进入市场流通。

Note:The Euros in market circulation since 2002

5-10 外商直接投资合同数和合同金额(1979-2011年)

Number and Value of Signed Contracts for Direct Foreign Investment(1979-2011)

年份 Year	合同数(项) Numbers (unit)	合资企业 Joint Ventures	合作企业 Cooperative Operation	独资企业 Sole-Foreign Enterprises	合同外资金额(万美元) Value (USD 10000)	合资企业 Joint Ventures	合作企业 Cooperative Operation	独资企业 Sole-Foreign Enterprises
1979	5	2	3		105	19	86	
1980	15	6	9		464	378	86	
1981	16	1	15		1906	56	1850	
1982	14	4	9	1	1612	1034	128	450
1983	18	8	10		2120	1930	190	
1984	236	113	116	7	20097	12187	6473	1437
1985	395	206	182	7	37681	24276	12906	499
1986	109	70	34	5	6456	5355	941	160
1987	215	140	60	15	11753	7771	1950	2032
1988	813	496	188	129	46260	24545	7524	14191
1989	872	436	123	313	90258	27039	5618	57601
1990	1043	432	94	517	116183	28488	7259	80436
1991	1219	575	80	564	144871	36082	23457	85332
1992	3113	1375	191	1547	635101	157962	91108	386031
1993	4714	1775	264	2675	1136617	239879	146164	750574
1994	3026	1017	179	1830	717946	211903	87943	418100
1995	2728	829	119	1780	890647	175384	101147	614116
1996	1987	505	67	1415	653572	97635	32303	523634
1997	2298	408	41	1849	453751	89035	25428	338988
1998	2006	420	45	1541	500150	105163	36999	357988
1999	1439	281	41	1117	489996	103378	37356	349262
2000	1463	281	27	1155	431373	51242	9971	370160
2001	1670	260	14	1395	500717	100566	9592	388661
2002	1825	233	66	1526				
2003	2274	330	18	1922				
2004	2277	318	16	1942				

注：1997年起外商直接投资含股份制。

Note:The data of foreign direct investment from 1997 include share holding enterprises.

5-10 续表

Continued

年份 Year	合同数(项) Numbers (unit)	合资企业 Joint Ventures	合作企业 Cooperative Operation	独资企业 Sole-Foreign Enterprises	合同外资金额(万美元) Value (USD 10000)	合资企业 Joint Ventures	合作企业 Cooperative Operation	独资企业 Sole-Foreign Enterprises
2005	1988	301	24	1663				
2006	2164	385	10	1766				
2007	1722	298	3	1418				
2008	1101	185	9	906				
2009	939	153	5	779				
2010	1139	242	4	890				
2011	1039	230	6	803				
报表口径 New Scope								
2002年					390089	45016	21686	317205
2003年					477321	63373	6168	403697
历史可比口径 Old Scope								
2002年					694419	71616	28398	588223
2003年					725117			
2004年					754307			
2005年					855655			
2006年					1080190			
2007年					1233624			
2008年					1141475			
2009年					907597			
2010年					1211979			
2011年					1357766			
验资口径 Fund Examination Scope								
2004年					537299	48124	3247	477771
2005年					595715	77223	20319	496142
2006年					862069	87666	15165	745280
2007年					867422	190832	4093	649397
2008年					715201	62787	11403	633626
2009年					536095	61881	7592	463511
2010年					737557	101453	2472	599438
2011年					921880	167519	10836	743631

5-11 按行业分外商直接投资合同数(1979-2011年)

Number of Signed Contracts for Direct Foreign Investment by Sector(1979-2011)

单位：个 (unit)

年份 Year	总计 Total	农业 Agriculture	工业 Industry	建筑业 Construction	交通运输仓储及邮电通信业 Transport, Storage,Post and Telecommunica-tions	批发和零售贸易餐饮业 Wholesale & Retail Trade and Catering Services	其他服务业 Other Services
1979	5	2	1				2
1980	15	1	5	1	3		5
1981	16		5	1	4		6
1982	14		10		1	1	2
1983	18	1	6		2	1	8
1984	236	13	113	15	11	22	62
1985	395	21	266	24	13	63	8
1990	1043	42	930	1	5	10	55
1991	1219	57	1077		6	11	68
1992	3113	134	2520	21	11	22	405
1993	4714	161	3536	67	21	124	805
1994	3026	133	2068	41	22	176	586
1995	2728	166	1973	29	15	130	415
1996	1987	114	1431	14	10	184	234
1997	2298	140	1755	28	6	179	190
1998	2006	168	1482	12	21	98	225
1999	1439	132	1052	11	9	40	195
2000	1463	117	1129	5	4	55	153
2001	1670	102	1304	5	15	34	210
2002	1825	97	1382	14	14	50	268
2003	2274	110	1839	14	25	60	226
2004	2277	93	1837	11	26	100	210
2005	1988	81	1570	4	25	92	216
2006	2164	85	1633	12	34	207	193
2007	1722	69	1204	3	21	234	191
2008	1101	67	627	10	15	229	153
2009	939	73	431	4	39	258	134
2010	1139	79	504	5	23	320	208
2011	1039	69	374	7	22	345	222

5-12 按行业分外商直接投资合同金额(1979-2011年)

Value of Signed Contracts for Direct Foreign Investment by Sector(1979-2011)

单位：万美元 (10000 USD)

年份	Year	总计 Total	农业 Agriculture	工业 Industry	建筑业 Construction	交通运输仓储及邮电通信业 Transport, Storage, Post and Telecommunications	批发和零售贸易餐饮业 Wholesale & Retail Trade and Catering Services	其他服务业 Other Services
1979		105	78	10				17
1980		464	33	247	5	12		167
1981		1906		99	72	206		1529
1982		1612		1542		50	13	7
1983		2120	10	900		62	25	1123
1984		20097	245	7080	918	779	1110	9965
1985		37681	1228	15977	1254	586	12085	6551
1990		116183	3462	90126	91	331	488	21685
1991		144871	5256	98215		978	737	39685
1992		635101	8128	338783	1088	2817	27068	257217
1993		1136617	17482	574966	6931	2692	23151	511395
1994		717946	11607	394043	4132	7683	11583	288898
1995		890647	20790	660166	3187	17270	27927	161307
1996		653572	12678	469257	15031	8825	21286	126495
1997		453751	15932	323558	21977	17486	28839	45959
1998		500150	31810	336922	21773	8597	7308	93740
1999		489996	28748	359611	4806	2161	8877	85793
2000		431373	18083	318217	1666	2038	7481	83888
2001		500717	17589	371725	1464	7915	2420	99604
报表口径	New Scope							
2002		390089	12453	310522	6224	7404	3866	49620
2003		477321	14166	398730	7144	7288	4076	45917
历史可比口径	Old Scope							
2002		694419	19599	581954	11153	8799	4812	68102
验资口径	Fund Examination Scope							
2004		537299	12674	426684	321	15651	13838	68131
2005		595715	22415	467697	754	21674	15222	67953
2006		862069	17158	659295	6121	26289	38025	115181
2007		867422	16497	648414	-197	12301	36543	153864
2008		715201	27219	444674	3221	36966	56566	146555
2009		536095	23235	316771	1455	31770	38370	124494
2010		737557	24439	452840	813	16826	93832	148807
2011		921880	41513	542046	2571	16260	86200	233290

5-13 分国别(地区)外商直接投资合同数和合同金额

Number and Value of Contracts for Signed Direct Foreign Investment by Country(Region)

国别(地区)	Country(Region)	2000	2005	2007	2008	2009	2010	2011
合同数（个）	**Number(unit)**	**1463**	**1988**	**1722**	**1101**	**939**	**1139**	**1039**
#中国香港	Hong Kong China	602	921	749	416	373	446	406
中国澳门	Macao China	28	66	55	10	21	16	14
日本	Japan	72	64	44	32	16	22	25
菲律宾	Philippines	60	96	43	19	6	11	8
泰国	Tailand	5	2	3	2	2		1
马来西亚	Malaysia	14	25	16	10	13	18	22
新加坡	Singapore	58	41	49	37	33	27	25
印度尼西亚	Indonesia	9	13	4	5	4	5	3
德国	Germany	8	8	6	10	5	6	7
法国	France	3	7	5	1	6	2	3
英国	United Kingdom	20	9	6	5	3	2	5
加拿大	Canada	15	31	25	16	14	11	13
美国	United States	79	98	86	37	47	33	33
澳大利亚	Australia	18	28	31	20	12	18	13
合同金额（万美元）	**Volume（10000 USD)**	**431373**	**595715**	**867422**	**715201**	**536095**	**737557**	**921880**
#中国香港	Hong Kong China	212533	286810	391754	521052	428666	559446	610862
中国澳门	Macao China	4958	15623	18738	5755	12802	8243	18300
日本	Japan	16943	10575	7469	3297	3538	4135	9681
菲律宾	Philippines	17611	19213	6721	1850	-2344	-6765	3317
泰国	Thailand	270	292	3147	508	70	-85	-11
马来西亚	Malaysia	4643	7559	9143	9963	1844	5728	9919
新加坡	Singapore	10246	12343	20888	21546	4511	21747	15262
印度尼西亚	Indonesia	1026	1892	-797	3996	322	730	-443
德国	Germany	3107	251	1717	1889	1391	261	995
法国	France	102	881	201	179	293	429	-734
英国	United Kingdom	15504	-4364	4871	-3575	1115	260	1378
加拿大	Canada	2495	3510	5056	1181	2276	6948	7125
美国	United States	21012	25534	18834	6607	-30487	1288	5778
澳大利亚	Austrialia	985	5138	5431	-686	1022	4493	5896

注．当期外商投资企业减资或外商股权转让金额超过当期新批合同外资或外商投资企业增资金额，差额部分用负数表示。

Note:When the data of reduction of Signed Value or the transfer stock value surpass the data of Signed Value or the supplementary value of direct foreign investment, the discrepancy is expressed by negative number.

5-14 实际利用外商直接投资金额(1979-2011年)

Direct Foreign Capital Actually Used(1979-2011)

单位：万美元 (USD 10000)

年份 Year	合计 Total	合资企业 Joint Ventures	合作企业 Cooperative Operation	独资企业 Sole-Foreign Enterprises
1979	83	15	68	
1980	363	288	75	
1981	150	40	110	
1982	121	5	16	100
1983	1438	1026	158	254
1984	4828	3526	1179	123
1985	11782	8566	2950	266
1986	6149	4121	1913	115
1987	5139	3097	1479	563
1988	13017	9273	2369	1375
1989	32880	13814	6384	12682
1990	29002	12617	2780	13605
1991	64449	22682	14775	26992
1992	141633	48528	26132	66973
1993	286745	98484	33498	154763
1994	371200	145518	34469	191213
1995	403881	124872	54073	224936
1996	407876	129778	50497	227601
1997	419666	112293	60175	247198
1998	421211	90295	50778	280138
1999	402403	99542	42121	260180
2000	380386	74548	13263	291365
2001	391804	74092	7248	309068
历史可比口径 (Old Scope)				
2002	424995	84669	11587	316240
2003	499329			
2004	531802			
2005	622984			
2006	718489			
2007	813093			
2008	1002556			
2009	1006481			
2010	1031552			
2011	1104447			
验资口径 (Scope by Fund Examination)				
2004	222120	41952	4324	163490
2005	260775	31021	670	222422
2006	322047	49684	2327	268789
2007	406058	68686	4670	332015
2008	567171	137758	2284	416441
2009	573747	104761	1372	458815
2010	580279	97974	2126	475199
2011	620111	94469	774	479782

5-15 分国别(地区)实际利用外商直接投资金额

Direct Foreign Capital Actually Used by Country(Region)

单位：万美元 (USD 10000)

国别(地区)	Country (Region)	2000	2005	2010	2011
总计	Total	380386	260775	580279	620111
亚洲	Asia				
#中国香港	Hong Kong China	151678	121783	354634	387789
印度尼西亚	Indonesia	1760	593	1883	551
日本	Japan	7655	7445	6287	8342
中国澳门	Macao China	2689	6162	5156	6278
新加坡	Singapore	12282	7727	25545	18695
韩国	Korea	410	1069	3254	3508
泰国	Tailand	979	662	153	254
越南	Vietnam		15		
非洲	Africa				
#阿尔及利亚	Algeria		81		
苏丹	Sudan				
几内亚	Guinea		30		
马达加斯加	Madagascar		63		
尼日利亚	Nigeria				
南非	South Africa	78	185	96	168
欧洲	Europe				
#英国	United Kingdom	16179	1352	1007	1920
德国	Germany	4553	48	1443	262
法国	France	74	708	278	74
俄罗斯	Russian		109		
拉丁美洲	Latin America				
#巴哈马	Bahamas	431		1769	
开曼群岛	Cayman Islands	20552	9242	12662	9130
墨西哥	Mexico			957	
英属维尔京群岛	British Virgin Islands	21766	35134	42153	55671
北美洲	North America				
#加拿大	Canada	1851	424	1099	1154
美国	United States	64652	17015	5096	5388
大洋洲	Oceania				
#澳大利亚	Australia	2212	988	1823	1123
新西兰	New Zealand		467	336	456

注：2005年以后年份为验资口径。

Note:Since 2005,Scope by Fund Examination

5-16 外商投资企业工商注册数（2005-2011年）

Number of Registered Foreign Funded Enterprises(2005-2011)

单位：个 (unit)

项目 Item	2005	2006	2007	2008	2009	2010	2011
合计（年末数） Total	**17854**	**18629**	**18655**	**18779**	**18324**	**17886**	**17830**
按企业登记注册类型分 Grouped by Status of Registration							
#中外合资 Joint Venture	3844	3963	3921	3899	3763	3674	3670
中外合作 Cooperative Operation	396	349	292	275	259	230	229
外商独资 Venture Exclusively with Foreign Investment	13598	14298	14410	14567	14256	13924	13868
按行业分 Grouped by Sector							
农、林、牧、渔业 Agriculture, Forestry, Animal Husbandryand Fishery	646	640	592	606	603	596	630
采矿业 Mining	61	56	52	53	51	46	45
制造业 Manufacturing	13762	14275	14240	14260	13670	13103	12644
#食品制造业 Food Manufacturing	365	351	345	345	335	311	294
纺织业 Textile Industry	676	729	728	728	705	679	663
纺织服装、鞋、帽制造业 Textile Garments , Shoes and Caps Products	3632	3682	3565	3478	3236	3178	2987
皮革、毛皮、羽毛(绒)及其制品业 Leather , Furs , Down and Relate Products	431	473	505	501	489	478	452
木材加工及木、竹、藤、棕、草制品业 Timber Processing , Bamboo , Cane , Palm Fiber and Straw Products	369	412	372	375	352	316	298
化学原料及化学制品制造业 Raw Chemical Materials and Chemical Products	496	510	496	501	491	455	430
塑料制品业 Plastic Products	679	678	655	656	648	621	599
非金属矿物制品业 Nonmetal Minerals Products	850	842	832	831	788	749	724
金属制品业 Metal Products	483	522	566	548	538	526	513
通用设备制造业 General Equipment	360	371	389	395	384	365	369
专用设备制造业 Special Purpose Equipment	379	436	475	499	499	477	473

5-16 续表1

Continued

单位：个 (unit)

项目 Item	2005	2006	2007	2008	2009	2010	2011
交通运输设备制造业 Transport Equipment	381	398	436	459	435	389	382
电气机械及器材制造业 Electric Equipment and Machinery	576	609	625	645	632	609	605
通信设备、计算机及其他电子设备制造业 Telecommunications , Computer , and Other Electronic Equipment	507	581	629	649	646	645	659
电力、燃气及水的生产和供应业 Production and Supply of Electric Power, Gas and Water	169	164	140	144	144	146	137
建筑业 Construction	152	156	138	143	142	137	132
交通运输、仓储和邮政业 Transport,Storage and Post	265	178	193	197	204	205	221
信息传输、计算机服务和软件业 Information Transmission, Computer Software and Services	209	238	267	308	319	330	353
批发和零售业 Wholesale and Retail Trade	234	465	658	823	979	1153	1406
住宿和餐饮业 Lodgings and Catering Services	307	316	326	323	317	300	310
金融业 Financial Intermediation	6	10	13	19	21	24	25
房地产业 Real Estate	1283	1286	1230	1188	1120	1057	1052
租赁和商务服务业 Leasing and Business Services	212	331	344	363	380	415	457
科学研究、技术服务和地质勘查业 Scientific Research, Technical Service and Geologic Prospecting	117	126	136	141	156	160	187
水利、环境和公共设施管理业 Management of Water Conservancy,Environment and Public Facilities	54	51	53	55	56	56	63
居民服务和其他服务业 Services to Households and Other Services	119	123	121	120	125	125	134
教育 Education	11	8	6	2	2	2	2
卫生、社会保障和社会福利业 Health, Social Security and Social Welfare	9	9	8	4	4	3	3
文化、体育和娱乐业 Culture, Sports and Entertainment	204	196	136	30	31	28	29
其他行业 Others	34	1	2				

5-16 续表2

Continued

单位：个 (unit)

项目 Item	2005	2006	2007	2008	2009	2010	2011
按国别（地区）分 By Country							
#中国香港 Hong Kong China	8586	8996	8910	8867	8587	8443	8311
印度尼西亚 Indonesia	116	124	117	121	125	126	117
日本 Japan	610	627	607	602	582	558	559
约旦 Jordan	3	2	2	3	2	4	4
中国澳门 Macao China	400	430	427	413	390	387	380
马来西亚 Malaysia	197	194	188	187	182	176	175
菲律宾 Philippines	745	780	732	707	649	588	619
新加坡 Singapore	612	624	616	618	626	607	595
泰国 Thailand	44	44	45	42	44	36	34
英国 United Kingdom	90	94	92	95	95	87	85
德国 Germany	51	58	57	66	68	74	76
荷兰 Netherlands	19	24	30	30	30	32	31
瑞士 Switzerland	8	9	5	5	5	7	9
玻利维亚 Bolivia	7	7	7	8	8	4	3
加拿大 Canada	148	160	167	170	179	185	186
美国 United States	706	753	761	771	763	730	721
澳大利亚 Australia	150	174	191	199	197	198	197

5-17 外商投资企业工商注册资本金(2005-2011年)

Registered Capitals of Foreign Funded Enterprises(2005-2011)

单位：万美元 (USD 10000)

项目 Item	2005	2006	2007	2008	2009	2010	2011
合计 Total	4307474	4995228	5619403	6264456	6535595	6935845	7538621
按企业登记注册类型分 Grouped by Status of Registration							
#中外合资 Joint Venture	1143952	1221551	1533780	1601816	1658796	1776709	1982884
中外合作 Cooperative Operation	158309	160271	123759	117980	119676	103869	116869
外商独资 Venture Exclusively with Foreign Investment	2920326	3492171	3775499	4256816	4437487	4697783	5048302
按行业分 Grouped by Sector							
农、林、牧、渔业 Agriculture,Forestry,Animal Husbandry and Fishery	103957	101867	101644	110663	121822	120696	144498
采矿业 Mining	7155	13648	9787	13298	14530	11496	16054
制造业 Manufacturing	2917604	3371576	3949652	4353670	4467271	4681053	5044573
#食品制造业 Food Manufacturing	60056	62187	68649	73487	78870	83014	90969
纺织业 Textile Industry	230124	260295	283475	315602	324579	333675	371681
纺织服装、鞋、帽制造业 Textile Garments , Shoes and Caps Products	552755	605411	633469	684678	702867	732255	758497
皮革、毛皮、羽毛(绒)及其制品业 Leather , Furs , Down and Relate Products	61285	75660	87014	89655	96918	100830	103209
木材加工及木、竹、藤、棕、草制品业 Timber Processing,Bamboo,Cane,Palm Fiber and Straw Products	42854	53632	48147	52599	55503	53585	53065
化学原料及化学制品制造业 Raw Chemical Materials and Chemical Products	133535	152577	155566	213884	218258	219758	220121
塑料制品业 Plastic Products	124273	140350	151187	156201	162722	164101	171073
非金属矿物制品业 Nonmetal Minerals Products	208399	214298	235468	236938	252629	271089	299434
金属制品业 Metal Products	130548	158308	173789	184760	176803	188088	195620
通用设备制造业 General Equipment	53733	69753	86789	99495	100918	108853	117363
专用设备制造业 Special Purpose Equipment	65687	94091	110220	122869	136842	135651	141172

5-17 续表1

Continued

单位：万美元 (USD 10000)

项目 Item	2005	2006	2007	2008	2009	2010	2011
交通运输设备制造业 Transport Equipment	131109	147885	199486	217477	222808	226088	257784
电气机械及器材制造业 Electric Equipment and Machinery	160740	169504	206819	258525	265294	286170	311168
通信设备、计算机及其他电子设备制造业 Telecommunications , Computer , and Other Electronic Equipment	190608	256659	318156	349905	358034	382995	451341
电力、燃气及水的生产和供应业 Production and Supply of Electric Power,Gas and Water	140493	148833	159879	174140	188978	201131	201034
建筑业 Construction	57264	64993	45999	45200	64538	66442	67553
交通运输、仓储和邮政业 Transport,Storage and Post	115210	159320	171932	182681	192849	205581	227474
信息传输、计算机服务和软件业 Information Transmission, Computer Software and Services	27189	93437	34838	113392	116867	132824	76801
批发和零售业 Wholesale and Retail Trade	23880	42644	81222	112958	153281	196146	259397
住宿和餐饮业 Lodgings and Catering Services	87187	102651	110737	113205	113546	116264	127556
金融业 Financial Intermediation	16391	56629	63710	76583	83827	94131	102311
房地产业 Real Estate	662639	651036	683191	738712	745672	793120	887417
租赁和商务服务业 Leasing and Business Services	28410	58701	80585	96907	129426	153048	194244
科学研究、技术服务和地质勘查业 Scientific Research, Technical Service and Geologic Prospecting	18376	23600	29337	36071	44103	42605	52282
水利、环境和公共设施管理业 Management of Water Conservancy,Environment and Public Facilities	13758	16279	22438	34255	31403	52069	55612
居民服务和其他服务业 Services to Households and Other Services	11442	13810	12160	33915	36856	40136	49631
教育 Education	1240	840	770	125	125	125	125
卫生、社会保障和社会福利业 Health, Social Security and Social Welfare	6603	7018	6197	5233	5233	5189	5931
文化、体育和娱乐业 Culture, Sports and Entertainment	55245	66152	53206	23448	25268	23788	26127
其他行业 Others	13431	2194	2119				

5-17 续表2

Continued

单位：万美元 (USD 10000)

项目 Item	2005	2006	2007	2008	2009	2010	2011
按国别（地区）分 By County							
#中国香港 Hong Kong China	2185021	2535508	2752329	3159936	3388103	3720362	4194701
印度尼西亚 Indonesia	25201	36220	32249	38549	37749	39805	36992
日本 Japan	104534	123451	128487	139202	145189	146104	152260
约旦 Jordan	172	160	156	86	66	126	126
中国澳门 Macao China	72789	77237	87374	92930	93733	100150	115287
马来西亚 Malaysia	57710	62422	76705	87462	84400	54819	61069
菲律宾 Philippines	155488	172373	164485	157136	153468	159963	157105
新加坡 Singapore	163096	173412	175573	196322	205272	235183	231710
泰国 Thailand	10990	11122	16930	16758	17138	11674	10994
英国 United Kingdom	59149	62214	57497	57547	54793	52014	54050
德国 Germany	24018	27852	25513	28256	29104	31011	30954
荷兰 Netherlands	3169	6841	13021	13095	13891	14184	9204
瑞士 Switzerland	2330	3130	1800	1800	1800	3205	7210
玻利维亚 Bolivia	471	471	398	503	503	288	273
加拿大 Canada	28771	33015	39345	37589	37300	44392	47235
美国 United States	220843	240850	234253	210244	205876	195581	212144
澳大利亚 Australia	25066	28368	32477	27689	34957	37420	39851

5-18 外商投资企业工商注册投资总额（2005-2011年）

Total Registered Investment Value of Foreign-Funded Enterprises(2005-2011)

单位：万美元 (USD 10000)

项目 Item	2005	2006	2007	2008	2009	2010	2011
合计 Total	**7533131**	**8777093**	**10270608**	**11212877**	**11745126**	**12483059**	**13689837**
按企业登记注册类型分 Grouped by Status of Registration							
#中外合资 Joint Venture	1987294	2164227	2976476	3096612	3207426	3455996	3842247
中外合作 Cooperative Operation	303047	309035	227821	213983	219534	190773	217071
外商独资 Venture Exclusively with Foreign Investment	5151428	6182593	6875420	7597147	7981238	8456761	9233953
按行业分 Grouped by Sector							
农、林、牧、渔业 Agriculture,Forestry,Animal Husbandry and Fishery	170682	180325	180222	190455	216305	208623	256721
采矿业 Mining	10786	17544	20292	24181	25539	22242	31189
制造业 Manufacturing	4727634	5617260	6969927	7580111	7892963	8350872	9110847
#食品制造业 Food Manufacturing	100884	108449	121228	126477	140880	151042	163585
纺织业 Textile Industry	343117	385159	444384	474587	485861	503105	579128
纺织服装、鞋、帽制造业 Textile Garments , Shoes and Caps Products	716180	810005	864204	929352	989586	1009828	1067679
皮革、毛皮、羽毛(绒)及其制品业 Leather , Furs , Down and Relate Products	95291	123370	138956	151320	175257	179239	183968
木材加工及木、竹、藤、棕、草制品业 Timber Processing,Bamboo,Cane,Palm Fiber and Straw Products	65591	85856	81669	93883	95201	94556	103045
化学原料及化学制品制造业 Raw Chemical Materials and Chemical Products	263111	311790	315640	326723	334494	338010	340285
塑料制品业 Plastic Products	201062	234228	261049	273958	291496	293795	308628
非金属矿物制品业 Nonmetal Minerals Products	356967	373014	406335	404767	437554	494450	560784
金属制品业 Metal Products	239683	288035	316851	348604	331600	363904	375041
通用设备制造业 General Equipment	83830	128489	158894	181360	183940	204440	221541
专用设备制造业 Special Purpose Equipment	114566	170835	196805	224234	248233	251395	263495

5-18 续表1

Continued

单位：万美元 (USD 10000)

项目 Item	2005	2006	2007	2008	2009	2010	2011
交通运输设备制造业 Transport Equipment	236333	272216	384160	404410	420788	426264	479501
电气机械及器材制造业 Electric Equipment and Machinery	300647	301056	369928	469671	488213	531280	599406
通信设备、计算机及其他电子设备制造业 Telecommunications , Computer , and Other Electronic Equipment	349880	446756	579244	651719	674709	725854	861480
电力、燃气及水的生产和供应业 Production and Supply of Electric Power, Gas and Water	444184	478435	487901	544293	583025	617253	612910
建筑业 Construction	89864	111450	83359	94389	129191	133944	135792
交通运输、仓储和邮政业 Transport,Storage and Post	198500	258731	281658	306787	320339	356884	416140
信息传输、计算机服务和软件业 Information Transmission, Computer Software and Services	58572	127916	62442	140019	145350	167493	117783
批发和零售业 Wholesale and Retail Trade	35960	65026	158449	199563	252331	330624	422896
住宿和餐饮业 Lodgings and Catering Services	157919	186911	203184	205226	208619	212732	229088
金融业 Financial Intermediation	16393	57231	64312	81185	88429	98633	107813
房地产业 Real Estate	1366522	1334132	1381829	1415975	1385912	1430093	1596699
租赁和商务服务业 Leasing and Business Services	42397	100964	138438	175110	218098	247703	294837
科学研究、技术服务和地质勘查业 Scientific Research, Technical Service and Geologic Prospecting	33317	54411	69106	61375	74691	72538	83872
水利、环境和公共设施管理业 Management of Water Conservancy,Environment and Public Facilities	24334	28362	36932	57469	59848	85376	102907
居民服务和其他服务业 Services to Households and Other Services	16226	22208	20663	79056	82006	92034	107879
教育 Education	2061	1450	1352	161	161	161	161
卫生、社会保障和社会福利业 Health, Social Security and Social Welfare	17165	18045	16983	14970	14969	14907	16738
文化、体育和娱乐业 Culture, Sports and Entertainment	95283	113305	90393	42552	47347	40948	45565
其他行业 Others	25332	3387	3166				

5-18 续表2

Continued

单位：万美元 (USD 10000)

项目 Item	2005	2006	2007	2008	2009	2010	2011
按国别（地区）分 By County							
#中国香港 Hong Kong, China	3517597	4182520	4608166	5439475	5835441	6484905	7356801
印度尼西亚 Indonesia	39345	60898	55720	65459	65603	69247	64617
日本 Japan	184722	203566	216573	241028	253275	253939	279184
约旦 Jordan	191	174	166	96	76	140	140
中国澳门 Macao ,China	110177	118795	138856	150746	152855	158195	185745
马来西亚 Malaysia	80817	92345	130334	155043	151297	125902	141459
菲律宾 Philippines	247093	269105	262059	243245	227026	240724	236909
新加坡 Singapore	316601	350112	347656	377179	427859	453803	436741
泰国 Tailand	41697	19628	29792	29551	30431	22470	21339
英国 United Kingdom	131979	135687	118441	117980	114378	110470	113138
德国 Germany	52451	62226	55398	60514	62005	65886	64616
荷兰 Netherlands	6248	17009	26779	26813	28577	29155	22589
瑞士 Switzerland	4840	6640	3740	3740	3740	7790	19567
玻利维亚 Bolivia	636	636	520	588	588	370	350
加拿大 Canada	47181	59563	68089	65380	60461	73944	78285
美国 United States	547389	578690	568869	342810	341643	321559	339244
澳大利亚 Austrial	40684	45921	53693	50012	58046	62774	66785

5-19 涉外税收主要指标(1980-2011年)

Basic Statistics of Taxes on Enterprises with Foreign Capital(1980-2011)

单位：万元　　(10000 yuan)

年份 Year	合计 Total	工商统一税 Industrial and Commercial Tax	外商投资企业和外国企业所得税 Income Tax of Foreign Capital Enterprises	个人所得税 Individual Income Tax	城市房地产税 Tax on Urban Real Estate	车船使用牌照税 Tax on License of Vehicle Use	其他各税 Others
1980	3	2		1			
1981	15	7	2	4	1		1
1982	100	71	21	5	2	1	
1983	466	406	51	6	2	1	
1984	1595	1322	256	11	3	3	
1985	3294	2833	388	48	9	16	
1986	5019	3511	1288	119	76	25	
1987	7539	6432	570	305	200	32	
1988	15201	12928	1552	396	290	35	
1989	31979	28087	3557	86	216	33	
1990	64361	43075	4310	403	759	74	15740
1991	69004	57651	6008	686	1296	88	3275
1992	96684	80544	10440	796	1928	108	2868
1993	165151	141073	18734	1171	3142	135	896
1994	241239	196943	33886	2945		195	7270
1995	314491	253985	40346	6433	8221	223	5283
1996	321385	259037	36909	10512	10290	222	4415
1997	399596	270700	49891	16566	10712	143	51584
1998	427978	323294	61466	23612	15188	153	4265
1999	615278	480920	80203	31404	17197	160	5394
2000	805058	606864	128522	41010	20717	137	7808
2001	1185431	943648	149662	58104	24468	324	9225
2002	1752684	1388974	259337	59850	31262	295	12966
2003	2083532	1647965	310246	73144	35981	233	15963
2004	2750440	2205541	396195	93732	37712	129	17131
2005	3297179	2647888	451434	117050	47531	149	33127
2006	3762352	2970472	550005	126135	54669	158	60913
2007	4432889	3431652	662730	164291	63786	146	110284
2008	5583964	4148765	915063	199179	70376	677	249904
2009	6352558	4831800	1032001	186644	76143	931	225039
2010	7621798	5551535	1450124	236470	89401	845	293423
2011	8837795	5962118	1890808	279397	115425	920	589127

注：1.1988年后含海关代征税；2.工商统一税含增值税、营业税、消费税。

Note:a)Tax from 1998 Includes Commissioned Customs Tax .b)The Industrial and Commercial Tax has contained Value-added Tax, Operation Tax and Consumption Tax.

5-20 对外承包工程和劳务合作主要指标(1980-2011年)

Contracted Projects and Labor Service Cooperation with Foreign Countries(1980-2011)

年份 Year	合同金额（万美元） Contracted Value	承包工程 Contracted Projects	劳务合作 Labor Services Cooperation	年末在外人数（人） Number of Persons Abroad at the Year-end (person)	承包工程 Contracted Projects	劳务合作 Labor Services Cooperation
1980	113		113	34		34
1981	97	4	93	213	4	209
1982	152	7	145	341	6	335
1983	771	139	632	447	8	439
1984	3610	716	2894	2157	20	2137
1985	4268	3175	1093	2432	72	2360
1986	10563	8232	2331	4134	85	4049
1987	9018	6620	2398	6206	103	6103
1988	16428	9816	6612	8109	189	7920
1989	18637	12884	5753	9144	143	9001
1990	17598	11098	6499	9686	125	9561
1991	31654	16378	15281	16262	66	16196
1992	49817	33190	16627	21439	93	21346
1993	68022	43596	24426	29791	82	29709
1994	70925	48461	22464	34289	85	34204
1995	63185	35641	27544	43859	148	43711
1996	48309	24890	23419	48337	38	48299
1997	42748	14068	28680	55358	137	55221
1998	43918	19436	24356	54618	119	54497
1999	36125	6227	29805	56757	117	56638
2000	42093	12486	29562	53847	162	53685
2001	57542	16262	36934	59688	126	59561
2002	40906	23765	17141	50513	329	50184
2003	66071	27047	39024	52586	239	52347
2004	56826	25013	31770	50478	216	50262
2005	57252	24713	32539	50528	236	50292
2006	57862	26108	31844	50964	335	50629
2007	58398	26395	32003	51371	350	51021
2008	68210	41862	26348	27842	560	27282
2009	42360	14476	27884	28063	223	27840
2010	29187	8607	20580	24240	367	23873
2011	112460	49016	63444	27601	571	27030

5-21 各设区市进出口商品总额(2000-2011年)

Total Exports by City(2000-2011)

单位：万美元 (USD 10000)

年份 Year	福州市 Fuzhou	厦门市 Xiamen	莆田市 Putian	三明市 Sanming	泉州市 Quanzhou	漳州市 Zhangzhou	南平市 Nanping	龙岩市 Longyan	宁德市 Ningde
2000	509255	1004873	98834	14830	178896	98946	15837	5341	7972
2001	532465	1107475	106044	14853	180320	100768	18336	4825	11002
2002	639492	1518320	108328	16712	215214	122499	20807	5333	15399
2003	848874	1870494	114437	21119	272468	207130	24380	10360	21131
2004	1397840	2408334	141408	32109	368739	324330	30648	22468	26829
2005	1458299	2856534	157815	53674	454785	370639	38091	17696	33597
2006	1664715	3278961	170934	60488	548956	426352	52071	19685	43758
2007	1864051	3977772	214891	87122	685054	464780	62570	27110	61732
2008	2032079	4537749	232095	79506	850291	531874	76195	53941	88362
2009	1784900	4330731	234660	88111	817939	479873	82778	68134	77812
2010	2458595	5703059	342180	127982	1125573	739920	108292	151288	121139
2011	3464525	7015759	464670	177518	1706361	971308	147271	240136	164696

5-22 各设区市出口商品总额(2000-2011年)

Total Exports by City(2000-2011)

单位：万美元 (USD 10000)

年份 Year	福州市 Fuzhou	厦门市 Xiamen	莆田市 Putian	三明市 Sanming	泉州市 Quanzhou	漳州市 Zhangzhou	南平市 Nanping	龙岩市 Longyan	宁德市 Ningde
2000	271664	587923	68355	10732	118118	57527	11340	4922	7402
2001	295034	650355	74509	11047	126086	62263	11597	4260	10496
2002	353357	879270	76809	11783	153466	77823	14320	4832	14732
2003	481722	1055105	82102	14449	191588	121759	16780	9713	20543
2004	875230	1394036	100712	24861	259737	215546	22444	21097	25814
2005	941996	1726576	111541	46025	320660	259766	28654	16439	32538
2006	1091458	2050723	127998	53759	403559	298106	42889	15609	42073
2007	1230907	2555392	154842	80942	498036	341715	50266	24432	57508
2008	1358662	2939860	171604	70192	579465	387622	63386	45913	82479
2009	1201088	2765804	167386	76232	589098	338669	64456	59226	69944
2010	1630771	3532398	219007	112725	827935	506838	90868	131333	97437
2011	2411420	4264534	278077	154573	1078254	649076	119086	185168	143590

5-23 各设区市进口商品总额(2000-2011年)

Total Imports by City(2000-2011)

单位：万美元 (USD 10000)

年份 Year	福州市 Fuzhou	厦门市 Xiamen	莆田市 Putian	三明市 Sanming	泉州市 Quanzhou	漳州市 Zhangzhou	南平市 Nanpin	龙岩市 Longyan	宁德市 Ningde
2000	237591	416950	30479	4098	60778	41419	4497	419	570
2001	237431	457120	31535	3806	54234	38505	6739	565	506
2002	286135	639050	31519	4929	61748	44676	6487	501	667
2003	367152	815389	32335	6670	80880	85371	7600	647	588
2004	522610	1014298	40696	7248	109002	108784	8204	1371	1015
2005	516303	1129958	46274	7649	134125	110873	9437	1257	1059
2006	573257	1228238	42936	6729	145397	128246	9182	4076	1685
2007	633144	1422380	60049	6180	187018	123065	12304	2678	4224
2008	673417	1597889	60491	9314	270826	144252	12809	8028	5883
2009	583812	1564927	67274	11879	228841	141204	18322	8908	7868
2010	827824	2170661	123173	15256	297638	233082	17424	19954	23702
2011	1053105	2751225	186593	22945	628107	322232	28185	54968	21105

5-24 各设区市外商直接投资合同数(2000-2011年)

Number of Signed Contracts for Direct Foreign Investment by City(2000-2011)

单位：项 (Unit)

年份 Year	福州市 Fuzhou	厦门市 Xiamen	莆田市 Putian	三明市 Sanming	泉州市 Quanzhou	漳州市 Zhangzhou	南平市 Nanping	龙岩市 Longyan	宁德市 Ningde
2000	295	259	56	36	416	257	84	29	31
2001	319	343	64	35	513	261	81	30	24
2002	385	380	65	52	578	217	92	24	32
2003	360	374	52	66	904	268	178	40	32
2004	414	435	66	87	776	269	134	58	38
2005	326	364	71	107	561	344	136	47	32
2006	327	569	81	83	524	342	110	88	40
2007	234	472	43	71	394	346	80	64	18
2008	155	355	36	53	140	191	68	84	19
2009	144	325	25	46	103	154	61	64	17
2010	186	398	25	65	156	186	46	58	19
2011	170	368	35	32	170	149	44	28	20

5-25 各设区市外商直接投资合同金额

Value of Signed Contracts for Direct Foreign Investment by City

单位：万美元 (USD 10000)

地区 Area	2000	2005	2007	2008	2009	2010	2011
福州市 Fuzhou	95479	116672	132368	148883	122969	167297	176966
厦门市 Xiamen	100400	129492	248018	190847	139531	166157	225037
莆田市 Putian	20744	22852	13975	14216	15034	36294	39283
三明市 Sanming	6596	14594	18944	21470	20401	24499	24513
泉州市 Quanzhou	87014	170025	292384	186888	95910	161089	198154
漳州市 Zhangzhou	94420	69657	94041	77214	78500	102339	126049
南平市 Nanping	18586	44437	38719	39325	39067	43001	51542
龙岩市 Longyan	2601	15978	26125	22556	17567	28321	43336
宁德市 Ningde	5533	12008	2848	13802	7116	8560	26963

5-26 各设区市实际利用外商直接投资金额

Direct Foreign Capital Actually Used by City

单位：万美元 (USD 10000)

地区 Area	2003	2005	2007	2008	2009	2010	2011
福州市 Fuzhou	68751	64017	70015	100150	103227	118524	127745
厦门市 Xiamen	42200	70740	127153	204244	168674	169651	172583
莆田市 Putian	13235	7152	12036	13038	18302	22952	25264
三明市 Sanming	4855	4632	5350	6600	7460	8635	9201
泉州市 Quanzhou	74406	70974	127509	169991	172002	149342	161511
漳州市 Zhangzhou	40585	31017	45032	50051	55018	70076	88739
南平市 Nanping	12948	5356	4780	5857	6167	6787	7794
龙岩市 Longyan	2841	5161	12017	13426	15225	16506	17762
宁德市 Ningde	1497	1726	2166	3814	5672	7098	9512

主要统计指标解释

进出口总额 指实际进出我国国境的货物总金额。包括对外贸易实际进出口货物，来料加工装配进出口货物，国家间、联合国及国际组织无偿援助物资和赠送品，华侨、港澳台同胞和外籍华人捐赠品，租赁期满归承租人所有的租赁货物，进料加工进出口货物，边境地方贸易及边境地区小额贸易进出口货物(边民互市贸易除外)，中外合资企业、中外合作经营企业、外商独资经营企业进出口货物和公用物品，到、离岸价格在规定限额以上的进出口货样和广告品(无商业价值、无使用价值和免费提供出口的除外)，从保税仓库提取在中国境内销售的进口货物，以及其他进出口货物。进出口总额用以观察一个国家在对外贸易方面的总规模。我国规定出口货物按离岸价格统计，进口货物按到岸价格统计。

外商直接投资 指外国企业和经济组织或个人(包括华侨、港澳台胞以及我国在境外注册的企业)按我国有关政策、法规，用现汇、实物、技术等在我国境内开办外商独资企业、与我国境内的企业或经济组织共同举办中外合资经营企业、合作经营企业或合作开发资源的投资(包括外商投资收益的再投资)，以及经政府有关部门批准的项目投资总额内企业从境外借入的资金。

对外承包工程 指各对外承包公司以招标议标承包方式承揽的下列业务：(1)承包国外工程建设项目，(2)承包我国对外经援项目，(3)承包我国驻外机构的工程建设项目，(4)承包我国境内利用外资进行建设的工程项目，(5)与外国承包公司合营或联合承包工程项目时我国公司分包部分，(6)对外承包兼营的房屋开发业务。对外承包工程的营业额是以货币表现的本期内完成的对外承包工程的工作量，包括以前年度签订的合同和本年度新签订的合同在报告期内完成的工作量。

对外劳务合作 指以收取工资的形式向业主或承包商提供技术和劳动服务的活动。我国对外承包公司在境外开办的合营企业，中国公司同时又提供劳务的，其劳务部分也纳入劳务合作统计。劳务合作营业额按报告期内向雇主提交的结算数(包括工资、加班费和奖金等)统计。

Explanatory Notes on Main Statistical Indicators

Total Imports and Exports at Customs refer to the value of commodities imported into and exported from the boundary of China. They include the actual imports and exports through foreign Trades, imported and exported goods under the processing and assembling Trades and materials, supplies and gifts as aid given gratis between governments and by the United Nations and other international organizations, and contributions donated by overseas Chinese, compatriots in Hong Kong and Macao and Chinese with foreign citizenship, leasing commodities owned by tenant at the expiration of leasing period, the imported and exported commodities processed with imported materials, commodities trading in border areas(excluding mutual exchange goods), the imported and exported commodities and articles for public use of the Sino-foreign joint ventures, cooperative enterprises and ventures exclusively with foreign own investment .Also included are import or export of samples and advertising goods for whose CIF or FOB value are beyond the permitted ceiling (excluding goods of no trading or use value and free commodities for export),imported goods sold in China from bonded warehouses and other imported or exported goods.The indicator of the total imports and exports at customs can be used to observe the total size of external Trades in a country.In accordance with the stipulation of the Chinese government,imports are calculated at CIF, while exports are calculated at FOB

Foreign Direct Investment refers to the investments inside China by foreign enterprises and economic organizations or individuals(including overseas Chinese,compatriots from Hong Kong and Macao,and Chinese enterprises registered abroad), following the relevant policies and laws of China, for the establishment of ventures exclusively with foreign own investment, Sino-foreign joint ventures and cooperative enterprises or for co-operative exploration of resources with enterprises or economic organizations in China. It includes the re investment of the foreign entrepreneurs with the profits gained from the investment and the funds that enterprises borrow from abroad in the total investment of projects which are approved by the relevant department of the government.

Contracted Projects with Foreign Countries refer to projects undertaken by Chinese contractors (project contracting companies)through bidding process.They include: (1)overseas civil engineering construction projects financed by foreign investors; (2)overseas projects financed by the Chinese government through its foreign aid programs; (3)construction projects of Chinese diplomatic missions,Trades offices and other institutions stationed abroad; (4)construction projects in China financed by foreign investment; (5)sub-contracted projects to be taken by Chinese contractors through a joint umbrella project with foreign contractor(s); (6)housing development projects.The business income from international contracted projects is the work volume of contracted projects completed during the reference period, expressed in monetary terms, including completed work on projects signed in previous years.

Foreign Exchange Earnings from International Tourism refer to the total expenditures of foreigners, overseas Chinese, Chinese compatriots from Hong Kong, Macao and Taiwan during their stay in the mainland of China, which are earnings of foreign exchange from international tourism from the point of view from China.

第六篇　能源

Chapter 6　Energy

资料整理：林红　陈浩明

Database Editor:Linhong Chenhaoming

简 要 说 明

本篇资料的主要内容及来源

本篇资料主要包括能源生产、消费及品种构成，能源和消费弹性系数，生活用能源消费量及地区能源平衡表，全省各市主要发展约束性指标，以及规模以上工业分行业能耗情况。

一次能源生产量，采用规模以上工业产品产量统计数据。行业分类采用现行统一的国民经济行业分类国家标准。能源平衡表中的库存量、进口量、出口量和消费量，根据有关部门和企业提供的数据综合评估得出。本篇出现的“煤炭”，包括原煤、洗精煤、其它洗煤和煤制品（即型煤），不包括焦炭。

本篇资料由省统计局能源统计处依据能源年报整理提供。

Brief Introduction

Main Content and Source of Data

Data in this chapter show the mainly energy production and consumption and their composition of Fujian Province, the elasticity ratio of energy consumption, the consumption of energy for residential use, main binding indicators on development of administrative areas of Fujian, and the energy consumption of industrial enterprises grouped by sector over designated size.

Data on the production of primary energy are based on output of industrial products made by enterprises above designate size；Data by industries in this chapter are based on the new National Industrial Classification of All Economic Activities；In the energy balance, data on stock, imports, exports and consumption are based on data provide by relevant departments and enterprises；Coal includes crude coal, washing coal, other washing coal and coal products and excludes coke.

Data on this chapter are provided and processed in accordance with the statistical reporting scheme on energy by the Division of Energy of the Fujian Provincial Bureau of Statistics.

6-1 一次能源生产总量及构成(1978-2011年)

Total Production of Primary Energy and Its Composition(1978-20110)

单位：万吨标准煤 (10000 tons of SCE)

年份 Year	能源生产总量 Total Energy Production	占能源生产总量的比重(%) Percentage of Total Energy Production(%)		
		原煤 Coal	水力发电 Hydro-power	风力发电 Wind Power
1978	461.00	65.5	34.5	
1979	491.00	69.9	30.1	
1980	492.00	67.3	32.7	
1981	493.00	60.2	39.8	
1982	522.00	60.5	39.5	
1983	609.00	61.4	38.6	
1984	641.00	64.3	35.7	
1985	690.00	62.7	37.3	
1986	724.00	67.0	33.0	
1987	806.00	69.7	30.3	
1988	918.00	67.2	32.8	
1989	950.00	71.0	29.0	
1990	966.52	68.4	31.6	
1991	854.43	71.7	28.3	
1992	1013.39	64.1	35.9	
1993	1051.43	66.7	33.3	
1994	1169.96	59.7	40.3	
1995	1396.24	58.0	42.0	
1996	1406.04	59.3	40.7	
1997	1256.30	44.1	55.9	
1998	1177.00	44.1	55.9	
1999	1634.16	59.9	40.1	
2000	1654.17	60.3	39.7	
2001	1850.44	49.9	50.1	
2002	1923.40	61.3	38.7	
2003	1816.80	68.4	31.6	
2004	1805.75	72.6	27.4	
2005	2423.87	60.5	39.5	
2006	2603.06	56.7	43.3	
2007	2579.78	60.7	38.9	0.4
2008	2940.54	55.1	44.3	0.6
2009	2946.50	61.4	37.7	0.9
2010	3260.42	56.1	42.8	1.1
2011	2816.73	66.4	31.2	2.4

注：电力折算标准煤的系数根据当年平均发电煤耗计算。

Note:The coefficient for conversion of electric power into SCE (standard coal equivalent) is calculated on the basis of the data on average coal consumption in generating electric power in the same year. The same applies to the tables following.

6-2 能源消费总量及构成(1978-2011年)

Total Consumption of Energy and Its Composition(1978-2011)

单位：万吨标准煤　　　　(10000 tons of SCE)

年份	能源消费总量	占能源消费总量的比重(%) As Percentage of Total Energy Production(%)				
		煤炭	石油	天然气	水力发电	风力发电
Year	Total Energy Consumption	Coal	Crude Oil	Natural Gas	Hydro-Power	Wind Power
1978	688.00	63.7	12.9		23.4	
1979	731.00	66.9	13.1		20.0	
1980	710.00	64.0	13.9		22.1	
1981	729.00	59.1	13.6		27.3	
1982	780.00	60.6	12.8		26.6	
1983	861.00	61.5	11.8		26.7	
1984	930.00	63.0	12.7		24.3	
1985	1043.00	64.0	11.2		24.8	
1986	1114.00	66.3	12.2		21.5	
1987	1215.00	67.0	12.9		20.1	
1988	1363.30	65.9	12.0		22.1	
1989	1404.00	68.3	12.1		19.6	
1990	1458.30	67.0	12.1		20.9	
1991	1530.56	70.9	13.3		15.8	
1992	1624.05	64.1	13.5		22.4	
1993	1848.00	61.9	19.2		18.9	
1994	1953.54	59.9	18.7		21.4	
1995	2279.91	54.8	19.5		25.7	
1996	2452.18	55.4	21.3		23.3	
1997	2499.11	50.8	21.1		28.1	
1998	2578.62	51.9	22.2		25.9	
1999	2771.64	53.9	22.7		23.4	
2000	2942.60	54.4	23.3		22.3	
2001	3163.09	51.4	22.0		26.6	
2002	3615.33	55.6	23.8		20.6	
2003	4062.55	61.4	24.5		14.1	
2004	4527.80	63.8	25.1	0.2	10.9	
2005	6141.60	62.0	22.3	0.1	15.6	
2006	6827.90	61.8	21.6	0.1	16.5	
2007	7587.10	65.2	21.4	0.1	13.2	0.1
2008	8254.04	64.8	18.9	0.3	15.8	0.2
2009	8916.46	67.6	18.3	1.3	12.5	0.3
2010	9808.52	57.8	23.6	4.0	14.2	0.4
2011	10652.60	64.4	22.5	4.3	8.2	0.6

注：电力折算标准煤的系数根据当年平均发电煤耗计算。

Note:The coefficient for conversion of electric power into SCE (standard coal equivalent) is calculated on the basis of the data on average coal consumption in generating electric power in the same year. The same applies to the tables following.

6-3 综合能源平衡表

Overall Energy Balance Sheet

单位：万吨标准煤 (10000 tons of SCE)

项目 Item	2000	2003	2005	2010	2011
可供消费的能源总量 Total Energy Available for Comsumption	**2962.28**	**3907.75**	**6137.10**	**9808.50**	**10650.81**
一次能源生产量 Primary Energy Output	1654.17	1816.80	2423.87	3260.42	2816.73
回收能 Recovery of Energy			202.62	236.55	240.83
省外调入量 Take-in Quantity from Outside of the Province	1531.68	2479.52	3873.62	7117.20	8566.44
本省调出量(-) Take-out Quantity from Native Province(-)	246.59	402.58	313.60	794.16	811.46
年末年初库存差额 Stock Changes in The Year	23.04	14.00	-49.41	-11.51	-161.73
能源消费总量 Total Energy Consumption	**2942.60**	**4062.55**	**6141.60**	**9808.52**	**10652.60**
在总量中: Consumption by Sector					
1.农、林、牧、渔、水利业 Farming,Forestry,Animal Husbandry,Fishery And water Conservancy	99.36	98.31	169.69	268.06	289.08
2.工 业 Industry	1923.17	2769.90	4311.73	6918.93	7501.69
3.建筑业 Construction	30.07	34.56	65.30	162.87	182.35
4.交通运输和邮电通讯业 Transport,Storage,Post And Telecommunication Services	223.94	328.68	466.12	789.22	855.78
5.批发、零售业和住宿、餐饮业 Wholesale and Retail Trades,Hotels and Catering Services	63.80	108.05	145.86	238.37	263.00
6.其他行业 Others Sectors	214.72	218.74	274.63	388.87	418.57
7.生活消费 Residential Consumption	387.52	504.29	708.27	1042.20	1142.13
在总量中: Consumption by Sector					
（一）终端消费 Final Consumption	2833.43	3887.39	5933.16	9446.91	10245.27
#工业 Industy	1814.00	2594.74	4103.30	6557.32	7094.37
（二）加工转换损失量 Losses in Processing And Transformation	7.97	37.65	20.17	109.67	123.53
炼焦 Coking	0.08	12.84	2.45	14.61	10.73
炼油 Petroleum Refining	7.55	24.81	16.88	64.12	80.60
（三）损失量 Other Losses	101.20	137.51	188.27	251.94	283.80
平衡差额 Balance	**19.67**	**17.27**	**-4.50**	**-0.02**	**-1.79**

注： 1.由于2005年能源平衡表计算口径变化,故与往年数据不可比。2.电力、热力按等价热值折算。3.省外调入量包括进口量，本省调出量包括出口量。

Note:a)The data in the table of energy balance sheet are adjusted , therefore , are not compared to the before. b)Electric Power and Heat are calculated by Caloric Value of Equal Price. c)Take-in quantity from outside of the province includes imports; Take-out quantity from native province includes exports.

6-4 电力平衡表

Electricity Balance Sheet

单位：亿千瓦小时 (100 million kmh)

项目 Item	2000	2003	2005	2010	2011
可供消费的能源总量 Total Energy Available for Consumption	**403.02**	**585.35**	**756.59**	**1315.08**	**1515.86**
生产量 Output	405.21	610.45	778.25	1356.32	1578.99
火力发电 Thermal Power	208.45	421.46	486.88	890.61	1271.84
水力发电、核发电、其它发电 Hydropower ,Nuclear Power and Others	196.76	188.99	291.37	465.71	307.15
本省(区、市)调出量 Take-out Quantity from Native Province	2.20	31.75	26.64	42.95	63.38
外省(区、市)调入量 Take-in Quantity from Outside of the Province		6.77	4.98	1.71	0.25
能源消费总量 Total Energy Consumption	**403.02**	**585.35**	**756.59**	**1315.08**	**1515.86**
在总量中: Consumption by Sector					
1.农、林、牧、渔业 1.Agriculture,Forestry,Animal Husbandry, and Fishery	15.91	12.13	8.78	13.35	17.44
2.工业 2.Industry	273.77	407.64	537.90	892.81	1032.85
3.建筑业 3.Construction	6.06	7.05	6.59	20.73	25.92
4.交通运输.仓储和邮政业 4.Transport, Storage and Post	8.78	11.98	11.44	17.43	19.83
5.批发、零售业和住宿、餐饮业 5.Wholesale and Retail Trades, Hotels and Catering Services	11.83	19.64	23.20	48.29	58.33
6.其他 6.Others	21.46	28.80	46.71	83.59	95.40
7.生活消费 7.Household Consumption	65.21	98.11	121.97	238.88	266.09
在总量中: Consumption by Use					
1.终端消费 1.End-use Consumption	372.67	540.07	699.43	1233.09	1422.12
#工业 Industry	243.42	362.36	480.74	810.82	939.21
2.输配电损失量 2.Losses in Transmission	30.35	45.28	57.16	81.99	93.64
平衡差额 Balance	**-0.01**	**0.12**	**-0.35**		

6-5 能源消费弹性系数(1990-2011年)

Elasticity Ratio of Energy(1990-2011)

年份 Year	能源消费比上年增长(%) Growth Rate of Energy Consumption over Preceding Year (%)	电力消费比上年增长(%) Growth Rate of Electricity Consumption over Preceding Year (%)	能源消费弹性系数 Elasticity Ratio of Energy Consumption	电力消费弹性系数 Elasticity Ratio of Electricity Consumption
1990	3.87	5.48	0.52	0.73
1991	4.96	11.03	0.35	0.78
1992	6.11	16.32	0.30	0.80
1993	13.79	10.63	0.61	0.47
1994	5.71	17.24	0.28	0.85
1995	16.71	14.13	1.14	0.97
1996	7.56	9.03	0.67	0.80
1997	1.91	8.88	0.14	0.63
1998	3.18	3.78	0.29	0.35
1999	7.49	10.36	0.76	1.05
2000	6.17	13.44	0.66	1.45
2001	7.49	9.17	0.86	1.05
2002	14.30	21.74	1.40	2.13
2003	12.37	17.73	1.08	1.54
2004	11.45	5.35	0.97	0.45
2005	13.00	13.88	1.12	1.20
2006	11.17	14.57	0.75	0.98
2007	11.12	15.40	0.73	1.02
2008	8.79	7.32	0.68	0.56
2009	8.03	5.72	0.65	0.47
2010	10.00	15.87	0.72	1.14
2011	8.61	15.27	0.70	1.24

6-6 规模以上工业企业能源购进、消费及库存(2011年)

Purchases, Consumption and Inventory of Energy in Industrial Enterprises above Designated Size(2011)

项目 Item	购进量 Purchases	消费量 Consumption	工业生产消费 Industry Consumption	非工业生产消费 Non-Industry Consumption	年末库存 Inventory at the Year-end
原煤(吨) Coal(tons)	73688609	71496735	71389211	107524	6276169
洗精煤(吨) Concentratc Coal Washing(tons)	2058409	1981241	1981241		166484
其他洗煤(吨) Other Coal Washing(tons)	7074	7069	7069		26
型煤(吨) Section Coal(tons)					
焦炭(吨) Coke(tons)	4266811	5030413	5030406	7	135613
其他焦化产品(吨) Other Coke Ratio Products(tons)	15130	15267	15267		445
焦炉煤气(万立方米) Coking Gas(10000 cu.m)	16632	51682	51682		
高炉煤气(万立方米) Furnace Gas(10000 cu.m)	47946	673434	673434		
其他煤气(万立方米) Other Gas(10000 cu.m)					
天然气(万立方米) Natural Gas(10000 cu.m)	316305	315609	303479	12130	49
液化天然气(吨) Liquefied Natural Gas(tons)	2742554	28159	28150	8	252353
原油(吨) Crude Oil(tons)	9584517	9630014	9630006	9	428003
汽油(吨) Gasoline(tons)	134379	134525	98497	36028	721
煤油(吨) Kerosene(tons)	8869	8917	8772	144	745
柴油(吨) Diesel Oil(tons)	472472	474692	435323	39369	11307
燃料油(吨) Fuel Oil(tons)	387893	656609	654984	1625	78640
液化石油气(吨) Liquefied Petroleum Gas(tons)	81690	125302	114072	11230	663
炼厂干气(吨) Dry Gas from Refinery(tons)	60	1159538	1159523	15	
其他石油制品(吨) Other(tons)	141490	245491	245356	135	4050
热力(百万千焦) Heat(million kilo joule)	14481657	39362534	39343114	19420	
电力(万千瓦小时) Electricity(10000 kmh)	8819566	9784169	9692480	91688	
其他燃料(吨标准煤) Other(ton of SCE)	529727	872224	871701	523	4461

注：本表“规模以上”指“年主营业务收入2000万元及以上工业法人企业”。

Note:Industrial enterprises above designated size are those with annual revenue from principal business over 20 million yuan.

6-7 按行业分规模以上工业企业主要能源产品消费量(2011年)

Consumption of Major Energy in Industrial Enterprises above Designated Size by Industrial sector(2011)

单位：吨 (ton)

行业 Sector	原煤 Coal	焦炭 Coke	汽油 Gasoline	煤油 Kerosene	柴油 Diesel Oil	燃料油 Fuel Oil	电力(万千瓦小时) Electricity (10000 kwh)
合　计 Total	**71496735**	**5030413**	**134525**	**8917**	**474692**	**656609**	**9784169**
煤炭开采和洗选业 Coal Mining and Dressing	769713		1048		2611		56674
石油和天然气开采业 Petroleum and Natural Gas Mining							
黑色金属矿采选业 Ferrous Metals Mining and Dressing	31811	32682	965	35	27950	180	77396
有色金属矿采选业 Nonferrous Metals Mining and Dressing			254	294	19793		48474
非金属矿采选业 Nonmetal Minerals Mining and Dressing	113117		1335		14169	900	31724
其他采矿业 Others Mining and Quarrying							
农副食品加工业 Agricultural and Sideline Products Processing	440628	1775	4748	152	15911	14306	181754
食品制造业 Food Manufacturing	531776	272	2218	20	7793	9343	126926
饮料制造业 Beverage Manufacturing	243172	1031	2557		3151	8662	76152
烟草制品业 Tobacco Processing	28703		307		2270	4761	14376
纺织业 Textile Industry	1200393		7034	16	14107	13899	727936
纺织服装、鞋、帽制造业 Textile Garments , Shoes and Caps Products	86810	473	6375	2356	8201	665	126497
皮革、毛皮、羽毛(绒)及其制品业 Leather , Furs , Down and Relate Products	74158		9009		13453	4655	232339
木材加工及木、竹、藤、棕、草制品业 Timber Processing , Bamboo , Cane , Palm Fiber and Straw Products	151349		1286		3918		169674
家具制造业 Furniture Manufacturing	5196		1357	18	4205	310	43164
造纸及纸制品业 Papermaking and Paper Products	1420715		3999	1	13473	5886	392311
印刷业和记录媒介的复制 Printing and Record Medium Reproduction	4156		1953	11	1996	5	20457
文教体育用品制造业 Cultural , Educational and Sports Goods	5417	420	1169	25	3173	412	30184
石油加工、炼焦及核燃料加工业 Petroleum Processing , Coking and Nuclear Fuel Processing	14090		410		2942	268028	169001
化学原料及化学制品制造业 Raw Chemical Materials and Chemical Products	4529544	37285	11577	3037	12777	5906	688616

6-7 续表

Continued

单位：吨 (ton)

行业 Sector	原煤 Coal	焦炭 Coke	汽油 Gasoline	煤油 Kerosene	柴油 Diesel Oil	燃料油 Fuel Oil	电力(万千瓦小时) Electricity (10000 kwh)
医药制造业 Medical and Pharmaceutical Products	264899		537	1	1385	2611	56359
化学纤维制造业 Chemical Fiber	224981		631	163	1397	398	273049
橡胶制品业 Rubber Products	148543		3605	4	3695	761	126968
塑料制品业 Plastic Products	373650		6670	274	14907	6851	296659
非金属矿物制品业 Nonmetal Minerals Products	11472293	2032	19622	80	160967	250231	1326043
黑色金属冶炼及压延加工业 Smelting and Pressing of Ferrous Metals	2131137	4918873	1115		7520	19476	1213053
有色金属冶炼及压延加工业 Smelting and Pressing of Nonferrous Metals	220919	3260	1930	546	13868	17489	524061
金属制品业 Metal Products	13701	730	3058	250	7617	4808	111091
通用设备制造业 General Equipment	115384	26672	4779	697	14843	1860	283584
专用设备制造业 Special Purpose Equipment	14162	377	3872	118	12134	141	76358
交通运输设备制造业 Transport Equipment	6592	2050	6310	727	29045	4617	203415
电气机械及器材制造业 Electric Equipment and Machinery	46836	2481	6715	28	8086	872	145609
通信设备、计算机及其他电子设备制造业 Telecommunications , Computer , and other Electronic Equipment	2221		5073	8	2804	2763	234737
仪器仪表及文化、办公用机械制造业 Instruments , Meters , Cultural and Clerical Machinery	207		1184	9	632		44382
工艺品及其他制造业 Handicraft Article and Other Manufacturing	22403		3402	45	6894	1473	89908
废弃资源和废旧材料回收加工业 Waste Resources and Materials Recovering	14815		19		1163	300	12215
电力、热力的生产和供应业 Production and Supply of Electric Power and Hot Power	46762075		7676	2	15723	4040	1495792
燃气生产和供应业 Production and Supply of Gas	11172		135		10		6823
水的生产和供应业 Production and Supply of Water			594		108		50409

6-8 按行业分规模以上工业综合能耗(2011年)

Consumption of Energy in Industrial Enterprises above Designated Size by Sector(2011)

单位：吨标准煤 (ton of SCE)

项目	Item	综合能耗 Consumption of Energy	比上年增长(%) Ratio(%)
合计	**Total**	**63652122**	**16.1**
按轻重分	**Grouped by Light &Heavy Industry**		
轻工业	Light Industry	8081226	7.0
重工业	Heavy Industry	55570896	17.6
采矿业	**Mining and Quarrying**	**490297**	**13.7**
煤炭开采和洗选业	Coal Mining and Dressing	76867	18.1
石油和天然气开采业	Petroleum and Natural Gas Mining		
黑色金属矿采选业	Ferrous Metals Mining and Dressing	185204	21.1
有色金属矿采选业	Nonferrous Metals Mining and Dressing	89125	7.5
非金属矿采选业	Nonmetal Minerals Mining and Dressing	139100	6.7
其他采矿业	Others Mining and Quarrying		
制造业	**Manufacturing**	**41786981**	**10.9**
农副食品加工业	Agricultural and Sideline Products Processing	610744	9.4
食品制造业	Food Manufacturing	629555	5.2
饮料制造业	Beverage Manufacturing	312034	1.5
烟草制品业	Tobacco Processing	51590	20.7
纺织业	Textile Industry	1924976	3.8
纺织服装、鞋、帽制造业	Textile Garments , Shoes and Caps Products	238682	8.0
皮革、毛皮、羽毛(绒)及其制品业	Leather , Furs , Down and Relate Products	393601	4.9
木材加工及木、竹、藤、棕、草制品业	Timber Processing,Bamboo,Cane,Palm Fiber and Straw Products	763735	10.3
家具制造业	Furniture Manufacturing	77617	4.9
造纸及纸制品业	Papermaking and Paper Products	1570498	7.1
印刷业和记录媒介的复制	Printing and Record Medium Reproduction	38100	-17.0
文教体育用品制造业	Cultural , Educational and Sports Goods	59024	-3.4
石油加工、炼焦及核燃料加工业	Petroleum Processing , Coking and Nuclear Fuel Processing	6463652	-2.0
化学原料及化学制品制造业	Raw Chemical Materials and Chemical Products	4300528	7.7
医药制造业	Medical and Pharmaceutical Products	286300	-5.1
化学纤维制造业	Chemical Fiber	513284	16.9
橡胶制品业	Rubber Products	369571	3.3
塑料制品业	Plastic Products	690384	28.6
非金属矿物制品业	Nonmetal Minerals Products	11450770	24.9
黑色金属冶炼及压延加工业	Smelting and Pressing of Ferrous Metals	8151329	6.3
有色金属冶炼及压延加工业	Smelting and Pressing of Nonferrous Metals	922821	58.5
金属制品业	Metal Products	194954	15.0
通用设备制造业	General Equipment	496561	11.5
专用设备制造业	Special Purpose Equipment	132038	8.8
交通运输设备制造业	Transport Equipment	340555	7.4
电气机械及器材制造业	Electric Equipment and Machinery	240438	9.4
通信设备、计算机及其他电子设备制造业	Telecommunications , Computer , and Other Electronic Equipment	306041	20.5
仪器仪表及文化、办公用机械制造业	Instruments , Meters , Cultural and Clerical Machinery	56656	9.2
工艺品及其他制造业	Handicraft Article and Other Manufacturing	172803	10.9
废弃资源和废旧材料回收加工业	Waste Resources and Materials Recovering	28140	17.6
电力、燃气及水的生产和供应业	**Production and Supply of Electric Power ,Hot Power and Water**	**21374844**	**28.2**
电力、热力的生产和供应业	Production and Supply of Electric Power and Hot Power	21288411	28.3
燃气生产和供应业	Production and Supply of Gas	23833	-1.1
水的生产和供应业	Production and Supply of Water	62601	0.6

注：1.规模以上工业电力折算标准煤的系数用当量系数1.229。2.本表“比上年增长”以当量值计算。

Note:a)The coefficient for conversion of electric power into SCE is 1.229.b)The ratio of energy is calculated on the basis of the data on average consumption in the same year.

6-9 能源加工转换效率(1985-2011年)

Efficiency of Energy Conversion(1985-2011)

单位：% (%)

年份 Year	总效率 Total Efficiency	发电及电站供热 Power Generation and Heating by Power Station	炼焦 Coking	炼油 Petroleum Refining
1985	36.87	25.50	86.40	
1986	34.20	25.98	87.01	
1987	33.32	26.60	88.94	
1988	33.91	27.43	88.19	
1989	35.93	30.50	88.43	
1990	36.74	31.43	87.00	
1991	37.37	31.84	88.25	
1992	38.78	32.01	87.08	
1993	58.38	32.26	87.35	98.00
1994	57.74	32.26	87.70	97.97
1995	61.94	32.43	90.61	94.96
1996	60.54	32.51	91.10	95.41
1997	66.72	33.95	89.31	96.92
1998	59.35	33.95	97.36	96.95
1999	62.08	34.62	95.28	97.69
2000	63.63	36.04	98.01	95.38
2001	62.55	35.94	97.13	93.47
2002	57.24	36.25	97.95	94.74
2003	54.42	37.02	97.90	92.91
2004	54.81	39.65	95.39	96.44
2005	55.00	39.77	97.88	96.61
2006	55.23	39.84	98.32	99.46
2007	53.14	40.52	94.74	99.45
2008	52.21	41.16	96.84	99.15
2009	58.63	42.48	93.88	97.97
2010	63.50	42.72	92.08	96.06
2011	57.39	42.48	94.62	94.12

6-10 平均每天能源消费量
Average Daily Energy Consumption by Type of Energy

年份 Year	合计(万吨标准煤) Total(10000 tons of SCE)	煤炭(万吨) Coal(10000 tons)	焦炭(万吨) Coke(10000 tons)	原油(万吨) Crude Oil(10000 tons)	燃料油(万吨) Fuel Oil(10000 tons)	汽油(万吨) Gasoline (10000 tons)	煤油(万吨) Kerosene (10000 tons)	柴油(万吨) Diesel Oil(10000 tons)	液化石油气(万吨) Liquefied Gas (10000 tons)	电力(亿千瓦小时) Electricity (100 million kwh)
1990	4.00	3.57	0.15		0.04	0.11	0.01	0.17		0.37
1995	6.25	4.59	0.22	0.62	0.09	0.19	0.01	0.43	0.05	0.72
2000	8.06	5.92	0.27	0.98	0.15	0.29	0.02	0.58	0.11	1.10
2003	11.13	8.96	0.36	0.99	0.26	0.38	0.07	0.73	0.22	1.60
2004	12.40	10.43	0.56	1.07	0.22	0.53	0.07	0.89	0.24	1.77
2005	16.83	12.92	0.77	0.95	0.44	0.55	0.09	1.01	0.27	2.07
2006	18.71	14.64	0.82	1.03	0.48	0.57	0.10	1.07	0.26	2.37
2007	20.79	16.76	0.98	0.97	0.34	0.72	0.13	1.30	0.29	2.74
2008	22.61	18.07	1.01	0.85	0.39	0.69	0.14	1.19	0.28	2.94
2009	24.42	19.48	1.79	1.93	0.45	0.72	0.14	1.13	0.25	3.11
2010	26.87	19.25	1.88	3.13	0.50	0.91	0.15	1.40	0.23	3.60
2011	29.19	23.87	2.00	2.64	0.52	1.02	0.18	1.46	0.23	4.15

6-11 生活能源消费量
Average Annual Energy Consumption for Households

年份 Year	合计(万吨标准煤) Total(10000 tons of SCE)	煤炭(万吨) Coal(10000 tons)	汽油(万吨) Gasoline(10000 tons)	天然气(万立方米) Natural Gas(10000 tons)	柴油(万吨) Kerosene(10000 tons)	液化石油气(万吨) Liquefied Gas (10000 tons)	电力(亿千瓦小时) Electricity (100 million kwh)
1990	219.38	196.00				1.57	18.48
1995	290.95	181.17				14.22	34.68
2000	387.52	155.00				30.96	65.21
2003	504.29	138.70	6.72			53.8	98.11
2004	558.71	135.98	12.63			58.17	110.12
2005	708.27	255.91	13.65		3.58	53.68	121.97
2006	748.79	235.00	14.21		4.91	53.8	141.12
2007	768.31	134.50	18.07		6.58	61.37	163.08
2008	870.61	130.78	29.13	0.56	6.12	64.14	188.78
2009	937.50	127.79	47.13	1.05	6.41	50.94	209.65
2010	1042.20	98.90	57.52	4.89	7.93	42.54	238.88
2011	1142.13	94.20	70.60	5.29	9.00	42.08	266.09

6-12 年人均生活能源消费量(1990-2011年)

Annual per Capita Energy Consumption of Households(1990-2011)

年份 Year	合计（千克标准煤） Total (kg of SCE)	煤炭(千克) Coal(kg)	电力(千瓦小时) Electricity(Kwh)	煤油(千克) Kerosene(kg)	汽油(千克) Gasoline(kg)	液化石油气(千克) Liquefied Petroleum Gas(kg)	天然气(立方米) Natural Gas(cu.m)
1990	72.87	65.11	61.39	1.00		0.52	
1991	74.70	62.86	71.09	0.78		0.59	
1992	84.79	63.92	95.69	0.67		0.66	
1993	59.66	57.95	102.23	0.55		2.86	
1994	63.32	57.79	106.77	0.45		4.19	
1995	90.78	56.53	108.21	0.85		4.44	
1996	101.97	50.40	130.02	1.70		8.35	
1997	106.12	50.44	150.42	1.23		7.46	
1998	114.26	48.97	171.74	1.91		8.86	
1999	120.30	48.37	191.56	2.03		8.88	
2000	115.23	46.09	193.90	2.04		9.21	
2001	127.20	44.93	209.69	2.08		9.62	
2002	136.03	42.32	244.41	1.10	1.19	13.49	
2003	144.82	39.83	281.75	1.01	1.93	15.45	
2004	159.19	38.74	313.75	0.56	3.60	16.57	
2005	200.21	72.34	344.78	0.58	3.86	15.17	
2006	210.01	65.91	395.79		3.99	15.09	
2007	213.79	37.43	453.78		5.58	17.08	
2008	240.35	36.11	521.17		8.04	17.71	1.55
2009	256.52	34.97	573.64		12.90	13.94	2.87
2010	282.98	26.85	648.60		15.62	11.55	13.28
2011	308.13	25.41	717.88		19.05	11.35	14.27

6-13 各设区市万元地区生产总值能耗指标

Indicators of Energy Consumption Per 10000 yuan of GDP by City

单位：吨标准煤/万元　　(ton of SCE/10000 yuan)

地区	Area	2005	2007		2010		2011	
		数值 Value	数值 Value	比上年上升或下降(±%) Ratio(%)	数值 Value	比上年上升或下降(±%) Ratio(%)	数值 Value	比上年上升或下降(±%) Ratio(%)
全　省	**Total**	**0.937**	**0.875**	**-3.51**	**0.783**	**-3.42**	**0.644**	**-3.29**
福州市	Fuzhou	0.735	0.710	-1.60	0.637	-2.78	0.544	-3.56
厦门市	Xiamen	0.648	0.616	-2.72	0.569	-1.76	0.507	-3.11
莆田市	Putian	0.760	0.718	-3.50	0.644	-2.14	0.538	-3.63
三明市	Sanming	2.181	2.014	-4.23	1.751	-3.65	1.287	-4.01
泉州市	Quanzhou	0.898	0.843	-3.48	0.776	-2.40	0.674	-4.58
漳州市	Zhangzhou	0.728	0.694	-2.70	0.639	-2.21	0.519	-2.82
南平市	Nanping	1.445	1.339	-4.15	1.184	-3.62	0.995	-4.14
龙岩市	Longyan	1.487	1.412	-1.66	1.184	-3.19	0.853	-3.31
宁德市	Ningde	0.548	0.546	-0.12	0.531	-0.48	0.466	

注：2005-2010年地区生产总值采用2005价，2011年地区生产总值采用2010价。

Note:a)Data of 2005-2010 are calculated at 2005 prices.b)Data of 2011 are calculated at 2010 prices.

6-14 各设区市万元地区生产总值电耗升降情况

Indicators of Electricity Consumption per 10000 yuan of GDP by City

单位：% (%)

地区	Area	2006	2007	2008	2009	2010	2011
全　省	**Total**	**-0.17**	**0.56**	**-4.98**	**-5.87**	**1.73**	**2.73**
福州市	Fuzhou	2.72	4.20	-4.65	-4.03	0.09	0.32
厦门市	Xiamen	-1.74	2.38	-5.19	-5.16	1.32	-2.14
莆田市	Putian	0.18	5.03	-6.94	-2.64	5.69	-0.52
三明市	Sanming	-1.39	-2.33	-6.51	-15.58		0.76
泉州市	Quanzhou	-0.14	-0.15	-5.93	-1.10	0.86	-2.60
漳州市	Zhangzhou	1.10	2.14	-1.00	-5.45	-1.83	2.47
南平市	Nanping	-1.01	1.45	-8.71	12.57	7.56	11.21
龙岩市	Longyan	-2.26	7.61	-0.27	-18.40	3.43	3.00
宁德市	Ningde	12.76	12.91	-3.28	-6.85	7.11	17.86

6-15 各设区市规模以上工业万元增加值能耗升降情况

Indicators of Energy Consumption per 10000 yuan of Value-added of Industrial Enterprises above Designated Size by City

单位：%

地区	Area	2006	2007	2008	2009	2010	2011
全　省	**Total**	**-5.30**	**-3.83**	**-10.05**	**-2.70**	**-6.08**	**-1.13**
福州市	Fuzhou	-2.31	14.56	-4.78	0.89	-11.97	9.50
厦门市	Xiamen	-5.60	-2.18	-10.71	-3.43	-6.42	-6.11
莆田市	Putian	-24.36	-20.05	-22.72	4.83	-6.19	-3.16
三明市	Sanming	-11.47	-7.89	-14.73	-18.69	-12.81	-6.84
泉州市	Quanzhou	-5.39	-7.15	-11.44	7.15	13.49	-11.06
漳州市	Zhangzhou	-12.40	-15.11	-13.82	-5.61	-7.65	1.53
南平市	Nanping	-11.88	-8.19	-15.14	-13.43	-5.83	-8.52
龙岩市	Longyan	-5.81	-0.32	-18.57	-16.97	-4.36	-3.72
宁德市	Ningde	85.50	55.52	-13.01	14.81	-7.19	10.47

注：本表以当量值计算。

Note:The data of the table is Equivalent Value calculation.

主要统计指标解释

能源生产总量　指一定时期内一次能源生产量的总和。一次能源生产量指本地区原煤、原油、天然气、水电、风电、核电和其他非燃料能源发电（地热电、太阳能电）的生产量。

能源消费总量　指一定地域（行政或地理区域）内，国民经济各行业和居民家庭在一定时期消费的各种能源的总和。能源消费总量在消费环节上包括终端能源消费量、能源加工转换损失量、能源运输和管理过程的损失量；在能源类别上包括全部化石能源，以及作为能源使用、作为商品流通并使用的可再生能源和新能源。

(1)终端能源消费量：指一定时期内生产和生活消费的各种能源在扣除了用于加工转换二次能源消费量和损失量以后的数量。

(2)能源加工转换损失量：指一定时期内投入加工转换的各种能源数量之和与产出各种能源产品之和的差额，是观察能源在加工转换过程中损失量变化的指标。

(3)能源损失量：指一定时期内能源在输送、分配、储存过程中发生的损失和由客观原因造成的各种损失量，不包括各种气体能源放空、放散量。

能源生产弹性系数　指研究能源生产增长速度与国民经济增长速度之间关系的指标。计算公式为：

能源生产弹性系数＝能源生产总量年增长速度／国民经济年增长速度

国民经济年增长速度，可根据不同的目的或需要，用国民生产总值、国内生产总值等指标来计算，本年鉴是采用国内生产总值指标计算的。

电力生产弹性系数　指研究电力生产增长速度与国民经济增长速度之间关系的指标。一般来说，电力的发展应当快于国民经济的发展，也就是说电力应超前发展。计算公式为：

电力生产弹性系数＝电力生产量年增长速度／国民经济年增长速度

能源消费弹性系数　指反映能源消费增长速度与国民经济增长速度之间比例关系的指标。计算公式为：

能源消费弹性系数＝能源消费量年增长速度／国民经济年增长速度

电力消费弹性系数　指反映电力消费增长速度与国民经济增长速度之间比例关系的指标。计算公式为：

电力消费弹性系数＝电力消费量年增长速度／国民经济年增长速度

能源加工转换效率　指一定时期内能源经过加工、转换后，产出的各种能源产品的数量与同期内投入加工转换的各种能源数量的比率。它是观察能源加工转换装置和生产工艺先进与落后、管理水平高低等的重要指标。计算公式为：

能源加工转换效率＝(能源加工、转换产出量／能源加工、转换投入量)×100%

单位地区生产总值能耗　指一定时期内，一个国家或地区每生产一个单位的地区生产总值所消耗的能源。计算公式为：

单位地区生产总值能耗=能源消费总量/地区生产总值

单位工业增加值能耗　指一定时期内，一个国家或地区每生产一个单位的工业增加值所消耗的能源。计算公式为：

单位工业增加值能耗=工业能源消费量/工业增加值

单位地区生产总值电耗　指一定时期内，一个国家或地区每生产一个单位的地区生产总值所消耗的电力。计算公式为：

单位地区生产总值电耗=全社会用电量/地区生产总值

Explanatory Notes on Main Statistical Indicators

Total Energy Production refers to the total production of primary energy by all energy producing enterprises in the region in a given period of time. It is a comprehensive indicator to show the capacity, scale, composition and development of energy production of the region. The production of primary energy includes that of coal, crude oil, natural gas, hydropower and electricity generated by nuclear energy and other means such as wind power and geothermal power. However, it excludes the production of fuels of low calorific value, bio-energy, solar energy and the secondary energy converted from the primary energy.

Total Domestic Energy Consumption refers to the total consumption of energy of various kinds by material production sectors, non material production sectors and households in the region in a given period of time. It is a comprehensive indicator to show the scale, composition and development of energy consumption. The total energy consumption includes that of coal, crude oil and their products, natural gas and electricity. However it excludes the consumption of fuel of low calorific value, bio-energy and solar energy. Total domestic energy consumption can be divided into three parts:

(1) Final Energy Consumption: It refers to the total energy consumption by material production sectors, non material production sectors and households in the region (region) in a given period of time, but excludes the consumption in conversion of the primary energy into the secondary energy and the loss in the process of energy conversion.

(2) Loss During the Process of Energy Conversion: It refers to the total input of various kinds of energy for conversion, minus the total output of various kinds of energy in the region in a given period of time. It is an indicator to show the loss that occurs during the process of energy conversion.

(3) Energy Loss: It refers to the total of the loss of energy during the course of energy transport, distribution and storage and the loss caused by any objective reason in a given period of time. The loss of various kinds of gas due to gas discharges and stocktaking is excluded.

Elasticity Ratio of Energy Production is an indicator to show the relationship between the growth rate of energy production and the growth rate of the national economy. The formula is:

Elasticity Ratio of Energy Production= Annual Growth Rate of Energy Production/ Annual Growth Rate of National Economy

The annual growthrate of the national economy can be shown by the gross national product, gross domestic product and other indicators, depending upon the purposes or needs. The gross domestic product is used in calculation of the ratio in this chapter.

Elasticity Ratio of Electricity Production is an indicator to show the relationship between the growth rate of electricity production and the growth rate of the national economy. Generally speaking, the growth rate of electricity production should be higher than that of the national economy.The formula is:

Elasticity Ratio of Electricity Production= Annual Growth Rate of Electricity Production/ Annual Growth Rate of National Economy

Elasticity Ratio of Energy Consumption is an indicator to show the relationship between the growth rate of energy consumption and the growth rate of the national economy. The formula is:

Elasticity Ratio of Energy Consumption= Annual Growth Rate of Energy Consumption/ Annual Growth Rate of National Economy

Elasticity Ratio of Electricity Consumption is an indicator to show the relationship between the growth rate of electricity consumption and the growth rate of the national economy. The formula is:

Elasticity Ratio of Electricity Consumption= Annual Growth Rate of Electricity/ Annual Growth Rate of National Economy

Efficiency of Energy Processing and Conversion refers to the ratio of the total output of energy products of various kinds after processing and conversion and the total input of energy of various kinds for processing and conversion in the same reference period. It is an important indicator to show the current conditions of energy processing and conversion equipment, production technique and management. The formula is:

Efficiency of Energy Processing & Conversion=(Output of Energy After Processing & Conversion/Input of Energy for Processing & Conversion)×100%

Energy Consumption per Unit of GDP refers to the energy consumption per unit of gross domestic production in a country or the gross region production in the same reference period. The formula is:

Energy Consumption per Unit of GDP=Total Energy Consumption/Gross Domestic Production

Electricity Consumption per Unit of Industrial Value-added refers to the energy consumption per unit of industrial value-added in a country or region in the same reference period. The formula is:

Energy Consumption per Unit of Industrial Value-added=Total Energy Consumption/Industrial Value-added

Electricity Consumption per Unit of GDP refers to the electricity consumption per unit of gross domestic production in a country or the gross region production in the same reference period. The formula is:

Electricity Consumption per Unit of GDP=Total Electricity Consumption/Gross Domestic Production

第七篇　人民生活

Chapter 7　People's Living Conditions

资料整理：林际品 胡自明 杨威

Database Editor:Linjipin Huziming Yangwei

简 要 说 明

本篇资料的主要内容及来源

本篇资料反映了全省城乡人民生活状况，分为城镇居民生活和农村居民生活两个部分，主要包括居民家庭基本情况，家庭收入、支出情况，主要商品购买数量及支出金额，居住状况和耐用消费品的拥有量等。

城镇居民家庭相关资料来源于城镇住户调查年报，由国家统计局福建调查总队城镇住户调查处整理提供。农民家庭相关资料来源于农村住户调查年报，由国家统计局福建调查总队农村住户调查处整理提供。

Brief Introduction

Main Content and Source of Data

Data in this chapter show the basic conditions of the people’s livelihood in Fujian Province , consisting of two parts on the life of urban and rural households respectively ,including mainly basic condition of people’s household , income and expenditure of the household, the quantity and the expenditure on major commodities purchased, the housing condition and the possession of the durable consumer goods, etc.

Data on the livelihood of urban resident are prepared and provided by the Division of Urban Household Survey of Survey Office of the National Bureau of Statistics in Fujian.Data on the livelihood of rural residents are prepared and provided by the Division of rural Household Survey of Survey Office of the National Bureau of Statistics in Fujian.

7-1 城乡居民家庭人均收入(1978-2011年)

Per Capita Annual Income of Urban and Rural Households(1978-2011)

年份 Year	城镇居民人均可支配收入 Annual Per Capita Disposable Income of Urban Households			农民人均纯收入（元） Annual Per CapitaNet Income of Rural Households(yuan)			城市居民人均住房建筑面积（平方米） Per Capita Floor Space of Urban (sq.m)	农村居民人均使用住房面积（平方米） Per Capita Floor Space of Rural (sq.m)	恩格尔系数（%） Engel's Coefficient(%)		基尼系数 Gini's Coefficient	
	数值 Vaule	比上年增长（%） Ratio（%） 名义 Ration	实际 Actual	数值 Vaule	比上年增长（%） Ratio（%） 名义 Ration	实际 Actual			城镇居民 Urban	农村居民 Rural	城镇居民 Urban	农村居民 Rural
1978	371			138								
1979				142	3.4	0.4						
1980	450			172	20.8	15.5	11.3					
1981	452	0.4	-3.4	232	34.9	32.4	11.7	8.30	62.1			
1982	520	15.0	11.6	268	15.8	11.7	12.1	7.67	60.7			
1983	573	10.2	8.0	302	12.6	11.6	13.2	10.44	63.4			
1984	582	1.6	-1.2	345	14.3	13.0	14.3	11.73	62.4			
1985	733	25.9	10.5	396	14.9	6.9	15.3	14.47	54.0	62.4	0.238	
1986	929	26.7	18.6	419	5.6	0.2	15.7	15.10	55.9	60.2	0.239	
1987	1021	9.9	-0.6	485	15.9	7.4	16.5	15.86	58.8	60.0	0.231	
1988	1236	21.1	-4.7	613	26.5	0.4	17.2	16.18	62.6	57.1	0.253	
1989	1555	25.8	5.9	697	13.7	-4.4	17.6	16.65	63.7	58.1	0.255	
1990	1749	12.5	12.4	764	9.6	11.2	18.1	18.47	63.5	60.0	0.299	0.238
1991	1953	11.7	6.8	850	11.2	8.6	19.5	19.14	60.5	59.0	0.201	0.242
1992	2351	20.4	11.5	984	15.8	11.2	20.9	19.64	58.3	58.9	0.253	0.265
1993	2923	24.3	6.4	1211	23.0	7.7	21.5	22.38	57.9	60.6	0.262	0.271
1994	3935	34.6	7.6	1578	30.3	3.9	24.1	24.62	58.7	62.4	0.253	0.273
1995	4853	23.3	6.0	2049	29.8	13.5	24.3	22.88	61.1	61.0	0.251	0.267
1996	5574	14.9	7.4	2492	21.7	15.4	24.5	23.37	59.9	60.1	0.259	0.254
1997	6144	10.2	7.5	2786	11.8	10.3	25.6	23.74	52.8	55.1	0.277	0.262
1998	6486	5.6	5.6	2946	5.8	6.3	26.8	24.87	51.8	54.4	0.287	0.269
1999	6860	5.8	7.2	3091	4.9	5.8	27.2	26.40	51.4	52.0	0.293	0.274
2000	7432	8.3	5.0	3230	4.5	3.2	28.0	32.14	44.7	48.7	0.307	0.295
2001	8313	11.9	13.8	3381	4.7	5.4	28.2	33.82	44.1	47.5	0.313	0.303
2002	9189	10.5	11.4	3539	4.7	4.9	28.4	35.68	43.4	45.9	0.326	0.312
2003	10000	8.8	8.1	3734	5.5	4.5	29.8	35.96	42.1	45.1	0.329	0.326
2004	11175	11.8	7.7	4089	9.5	5.0	31.1	38.18	41.6	46.7	0.331	0.355
2005	12321	10.3	8.2	4450	8.8	5.9	31.4	40.15	40.9	46.1	0.334	0.358
2006	13753	11.6	10.4	4835	8.6	8.3	32.1	42.35	39.3	45.2	0.336	0.360
2007	15505	15.7	10.1	5467	13.1	7.3	33.5	44.50	38.9	46.1	0.319	0.361
2008	17961	15.8	10.8	6196	13.3	8.3	37.5	46.13	40.6	46.4	0.357	0.363
2009	19577	9.0	10.9	6680	7.8	10.1	37.5	46.76	39.7	45.9	0.346	0.367
2010	21781	11.3	8.0	7427	11.2	7.5	38.5	47.54	39.3	46.1	0.350	0.365
2011	24907	14.4	8.7	8779	18.2	12.3	37.9	49.82	39.2	46.4	0.369	0.372

7-2 主要年份城镇居民家庭基本情况

Basic Conditions of Urban Households in Seletcted Years

年份 Year	平均每户家庭人口(人) Number of Average per Household lersons(person)	平均每户就业人数(人) Average Number of Employed Persons Per Household (person)	平均每户就业面(%) Percentage of Employment Per Household(%)	平均每一就业者负担人数(人) Number of Persons Supported By Each Employee(person)	平均每人全年可支配收入(元) Per Capita Annual Disposable Income(yuan)	平均每人消费性支出(元) Per Capita Living Ex- penditures for Consumption (yuan)	平均每人住房建筑面积(平方米) Per Capita Floor Space of Residential Buildings(sq.m)
1952					106	96	
1957					165	131	
1959	4.72	1.40	29.7	3.37	206	190	
1962	5.46	1.72	31.5	3.17	203	186	
1963	5.40	1.50	27.8	3.60	207	189	
1964	5.33	1.53	28.8	3.48	211	194	
1965	5.13	1.65	32.2	3.12	217	201	
1966	5.00	1.40	28.0	3.40	223	186	
1975	4.97	2.05	41.3	2.42	333	297	
1978	3.87	2.40	62.0	1.61	371	285	
1980	4.53	2.32	51.2	1.95	450	392	11.3
1981	4.51	2.40	53.2	1.88	452	405	11.7
1982	4.44	2.48	55.9	1.79	520	466	12.1
1983	4.36	2.41	55.3	1.80	573	504	13.2
1984	4.27	2.37	55.5	1.80	582	494	14.3
1985	4.06	2.25	55.4	1.81	733	675	15.3
1986	4.00	2.23	55.8	1.79	929	790	15.7
1987	3.97	2.25	56.6	1.77	1021	893	16.5
1988	3.77	2.10	55.7	1.79	1236	1077	17.2
1989	3.70	2.09	56.5	1.77	1555	1340	17.6
1990	3.64	2.09	57.4	1.74	1749	1431	18.1
1991	3.43	2.00	58.3	1.72	1953	1659	19.5
1992	3.39	2.03	59.9	1.67	2351	1942	20.9
1993	3.35	2.01	60.0	1.67	2923	2418	21.5
1994	3.29	1.92	58.4	1.71	3935	3351	24.1
1995	3.27	1.93	59.0	1.69	4853	4132	24.3
1996	3.25	1.94	59.7	1.68	5574	4568	24.5
1997	3.28	1.96	59.8	1.67	6144	4936	25.6
1998	3.23	1.90	58.8	1.70	6486	5181	26.8
1999	3.22	1.90	59.0	1.69	6860	5267	27.2
2000	3.23	1.80	55.7	1.79	7432	5639	28.0
2001	3.20	1.80	55.3	1.78	8313	6015	28.2
2002	3.13	1.73	55.3	1.81	9189	6632	28.4
2003	3.08	1.72	55.8	1.79	10000	7356	29.8
2004	3.05	1.58	51.8	1.93	11175	8161	31.1
2005	3.04	1.60	52.6	1.90	12321	8794	31.4
2006	3.04	1.64	53.9	1.86	13753	9808	32.1
2007	3.01	1.60	53.2	1.90	15505	11055	33.5
2008	3.14	1.69	53.8	1.86	17961	12501	37.5
2009	3.12	1.72	55.1	1.81	19577	13451	37.5
2010	3.08	1.71	55.5	1.80	21781	14750	38.5
2011	3.12	1.68	53.8	1.86	24907	16661	37.9

7-3 城镇居民人均现金收支情况

Per Capita Cash Income and Expenditure of Urban Households

单位：元 (yuan)

项目 Item	2000	2003	2005	2010	2011
一、期初手存现金 Cash on Hand at the beginning	**356**	**835**	**947**	**1056**	**584**
二、人均总收入 Total Income	**7486**	**10816**	**13408**	**24150**	**27378**
#可支配收入 Disposable Income	7432	10000	12321	21781	24907
(一)工薪收入 Wages and Salaries		7499	8792	15682	17439
工资及补贴收入 Wages and Subsidies		7244	8448	15243	17259
其他劳动收入 Other Income		255	344	440	179
(二)经营净收入 Net Income from Business	458	548	839	2136	2992
(三)财产性收入 Property Income	156	286	448	1421	1753
#利息收入 Interest	38	38	48	175	186
股息与红利收入 Dividend	45	68	89	164	192
出租房屋收入 Renting House		169	273	828	915
(四)转移性收入 Transfer Income	1393	2484	3329	4910	5195
#养老金或离退休金 Annuity and Pension	918	1593	2209	3380	3398
社会救济收入 Social Relief		9	6	14	28
辞退金 Pension for Resign Persons		127	210	7	42
赔偿收入 Compensation		2	8	19	4
保险收入 Insurance		73	54	25	19
赡养收入 Supporting	97	116	261	512	577

7-3 续表1

Continued

单位：元　　(yuan)

项目　Item	2000	2003	2005	2010	2011
捐赠收入 Donation	206	317	337	594	731
提取住房公积金 Accumulation Fund of Houses		60	35	95	105
三、出售财物收入 Income from Properties Sales	**5**	**7**	**124**	**275**	**227**
#出售住房收入 Houses Sales		3	122	251	220
四、借贷收入 Loan Income	**1682**	**3942**	**4728**	**12997**	**13534**
#提取储蓄存款 Withdrawing Saving Deposit	1103	3463	4236	12180	12767
收回储蓄性保险本金 Withdrawing Cropus of Saving Deposit	4	23	8	3	9
兑售有价证券 Securities Sales	37	28	50	46	22
住房贷款 Loans for Houses	127	134	150	298	268
汽车贷款 Loans for Cars			1	15	53
教育贷款 Loans for Education		4	2		
五、人均总支出 Total Expenditure	**7109**	**9879**	**11896**	**20189**	**22569**
(一)消费支出 Expenditure on Consumption	5639	7356	8794	14750	16661
#服务性消费支出 Expenditure on Services Consumption		1774	2303	3794	4294
(二)购房与建房支出 Expenditure on Houses Purchasing and Building	503	621	869	903	938
#购房 Purchasing House		606	859	890	886
(三)转移性支出 Expenditure for Transfer		1180	1286	2362	2611
#交纳的个人收入税 Personal Income Tax	7	48	82	218	172
捐赠支出 Donation	678	720	762	1392	1635

7-3 续表2
Continued

单位：元 (yuan)

项目 Item	2000	2003	2005	2010	2011
购买彩票 Buying Lottery		17	7	11	10
赡养支出 Supporting Expenditure	210	357	381	607	625
#在外就学子女费用 Expenditure on Children's Education out of Home		183	223	348	318
(四)财产性支出 Expenditure for Property		15	19	190	258
(五)社会保障支出 Expenditure for Welfare		707	928	1984	2101
#个人交纳的养老基金 Annuity of Personal Distribution		256	313	672	692
个人交纳的住房公积金 House Accumulation Fund of Persnal Distribution		323	437	951	1015
个人交纳的医疗基金 Medical Benefits Fund of Personal Distribution		100	146	314	329
个人交纳的失业基金 Unemployed Fund of Personal Distribution		23	27	40	47
六、借贷支出 Loan Expenditure	**1606**	**4772**	**5996**	**16850**	**17714**
#存入储蓄款 Saving Deposit	892	4103	5241	15349	16365
储蓄性保险支出 Saving Premium	157	122	132	183	217
购买有价证券 Purchase Securities	71	40	53	115	17
归还住房贷款 Paid-back the Bank for Buying Housing	95	237	265	463	529
归还汽车贷款 Paid-back the Bank for Buying Car		1	15	23	60
归还教育贷款 Paid-back the Bank for Education		...	...	1	1
七、期末手存现金 Cash on Hand at the End	**809**	**955**	**964**	**1450**	**1347**

7-4 城镇居民人均消费支出

Per Capita Consumption of Urban Households

单位：元 (yuan)

项目	Item	2000	2003	2005	2010	2011
消费支出（元/人）	**Total Consumption Expenditures**	**5639**	**7356**	**8794**	**14750**	**16661**
#服务性消费支出（元/人）	Expenditure on Services Consumption		1774	2303	3794	4294
一、食品	**Food**	**2518**	**3105**	**3595**	**5791**	**6535**
1.粮油类	Grain and Oil	367	387	464	707	787
#粮食	Grain	235	249	307	470	521
油脂类	Oil and Fats	93	83	89	120	144
2.肉禽蛋水产品类	Meat, Poulty, Eggs and Aquatic Products	1022	1316	1498	2265	2504
#肉类	Meat	300	484	588	854	1004
禽类	Poultry	138	178	206	299	345
蛋类	Eggs	59	72	81	112	126
水产品类	Aquatic Products	416	582	623	1000	1030
3.蔬菜类	Vegetables	251	272	335	544	534
#鲜菜	Fresh Vegetables	210	229	287	464	452
4.调味品	Flavoring	31	44	45	67	68
5.糖烟酒饮料类	Suger, Cigarette, Liquor and Tea	376	286	292	477	558
#烟草类	Cigarettes	128	132	129	176	214
酒类	Liquor	86	72	65	111	130
饮料	Drink	143	60	73	150	169
6.干鲜瓜果类	Dried and Fresh Melons & Fruits	183	207	229	412	468
7.糕点、奶及奶制品	Cakes,milk and Dairy Products	141	202	209	291	357
8.其他食品	Other Food	17	43	49	44	53
9.饮食服务	Catering Services		347	475	984	1205
#在外饮食	Dining Out	200	347	474	984	1204
二、衣着	**Clothing**	**492**	**576**	**709**	**1281**	**1495**
1.服装	Garments	365	445	550	991	1167
2.衣着材料	Clothing Materials	13	4	3	5	3
3.鞋类	Shoes	208	108	132	248	281
4.其他衣着用品	Other Clothing	14	15	20	33	38
5.衣着加工服务费	Tailoring and Laundering Service Fees	11	4	3	5	5
三、家庭设备用品及服务	**Household Facilities, Articles and Services**	**485**	**440**	**455**	**972**	**1180**
#耐用消费品	Durable Consumer Goods	262	228	204	427	494
#家具	Furniture	51	54	39	133	179
其他家庭设备	Other Household Facilities	141	173	165	94	99
家庭服务	Household Services	73	34	54	92	114
四、医疗保健	**Medicine and Medical Services**	**266**	**349**	**478**	**617**	**773**
五、交通和通讯	**Transport, Post and Communication Services**	**487**	**868**	**1049**	**2197**	**2470**
1.交通	Transport	156	294	384	1292	1531
#交通费	Transport Fees	73	112	154	234	293
2.通信	Communication	331	574	664	905	939
#通信服务	Conmunication Services Fees	283	494	568	791	797

7-4 续表

Continued

单位：元 (yuan)

项目	Item	2000	2003	2005	2010	2011
#电信费	Telecommunication Fees	278	489	562	786	791
六、教育文化娱乐服务	**Education, Recreation and Cultural Services**	**585**	**899**	**1107**	**1786**	**1879**
1.文化娱乐用品	Recreational Articles	203	289	319	451	517
#彩色电视机	Color Television Set	49	38	48	118	125
家用电脑	Personal Computers	68	124	99	117	126
书报杂志	Books, Newspapers and Magazines	28	44	41	38	42
2.文化娱乐服务	Recreation and Cultural Services	107	138	256	730	733
#参观游览	Tourism		16	19	44	41
团体旅游	Group Tourism		67	175	538	525
文娱用品修理服务费	Repair Services Fees of Recreation and Cultural Articles	6	11	7	8	8
3.教育	Education	325	472	531	605	629
教材	Teaching Material	29	37	36	38	35
教育费用	Education Fees	296	435	495	567	594
#非义务教育学杂费	Non-Compulsory Education Tuition Fee		202	190	195	157
义务教育学杂费	Compulsory Education Tuition Fee		75	54	8	13
托幼费	Child Care Cost	17	23	39	74	119
七、居住	**Residence**	**530**	**879**	**1072**	**1606**	**1662**
1.住房	Housing	165	290	386	612	618
#租赁房房租	Rent of Housing	27	36	55	66	175
2.水电燃料及其他	Water, Electricity, Fuels and Others	365	558	648	872	900
#水	Water	56	85	97	146	148
电	Electricity	181	299	340	549	567
燃料	Fuel	125	167	203	171	176
3.居住服务费	Residential Services	46	31	37	122	144
八、其他商品和服务	**Other Commodities and Services**	**276**	**241**	**329**	**499**	**667**
1.其他商品	Other Commodities	123	129	181	309	436
#金银珠宝饰品	Jewellery	19	15	29	100	150
理发美容用具	Haircut and Goods	41	2	2	4	7
化妆品	Cosmetics	39	48	60	111	152
2.服务	Services	73	111	148	191	231
#理发洗澡费	Haircut and bath	23	43	56	48	56
美容费	Cosmetic Fees	13	27	43	51	59

7-5 按人均可支配收入分组的城镇居民家庭基本情况(2011年)

Basic Conditions of Urban Households by Per Capita Disposable Income(2011)

项目 Item	最低收入 Lowest Income	低收入 Low Income	中等偏下收入 Lower Middle Income	中等收入 Middle Income	中等偏上收入 Upper Middle Income	高收入 High Income	最高收入 Highest Income
占调查总户数的比重(%) Proportion(%)	10	10	20	20	20	10	10
平均每户家庭人口数(人) Average Number of persons per Household(person)	3.42	3.48	3.27	3.16	2.93	2.85	2.67
平均每户就业人口数(人) Average Number of Employed Persons per Household (person)	1.45	1.60	1.72	1.70	1.74	1.71	1.72
平均每户就业面(%) Percentage of Employment per Household(%)	42.4	46.0	52.6	53.8	59.4	60.0	64.4
平均每一就业者负担人数(人) Number of Persons Supported by Each Employed (person)	2.36	2.18	1.90	1.86	1.68	1.67	1.55
家庭总收入（元） Total Revenue(yuan)	**9822**	**13701**	**18284**	**24320**	**33072**	**44201**	**73705**
可支配收入 Disposable Income	8798	12638	16549	22202	29820	39684	68237
#工薪收入 Wages Income	6140	8328	12087	15076	22550	29486	42567
经营净收入 Net Income from Household Business	1689	2021	2027	2517	3005	3580	9521
财产性收入 Property Income	147	225	548	1443	1603	3164	9269
转移性收入 Transfer Income	1846	3127	3622	5285	5914	7972	12348
#养老金或离退休金 Pensions	852	2182	2763	3725	3876	6056	5650
社会救济收入 Social Relief	143	22	23	7	1	16	27
赡养收入 Supporting	250	445	223	637	659	678	1742
捐赠收入 Donation	347	237	333	605	702	665	3592
提取住房公积金 Accumulation Fund of Houses				23	87	172	890

7-5 续表

Continued

项目 Item	最低收入 Lowest Income	低收入 Low Income	中等偏下收入 Lower Middle Income	中等收入 Middle Income	中等偏上收入 Upper Middle Income	高收入 High Income	最高收入 Highest Income
消费支出 Expenditure on Consumption	**7817**	**9814**	**12310**	**15568**	**19768**	**24011**	**38784**
食品 Food	4098	4696	5607	6442	7441	8151	11603
#粮油类 Grain and Oil	660	708	745	786	844	887	962
肉禽蛋水产品类 Meat, Poultry, Eggs and Aquatic Products	1802	2045	2313	2627	2818	2733	3387
蔬菜类 Vegetables	435	454	503	544	574	622	660
干鲜瓜果类 Dried and Fresh Melon & Fruits	253	322	403	467	555	643	773
衣着 Clothing	542	894	1203	1412	1794	2233	3244
家庭设备用品及服务 Household Facilities, Articles and Services	418	635	800	1182	1417	1769	2900
医疗保健 Medicine and Medical Services	373	405	570	716	1092	939	1654
交通和通讯 Transport Post and Communication Services	654	940	1343	2107	2936	4640	7898
教育文化娱乐服务 Education, Recreation and Cultural Services	632	980	1236	1695	2497	2926	4609
居住 Residence	884	1016	1163	1499	1821	2184	4580
住房 Housing	239	189	227	444	611	852	3093
水电燃料及其他 Water, Electricity, Fuels and Others	607	766	830	930	1004	1080	1176
居住服务费 Residential Services	38	60	106	125	207	252	310
其他商品和服务 Other Commodities and Services	217	248	388	517	771	1170	2296

7-6 城镇居民人均日常消费品购买量

Per Capita Purchases of Daily Consumer Goods of Urban Residents

单位：千克 (kg)

项目	Item	2000	2003	2005	2010	2011
猪肉	Pork	18.11	28.70	27.72	25.66	25.32
牛肉	Beef	1.57	2.06	2.38	2.49	2.71
羊肉	Mutton	0.46	0.62	0.84	0.83	0.72
鲜蛋	Fresh Eggs	9.46	10.85	10.29	9.40	9.11
鱼	Fish	15.77	17.13	17.33	17.68	16.57
虾	Shrimp	1.87	2.95	2.56	2.74	2.50
鲜菜	Fresh Vegetables	96.18	106.93	101.95	99.40	93.11
茶叶	Tea	0.77	0.52	0.36	0.33	0.35
鲜果	Fresh Fruits	33.66	40.17	38.97	39.12	37.86
鲜瓜	Fresh Melons	9.42	11.41	7.07	8.49	7.76
糕点	Cake	3.11	4.28	4.32	4.50	4.40
鲜乳品	Fresh Dairy Products	13.30	19.52	16.56	14.24	14.03
服装(件)	Clothing(piece)	7.45	7.78	7.86	9.77	10.23
鞋类(双)	Shoes(pair)	2.08	2.13	2.18	2.64	2.65
煤炭	Coal	45.45	44.40	21.24	5.85	3.66
液化石油气	Liquefied Petroleum	27.29	37.55	34.72	19.71	16.75
管道煤气(立方米)	Gas Dupplied through pipes(cu.m)		11.82	11.50	6.03	4.70

7-7 城镇居民家庭每百户耐用消费品拥有量(年底数)

Number of Major Durable Consumer Goods Owned Per 100 Urban Households (End of Year)

项目	Item	2000	2003	2005	2010	2011
摩托车(辆)	Motorcycle(set)	36.60	42.37	49.39	51.30	44.41
助力车(辆)	Electric Bicycle(set)		2.81	6.26	37.76	38.57
家用汽车(辆)	Automobile(unit)	0.40	0.73	1.70	10.97	17.83
洗衣机(台)	Washing Machine(set)	93.20	97.74	99.72	101.46	100.58
电冰箱(台)	Refrigerator(set)	87.80	96.23	98.43	105.49	105.31
彩色电视机(台)	Color TV Set(set)	128.07	147.35	164.49	180.19	171.26
家用电脑(台)	Personal Computer(set)	11.47	39.35	54.89	94.81	103.00
组合音响(套)	Hifi Stereo Component System (sets)	24.87	28.39	29.28	33.13	28.68
摄像机(架)	Pick up Camera(set)	1.47	1.58	3.96	8.92	8.14
照相机(架)	Camera(set)	33.20	43.47	47.42	46.45	50.65
钢琴(架)	Piano(set)	1.60	2.03	2.85	3.97	3.44
其他中高档乐器(件)	Other Medium and Grade Musical Instrument(unit)	5.20	7.28	5.86	5.43	4.32
微波炉(台)	Oven(unit)	27.53	56.88	70.27	79.65	79.62
空调机(台)	Air Conditioner(unit)	43.53	99.88	134.86	184.55	193.31
淋浴热水器(台)	Shower(unit)	82.60	94.90	101.02	110.48	110.50
消毒碗柜(台)	Dish-Sterilization Box(unit)		27.96	36.62	46.91	48.70
洗碗机(台)	Dish-Washer(unit)		0.99	0.63	0.83	0.93
健身器材(套)	Health Equipment(unit)	4.60	6.95	6.33	6.04	5.79
普通电话(部)	Telephone(unit)		105.37	106.02	93.46	81.00
移动电话(部)	Mobile Telephone(unit)	50.40	121.05	166.34	223.74	236.19

7-8 主要年份农民家庭基本情况

Basic Conditions of Rural Household in Seleted Years

年份 Year	平均每户常住人口(人) Average Number of Permanent Residents Per Household (person)	平均每户整半劳动力(人) Average Number of Able-bodied and Semi-able-bodied Laborers Per Household (person)	平均每个劳动力负担人口(人) Average Number of Persons Supported by a Laborer (person)	平均每人纯收入(元) Per Capita Net Income (yuan)	平均每人生活消费支出(元) Per Capita Living Expenditures (yuan)	平均每人生活消费品支出(元) Per Capita Expenditure for Consumption (yuan)	平均每人文化生活服务支出(元) Per Capita Expenditure for Cultural Service (yuan)	平均每人使用住房面积(平方米) Per Capita Use Living Space (sq.m)
1952			2.20	69.97	67.52			
1957			2.39	112.13	101.60			
1962			2.38	154.57	131.36			
1965			2.87	128.74	114.15			
1970			2.71	120.70	107.87			
1978	6.50	2.22	2.92	137.54	112.73	106.74	2.99	
1979	6.38	2.16	2.88	142.20	132.57	129.01	3.56	
1980	6.25	2.06	3.03	171.74	157.67	152.34	5.33	
1981	6.23	2.10	2.97	231.65	199.25	193.52	5.73	8.30
1982	6.27	2.27	2.76	268.16	231.14	224.41	6.73	7.67
1983	6.29	2.60	2.42	301.84	261.86	255.18	6.68	10.44
1984	6.19	2.66	2.32	344.94	287.87	279.03	8.84	11.73
1985	5.74	2.95	1.94	396.45	350.57	337.21	13.36	14.47
1986	5.69	2.99	1.90	418.51	394.10	378.89	15.21	15.10
1987	5.51	3.08	1.82	484.88	442.83	416.32	26.51	15.86
1988	5.56	3.09	1.80	613.41	570.73	535.42	35.31	16.18
1989	5.54	3.09	1.79	697.34	652.58	606.63	45.95	16.65
1990	5.50	3.03	1.81	764.41	707.97	646.85	61.12	18.47
1991	5.37	3.03	1.77	850.05	746.99	679.05	67.94	19.14
1992	5.31	3.05	1.74	984.11	820.74	739.22	81.52	19.64
1993	5.24	3.10	1.69	1210.51	1069.79	937.22	132.57	22.38
1994	5.17	3.13	1.65	1577.74	1439.53	1248.98	190.55	24.62
1995	4.91	3.02	1.62	2048.59	1793.68	1507.46	286.22	22.88
1996	4.87	2.98	1.63	2492.49	2033.54	1740.50	293.04	23.37
1997	4.77	2.96	1.61	2785.67	2119.56	1822.91	296.65	23.74
1998	4.70	3.00	1.57	2946.37	2192.35	1853.11	339.24	24.87
1999	4.62	2.95	1.56	3091.39	2252.09	1891.53	360.56	26.40
2000	4.24	2.70	1.57	3230.49	2409.69	1933.28	476.41	32.14
2001	4.17	2.68	1.56	3380.72	2503.07	2007.10	495.97	33.82
2002	4.07	2.57	1.58	3538.74	2583.16	2052.39	530.77	35.68
2003	4.08	2.83	1.44	3733.93	2717.92	2186.67	531.25	35.96
2004	4.02	2.71	1.48	4089.38	3015.22	2422.54	592.68	38.18
2005	4.05	2.77	1.47	4450.36	3292.63	2617.70	674.93	40.15
2006	4.03	2.77	1.45	4834.75	3591.40	2920.87	670.53	42.35
2007	4.00	2.77	1.44	5467.08	4053.47	2913.54	1139.93	44.50
2008	3.98	2.78	1.43	6196.07	4661.94	3417.98	1243.96	46.13
2009	3.98	2.78	1.43	6680.18	5015.72	3577.42	1438.30	46.76
2010	3.94	2.77	1.43	7426.86	5498.33	3887.73	1610.60	47.54
2011	3.84	2.73	1.40	8778.55	6540.85	4852.56	1688.29	49.82

7-9 按人均纯收入分组的农民家庭基本情况(2011年)

Basic Conditions of Peasant Households by per Captia Net Income(2011)

项目 Item	3000元以下 3000 Yuan and Below	3000-6000元 3000-6000 Yuan	6000-9000元 6000-9000 Yuan	9000-12000元 9000-12000 Yuan	12000-15000元 12000-15000 Yuan	15000元以上 15000 yuan and over
占调查总户数比重（%） Percentage of Households(%)	9.4	19.7	26.8	21.0	13.4	9.7
平均每户家庭人口数（人） Average Number of Persons Per Household(person)	**4.51**	**4.30**	**3.88**	**3.67**	**3.45**	**3.08**
平均每户整半劳动力（人） Average Number of Able-bodied and Semi-able-bodied Laborers Per Household(person)	2.85	2.89	2.71	2.73	2.65	2.45
平均每一劳动力负担人口（人） Average Number of Persons Supported by A Laborer(person)	1.58	1.49	1.43	1.35	1.30	1.25
平均每户生产性固定资产原值（元） Average Original Value of Productive Fixed Assets Per Household(yuan)	8873	9516	9581	11752	11836	19398
平均每人纯收入（元） Per Capita Net Income(yuan)	2439	4933	7387	10392	13360	22203
平均每人生活消费支出（元） Per Capita Living Expenditure(yuan)	**3784**	**4555**	**6025**	**7148**	**8886**	**12642**
食品 Food	2183	2393	2975	3290	4035	5106
衣着 Clothing	209	271	371	440	637	683
居住 Residence	398	515	843	1030	1161	2027
家庭设备、用品及服务 Household,Facilities,Articles and Services	156	241	327	391	561	684
交通和通讯 Transport and Communication	361	418	658	796	1030	1921
文教娱乐用品及服务 Cultural,Educational and Recreational Articles and Services	201	360	428	665	821	1141
医疗保健 Medicines and Health Care	187	236	264	354	381	682
其它商品和服务 Other Commodities and Services	88	121	159	183	259	398

7-10 按收入高低分五等分分组农民家庭情况(2011年)

Basic Conditions of Rural Households of Five Groups Divided Equally by Income Lever(2011)

项目 Item	总计 Total	低收入组 Low Income Households	中低收入组 Lower Middle Income Households	中等收入组 Middle Income Households	中高收入组 Upper Middle Income Households	高收入组 High Income Households
占调查总户数比重（%） Percentage of Households(%)	100	20	20	20	20	20
平均每户常住人口（人） **Average Number of Permanent Residents Per Household (person)**	**3.84**	**4.38**	**4.05**	**3.91**	**3.64**	**3.20**
平均每户整半劳动力（人） Average Number of Able-bodied and Semi-able-bodied Laborers Per Household(person)	2.73	2.82	2.81	2.78	2.70	2.54
平均每一劳动力负担人口（人） Average Number of Persons Supported by A Laborer(person)	1.40	1.55	1.44	1.41	1.35	1.26
平均每户生产性固定资产原值（元） Average Original Value of Productive Fixed Assets Per Household(yuan)	11209	7886	8624	9766	14562	17140
平均每人家庭纯收入（元） Per Capita Net Income(yuan)	8779	3310	5925	8078	10950	18273
平均每人生活消费支出（元） **Per Capita Living Expenditure(yuan)**	**6541**	**4328**	**5557**	**6275**	**7254**	**10384**
食品消费支出 Food Expenditure	3032	2230	2731	3068	3383	4270
衣着消费 Clothing Expenditure	395	209	310	398	457	640
居住消费 Residence Expenditure	1033	738	864	800	1040	1760
家庭设备、用品及服务 Household,Facilities,Articles and Services	357	218	297	330	392	617
交通和通讯 Transport and Communication	728	369	544	698	858	1207
文教娱乐用品及服务 Cultural,Educational and Recreational Articles and Services	507	228	369	521	614	1012
医疗保健 Medicines and Health Care	321	241	301	291	321	524
其他商品和服务消费 Other Commodities and Services	167	95	139	167	188	354

7-11 农民人均工资性收入

Per Capita Income from wages and salaries of Rural Households

单位：元 (yuan)

项目 Item	2000	2003	2005	2010	2011
工资性收入 Wages Income	**1069.01**	**1353.79**	**1650.65**	**3094.60**	**3889.54**
在非企业组织中劳动得到收入 Income From Non-enterprise Organizations	283.90	281.60	288.37	329.93	364.31
在本乡地域内劳动得到收入 Income From Local	**528.91**	**753.66**	**930.10**	**1825.62**	**2493.99**
在企业中劳动得到收入 Income From Enterprises		416.89	499.07	1014.25	1281.86
在国家投资基建项目得到收入 Income From the National Invetsment Projects		7.56	2.66	5.96	2.96
提供其他劳务收入 Income From other Servises		312.75	428.37	805.41	1209.17
外出从业得到收入 Income From Worked Outside	**255.47**	**318.52**	**432.18**	**939.06**	**1031.23**
在乡外县内从业得到收入 Income From Worked at other Township of County		150.16	140.30	314.28	324.37
在县外省内从业得到收入 Income From Worked at other County of Province		113.41	169.51	334.23	423.10
在省外国内从业得到收入 Income From Worked at other Province		70.56	103.83	270.26	225.28
在国外从业得到收入 Income From Worked at aborad		9.11	18.54	20.29	58.49

7-12 农民人均家庭经营纯收入

Per Capita Net Income from Household Oprations of Rural Households

单位：元 (yuan)

项目 Item	2000	2003	2005	2010	2011
家庭经营纯收入 Net Income from Household Business	**1844.27**	**2019.50**	**2365.02**	**3558.44**	**4094.78**
第一产业 Primary Industry	**1112.09**	**1241.91**	**1555.69**	**2391.51**	**2697.78**
种植业收入 Planting	769.96	829.76	1050.63	1644.85	1781.10
林业收入 Forestry	69.18	73.43	89.35	210.82	210.52
牧业牧入 Animal Husbandry	188.04	225.01	274.17	316.05	413.40
渔业收入 Fishery	84.91	122.29	141.55	219.78	292.76
第二产业 Secondary Industry	**252.00**	**270.24**	**229.69**	**347.81**	**385.36**
工业收入 Industry	100.68	122.11	82.55	78.04	128.93
建筑业收入 Construction	151.32	147.69	147.14	269.77	256.43
第三产业 Tertiary Industry	**480.18**	**503.21**	**579.64**	**819.12**	**1011.64**
交通、运输和邮电业收入 Transport,Post and Telecommunication Services	108.27	147.98	173.05	238.79	301.81
批发和零售贸易、餐饮业收入 Wholesale and Retail Trade and Catering Services	159.97	169.65	225.51	384.35	482.88
社会服务业收入 Social Services	65.38	84.48	87.61	106.45	150.79
文教卫生业收入 Culture,Education and Health Care	21.21	25.45	13.69	27.58	41.32
其他家庭经营收入 Others	125.35	75.85	79.78	61.95	34.84

7-13 农民人均生活消费支出

Per Capita Living Consumption Expenditure of Rural Households

单位：元 (yuan)

项目	Item	2000	2003	2005	2010	2011
总 计	**Total**	**2409.69**	**2717.92**	**3292.63**	**5498.33**	**6540.85**
食品	Food	1172.35	1227.07	1517.60	2537.15	3032.17
衣着	Clothing	116.99	144.35	186.70	310.14	395.42
居住	Residence	350.72	397.50	457.26	865.50	1033.15
家庭设备、用品及服务	Household,Facilities,Articles and Services	110.24	146.42	154.42	292.71	357.12
交通和通讯	Transport and Communication	206.08	277.98	365.60	638.07	728.49
文教娱乐用品及服务	Cultural,Educational and Recreational Articles and Services	254.30	296.17	356.54	462.17	506.71
医疗保健	Medicines and Health Care	87.38	128.75	154.03	251.36	321.20
其它商品和服务	Other Commodities and Services	111.63	99.69	100.47	141.23	166.60

7-14 农民人均食品消费量

Per Capita Consumption on Living Consumer Goods of Rural Households

单位：公斤 (kg)

项目	Item	2000	2003	2005	2010	2011
粮食	**Grain**	**260.68**	**234.71**	**213.09**	**180.30**	**170.97**
#小麦	Wheat	8.30	2.82	3.28	2.20	5.01
稻谷	Rice	222.42	200.65	195.83	173.73	156.48
玉米	Corn	1.34	0.62	0.38	0.67	0.84
薯类	Tubers	23.83	18.87	2.86	2.50	2.05
豆类及豆制品	**Soybeans and Related Products**	**7.17**	**3.64**	**3.58**	**4.07**	**6.20**
#大豆	Soybeans	1.25	1.94	0.85	0.76	0.70
杂豆	Other Beans	0.71	1.70	2.73	3.31	2.11
蔬菜及菜制品	**Presh Vegetable and Related Products**	**131.33**	**99.75**	**90.48**	**90.42**	**86.30**
油脂类	**Oil**	**5.25**	**5.18**	**4.85**	**7.14**	**7.41**
#植物油	Vegetable Oil	3.05	3.16	3.08	5.77	6.02
动物油	Animal Oil	2.20	2.02	1.78	1.36	1.39
肉禽及其制品	**Meats,Poultry and Related Products**	**26.47**	**23.89**	**27.36**	**28.37**	**31.68**
#猪肉	Pork	18.16	16.15	18.41	16.37	18.00
牛肉	Beef	0.22	0.22	0.28	0.48	0.75
羊肉	Mutton	0.11	0.11	0.19	0.23	0.23
家禽	Poultry	6.64	5.13	6.16	7.54	8.06
肉禽制品	Related Products	1.07	2.27	2.32	3.76	4.65
蛋类及蛋制品	**Eggs and Related Products**	**4.43**	**3.55**	**3.40**	**4.09**	**5.07**
奶和奶制品	**Milk and Dairy Products**	**0.55**	**1.56**	**2.59**	**4.08**	**5.24**
水产品	**Aquatic Products**	**12.23**	**13.28**	**14.27**	**15.06**	**16.81**
#鱼类	Fish	8.01	7.97	8.40	8.32	9.58
虾、贝、蟹类	Shrimps,Prawns and Crabs	2.48	3.46	3.71	4.55	4.70
藻类	Algae	0.26	0.33	0.44	0.46	0.45
其他	Others	1.47	1.51	1.72	1.73	2.09
食糖	**Sugar**	**2.47**	**2.34**	**1.95**	**1.62**	**1.72**
酒和饮料	**Liquor and Beverages**	**17.96**	**16.81**	**18.56**	**19.31**	**15.60**
水果及水果制品	**Fruits and Related Products**	**15.72**	**15.03**	**13.82**	**13.46**	**16.80**
坚果及果制品	**Nuts and Related Products**	**1.05**	**0.92**	**1.03**	**1.22**	**1.47**

7-15 平均每百户农民家庭主要耐用消费品拥有量

Number of Major Durable Consumer Goods owned per 100 Rural Households

项目	Item	2000	2003	2005	2010	2011
自行车(辆)	Bicycle(unit)	101.15	83.79	68.13	55.66	48.72
洗衣机(台)	Washing Machine(unit)	35.55	42.14	46.21	63.85	67.33
电冰箱(台)	Refrigerator(unit)	19.40	26.26	38.13	72.53	88.44
摩托车(辆)	Motorcycle(unit)	49.67	63.30	75.22	92.58	88.19
黑白电视(台)	White-bread TV(unit)	42.09	30.00	13.85	2.25	0.38
彩色电视(台)	Color TV(unit)	73.02	88.57	109.67	128.85	136.61
照相机(架)	Camera(unit)	6.15	4.73	5.49	5.99	6.94
抽油烟机(台)	Smoke Absorber(unit)	3.96	8.02	9.62	20.38	32.81
空调机(台)	Air Conditioner(unit)	1.65	7.58	10.99	33.02	47.67
热水器(台)	Shower(unit)	19.29	28.96	41.37	65.55	73.68
微波炉(台)	Oven(unit)	2.69	4.56	14.07	26.54	30.74
电话机(台)	Telephone(unit)	41.85	86.70	94.18	78.41	66.03
移动电话(部)	Mobile Telephone(unit)	20.16	54.95	103.41	195.88	234.50
摄像机(台)	Pickup Camera(unit)	0.33	0.77	1.04	1.37	1.25
中高档乐器(件)	Medium and High Grade Musical Instrument(unit)	1.32	0.82	0.49	0.88	0.38
家用计算机(台)	Computer(set)		2.53	4.89	23.57	30.95
家用汽车(辆)	Automoile(unit)		0.77	0.82	3.24	5.54

7-16 农民家庭住房情况

Housing Conditions of Rural Households

项目 Item	2000	2003	2005	2010	2011
建房情况 Built House					
每人新建房屋面积（平方米）Per Capita Newly Built Floor Space Completed(sq.m)	0.91	0.97	0.93	1.08	1.87
#砖木结构 Brick and Wood Structure	0.09	0.04	0.21	0.15	0.07
钢筋混凝土结构 Reinforced Concrete Structure	0.77	0.93	0.68	0.93	1.81
每平方米新建房屋价值（元）Value of Newly Built House(yuan)	213.65	438.82	353.02	712.64	1581.40
房屋拥有情况 House Using					
每人年末房屋拥有面积（平方米）Per Capita Floor Space of House at the year-end(sq.m)	32.14	35.96	40.15	47.54	49.82
#砖木结构 Brick and Wood Structure	10.34	7.19	11.42	11.95	10.32
钢筋混凝土结构 Reinforced Concrete Structure	13.25	24.44	21.38	30.24	36.42

7-17 平均每百户农民家庭主要生产用固定资产拥有量

Number of Major Fixed Assets for Production owned Per 100 Rural Households

单位：元 (yuan)

项目 Item	2000	2003	2005	2010	2011
年末生产用固定资产原值 Original Value of Productive Fixed Assets at the Year-end	**442779**	**483247**	**656501**	**1026778**	**1120890**
农业 Agriculture	**209553**	**225862**	**420815**	**670891**	**614672**
#房屋及建筑物 House and Building	109873	120924	280012	395854	290168
役畜、产品畜 Draught Animals and Commodity Animals	26834	36187	44246	99843	130571
大中型铁木农具 Large and Medium Iron-wooden Farm Machinery	17893	21221	23520	45885	79825
农林牧渔业机械 Farming,Forestry,Animal Husbandry and Fishery Machinery	30920	45424	67890	105533	114108
工业 Industry	**90031**	**95968**	**34614**	**41380**	**72326**
#房屋及建筑物 House and Building	31788	29154	13412	5632	11634
生产设备 Productive Instruments	52923	51780	20048	18379	25584
建筑业 Construction	**5187**	**23398**	**16372**	**30561**	**16137**
交通运输业 Transport and Post	**61690**	**78173**	**89955**	**127790**	**234050**
批发和零售贸易餐饮业 Wholesale,Retail Trade and Catering Services	**15058**	**27107**	**67357**	**123558**	**129242**
社会服务业 Social Services	**13841**	**15962**	**7019**	**21495**	**29596**
文教卫生事业 Culture,Education and Health Care	**5681**	**6691**	**4967**	**8753**	**10033**
其他 Others	**41738**	**10086**	**15402**	**2352**	**14833**

7-18 各设区市城镇家庭基本情况(2011年)

地区 Area	平均每户家庭人口（人） Average Number of persons per Household (person)	平均每户就业人数（人） Average Number of Employed Persons Per Household (person)	平均每户就业面（%） Percentage of Employment Per Household (%)	平均每一就业者负担人数（人） Number of Persons Supported by Each Employee (person)	平均每人全年可支配收入（元） Per Capita Annual Disposable Income (yuan)
福州市 Fuzhou	3.11	1.62	52.1	1.92	26050
厦门市 Xiamen	3.04	1.58	52.0	1.92	33565
莆田市 Putian	3.45	1.95	56.5	1.77	21843
三明市 Sanming	2.95	1.68	56.9	1.76	20778
泉州市 Quanzhou	3.37	1.80	53.4	1.87	28703
漳州市 Zhangzhou	3.04	1.78	58.6	1.71	21137
南平市 Nanping	2.90	1.61	55.5	1.80	19735
龙岩市 Longyan	3.02	1.74	57.6	1.74	21085
宁德市 Ningde	3.21	1.64	51.1	1.96	19314

7-19 各设区市农民家庭基本情况(2011年)

地区 Area	平均每户常住人口（人） Average Number of Permanent Residents Per Household (person)	平均每户整半劳动力（人） Average Number of Able-bodied and Semi-able-bodied Laborers Per Household (person)	平均每个劳动力负担人口（人） Average Number of Persons Supported by A Laborer (person)	平均每人总收入（元） Per Capita Total Income (yuan)	平均每人纯收入（元） Per Capita Net Income (yuan)	平均每人住房使用面积（平方米） Per Capita Use Living Space (sq.m)	平均每人总支出（元） Per Capita Total Expenditure (yuan)	平均每人生活消费支出 Per Capita Living Expenditures
福州市 Fuzhou	3.80	2.67	1.43	11456.98	10106.81	47.89	8884.78	7352.58
厦门市 Xiamen	3.52	2.51	1.40	13613.84	11928.10	58.12	11113.22	9141.83
莆田市 Putian	4.20	2.72	1.54	9912.49	9065.90	66.12	7816.85	6747.60
三明市 Sanming	3.86	2.86	1.35	10346.40	8204.68	47.95	8604.52	5895.96
泉州市 Quanzhou	3.94	2.88	1.37	11709.53	10577.71	52.55	9063.67	7701.31
漳州市 Zhangzhou	3.71	2.73	1.36	12873.69	9127.52	39.56	10888.95	6650.02
南平市 Nanping	3.44	2.52	1.37	10038.49	7860.89	45.91	8620.98	5786.68
龙岩市 Longyan	3.79	2.77	1.36	11458.22	8234.44	47.16	9877.56	6160.59
宁德市 Ningde	3.74	2.81	1.33	9220.81	7755.97	41.63	7226.70	5337.67

Basic Conditions of Urban Households by City(2011)

平均每人全年消费性支出（元/人） Per Capita Living Expenditures for Consumption	#食品 Food	#衣着 Clothing	#家庭设备用品及服务 Household Facilities Articles and Services	#居住 Residence
17847	6722	1875	1420	1591
22314	7897	1590	1436	2482
14282	6188	1223	1130	1570
13825	5620	1505	1109	1307
18413	7046	1455	1216	2122
14314	6335	1182	1013	1351
12522	5253	1196	870	1095
16337	6219	1390	1346	1567
12730	5648	1395	694	1154

Basic Conditions of Rural Households by City(2011)

食品 Food	衣着 Clothing	居住 Residence	家庭设备用品及服务 Household, Facilities, and Services Articles	医疗保健 Medicines and Health Care	交通及通讯 Transport and Communication	文教娱乐用品及服务 Cultural,Educational and Recreational Articles and Services	其他商品和服务 Other Commodities and Services	平均每人生产费用支出 Per Capita Productive Expenditure
3293.86	527.57	1014.42	476.99	468.86	674.29	653.87	242.73	1013.88
3947.21	599.06	1412.10	551.75	342.15	1450.62	614.53	224.42	1359.27
3157.78	334.11	1132.58	392.60	420.39	656.85	454.74	198.54	675.15
2741.34	387.41	888.19	299.12	309.43	620.93	504.92	144.62	2005.49
3269.48	489.87	1232.13	491.60	370.72	939.35	623.21	284.94	915.89
3180.67	304.45	1016.92	391.93	258.34	903.11	424.06	170.54	3570.04
2605.83	375.25	979.61	307.41	369.45	597.14	438.63	113.36	2016.32
2833.40	311.43	910.54	317.59	350.25	724.65	559.92	152.81	2766.66
2571.31	332.93	903.05	248.61	279.71	416.88	466.79	118.40	1288.22

主要统计指标解释

城镇就业者负担人数 指家庭人口与就业人口之比。

城镇家庭总收入 指家庭成员得到的工薪收入、经营净收入、财产性收入、转移性收入之和，不包括出售财物收入和借贷收入。

城镇家庭可支配收入 指家庭成员得到可用于最终消费支出和其它非义务性支出以及储蓄的总和，即居民家庭可以用来自由支配的收入。它是家庭总收入扣除交纳的所得税、个人交纳的社会保障支出以及记账补贴后的收入。计算公式为：

可支配收入=家庭总收入-交纳所得税-个人交纳的社会保障支出-记帐补贴

城镇家庭消费性支出 指家庭用于日常生活的支出，包括食品、衣着、家庭设备用品及服务、医疗保健、交通和通信、娱乐教育文化服务、居住、杂项商品和服务等八大类支出。

城镇家庭服务性消费支出 指家庭用于支付社会提供的各种非商品性服务费用。

城镇家庭收入分组方法 将所有调查户依户人均可支配收入由低到高排队，按10%，10%，20%，20%，20%，10%，10%的比例依次分成：最低收入户、低收入户、中等偏下收入户、中等收入户、中等偏上收入户、高收入户、最高收入户等七组。总体中最低5%的户为困难户。

农村家庭经营收入 指农村住户以家庭为生产经营单位进行生产筹划和管理而获得的收入。农村住户家庭经营活动按行业划分为农业、林业、牧业、渔业、工业、建筑业、交通运输业邮电业、批发和零售贸易餐饮业、社会服务业、文教卫生业和其他家庭经营。

财产性收入 指金融资产或有形非生产性资产的所有者向其他机构单位提供资金或将有形非生产性资产供其支配，作为回报而从中获得的收入。

转移性收入 指农村住户和住户成员无须付出任何对应物而获得的货物、服务、资金或资产所有权等，不包括无偿提供的用于固定资本形成的资金。一般情况下，是指农村住户在二次分配中的所有收入。

现金收入 指农村住户和住户成员在调查期内得到以现金形态表现的收入。按来源分成工资性收入、家庭经营现金收入、财产性收入、转移性收入。

农村家庭纯收入 指农村住户当年从各个来源得到的总收入相应地扣除所发生的费用后的收入总和。计算方法：

纯收入=总收入-税费支出-家庭经营费用支出-税费支出-生产性固定资产折旧-调查补贴-赠送农村外部亲友支出

纯收入主要用于再生产投入和当年生活消费支出，也可用于储蓄和各种非义务性支出。“农民人均纯收入”按人口平均的纯收入水平，反映的是一个地区或一个农户农村居民的平均收入水平。

恩格尔系数 指食物支出金额在消费性总支出金额中所占的比例。计算公式为：

恩格尔系数=食品支出金额/消费性总支出金额×100%

Explanatory Notes on Main Statistical Indicators

Number of Dependents per Urban Employee refers to the ratio between number of persons in an urban household and the number of employed persons.

Total Income of Urban Households refers to the sum of wage and salary, net business income, income from properties, and income from transfers of members of the households, excluding income from selling of properties and income from borrowings.

Disposable Income of Urban Households refers to the actual income at the disposal of members of the households which can be used for final consumption, other non-compulsory expenditure and savings. This equals to total income minus income tax, personal contribution to social security and sample household subsidy for keeping diaries. Following formula is used:

Disposable income = total household income - income tax - personal contribution to social security - sample household subsidy for keeping diaries

Consumption Expenditure of Urban Households refers to total expenditure of the sample households for consumption in daily life, including expenditure on eight categories such as food, clothing, household appliances and services, health care and medical services, transport and communications, recreation, education and cultural services, housing, miscellaneous goods and services.

Expenditure of Urban Households on Consumption of Services refers to expenditure of households on services of various kinds provided by the society.

Urban Households by Income Group All households in the sample are grouped, by per capita disposable income of the household, into groups of lowest income, low income, lower middle income, middle income, upper middle income, high income and highest income, each group consisting of 10%, 10%, 20%, 20%, 20%, 10% and 10% of all households respectively. The lowest 5% of households are also referred to as poor households.

Income from Rural Household Operations refers to income by the rural households as units of production and operations. Operations by rural households are classified by economic activities as agriculture, forestry, animal husbandry, fishery, manufacturing, construction, transportation, post and telecommunications, wholesale, retail and catering, social service, culture, education, health, and other household operations.

Income from Properties refers to the income received as returns by owners of financial assets or tangible non-productive assets by providing capitals or tangible non-productive assets to other institutional units.

Income from Transfers refers to the receipt by rural households and their members of goods, services, capital or rights of assets without giving or repaying accordingly, excluding capital provided to them for the formation of fixed assets. In general, it refers to all income received by rural households through redistribution.

Cash Income refers to income received by rural households and their members in the form of cash during the reference period. It is classified, by source of income, into income from wages and salaries, cash income from household operations, income from properties and income from transfers.

Net Income from Rural household refers to the total income of rural households from all sources minus all corresponding expenses. The formula for calculation is as follows:

Net income = total income – taxes and fees paid - household operation expenses – taxes and fees – depreciation of fixed assets for production – subsidy for participating in household survey – gifts to non-rural relatives

Net income is mainly used as input for reproduction and as consumption expenditure of the year, and also used for savings and non-compulsory expenses of various forms.Per capita net income of farmers is the level of net income averaged by population which reflects the average income level of rural households in a given area.

Engel Coefficient refers to the percentage of expenditure on food in the total consumption expenditure,using the following formula:

Engel Coefficient=(expenditure on food/total consumption expenditure)×100%

第八篇　价格指数

Chapter 8　Price Indices

资料整理：郭晓洁 周贤伟 笪贤流 滕国达

Database Editor: Guoxiaojie Zhouxianwei Daxianliu Tengguoda

简要说明

本篇资料的主要内容及来源

本篇资料反映了全省生产、投资、流通、消费等环节价格变动状况，主要包括居民消费、商品零售、生产资料、工业生产者出厂与购进、固定资产投资、房地产等价格指数。

居民消费、商品零售和农业生产资料价格指数来源于流通和消费价格统计调查年报，由国家统计局福建调查总队消费价格调查处整理提供。

工业生产者出厂与购进、固定资产投资、房地产等价格指数来源于工业生产者、固定资产投资、房地产价格统计调查，由国家统计局福建调查总队生产投资价格调查处整理提供。

Brief Introduction

Main Content and Source of Data

Data on the price indices in this chapter show the changing trend in production, investment, circulation and consumption, including mainly consumer price indices of residents, retail price indices, price indices of means of production, production price indices of industrial producers, purchasing price indices of raw materials, fuels and power, price indices of investment in fixed assets and real estate price indices.

Data on consumer price indices of residents, retail price indices and price indices of agricultural means of production are based on yearly report on consumer price and are provided by the Division of Consumer Price Survey of Survey Office of the National Bureau of Statistics in Fujian。

Data on production price indices of industrial products, purchasing price indices of raw materials, fuels and power, price indices of investment in fixed assets and real estate price indices are based on yearly report on production price and are provided by the Division of Production Price Survey of Survey Office of the National Bureau of Statistics in Fujian.

8-1 主要年份各种价格指数

Price Indices in Seletcted Year

单位：以上年为100 (preceding year=100)

年份 Year	居民消费价格指数 Consumer Price Index	城市 Urban	农村 Rural	商品零售价格指数 Retail Price Index	农业生产资料价格指数 Price Index of Agricultural Means of Production	工业生产者出厂价格指数 Ex-Factory Price Indices of Industrial Producers	工业生产者购进价格指数 Purchasing Price Indices of Industrial Producers	固定资产投资价格总指数 Price Index for Investment in Fixed Assets
1951	106.6	107.8	105.8	107.3	102.9			
1952	98.0	97.6	99.2	97.9	99.8			
1957	100.5	100.8	100.3	100.5	98.8			
1962	101.8	100.5	102.6	101.6	117.8			
1965	95.2	94.4	95.7	95.0	93.4			
1970	98.9	99.0	98.9	99.0	100.3			
1975	100.1	100.1	100.1	100.2	100.2			
1978	100.2	100.4	100.1	100.3	100.1			
1979	102.8	102.7	102.9	103.0	100.4			
1980	105.3	106.3	104.6	105.6	101.0			
1981	102.7	104.0	101.9	103.6	103.3			
1982	103.4	103.1	103.6	103.6	104.4			
1983	101.3	102.0	100.9	101.3	103.0			
1984	102.1	102.8	101.1	101.6	103.8			
1985	111.3	114.0	107.5	111.4	105.6			
1986	106.5	106.9	105.4	106.3	102.5			
1987	109.4	110.6	107.9	109.7	106.8			
1988	126.5	127.0	126.0	127.4	121.5			
1989	118.9	118.8	118.9	118.6	119.5			
1990	99.3	100.1	98.6	98.6	100.3			
1991	103.5	104.6	102.4	103.3	105.1			108.6
1992	105.9	108.0	104.1	105.5	102.2	102.7	109.3	114.9
1993	115.4	116.8	114.2	113.8	111.4	117.1	129.6	134.1
1994	125.3	125.1	125.5	123.0	117.8	116.9	115.2	107.3
1995	115.2	116.4	114.4	114.4	120.2	115.7	119.6	104.8
1996	105.9	106.9	105.4	104.5	106.2	101.8	104.3	104.7
1997	101.7	102.5	101.3	99.8	99.5	100.3	98.6	101.1
1998	99.7	100.0	99.5	98.5	94.6	95.7	92.5	98.0
1999	99.1	98.7	99.2	96.5	96.1	96.6	97.9	98.5
2000	102.1	103.2	101.3	98.9	97.4	100.5	112.4	100.2
2001	98.7	98.3	99.3	98.0	98.7	98.1	96.7	99.5
2002	99.5	99.2	99.8	98.3	99.9	97.6	97.6	99.7
2003	100.8	100.7	101.0	99.1	101.8	100.7	106.3	101.4
2004	104.0	103.8	104.3	102.7	112.5	102.6	113.3	103.4
2005	102.2	101.9	102.8	100.6	108.1	100.2	108.1	100.7
2006	100.8	101.1	100.3	100.5	100.9	99.2	103.9	102.0
2007	105.2	105.1	105.4	104.3	110.3	100.8	104.3	105.9
2008	104.6	104.5	104.6	105.7	123.6	102.7	110.2	105.9
2009	98.2	98.3	97.9	97.9	93.3	95.5	93.2	98.0
2010	103.2	103.1	103.4	103.4	102.4	103.2	107.7	103.3
2011	105.3	105.2	105.3	104.8	111.8	103.9	108.0	106.2

注：“工业生产者出厂价格指数”，2010年及以前称“工业品出厂价格指数”。“工业生产者购进价格指数”，2010年及以前称“工业企业原材料、燃料、动力购进价格指数”。

Note:Before 2010,"Ex-Factory Price Indices of Industrial Producers" is called "Ex-Factory Price Indices of Industrial Products"."Purchasing Price Indices of Industrial Producers" is called "Purchasing Price Index for Raw Material,Fuel and Power".

8-2 各种价格总指数(1979-2011年)

Price Indices(1979-2011)

单位：以1978年为100　　　(year of 1978=100)

年份 Year	居民消费价格指数 Consumer Price Index	城市 Urban	农村 Rural	商品零售价格指数 Retail Price Index	农业生产资料价格指数 Price Index of Agricultural Means of Production
1979	102.8	102.7	102.9	103.0	100.4
1980	108.2	109.2	107.6	108.8	101.4
1981	111.2	113.5	109.7	112.7	104.8
1982	115.0	117.1	113.6	116.7	109.4
1983	116.4	119.4	114.6	118.3	112.6
1984	118.9	122.7	115.9	120.2	116.9
1985	132.3	139.9	124.6	133.8	123.5
1986	140.9	149.6	131.3	142.3	126.6
1987	154.2	165.4	141.7	156.1	135.2
1988	195.0	210.1	178.6	198.8	164.2
1989	231.9	249.8	212.3	235.8	196.2
1990	230.3	250.1	209.3	232.5	196.8
1991	238.3	261.6	214.3	240.2	206.9
1992	252.4	282.5	223.1	253.4	211.4
1993	291.3	329.9	254.8	288.4	235.5
1994	364.9	412.8	319.8	354.7	277.4
1995	420.4	480.5	365.9	405.8	333.5
1996	445.2	513.6	385.6	424.1	354.2
1997	452.8	526.4	390.6	423.2	352.4
1998	451.4	526.4	388.7	416.9	333.4
1999	447.4	519.6	385.6	402.3	320.4
2000	456.8	536.2	390.6	397.8	312.1
2001	450.9	527.1	387.8	389.9	308.0
2002	448.6	522.9	387.1	383.3	307.7
2003	452.2	526.6	390.9	379.8	313.2
2004	470.3	546.6	407.7	390.1	352.4
2005	480.6	557.0	419.1	392.4	380.9
2006	484.4	563.1	420.4	394.4	384.3
2007	509.6	591.8	443.1	411.4	423.9
2008	533.0	618.4	463.5	434.8	523.9
2009	523.3	607.9	453.9	425.5	488.9
2010	540.2	627.0	469.5	439.8	500.4
2011	568.6	659.9	494.5	461.1	559.6

8-3 居民消费价格分类指数

Consumer Price Indices by Category

单位：以1978年为100 (year of 1978=100)

项目 Item	2000	2003	2005	2010	2011
居民消费价格指数 Consumer Price Index	**456.8**	**452.2**	**480.6**	**540.2**	**568.6**
食品 Food	590.9	586.5	668.5	925.5	1029.5
烟酒及用品 Totacco and Artides	252.5	255.5	257.9	279.1	287.1
衣着 Clothing	200.3	181.3	171.8	146.9	149.4
家庭设备用品及维修服务 Household Facilities,Articles and Services	204.4	188.7	185.3	195.2	198.5
医疗保健和个人用品 Medicine and Medical Services	507.3	506.6	489.0	537.7	558.0
交通和通讯 Transport,Post and Communication Services	390.9	361.6	344.8	325.6	328.7
娱乐教育文化用品及服务 Recreation,Education and Cultural Services	371.2	401.2	434.8	383.6	382.2
居住 Residence	549.9	560.8	624.1	723.8	764.1

8-4 居民消费价格指数(2011年)

Consumer Price Indices(2011)

单位：以上年为100 (preceding year=100)

项目 Item	全省 Province	城市 Urban	农村 Rural
居民消费价格指数 Consumer Price Index	**105.3**	**105.2**	**105.3**
一、按商品和非商品分 By Good			
消费品价格指数 Consumption Price Index	106.2	106.1	106.6
服务项目价格指数 Services Price Index	103.2	103.4	102.6
二、按类别分 By Category			
食品 Food	111.2	111.3	111.0
烟酒及用品 Tobacco and Artides	102.8	102.5	103.5
衣着 Clothing	101.7	102.1	100.4
家庭设备用品及维修服务 Household Facilities,Articles and Services	101.7	101.9	101.0
医疗保健和个人用品 Medicine and Medical Services	103.8	103.5	104.5
交通和通讯 Transport,Post and Communication Services	100.9	100.7	101.6
娱乐教育文化用品及服务 Recreation,Education and Cultural Services	99.6	100.0	98.7
居住 Residence	105.6	105.3	106.3

8-5 居民消费价格分类指数

Consumer Price Indices by Category

单位：以上年为100 (preceding year=100)

项目	Item	2000	2003	2005	2010	2011
居民消费价格指数	**Consumer Price Index**	**102.1**	**100.8**	**102.2**	**103.2**	**105.3**
1.食品	**Food**	**98.4**	**102.0**	**103.7**	**107.8**	**111.2**
#粮食	Grain	88.8	106.7	99.8	117.0	116.2
淀粉	Oil or Fat	99.1	99.0	104.4	113.3	112.4
干豆类及豆制品	Starches and Tubers	101.1	104.2	102.7	111.8	106.2
油脂	Bean and Its Products	95.5	110.5	96.5	101.6	113.4
肉禽及其制品	Meal,Poultry and Their Products	97.0	101.7	103.7	102.3	120.3
蛋	Eggs	83.6	96.5	103.6	108.3	113.9
水产品	Aquatic Products	101.5	100.1	106.0	108.6	110.3
菜	Vegetables	109.8	100.9	111.0	121.2	96.3
调味品	Flavoring	98.6	98.6	100.3	104.3	104.4
糖	Sugar	112.0	94.8	103.5	107.9	116.0
茶及饮料	Tea and Drink	98.5	99.6	99.8	98.7	102.1
干鲜瓜果	Dride and Fresh Melons and Fruits	102.7	108.8	104.8	115.5	115.8
糕点饼干	Cake	100.4	100.1	99.5	101.5	105.5
液体乳及乳制品	Milk and Daily Products	99.5	98.4	98.1	100.4	103.5
在外用膳食品	Dining out	99.5	99.7	102.5	103.2	107.1
其他食品	Others	98.1	99.4	99.7	101.3	109.2
2.烟酒及用品	**Tobacco and Artides**	**100.8**	**100.4**	**99.8**	**101.4**	**102.8**
3.衣着	**Clothing**	**98.5**	**96.5**	**97.1**	**95.7**	**101.7**
#服装	Garments	98.1	96.3	96.4	96.0	101.8
衣着材料	Clothing material	99.3	98.8	100.5	103.4	108.0
鞋袜帽	Footgear and Hats	99.1	96.7	98.2	93.6	100.6
衣着加工服务费	Tailoring and Laundering Service Fees	100.4	102.0	102.1	102.4	109.4
4.家庭设备用品及维修服务费	**Household Facilities, Articles and Services**	**98.7**	**97.3**	**99.6**	**99.2**	**101.7**
#耐用消费品	Durable Consumer Goods	96.6	95.3	98.3	98.1	99.6
室内装饰品	Room Decorate	99.2	99.1	99.2	99.0	101.3
床上用品	Bed Using	99.2	96.3	98.4	97.5	103.0
家庭日用杂品	Daily Use Household Articles	98.3	99.1	100.2	100.2	102.5
5.医疗保健和个人用品	**Health Cares**	**107.9**	**98.7**	**98.8**	**103.1**	**103.8**
6.交通和通信	**Transportation and Communication**	**96.4**	**97.3**	**97.7**	**99.5**	**100.9**
#交通	Transportation	98.5	98.8	100.8	101.7	103.5
通信	Communication	94.5	96.2	95.4	97.9	98.2
7.娱乐教育文化用品及服务	**Recreation,Education and Culture Articles**	**120.6**	**104.3**	**104.7**	**100.2**	**99.6**
#文娱用耐用消费品及服务	Durable Consumer Goods for Recreation Use	92.3	92.3	94.7	95.3	94.2
教育	Education	170.7	110.0	109.6	100.6	99.3
文化娱乐用品	Cultural and Recreation Articles	99.5	100.7	101.4	100.6	101.0
8.居住	**Residence**	**106.7**	**102.8**	**106.8**	**105.4**	**105.6**
#建房及装修材料	Building Materials	98.9	98.9	101.7	104.8	105.0
水、电、燃料	Water,Electricity ,Fuels	110.1	107.6	112.0	106.4	103.9

8-6 城市居民消费价格分类指数

Consumer Price Indices of Urban Households by Category

单位：以上年为100 (preceding year=100)

项目	Item	2000	2003	2005	2010	2011
居民消费价格指数	**Consumer Price Index**	**103.2**	**100.7**	**101.9**	**103.1**	**105.2**
1.食品	**Food**	**98.7**	**101.8**	**103.7**	**107.9**	**111.3**
#粮食	Grain	90.0	107.1	99.9	117.0	116.4
淀粉	Oil or Fat	98.8	97.5	105.3	114.0	110.8
干豆类及豆制品	Starches and Tubers	99.9	105.7	102.5	112.2	107.2
油脂	Bean and Its Products	94.8	110.8	96.8	101.9	113.4
肉禽及其制品	Meal,Poultry and Their Products	96.2	101.6	102.3	102.4	118.9
蛋	Eggs	83.5	95.5	103.5	109.2	114.0
水产品	Aquatic Products	103.3	100.0	106.4	108.5	111.3
菜	Vegetables	107.8	99.9	110.9	120.4	98.6
调味品	Flavoring	97.6	99.1	100.5	104.8	104.7
糖	Sugar	106.9	94.9	103.2	106.8	114.6
茶及饮料	Tea and Drink	98.0	99.3	99.5	98.2	102.1
干鲜瓜果	Dride and Fresh Melons and Fruits	101.8	109.2	105.3	115.6	115.2
糕点饼干	Cake	101.8	100.1	99.5	101.3	105.7
液体乳及乳制品	Milk and Daily Products	99.9	98.1	97.8	100.8	103.9
在外用膳食品	Dining out	97.4	99.2	102.9	103.8	108.0
其他食品	Others	100.8	100.4	101.1	102.1	109.8
2.烟酒及用品	**Tobacco and Articles**	**98.6**	**100.2**	**99.6**	**101.6**	**102.5**
3.衣着	**Clothing**	**97.8**	**95.8**	**96.3**	**95.6**	**102.1**
#服装	Garments	97.4	96.0	95.8	96.2	102.2
衣着材料	Clothing material	99.2	98.8	99.9	102.9	107.3
鞋袜帽	Footgear and Hats	98.7	94.6	97.2	93.0	101.3
衣着加工服务费	Tailoring and Laundering Service Fees	100.5	102.0	101.3	101.6	110.2
4.家庭设备用品及维修服务费	**Household Facilities, Articles and Services**	**100.0**	**96.7**	**99.2**	**99.0**	**101.9**
#耐用消费品	Durable Consumer Goods	98.7	94.3	97.7	97.8	99.9
室内装饰品	Room Decorate	99.9	99.0	98.9	98.5	101.1
床上用品	Bed Using	98.2	94.0	97.4	97.5	101.9
家庭日用杂品	Daily Use Household Articles	98.1	98.8	100.4	100.0	102.5
5.医疗保健和个人用品	**Health Cares**	**112.8**	**97.3**	**98.6**	**103.2**	**103.5**
6.交通和通信	**Transportation and Communication**	**96.9**	**96.5**	**96.9**	**99.2**	**100.7**
#交通	Transportation	99.5	98.2	101.1	101.3	103.2
通信	Communication	96.2	95.6	94.8	97.9	98.0
7.娱乐教育文化用品及服务	**Recreation,Education and Culture Articles**	**115.1**	**104.6**	**103.8**	**100.2**	**100.0**
#文娱用耐用消费品及服务	Durable Consumer Goods for Recreation Use	92.7	92.7	94.0	95.2	94.1
教育	Education	187.4	113.2	110.1	100.6	99.6
文化娱乐用品	Cultural and Recreation Articles	100.9	101.0	101.9	100.7	101.1
8.居住	**Residence**	**107.5**	**104.6**	**106.2**	**104.9**	**105.3**
#建房及装修材料	Building Materials	99.0	98.6	101.9	104.5	103.5
水、电、燃料	Water,Electricity ,Fuels	108.3	110.1	108.7	105.5	103.3

8-7 农村居民消费价格指数

Consumer Price Indices Rural Households by Category

单位：以上年为100 (preceding year=100)

项目	Item	2000	2003	2005	2010	2011
居民消费价格指数	**Consumer Price Index**	**101.3**	**101.0**	**102.8**	**103.4**	**105.3**
1.食品	**Food**	**98.1**	**102.2**	**103.7**	**107.5**	**111.0**
#粮食	Grain	88.3	106.1	99.6	117.1	115.9
淀粉	Bean and Its Products	99.0	100.7	103.2	110.9	117.8
干豆类及豆制品	Starches and Tubers	101.5	103.1	102.9	110.6	103.6
油脂	Oil or Fat	95.9	110.1	96.2	101.0	113.4
肉禽及其制品	Meal,Poultry and Their Products	97.5	101.8	105.3	102.1	123.8
蛋	Eggs	83.7	97.9	103.8	106.0	113.7
水产品	Aquatic Products	100.2	100.5	105.1	109.2	106.5
菜	Vegetables	111.1	102.8	111.5	123.6	90.1
调味品	Flavoring	99.1	98.2	100.2	103.1	103.7
糖	Sugar	114.0	94.8	103.8	110.4	118.7
茶及饮料	Tea and Drink	98.9	100.2	100.9	100.6	101.8
干鲜瓜果	Dride and Fresh Melons and Fruits	103.3	107.9	103.4	115.5	117.9
糕点饼干	Cake	98.8	100.1	99.6	102.0	105.0
液体乳及乳制品	Milk and Daily Products	99.3	99.4	99.4	98.6	102.3
在外用膳食品	Dining Out	101.8	100.3	101.9	101.6	104.0
其他食品	Others	97.0	99.1	98.9	99.8	108.1
2.烟酒及用品	**Tobacco and Articles**	**101.5**	**100.7**	**100.1**	**101.0**	**103.5**
3.衣着	**Clothing**	**98.8**	**97.3**	**98.2**	**95.7**	**100.4**
#服装	Garments	98.5	96.6	97.5	95.5	100.6
衣着材料	Clothing material	99.4	98.8	101.0	104.6	108.9
鞋袜帽	Footgear and Hats	99.3	98.8	99.3	95.4	98.7
衣着加工服务费	Tailoring and Laundering Service Fees	100.2	101.9	103.5	104.4	107.7
4.家庭设备用品及维修服务费	**Household Facilities, Articles and Services**	**98.2**	**98.0**	**100.3**	**99.9**	**101.0**
#耐用消费品	Durable Consumer Goods	95.4	96.6	99.1	99.1	98.7
室内装饰品	Room Decorate	98.6	99.1	100.0	100.4	101.9
床上用品	Bed Using	99.7	99.3	100.0	97.4	106.6
家庭日用杂品	Daily Use Household Articles	98.4	99.3	100.0	100.8	102.7
5.医疗保健和个人用品	**Health Cares and Individual Articles**	**107.8**	**100.1**	**99.0**	**103.0**	**104.5**
6.交通和通信	**Transportation and Communication**	**95.4**	**98.3**	**98.7**	**100.3**	**101.6**
#交通	Transportation	98.1	99.3	100.5	102.5	104.4
通信	Communication	92.7	97.3	96.8	97.8	98.7
7.娱乐教育文化用品及服务	**Recreation,Education and Culture Articles**	**121.8**	**104.0**	**105.9**	**100.4**	**98.7**
#文娱用耐用消费品及服务	Durable Consumer Goods for Recreation Use	92.0	91.9	96.0	95.7	94.7
教育	Education	157.3	107.9	109.2	100.7	98.9
文化娱乐用品	Cultural and Recreation Articles	98.7	100.1	100.1	100.2	100.6
8.居住	**Residence**	**106.0**	**100.9**	**107.5**	**106.9**	**106.3**
#建房及装修材料	Building Materials	98.8	99.0	101.5	105.4	109.1
水、电、燃料	Water,Electricity ,Fuels	111.3	103.7	118.9	110.2	105.6

8-8 农业生产资料价格指数

Price Indices of Means Agriculture Production

单位：以上年为100 (preceding year=100)

项目	Item	2000	2003	2005	2010	2011
总指数	**General Index**	**97.4**	**101.8**	**108.1**	**102.4**	**111.8**
1.农用手工工具	Small Farm Tools	102.0	102.5	107.2	101.5	108.2
2.饲料	Forage	94.3	101.8	102.8	105.5	109.0
3.幼禽家畜	Young Livestock & Fowls	112.3	103.3	102.5	107.8	129.8
4.半机械化农具	Semi-Mechanized Farm Tools	98.9	101.7	100.0	101.0	106.4
5.机械化农具	Mechanized Farm Machinery	98.4	98.8	103.0	101.5	104.7
6.化学肥料	Chemical Fertilizer	92.1	102.4	114.1	97.4	114.7
7.农药及农药械	Pesticide & Its Appliances	95.1	98.4	108.5	100.3	103.1
#化学农药	Chemical Pesticide	94.9	98.0	109.4	100.4	103.3
农药械	Pesticide Appliances	95.8	100.2	104.3	99.6	101.2
8.农机用油	Oil for Farm Machinery	126.2	110.6	110.2	109.3	111.8
9.其他农业生产资料	Others	98.0	98.0	105.3	106.2	105.6
10.农业生产服务					105.0	106.2

8-9 固定资产投资价格指数

Price Indices for Investment in Fixed Assets

单位：以上年为100 (preceding year=100)

项目	Item	2000	2003	2005	2010	2011
固定资产投资价格总指数	**General Index**	**100.2**	**101.4**	**100.7**	**103.3**	**106.2**
一、建筑安装工程投资	**Construction and Installation**	**102.4**	**104.2**	**101.1**	**104.9**	**109.4**
人工费	Labors	108.5	102.2	104.9	107.0	111.2
材料费	Materials	102.0	105.2	99.8	104.7	109.9
#钢材	Steel Products	103.1	110.1	98.8	105.6	110.8
水泥	Cement	99.5	103.0	96.7	104.3	112.8
机械费	Instruments	100.2	102.4	100.1	102.2	103.6
二、设备、工器具投资	**Purchase of Equipment,Tools And Instruments**	**94.9**	**95.4**	**97.6**	**99.8**	**100.8**
三、其他费用投资	**Others**	**98.8**	**101.2**	**102.8**	**102.4**	**102.5**

8-10 工业生产者购进价格指数

Purchasing Price Indices of Industrial Producers

单位：以上年为100　　(preceding year=100)

项目　Item	2000	2003	2005	2010	2011
工业生产者购进价格总指数 Purchasing Price Indices of Industrial Producers	**112.4**	**106.3**	**108.1**	**107.7**	**108.0**
1.燃料、动力类 Fuel and Power	137.2	109.1	125.6	108.1	107.4
2.黑色金属材料类 Ferrous Metals Material	102.4	116.5	103.5	113.5	108.5
#钢材 Steel	103.6	113.7	106.4	109.6	106.6
3.有色金属材料和电线类 Nonferrous Metals Material and Wire	109.9	104.6	111.3	116.6	111.4
4.化工原料类 Raw Chemical Materials	112.2	108.5	106.1	110.8	113.6
5.木材及纸浆类 Timber and Paper Pulp	97.5	101.6	100.7	99.4	101.6
6.建筑材料及非金属矿类 Building Materials and Nonmetal Minerals	97.0	100.9	105.9	102.8	102.7
7.其他工业原材料及半成品类 Other Industrial Raw and Semi-products	105.6	100.9	104.8	101.9	101.5
8.农副产品类 Agricultural Products	96.2	113.3	94.0	117.8	123.5
9.纺织原料类 Textile Materials	107.8	102.0	102.9	106.9	109.1

8-11 工业生产者出厂价格指数

Ex-Factory Price Indices of Industrial Producers

单位：以上年为100 (preceding year=100)

项目	Item	2000	2003	2005	2010	2011
工业生产者出厂价格总指数	**Ex-Factory Price Indices of Industrial Producers**	**100.5**	**100.7**	**100.2**	**103.2**	**103.9**
按轻重分	**By Light and Heavy Industry**					
轻工业	Light Industry	99.9	99.3	98.4	101.5	103.8
以农产品为原料	Using Farm Products as Raw Materials	100.9	100.8	100.5	102.5	104.4
以非农产品为原料	Using Non-farm Products as Raw Materials	97.7	98.4	97.4	100.6	102.2
重工业	Heavy Industry	101.2	103.9	104.7	106.9	104.0
采掘工业	Mining and Quarrying	107.5	103.3	123.4	121.1	113.5
原料工业	Raw Materials Industry	103.4	106.5	107.8	107.9	108.9
加工工业	Manufacturing Industry	97.6	101.3	100.9	104.1	101.7
按两大部类分	**By Two Parts**					
生产资料	Means of Production	101.6	101.3	100.9	104.1	104.5
采掘工业	Mining and Quarrying	107.5	103.3	123.4	121.1	113.5
原料工业	Raw Materials Industry	104.3	107.1	107.5	108.9	109.4
加工工业	Manufacturing Industry	97.4	98.8	98.4	101.7	102.3
生活资料	Consumer Goods	98.7	99.7	99.1	101.7	102.9
食品	Food	98.5	100.4	98.4	104.7	107.9
衣着	Clothing	101.8	100.4	101.7	100.9	101.7
一般日用品	Articles for Daily Use	94.9	100.1	101.3	100.9	102.2
耐用消费品	Durable Consumer Goods	94.2	97.6	93.0	98.7	97.2
按工业部门分	**By Departments**					
冶金工业	Metallurgical Industry	100.8	110.5	104.3	113.0	109.7
电力工业	Power Industry	95.3	102.1	103.5	100.3	101.5
煤炭及炼焦工业	Coal and Coking Industry	114.1	99.7	137.3	108.4	117.0
石油工业	Petroleum Industry	138.4	114.8	123.5	124.4	117.7
化学工业	Chemical Industry	100.3	102.5	104.6	107.1	108.2
机械工业	Machine Building Industry	94.9	95.3	95.1	98.5	97.7
建筑材料工业	Building Materials Industry	95.8	101.7	98.5	103.0	106.0
森林工业	Timber Industry	104.2	99.4	103.0	102.7	102.9
食品工业	Food Industry	98.2	100.6	98.4	104.4	107.8
纺织工业	Textile Industry	108.4	104.7	100.9	102.9	106.2
缝纫工业	Tailoring Industry	103.4	100.2	101.0	100.9	101.4
皮革工业	Leather Industry	98.0	100.6	102.7	100.9	102.1
造纸工业	Paper Industry	105.7	98.6	101.4	104.1	102.9
文教艺术用品工业	Cultural,Educational & Handicrafts Articles	96.6	99.6	100.1	99.6	100.4
其它工业	Others	94.8	104.1	101.7	102.7	102.9

8-12 分行业工业生产者出厂价格指数

Ex-Factory Price Indices of Industrial Producers by Sector

单位：以上年为100 (preceding year=100)

行业	Sector	2003	2005	2010	2011
煤炭开采和洗选业	Coal Mining and Dressing	100.6	145.0	106.4	117.1
黑色金属矿采选业	Ferrous Metals Mining and Dressing	106.8	98.8	143.0	114.1
有色金属矿采选业	Nonferrous Metals Mining and Dressing	111.5	115.9	128.0	111.1
非金属矿采选业	Nonmetal Minerals Mining and Dressing	99.8	100.5	105.8	106.7
农副食品加工业	Agricultural and Sideline Products Processing	102.2	99.4	106.7	111.3
食品制造业	Food Manufacturing	99.2	95.0	101.7	104.0
饮料制造业	Beverage Manufacturing	97.7	98.1	103.8	107.0
烟草制品业	Tobacco Processing	101.4	100.4	98.8	98.4
纺织业	Textile Industry	103.4	101.2	102.6	105.5
纺织服装、鞋、帽制造业	Textile Garments , Shoes and Caps Products	100.6	100.9	100.7	101.2
皮革、毛皮、羽毛(绒)及其制品业	Leather , Furs , Down and Relate Products	100.7	102.7	100.9	102.1
木材加工及木、竹、藤、棕、草制品业	Timber Processing , Bamboo , Cane , Palm Fiber and Straw Products	99.6	101.9	103.1	102.9
家具制造业	Furniture Manufacturing	99.5	105.0	100.5	102.7
造纸及纸制品业	Papermaking and Paper Products	98.6	101.4	104.1	102.9
印刷业和记录媒介的复制	Printing and Record Medium Reproduction	97.8	97.8	99.3	100.3
文教体育用品制造业	Cultural , Educational and Sports Goods	100.5	101.9	100.4	100.5
石油加工、炼焦及核燃料加工业	Petroleum Processing , Coking and Nuclear Fuel Processing	115.1	123.7	125.7	118.1
化学原料及化学制品制造业	Raw Chemical Materials and Chemical Products	100.0	106.2	111.1	112.0
医药制造业	Medical and Pharmaceutical Products	99.8	98.2	101.5	102.5
化学纤维制造业	Chemical Fiber	113.0	105.7	118.8	113.7
橡胶制品业	Rubber Products	101.1	106.3	99.9	108.3
塑料制品业	Plastic Products	100.1	103.4	103.0	103.3
非金属矿物制品业	Nonmetal Minerals Products	101.3	98.7	102.8	105.9
黑色金属冶炼及压延加工业	Smelting and Pressing of Ferrous Metals	118.9	97.9	111.8	110.2
有色金属冶炼及压延加工业	Smelting and Pressing of Nonferrous Metals	106.7	115.3	114.7	115.1
金属制品业	Metal Products	101.2	107.6	101.1	101.2
通用设备制造业	General Equipment	100.0	101.8	101.1	101.5
专用设备制造业	Special Purpose Equipment	98.3	100.1	100.1	100.3
交通运输设备制造业	Transport Equipment	96.1	100.2	99.9	101.2
电气机械及器材制造业	Electric Equipment and Machinery	100.8	102.5	102.4	101.7
通信设备、计算机及其他电子设备制造业	Telecommunications , Computer ,and other Electronic Equipment	92.9	91.6	95.4	92.5
仪器仪表及文化、办公用机械制造业	Instruments , Meters , Cultural and Clerical Machinery	102.9	100.4	99.8	101.1
工艺品及其他制造业	Handicraft Article and Other Manufacturing	105.3	99.9	102.6	103.2
废弃资源和废旧材料回收加工业	Recycling and Disposal of Waste		102.9	106.8	109.5
电力、热力的生产和供应业	Production and Supply of Electric Power and Hot Power	102.1	103.5	100.3	101.5
燃气生产和供应业	Production and Supply of Gas	102.5	106.8	117.8	113.1
水的生产和供应业	Production and Supply of Water	102.2	102.7	105.5	102.8

8-13 主要城市房地产价格指数

Price Indices for Real Estate in Selected Cities

单位：以上年为100 (preceding year=100)

项目	Item	2010			2011		
		福州市 Fuzhou	厦门市 Xiamen	泉州市 Quanzhou	福州市 Fuzhou	厦门市 Xiamen	泉州市 Quanzhou
新建住宅销售价格指数	New Residential Buildings	106.3	106.7	103.5	103.7	105.7	100.8
新建商品住宅	Residential Buildings	106.5	108.9	104.0	103.8	105.9	100.9
90平方米及以下	under 90 sq.m.	105.5	109.7	104.2	102.4	107.3	100.5
90-144平方米	90-144				105.7	106.6	101.7
144平方米以上	Over 144 sq.m.				102.6	104.7	99.8
二手住宅销售价格指数	Secondhand Buildings	100.0	107.8	98.9	99.2	102.2	99.9
90平方米及以下	under 90 sq.m.				99.6	102.6	100.2
90-144平方米	90-144				100.6	102.2	99.7
144平方米以上	Over 144 sq.m.				98.5	101.5	99.1
土地交易价格指数	Transactions Price Indices of Land	112.0	114.9	108.0	105.0	106.6	94.8
居住用地	Residential Land	114.3	122.1	116.4	105.0	109.4	95.0
工业用地	Industry Land	101.6	100.2	106.3	101.5	100.0	97.1
商业营业用地	Business and Entertainment	110.2	107.9	87.1	105.0	103.2	95.3
住宅租赁价格指数	Renting Price Indices of Houses	108.2	103.2	101.6	106.4	107.2	103.2
廉租住房	Cheap Rent Houses	100.0	100.0		100.0	100.0	100.0
物业服务价格指数	Price Indices of Housees Management	100.0	100.4	100.2	100.0	102.0	101.5
商品住宅	Residential Houses	100.0	100.4	100.2	100.0	101.8	101.6

8-14 农产品生产价格指数
Producting Price Indices for Farm Products

单位：以上年为100　　(preceding year=100)

项目	Item	2003	2005	2010	2011
总指数	Total Price Index	101.7	103.9	111.5	113.3
一、种植业产品	Planted Crops	101.3	105.1	115.3	108.8
谷物	Rice	103.8	97.6	107.6	114.4
早籼稻	Early Rice	98.4	95.3	103.3	118.0
晚籼稻	Late Rice	107.6	96.7	111.2	115.4
薯类	Potato	100.4	106.9	121.9	106.8
豆类	Bean	101.6	97.0	125.1	101.0
大豆	Soybean	103.4	93.4	127.9	101.0
油料	Oil-bearing Crops	101.4	106.3	115.8	117.8
糖料	Sugar	98.4	106.0	104.9	
烤烟叶	Flue-cured Tobacco	97.2	101.7	98.5	110.9
食用菌（干鲜混合）	Edible Bacterium	86.1	103.0	115.7	113.7
水果	Fruit	109.3	108.8	115.2	114.0
茶叶	Tea	104.5	101.3	111.5	107.2
二、林业产品	Forest Products	101.5	104.0	107.6	110.1
原木	Log	101.8	104.7	104.3	112.7
竹材	Bamboo	101.0	104.1	108.0	114.4
三、牧业产品	Livestock Products	103.6	100.9	101.2	122.1
活猪（毛重）	Pigs	108.1	97.4	97.9	125.5
家禽（毛重）	Poultry	102.8	104.2	107.0	112.2
四、渔业产品	Fishery Products	101.1	103.7	113.7	111.0
#海水养殖产品	Seawater Culturing				109.8
海水捕捞产品	Seawater Catching				111.0
淡水养殖产品	Freshwater Culturing				114.3

8-15 各设区市居民消费价格指数(2011年)
Consumer Price Indices by City(2011)

单位：以上年为100

地区 Area	居民消费价格指数 Consumer Price Index	按城乡隶属分类 By Urban and Rural		按类别分 By Category		
		城市 urban	农村 Rural	食品 Food	烟酒及用品 Tobacco And Liquor	衣着 Clothing
福州市 Fuzhou	104.8	104.8	104.6	110.7	102.1	100.9
厦门市 Xiamen	105.2	105.2		111.0	103.7	106.5
莆田市 Putian	105.5	105.4	105.5	110.3	101.7	102.0
三明市 Sanming	105.1	105.0	105.1	109.2	102.8	101.6
泉州市 Quanzhou	105.3	105.3	105.3	112.0	104.4	101.5
漳州市 Zhangzhou	105.0	104.8	105.0	111.0	102.2	101.6
南平市 Nanping	105.0	105.0	105.1	111.0	102.3	100.0
龙岩市 Longyan	105.2	105.2	105.1	111.0	101.5	100.4
宁德市 Ningde	105.2	105.1	105.2	110.3	101.1	99.6

8-15 续表
Continued

单位：以上年为100 (preceding year=100)

地区 Area	家庭设备用品及维修服务 Household Facilities,Articles And Services	医疗保健和个人用品 health Cares	交通和通信 Transportation And Communication	娱乐教育文化用品及服务 Recreation, Education And Culture And Articles	居住 Residence	#水电燃料 water, Electricity And Fuel
福州市 Fuzhou	102.3	103.2	100.9	98.3	105.2	104.1
厦门市 Xiamen	101.3	101.8	100.1	98.3	106.1	101.7
莆田市 Putian	102.3	106.3	100.2	99.8	106.9	104.4
三明市 Sanming	102.2	104.9	102.1	101.3	105.2	104.0
泉州市 Quanzhou	100.2	104.1	101.0	100.3	104.5	103.1
漳州市 Zhangzhou	102.2	103.7	100.9	99.1	104.4	103.1
南平市 Nanping	101.2	103.7	101.0	100.0	105.2	105.4
龙岩市 Longyan	102.4	105.4	101.4	99.5	104.8	104.0
宁德市 Ningde	101.6	105.6	102.2	99.9	105.6	104.4

主要统计指标解释

居民消费价格指数　指反映一定时期内城乡居民所购买的生活消费品价格和服务项目价格变动趋势和程度的相对数，是对城市居民消费价格指数和农村居民消费价格指数进行综合汇总计算的结果。利用居民消费价格指数，可以观察和分析消费品的零售价格和服务价格变动对城乡居民实际生活费支出的影响程度。

城市居民消费价格指数　指反映城市居民家庭所购买的生活消费品价格和服务项目价格变动趋势和程度的相对数。城市居民消费价格指数可以观察和分析消费品的零售价格和服务项目价格变动对职工货币工资的影响，作为研究职工生活和确定工资政策的依据。

农村居民消费价格指数　指反映农村居民家庭所购买的生活消费品价格和服务项目价格变动趋势和程度的相对数。农村居民消费价格指数可以观察农村消费品的零售价格和服务项目价格变动对农村居民生活消费支出的影响，直接反映农民生活水平的实际变化情况，为分析和研究农村居民生活问题提供依据。

商品零售价格指数 指反映城乡商品零售价格变动趋势的一种经济指数。零售物价的调整变动直接影响到城乡居民的生活支出和国家的财政收入，影响居民购买力和市场供需平衡，影响消费与积累的比例。因此，计算零售价格指数，可以从一个侧面对上述经济活动进行观察和分析。

工业品出厂价格指数　指反映一定时期内全部工业产品出厂价格总水平的变动趋势和程度的相对数，包括工业企业售给本企业以外所有单位的各种产品和直接售给居民用于生活消费的产品。该指数可以观察出厂价格变动对工业总产值及增加值的影响。

原材料、燃料和动力购进价格指数　是反映工业企业作为生产投入，而从物资交易市场和能源、原材料生产企业购买原材料、燃料和动力产品时，所支付的价格水平变动趋势和程度的统计指标，是扣除工业企业物质消耗成本中的价格变动影响的重要依据。

农业生产资料价格指数　指反映一定时期内农业生产资料价格变动趋势和程度的相对数。农业生产资料价格指数分为小农具、饲料、产品畜、役畜、半机械化农具、机械化农具、化学肥料、农药及农药械、农机用油、其他农业生产资料十大类。其编制目的是了解农业生产中物质资料投入价格的变动状况，服务于国民经济核算。1994 年以前，农业生产资料价格指数仅仅是商品零售价格指数的一个类别，此后，从商品零售价格指数中分离出来，单独编制。

固定资产投资价格指数　指反映一定时期内固定资产投资额价格变动趋势和程度的相对数。固定资产投资额是由建筑安装工程投资完成额、设备工器具购置投资完成额和其他费用投资完成额三部分组成的。编制固定资产投资价格指数应首先分别编制上述三部分投资的价格指数，然后采用加权算术平均法求出固定资产投资价格总指数。

固定资产投资价格指数可以准确地反映固定资产投资中涉及的各类商品和取费项目价格变动趋势和变动幅度，消除按现价计算的固定资产投资指标中的价格变动因素，真实地反映固定资产投资的规模、速度、结构和效益，为国家科学地制定、检查固定资产投资计划并提高宏观调控水平，为完善国民经济核算体系提供科学的、可靠的依据。

房地产价格指数　是反映一定时期内房地产价格变动趋势和程度的相对数，包括房屋销售价格指数、房屋租赁价格指数、土地交易价格指数和物业管理价格指数。这四套指数的计算方法相似，均采用超级汇总的方法。

Explanatory Notes on Main Statistical Indicators

Consumer Price Indices reflect the trend and degree of changes in prices of consumer goods and services purchased by urban households during a given period,and is a composite index derived from the urban consumer price index and the rural consumer price index. Consumer price index can be used to analyze the impact of consumer price change on actual expenditure for living cost of urban and rural residents.

Urban Consumer Price Indices reflect the trend and degree of changes in prices of consumer goods and services purchased by urban households. It can be used to observe and analyze the impact of price changes in consumer goods and services on money wages of staff and workers, and provide basis for policymaking concerning the living cost and wages of staff and workers.

Rural Consumer Price Indices reflect the trend and degree of changes in prices of consumer goods and services purchased by rural households. It can be used to observe the impact of change in retail prices of consumer goods and service prices in rural areas on living expenditure of rural households, and to show the changes in the living standard of peasants. It provides basis for analysis and research on condition of life in rural areas.

Retail Price Indices reflect the trend and degree of change in retail prices of commodities during a given period. The change in retail prices of commodities directly affect the living expenses of urban and rural residents, government revenue, purchasing power of residents and the equilibrium of market supply and demand, and the ratio of consumption to accumulation. Therefore, the retail price indices are useful from an oblique perspective for observing and analyzing the changes of the above economic activities.

Ex-factory Price Indices of Industrial Products reflect the trend and degree of changes in general ex-factory prices of all industrial products during a given period,including sales of industrial products by an industrial enterprise to all units outside the enterprise,as well as sales of consumer goods to residents.It can be used to analyze the impact of ex-factory prices on gross output value and value-added of the industrial sector.

Purchasing Price Indices for Raw Materials, Fuels and Power reflect changes in the level and degree of prices paid by industrial enterprises when they purchase production input such as raw materials, fuels and power from the market or from other energy or raw materials producing enterprises. These indices provide an important basis for measuring the material consumption of industrial enterprises after removing the influence of price changes.

Indices of Producers' Prices for Farm Products reflect the trend and degree of changes in producers' prices received by farmers when they sell farm products during a given period. These indices depict the change in the level and structure of producers' prices of farm products of the country and meet the needs of agriculture statistics and national account statistics. The producers' price index of a given product is calculated through geometrical mean of individual indices of all surveyed units who sell such product, and the indices of a product category is obtained through weighted mean of price indices of all products in the category. Method for calculating accumulative quarterly indices is the same as for calculating the distinctive quarterly indices.

Price Indices of Investment in Fixed Assets reflects the trend and degree of changes in prices of investment in fixed assets. The investment in fixed assets consists of three components, namely the investment in construction and installation, the investment in purchases of equipment and instrument,and the investment in other items. Price index of investment in fixed assets is calculated as the weighted arithmetic mean of the price indices of the three components of investment in fixed assets.

Removing the factor of price change in the aggregates of investment at current prices, this indicator shows the changes in the prices of commodities and fees involved in the investment of fixed assets, and can be used to observe the actual size, growth, structure,and efficiency of investment in fixed assets and provides reliable and scientific data for government planning, management, decision making, and further improving the current national accounting system.

Price Indices for Real Estate reflect the trend and degree of changes in prices of real estate during a given period, including sale price indices for houses, price indices for renting houses, price indices for land transactions and price indices for management of properties. The methods for the compilation of these four sets of indices are similar in that they all use the super-collecting approach

第九篇　城市概况

Chapter 9　General Survey of Cities

资料整理：廖捷

Database Editor:Liaojie

简 要 说 明

本篇资料的主要内容及来源

本篇资料反映我省社会、经济发展和城市建设的规模、效益及综合水平等基本情况，

城市资料主要包括城市公用事业基本情况，主要经济指标，市场设施，园林绿化，环境卫生，供水供气，公用交通等。

全省数据是全省 23 个城市市辖区的汇总数，23 个城市分别是福州市、厦门市、莆田市、三明市、泉州市、漳州市、南平市、龙岩市、宁德市、福清市、长乐市、永安市、石狮市、晋江市、南安市、龙海市、邵武市、武夷山市、建瓯市、建阳市、漳平市、福安市、福鼎市。

本篇资料由省统计局社会和科技统计处根据福建省住房和城乡建设厅和福建省统计局相关处室提供的年度数据整理。

Brief Introduction

Main Content and Source of Data

Data in this chapter show the social and economic development as well as the scale, economic efficiency, overall level and other basic conditions of cities at the prefecture in Fujian Province.

Data on the general survey cities include the basic condition of urban public facilities ,main economic indicators, civil greenery , environment and sanitation ,supply of gas and water ,public transportation ,etc.

The total provice data is the sum of 23 cities, 23 cities were Fuzhou、Xiamen、Putian、Shanming、Quanzhou、Zhangzhou、Nanpin、Longyan、Linde、Fuqing、Changle、Yongan、Shishi、Jinjiang、Nan'an、Longhai、Shaowu、Wuyishan、Jian'ou、Jianyang、Zhangping、Fuan and Fuding。

Data on chapter are complied by the Division of Social,Science and Technology of the Fujian Bureau of Statistics according to the data of yearly statistics ,which are provided by the Construction Bureau of Fujian and related departments of Fujian Provincial Bureau of Statistics.

9-1 各城市建设情况(2011年)

Statistics on City Construction by City(2011)

地区	Area	城市面积(平方公里) Area of City (sq km)	#建成区面积 Developed Area	本年征用土地面积(公顷) Area of The requisition land This Year (hectare)	城市人口密度(人/平方公里) Population Density of City Districts (person/sq.km)	年末实有道路长度(公里) Length of Paved Roads (km)	年末实有道路面积(万平方米) Area of Paved Roads (10000 sq.m)	城市桥梁数量(座) Number of City Bridges (unit)
合　计	**Total**	**4481.4**	**1130.0**	**5170**	**2306**	**7238.5**	**13908**	**1292**
福州市	Fuzhou	1043.0	232.1	1328	2097	1134.8	2477	369
福清市	Fuqing	224.5	37.0	1278	1331	131.2	324	29
长乐市	Changle	176.4	20.5	223	1208	381.8	503	81
厦门市	Xiamen	246.3	246.3		10678	1341.0	3328	139
莆田市	Putian	244.0	54.8	190	2164	673.5	784	93
三明市	Sanming	220.0	28.8	95	1054	279.7	332	30
永安市	Yong'an	300.0	20.4	275	519	142.5	225	27
泉州市	Quanzhou	529.0	161.5		2079	675.0	1470	80
石狮市	Shishi	34.5	21.9		8475	130.6	410	43
晋江市	Jinjiang	60.0	36.0	200	5057	301.1	807	22
南安市	Nan'an	130.0	27.5	231	2124	215.5	383	37
漳州市	Zhangzhou	95.2	53.3	275	4524	311.4	794	76
龙海市	Longhai	27.0	17.5	55	6696	128.2	227	26
南平市	Nanping	165.8	28.2	129	1235	247.0	237	54
邵武市	Shaowu	95.0	16.5	196	1082	112.0	160	36
武夷山市	Wuyishan	354.8	9.0	130	217	102.8	155	14
建瓯市	Jian'ou	35.0	10.0		3243	117.0	95	6
建阳市	Jianyang	33.7	10.3		3163	62.0	108	6
龙岩市	Longyan	185.0	40.0	343	1636	334.8	407	38
漳平市	Zhangping	13.7	9.0		5904	66.8	106	5
宁德市	Ningde	107.5	21.0	222	2208	153.1	292	20
福安市	Fu'an	37.0	11.0		3317	104.8	121	17
福鼎市	Fuding	124.0	17.5		1263	92.0	165	44

9-2 各城市供水情况(2011年)

Basic Statistics on Tap Water Supply in Cities by City(2011)

地区	Area	年底供水综合生产能力(万平方米/日) Production Capacity of Top Water Supply at the Year-end (10000cu.m/day)	年末供水管道长度(公里) Length of Sewage Pipes (km)	全年供水总量(万立方米) Volume of Top Water Supply (10000 cu.m)	#生活用水 Water Consumption for Residential Use	#生产用水 Water Consumption for Productive Use	用水人口(万人) Number of Residents with Access to Tap Water (10000 persons)	人均日生活用水量(升) Per Capital Water Consumption for Residential Use(L)
合　计	**Total**	**682.94**	**15594.86**	**137724.24**	**70351.11**	**38085.00**	**1024.22**	**188.18**
福州市	Fuzhou	146.68	1741.00	27562.82	19794.40	2965.36	217.14	249.75
福清市	Fuqing	18.60	579.00	6268.33	2730.86	2517.41	29.86	251.26
长乐市	Changle	15.76	317.53	1750.47	1161.18	353.39	21.18	150.20
厦门市	Xiamen	121.80	3228.47	33739.15	14304.00	10091.00	263.01	149.00
莆田市	Putian	38.90	721.81	8215.52	2728.30	3745.00	52.28	142.98
三明市	Sanming	74.90	954.88	6638.80	1926.27	4203.86	22.99	229.55
永安市	Yong'an	13.50	270.11	3968.00	1396.58	2256.67	15.51	247.20
泉州市	Quanzhou	55.30	4771.79	14152.02	6926.88	1256.15	108.60	179.72
石狮市	Shishi	41.00	270.00	5120.00	2344.00	2124.00	29.04	221.14
晋江市	Jinjiang	28.00	580.00	5610.00	1976.00	3024.00	30.13	179.68
南安市	Nan'an	7.50	190.98	1540.70	1100.90	152.30	25.13	120.02
漳州市	Zhangzhou	32.50	368.96	4079.17	2724.63	997.54	42.94	173.84
龙海市	Longhai	8.50	178.35	1328.41	873.35	245.75	17.60	140.21
南平市	Nanping	16.50	298.85	2560.00	1442.00	806.00	20.48	192.90
邵武市	Shaowu	7.50	142.00	1103.50	760.20	225.00	10.28	202.60
武夷山市	Wuyishan	5.00	75.60	701.00	618.00	9.00	7.40	228.80
建瓯市	Jian'ou	3.90	90.25	914.60	724.26	70.93	11.00	180.39
建阳市	Jianyang	3.00	81.11	748.00	494.00	133.00	10.56	128.17
龙岩市	Longyan	15.80	195.99	5418.00	1704.00	2537.00	30.09	155.15
漳平市	Zhangping	4.00	88.40	731.00	415.00	231.00	7.80	145.77
宁德市	Ningde	7.50	188.13	1480.00	1279.00	51.00	23.53	148.92
福安市	Fu'an	8.80	113.41	1783.50	1075.00	81.00	12.17	253.82
福鼎市	Fuding	8.00	148.24	2311.25	1564.80	8.64	15.50	276.59

9-3 各城市排水和污水处理情况(2011年)

Basic Statistics on Drainage and Swage Treatment in Cities by City(2011)

地区	Area	排水管道长度（公里） Length of Sewage Pipes (km)	污水处理厂数（座） Number of Waste Water Treated Factory (unit)	城市污水厂日处理能力（万立方米／日） Per Day Volume of Waste Water Treated (10000 cu.m/day)	污水处理总量（万立方米） Volume of Waste Water Treated (10 000 cu.m)	污水处理率（%） Percentage of Sewage Disposal of City (%)	污水处理厂集中处理率（%） Percentage of Sewage Collection Disposal in Factory of City (%)
合　计	**Total**	**10766.66**	**50**	**298.6**	**88162**	**85.3**	**81.0**
福州市	Fuzhou	1705.03	8	57.0	18466	84.6	82.8
福清市	Fuqing	306.6	1	12.0	4553	80.8	80.8
长乐市	Changle	232.64	2	5.5	1092	78.0	74.9
厦门市	Xiamen	2124	7	83.3	21329	90.4	90.4
莆田市	Putian	1424.76	5	21.3	5794	85.2	85.2
三明市	Sanming	129.3	2	5.5	3894	83.8	30.1
永安市	Yong'an	113.65	1	4.0	2375	85.5	40.1
泉州市	Quanzhou	1065.46	5	28.5	8629	86.0	86.0
石狮市	Shishi	313.46	1	10.0	3043	80.0	80.0
晋江市	Jinjiang	966.45	1	10.0	3186	81.1	81.1
南安市	Nan'an	327.8	1	2.5	985	78.0	78.0
漳州市	Zhangzhou	749.43	2	12.0	2882	88.3	88.3
龙海市	Longhai	169.74	1	2.5	737	79.1	53.3
南平市	Nanping	75.1	2	8.0	1447	80.5	80.5
邵武市	Shaowu	104	1	2.0	669	85.0	85.0
武夷山市	Wuyishan	102	2	3.5	424	83.3	83.3
建瓯市	Jian'ou	56.1	1	1.5	263	41.0	41.0
建阳市	Jianyang	54.6	1	1.5	471	89.9	89.9
龙岩市	Longyan	227	1	15.0	3911	90.3	90.3
漳平市	Zhangping	63	1	2.0	417	71.4	71.4
宁德市	Ningde	151.54	2	2.5	891	86.0	86.0
福安市	Fu'an	171	1	3.5	1054	76.1	76.1
福鼎市	Fuding	134	1	5.0	1650	89.0	89.0

9-4 各城市公共交通情况(2011年)

Basic Statistics on Public Transportation in Cities by City(2011)

地区	Area	年末运营公交车辆数（辆） Number of Public Transportation under Operation(set)		公共交通客运总量（万人）
		公共汽车 Public Vehicles	出租汽车 Taxis	Bus,Trolley Bus (10000 person)
合　计	**Total**	**12514**	**19596**	**297089.5**
福州市	Fuzhou	3075	5140	66922.8
福清市	Fuqing	312	250	2068.9
长乐市	Changle	70	169	1887.0
厦门市	Xiamen	3770	4825	80238.1
莆田市	Putian	257	670	3843.6
三明市	Sanming	294	339	6155.4
永安市	Yong'an	146	151	3816.1
泉州市	Quanzhou	1045	1662	10002.2
石狮市	Shishi	197	294	3382.5
晋江市	Jinjiang	358	344	4710.4
南安市	Nan'an	106	234	2582.5
漳州市	Zhangzhou	251	1028	3810.0
龙海市	Longhai	101	79	570.9
南平市	Nanping	208	284	5135.0
邵武市	Shaowu	85	128	1445.0
武夷山市	Wuyishan	80	175	1358.0
建瓯市	Jian'ou	77	134	1750.0
建阳市	Jianyang	87	153	1721.0
龙岩市	Longyan	309	381	8213.1
漳平市	Zhangping	34	30	166.7
宁德市	Ningde	148	455	3157.9
福安市	Fu'an	61	310	1642.0
福鼎市	Fuding	87	233	1947.0

9-5 各城市绿地和园林(2011年)

Basic Statistics on Parks and Green Areas in Cities by City(2011)

地区	Area	绿化覆盖面积（公顷） Green Areas (hectare)	#建成区 Green Areas of Developed City	园林绿地面积（公顷） Park and Green Areas (hectare)	#建成区 Green Areas of Developed City	公园个数（个） Number of Parks and Zoos (unit)	公园面积（公顷） Area of Parks and Zoos (hectare)
合　计	**Total**	**57984**	**46766**	**50802**	**42227**	**451**	**9681**
福州市	Fuzhou	10138	9400	9704	8604	52	2452
福清市	Fuqing	1653	1582	1642	1392	31	325
长乐市	Changle	1023	899	863	817	70	308
厦门市	Xiamen	17104	10009	15944	8868	76	2150
莆田市	Putian	2514	2514	2183	2183	19	289
三明市	Sanming	1430	1199	1094	1089	6	152
永安市	Yong'an	951	911	831	829	7	125
泉州市	Quanzhou	6557	6557	6105	6105	33	724
石狮市	Shishi	922	922	809	809	9	325
晋江市	Jinjiang	1535	1535	1384	1384	8	334
南安市	Nan'an	1071	1042	941	893	11	302
漳州市	Zhangzhou	2205	2204	2105	2103	27	398
龙海市	Longhai	768	730	664	654	11	245
南平市	Nanping	1141	1141	996	995	14	268
邵武市	Shaowu	794	707	651	631	9	168
武夷山市	Wuyishan	2855	418	371	358	11	78
建瓯市	Jian'ou	442	442	376	376	10	117
建阳市	Jianyang	455	455	410	410	2	80
龙岩市	Longyan	1980	1686	1574	1574	17	205
漳平市	Zhangping	387	387	335	335	4	95
宁德市	Ningde	875	842	765	763	9	287
福安市	Fu'an	441	441	391	391	10	94
福鼎市	Fuding	743	743	664	664	5	160

9-6 各城市市容环境卫生情况(2011年)

Basic Statistics on Urban Sanitation in Cities by City(2011)

地区	Area	道路清扫保洁面积（万平方米） Area under Cleaning Program (10000 sq.m)	生活垃圾清运量（万吨） Volume of Garbage Disposal(10000 tons)	市容环卫专用车辆设备总数（台） Number of Special Vehicles for Environmental Sanitation (unit)	公共厕所（所） Number of Public Lavatories (unit)	#三类以上 Third Grade and Above
合　计	**Total**	**12164**	**433.52**	**2049**	**2920**	**2426**
福州市	Fuzhou	2032	80.30	429	923	923
福清市	Fuqing	530	11.68	40	61	61
长乐市	Changle	215	6.30	33	75	75
厦门市	Xiamen	2144	95.87	697	437	437
莆田市	Putian	837	25.55	26	112	112
三明市	Sanming	255	12.54	44	61	61
永安市	Yong'an	125	5.28	43	61	61
泉州市	Quanzhou	2046	35.50	169	464	14
石狮市	Shishi	640	26.70	33	24	24
晋江市	Jinjiang	664	26.50	140	103	103
南安市	Nan'an	396	20.69	89	51	48
漳州市	Zhangzhou	670	14.34	64	121	121
龙海市	Longhai	139	5.20	37	38	38
南平市	Nanping	176	7.80	38	42	42
邵武市	Shaowu	84	4.30	19	40	40
武夷山市	Wuyishan	98	4.05	29	19	19
建瓯市	Jian'ou	129	4.38	24	28	28
建阳市	Jianyang	108	4.50	18	21	21
龙岩市	Longyan	274	18.63	23	98	81
漳平市	Zhangping	65	2.45	8	12	11
宁德市	Ningde	178	9.25	22	60	50
福安市	Fu'an	189	6.20	18	34	34
福鼎市	Fuding	170	5.51	6	35	22

9-7 各城市设施水平(2011年)

Level of Public Facilities in Cities by City(2011)

地区	Area	城市用水普及率(%) Pecentage of Population with Access to Tap Water (%)	城市燃气普及率(%) Percentage of City Population with Access to Gas (%)	人均城市道路面积(平方米) Per Area of Paved Roads (sq.m)	人均公园绿地面积(平方米) Per Capita Public Green Areas (sq.m)	生活垃圾无害化处理率(%) Percentage of Garbage Disposal with Standard (%)	建成区绿化覆盖率(%) Ratio of Green Areas to City Areas(%)
合　计	**Total**	**99.1**	**98.7**	**13.46**	**11.72**	**94.6**	**41.4**
福州市	Fuzhou	99.3	99.8	11.32	11.21	99.9	40.5
福清市	Fuqing	99.9	98.1	10.84	11.71	100.0	42.8
长乐市	Changle	99.4	94.8	23.61	14.45	76.4	43.9
厦门市	Xiamen	100.0	100.0	12.65	11.19	98.3	40.6
莆田市	Putian	99.0	98.0	14.85	12.90	100.0	45.9
三明市	Sanming	99.1	98.3	14.30	12.20	97.1	41.6
永安市	Yong'an	99.6	98.9	14.44	10.91	97.7	44.8
泉州市	Quanzhou	98.7	96.4	13.36	11.90	100.0	40.6
石狮市	Shishi	99.3	99.4	14.02	12.86	100.0	42.2
晋江市	Jinjiang	99.3	96.9	26.60	11.01	100.0	42.6
南安市	Nan'an	91.0	97.5	13.88	10.94	99.6	37.9
漳州市	Zhangzhou	99.7	98.3	18.42	10.88	99.8	41.4
龙海市	Longhai	97.4	96.7	12.53	14.77	99.6	41.7
南平市	Nanping	100.0	97.7	11.55	13.38	100.0	40.5
邵武市	Shaowu	100.0	99.0	15.55	17.02	10.5	42.8
武夷山市	Wuyishan	96.2	97.5	20.12	12.35		46.4
建瓯市	Jian'ou	96.9	96.9	8.37	10.84		44.2
建阳市	Jianyang	99.1	99.1	10.13	11.26		44.2
龙岩市	Longyan	99.4	98.7	13.46	11.56	98.5	42.2
漳平市	Zhangping	96.3	95.3	13.04	13.95	97.6	43.1
宁德市	Ningde	99.1	98.9	12.28	13.65	83.0	40.1
福安市	Fu'an	99.1	98.4	9.86	10.50	90.0	40.1
福鼎市	Fuding	99.0	96.7	10.53	10.41	90.0	42.6

主要统计指标解释

供水综合生产能力　指按供水设施取水、净化、送水、出厂输水干管等环节设计能力计算的综合生产能力。包括在原设计能力的基础上，经挖、革、改增加的生产能力。计算时，以四个环节中最薄弱的环节为主确定能力。

年末供水管道长度　指从送水泵到用户水表之间所有管道的长度。但不包括新安装未使用的管道长度。

全年供水总量　指报告期供水企业(单位)供出的全部水量。包括有效供水量和漏损水量。

生活用水量　包括公共服务用水和居民家庭用水。公共服务用水指为城市社会公共生活服务的用水。包括行政事业单位、部队营区和公共设施服务、社会服务业、批发零售贸易业、旅馆饮食业以及其他公共服务业等单位的用水。居民家庭用水指城市范围内所有居民家庭的日常生活用水。包括城市居民、农民家庭、公共供水站用水。

城市人口用水普及率　指城市用水的非农业人口数(不包括临时人口和流动人口)与城市非农业人口总数之比。计算公式为：

用水普及率＝(城市用水的非农业人口数／城市非农业人口数)×100%

人工煤气生产能力　指城市煤气厂制气、净化、输送等环节的综合实际生产能力。

供气管道长度　指报告期末从气源厂压缩机的出口或门站出口至各类用户引入管之间的全部已经通气投入使用的管道长度。不包括煤气生产厂、输配站、液化气储存站、灌瓶站、储配站、气化站、混气站、供应站等厂(站)内的管道。

全年供气总量　指全年燃气企业(单位)向用户供应的燃气数量。包括销售量和损失量。

城市用气普及率　指使用煤气(包括人工煤气、液化石油气、天然气)的城市非农业人口数(不包括临时人口和流动人口)与城市非农业人口总数之比。计算公式为：

城市煤气普及率＝(城市用气的非农业人口数／城市非农业人口总数)×100%

年底实有铺装道路长度　指除土路外，路面经过铺装宽度在 3.5 米以上的道路，包括高级、次高级道路和普通道路。

城市桥梁　指城市范围内，修建在河道上的桥梁和道路与道路立交、道路跨越铁路的立交桥及人行天桥。包括永久性桥和半永久性桥，不包括临时性桥、铁路桥、涵洞。

城市下水道总长度　指所有排水总管、干管、支管及暗渠、检查井、连接井进出水口等长度之和。

城市污水日处理能力　指污水处理厂每昼夜处理污水量的设计能力。

年末实有公共汽(电)车　指年底可参加营运的全部车辆数，包括营运车辆数和库存查封未参加营运的车辆。不包括非营运车辆，如架线车、油罐车、工程车、货车及其他专用车辆和借入的客运车辆。

城市园林绿地面积　指城市公共绿地、专用绿地、生产绿地、防护绿地、郊区风景名胜区的全部面积。

公共绿地　指供游览休息的各种公园、动物园、植物园、陵园以及花园、游园和供游览休息用的林荫道绿地、广场绿地，不包括一般栽植的行道树及林荫道的面积。

Explanatory Notes on Main Statistical Indicators

Production Capacity of Water Supply refers to the designed comprehensive production capacity of water facilities, covering the 4 links of water collection, purification, conveyance, and outflow through trunk pipelines. Increase capacity through transformation and innovation projects are included as well. The capacity is determined mainly on the weakest of the above-mentioned 4 links.

Length of Water Supply Pipelines at the Year-end refers to the total length of all the pipelines between the water pumps and the user water meters, excluding pipelines newly installed but not used yet.

Annual Volume of Water Supply refers to the total volume of water supplied by water-works (units) during the reference period, including both the effective water supply and loss during the water supply.

Consumption of Water for Residential Use refers to the water consumption of households for daily life and the water consumption of public service facilities. The latter refers to water consumption for urban public services, including the consumption of government agencies and public institutions, military barracks, public facilities, wholesale and retail outlets, restaurants, hotels, and other units providing public services. Household water consumption refers to consumption of water for daily life of all households in the boundary of cities, including households of urban residents and farmers, and public water supply stations.

Percentage of Urban Population with Access to Tap Water refers to the ratio of the urban non-agricultural population (excluing temporary and mobile population) with access to tap water to the total urban non-agricultural population.The formula is:

Percentage of Population with Access to Tap Water =（Urban Non-agricultural Population with Access to Tap Water /Urban Non-agricultural Population）×100%

Production Capacity of Gaswork Gas refers to the actual comprehensive production capacity of the urban gasworks in gas generation, purification and delivery.

Length of Gas Pipelines refers to the total length of pipelines between the outlet of the compressor, blower or gas tank and the gas meters of users. excluding pipelines within gasworks, delivery stations, LPG storage stations, refilling stations, gas-mixing stations and supply stations.

Volume of Gas Supply refers to the total volume of gas sold to users in a year, including the volume sold and the volume lost.

Percentage of Urban Population with Access to Gas refers to the ratio of the urban non-agricultural population with access to gas (including gas, liquefied petroleum gas and natural gas) to the urban non-agricultural population(excluding temporary and mobile population). The formula is:

Percentage of Population with Access to Gas =(Urban Non-agricultural Population with Access to Gas/Urban Non-agricultural Population)×100%

Length of Paved Roads at the Year-end refers to the length of roads with a paved surface, and with a width of more than 3-5 meters, including high quality,medium quality and ordinary roads.

Urban Bridges refer to bridges over river courses, great separated junctions and overpasses in urban areas.Permanent bridges and semi-permanent bridges are included.Temporary bridges,railway bridges and culverts are excluded.

Length of Urban Sewage Pipes refers to the total length of general drainage, trunks. branch and blind drainage, inspection wells, connection wells, inlets and outlets, etc.

Daily Disposal Capacity of Urban Sewage refers to the designed 24 hour capacity of sewage disposal at the sewage treatment works.

Number of Public Vehicles (Buses and Trolley buses) at the Year-end refers to the total number of operational buses available at the year-end, including the year-end operational vehicles and vehicles in stock.Non-operational vehicles such as stringing cars,tank cars,machine shop cars,trucks and other special vehicles and the borrowed passenger vehicles are excluded.

Area of Urban Gardens and Green Areas refers to the total area of urban public green land,special green land,production green land,protection green land and suburban scenic spots.

Public Green Area refers to green areas of various parks, zoos, botanical gardens, cemeteries, amusement parks, tree-flanked boulevards greenland squares for tourism and relaxing.Areas with trees planted along-side the streets and boulevards are excluded.

第十篇　财政金融

Chapter 10　Finance

资料整理：余波 廖捷

Database Editor:Yubo Liaojie

简要说明

本篇资料的主要内容及来源

本篇资料反映了全省财政收支、金融和保险、证券方面的情况，主要包括财政收入、财政支出、金融机构存贷款、现金收支、保险机构、保险业务开展和福建省辖区证券市场等方面的资料。

财政部分的资料来源于省财政厅；金融方面的资料来源于中国人民银行福州分行;保险方面的资料来源于中国保监会福建监管局;证券方面的资料来源于福建省发改委股证处。

本篇资料由省统计局综合统计处、社会和科技统计处根据以上资料整理。

Brief Introduction

Main Content and Source of Data

Data in this chapter show the conditions of local government budgetary finance, banking and insurance and securities, including government revenue and expenditure, credit funds, cash income and expenses, statistics on insurance companies and basic situation of securities markets under Fujian province.

Data on local government finance are provided by Fujian Provincial Department of Finance; Data on banking are provided by Fuzhou Branch of the People's Bank of China; Data on insurance are provide by China Insurance Regulatory Commission of Fujian Bureau; Data on securities are provided by China Securities Regulatory Commission of Fujian Bureau.

Data in this chapter are collected and compiled by the Division of Comprehensive Statistics and the Division of Social, Science and Technology Statistics of Fujian Provincial Bureau of Statistics on the basic of data from the relative departments.

10-1 主要年份财政收支总额及增长速度

Budgetary Revenue and Expenditure in Selected Years

单位：亿元 (100 million yuan)

年份	财政总收入 Total Revenue		地方财政收入 Expenditure of Local Government		财政支出 Total Expenditure	
Year	数值 Value	比上年增长(%) Ratio(%)	数值 Value	比上年增长(%) Ratio(%)	数值 Value	比上年增长(%) Ratio(%)
1952	2.20				1.25	
1957	3.22				2.47	
1962	5.07				3.60	
1965	6.60				4.99	
1970	6.45				8.34	
1975	9.59				9.86	
1978	15.13				15.14	
1979	12.72	-15.9			16.03	5.9
1980	15.33	20.5			15.05	-6.1
1981	14.52	-5.3			14.27	-5.2
1982	13.67	-5.9			16.42	15.1
1983	12.37	-9.5			17.55	6.9
1984	16.78	35.7			20.52	16.9
1985	25.08	49.5			30.64	49.3
1986	29.14	16.2			37.62	22.8
1987	33.16	13.8			39.99	6.3
1988	40.16	21.1			49.29	23.3
1989	53.01	32.0			60.48	22.7
1990	57.06	7.6			68.45	13.2
1991	69.70	22.2			78.13	14.1
1992	75.35	8.1			84.50	8.2
1993	110.58	46.8			113.88	34.8
1994	149.66	35.3			137.73	20.9
1995	184.58	23.3	117.37		171.58	24.6
1996	215.11	16.5	142.12	21.1	200.31	16.7
1997	251.30	16.8	162.91	14.6	224.36	12.0
1998	281.42	12.0	187.92	15.4	254.87	13.6
1999	312.57	11.1	208.92	11.2	279.24	9.6
2000	369.67	18.3	234.11	12.1	324.18	16.1
2001	428.33	15.9	274.28	17.2	373.19	15.1
2002	476.20	11.2	272.89	-0.5	397.56	6.5
2003	551.00	15.7	304.71	10.6	452.30	13.8
2004	622.57	13.0	333.52	10.5	516.68	14.2
2005	788.11	26.6	432.60	29.7	593.07	14.8
2006	1012.77	28.5	541.17	25.1	728.70	22.9
2007	1282.84	26.7	699.46	29.2	910.64	25.0
2008	1516.51	18.2	833.40	19.1	1137.72	24.9
2009	1694.63	11.7	932.43	11.9	1411.82	24.1
2010	2056.01	21.3	1151.49	23.5	1695.09	20.1
2011	2597.01	26.3	1501.51	30.4	2198.18	29.7

注：本部分所采用的财政数字均为当年决算定案数。2002年起口径有调整。

Note:Financial figures in this chapter are all final accounts of current year.Since 2002,The Statistic scope had adjusted.

10-2 财政地方级一般预算收入

General Budgetary Revenue of Local Government

单位：万元 (10000 yuan)

项目 Item	2000	2003	2005	2010	2011
收入合计 Total Revenue	**2341061**	**3047100**	**4326003**	**11514923**	**15015128**
1.增值税 Value-added Tax	353461	543961	731267	1411033	1642211
2.营业税 Operation Tax	582053	847298	1246076	3197000	4000289
3.企业所得税 Enterprises' Income Tax	321959	368133	542646	1569118	2161157
4.企业所得税退税 Return for Enterprises' Income Tax	-3243	-63			
5.个人所得税 Individual Income Tax	247517	212552	274137	563374	692387
6.资源税 Resources Tax	7007	14501	21436	64550	80886
7.固定资产投资方向调节税 Tax on the Adjustment of the Investment in the Fixed Assets	8784	69	103		
8.城市维护建设税 Tax on Town Maintenance and Construction	97646	139206	185544	431149	745296
9.房产税 Tax on Real Estates	95496	131463	169576	317362	406709
10.印花税 Stamp Tax	18309	34770	55267	171193	221381
11.城镇土地使用税 Tax on the Use of Urban Land	15746	20168	29400	263343	296411
12.土地增值税 Land Value Added Tax	4326	9874	40785	628057	999172
13.车船使用和牌照税 Tax on the Use of Vehicles and Ships	6055	9804	12662	59863	71514
14.烟叶税 Tobacco Leaf Tax				32896	42897
15.耕地占用税 Tax on The Occupancy of Cultivated Land	13474	20931	32003	181050	246176
16.契税 Contract Tax	55799	115484	209093	770908	936604
17.国有资本经营收入 State-downed Assets Profit				219530	235537
18.国有资源(资产)有偿使用收入 Income from use of State-downed resources				414662	507005
19.行政性收费收入 Income from Adiministr-ative Fees	74946	214450	290876	481761	688333
20.罚没收入 Penalty and Confiscatory Income	101764	165018	213993	292226	370872
21.专项收入 Expert Project Income	64036	82689	120693	352274	541436
22.其他收入 Other Income	127716	43619	48254	93574	128855

10-3 财政一般预算支出

General Budgetary Expenditure of Local Government

单位：万元 (10000 yuan)

项目 Item	2007	2008	2009	2010	2011	2011年比上年增长(%) 2011 as Percentage of the last Years(%)
支出合计 Total Expenditure	**9106446**	**11377159**	**14118238**	**16950906**	**21981797**	**29.7**
1.一般公共服务 Expenditure for General Public Service	1619087	1891974	2038230	2119124	2474656	16.8
2.外交 Expenditure for Foreign Affairs						…
3.国防 Expenditure for National Defense	32004	31468	32557	32680	47622	45.7
4.公共安全 Expenditure for Public Safety	765591	915985	994719	1206017	1447356	20.0
5.教育 Expenditure for Operating Expense of Education	1836550	2332923	2775527	3277681	4067325	24.1
6.科学技术 Expenditure for Operating Expense of Department of Science	212670	256281	278903	323057	404793	25.3
7.文化体育与传媒 Expenditure for Operating Expense of Culture , Sport Broadcasting	182941	224251	257706	271014	358595	32.3
8.社会保障和就业 Expenditure for Operating Expense of Social Welfare and Employment	905712	1092914	1328536	1482366	1849165	24.7
9.医疗卫生 Expenditure for Public Health	519887	742741	933922	1175835	1592972	35.5
10.环境保护 Expenditure for Enviromental Protection	87563	140264	338250	397865	379484	-4.6
11.城乡社区事务 Expenditure for Neithbourhood Service Centre of Urbam and Rural	615597	750936	784441	1076788	1462422	35.8
12.农林水事务 Expenditure for Agriculture , Foresty and Water Conservancy	614904	804268	1208948	1603355	2078860	29.7
13.交通运输 Expenditure for Transportation	266274	456079	1276205	1252071	2400536	91.7
14.工业商业金融等事务 Expenditure for Industry Trade and Finance	605311	880165	938201	1044916	1469231	40.6
15.其他支出 Other Expenditure	842355	856910	932093	1688137	1948780	15.4

10-4 金融机构人民币各项存款和贷款余额（1990-2011年）

RMB Deposits and Loans of Financial Institutions(1990-2011)

单位：亿元 (100 million yuan)

年份 Year	各项存款 Total Deposits	#城乡居民储蓄存款 Savings Deposit in Urban and Rural Household	财政存款 Fiscal Deposits	各项贷款 Total Loans	#短期贷款 Short-term Loans	中长期贷款 Medium-term &Long-term Loans
1990	359.45	183.26		381.93		
1991	477.45	245.60		453.10		
1992	667.01	327.00		589.74		
1993	824.37	394.06		774.65	554.06	153.33
1994	1101.81	558.97		954.73	698.86	180.89
1995	1451.68	795.43		1176.63	860.09	221.09
1996	1901.71	1106.33		1467.79	1060.12	294.42
1997	2192.74	1324.37	15.40	1750.38	1279.40	329.60
1998	2557.30	1565.18	28.11	1942.78	1423.39	368.87
1999	2924.61	1739.01	41.24	2255.50	1612.59	476.85
2000	3114.32	1767.59	39.59	2438.82	1728.01	510.32
2001	3614.26	2030.94	45.94	2864.76	1656.70	902.35
2002	4253.07	2430.46	55.21	3110.05	1809.88	1065.11
2003	5178.29	2924.65	51.74	3837.51	2039.25	1422.42
2004	5984.32	3322.26	92.63	4367.05	2213.05	1799.83
2005	7248.40	3903.05	128.33	5068.68	2366.93	2350.80
2006	8836.26	4478.26	219.38	6447.72	2956.98	3203.04
2007	10040.15	4711.23	328.32	8065.67	3555.92	4318.81
2008	11804.40	5861.17	457.26	9585.92	3895.16	5146.37
2009	14702.34	7078.81	549.46	12360.32	5215.58	6625.53
2010	18309.45	8101.02	678.08	15231.36	6594.50	8372.64
2011	21055.49	9068.62	834.38	18165.19	7836.03	9906.51

注：1.2004年起含外资银行。
Note:Since 2004,the data include foreign banks.

10-5 金融机构年末人民币分项存贷款余额

RMB Deposits and Loans Balance of Financial Institutions by Item

单位：亿元 (100 million yuan)

项目	Item	数值 Value	比上年增长(%) Ratio(%)
金融机构各项存款余额	Deposits	21055.49	15.0
单位存款	Enterprises Deposits	10447.07	14.9
#活期	Demand	5039.54	
定期	Time	1996.07	
保证金存款	Margin Deposits	1826.66	44.9
个人存款	Individual Deposits	9137.03	12.5
#储蓄存款	Saving Deposits	9068.62	12.0
财政存款	Treasury Deposits	834.38	23.0
临时性存款	Temporary Deposits	44.82	143.7
委托存款	Commission Deposits	79.69	50.2
其他存款	Others	512.5	45.9
金融机构各项贷款余额	Loans	18165.19	19.3
境内贷款	Domestic Loans	18107.56	18.9
#短期贷款	Short-term Loans	7836.03	18.8
#个人贷款及透支	Individual Loans and Overdrafts	2306.38	15.9
中长期贷款	Medium-term &Long-term Loans	9906.51	18.3
#个人贷款	Individual Loans	3795.01	19.6
单位贷款	Enterprises Loans	5617.29	14.9
票据融资	Bill Financing	359.97	40.5
境外贷款	Foreign Loans	57.63	3984.3

10-6 金融机构人民币存贷款基准利率

Benchmark Intetests rate of RMB Deposit and Loan for Financial Institutions

单位：年利率 %

调整时间 **Adjust Time**	金融机构存款基准利率 Deposit	金融机构贷款基准利率 Loan	中央银行对金融机构贷款基准利率 Loan
1978	3.24	5.04	
1980	3.96-5.76	5.04	
1985	5.40-7.20	3.60-7.92	
1990.01.01	11.34	11.34	
1990.04.15	10.08	10.08	
1990.08.21	8.64	9.36	
1991.04.21	7.56	8.64	
1993.05.15	9.18	9.36	
1993.07.11	10.98	10.98	
1995.07.01	10.98	12.06	
1996.05.01	9.18	10.98	10.98
1996.08.23	7.47	10.08	10.98
1997.10.23	5.67	8.64	9.36
1998.03.25	5.22	7.92	7.92
1998.07.01	4.77	6.93	5.67
1998.12.07	3.78	6.39	5.13
1999.06.10	2.25	5.85	3.78
2002.02.21	1.98	5.31	3.24
2004.03.25	1.98	5.31	3.87
2004.10.29	2.25	5.58	3.87
2006.04.28	2.25	5.85	3.87
2006.08.19	2.52	6.12	3.87
2007.03.18	2.79	6.39	3.87
2007.05.19	3.06	6.57	3.87
2007.07.21	3.33	6.84	3.87
2007.08.22	3.60	7.02	3.87
2007.09.15	3.87	7.29	3.87
2007.12.21	4.14	7.47	3.87
2008.09.16	4.14	7.20	4.68
2008.10.09	3.87	6.93	4.68
2008.10.30	3.60	6.66	4.68
2008.11.27	2.52	5.58	3.60
2008.12.23	2.25	5.31	3.33
2010.10.20	2.50	5.56	3.33
2010.12.26	2.75	5.81	3.85
2011.02.09	3.00	6.06	3.85
2011.04.06	3.25	6.31	3.85
2011.07.07	3.50	6.56	3.85

注：本表数据由中国人民银行提供。

Note: Date in this table are provided by People's Bank of China.

10-7 企业在证券市场融资情况(1997-2011年)

Raised Capital of Enterprises on Securities Markets(1997-2011)

年份 Year	年底累计上市公司数(家) Number of Listed Companies at the Year-end(unit)			当年融资企业数（个） Number of Listed Companies (unit)			当年融资金额（亿元） Value of Issued(100 million yuan)		
	福建 Fujian	全国 National	占全国比重(%) Proportion of National(%)	福建 Fujian	首发 First Issue	再融资 Repeat Issue	总计 Total	首发 First Issue	再融资 Repeat Issue
1997	32	657	4.87	11	7	4	28.22	18.95	3.66
1998	34	768	4.43	9	2	7	14.56	6.07	8.48
1999	38	866	4.39	10	4	6	24.02	11.30	12.72
2000	41	1020	4.02	10	3	7	41.18	20.41	20.78
2001	40	1108	3.61	3	1	2	17.00	13.00	4.00
2002	41	1205	3.4	4	4		13.97	13.97	
2003	43	1287	3.34	4	2	2	21.94	8.10	13.84
2004	45	1378	3.27	3	3		8.14	8.14	
2005									
2006	48	1434	3.35	5	4	1	11.65	8.75	2.90
2007	50	1550	3.23	9	3	6	209.54	166.99	42.55
2008	55	1625	3.38	7	6	1	121.12	114.78	6.34
2009	57	1718	3.32	5	2	3	54.82	15.09	39.73
2010	70	2063	3.39	23	16	7	344.97	142.76	202.21
2011	81	2342	3.45	15	9	6	120.99	87.93	33.06

10-8 上市公司经营效益情况(1999-2011年)

Financial Indicators of Listed Companies(1999-2011)

年份 Year	加权平均每股收益（元） Weighted Average Income of per(yuan)		整体平均净资产收益率（%） Average Ratio of Income to Net Assets(%)	
	福建 Fujian	全国 National	福建 Fujian	全国 National
1999	0.14	0.18	1.84	2.08
2000	0.10	0.20	4.71	6.95
2001	0.02	0.12	5.09	6.45
2002	0.19	0.14	7.89	5.75
2003	0.18	0.18	6.28	6.09
2004	0.10	0.24	4.09	9.01
2005	0.02	0.15	4.41	15.08
2006	0.29	0.24	11.99	10.54
2007	0.67	0.42	17.65	14.79
2008	0.65	0.52	17.36	12.10
2009	0.81	0.41	17.05	12.66
2010	0.92	0.49	16.85	14.45
2011	0.93	0.53	16.22	14.15

10-9 保险业务情况(2005-2011年)

Basic Statistics of Insurance(2005-2011)

单位：万元 (10000 yuan)

项目	Item	2005	2006	2007	2008	2009	2010	2011
保险费收入	**Premium Income**	**1490886**	**1743516**	**2173592**	**2906729**	**3306513**	**4236124**	**4324080**
财产保险	Property Insurance	413723	523602	694398	812073	961883	1327403	1585108
#机动车辆险	Motor Vehicle Insurance	273882	361257	499652	581840	696366	981696	1135024
企业财产险	Enterprise Property Insurance	45813	49621	54845	62369	68491	84930	101345
家庭财产险	Family Property Insurance	2109	3076	4530	5543	9023	8965	8823
人身保险	Life Insurance	1077163	1219914	1479193	2094656	2344630	2908721	2738971
人寿保险	Life Insurance	927841	1041926	1294272	1860973	2093044	2616312	2421623
健康保险	Health Insurance	121248	146140	146111	191046	198355	228322	238198
意外伤害	Accident Insurance	28074	31848	38810	42636	53231	64086	79151
有效保单赔款及给付金额	**Claim and Payment**	**405525**	**448086**	**689124**	**901825**	**947286**	**1028986**	**1239003**
财产保险	Property Insurance	272304	277777	370239	495692	560004	654417	768787
#机动车辆险	Motor Vehicle Insurance	173923	191880	273464	368991	425030	460282	577600
企业财产险	Enterprise Property Insurance	56455	41266	38562	43434	40303	75590	54866
家庭财产险	Family Property Insurance	743	2980	521	1841	2900	9198	2778
人身保险	Life Insurance	133222	170309	318885	406133	387282	374569	470216
人寿保险	Life Insurance	89362	117028	269897	337949	302463	271750	357749
健康保险	Health Insurance	33285	41363	37100	54801	69572	82822	90151
意外伤害	Accident Insurance	10575	11917	11887	13382	15247	19997	22315

10-10 保险系统机构数(2011年)

Number of Institutions in Insurances System(2011)

项目	财产保险公司 Property Insurance Companies			人寿保险公司 Life Insurance Companies		
Item	机构数（个） Institutions (unit)	职工人数（人） Staff and Workers (person)	营销员人数（人） Salements (person)	机构数（个） Institutions (unit)	职工人数（人） Staff and Workers (person)	营销员人数（人） Salements (person)
保险公司 Total	**897**	**11548**	**11293**	**1372**	**12259**	**80864**
#省级分公司 Provincial Branches	33	2833	375	38	3925	1538
中心支公司 Central Branches	105	3871	1705	92	4567	16504
支公司 Branches	249	3096	5417	199	2486	15282
营业部 Business Departments	3	153	1558	3	85	554
营销服务部 Business Services	506	1286	2238	1039	1196	46986

10-11 各设区市国内保险业务主要指标(2011年)

Major Indicators of Nation Insurance Business by City(2011)

单位：万元 (10000 yuan)

地区	Area	保险费收入 Premium Income	财产保险 Property Insurance	机动车辆险 Motor Vehicle Insurance	企业财产险 Enterprise Property Insurance	家庭财产险 Family Property Insurance	人身保险 Life Insurance	人寿保险 Life Insurance	健康保险 Health Insurance	意外伤害 Accident Insurance
福州市	Fuzhou	1149117	403233	266815	30391	1205	745883	648465	79498	17920
#平潭综合实验区	Pingtan	26040	9785				16255			
厦门市	Xiamen	820276	357330	244120	25357	295	462946	403855	43935	15156
莆田市	Putian	234676	70088	57034	3403	626	164588	152484	8795	3310
三明市	Sanming	232688	78952	55842	6180	845	153735	140030	9000	4706
泉州市	Quanzhou	919535	296499	223993	19452	2052	623036	556149	50891	15997
漳州市	Zhangzhou	326165	122157	96406	4948	738	204007	180106	16621	7280
南平市	Nanping	214126	72880	54466	4581	813	141245	127980	9287	3979
龙岩市	Longyan	250174	114670	87232	4561	1340	135504	118214	11027	6262
宁德市	Ningde	177324	69298	49116	2472	909	108026	94340	9144	4541

10-11 续表

Continued

单位：万元 (10000 yuan)

地区	Area	有效保单赔款及给付金额 Claim and Payment	财产保险 Property Insurance	机动车辆险 Motor Vehicle Insurance	企业财产险 Enterprise Property Insurance	家庭财产险 Family Property Insurance	人身保险 Life Insurance	人寿保险 Life Insurance	健康保险 Health Insurance	意外伤害 Accident Insurance
福州市	Fuzhou	344273	210786	146801	10729	444	133487	83991	44808	4687
#平潭综合实验区	Pingtan	5228	3180				2048			
厦门市	Xiamen	219617	141019	113327	8744	85	78598	64417	10903	3277
莆田市	Putian	68899	38169	33526	1644	173	30730	24848	4466	1416
三明市	Sanming	68428	37085	25467	2845	378	31343	27763	2168	1412
泉州市	Quanzhou	238878	147713	104925	21047	456	91165	70193	16396	4577
漳州市	Zhangzhou	93984	60666	50286	1902	98	33319	27150	3630	2538
南平市	Nanping	73563	44556	32903	5168	373	29007	25004	2393	1610
龙岩市	Longyan	77519	51110	42604	1331	248	26408	21540	2935	1933
宁德市	Ningde	53841	37682	27761	1455	524	16159	12842	2452	864

10-12 保险公司业务经济技术指标(2011年)

Economic and Technical Indicators of Insurance Companies(2011)

单位：万元 (10000 yuan)

项目 Item	保险金额 Amount Insured	保 费 Premium	赔款及给付 Claim and Payment
财产保险公司 **Property Insurance Companies**	**709434900**	**1585108**	**768787**
# 企业财产险 Enterprise Property Insurance	137561858	101345	54866
家庭财产险 Family Property Insurance	12109467	8823	2778
机动车辆险 Motor Vehicle Insurance	163531379	1135024	577600
船舶险 Ship Insurance	10189656	31512	33525
货物运输险 Freight Transport Insurance	62348248	32266	13456
特殊风险保险 Special Risk Insurance	398103	1221	430
建筑、安装工程 Construction and Installation Projects	11982357	25108	8005
责任险 Liability Insurance	86591623	53954	20549
信用险 Credit Insurance	11570840	59933	7291
保证保险 Guarantee Insurance	1067044	36941	1888
农业险 Agriculture Insurance	5449263	24267	8325
其他 Others	33249	155	38
人寿保险公司 **Life Insurance Companies**	**311045998**	**2738971**	**470216**
人身保险 **Personal Insurance**	**55300356**	**2421623**	**357749**
个人业务 Ondividual	41828163	2407401	307671
团体业务 Team	13472193	14221	50077
健康险 **Health Insurance**	**55545447**	**238198**	**90151**
人身意外伤害险 **Unforeseen Human Insurance**	**200200195**	**79151**	**22315**

10-13 各设区市主要社会保险指标(2011年)

Basic Statistics on Social Insurance by City(2011)

单位：万人　　(10000 persons)

地区	Area	参加城镇基本养老保险人数 Basic Pension Insurance in Urban	参加新型农村社会养老保险人数 New Tape of Pension Insurance in Rural	参加城镇基本医疗保险人数 Basic Medical Insurance	参加城镇失业保险人数 Unemployment Insurance	参加城镇工伤保险人数 Work Injury Insurance	参加城镇生育保险人数 Maternity Insurance
全　省	**Total**	**694.92**	**1173.78**	**1255.17**	**430.90**	**496.94**	**451.87**
省　直	Province	33.93		34.31		17.52	17.27
福州市	Fuzhou	131.94	165.87	270.24	90.45	95.07	86.19
厦门市	Xiamen	169.37	24.47	259.12	148.65	147.83	137.32
莆田市	Putian	28.34	119.90	90.26	26.89	36.49	36.52
三明市	Sanming	46.87	103.57	84.80	24.82	24.87	20.41
泉州市	Quanzhou	96.37	321.07	188.78	51.77	71.53	71.35
漳州市	Zhangzhou	62.37	111.71	91.62	26.42	28.78	26.13
南平市	Nanping	47.61	110.87	76.18	26.00	20.70	15.70
龙岩市	Longyan	42.89	125.13	79.65	22.73	33.68	27.03
宁德市	Ningde	31.97	73.99	71.37	12.12	18.63	12.12
平潭综合实验区	Pingtan	3.26	17.20	8.84	1.06	1.84	1.81

注：福州市数据不含平潭综合实验区

Note: The data of fuzhou exclude pingtan

10-14 各设区市城镇基本养老保险参保情况(2011年)

Basic Statistics on the Coverage of Basic Insurance in Urban area by City(2011)

单位：万人　　(10000 persons)

地区	Area	参加城镇基本养老保险职工人数 Population Vovered Pension Insurance in Urban	#参加城镇企业基本养老保险人数 Coverd Enterprises Pension Insurance in Urban	#参加城镇机关事业养老保险人数 Covered Institutions and state organs Insurance	期末领取基本养老保险金离退休人数 Retirees Beneficiary of Pension Insurance at the Year-end	#企业单位领取人数 Enterprises	#机关事业单位领取人数 Institutions and State Organs
全　省	**Total**	**576.71**	**518.57**	**58.14**	**118.21**	**97.32**	**20.89**
省　直	Province	25.27	19.70	5.57	8.64	6.25	2.39
福州市	Fuzhou	104.39	93.11	11.28	27.55	23.32	4.23
厦门市	Xiamen	154.29	154.29		15.08	15.08	
莆田市	Putian	24.50	21.60	2.90	3.84	3.23	0.61
三明市	Sanming	34.63	28.35	6.28	12.24	10.01	2.23
泉州市	Quanzhou	86.95	80.24	6.71	9.42	7.47	1.95
漳州市	Zhangzhou	49.40	42.43	6.97	12.97	10.46	2.51
南平市	Nanping	34.48	29.79	4.69	13.13	11.13	2.00
龙岩市	Longyan	34.45	26.70	7.75	8.44	5.40	3.04
宁德市	Ningde	26.06	20.77	5.29	5.91	4.34	1.57
平潭综合实验区	Pingtan	2.28	1.58	0.70	0.98	0.62	0.36

注：福州市数据不含平潭综合实验区

Note: The data of fuzhou exclude pingtan

主要统计指标解释

地方财政收入 属于地方财政的收入包括营业税，地方企业所得税，个人所得税，城镇土地使用税，固定资产投资方向调节税，城镇维护建设税，房产税，车船使用税，印花税，屠宰税，牧业税，耕地占用税，契税，增值税25%部分，证券交易税(印花税)50%部分和除海洋石油资源税以外的其他资源税。

地方财政支出 包括地方行政管理和各项事业费，地方统筹的基本建设、技术改造支出，支援农村生产支出，城市维护和建设经费，价格补贴支出等。

信贷资金 指金融机构以信用方式积聚和分配的货币资金。金融机构信贷资金的来源有各项存款、对国际金融机构负债、流通中货币、银行自有资金及当年结益等；信贷资金的运用有各项贷款、黄金占款、外汇占款、财政借款及在国际金融机构中的资产等。

存款 指企业、机关、团体或居民根据资金必须收回的原则，把货币资金存入银行或其他信用机构保管并取得一定利息的一种信用活动形式。根据存款对象的不同可划分为企业存款、财政存款、机关团体存款、基本建设存款、城镇储蓄存款、农村存款等科目。它是银行信贷资金的主要来源。

贷款 指银行或其他信用机构根据资金必须归还的原则，按一定利率，为企业、个人等提供资金的一种信用活动形式。我国银行贷款分为流动资金贷款、固定资产贷款、城乡个体工商户贷款以及农业贷款等科目。

保险金额 指保险人承担赔偿或者给付保险金责任的最高限额。

保费 指投保人为取得保险人在约定范围内所承担赔偿责任而支付给保险人的费用。

赔款 指保险人根据保险合同的规定，向被保险人支付的赔偿保险责任损失的金额。

给付 包括死伤医疗给付和满期给付。死伤医疗给付是指保险人根据人寿保险及长期健康保险合同的规定，因被保险人在保险期内发生保险责任范围内的保险事故支付给被保险人(或受益人)的金额。满期给付是指被保险人生存期满，保险人按人寿保险合同规定支付给被保险人的满期保险金额。

基本养老保险

1.参加保险人数：指报告期末按照国家法律、法规和有关政策规定参加基本养老保险的职工人数。包括不能正常缴费、已中断缴费但未终止保险关系的职工人数。

2.社会统筹基金收入：指根据国家规定，由纳入基本养老保险范围的单位，按照国家规定的缴费基数和缴费比例缴纳的社会统筹基金，以及通过其他方式取得的形成基金来源的收入，包括：单位缴纳的社会统筹基金收入、财政补贴收入、利息收入、其他收入。

3.社会统筹基金支出：指按照国家政策规定的开支范围和开支标准从社会统筹基金中支付给参加基本养老保险的离休、退休、退职人员个人的养老金、丧葬抚恤补助，以及由于保险关系转移、上下级之间调剂资金等原因而发生的支出。包括：基础性养老金、过渡性养老金、离休金、退休金、退职金、补贴、丧葬抚恤补助、其他支出。

4.社会统筹基金结余：指截止报告期末基本养老保险的社会统筹基金结余金额。包括银行存款、财政专户、债券投资和其他。

基本医疗保险

1.参保人数：指报告期末按国家有关规定参加基本医疗保险的人数。包括参加保险的职工人数和退休人员人数。

2.基金收入：指根据国家有关规定，由纳入基本医疗保险范围的缴费单位和个人，按国家规定的缴费基数和缴费比例缴纳的基金，以及通过其他方式取得的形成基金来源的款项，包括：单位缴纳的社会统筹基金收入、个人缴纳的个人账户基金收入、财政补贴收入、利息收入、其他收入。

3.基金支出：指按照国家政策规定的开支范围和开支标准从社会统筹基金中支付给参加基本医疗保险的职工和退休人员的医疗保险待遇支出，和从个人帐户基金中支付给参加基本医疗保险的职工和退休人员的医疗费用支出，以及其他支出。包括：住院医疗费用支出、门急诊医疗费用支出、个人账户基金支出、其他支出。

4.基金累计结余：指截止报告期末基本医疗保

险的社会统筹和个人帐户基金累计结余金额。包括银行存款、财政专户、债券投资和其他。

失业保险

1.参加保险人数：指报告期末按照国家法律、法规和有关政策规定参加了失业保险的城镇企业事业单位的职工及地方政府规定参加失业保险的其他人员的人数。

2.失业保险金：指为保障失业人员的基本生活而按规定支付的失业保险金金额。

Explanatory Notes on Main Statistical Indicators

Revenue of the Local Governments The revenue of the local governments includes business tax, income tax of the enterprises subordinate to the local government, personal income tax, tax on the use of urban land, tax on the adjustment of the investment in fixed assets, tax on town maintenance and construction, tax on real estates, tax on the use of vehicles and ships, stamp tax, slaughter tax, tax on animal husbandry, tax on the occupancy of cultivated land, contract tax, 25% of the value added tax, 50% of the tax on stock dealing (stamp tax) and tax on resources other than the ocean petroleum resources.

Expenditure of the Local Governments The expenditure of the local governments includes mainly the administrative expenses and various operating expenses at the vel of local governments, the expenditure for capital construction and technological innovation with the funds raised by the local government, expenditure for supporting rural production, expenditure for city maintenance and construction and expenditure for price subsidies, etc.

Credit Funds refer to the funds issued as loans by banking institutions. The sources of credit funds of the banking institutions included deposits, liabilities to international financial institutions, currency in circulation, self-owned funds and current retained profits, etc. The credit funds can be used in forms of loans, gold, foreign exchange, government debt and assets in the international financial institutions.

Deposit is a form of credit by which enterprises, institutions, organizations or households can put money into banks and other credit institutions for safekeeping and interest earning under the principle of free withdrawal. According to different depositors, deposits are divided into enterprise deposits,treasury deposits, deposits of government agencies and organizations,capital construction deposits, urban savings deposits, rural deposits and other deposits. Deposits are major sources of the credit funds of banks.

Loan is a form of credit by which banks and other credit institutions provide funds at certain interest rate to enterprises and individuals in the light of the principle of unconditional repayment. Loans from Chinese banks include circulating capital loans, fixed assets loans, loans to urban and rural individuals engaged in industrial and commercial business and agricultural loans.

Amount Insured refers to the maximum that the insurant will get for the claim of the case insured.

Premium is the fee paid by the insurant to the insurer to obtain the obligation of compensation from the insurance within the agreed terms.

Settled Claim is the compensation paid by the insurer to the insurant in accordance with the insurance contract.

Payment includes payment for death, injury or medical treatment and mature payment. Payment for death, injury or medical treatment refers to the money paid to the insurant (or the beneficiary) in accordance with the life or health insurance contract when the insurant encounters accidents within the insured period covered in the contract. Mature payment refers to the mature payment to the insurant in accordance with the life insurance contract at the end of the insured period.

Basic Endowment Insurance

1. Number of people participating in the insurance program: by the end of reference period, number of staff and workers participating in the insurance program in line with national laws, regulations and related policies, including those who can not make regular payment or interrupt payment but not terminate the insurance program.

2. Revenue of social comprehensive funds: according to national provision, payments made by units covered in basic endowment insurance program, and income from other resources, including: income of social comprehensive funds paid by unites, financial subsidies, interest income and others.

3. Expenditure of social comprehensive funds:

refer to payment made to those retired and resigned people covered in endowment insurance program in terms of pens ion or compensation within the expenditure scope and standards according to related national policies, and the expenditure occurred due to shift of the insurance relationship or adjustment funds among agencies, including: basic pension, transitional pension, pension for resigned people, pension for retired people, pension for people quitting jobs, subsidies, funeral subsidies and other expenditure.

4. Balance of social comprehensive funds: refer to the balance of basic endowment insurance of social comprehensive funds at the end of the reference period, including: bank savings, special fiscal account, investment in bonds and others.

Basic Medical Care Insurance:

1. Number of people participated in the insurance program: refer to number of people participated in the basic medical care insurance program according to related regulation by the end of reference period, including: number of staff and workers and retired persons participated in this insurance program.

2. Revenue of social comprehensive funds: according to national provision, payments made by units covered in basic medical care insurance program, and income from other resources, including: income of social comprehensive funds paid by unites, financial subsidies, interest income and others.

3. Expenditure of social comprehensive funds: refer to payment made to those retired and resigned people covered in basic medical care insurance within the expenditure scope and standards according to related national policies, including: expenditure on fee-for-service in hospital, expenditure on fee-for-service in clinic and other expenditure.

4. Balance of social comprehensive funds: refer to the balance of medical care insurance of social comprehensive funds at the end of the reference period, including: bank savings, special fiscal account, investment in bonds and others.

Unemployment Insurance

1. Number of people participated in unemployment insurance program: number of staff and workers in urban enterprises or institutions and other people according to local government regulations participated in unemployment insurance program in line with national law, regulations and related policies by the end of the reference period.

2. Sum of Unemployment Insurance: refer to total amount of insurance paid to un-employees to guarantee their basic lives according to related regulations.

第十一篇　农业

Chapter 11　Agriculture

资料整理：陈尔琪 吴新榕 林卿 周万春
Database Editor:Chenerqi Wuxinrong Linqing Zhouwanchun

简 要 说 明

本篇资料的主要内容及来源

本篇资料反映了全省农业生产和农村经济的基本情况，主要包括农林牧渔业总产值、增加值，农村劳动力，主要农产品产量，农业机械年末拥有量，农村电气化以及农田水利建设等方面的统计资料。

本篇资料的统计范围包括省内所属的各种经济类型、各个系统的全部农林牧渔业生产单位以及各非农行业附属的农林牧渔业生产活动单位。军委系统的农业生产（除军马外）也包括在内，但不包括农业科学试验机构进行的农业生产。

本篇资料中 2003 年及以后年份的农林牧渔业总产值、增加值按新口径计算。即取消农业中种植业和其他农业的分类，将原属于其他农业的农民家庭兼营商品性工业剔除，作为附记指标统计；林业中竹木采运统计范围由村及村以下改为全社会；增加农林牧渔服务业统计;2010 年起执行 2010《统计用品分类目录》，坚果类划归农业，采集野生植物划归林业。2002-2007 年主要农产品的生产情况以及农林牧渔业产值等数据，以全省第二次农业普查数据为基础，进行了调整和衔接。

本篇资料来源于农村综合统计年报，由省统计局农村统计处整理提供。

Brief Introduction

Main Content and Source of Data

Data in this chapter show the basic conditions of agricultural production and rural economy, mainly including agricultural output, value added, rural labor force, output of main agricultural produces, cultivated land, agricultural machinery and basic construction on irrigation and drainage.

The coverage of the comprehensive statistical reporting includes all productive units of farming, forestry, animal husbandry and fishery and those related non agricultural affiliated units with various ownership and the activities of horse raising for military purpose and those undertaken by agricultural research institutions are excluded.

Since 2003, data on the gross output value and value added have been calculated under the new classification of economic activities. Crop plantation and other agricultural activities have been excluded according to the classification. Value of industrial output by rural households is not included in agriculture and used only as supplementary indicators. Since 2010, we carry out the product of category statistics,nut fruits belongs to farming and collection of wild plants belongs to forestry. Transport of bamboo and timber cover all the units related. Services to farming, forestry, animal husbandry are included in farming In order to be comparable; data on Farming, Forestry, Animal Husbandry and Fishery in from 2002 to 2007 have been adjusted according to the data obtained from the Second National Agricultural Census.

Data in this chapter are based on the statistical reporting summary tables and are prepared and compiled by the Division of Countryside Statistics of Fujian Provincial Bureau of Statistics.

11-1 农村基层组织和劳动力情况
Basic Rural Units and Resource of Rural Labour

项目 Item	2000	2003	2005	2010	2011
农村基层组织情况 Basic Rural Units					
乡(镇)政府（个） Township and Town Governments(unit)	942	960	934	929	929
乡政府（个） Township Governments(unit)	365	352	341	334	329
镇政府（个） Town Governments(unit)	577	608	593	595	600
村民委员会（个） Villagers' Committees(unit)	14988	14894	14630	14434	14435
自来水受益村数（个） Number of Villages which have Running Water(unit)	8341	8901	9589	12592	12861
通汽车村数（个） Number of Villages Where cars can arrived(unit)	14696	14667	14448	14364	14371
通电话村数（个） Number of Villages Where Telephone can used(unit)	14653	14812	14590	14424	14424
农村劳动力资源情况 Resource of Rural Labour					
乡村劳动力资源总数（万人） Amount Resource of Rural Labour (10000 persons)	**1367.65**	**1436.59**	**1490.55**	**1579.32**	**1607.86**
乡村从业人员（万人） Actural Employment in Rural (10000 persons)	**1253.46**	**1292.55**	**1320.51**	**1395.81**	**1417.67**
按性别分 By Male					
男 Male	674.32	696.44	712.20	752.57	760.19
女 Female	579.15	596.10	608.31	643.23	657.47
#农林牧渔业从业人员（万人） Employment of Farming, Forestry, Animal Husbandy and Fishery(10000 persons)	778.07	744.79	699.67	623.73	620.37
#国有农林牧渔场从业人员（万人） Employment of State-owned,Farming, Forestry, Animal Husbandy and Fishery(10000 persons)	9.34	8.87	7.50	7.27	6.96

11-2 农业机械化情况

Statistics on Agriculture Machinery

项目　Item	2000	2003	2005	2010	2011
农业机械动力（万千瓦）Total Agricultural Machinery(10000kw)	**873.28**	**951.91**	**999.99**	**1206.16**	**1250.81**
柴油发动机 Diesel Engines	700.59	770.79	810.27	891.66	918.94
汽油发动机 Petrol Engines	38.46	36.63	37.47	64.01	73.41
电动机 Electric Engines	133.85	144.41	152.25	250.47	258.46
其它机械 Other	0.38	0.08		0.03	
农业机械化拥有量情况 Major Agricultural Machinery and Equipment					
大中型拖拉机（台）Large and Medium Tractors(set)	1897	1602	1409	2603	2964
大中型拖拉机动力（万千瓦）Capacity(10000kw)	6.50	6.37	5.10	10.46	12.13
小型拖拉机（台）Mini-tractors(set)	153250	110800	98806	107739	111841
小型拖拉机动力（万千瓦）Capacity(10000kw)	158.70	105.60	94.01	107.02	111.00
大中型拖拉机配套农具（台）Number of Large and Medium Tractor Towing Farm Machinery(set)	435	380	406	2674	3072
小型拖拉机配套农具（台）Number of Mini-Tractor Towing Farm Machinery(set)	58986	60970	69970	115384	123431
农用排灌电动机（台）Agricultural Electromotors(set)	31845	45600	60351	55714	59290
农用排灌电动机动力（万千瓦）Capacity(10000kw)	27.80	31.32	41.96	36.42	37.59
农用排灌柴油机（台）Agricultural Diesel Engines(set)	59150	77360	81036	94944	96891
农用排灌柴油机动力（万千瓦）Capacity(10000kw)	41.40	49.60	49.45	59.18	61.41
联合收割机（台）Combine Harvesters(set)	577	810	1253	4411	5289
联合收割机动力（万千瓦）Capacity(10000kw)	0.80	1.41	3.02	15.48	19.24
自走式机动割晒机（台）Motorized Automatic Cutter-rowers(set)		20	33	566	321
自走式机动割晒机动力（万千瓦）Capacity(10000kw)		0.02	0.02	0.09	0.06
机动脱粒机（台）Motorized Threshing Machines(set)	46512	51560	59932	93484	100763
农用运输车（台）Agricultural Transport Trucks(set)	55252	50220	47758	45794	44125
农用运输车动力（万千瓦）Capacity(10000kw)	119.33	115.59	112.61	130.63	129.51
渔用机动船（艘）Motorized Fishing Boats(set)	67632	76400	57210	64057	62967
机电井（眼）Electrical Wells(set)	14781	15512	15794	17866	18494
节水灌溉类机械（套）Water Saving Irrigation Machines(set)		8620	8351	11608	13428
农用水泵（台）Farm Water Pump(set)	71404	107240	123181	150632	158356

11-3 主要年份农业生产条件

Agricultural Production Basic Conditions in Selected Years

年份 Year	农业机械动力（万千瓦） Total Power of Agricultural Machinery (10000 kw)	有效灌溉面积（千公顷） Irrigated Area (1000 hectare)	化肥施用量（吨） Consumption of Chemical Fertilizers (ton)	农药使用量（吨） Consumption of Chemical Pesticides (ton)	农村用电量（万千瓦小时） Electricity Consumed in Rural Area(10000 kwh)	农用塑料薄膜使用量（吨） Plastic Film Use for Agriculture （ton）
1952	0.25	643.33	7000			
1957	1.97	774.00	20300			
1962	6.83	950.00	24300			
1965	15.07	1066.67	80800		3900	
1970	34.64	852.00	105800		9800	
1975	87.83	904.21	118600		32239	
1978	167.72	862.55	212800		48946	
1979	204.60	878.63	295075		57597	
1980	240.19	933.07	369918		64315	
1981	271.27	836.05	389908		71252	
1982	310.76	812.62	455196		79882	
1983	323.99	822.90	475615		80056	
1984	344.42	804.22	502265		89244	
1985	374.85	925.00	491010		112380	
1986	455.77	917.62	572200		146500	
1987	508.10	921.66	624300		140600	
1988	546.94	924.00	670606		165286	
1989	574.17	910.61	749095		200384	
1990	587.09	933.63	763900	30400	203900	7200
1991	614.44	939.67	807194	34082	233902	10996
1992	645.62	943.87	930581	34769	269194	10510
1993	693.50	945.20	922399	37305	291718	13371
1994	729.70	937.57	1014537	42236	360372	17229
1995	757.25	936.52	1049699	48000	456814	18423
1996	786.49	935.18	1109907	55161	500352	25467
1997	792.42	933.66	1164151	52281	578096	21455
1998	818.42	931.88	1180778	50298	609966	19246
1999	838.71	932.23	1243322	56387	650923	19589
2000	873.28	940.18	1233311	51777	724290	21152
2001	889.59	942.35	1173704	52841	868090	22697
2002	915.84	938.80	1199068	55313	1065019	25553
2003	951.91	939.95	1202870	55266	1184550	26491
2004	980.99	941.45	1216646	53503	1375738	29538
2005	999.99	949.71	1220157	56044	1605843	36023
2006	1027.83	950.48	1209000	56498	1720000	48452
2007	1063.08	952.91	1196930	56951	1834388	60881
2008	1112.47	955.45	1186741	57500	2096791	61800
2009	1175.01	960.12	1206801	57844	2300894	58350
2010	1206.16	964.77	1210372	58238	2574895	57053
2011	1250.81	967.48	1209317	58276	2705792	57814

11-4 农业基础设施

Agricultural Fundamental Facilities

项目 Item	2000	2003	2005	2010	2011
1.农业机械使用					
Use of Motorized Cultivation					
机耕地面积（千公顷）Cultivated Areas by Tractors(1000 hectare)	405.49	413.47	421.85	908.68	937.87
机械播种面积（千公顷）Sown Area by Machinery(1000 hectare)	1.95		0.75	25.77	44.83
机械收获面积（千公顷）Cut Area by Machinery(1000 hectare)	18.48	35.15	64.25	222.74	260.02
2.农村电力设施					
Rural Power Equitment					
乡村办水电站（处）Hydropower Stations in Rural(unit)	3507	3998	4859	5332	5359
发电能力（万千瓦）Generating Capacity of Hydropower Station (10 000 kw)	92.78	144.55	222.61	318.96	325.95
农村用电量（亿千瓦小时）Electricity Consumed in Aural(100 million kwh)	72.43	118.46	160.58	257.49	270.58
3.化肥施用量（万吨）					
Consumption of Chemical Fertilizer(10000 tons)					
按实物量计算 By Actual	423.04	409.53	419.09	414.22	413.83
氮肥 Nitrogenous Fertilizer	197.62	182.83	182.15	170.19	169.53
磷肥 Phosphate Fertilizer	104.34	98.85	100.26	95.01	94.10
钾肥 Potash Fertilizer	50.11	50.83	53.40	55.13	54.97
复合肥 Compound Fertilizer	70.97	77.02	83.27	93.89	95.23
按折纯量计算 By Pure	123.33	120.29	122.02	121.04	120.93
氮肥 Nitrogenous Fertilizer	55.66	51.39	51.29	47.74	47.56
磷肥 Phosphate Fertilizer	16.83	16.33	16.48	17.06	16.96
钾肥 Potash Fertilizer	23.78	23.83	24.41	24.67	24.50
复合肥 Compound Fertilizer	27.07	28.74	29.84	31.56	31.92
4.农药使用量（万吨）Consumption of Agricultural Chemical(10000 tons)	**5.18**	**5.53**	**5.60**	**5.82**	**5.83**
5.农用塑料薄膜使用量（万吨）Consumption of Agricultural Plastic Film(10000 tons)	**2.12**	**2.65**	**3.60**	**5.71**	**5.78**
#农用塑料薄膜地膜使用量 Consumption of Agricultural Plastic Film	0.98	1.42	1.65	2.66	2.73
6.农用柴油使用量（万吨）Consumption of Agricultural Diesel(10000 tons)	**47.95**	**80.55**	**74.19**	**83.17**	**85.02**
7.水利（千公顷）					
Water Conservancy(1000 hectare)					
有效灌溉面积 Effective Irrigated Area	940.18	939.95	949.71	964.77	967.48
旱涝保收面积 Dried and Flooded Areas under Control and Ensuring Stable Yeilds	623.83	654.88	681.22	675.70	670.87
机电排灌面积 Irrigation and Drainage Area by Power	176.31	159.42	160.23	150.77	162.32

11-5 主要年份农作物播种面积

Total Sown Areas of Farm Crops in Selected Years

单位：千公顷 (1000 hectares)

年份 Year	合计 Total	粮食作物 Grain Crops	#谷物 Cereal	#稻谷 Rice	非粮作物 Non-grain Crops	#油料作物 Oil-Bearing Crops
1952	2109.80	1938.87	1537.27	1431.07	170.93	93.81
1957	2377.67	2148.73	1646.67	1474.49	228.94	106.71
1962	2061.27	1897.60	1448.87	1303.49	163.67	74.26
1965	1976.27	1726.13	1425.40	1316.40	250.14	79.60
1970	2350.53	2000.47	1611.61	1477.67	350.06	
1975	2756.40	2290.87	1892.23	1715.40	465.53	106.08
1978	2701.05	2213.13	1879.52	1689.13	487.92	108.39
1979	2262.27	2149.54	1843.79	1670.13	512.73	126.43
1980	2573.93	2175.55	1800.39	1673.87	398.38	130.30
1981	2526.59	2137.51	1782.74	1650.77	389.08	135.65
1982	2469.47	2083.54	1729.99	1613.19	385.93	135.24
1983	2428.38	2008.99	1738.06	1617.99	419.39	108.36
1984	2386.71	2017.04	1686.64	1587.18	369.67	102.50
1985	2335.71	1888.49	1568.08	1477.22	447.22	105.71
1986	2401.03	1897.72	1602.25	1484.61	503.31	107.76
1987	2543.93	1961.53	1653.20	1493.69	582.40	119.54
1988	2588.62	1961.95	1606.84	1483.25	626.67	113.09
1989	2656.64	2045.34	1647.45	1509.22	611.30	109.20
1990	2745.92	2080.57	1657.72	1512.30	665.35	111.69
1991	2826.85	2087.23	1641.69	1492.51	739.62	115.11
1992	2881.05	2085.05	1628.47	1476.97	796.00	116.76
1993	2786.95	1967.21	1502.76	1383.12	819.74	114.22
1994	2800.97	2002.25	1512.07	1402.60	798.72	114.36
1995	2835.09	2017.35	1510.46	1406.25	817.74	118.19
1996	2900.75	2031.85	1507.09	1405.19	868.90	121.62
1997	2943.63	2041.29	1501.25	1401.53	902.34	119.56
1998	2918.81	2028.64	1484.80	1387.95	890.17	119.81
1999	2915.41	2009.52	1466.49	1373.21	905.89	121.62
2000	2793.25	1828.51	1303.21	1222.31	964.74	125.04
2001	2713.07	1725.72	1227.13	1156.57	987.35	123.65
2002	2661.37	1630.28	1146.67	1082.98	1031.09	121.87
2003	2486.90	1424.40	1016.87	957.88	1062.50	123.48
2004	2457.12	1389.77	1036.27	975.54	1067.36	125.10
2005	2392.92	1308.41	1003.53	937.78	1084.52	122.40
2006	2236.35	1226.94	932.99	890.64	1009.42	105.88
2007	2191.18	1201.05	911.88	868.69	990.13	101.54
2008	2220.68	1210.27	906.86	861.22	1010.41	107.36
2009	2258.01	1231.01	911.04	864.60	1027.00	110.42
2010	2270.89	1232.30	903.09	854.82	1038.59	111.66
2011	2285.80	1226.79	895.05	845.34	1059.02	112.54

11-6 粮食作物播种面积
Sown Areas of Grain Crops

单位：千公顷 (1000 hectares)

项目	Item	2000	2003	2005	2010	2011
总　计	**Total**	**1828.51**	**1424.40**	**1308.41**	**1232.30**	**1226.79**
按收获季节分	By Harvest Season					
春收粮食	Spring Harvest	163.24	113.69	101.51	86.25	88.37
夏收粮食	Summer Harvest	509.57	359.62	322.23	275.68	274.33
秋收粮食	Autumn Harvest	1155.70	951.08	884.67	870.38	864.08
按品种分	By Crop					
稻谷	Rice					
早稻	Early Rice	414.30	276.51	267.94	208.01	204.12
中稻	Middle Rice	393.59	398.55	295.91	310.03	310.50
晚稻	Late Rice	414.41	256.82	373.92	336.78	330.72
大小麦	Barley and Wheat	51.13	10.62	6.78	4.58	3.44
#小麦	Wheat	38.68	8.49	5.34	3.59	2.76
甘薯	Sweet Potato	280.73	240.35	215.68	177.76	175.07
马铃薯	Potato	88.56	82.71	79.01	73.61	76.10
杂粮	Food Grains other than Wheat and Rice	47.03	41.96	40.41	43.69	46.27
大豆	Soybean	105.38	86.81	77.85	61.12	62.52
杂豆	Sundry Soybean	33.37	29.87	24.86	16.73	18.05

11-7 非粮作物播种面积
Sown Areas of Non-grain Crops

单位：千公顷 (1000 hectares)

项目	Item	2000	2003	2005	2010	2011
总计	**Total**	**964.74**	**1062.50**	**1084.52**	**1038.59**	**1059.02**
#油料	Oil-bearing Crops	125.04	123.48	122.40	111.66	112.54
#花生	Peanuts	106.05	108.27	107.16	99.06	99.58
油菜籽	Rape Seeds	17.40	13.79	13.76	11.23	11.62
芝麻	Sesame	1.41	1.25	1.25	1.27	1.26
甘蔗	Sugercane and Fruitcane	14.40	18.25	14.93	9.85	9.19
麻类	Fiber Crops	0.33	0.17	0.14	0.12	0.13
烟叶	Tobacco	55.30	59.61	66.78	64.85	67.88
#烤烟	Flue-cured Tobacco	53.72	58.63	65.85	64.30	67.35
莲籽	Lotus Seed	6.70	5.58	5.40	5.55	5.90
蔬菜	Vegetables	538.12	613.81	632.05	667.03	679.35
西瓜	Watermelon	25.41	29.11	29.46	28.52	28.70
绿肥	Green Manure	71.82	54.35	43.53	39.25	40.43
青饲料	Greenfeed	58.24	65.22	62.18	54.87	55.40

11-8 水产品养殖面积

Culture Areas of Aquatic Products

单位：千公顷 (1000 hectares)

项目	Item	2000	2003	2005	2010	2011
总　计	**Total**	**221.46**	**223.18**	**205.62**	**231.47**	**237.73**
1.海水养殖	Seawter Culturing	130.28	130.08	124.01	137.64	142.32
#滩涂养殖	Beach Culturing	57.64	57.79	54.09	55.21	54.06
2.淡水养殖	Freshwater Culturing	91.18	93.11	81.61	93.83	95.41
#池塘养殖	Pond Culturing	35.53	35.00	32.15	34.36	35.35
湖泊养殖	Lakes Culturing	0.73	1.40	0.97	0.80	0.80
河沟养殖	Stream Culturing	6.20	6.27	5.16	4.91	4.95
水库养殖	Reservoir Culturing	44.91	46.81	40.29	51.63	52.24

11-9 年末各类园林水果实有面积

Actually Areas of Fruit and Subtropical Plant at the Year-end

单位：公顷 (hectare)

项目	Item	2000	2003	2005	2010	2011
园林水果合计	**Fruits**	**563700**	**554425**	**550669**	**536152**	**531178**
#柑　桔	Citrus	137888	164031	170327	175365	175798
龙　眼	Longan	90809	88280	81605	70205	69116
荔　枝	Lychee	40210	39977	39010	34094	32979
香　蕉	Banana	33017	29207	29792	28892	27599
枇　杷	Loquat	19091	28568	32728	35204	35122
菠　萝	Pineapple	3609	4415	4031	3703	3364
橄　榄	Chinese Olive	13027	11195	9966	10817	10878
柿	Persimmon	29326	27908	27091	24965	24421
桃	Peach	25037	26274	25735	26301	25843
李	Plum	35066	35573	33593	31987	31692
梨	Pear	20921	22455	22956	21940	21960
苹　果	Apple	234	36	31	15	14
葡　萄	Grape	2615	4469	4993	5837	6300
杨　梅	Red Bayberry	13808	14095	15149	17542	18599

11-10 主要年份农林牧渔业总产值和指数

Gross Output Value and Indices of Farming,Forest,Animal Husbandry and Fishery in Selected Years

年份	农林牧渔业总产值（亿元） Gross Output Value(100 million yuan)					农林牧渔业总产值指数（1952年=100） Indices of Gross Output(Year of 1952=100)				
	总产值	#农业	#林业	#牧业	#渔业	总指数	#农业	#林业	#牧业	#渔业
Year	Total	Agriculture	Forestry	Animal Husbandry	Fishery	Total	Agriculture	Forestry	Animal Husbandry	Fishing
1952	11.07	8.44	0.65	1.42	0.56	100.00	100.00	100.00	100.00	100.00
1957	17.05	11.32	2.16	2.35	1.22	143.80	126.60	283.60	165.00	189.60
1962	14.81	11.23	0.63	1.75	1.20	93.60	94.50	91.70	69.80	142.20
1965	18.80	13.50	1.23	2.84	1.23	140.40	130.70	188.50	162.60	175.80
1970	21.12	15.49	1.49	2.66	1.48	153.60	147.40	186.80	152.30	213.30
1975	27.06	20.45	1.86	3.24	1.51	181.60	166.00	249.80	209.60	237.00
1978	36.33	28.22	2.31	3.82	1.98	217.30	204.20	280.30	216.80	282.80
1979	43.11	29.29	3.27	7.00	3.55	232.00	214.50	301.10	257.00	304.10
1980	45.49	31.13	3.41	7.38	3.57	244.00	227.80	313.60	260.30	305.70
1981	56.11	37.93	4.62	8.75	4.81	258.20	239.40	366.30	276.50	312.20
1982	63.73	42.74	4.90	10.38	5.71	277.80	257.50	382.40	300.20	343.60
1983	68.08	44.11	5.57	11.48	6.92	292.00	259.80	447.70	339.80	403.80
1984	80.66	50.81	7.07	14.39	8.39	332.60	286.60	593.60	410.90	447.40
1985	99.05	59.34	9.13	19.62	10.96	360.60	302.90	644.50	478.70	515.50
1986	107.07	60.76	10.29	22.02	14.00	368.70	300.30	642.80	529.30	581.80
1987	132.97	72.08	13.57	27.75	19.57	402.10	324.60	703.00	553.00	722.20
1988	182.00	94.08	17.50	39.65	30.77	433.10	341.20	789.50	609.70	826.00
1989	209.92	108.10	18.41	51.95	31.46	461.40	360.90	834.40	646.90	926.30
1990	227.12	118.31	21.54	51.93	35.34	478.90	368.40	911.60	675.40	991.70
1991	253.51	133.34	25.40	54.36	40.40	517.70	398.60	974.00	722.00	1089.90
1992	295.24	150.64	29.21	61.75	53.63	560.70	424.10	1076.10	784.10	1212.80
1993	386.34	190.28	36.39	74.86	84.82	621.80	453.60	1220.00	838.20	1482.30
1994	574.05	260.69	46.95	113.35	153.06	710.10	493.10	1370.90	950.50	1882.90
1995	738.63	340.48	59.24	144.45	194.47	806.70	547.30	1510.70	1062.70	2288.20
1996	850.67	383.18	66.94	165.50	235.05	893.00	599.80	1654.20	1122.20	2613.10
1997	925.56	391.30	75.80	193.66	264.80	1002.80	645.40	1819.60	1268.10	3138.30
1998	973.37	410.96	78.35	200.18	283.78	1064.00	667.30	1874.20	1373.40	3439.60
1999	1010.82	425.19	80.16	201.99	303.48	1132.10	726.70	1932.30	1421.50	3642.50
2000	1037.27	420.98	82.29	208.18	325.82	1167.60	714.30	2046.20	1499.10	3907.60
2001	1061.61	433.25	82.34	215.50	330.52	1213.70	752.00	2021.90	1556.70	4073.30
2002	1125.29	450.75	78.49	213.08	332.92	1256.20	775.30	2064.40	1623.60	4236.20
2003	1170.54	461.72	79.25	234.54	341.40	1284.40	786.80	2095.50	1691.10	4307.60
2004	1315.10	514.53	86.18	284.86	374.26	1326.30	807.90	2217.00	1773.10	4438.70
2005	1373.01	552.74	96.92	266.81	396.78	1368.80	820.70	2383.30	1874.90	4539.30
2006	1449.78	602.00	105.78	266.75	410.75	1389.60	833.00	2500.10	1891.70	4554.20
2007	1692.16	685.34	120.72	340.27	474.32	1448.40	881.80	2663.80	1822.60	4835.70
2008	1965.02	763.02	149.76	425.68	549.35	1524.40	922.10	2880.10	1907.10	5136.80
2009	2001.24	826.22	162.20	366.91	565.58	1600.00	966.90	3074.70	1963.20	5446.20
2010	2307.06	976.58	189.35	380.28	674.18	1656.00	992.50	3297.50	2010.20	5677.50
2011	2730.94	1136.18	237.70	479.20	782.64	1723.84	1039.18	3528.50	2055.72	5870.77

注：1.2003年起采用国民经济行业分类GB/T 4754-2002，其他年份均采用GB/T 4754-94。2.2002-2007年数据根据2006年农普结果进行了调整。

Note: a)The data from 2003 are adopted the national economic classified standard of GB/T 4754-2002, others are adopted GB/T 4754-94. b) The data from 2002 to 2007 are adjusted according to the result of Agriculture census in 2006.

11-11 农林牧渔业分类产值和增速

Gross Output Value of and Ratio Farming,Forestry,Animal Husbandry and Fishery by Item

单位：万元 (10000 yuan)

项目	Item	数值（万元） Value(10000 yuan)			比上年增长(%) Ratio(%)		
		2009	2010	2011	2009	2010	2011
农林牧渔业总产值	**Total**	**20012438**	**23070563**	**27309365**	**5.0**	**3.5**	**4.1**
农业产值	**Agriculture**	**8262213**	**9765820**	**11361762**	**4.9**	**2.6**	**4.7**
谷物及其他作物	Cereal and Others	2196194	2276185	2715163	2.8	-6.1	4.1
谷物	Cereal	1161227	1129246	1396378			
薯类	Sweet Potato	379488	369539	416263			
油料	Oil-bearing Crops	141926	143615	199467			
豆类	Bean	84125	117490	126385			
棉花	Cotton	293	78	106			
麻类	Fiber Crops	246	278	278			
糖料	Sugar	24690	23337	30790			
烟草	Tobacco	239725	209588	270307			
其他农作物	Other Crops	164474	283013	275188			
蔬菜、食用菌及花卉盆景园艺作物	Vegetable、Edible Fungus and Gardening Crops	3801396	4685572	5124027	5.1	5.1	3.9
#蔬菜	Vegetable	2543267	3108849	3361904			
食用菌	Edible Fungus	946730	1183187	1322944			
花卉	Flower	311398	287530	324341			
水果、坚果、茶、饮料和香料作物	Fruit、Tea、Drink and Perfume Crops	2195774	2687814	3394392	6.8	7.5	7.1
#水果	Fruit	1395240	1628547	1960860			
园林水果	Gardening Fruit	1294662	1504554	1831600			
果用瓜	Fruited Melon	100577	123993	129260			
茶叶	Tea	794188	995813	1364708			
香料作物	Perfume Crops	6347	4030	4143			
中草药材	Traditional Chinese Medicine Materials	68849	116249	128180	-1.3	-6.4	-6.2
林业产值	**Forestry**	**1621998**	**1893502**	**2377043**	**6.8**	**7.2**	**7.0**
林木的培育和种植	Breeding and Planting of Forest	73996	127297	330024	-3.4	64.4	96.3
木竹采运	Cutting and Transport of Bamboo and Trees	928645	1022962	1189349	2.1	1.9	-0.8
#村及村以下	Rural and under Rural	772600	686510	1001547			
林产品	Forest Products	619356	743242	857669	16.1	8.4	2.4
牧业产值	**Animal Husbandry**	**3669078**	**3802819**	**4791978**	**2.9**	**2.4**	**2.3**
牲畜饲养	Livestock Raising	247428	267685	325466	1.2	1.0	4.9
牛	Cow	75604	77912	106176			
羊	Sheep	104142	126409	121336			
奶类	Dairy	67682	63364	97954			
#牛奶	Milk	61172	57627	92696			
猪的饲养	Hogs Raising	2408968	2536482	3350917	4.0	3.0	0.9
家禽饲养	Poultry Raising	878269	832832	900927	-0.2	-0.2	4.5
#肉禽	Meat Poultry	595915	601576	678977			
禽蛋	Poultry Eggs	282354	231257	221949			
捕猎野兽、野禽	Hunting Animals	18289	19436	27457	10.2	4.4	1.7
其他畜牧业	Other Poultry Products	116124	146384	187212	-0.3	11.3	7.8
渔业产值	**Fishery**	**5655836**	**6741809**	**7826444**	**6.0**	**4.2**	**3.4**
海水产品	Seawater Products	4485088	5338345	6114448	6.2	5.0	2.7
淡水产品	Freshwate Products	1170747	1403464	1711997	5.4	1.5	6.2
农林牧渔服务业产值	**Services of Agriculture , Forestry ,Animal Husbandry and Fishery**	**803313**	**866613**	**952138**	**5.9**	**4.5**	**4.3**

注：2005年起牧业产值中的猪、家禽产量用抽样数计算，2010年起执行2010《统计用产品分类目录》。

Note:Output value of Hog and Poultry since 2005 are from sample surrey.Since 2010，we carry out the product of category statistics.

11-12 主要年份主要农业产品产量

Output of Major Farm Products in Selected Years

单位：万吨　　(10000 tons)

年份 Year	粮食 Grain	油料 Oil- bearing Crops	蔬菜 Vegetable	园林水果 Fruits
1952	372.00	9.89		6.01
1957	444.00	9.42		11.77
1962	358.50	6.46		4.64
1965	455.50	8.03		8.26
1970	566.50	11.14		11.04
1975	640.50	13.56		9.01
1978	744.90	13.80		10.10
1980	801.90	13.48		12.66
1986	751.49	17.18		34.72
1987	839.26	17.48		45.68
1988	837.43	14.89		53.54
1989	884.57	16.20		69.90
1990	879.64	17.66		75.78
1991	889.65	15.64		110.53
1992	897.08	19.90		117.18
1993	869.00	20.66		153.75
1994	887.40	21.60		198.13
1995	919.93	23.28		239.33
1996	952.20	22.99		283.81
1997	961.78	24.36		334.34
1998	958.11	24.62		343.04
1999	942.17	25.81		394.10
2000	854.68	25.79	1161.11	356.44
2001	817.28	26.08	1099.96	401.19
2002	763.23	25.86	1233.77	424.93
2003	695.04	26.03	1289.23	441.68
2004	699.50	27.82	1317.83	468.90
2005	662.04	27.42	1346.66	479.36
2006	632.90	23.63	1358.16	495.40
2007	635.06	23.30	1376.10	517.29
2008	652.21	25.40	1409.15	553.37
2009	666.88	26.27	1449.30	564.08
2010	661.89	26.64	1487.34	564.48
2011	672.80	27.46	1541.42	605.93

11-13 主要年份粮食总产量及单产

Gross Output and Output Per Mu of Grain in Selected Years

年份 Year	粮食总产量（万吨） Total Output of Grain(10000 tons)		粮食单产（公斤/亩） Output of Grain Rice per Mu(kg/mu)	
	产量 Value	#稻谷 Rice	产量 Value	#稻谷 Rice
1952	372.00	281.00	128	131
1957	444.00	328.50	138	149
1962	358.50	268.50	126	138
1965	455.50	355.00	176	180
1970	566.50	452.50	189	204
1975	640.50	511.00	186	199
1978	744.90	618.69	219	240
1980	801.90	669.25	246	267
1986	751.49	654.95	264	294
1987	839.26	715.80	285	319
1988	837.43	687.74	278	322
1989	884.57	744.36	288	338
1990	879.64	731.24	282	322
1991	889.65	725.66	284	324
1992	897.08	732.96	287	331
1993	869.00	694.47	295	335
1994	887.40	699.17	296	332
1995	919.93	724.92	304	344
1996	952.20	743.34	312	353
1997	961.78	739.24	314	352
1998	958.11	728.81	315	350
1999	942.17	712.28	313	346
2000	854.68	632.75	312	345
2001	817.28	606.80	316	350
2002	763.23	557.52	312	367
2003	695.04	520.89	322	363
2004	699.50	540.32	328	369
2005	662.04	518.91	326	372
2006	632.90	499.00	344	374
2007	635.06	501.00	352	384
2008	652.21	508.81	362	394
2009	666.88	515.33	361	397
2010	661.89	507.94	358	396
2011	672.80	514.15	366	405

注：1988年起粮食总产量及单产中稻谷部分为抽样调查数据。
Note:Total Output of grain and Output of grain Per Mu since 1988 are from the sample survey ,similarly in following tables.

11-14 主要年份非粮作物总产量及单位播种面积产量

Gross Output and Output per Mu of Non-grain Crops in Selected Years

年份	总产量（万吨） Total Output(10000 tons)				单产（公斤/亩） Output of per(kg/mu)			
Year	油料 Oil-bearing Grops	花生 Peanuts	甘蔗 Sugarcane and Fruit Cane	烤烟 Flue-cured Tobacco	油料 Oil-bearing Grops	花生 Peanuts	甘蔗 Sugarcane and Fruit Cane	烤烟 Flue-cured Tobacco
1952	9.89	9.15	71.26	0.10	70	84	2620	40
1957	9.42	8.64	123.57	0.14	59	78	3325	60
1962	6.46	6.05	41.55	0.12	58	72	1721	43
1965	8.03	7.51	130.35	0.27	67	80	3656	97
1970	11.14	10.60	125.48	0.45	91	106	3244	78
1975	13.56	12.56	120.83	0.85	85	111	2868	66
1978	13.80	12.68	288.03	1.23	85	110	4500	74
1980	13.48	11.17	351.21	1.30	69	92	4985	79
1985	17.39	16.34	536.67	3.40	110	126	4882	82
1986	17.18	16.20	472.90	2.38	106	121	4593	79
1987	17.48	16.32	413.46	2.61	97	119	4735	80
1988	14.89	13.53	387.37	3.59	88	101	4586	73
1989	16.20	14.83	338.67	3.59	99	113	4570	76
1990	17.66	16.05	344.28	4.26	105	121	4595	82
1991	15.64	13.64	385.43	5.48	91	101	4813	87
1992	19.90	17.91	364.85	8.59	114	132	4803	93
1993	20.66	19.03	279.34	12.43	121	135	4625	89
1994	21.60	20.08	276.77	6.06	126	139	4602	87
1995	23.28	21.35	248.60	5.72	131	146	4416	94
1996	22.99	20.91	253.94	7.56	126	140	4467	102
1997	24.36	22.25	249.90	12.32	136	150	4568	110
1998	24.62	22.64	219.33	7.18	137	151	4461	106
1999	25.81	23.69	138.76	8.57	142	155	4153	112
2000	25.79	23.82	82.71	9.14	138	150	3830	113
2001	26.08	24.17	95.54	9.87	141	152	4116	115
2002	25.86	24.05	117.91	10.72	141	151	4258	112
2003	26.03	24.25	118.12	10.13	141	149	4316	115
2004	27.82	25.88	101.57	11.31	148	157	4260	122
2005	27.42	25.47	93.33	11.51	149	158	4169	117
2006	23.63	25.01	58.10	12.20	148	157	4127	124
2007	23.30	21.91	56.36	12.39	153	161	4122	132
2008	25.40	23.95	70.90	13.85	158	166	4416	138
2009	26.27	24.62	65.85	14.46	159	167	4282	141
2010	26.64	25.03	61.55	12.45	159	168	4166	129
2011	27.46	25.70	55.97	14.22	163	172	4060	141

11-15 各类粮食产量

Output of Grain by Sort

单位：万吨 (10000 tons)

项目	Item	2000	2003	2005	2010	2011
合　计	**Total**	**854.68**	**695.04**	**662.04**	**661.89**	**672.80**
按收获季节分	**By Harvest Season**					
春收粮食	Spring Harvest	51.24	38.29	35.46	31.66	33.86
夏收粮食	Summer Harvest	229.86	175.20	158.45	140.71	144.67
秋收粮食	Autumn Harvest	573.58	481.55	468.12	489.52	494.27
按品种分	**By Crop**					
稻谷	Rice	632.75	520.89	518.91	507.94	514.15
早稻	Early Rice	206.63	156.80	146.33	120.29	122.77
中稻	Middle Rice	221.96	227.16	173.12	192.87	196.43
晚稻	Late Rice	204.16	136.93	199.46	194.78	194.95
大小麦	Barley and Wheat	14.29	3.34	2.40	1.30	0.99
#小麦	Wheat	11.01	2.77	1.95	1.02	0.80
甘薯	Sweet Potato	136.81	108.45	88.20	90.90	91.02
马铃薯	Potato	29.04	27.13	25.55	26.47	28.67
杂粮	Food Grains other than Wheat and Rice	14.22	10.06	10.22	16.60	18.02
豆类	Bean					
大豆	Soybean	20.48	17.96	12.38	14.45	15.27
杂豆	Sundry Soybean	7.09	7.21	4.38	4.23	4.67

注：2004年之前中稻含一季晚稻，晚稻为双季晚稻。
Note:The data of middle rice before 2004 include one crop late rice,that of late rice include two crops.

11-16 非粮作物产量

Output of Non-grain Crops

单位：吨 (ton)

项目	Item	2000	2003	2005	2010	2011
蔬菜	Vegetables	11611096	12892297	13466611	14873438	15414154
油菜籽	Rape Seeds	18404	16209	18007	14521	15903
芝麻	Sesame	1120	1333	1242	1508	1574
黄(红)麻	Jute and Ambary Hemp	462	282	251	267	314
苎麻	Ramie	300	118	109	83	80
烟叶	Tobacco	93996	102859	116643	125646	143264
莲籽	Lotus Seed	4678	4619	5638	6397	7041
西瓜	Watermelon	533486	638824	658063	639450	668707

11-17 主要年份茶叶园林水果实有面积及产量

Actual Areas and Output of Tea and Fruits in Selected Years

年份 Year	茶叶 Tea 面积（千公顷）Areas(1000 hectare)	茶叶 Tea 产量（万吨）Output(10000 tons)	园林水果 Fruit 面积（千公顷）Areas(1000 hectare)	园林水果 Fruit 产量（万吨）Output(10000 tons)	年份 Year	茶叶 Tea 面积（千公顷）Areas(1000 hectare)	茶叶 Tea 产量（万吨）Output(10000 tons)	园林水果 Fruit 面积（千公顷）Areas(1000 hectare)	园林水果 Fruit 产量（万吨）Output(10000 tons)
1952	23.16	0.49	12.10	6.01	1995	132.04	9.45	532.37	239.33
1957	35.37	0.69	25.20	11.77	1996	130.41	10.18	556.55	283.81
1962	31.04	0.43	31.57	4.64	1997	126.62	10.99	576.28	334.34
1965	36.40	0.56	40.98	8.26	1998	124.23	11.89	568.60	343.04
1970	51.93	1.05	40.33	11.04	1999	128.91	12.35	567.08	394.10
1975	70.49	1.67	57.52	9.01	2000	129.21	12.60	563.70	356.44
1978	94.15	2.03	70.84	10.10	2001	130.65	13.39	558.19	401.19
1980	109.87	2.58	83.07	12.66	2002	133.35	14.33	553.81	424.93
1986	119.85	4.42	183.43	34.72	2003	138.58	15.02	554.43	441.68
1987	122.52	4.99	227.89	45.68	2004	145.06	16.44	547.65	468.90
1988	120.33	5.54	250.65	53.54	2005	155.23	18.48	550.67	479.36
1989	118.55	5.52	278.33	69.90	2006	159.82	20.01	542.08	495.40
1990	116.74	5.82	298.40	75.78	2007	169.76	22.39	536.43	517.29
1991	119.44	6.53	355.24	110.53	2008	189.07	24.73	541.43	553.37
1992	125.22	7.05	415.79	117.18	2009	194.84	26.57	538.04	564.08
1993	130.74	7.70	459.18	153.75	2010	201.20	27.26	536.15	564.48
1994	133.53	8.24	504.76	198.13	2011	211.34	29.60	531.18	605.93

11-18 各类茶叶 园林水果 食用菌产量

Output of Tea, Fruits and Edible Fungus by Sort

单位：吨 (ton)

项目	Item	2000	2003	2005	2010	2011
茶叶	**Tea**					
红茶	Black Tea	1615	2393	1652	13473	22707
绿茶	Green Tea	72431	80919	88923	102438	106376
青茶	Wulong Tea	50685	65345	85924	147789	157450
园林水果	**Fruit**					
柑桔	Critrus	1306027	1943977	2153154	2722988	3004118
龙眼	Longyan	104068	194785	216452	241138	250005
荔枝	Lychee	79580	128721	160289	147281	147278
香蕉	Banana	746454	837605	855398	882087	869735
枇杷	Loquat	54268	116248	112596	222273	212008
菠萝	Pineapple	30267	39482	37731	39348	39095
橄榄	Chinese Olive	24009	30927	33714	54931	62277
柿	Persimmon	99896	135110	160475	141094	178157
桃	Peach	143377	195809	199653	222371	236575
李	Plum	179121	248749	243224	232943	271130
梨	Pear	96394	129980	147755	185345	197218
苹果	Apple	380	151	198	309	306
葡萄	Grape	38702	55801	59066	100171	111966
杨梅	Red Bayberry	42734	55667	63235	99003	103784
食用菌	**Edible Fungus**	**462484**	**490062**	**559993**	**762663**	**819961**
#蘑菇	Mushroom	272106	249330	283828	341758	349342
香菇	Xianggu Mushroom	88292	78868	77680	92345	96994
白木耳	Tremella	12401	14435	16508	30589	35709
黑木耳	Black Tremella	29105	29284	28009	35491	38053

11-19 主要年份林业牧业水产品产量

Output of Forestry,Animal Husbandry and Fishery in Selected Years

年份 Year	造林面积（千公顷） Afforested Areas (1000 hectare)	肉类总产量(万吨) Output of Pork Beef and Mutton (10000 tons)	猪出栏数（万头） Number of Slaughtered Fattened Hogs(10000 heads)	奶类产量（万吨） Milk (10000 tons)	水产品产量（万吨） Output of Aquatic Products (10000 tons)
1952	34.31				15.93
1957	127.60				28.34
1962	55.89				23.82
1965	172.65				32.55
1970	173.49		219.18		38.75
1975	192.75		336.66	0.61	39.61
1978	194.71		321.86	0.93	54.44
1980	175.13		401.48	1.47	59.80
1985	282.83	49.70	578.09	4.21	100.26
1986	209.67	54.23	617.29	4.60	105.23
1987	166.12	59.32	665.12	5.05	126.22
1988	192.39	65.07	713.40	5.08	132.66
1989	242.94	69.44	750.40	4.82	137.97
1990	303.91	71.83	766.46	4.87	145.59
1991	306.02	75.07	780.72	5.12	166.23
1992	223.03	78.93	820.61	5.72	200.57
1993	63.77	84.10	863.20	5.94	237.04
1994	45.56	92.23	908.78	6.06	278.78
1995	41.74	102.66	1000.84	6.32	317.56
1996	34.45	107.49	1047.48	6.49	358.23
1997	29.99	125.02	1231.98	6.07	429.31
1998	25.12	135.24	1365.13	6.71	475.92
1999	23.93	138.84	1453.38	7.95	502.32
2000	24.50	145.92	1560.81	9.91	527.89
2001	21.01	153.91	1665.55	11.39	542.49
2002	17.49	162.09	1770.33	14.16	558.71
2003	16.72	161.96	1803.61	19.28	553.13
2004	16.31	163.92	1850.65	20.67	551.36
2005	24.22	164.85	1881.92	19.10	542.37
2006	23.18	161.81	1866.14	16.65	523.59
2007	35.45	150.65	1645.94	15.85	532.00
2008	32.81	169.42	1840.13	14.87	554.20
2009	33.26	175.15	1922.93	15.56	569.67
2010	29.87	180.21	1963.31	15.74	587.42
2011	212.72	182.96	1950.43	15.79	603.78

11-20 造林面积
Areas of Afforestation

项目	Item	2000	2003	2005	2010	2011
当年造林面积（千公顷）	**Afforested Area in Current Year(1000 hectare)**	**24.50**	**16.72**	**24.22**	**29.87**	**212.72**
#用材林	Commercial Forest	8.07	6.88	15.20	15.34	140.02
经济林	Economic Forest	6.47	2.76	3.14	3.35	20.39
防护林	Shelter Forest	8.04	6.86	5.66	11.15	50.61
薪炭林	Fuel Forest	1.90	0.20	0.19	0.03	0.29
迹地更新面积（千公顷）	**Areas of Slash Reforestation (1000 hectare)**	**54.91**	**34.09**	**80.59**	**103.83**	**182.21**
零星植树（万株）	**Fragmentary Forest (10000 plants)**	**3559.00**	**2702.68**	**1745.14**	**1806.89**	**2861.23**
封山育林面积（千公顷）	**Areas of Afforestation in Hill (1000 hectare)**	**1060.37**	**533.37**	**412.41**	**419.34**	**360.69**
育苗面积（千公顷）	**Areas of Grown Seedings (1000 hectare)**	**0.32**	**0.37**	**0.54**	**1.40**	**1.52**
幼林抚育作业面积（千公顷）	**Areas of Tending Young Forest(1000 hectare)**	**232.00**	**195.83**	**223.00**	**340.22**	**617.17**
成林抚育作业面积（千公顷）	**Areas of Tending Grown Forest(1000 hectare)**	**188.05**	**129.53**	**150.56**	**101.93**	**116.52**

注：1985年以前造林面积成活率45%以上统计，1986年及以后各年成活率85%以上统计。
Note: Data of Afforested Areas Before 1985 cover the afforested areas with Survival Rate Over 45%. From 1986, the Survival Rare should be over 85%.

11-21 主要林产品产量
Output of Major Forest Products

项目	Item	2000	2003	2005	2010	2011
木材产量（万立方米）	Output of cut wood（10000 cu.m)	334.90	139.70	1446.40	1455.38	1297.99
毛竹采伐量（万根）	Mao Bamboo(10000 unit)	15872	145	15504	26602	29544
篙竹采伐量（万根）	Lofty Bamoo(10000 unit)	6631	7902	10061	14787	15816
油桐籽（吨）	Tung-oil Seeds(ton)	18121	19237	20928	23244	23979
油茶籽（吨）	Tea-oil Seeds(ton)	62983	64606	72597	94815	101334
乌桕籽（吨）	Chinese Tallow Tree Seeds(ton)	121	360	1145	532	550
棕片（吨）	Piece of Palm(ton)	10891	10194	12162	14847	15283
松脂（吨）	Rosin(ton)	72949	67732	72299	87758	92767
笋干（吨）	Dried Bamboo Shoots(ton)	120970	150992	153497	215123	228553
板栗（吨）	Chinese Chestnut(ton)	19439	30175	49134	80793	85053
山苍籽（吨）	Litsea Cueba(ton)	7845	8316	9552	12174	12721

11-22 主要畜禽产品产量

Output of Main Livestock Products

项目 Item	2000	2003	2005	2010	2011
肉类产量（万吨） Output of Meat(10000 tons)	**145.92**	**161.96**	**164.85**	**180.21**	**182.96**
#猪肉 Pork	114.79	128.76	134.69	146.62	146.60
牛肉 Beaf	2.12	2.25	2.17	2.25	2.35
羊肉 Mutton	1.33	1.45	1.45	1.82	1.90
禽肉 Meat of Poultry	26.21	27.70	24.57	26.32	28.91
兔肉 Rabbit Meat	1.47	1.80	1.97	2.56	2.59
牛奶产量（万吨） Output of Cow Milk(10000 tons)	**9.60**	**18.98**	**18.77**	**15.41**	**15.47**
羊奶产量（万吨） Output of Ewe Milk(10000 tons)	**0.31**	**0.31**	**0.34**	**0.33**	**0.33**
蜂蜜产量（万吨） Output of Honey(10000 tons)	**0.54**	**0.72**	**0.85**	**0.86**	**0.91**
禽蛋产量（万吨） Output of Poultry Eggs(10000 tons)	**40.69**	**40.37**	**37.91**	**26.28**	**25.22**
肉猪出栏数（万头） Number of Slaughtered Fattened Hogs (10000 heads)	**1560.81**	**1803.61**	**1881.92**	**1963.31**	**1950.43**
出栏率(%) Rate of Slaughter(%)	148.7	155.1	152.3	149.2	153.3
肉羊出栏数（万头） Number of Slaughtered Fattened Sheep(10000 heads)	**97.80**	**105.98**	**107.00**	**133.29**	**138.47**
出栏率(%) Rate of Slaughter(%)	104.3	99.6	96.2	128.9	130.3
肉牛出栏数（万头） Number of Slaughtered Fattened Cows(10000 heads)	**21.31**	**23.00**	**21.60**	**22.35**	**23.29**
家禽出栏数（万只） Number of Slaughtered Poultry(10000 heads)	**20633.89**	**22102.64**	**19140.51**	**19934.33**	**21765.01**
家兔出栏数（万只） Number of Slaughtered Domestic Rabbit(10000 heads)	**1178.96**	**1427.64**	**1559.27**	**1825.38**	**1850.23**

11-23 畜禽存栏数

Number of Livestock and Poultry on Hand

单位：万头、万只、万箱

项目	Item	2000	2003	2005	2010	2011
牛存栏数	**Bull**	**111.44**	**97.78**	**75.63**	**70.17**	**69.77**
#乳牛	Cow	3.59	5.80	4.99	5.04	5.16
猪存栏数	**Number of Hogs on Hand**	**1087.66**	**1198.51**	**1249.83**	**1272.57**	**1297.80**
#能繁殖母猪	Number of Female Hogs with Fertility	76.27	87.15	97.97	125.56	130.07
羊存栏数	**Number of sheep on Hand**	**96.22**	**109.26**	**93.56**	**106.24**	**107.58**
蜜蜂年末箱数	**Number of Beehive at the Year-end**	**23.09**	**30.79**	**35.32**	**36.26**	**38.65**
家兔年末数	**Number of Domestic Rabbit at the Year-end**	**714.40**	**763.35**	**822.67**	**909.23**	**927.61**
家禽年末数	**Number of Poultry at the Year-end**	**10930.19**	**11089.02**	**9937.04**	**7707.70**	**8424.21**

11-24 淡水产品产量

Output of Freshwater Products

单位：万吨 (10000 tons)

项目	Item	2000	2003	2005	2010	2011
淡水产品产量	**Output of Freshwater Aquatic Products**	**57.39**	**62.67**	**63.47**	**74.16**	**77.58**
#养殖产量	Output of Freshwater Culturing	49.73	54.54	55.81	65.97	69.10
按类别分	By Kind					
#淡水鱼类	Freshwater-fish	50.11	53.45	54.05	62.68	65.31
虾蟹类	Shrimps,Prawns and Crabs	1.14	3.22	3.34	5.10	5.81
贝类	Shell-fish	4.46	4.33	4.43	4.84	4.78
主要品种产量	**By Product**					
淡水鳗	Freshwater Eel	6.99	8.04	8.29	8.75	8.21
草鱼	Grass Carp	10.97	12.38	12.24	13.84	14.68
鲢鱼	Silver Carp	8.27	6.21	6.06	6.21	6.68
鲤鱼	Carp	4.36	5.74	5.48	5.08	5.39
罗非鱼	Ribber Carp	10.56	9.20	9.50	11.08	11.84

11-25 海水产品产量

Output of Seawater Aquatic Products

单位：吨 (ton)

项目	Item	2000	2003	2005	2010	2011
海水产品产量	**Output of Seawater Aquatic Products**	**4705066**	**4904580**	**4788957**	**5132598**	**5262035**
#鱼类	Fish	1668816	1728737	1678551	1787085	1802848
虾蟹类	Shrimps,Prawns and Crabs	357794	359979	319406	388610	406751
贝类	Shell-fish	2318397	2262160	2226300	2221429	2276548
藻类	Algac	317830	402881	420709	599357	630215
#海水养殖产量	**Output of Seawater Culturing**	**2627057**	**2768425**	**2782535**	**3038990**	**3161489**
#鱼类	Fish	102040	115138	133450	170308	188547
虾蟹类	Shrimps,Prawns and Crabs	42875	60332	64973	95816	108950
贝类	Shell-fish	2161334	2188743	2163472	2171544	2227010
藻类	Algac	317106	399854	417929	598225	628450
主要品种产量	**Output of Main Seawater Culturing**					
大黄鱼	Big Yellow Croaker	48146	54497	59398	75660	76557
带鱼	Hairtail	173578	207154	198905	240362	238248
鲳鱼	Butterfish	52443	66118	66244	62817	69855
鳓鱼	Chinese Herring	11477	19421	18640	15425	16816
马鲛鱼	Spanish Mackerel	59519	45493	40739	54226	52891
鲷鱼	Porgy	10052	37928	36078	76902	86145
鲐鱼	Chub mackerel	52789	64119	57966	62656	127422
鳗鱼	Eel	50705	61136	68734	70186	72636
墨鱼	Inkfish	57263	29663	27379	30085	32719
海蜇皮	Jellyfish	13260	10382	6944	11819	11528
对虾	Prawn	28490	43910	48767	72282	82547
毛虾	Shrimp	65262	57213	49057	56383	58269
梭子蟹	Swimming Crab	58705	73109	70032	89261	93377
蛏	Razor Clam	168095	188147	177891	193708	204878
蛤	Clam	214264	236619	260168	288793	295299
蚶	Blood Clam	24203	38419	40687	37469	40161
牡蛎	Oyster	1558984	1570418	1539167	1456106	1475485
海带	Kelp	276867	327178	337892	452096	474825
紫菜	Laver	26828	29396	34258	51313	48490

主要统计指标解释

农林牧渔业总产值　指以货币形式表现的农、林、牧、渔业全部产品的总量和对农、林、牧、渔业生产活动进行的各种支持性服务活动的价值，它反映一定时期内农业生产总规模和总成果。农林牧渔业总产值的核算采用“产品法”进行计算，即用产品产量乘以价格求得各种产品的产值，然后把它们加总求得各业的产值，最后相加求得农林牧渔业总产值。1957年以前的农林牧渔业总产值中包括了厩肥和农民自给性手工业(如农民自制衣服、鞋、袜，自己从事粮食初步加工等)。1958年及以后，林业中增加了村及村以下竹木采伐产值；牧业中取消了厩肥产值；副业中取消了农民自给性手工业产值，增加了村及村以下办的工业产值;渔业中增加了海洋捕捞水产品产值。1980 年及以后，在副业中增加了农民家庭兼营工业商品部分的产值。从1984年起村及村以下工业产值划归工业。从 1993 年起取消副业，将野生动物的捕猎划入牧业、野生植物采集和农民家庭兼营商品性工业划归农业。1996 年第一次农业普查以后，由于畜牧业产品年报数据与普查数据之间存在一定的差距，国家统计局对畜牧业年报数据与普查数据进行衔接，相应的畜牧业产值进行调整。2002-2007年农林牧渔业产值，以全省第二次农业普查数据为基础，对农业、牧业、渔业和服务业进行了调整和衔接。

粮食产量　指稻谷、小麦、玉米、高粱等谷物及薯类和豆类的全社会产量。包括国有经济经营的、集体统一经营的和农民家庭经营的粮食产量，还包括工矿企业办的农场和其他生产单位的产量。其产量计算方法，豆类按去豆荚后的干豆计算；薯类(包括甘薯和马铃薯，不包括芋头和木薯)1963年以前按每4 公斤鲜薯折1 公斤粮食计算，从1964年开始改为按5 公斤鲜薯折1 公斤粮食计算。城市郊区作为蔬菜的薯类(如马铃薯等)按鲜品计算，并且不作粮食统计。其他粮食一律按脱粒后的原粮计算。1989年以前全国粮食产量数据的取得主要是靠全面报表取得，1989年以后开始使用抽样调查数据。

棉花产量　指春播棉和夏播棉的全社会产量。产量按皮棉计算。3 公斤籽棉折1 公斤皮棉，不包括木棉。

油料产量　指全部油料作物的生产量。包括花生、油菜籽、芝麻、向日葵籽、胡麻籽(亚麻籽)和其他油料。不包括大豆、木本油料和野生油料。花生以带壳干花生计算。

水产品产量　指人工养殖的水产品和天然生长的水产品的捕捞量。包括全部海水和淡水鱼类、虾蟹类、贝类、藻类和其他渔业产品的产品的最终产量。1995年及以前，贝类中牡蛎按鲜肉计算；蚶、蛤、蛙按5斤鲜品折1斤计算。1996 年以后则统一按鲜品计算。

猪、牛、羊肉产量　指当年出栏并已屠宰、除去头、蹄、下水后带骨肉(即胴体重) 的重量。其统计范围为全社会。1996 年前为各级逐级上报数据。1996 年第一次农业普查以后，由于畜牧业产品年报数据与普查数据之间存在一定的差距，国家统计局对畜牧业年报数据与普查数据进行了衔接。1999 年以后，国家统计局开展了猪、牛、羊、禽等主要畜禽品种的抽样调查，并用抽样数据作为国家定案数据使用。未开展抽样调查的品种，仍使用各级统计部门逐级上报数据。

期初(末)畜禽存栏头(只)数　指报告期初(末)农村各种合作经济组织和国营农场、农民个人、机关、团体、学校、工矿企业、部队等单位以及城镇居民饲养的大牲畜、猪、羊、家禽等畜禽的存栏数。数据上报方式及数据调整情况同猪、牛、羊肉产量。

农作物播种面积　指实际播种或移植有农作物的面积。凡是实际种植农作物的面积，不论种植在耕地上还是种植在非耕地上，均包括在农作物播种面积中。在播种季节基本结束后，因遭灾而重新改种和补种的农作物面积，也包括在内。该指标可以反映我国耕地面积的利用情况。目前，农作物播种面积主要包括粮食、棉花、油料、糖料、麻类、烟叶、蔬菜和瓜类、药材和其它农作物九大类。

有效灌溉面积　指具有一定的水源，地块比较平整，灌溉工程或设备已经配套，在一般年景下当年能够进行正常灌溉的耕地面积。在一般情况下，有效灌溉面积应等于灌溉工程或设备已经配备，能够进行正常灌溉的水田和水浇地面积之和。该指标可以反映我国耕地的抗旱能力。

农用化肥施用量　指本年内实际用于农业生产的化肥数量，包括氮肥、磷肥、钾肥和复合肥。化肥施用量要求按折纯量计算数量。折纯量是指把氮肥、磷肥、钾肥分别按含氮、含五氧化二磷、含氧化钾的百分之百成份进行折算后的数量。复合肥按其所含主要成分折算。

公式:折纯量= 实物量×某种化肥有效成份含量的百分比

农业机械总动力 指主要用于农、林、牧、渔业的各种动力机械的动力总和。包括耕作机械、排灌机械、收获机械、农用运输机械、植物保护机械、牧业机械、林业机械、渔业机械和其他农业机械〔内燃机按引擎马力折成瓦(特)计算、电动机按功率折成瓦(特)计算〕。不包括专门用于乡、镇、村、组办工业、基本建设、非农业运输、科学试验和教学等非农业生产方面用的动力机械与作业机械。这个指标的统计数据主要来源于农机部门。

乡村从业人员 指乡村人口中劳动年龄在 16 周岁以上实际参加生产经营活动并取得实物或货币收入的人员,包括劳动年龄内经常参加劳动的人员,也包括超过劳动年龄但经常参加劳动的人员,但不包括户口在家的在外学生、现役军人和丧失劳动能力的人,也不包括待业人员和家务劳动者。从业人员按从事主业时间最长(时间相同按收入)分为农业从业人员、工业从业人员、建筑业从业人员、交运仓储及邮电业从业人员、批零贸易及住宿餐饮业从业人员、其它行业从业人员。

Explanatory Notes on Main Statistical Indicators

Gross Output Value of Farming, Forestry, Animal Husbandry and Fishery refers to the total value of products of farming, forestry, animal husbandry and fishery, which reflects the total scale and result of agricultural production during a given period. Gross output value of agriculture is obtained by first multiplying the output of each product or by product by its price, resulting in t he output value of each s ingle item. For a small number of products, annual output of which is not available or difficult to get due to the long production growing process involved, t he output value is estimated through an indirect approach. The sum of out put value of all products of farming, forestry, animal husbandry, and fishery is then equal to the gross output value of agriculture. Prior to 1957, Chinas gross agricultural output value included barnyard manure and handicraft products for self-consumption (clothes, shoes, stockings, and initial grain processing undertaken by peasants). Since 1958, cutting and felling of bamboo and trees by villages and other cooperative organizations under villages have been included in forestry; value of barnyard manure has been excluded from animal husbandry; self consumed handicraft s has been excluded from sideline occupations, while the output value of industries run by villages and cooperative organizations under village had been included inside line occupations and the out put value of fish catches by motor fishing boats has been added to fishery. Since 1980, the value of handicraft products made for sale by individuals in households had been added to sideline occupations. Since 1984, industries run by villages and under villages have been included in the sector of industry. Since 1993, the subdivision of sideline occupations has been canceled, and the hunting of wild animals has been classified into animal husbandry, and the gathering of wild plants and commodity industry run by rural household have been included in farming. The Firs t Agriculture Census of China in 1996 revealed some discrepancy between the production of animal products from the annual reports and that from the census. Efforts were made by NBS to adjust the output value of animal husbandry to make the figures from the annual reports consistent with the census data. data on Farming, Forestry, Animal Husbandry and Fishery in from 2002 to 2007 have been adjusted according to the data obtained from the Second National Agricultural Census.

Grain Output refers to the total output of rice, wheat, corn, sorghum, millet and other miscellaneous grains as well as tubers and bean in the whole region including grains produced by state farms, collective units, industrial enterprises and mines. Output of beans refers to dry beans without pods. The output of tubers (sweet potatoes and potatoes, not including taros and cassava) was converted into that of grain at the ratio 4:1, i.e. 4 kilograms of fresh tubers was equivalent to 1 kilogram of grain up to 1963. Since 1964 the ratio for conversion has been 5:1.Tubers supplied as vegetables (such as potatoes) in cities and suburbs are calculated as fresh vegetables and their output is not included in the output of grain. Output of all other grains refers to husked grain. Data on grain production before 1989 were obtained through Comprehensive Statistical Reporting System, since then, sample survey data are used.

Cotton Output refers to the cotton production in the whole Region including cotton sown in spring and in autumn. Output is measured as the weight of ginned cotton. Three kilograms of seed-cotton are equivalent to 1 kilogram of ginned cotton, excluding ceiba.

Output of Oil-bearing Crops refers to the total production of oil-bearing crops of various kinds, including peanuts, (dry, in shell) rapeseeds, sesame, sunflower seeds, flax seeds, and other oil-bearing crops. Soybeans, oil-bearing woody plants, and wild oil-bearing crops are not included.

Output of Aquatic Products refers to catches of both artificially cultured and naturally grown aquatic products, including fish, shrimps, crabs and shellfish in sea and inland water as well as seaweed. Freshwater plants are not included. Data on output of aquatic products are reported by aquatic product and statistical agencies level by level. Before 1995, among the shellfish, the oyster was counted as fresh meat; 5

kilograms of ark shell, clams and frogs are equivalent to 1 kilogram of fresh aquatic products; they are all counted as fresh aquatic products since1996.

Output of Pork, Beef, and Mutton refers to the meat of slaughtered hogs, cattle, sheep and goats wit h head, feet, and offal taken away. The statistical scope is of the whole society. The first agriculture census of China in 1996 revealed some discrepancy between the production of animal products from the annual reports and that from the census. Efforts were made by NBS to adjust the output value of animal husbandry to make the figures from the annual rep orts consistent with the census data. Since 1999, NBS conducted sample survey for t he major animal husbandry products, such as hogs, cattle, sheep and goats and fowls, and the data from sample surveys are used as national finalized data. Those products, which are not covered by the sample survey, are still reported by statistical agencies level by level.

Number of Livestock or Poultry in Stock at Beginning (or End) of period refers to the total number of large animals, pigs, sheep, fowls, etc. raised by rural cooperative organizations, state farms, rural individuals, government agencies, schools, industrial and mining enterprises, army, and urban residents at the beginning (or end) of the reference period. Data reporting system and data adjustment are the same as that in the output of pork, beef and mutton.

Sown Area of Crops refers to area of land sown or transplanted with crops regardless of being in cultivated area or no cultivated area. Area of land re-sown due to natural disasters is also included. The indicator can reflect the utilization condition of the cultivated land in China. At p resent, t he sown area of crops mainly include the following 9 categories of crops: grain, cotton, oil-bearing crops, sugar crops, fiber crops, Tobacco, Vegetables and melons, medicinal materials and other farm crops.

Irrigated Area refers to areas that are effectively irrigated, i.e. level land, which has water source and complete sets of irrigation facilities to lift and move adequate water for irrigation purpose under normal conditions. Under normal conditions, irrigated area is the sum of watered fields and irrigated fields where irrigation systems or equipment have been installed for regular irrigation purpose. This indicator can reflect drought resistance capacity of the cultivated land in China.

Consumption of Chemical Fertilizers in Agriculture refers to the quantity of chemical fertilizers applied in agriculture in the year, including nitrogenous fertilizer, phosphate fertilizer, potash fertilizer, and compound fertilizer. The consumption of chemical fertilizers is required in calculation to convert the gross weight into weight containing 100% effective component (e.g. 100% nitrogen content in nitrogenous fertilizer, 100%phosphorous pent oxide contents in phosphate fertilizer, 100%potassium oxide contents in potash fertilizer). Compound fertilizer is converted with its major component. The formula is:

Volume of effective component = physical quantity × effective component of certain chemical fertilizer (%)

Total Power of Farm Machinery refers to total mechanical power of machinery used in farming, forestry, animal husbandry, and fishery, including ploughing, irrigation and drainage, harvesting, transport, plant protection, stock breeding, forestry and fishery. The power of internal combust ion engines is required to convert horsepower into watts and the power of electric motors is required to be converted into watts. Machinery employed for non-agricultural purposes, such as the machines used in township run and village-run industry, construction, nonagricultural transport, scientific experiments and teaching, is excluded. Data are mainly from agricultural machinery agencies.

Rural Employed Persons refer to rural labor forces aged over 16 years old who are engaged in real payment in kind or wages, including those covered within the age frame and regularly participating in production activities, and those who are out of the range of age frame and also participating in production activities regularly. Excluding students studying in other places with their permanent residence registered in local areas, servicemen and persons incapable of working; also excluding those who are waiting for jobs and those engaged in household work. Persons employed are classified as rural employed persons; industrial employed persons; construction industry employed persons; transport, storage and telecommunications industries employed persons; whole sales and retail sales Trades and catering industry employed persons and others according to the longest period of persons engaged in major activities (or using income indicator when periods are the same).

第十二篇　工业

Chapter　12　Industry

资料整理：陈海丹 王洵
Database Editor: Chenhaidan Wangxun

简 要 说 明

本篇资料的主要内容及来源

本篇资料反映了全省工业生产和基本效益情况，主要包括历年工业总产值及指数、规模以上工业、国有控股工业、国有工业、集体工业、外商投资和港澳台投资工业、大中型工业企业的主要经济指标、相关的财务分析指标和主要工业产品产量等方面的内容。

本篇资料由省统计局工业交通统计处根据工业统计年报中有关资料整理。

Brief Introduction

Main Content and Source of Data

Data in this chapter show the basic condition of industry in Fujian, the output of major industrial products and major economic and relevant financial indicators of industrial enterprises , mainly including the gross industrial output value and indices.Industrial enterprises include enterprises above designated size, state share holding enterprises, state owned enterprises, collective owned enterprises, foreign funded enterprises, enterprises with funds from Hong Kong, Macao and Taiwan, large and medium sized enterprises.

Data in this chapter are based on the annual report of industrial statistics and are prepared and provide by the Division of Industry and Transport Statistics of Fujian Provincial Bureau of Statistics.

12-1 主要年份工业总产值

Gross Industrial Output Value in Selected Years

单位：亿元 (100 million yuan)

年份 Year	总计 Total	#国有企业 State-owned	#集体企业 Collective owned	#轻工业 Light Industry	#重工业 Heavy Industry
1952	4.20	0.51	0.02	3.74	0.46
1957	8.57	5.93	1.64	7.11	1.46
1962	11.23	8.72	2.44	8.17	3.06
1965	17.24	14.27	2.97	11.89	5.35
1970	24.41	20.78	3.63	15.72	8.69
1975	43.37	33.08	10.29	25.17	18.20
1978	63.14	46.85	16.29	36.91	26.23
1979	72.01	52.53	19.30	42.48	29.53
1980	81.45	57.65	23.77	49.48	31.97
1981	87.76	60.50	26.11	55.52	32.24
1982	95.77	65.97	28.29	60.04	35.73
1983	103.97	70.66	30.85	65.50	38.47
1984	131.11	82.74	40.53	82.60	48.51
1985	173.13	101.71	57.84	103.68	69.45
1986	205.10	114.28	72.75	122.61	82.49
1987	265.87	139.55	92.48	157.85	108.02
1988	388.85	192.69	132.41	237.87	150.98
1989	488.96	242.17	156.98	296.52	192.44
1990	531.49	239.82	166.91	329.72	201.77
1991	658.86	268.28	209.81	413.28	245.58
1992	915.51	314.17	323.69	587.20	328.31
1993	1522.37	391.55	566.47	908.20	614.17
1994	2128.61	422.58	785.29	1281.72	846.89
1995	2638.52	448.93	940.41	1600.51	1038.01
1996	2840.51	450.37	1060.49	1789.69	1050.82
1997	3066.76	433.55	946.14	1910.15	1156.61
1998	3218.51	368.30	219.60	1993.88	1224.63
1999	3479.84	376.66	202.71	2161.94	1317.90
2000	3994.86	395.67	211.49	2317.02	1677.84
2001	4398.08	360.54	192.92	2374.96	2023.12
2002	5260.20	329.12	216.11	2690.10	2570.10
2003	6616.61	358.20	236.63	3109.81	3506.80
2004	8544.50	598.92	171.41	3809.41	4735.09
2005	9995.89	403.26	185.99	4484.89	5511.00
2006	11855.68	753.56	228.55	5363.49	6492.19
2007	14425.06	720.16	271.92	6515.95	7909.11
2008	17141.44	750.36	221.12	7931.00	9210.44
2009	18681.48	917.66	228.10	8800.55	9880.93
2010	23805.32	1102.75	262.58	10935.92	12869.40
2011	30330.59	1410.10	310.90	13860.64	16469.95

注：国有企业、集体企业1997年及以前年份的是按经济类型划分，1998年及以后年份是按登记注册类型划分。

Note:The Stated-owned Enterprises and Collective-owned Enterprises were grouped by ownership before 1997,grouped by status of registration after 1998.

12-2 主要年份工业总产值指数

Realated Indices of Industrial Enterprises in Selected Years

年份 Year	工业总产值指数（1952=100） Indices of Gross Industrial Output Value(1952=100)					工业总产值本年比上年增长(%) Growth Rates(%)				
	总计 Total	#国有企业 State-owned	#集体企业 Collective owned	#轻工业 Light Industry	#重工业 Heavy Industry	总计 Total	#国有企业 State-owned	#集体企业 Collective owned	#轻工业 Light Industry	#重工业 Heavy Industry
1952	100.0	100.0	100.0	100.0	100.0	31.3	121.7		25.5	109.1
1957	209.8	1190.2	8550.0	195.5	326.1	17.2	25.2	14.0	13.5	38.9
1962	279.5	1780.3	12929.3	228.4	694.6	-18.2	-22.9	2.1	-10.5	-33.5
1965	434.2	2946.4	15953.0	336.2	1230.6	24.2	28.0	11.3	22.7	27.8
1970	626.1	4371.4	19811.0	452.8	2034.7	16.9	21.4	-3.6	10.3	31.1
1975	1132.5	7182.3	53688.6	750.4	4219.4	9.4	8.9	11.2	5.2	15.9
1978	1635.5	10089.1	84353.2	1091.7	6031.6	19.7	19.9	19.2	17.1	23.6
1979	1830.5	11129.4	98310.2	1233.6	6664.9	11.9	10.3	16.5	13.0	10.5
1980	2068.8	12173.9	120672.0	1435.1	7208.0	13.0	9.4	22.7	16.4	8.2
1981	2260.4	12955.7	134425.3	1632.9	7370.9	9.3	6.4	11.4	13.8	2.3
1982	2425.8	13814.7	142670.7	1739.7	8008.3	7.3	6.6	6.1	6.5	8.6
1983	2640.1	14657.1	155963.3	1851.7	9038.7	8.8	6.1	9.3	6.4	12.9
1984	3308.2	16952.0	203636.8	2311.0	11397.2	25.3	15.7	30.6	24.8	26.1
1985	4149.1	19473.0	289888.8	2944.3	13940.1	25.4	44.9	42.4	27.4	22.3
1986	4786.3	21157.8	350355.2	3404.5	16018.8	15.4	8.7	20.9	15.6	14.9
1987	5894.3	23774.3	430360.7	4213.8	19563.2	23.1	12.4	22.8	23.8	22.1
1988	7854.0	27911.6	580627.2	5825.5	24437.9	33.2	17.4	34.9	38.2	24.9
1989	9044.6	29955.4	662981.4	6661.8	28504.2	15.2	7.3	14.2	14.4	16.6
1990	10205.0	30086.1	719949.7	7689.2	30824.9	12.8	0.4	8.6	15.4	8.1
1991	12489.5	32848.3	897745.8	9498.9	37105.3	22.4	9.2	24.7	23.5	20.4
1992	17149.9	37953.2	1360582.9	13312.9	49059.4	37.3	15.5	51.6	40.2	32.2
1993	25624.1	38810.8	2193320.1	19145.7	78531.6	49.4	2.3	61.2	43.8	60.1
1994	34914.6	39505.1	3062020.4	25873.0	108508.9	36.3	1.8	39.6	35.1	38.2
1995	41709.8	38550.9	3254811.9	30200.8	134592.3	23.3	0.9	10.2	20.8	27.4
1996	50427.1	39444.8	4293096.9	38385.2	149397.5	20.9	2.3	31.9	27.1	11.0
1997	60916.0	36994.0	4288803.8	45678.4	185252.9	20.8	-6.2	-0.1	19.0	24.0
1998	70175.2	33664.5	3628328.0	53854.8	204519.2	15.2	-9.0	-15.4	17.9	10.4
1999	80210.3	34708.1	3726292.9	59725.0	246650.2	14.3	3.1	2.7	10.9	20.6
2000	91519.9	35228.7	3934965.3	66653.1	290553.9	14.1	1.5	5.6	11.6	17.8
2001	103234.5	31987.7	3635907.9	71918.7	347212.0	12.8	-9.2	-7.6	7.9	19.5
2002	121403.8	25750.1	3857698.3	82994.2	419432.0	17.6	-19.5	6.1	15.4	20.8
2003	143256.5	29303.6	4328337.5	95443.3	507512.8	18.0	13.8	12.2	15.0	21.0
2004	168183.1	32849.3	4233114.1	112432.2	593789.9	17.4	12.1	-2.2	17.8	17.0
2005	196269.7	35280.2	4643726.2	135480.8	673951.6	16.7	7.4	9.7	20.5	13.5
2006	234738.6	40783.9	5307779.0	160680.2	810089.8	19.6	15.6	14.3	18.6	20.2
2007	287789.5	45351.7	6167639.2	193780.4	997220.5	22.6	11.2	16.2	20.6	23.1
2008	337000.9	45623.8	6846079.5	226529.3	1168742.5	17.1	0.6	11.0	16.9	17.2
2009	386877.0	50003.7	8105758.1	266851.5	1311329.1	14.8	9.6	18.4	17.8	12.2
2010	483983.1	59654.4	9272987.3	327960.5	1665388.0	25.1	19.3	14.4	22.9	27.0
2011	563840.3	67827.1	10775211.2	380434.2	1948504.0	16.5	13.7	16.2	16.0	17.0

注：国有企业、集体企业1997年及以前年份的是按经济类型划分，1998年及以后年份是按登记注册类型划分。

Note:The Stated-owned Enterprises and Collective-owned Enterprises were grouped by ownership before 1997,grouped by status of registration after 1998.

12-3 规模以上工业企业主要指标(1998-2011年)

Main Indicators of Industrial Enterprises above Designated Size(1998-2011)

单位：亿元 (100 million yuan)

年份 Year	企业单位数（个） Number of Enterprises (unit)	工业总产值 Gross Industrial Output Value	工业增加值 Value- added of Industry	资产总计 Total Assets	流动资产合计 Circulating Funds	主营业务收入 Revenue from Principal Business	利润总额 Total Profits	税金总额 Total Tax
1998	6106	2037.52	601.54	2626.33	1101.12	1860.76	55.76	103.85
1999	5549	2210.28	665.02	2890.62	1209.61	2060.31	87.38	113.67
2000	6011	2616.12	797.12	3368.64	1401.27	2468.69	110.80	135.80
2001	6583	2945.02	875.39	3632.22	1514.43	2789.09	118.22	146.16
2002	7462	3676.37	1177.59	4059.60	1781.70	3522.47	204.30	164.90
2003	9208	4953.74	1448.50	4902.48	2306.49	4822.24	314.40	204.23
2004	11918	6783.42	1917.65	6034.04	2994.25	6581.07	382.00	253.11
2005	12396	8135.98	2291.26	6841.37	3393.30	7848.24	407.55	285.73
2006	13755	10005.08	2847.81	8168.75	4111.21	9661.48	586.52	377.21
2007	15178	12517.91	3598.69	10157.20	5056.06	12227.31	894.51	481.21
2008	17212	15212.81	4057.51	11694.91	5700.78	14816.17	896.11	560.87
2009	18154	16762.82	4675.31	13344.47	6564.47	16338.61	1104.05	649.12
2010	19227	21901.23	6111.44	16058.70	8420.83	21479.37	1754.18	824.27
2011	14116	27443.90	7378.62	18582.15	9797.20	26850.95	2114.54	992.88

注：从2011年起，规模以上工业划分标准由年主营业务收入（销售收入）500万元及以上调整为2000万元及以上。(下同)
Note:Since 2011,Revenue from Principal Business of Industrial Enterprises above Designated Size become 20 million yuan frome 5 million yuan. The same applies to the tables following.

12-4 规模以上工业企业主要经济效益指标(1998-2011年)

Main Indicators on Economic Benefit of Industrial Enterprises above Designated Size(1998-2011)

单位：% (%)

年份 Year	工业增加值率 Ratio of Value-added to Industrial Output Value	总资产贡献率 Ratio of Assets to Industrial Output Value	资产负债率 Assets- Liability Ratio	流动资产周转次数（次/年） Number of Times of Turnover of Circulating Funds(times/year)	成本费用利润率 Ratio of Profits to Industrial Cost	全员劳动生产率（元/人） Overall Labor Productivity(yuan /person)	产品销售率 Proportion of Products Sold
1998	26.99	7.95	56.10	1.76	3.13	38250	95.52
1999	27.29	8.95	57.35	1.78	4.50	44967	96.39
2000	27.46	9.26	57.52	1.89	4.76	51244	96.95
2001	26.82	8.84	56.76	1.91	4.47	53016	96.99
2002	29.06	10.91	55.82	2.10	6.22	65802	97.50
2003	26.43	12.74	54.34	2.30	7.07	65168	97.59
2004	25.54	12.74	52.96	2.39	6.21	70420	97.13
2005	27.47	11.89	52.71	2.41	5.52	78898	97.33
2006	27.74	14.08	53.81	2.51	6.58	87655	96.96
2007	27.98	16.27	55.53	2.58	8.05	100197	97.71
2008	27.89	14.86	53.72	2.67	6.44	116619	97.54
2009	27.50	15.27	53.44	2.66	7.28	123205	97.34
2010	27.60	18.80	52.74	2.87	8.83	148426	97.76
2011	26.47	18.04	52.20	2.77	8.42	182719	97.50

12-5 主要年份规模以上工业企业主要经济指标

单位：亿元

年份 Year	固定资产原值年末数 Original Value of Fixed Assets at the Year-end				固定资产净值年末数 Net Value of Fixed Assets at the Year-end			
	合计 Total	国有 State-owned	集体 Collective-owned	其他 Others	合计 Total	国有 State-owned	集体 Collective-owned	其他 Others
1978	44.84	40.62	4.22			29.52		
1980	56.78	49.65	7.13		41.11	35.83	5.28	
1985	103.41	83.83	17.26	2.32	74.01	59.40	12.57	2.04
1990	244.56	173.52	38.76	32.28	180.75	127.49	26.37	26.89
1995	991.98	482.24	93.97	415.77	783.88	368.76	69.46	345.66
1996	1197.03	551.93	107.01	538.09	923.98	411.57	77.81	434.60
1997	1444.47	585.53	128.06	730.88	1106.79	434.63	95.68	576.48
1998	1539.99	613.18	84.78	842.03	1150.38	450.25	62.28	637.85
1999	1768.61	681.74	82.28	1004.59	1307.18	493.17	59.01	755.00
2000	2032.18	679.99	85.13	1267.06	1479.53	477.71	60.21	941.61
2001	2351.09	711.63	76.29	1563.17	1690.78	492.17	53.55	1145.06
2002	2596.43	591.72	59.92	1944.79	1812.38	410.75	41.84	1359.79
2003	2979.24	624.78	58.20	2296.26	2020.47	416.94	40.99	1562.54
2004	3435.92	640.44	35.79	2759.69	2343.14	427.74	22.86	1892.53
2005	3838.40	330.01	36.72	3471.67	2565.23	204.17	24.82	2336.23
2006	4499.35	710.81	40.54	3747.99	2970.84	450.69	25.57	2494.57
2007	5227.60	712.79	45.22	4469.59	3504.89	472.30	28.72	3003.87
2008	5994.98	785.89	45.36	5163.73	4043.82	507.56	28.52	3507.74
2009	7039.82	1110.16	44.94	5884.71	4740.79	741.70	28.74	3970.35
2010	7967.50	1146.31	54.30	6766.88	5324.49	742.54	33.50	4548.45
2011	8855.37	1383.56	44.60	7427.21	5826.21	890.04	27.30	4908.86

注：1.表内1998年起统计口径为规模以上工业企业,以前为乡及乡以上独立核算工业企业；2.1998年及以后年份“国有、集体、其他”为登记注册类型。

Note:Statistics scope from 1998 covers industrial enterprises above designated size. b)"State-owned, Collective-owned, Others" from 1998 refers to the registation type of enterprises.

Main Financial Indicators of Industrial Enterprises above Designated Size in Selected Years

(100 million yuan)

流动资产年平均余额 Annual Average Balance Circulating Funds				主营业务收入 Sale Revenue			
合计 Total	国有 State-owned	集体 Collective-owned	其他 Others	合计 Total	国有 State-owned	集体 Collective-owned	其他 Others
				67.25	52.86	14.38	0.01
				136.58	99.06	30.79	6.73
189.07	116.61	33.50	38.96	352.56	213.01	68.65	70.90
813.89	266.83	93.41	453.65	1469.28	442.04	225.29	801.95
922.83	297.21	99.39	526.23	1617.13	438.70	242.70	935.73
1032.84	272.35	110.87	649.62	1858.56	417.02	269.98	1171.56
1054.48	261.10	81.27	712.11	1860.76	387.59	183.71	1289.46
1157.92	266.13	79.19	812.60	2060.31	424.73	170.05	1465.53
1307.81	264.57	77.25	965.99	2468.69	445.30	176.52	1846.87
1463.02	249.35	68.21	1145.46	2789.09	431.74	169.13	2188.22
1678.59	189.70	60.43	1428.46	3522.47	344.91	146.80	3030.76
2095.48	164.42	60.93	1870.12	4822.24	390.11	163.67	4268.46
2752.06	235.86	42.30	2473.90	6581.07	590.08	101.07	5889.92
3260.86	166.05	40.18	3054.64	7848.24	398.85	106.91	7342.48
3852.73	235.96	45.72	3571.05	9661.48	738.51	137.89	8785.08
4747.80	200.25	49.76	4497.79	12227.31	709.38	168.53	11349.40
5539.85	188.05	48.10	5303.70	14816.17	727.08	176.15	13912.93
6132.62	216.08	49.60	5866.93	16338.61	898.97	192.06	15247.58
7492.65	244.05	54.39	7194.21	21479.37	1080.59	222.89	20175.89
9109.02	299.91	68.09	8741.02	26850.95	1373.72	249.65	25227.58

12-5 续表

单位：亿元

年份 Year	利税总额 Total Profit and Tax				利润总额 Total Profit			
	合计 Total	国有 State-owned	集体 Collective-owned	其他 Others	合计 Total	国有 State-owned	集体 Collective-owned	其他 Others
1978	12.21	10.25	1.96		6.75	5.53	1.22	
1980	14.44	12.13	2.31		8.26	6.82	1.44	
1985	25.74	21.10	3.98	0.66	13.55	11.07	2.15	0.33
1990	44.97	33.14	5.98	5.85	16.09	11.91	1.79	2.39
1995	130.54	58.91	18.30	53.33	48.16	15.17	5.35	27.64
1996	145.20	72.80	18.73	53.67	55.12	25.28	5.31	24.53
1997	170.38	75.02	21.96	73.40	68.62	30.24	6.40	31.98
1998	159.61	69.24	12.57	77.80	55.76	18.47	3.40	33.89
1999	201.05	74.54	12.80	113.71	87.38	22.22	4.38	60.78
2000	246.60	81.60	14.16	150.84	110.80	24.21	5.29	81.30
2001	264.38	86.09	14.98	163.31	118.22	26.37	6.21	85.64
2002	369.21	73.79	12.49	282.93	204.30	20.11	5.73	178.46
2003	518.62	85.46	16.65	416.51	314.40	24.82	7.97	281.60
2004	635.11	91.22	8.95	534.94	382.00	21.92	3.73	356.35
2005	693.28	85.47	9.41	598.40	407.55	19.84	3.47	384.25
2006	963.72	113.02	16.01	834.69	586.52	26.61	8.04	551.87
2007	1375.71	122.57	22.34	1230.81	894.51	44.99	12.39	837.13
2008	1456.97	101.75	20.00	1335.22	896.11	25.45	9.68	860.98
2009	1753.17	97.57	22.26	1633.34	1104.05	18.37	10.18	1075.50
2010	2578.45	157.13	27.55	2393.77	1754.18	53.91	15.54	1684.73
2011	3107.42	240.36	31.85	2835.21	2114.54	61.54	18.12	2034.88

Continued

(100 million yuan)

工业增加值 Value Added of Industry				工业总产值 Gross Industrial Output Value			
合计 Total	国有 State-owned	集体 Collective- owned	其他 Others	合计 Total	国有 State-owned	集体 Collective-owned	其他 Others
				55.46	43.69	11.77	
				71.86	55.47	16.38	0.01
				141.40	98.35	34.00	9.05
				393.65	225.17	78.77	89.71
410.29	145.42	60.78	204.09	1558.04	433.67	240.51	883.86
488.04	144.34	78.45	265.25	1770.54	436.10	282.04	1052.40
581.40	137.84	92.35	351.21	2028.43	417.00	307.45	1303.98
601.54	158.49	57.99	385.06	2037.52	389.20	205.99	1442.33
665.02	167.73	51.10	446.19	2210.28	406.11	184.70	1619.47
797.12	172.80	52.37	571.95	2616.12	447.09	189.96	1979.07
875.39	183.37	49.19	642.83	2945.02	421.07	180.11	2343.84
1177.59	153.43	45.06	979.10	3676.37	329.12	154.34	3192.91
1448.50	157.92	52.23	1238.35	4953.74	358.20	171.78	4423.76
1917.65	179.53	31.43	1706.69	6783.42	598.92	103.58	6080.91
2291.26	148.85	38.24	2104.16	8135.98	403.27	111.97	7620.74
2847.81	209.66	48.85	2589.30	10005.08	753.56	139.52	9112.00
3598.69	205.47	55.56	3337.66	12517.91	717.16	168.56	11632.19
4057.51	211.48	60.91	3785.12	15212.81	740.26	174.96	14297.59
4675.31	243.05	64.82	4367.43	16762.82	908.68	190.23	15663.91
6111.44	306.11	79.68	5725.65	21901.23	1092.57	219.84	20588.81
7378.62	412.95	87.09	6878.58	27443.90	1394.67	246.11	25803.12

12-6 规模以上工业企业单位数
Number of Industrial Enterprises above Designated Size

单位：个　(unit)

项目 Item	2000	2003	2005	2010	2011
合　计 Total	**6011**	**9208**	**12396**	**19227**	**14116**
按轻重分 Grouped by Light &Heavy Industry					
轻工业 Light Industry	3656	5663	7131	10654	7726
以农产品为原料 Using Farm Products as Raw Materials	2264	3542	4812	7153	5521
以非农产品为原料 Using Non-Farm Products as Raw Materials	1392	2121	2319	3501	2205
重工业 Heavy Industry	2355	3545	5265	8573	6390
采掘工业 Mining and Quarrying	183	228	421	658	543
原料工业 Raw Materials Industry	797	1340	1882	2844	2132
加工工业 Manufacturing Industry	1375	1977	2962	5071	3715
按注册类型分 Grouped by Status of Registration					
内资企业 Pomestic Funded Enterprises	3320	5304	7453	13524	9871
港澳台商投资企业 Enterprises With Funds from HongKong,Macao and TaiWan	2076	2715	3165	3705	2683
外商投资企业 Foreign Funded Enterprises	615	1189	1778	1998	1562
按经济类型分 Grouped by Ownership					
国有 Stated-owned	1046	616	481	273	195
集体 Collective-owned	1077	1092	800	584	352
其他 Others	3888	7500	11115	18370	13569
#外商及港澳台商投资 Funds from HongKong,Macao,Taiwan	2691	3904	4943	5703	4245
按经济组织分 Grouped by Organization					
独资 Sole Funded	3572	4247	4871	5631	3978
合作、合伙 Cooperated and Partnership	494	781	715	681	530
股份有限公司 Share Holding Enterprises	189	330	381	444	378
有限责任公司 Limited Liability Corporations	1756	3850	6429	12471	9230
按规模分 Grouped by Size					
大型 Large Scale	92	41	60	124	417
中型 Medium Scale	209	809	1142	2116	2834
小型 Small Scale	5710	8358	11194	16987	10465
微型 Micro-Scale					400

注：1.2003年起大中型企业划分标准改变，故大中型企业数与往年不可比。2.2011年起增加微型企业规模分类，故小型企业数与往年不可比。

Note: a)Changed by the standard of enterprise , number of enterprises by Large and Medium size from 2003 is not comparable with the previous years.b)Since 2011,including Micro-enterprises,Ssize from 2003 is not comparable with the previous years.

12-7 规模以上工业企业增加值

Value-added of Industrial Enterprises above Designated Size

单位：亿元 (100 million yuan)

项目 Item	2000	2003	2005	2010	2011
合 计	**797.12**	**1448.50**	**2291.26**	**6111.44**	**7378.62**
#国有及国有控股企业 State-owned and State-holding Industrial Enterprises	292.66	413.39	442.61	821.77	869.22
按轻重分 Grouped by Light &Heavy Industry					
轻工业 Light Industry	415.58	687.07	1121.49	2940.72	3556.17
以农产品为原料 Using Farm Products as Raw Materials	244.65	439.96	765.40	2166.24	2639.91
以非农产品为原料 Using Non-Farm Products as Raw Materials	170.93	247.10	356.10	774.47	916.27
重工业 Heavy Industry	381.54	761.44	1169.76	3170.73	3822.44
采掘工业 Mining and Quarrying	15.50	23.93	64.38	271.77	383.81
原料工业 Raw Materials Industry	156.14	342.90	521.12	1289.98	1572.71
加工工业 Manufacturing Industry	209.90	394.61	584.26	1608.98	1865.93
按经济类型分 Grouped by Ownership					
国有 Stated-owned	172.80	205.88	244.22	439.69	461.48
集体 Collective-owned	52.37	74.12	69.14	194.40	194.04
股份制 Share Holding	70.05	150.92	314.51	820.73	1257.41
联营 Cooperation	1.87	2.73	3.91	5.85	6.43
私营 Private	36.55	147.06	395.39	1758.94	2129.41
外商及港澳台商投资 Funds from HongKong,Macao, TaiWan and Foreign	462.12	863.91	1262.75	2881.16	3264.17
其他 Others	1.36	3.88	1.34	10.69	65.68
按登记注册分 Grouped by Status of Registration					

注：1.工业增长速度按月报同口径计算，表内绝对数为年报数，因年度间调查单位数不同，不可直接对比。2.2003年起大中型企业划分标准改变，故大中型企业数与往年不可比。3.2011年起增加微型企业规模分类，故小型企业数与往年不可比。

Note:a)Increase rate of Industrial enterprises is according to monthly statistics.b)Changed by the standard of enterprise , number of enterprises by Large and Medium size from 2003 is not comparable with the previous years.c)Since 2011,including Micro-enterprises,Ssize from 2003 is not comparable with the previous years.

12-7 续表

Continued

单位：亿元 (100 million yuan)

项目 Item	2000	2003	2005	2010	2011
国有 State-owned Enterprises	150.80	157.92	148.85	306.11	412.95
集体 Collective-owned Enterprises	52.37	52.23	38.24	79.68	87.09
股份合作 Cooperative Enterprises	7.16	19.47	29.40	113.31	105.33
联　营 Cooperative	19.65	21.80	28.40	41.01	22.47
有限责任公司 Limited-Liability Corporations	29.72	120.37	291.38	709.24	1031.47
股份有限公司 Share Holding Corporations Ltd.	46.39	61.86	95.50	211.30	260.05
私营企业 Private Enterprises	36.55	147.06	395.39	1758.94	2129.41
港澳台商投资企业 Funds from HongKong, Macao,TaiWan	333.05	514.95	670.47	1583.93	1814.61
外商投资企业 Foreign Funded Enterprises	129.07	348.96	592.28	1297.22	1449.56
其他企业 Other Enterprises	1.36	3.88	1.34	10.69	65.68
按经济组织分 **Grouped by Organization**					
独资 Sole Funded	480.16	699.52	987.98	2390.18	2739.40
合作、合伙 Cooperated and Partnership	44.36	76.95	96.10	231.23	259.93
股份有限公司 Share Holding Enterprises	49.57	119.73	170.39	388.26	487.03
有限责任公司 Limited Liability Corporations	223.03	552.30	1036.78	3101.77	3892.27
按规模分 **Grouped by Size**					
大型 Large Scale	164.11	263.07	416.15	1230.26	2376.37
中型 Medium Scale	115.19	613.97	926.30	2400.64	2384.26
小型 Small Scale	517.81	571.46	948.80	2480.54	2553.97
微型 Micro-Scale					64.02

12-8 按行业分规模以上工业企业增加值

Value-added of Industry Enterprises above Designated Size by Industrial Sector

单位：亿元　　(100 million yuan)

项目 Item	2003	2005	2010	2011
合　计 Total	**1448.50**	**2291.26**	**6111.44**	**7378.62**
采矿业 Mining and Quarrying	**22.42**	**61.26**	**264.46**	**373.58**
煤炭开采和洗选业 Coal Mining and Dressing	10.22	27.32	99.60	135.25
石油和天然气开采业 Petroleum and Natural Gas Mining				
黑色金属矿采选业 Ferrous Metals Mining and Dressing	2.50	17.70	96.98	142.22
有色金属矿采选业 Nonferrous Metals Mining and Dressing	2.89	5.17	30.18	39.62
非金属矿采选业 Nonmetal Minerals Mining and Dressing	6.80	11.06	37.71	56.50
其他采矿业 Others Mining and Quarrying				
制造业 Manufacturing	**1268.22**	**2014.18**	**5486.51**	**6643.92**
农副食品加工业 Agricultural and Sideline Products Processing	44.24	84.39	274.28	343.97
食品制造业 Food Manufacturing	24.60	48.03	148.72	188.40
饮料制造业 Beverage Manufacturing	25.96	42.43	129.37	162.04
烟草制品业 Tobacco Processing	53.48	65.63	136.78	168.67
纺织业 Textile Industry	69.08	137.14	297.52	423.75
纺织服装、鞋、帽制造业 Textile Garments , Shoes and Caps Products	76.87	133.95	387.41	409.48
皮革、毛皮、羽毛(绒)及其制品业 Leather , Furs , Down and Relate Products	90.20	155.17	524.78	613.87
木材加工及木、竹、藤、棕、草制品业 Timber Processing , Bamboo , Cane , Palm Fiber and Straw Products	15.32	29.46	139.04	168.96
家具制造业 Furniture Manufacturing	12.78	28.27	57.64	73.18
造纸及纸制品业 Papermaking and Paper Products	31.02	55.43	145.75	176.52
印刷业和记录媒介的复制 Printing and Record Medium Reproduction	10.75	14.54	30.57	33.64
文教体育用品制造业 Cultural , Educational and Sports Goods	14.01	19.89	44.31	48.33
石油加工、炼焦及核燃料加工业 Petroleum Processing , Coking and Nuclear Fuel Processing	14.54	17.07	122.81	130.42
化学原料及化学制品制造业 Raw Chemical Materials and Chemical Products	52.34	88.00	202.43	253.41

12-8 续表

Continued

单位：亿元 (100 million yuan)

项目 Item	2003	2005	2010	2011
医药制造业 Medical and Pharmaceutical Products	18.30	23.54	54.55	62.73
化学纤维制造业 Chemical Fiber	15.88	30.07	63.88	102.76
橡胶制品业 Rubber Products	17.37	36.06	88.22	101.77
塑料制品业 Plastic Products	53.56	72.82	200.72	270.38
非金属矿物制品业 Nonmetal Minerals Products	85.43	154.22	426.41	536.38
黑色金属冶炼及压延加工业 Smelting and Pressing of Ferrous Metals	48.06	68.77	182.62	252.34
有色金属冶炼及压延加工业 Smelting and Pressing of Nonferrous Metals	15.83	29.24	120.24	171.26
金属制品业 Metal Products	22.64	39.67	116.01	142.37
通用设备制造业 General Equipment	25.73	48.59	177.33	211.85
专用设备制造业 Special Purpose Equipment	24.84	47.86	122.27	135.52
交通运输设备制造业 Transport Equipment	78.59	75.50	274.44	307.98
电气机械及器材制造业 Electric Equipment and Machinery	60.77	105.43	256.24	305.76
通信设备、计算机及其他电子设备制造业 Telecommunications , Computer , and Other Electronic Equipment	189.03	259.66	522.97	578.29
仪器仪表及文化、办公用机械制造业 Instruments , Meters , Cultural and Clerical Machinery	21.48	37.40	67.07	67.67
工艺品及其他制造业 Handicraft Article and Other Manufacturing	55.45	65.58	166.90	194.94
废弃资源和废旧材料回收加工业 Waste Resources and Materials Recovering	0.09	0.35	5.23	7.27
电力、燃气及水的生产和供应业 **Production and Supply of Electric Power, Gas,Water**	**157.86**	**215.82**	**360.47**	**361.11**
电力、热力的生产和供应业 Production and Supply of Electric Power and Hot Power	148.91	205.39	322.32	316.75
燃气生产和供应业 Production and Supply of Gas	0.77	0.27	22.04	28.42
水的生产和供应业 Production and Supply of Water	8.18	10.17	16.11	15.95

12-9 主要年份规模以上工业企业主要工业产品产量

Industry Enterprises above Designated Size Output of Major Industrial Products in Selected Years

年份 Year	化学纤维(万吨) Chemical Fiber (10000 tons)	原煤(万吨) Coal (10000 tons)	发电量(亿千瓦小时) Electricity (100 million kwh)	粗钢(万吨) Crude Steel (10000 tons)	水泥(万吨) Cement (10000 tons)	化学肥料(万吨) Chemical Fertilizer (10000 tons)	汽车(辆) Motor Vehicles (unit)	移动通信手持机(万部) Mobile Telephone (10000 unit)	微型电子计算机(万部) Micro-computer (10000 sets)
1952		0.30	0.12						
1957		8.25	0.57		5.26				
1962	…	55.77	4.99	0.12	6.05	0.31			
1965	0.03	60.19	7.41	0.66	20.37	4.46			
1970	0.10	110.03	13.12	3.62	32.85	5.22	317		
1975	0.28	280.67	26.83	9.84	89.13	9.54	765		
1978	1.19	423.05	40.69	16.16	120.45	16.40	907		
1979	1.13	479.04	44.40	20.93	139.84	19.51	1110		
1980	1.35	462.99	49.47	24.16	155.30	24.32	1029		
1981	1.50	416.55	52.46	21.90	161.62	24.88	60		
1982	1.35	440.23	57.18	24.90	163.71	27.21	40		
1983	1.04	524.26	61.55	23.79	206.66	28.14	257		
1984	1.03	575.94	67.53	28.71	234.03	32.37	641		
1985	1.65	606.53	77.20	31.75	290.69	32.88	652		
1986	2.06	678.52	86.21	34.42	321.76	32.89	870		
1987	2.50	787.19	98.54	39.23	379.50	39.93	1201		
1988	2.62	864.36	114.14	40.39	452.97	40.62	3225		
1989	2.55	944.83	129.56	43.23	499.63	42.28	1607		
1990	3.13	925.37	136.65	51.66	540.04	43.64	676		
1991	3.40	857.19	151.76	56.47	646.87	44.09	1796		
1992	3.56	909.68	176.55	61.87	747.62	47.31	3407		
1993	3.60	982.52	195.27	61.72	902.39	44.39	3949		
1994	4.95	977.38	228.93	56.24	1104.20	47.34	3299		
1995	12.96	1134.18	261.55	55.49	1511.17	51.04	3636		
1996	24.12	1167.97	284.10	80.49	1504.52	56.66	3223		
1997	26.91	776.04	310.18	89.34	1522.42	54.74	6083		
1998	31.59	727.18	322.70	113.32	1594.46	63.51	6276		
1999	37.17	577.14	356.00	128.98	1825.81	61.15	9279		
2000	41.22	375.03	403.73	124.94	1513.64	61.38	29606		88.77
2001	47.95	512.33	446.32	155.27	1525.53	55.84	32498		88.79
2002	65.97	644.51	533.08	211.98	1698.69	60.69	48356		174.25
2003	59.39	778.22	610.70	256.04	2116.27	56.69	86679		241.74
2004	71.47	1076.05	659.64	319.20	2245.34	60.27	65811		295.02
2005	79.12	1331.74	778.25	382.33	2713.62	60.27	70260	1165.96	371.44
2006	106.32	1759.18	904.25	465.48	3343.93	64.76	73215	1358.78	445.73
2007	137.69	1991.74	1038.28	588.43	4449.69	62.95	86514	1097.48	513.23
2008	169.78	2306.07	1085.38	727.28	4593.36	69.60	95098	716.56	647.32
2009	183.66	2466.13	1170.71	765.04	5446.50	59.67	135044	671.50	607.20
2010	206.15	2442.73	1356.32	1086.88	5793.20	57.87	194963	1064.25	738.27
2011	223.98	2480.86	1578.90	1166.89	6570.86	52.14	190835	1658.82	898.56

12-10 规模以上工业企业主要工业产品产量

Output of Major Industrial Products of Industrial Enterprise above Designated size

项目 Item	2000	2003	2005	2010	2011
原煤(吨) Coal(ton)	3750300	7782200	13317400	24427250	24808583
铁矿石原矿量(吨) Primary Iron ore(ton)	1690400	1801900	4838600	23272585	26642774
硫铁矿(折硫35%)吨) Sulphur Iron(ton)	35000	10400	16600	99177	3198
原盐(吨) Salt(ton)	283700	411800	344900	333929	238998
配混合饲料(吨) Mixed Feed(ton)	974900	1666000	2185200	4830171	5492315
食用植物油(吨) Eatened Vegetable(ton)	62400	295400	434800	1684343	716009
糖(吨) Sugar(ton)	61100	86800	62500	37279	100248
罐头(吨) Tin(ton)	267800	477400	785700	2032091	2374257
啤酒(千升) Beer(1000 L)	1104000	1372700	1573300	1887767	1965088
软饮料(吨) Soft Drink(ton)	398200	696600	1112800	3869623	4247863
精制茶(吨) Highly Finished Tea(ton)	17000	29300	39500	103310	105388
卷烟(万箱) Cigarette(10000 cases)	98.62	107.81	121.00	168.75	176.86
纱(吨) Yarn(ton)	143641	396500	680042	1847365	2189028
布(万米) Cloth(10000 m)	55867	103700	201266	312003	360560
棉布(万米) Cottoned Cloth(10000 m)	2938	3856	13020	39708	52752
棉混纺交织布(米) Blending Cloth(m)	11022	22291	35790	110002	143150
纯化纤布(米) Pure Chemical Fibre Cloth(m)	41907	77523	152456	162292	164658
印染布(万米) Printing and Dyeing Cloth(10000 m)	38744	97993	162653	391229	421775
毛线(吨) Kitting Wool(ton)	7523	10840	9997	5020	4499

注：本表民用钢质船舶2008年、2009年计量单位为载重吨。
Note: 2008,Civil Steelen Boats including boat weight.

12-10 续表1

Continued

项目 Item	2000	2003	2005	2010	2011
服装(万件) Clothes(10000 piece)	39877	44110	81539	292273	299059
轻革(平方米) Light Leather(10000 sq.m)	3591200	18611900	33335800	43511617	29620154
皮革鞋靴(万双) Leather Shoes(10000 pairs)	20931	32659	50426	114358	124908
人造板(立方米) Man-made Wood(cu.m)	677000	1522900	2664900	9979320	11298232
胶合板 Plywood	224800	535300	1082700	4248677	4796937
纤维板 Fiberboond	294900	813600	1145500	1936396	1934227
刨花板 Honghed Wood	145000	130600	193600	2075427	2437043
机制纸及纸板(吨) Machine-made Paper and Paperboard(ton)	850700	1438400	1871100	4320636	5296876

#新闻纸(吨)
Newsprint(ton)
	241800	341900	375300	159511	175232

焦炭(吨) Coke(ton)	448900	490900	909400	1430462	1504805
硫酸(折100%)(吨) Sulfuric Acid(ton)	338700	390200	410600	597822	643962
盐酸(含量31%以上)(吨) Hydrochloric(ton)	124500	152100	140200	70749	80953
烧碱(折100%)(吨) Caustic Soda(ton)	156400	246700	255100	201120	210420
纯碱(吨) Soda Ash(ton)	94500	161800	192300	177867	100025
电石(吨) Calcium Carbide(ton)	154900	123800	142600	69599	60104
合成氨(吨) Synthetic Ammonia(ton)	800900	922400	941500	1021305	1015000
农用化肥(吨) Chemical Fertilizer(ton)	613800	566900	602700	578746	521402
#氮肥(吨) Nitrogerous Fertilizer(ton)	509600	517200	557000	553717	503707

#尿素(吨)
Carbamino(ton)
	278600	303600	313400	329370	316061

磷肥(吨) Phosphate Fertilizer(ton)	79600	49800	45600	25028	17695
油漆(吨) Paint(ton)	19096	21475	44851	319064	353383

12-10 续表2

Continued

项目 Item	2000	2003	2005	2010	2011
塑料(吨) Plastics(ton)	143470	338176	337876	1524961	1588144
合成洗涤剂(吨) Synthetic Detergents(ton)	68	4649	7004	39705	129131
化学原料药(吨) Chemical Medicine(ton)	1205	2000	2779	7266	8649
中成药(吨) Mid-product chineses Medicine(ton)	3781	3714	3904	6534	7010
化学纤维(吨) Chemical Fiber(ton)	412198	593938	791167	2061509	2239805
轮胎外胎(条) Tires(pcs)	9839600	16263300	17809700	27876136	30001744
塑料制品(吨) Plastics(ton)	557000	684800	863000	1663088	1888515
水泥(吨) Cement(ton)	15136400	21162700	27136200	57931955	65708557
砖(万块) Bricks(10000 pcs)	23400	13600	20700	303443	182355
花岗石板材(平方米) Granite board(sq.m)	11266800		68322600	145464187	115129753
平板玻璃(重量箱) Plate glass(case)	4798700	5118500	6415100	27150482	35070736
日用玻璃制品(吨) Glass Products(ton)	108200	112800	120200	120812	132260
生铁(吨) Pig Iron(ton)	1493700	2148300	3939600	5588053	4411840
粗钢(吨) Crude Steel(ton)	1249400	2560400	3823300	10868830	11668868
钢材(吨) Steel Products(ton)	2837900	4529400	7359000	13405616	15602849
铁合金(吨) Iron Alloy(ton)	39700	31300	59000	240768	371373
十种有色金属(吨) Ten Nonferrous Metals Total(ton)	34474	33769	60362	138774	223561
金属切削机床(台) Metal-cutting Machine Tools(set)	584	1066	1815	3146	3183
起重机械(吨) Crane Machine(ton)	1988	2808	4105	4655	4176
叉车(台) Fork Truck(set)	3301	5997	6720	11081	15036
泵(台) Pump(set)	1676900	4499000	4907200	8358576	9418838

12-10 续表3

Continued

项目 Item	2000	2003	2005	2010	2011
气体压缩机(台) Gas Compressor(set)	28506	33929	42836	50472	62472
轴承(万套) Bearing(10000 units)	1767	2280	4690	11108	8966
小型拖拉机(台) Small Tractors Motor(set)	17400	17800	24700	6338	5154
汽车(辆) Vehicles(unit)	29606	86679	70260	194963	190835
#载货汽车 Cargo Vehicles	10244		4158	8005	11582
改装汽车(辆) Refitted Vehicles(unit)	7107	20603	26555	16222	11861
民用钢质船舶(总吨) Civil Steelen Boats(tons)	44457	93790	146816	727031	834967
交流电动机(千瓦) Alternating Current Electromotor(kw)	1799600	2257700	2484300	5827571	7197038
变压器(千伏安) Power Transformer(kva)	2549000	3722900	3489300	5728012	5892030
电力电缆(千米) Electric Cable(km)	14629	130044	18381	105487	129480
电话单机(台) Telephone Set(set)	6646300	12613500	9728900	8452845	5654499
微型电子计算机(台) Personal Computers(set)	887678	2417415	3714387	7382707	8985576
集成电路(万块) Semiconductor Integrated Circuit(10000 units)	6888.00	9847.58	13996.22	1158.40	1008.00
彩色电视机(台) Color TV Sets(set)	2041900	2526600	3739000	9031009	11153185
照相机(台) Cameras(set)	3221684	2535630	1101899	4510909	5331135
钟(台) Clocks(set)	27474800	45246800	92983300	85595769	74687526
发电量(万千瓦小时) Electricity(10000 kwh)	4037300	6107000	7782500	13563200	15789000
#水电 Hydropower	1952200	1889900	2910000	4536900	2852200

12-11 规模以上工业企业主要指标(2011年)

单位：万元

项目 Item	工业总产值 Gross Industrial Output Value	工业增加值 Value added of Industry	资产总额 Total Assets	固定资产原值年末数 Original Value of Fixed Assets at the year-end
合　计 **Total**	**274438980**	**73786177**	**185821486**	**88553700**
#国有控股企业 State-holding Enterprises	32291262	8692199	40466901	29474851
#农村工业 Industy in Country	910213	326165	256640	164815
#亏损企业 Deficitted Enterprises	19564051	3913942	21895147	14263686
按轻重分 **Group by Light & Heary Industry**				
轻工业 Light Industry	123191086	35561740	74736534	28414737
以农产品为原料 Using Farm Products as Raw Materials	89827395	26399088	53206688	19763602
以非农产品为原料 Using Non-Farm Products as Raw Materials	33363690	9162652	21529846	8651135
重工业 Heavy Industry	151247894	38224437	111084951	60138963
采掘工业 Mining and Quarrying	8141577	3838092	3659159	1979223
原料工业 Raw Materials Industry	67995261	15727067	59705212	41374929
加工工业 Manufacturing Industry	75111056	18659278	47720580	16784811
按经济类型分 **Grouped by Ownership**				
国有 Stated-owned	15451964	4614835	19317052	17046332
集体 Collective-owned	5551252	1940355	2221653	1219784
股份 Share Holding	46679906	12574093	39572951	17801506
联营 Cooperation	283410	64281	124542	81544
私营 Private	77585206	21294087	37391541	14430516
外商及港澳台商投资 Funds from HongKong,Macao,TaiWan and Foreign Area	126677234	32641701	85720916	37272255
其他 Others	2210008	656825	1472831	701764
按登记注册分 **Grouped by Status of Registration**				
内资企业 Sole Funded	147761746	41144476	100100570	51281445
港、澳、台商投资 Enterprises with Funds from HongKong, Macao and TaiWan	67462940	18146067	44544901	17196944
外商投资企业 Foreign Funded Enterprises	59214294	14495634	41176014	20075311

注：1.2003年起大中型企业划分标准改变，故大中型企业数与往年不可比。2.2011年起增加微型企业规模分类，故小型企业数与往年不可比。

Note: a)Changed by the standard of enterprise , number of enterprises by Large and Medium size from 2003 is not comparable with the previous years.b)Since 2011,including Micro-enterprises,Ssize from 2003 is not comparable with the previous years.

Main Indicators of Industrial Enterprises above Designated Size(2011)

(10000 yuan)

固定资产净值年末数 Net Value of Fixed Assets at the year-end	流动资产年末数 Circulating Finds at the year-end	主营业务收入 Sale Revenue	利润总额 Total Profit	利税总额 Total Profits and Tax	应交所得税 Income Tax Payable	本年应交增值税 Value Added Tax Payable in Current Year
58262094	**97971951**	**268509523**	**21145439**	**31074196**	**2422489**	**7018373**
18720716	12688367	32184408	2038783	4578761	370233	1196771
113394	117615	904929	91978	133335	12954	30342
9810651	8350096	19202189	-697894	231503	-1366	371328
18932152	44414767	119193174	10373994	15372894	1160285	3312977
13413854	31791671	86864240	7956311	12082447	850067	2576315
5518298	12623096	32328934	2417683	3290447	310219	736662
39329942	53557184	149316349	10771445	15701302	1262204	3705396
1433668	1320481	8064195	1270353	1717080	81871	347279
27074722	22128572	67326405	3926649	6412956	534391	1790828
10821552	30108132	73925749	5574444	7571266	645942	1567289
10818745	4268863	15242328	677039	2568125	138873	708211
863729	1148595	5545976	738078	966036	28821	185332
12395760	19084720	46014824	4202270	5575367	479334	1147757
56934	60637	278096	31315	35747	1462	3815
10323281	21776490	75953332	5278085	7597710	508728	1874961
23230646	50964130	123400203	10012304	14060971	1247197	3046324
572998	668517	2074765	206349	270240	18075	51973
35031448	47007821	145109321	11133135	17013225	1175292	3972048
10738214	27266725	65401251	6104172	8237249	754817	1865056
12492432	23697405	57998951	3908132	5823722	492380	1181268

12-11 续表1

单位：万元

项目 Item	工业总产值 Gross Industrial Output Value	工业增加值 Value added of Industry	资产总额 Total Assets	固定资产原值年末数 Original Value of Fixed Assets at the year-end
按经济组织分 **Grouped by Organization**				
独资企业 Sole Funded	101237248	27393976	70995973	36309466
合作、合伙 Cooperated and Partnership	8326368	2599262	4684162	4009275
股份有限公司 Share Holding Enterprises	18844294	4870279	22523212	7868399
有限责任公司 Limited Liability Corporations	146031070	38922659	87618139	40366561
按规模分 **Grouped by Size of Enterprises**				
大型企业 Large Scale	87017558	23763688	59130674	25013038
中型企业 Medium Scale	90539150	23842562	70069556	37212202
小型企业 Small Scale	94746548	25539739	55177744	25605326
微型企业 Micro-Scale	2135724	640187	1443511	723134
按行业分 **Grouped by Sector**				
煤炭开采和洗选业 Coal Mining and Dressing	2073155	1352501	1007285	396239
石油和天然气开采业 Petroleum and Natural Gas Mining				
黑色金属矿采选业 Ferrous Metals Mining and Dressing	3369595	1422154	1526548	1050862
有色金属矿采选业 Nonferrous Metals Mining and Dressing	979723	396240	487213	218869
非金属矿采选业 Nonmetal Minerals Mining and Dressing	1370517	564955	678667	357341
其他采矿业 Others Mining and Quarrying				
农副食品加工业 Agricultural and Sideline Products Processing	15197517	3439709	8116256	2266269
食品制造业 Food Manufacturing	7046814	1884035	3722553	1308327
饮料制造业 Beverage Manufacturing	5237446	1620382	2887717	1392823
烟草制品业 Tobacco Processing	2086579	1686683	1770187	849021
纺织业 Textile Industry	16678015	4237532	10959919	4995177
纺织服装、鞋、帽制造业 Textile Garments , Shoes and Caps Products	12512741	4094769	6793245	1921329
皮革、毛皮、羽毛(绒)及其制品业 Leather , Furs , Down and Relate Products	19403233	6138721	10076998	3250126
木材加工及木、竹、藤、棕、草制品业 Timber Processing , Bamboo , Cane , Palm Fiber and Straw Products	5934048	1689551	2605367	1233687

Continued

(10000 yuan)

固定资产净值年末数 Net Value of Fixed Assets at the year-end	流动资产年末数 Circulating Finds at the year-end	主营业务收入 Sale Revenue	利润总额 Total Profit	利税总额 Total Profits and Tax	应交所得税 Income Tax Payable	本年应交增值税 Value Added Tax Payable in Current Year
22768685	38161233	98870129	7712010	11873540	1031954	2617930
2359986	1768563	8122963	981431	1247584	61413	220678
4553837	11665904	18557534	2110745	2675906	280493	463056
28579587	46376252	142958898	10341253	15277166	1048628	3716708
16796719	32820873	85264970	7760454	11876698	900478	2152927
23402832	34422754	87989708	7304296	10250067	829061	2542020
17529227	30054814	93143306	5939066	8755575	686559	2281983
533317	673510	2111539	141624	191856	6391	41442
239324	442983	2130525	200845	360167	36823	127608
851215	333245	3341841	824207	951081	10458	107206
153610	201328	878454	99005	151676	16268	42178
260977	236117	1370205	114297	211280	14406	60690
1581652	5680271	14772918	1007112	1434770	67276	393195
924648	2038351	6808929	626469	857942	75002	202117
835771	1490086	5122283	556998	809108	66217	157413
485153	1060288	2020140	179981	1533440	44065	230245
3372880	6047355	16101042	1252046	1586858	84976	275004
1384051	4544443	12065650	1287956	1736594	143285	387539
2327908	6467085	18707801	2057096	2724408	275682	573790
790505	1426659	5794399	320908	493414	25661	144027

12-11 续表2

单位：万元

项目 Item	工业总产值 Gross Industrial Output Value	工业增加值 Value added of Industry	资产总额 Total Assets	固定资产原值年末数 Original Value of Fixed Assets at the year-end
家具制造业 Furniture Manufacturing	2622707	731825	1432137	528017
造纸及纸制品业 Papermaking and Paper Products	6781351	1765247	5840746	2572064
印刷业和记录媒介的复制 Printing and Record Medium Reproduction	1041498	336422	798584	421121
文教体育用品制造业 Cultural , Educational and Sports Goods	1667019	483346	1050344	412714
石油加工、炼焦及核燃料加工业 Petroleum Processing , Coking and Nuclear Fuel Processing	6661263	1304215	4676468	3292575
化学原料及化学制品制造业 Raw Chemical Materials and Chemical Products	10168425	2534065	6905125	3424711
医药制造业 Medical and Pharmaceutical Products	1808137	627295	1628735	729891
化学纤维制造业 Chemical Fiber	4782188	1027559	4208936	1886751
橡胶制品业 Rubber Products	3657188	1017660	2860375	1476177
塑料制品业 Plastic Products	9960298	2703804	5347807	2266715
非金属矿物制品业 Nonmetal Minerals Products	17750672	5363762	11920417	5883548
黑色金属冶炼及压延加工业 Smelting and Pressing of Ferrous Metals	12541161	2523369	9070035	4216882
有色金属冶炼及压延加工业 Smelting and Pressing of Nonferrous Metals	7432637	1712615	6876631	2095524
金属制品业 Metal Products	5605199	1423666	3478495	1077248
通用设备制造业 General Equipment	7942064	2118541	4811367	1820699
专用设备制造业 Special Purpose Equipment	5608945	1355249	4914814	1258995
交通运输设备制造业 Transport Equipment	12234853	3079832	8314601	2975103
电气机械及器材制造业 Electric Equipment and Machinery	11909523	3057608	8346600	2095200
通信设备、计算机及其他电子设备制造业 Telecommunications , Computer , and other Electronic Equipment	26836256	5782894	13788458	4166968
仪器仪表及文化、办公用机械制造业 Instruments , Meters , Cultural and Clerical Machinery	2340692	676731	1342331	471695
工艺品及其他制造业 Handicraft Article and Other Manufacturing	6263519	1949446	2823432	940618
废弃资源和废旧材料回收加工业 Waste Resources and Materials Recovering	258520	72655	157769	48055
电力、热力的生产和供应业 Production and Supply of Electric Power and Hot Power	15347499	3167515	21814753	23177269
燃气生产和供应业 Production and Supply of Gas	1019796	284170	1072270	794846
水的生产和供应业 Production and Supply of Water	308190	159455	1708302	1280246

Continued

(10000 yuan)

固定资产净值年末数 Net Value of Fixed Assets at the year-end	流动资产年末数 Circulating Finds at the year-end	主营业务收入 Sale Revenue	利润总额 Total Profit	利税总额 Total Profits and Tax	应交所得税 Income Tax Payable	本年应交增值税 Value Added Tax Payable in Current Year
344416	866026	2590762	169589	247012	15918	65190
1672784	2766748	6487927	557035	784917	52879	203989
261047	386757	1029710	103489	148209	10793	39080
250138	669025	1596988	95023	142000	8507	40496
2729454	1494657	6663269	-45071	528848	9641	93443
2090042	3690874	10138383	867892	1164986	117942	256132
455982	894803	1702819	200007	268528	25713	59546
1232423	2287125	4438306	371379	448465	39470	68205
892047	1472970	3697471	298593	421490	39562	95767
1401150	3350934	9746465	700307	977011	82720	231216
4079183	5749914	17534539	1699012	2338122	161647	497221
2865007	4987689	12609414	727895	1099579	34450	348090
1480408	3033949	7435087	877855	1018830	143422	112434
695788	2309876	5467610	402474	569548	52971	137782
1179032	3012136	7747889	553997	786354	53766	192024
851770	3383463	5824983	492750	654248	57938	132794
1862796	5129907	11745873	822531	1351880	120912	418305
1381712	5645139	11593077	899665	1285597	170896	339610
2565179	10007525	26197191	1499419	1780582	184014	209794
268984	901602	2289094	135704	179495	18594	36070
644008	1712674	6087235	570531	724449	44177	119582
35675	97106	236266	17970	25445	2089	6431
14327655	3569228	15208113	424782	1010176	81848	526598
660039	296582	1005958	145327	220406	26523	73275
827681	287034	320909	30366	47282	5982	14289

12-12 规模以上工业企业主要经济效益指标(2011年)

Main Indicators of Economic Benefit of Industrial Enterprises above Designated Size(2011)

单位：%　　(%)

项目 Item	工业增加值率 Ratio of Value Added to Gross Industrial Output Value	总资产贡献率 Ratio of Total Assets to Industrial Output Value	资产负债率 Ratio of Assets to Liability	流动资产周转次数(次/年) Number of Times of Turnover Circulating Funds(times/year)	成本费用利润率 Ratio of Profits to Industrial Cost	产品销售率 Proportion of Products Sold
合计 Total	**26.47**	**18.04**	**52.20**	**2.77**	**8.42**	**97.50**
#国有控股企业 State-holding Enterprises	26.87	12.85	57.03	2.58	6.72	98.73
#农村工业 Industy in Country	26.38	53.43	41.12	7.69	11.48	97.96
按轻重分 Group by Light & Heary Industry						
轻工业 Light Industry	29.12	21.78	46.98	2.71	9.48	96.80
以农产品为原料 Using Farm Products as Raw Materials	29.94	23.99	45.52	2.76	10.07	96.73
以非农产品为原料 Using Non-Farm Products as Raw Materials	26.98	16.32	50.58	2.58	7.94	96.98
重工业 Heavy Industry	24.46	15.53	55.71	2.82	7.60	98.07
采掘工业 Mining and Quarrying	47.20	47.54	39.80	6.13	18.67	98.54
原料工业 Raw Materials Industry	22.66	12.59	59.19	3.07	6.09	98.31
加工工业 Manufacturing Industry	24.31	16.76	52.57	2.49	7.92	97.80
按经济类型分 Grouped by Ownership						
国有 Stated-owned	30.06	14.91	60.34	3.63	4.79	98.98
集体 Collective-owned	32.16	44.30	44.10	4.88	15.22	98.24
股份 Share Holding	26.71	15.57	51.74	2.44	9.78	97.59
联营 Cooperation	21.42	31.10	49.93	4.92	11.30	106.65
私营 Private	27.15	22.02	50.83	3.50	7.46	97.54

注：1.2003年起大中型企业划分标准改变，故大中型企业数与往年不可比。2.2011年起增加微型企业规模分类，故小型企业数与往年不可比。

Note: a)Changed by the standard of enterprise , number of enterprises by Large and Medium size from 2003 is not comparable with the previous years.b)Since 2011,including Micro-enterprises,Ssize from 2003 is not comparable with the previous years.

12-12 续表1

Continued

单位：%　　(%)

项目 Item	工业增加值率 Ratio of Value Added to Gross Industrial Output Value	总资产贡献率 Ratio of Total Assets to Industrial Output Value	资产负债率 Ratio of Assets to Liability	流动资产周转次数（次/年） Number of Times of Turnover Circulating Funds(times/year)	成本费用利润率 Ratio of Profits to Industrial Cost	产品销售率 Proportion of Products Sold
外商及港澳台商投资 Funds from HongKong, Macao,TaiWan and Foreign Area	25.44	17.41	51.30	2.46	8.61	97.22
其他 Others	30.30	21.17	57.41	3.12	10.77	97.16
按登记注册分 **Grouped by Status of Registration**						
内资企业 Sole Funded	27.61	18.59	52.97	3.11	8.25	97.74
港、澳、台商投资企业 Enterprises with Funds from HongKong, Macao and TaiWan	26.61	19.56	49.93	2.43	10.03	96.85
外商投资企业 Foreign Funded Enterprises	24.21	15.08	52.77	2.48	7.05	97.63
按经济组织分 **Grouped by Organization**						
独资企业 Sole Funded	26.70	17.69	51.32	2.62	8.33	97.42
合作、合伙 Cooperated and Partnership	30.81	28.54	45.10	4.62	13.66	98.37
股份有限公司 Share Holding Enterprises	25.68	12.83	44.05	1.63	12.15	96.45
有限责任公司 Limited Liability Corporations	26.19	19.11	55.39	3.11	7.72	97.64
按规模分 **Grouped by Size of Enterprises**						
大型企业 Large Scale	27.09	21.21	51.57	2.64	9.82	97.60
中型企业 Medium Scale	26.13	16.00	52.84	2.59	8.80	97.14
小型企业 Small Scale	25.75	17.35	52.00	3.12	6.82	97.70
微型企业 Micro-Scale	44.68	14.16	54.94	3.14	7.03	99.80
按行业分 **Grouped by Sector**						
煤炭开采和洗选业 Coal Mining and Dressing	65.24	36.19	47.83	4.86	10.51	100.72
石油和天然气开采业 Petroleum and Natural Gas Mining						

12-12 续表2

Continued

单位：% (%)

项目 Item	工业增加值率 Ratio of Value Added to Gross Industrial Output Value	总资产贡献率 Ratio of Total Assets to Industrial Output Value	资产负债率 Ratio of Assets to Liability	流动资产周转次数(次/年) Number of Times of Turnover Circulating Funds(times/year)	成本费用利润率 Ratio of Profits to Industrial Cost	产品销售率 Proportion of Products Sold
黑色金属矿采选业 Ferrous Metals Mining and Dressing	42.14	62.55	26.91	10.04	31.99	98.95
有色金属矿采选业 Nonferrous Metals Mining and Dressing	39.69	32.10	53.06	4.38	12.67	90.77
非金属矿采选业 Nonmetal Minerals Mining and Dressing	41.15	31.80	30.12	5.81	9.35	99.75
其他采矿业 Others Mining and Quarrying						
农副食品加工业 Agricultural and Sideline Products Processing	22.30	19.10	60.80	2.62	7.21	96.79
食品制造业 Food Manufacturing	27.03	24.46	45.29	3.36	9.92	96.68
饮料制造业 Beverage Manufacturing	30.71	28.86	46.03	3.47	12.02	97.92
烟草制品业 Tobacco Processing	80.83	86.74	27.04	2.05	22.59	98.18
纺织业 Textile Industry	25.27	16.22	46.64	2.68	8.31	96.61
纺织服装、鞋、帽制造业 Textile Garments , Shoes and Caps Products	32.95	26.39	38.87	2.68	11.80	96.11
皮革、毛皮、羽毛(绒)及其制品业 Leather , Furs , Down and Relate Products	31.90	28.17	39.65	2.91	12.25	97.12
木材加工及木、竹、藤、棕、草制品业 Timber Processing , Bamboo , Cane , Palm Fiber and Straw Products	28.31	21.06	50.94	4.07	5.84	97.66
家具制造业 Furniture Manufacturing	27.65	18.77	49.63	3.00	6.93	97.98
造纸及纸制品业 Papermaking and Paper Products	25.82	14.89	47.38	2.38	9.09	95.10
印刷业和记录媒介的复制 Printing and Record Medium Reproduction	32.24	19.84	44.16	2.67	11.22	98.95
文教体育用品制造业 Cultural , Educational and Sports Goods	28.90	14.43	50.81	2.40	6.20	96.62
石油加工、炼焦及核燃料加工业 Petroleum Processing , Coking and Nuclear Fuel Processing	19.59	14.25	73.51	4.50	-0.72	98.92
化学原料及化学制品制造业 Raw Chemical Materials and Chemical Products	24.44	18.69	48.87	2.76	9.15	98.05
医药制造业 Medical and Pharmaceutical Products	34.75	17.56	40.81	1.91	13.05	93.98

12-12 续表3

Continued

单位：% (%)

项目 Item	工业增加值率 Ratio of Value Added to Gross Industrial Output Value	总资产贡献率 Ratio of Total Assets to Industrial Output Value	资产负债率 Ratio of Assets to Liability	流动资产周转次数(次/年) Number of Times of Turnover Circulating Funds(times/year)	成本费用利润率 Ratio of Profits to Industrial Cost	产品销售率 Proportion of Products Sold
化学纤维制造业 Chemical Fiber	21.51	12.15	60.22	1.98	8.67	95.09
橡胶制品业 Rubber Products	27.28	16.14	50.01	2.52	8.82	100.93
塑料制品业 Plastic Products	26.87	19.43	51.45	2.98	7.56	97.13
非金属矿物制品业 Nonmetal Minerals Products	30.32	20.98	45.66	3.07	10.50	97.95
黑色金属冶炼及压延加工业 Smelting and Pressing of Ferrous Metals	19.99	13.62	61.93	2.57	5.99	98.37
有色金属冶炼及压延加工业 Smelting and Pressing of Nonferrous Metals	23.62	15.97	46.75	2.48	13.04	97.17
金属制品业 Metal Products	25.61	17.26	48.62	2.40	7.82	98.38
通用设备制造业 General Equipment	27.02	17.69	49.39	2.60	7.66	97.04
专用设备制造业 Special Purpose Equipment	23.77	14.41	53.94	1.74	9.07	97.02
交通运输设备制造业 Transport Equipment	24.79	17.03	58.51	2.33	7.42	98.11
电气机械及器材制造业 Electric Equipment and Machinery	25.60	16.20	50.11	2.08	8.31	96.75
通信设备、计算机及其他电子设备制造业 Telecommunications , Computer , and other Electronic Equipment	21.39	13.34	59.84	2.65	5.78	97.71
仪器仪表及文化、办公用机械制造业 Instruments , Meters , Cultural and Clerical Machinery	28.24	13.86	36.98	2.55	6.30	97.87
工艺品及其他制造业 Handicraft Article and Other Manufacturing	31.15	26.72	43.83	3.57	10.27	97.85
废弃资源和废旧材料回收加工业 Waste Resources and Materials Recovering	29.65	17.00	57.80	2.44	8.16	90.42
电力、热力的生产和供应业 Production and Supply of Electric Power and Hot Power	20.15	6.80	64.76	4.28	2.74	99.56
燃气生产和供应业 Production and Supply of Gas	27.87	22.07	62.84	3.43	16.60	99.84
水的生产和供应业 Production and Supply of Water	51.63	3.30	38.80	1.16	9.70	91.57

12-13 大中型工业企业主要经济指标(2011年)

单位：万元

项目 Item	企业单位数(个) Number of Enterprises (unit)	工业总产值 Gross Industrial Output Value	工业增加值 Value added Of Industry	资产总额 Total Assets
合　计 **Total**	**3251**	**177556708**	**47606251**	**129200230**
煤炭开采和洗选业 Coal Mining and Dressing	48	1057355	728827	750628
石油和天然气开采业 Petroleum and Natural Gas Mining				
黑色金属矿采选业 Ferrous Metals Mining and Dressing	10	2624464	1105710	1198220
有色金属矿采选业 Nonferrous Metals Mining and Dressing	3	96147	49549	102366
非金属矿采选业 Nonmetal Minerals Mining and Dressing	11	324741	130050	364436
其他采矿业 Others Mining and Quarrying				
农副食品加工业 Agricultural and Sideline Products Processing	123	6516810	1396452	4571267
食品制造业 Food Manufacturing	112	3858892	1083048	2267958
饮料制造业 Beverage Manufacturing	46	2757145	847908	1679999
烟草制品业 Tobacco Processing	5	2077815	1677596	1727552
纺织业 Textile Industry	306	11137380	2847580	7627216
纺织服装、鞋、帽制造业 Textile Garments , Shoes and Caps Products	327	9060553	3055976	5197708
皮革、毛皮、羽毛(绒)及其制品业 Leather , Furs , Down and Relate Products	443	16045109	5144371	8704003
木材加工及木、竹、藤、棕、草制品业 Timber Processing , Bamboo , Cane , Palm Fiber and Straw Products	56	1468695	415227	906638
家具制造业 Furniture Manufacturing	54	1370938	373203	796832
造纸及纸制品业 Papermaking and Paper Products	84	3584752	922965	4001878
印刷业和记录媒介的复制 Printing and Record Medium Reproduction	15	345024	118989	279287
文教体育用品制造业 Cultural , Educational and Sports Goods	53	1079401	311728	732795
石油加工、炼焦及核燃料加工业 Petroleum Processing , Coking and Nuclear Fuel Processing	4	6139942	1191186	4450438
化学原料及化学制品制造业 Raw Chemical Materials and Chemical Products	57	4674548	1201722	4016165

Main Financial Indicators of Large and Medium Industrial Enterprises(2011)

(10000 yuan)

固定资产原值年末数 Original Value of Fixed Assets at the year-end	固定资产净值年末数 Net Value of Fixed Assets at the year-end	流动资产年末数 Circulating Funds at the year-end	主营业务收入 Sale Revenue	利润总额 Total Profit	利税总额 Total Profits and Tax	应交所得税 Income Tax Payable	本年应交增值税 Value Added Tax Payable In Current Year
62225240	**40199550**	**67243628**	**173254678**	**15064749**	**22126765**	**1729539**	**4694947**
245737	136674	325858	1114799	100594	186949	21465	70756
926070	779564	144670	2615950	796262	885731	5672	81092
62282	48266	47492	98866	23671	34168	6726	7124
163088	150588	86511	327985	40232	66959	2120	14118
1123292	836340	3292656	6227470	491800	748889	25438	247087
791051	552518	1168328	3703582	420946	559731	56839	123304
896861	489212	897750	2732859	331776	498992	46388	96144
823158	476661	1030800	2009920	178520	1530211	43515	228688
3432464	2243990	4282311	10694686	956111	1160196	61157	167796
1352555	984447	3538509	8669213	1109139	1456550	124602	306962
2788686	2014053	5651417	15431069	1776307	2345995	251439	495156
435912	251803	487142	1414500	93548	138003	6955	36755
309098	185135	494761	1353012	92509	139768	9322	42200
1810702	1166298	1645847	3329991	365898	490495	38152	113278
110549	62819	131339	335731	43087	65620	3814	20757
301682	185439	471688	1033990	79293	106286	5699	23434
3212860	2672415	1353033	6071530	-94304	466027	87	81694
2210302	1329706	1916881	4598059	544768	703758	76639	143309

12-13 续表

单位：万元

项目 Item	企业单位数(个) Number of Enterprises (unit)	工业总产值 Gross Industrial Output Value	工业增加值 Value added Of Industry	资产总额 Total Assets
医药制造业 Medical and Pharmaceutical Products	22	946374	335902	1018822
化学纤维制造业 Chemical Fiber	20	3781441	807338	3420310
橡胶制品业 Rubber Products	63	2797890	778995	2299923
塑料制品业 Plastic Products	188	5589210	1530324	2967180
非金属矿物制品业 Nonmetal Minerals Products	242	8353081	2622542	6923021
黑色金属冶炼及压延加工业 Smelting and Pressing of Ferrous Metals	36	8671860	1781832	6834551
有色金属冶炼及压延加工业 Smelting and Pressing of Nonferrous Metals	30	5238955	1320958	6131464
金属制品业 Metal Products	73	2554224	673992	1985017
通用设备制造业 General Equipment	81	3230155	912468	2723947
专用设备制造业 Special Purpose Equipment	50	2606922	564652	2992598
交通运输设备制造业 Transport Equipment	117	9169369	2273745	6235246
电气机械及器材制造业 Electric Equipment and Machinery	141	7323059	1867434	5260221
通信设备、计算机及其他电子设备制造业 Telecommunications , Computer , and other Electronic Equipment	161	24433032	5199069	12009693
仪器仪表及文化、办公用机械制造业 Instruments , Meters , Cultural and Clerical Machinery	47	1663833	459330	937354
工艺品及其他制造业 Handicraft Article and Other Manufacturing	149	3290545	1072773	1645392
废弃资源和废旧材料回收加工业 Waste Resources and Materials Recovering	2	16874	3060	16980
电力、热力的生产和供应业 Production and Supply of Electric Power and Hot Power	62	12705504	2475571	14295967
燃气生产和供应业 Production and Supply of Gas	3	778922	224828	883354
水的生产和供应业 Production and Supply of Water	7	185748	99354	1243806

Continued

(10000 yuan)

固定资产原值年末数 Original Value of Fixed Assets at the year-end	固定资产净值年末数 Net Value of Fixed Assets at the year-end	流动资产年末数 Circulating Funds at the year-end	主营业务收入 Sale Revenue	利润总额 Total Profit	利税总额 Total Profits and Tax	应交所得税 Income Tax Payable	本年应交增值税 Value Added Tax Payable In Current Year
438948	308375	546261	845052	127974	167281	18277	34627
1622262	1018595	1789190	3466151	311429	369356	34429	52343
1248137	742395	1119708	2851763	247375	341069	33287	70314
1208410	763291	1872725	5436056	465431	628783	54389	139493
3500890	2467902	3129309	8281632	958219	1263515	90730	249565
3516134	2438737	3436338	8601227	544543	843168	15603	283375
1857661	1310404	2570080	5281514	766100	866970	128310	80517
558712	346402	1306254	2491752	269642	354266	35656	70551
989147	642239	1668181	3171561	333904	421211	29997	72939
596081	401697	2163532	2923994	254827	327654	31319	58972
2120939	1282123	3860346	8775818	629165	1061822	91073	338035
1393558	860274	3553096	7093881	597217	856208	91967	231676
3643697	2213358	8785621	23866066	1368674	1588990	168391	165024
346195	187546	636731	1624610	86999	114422	13880	22416
562731	369599	983177	3155917	317173	400170	26633	69257
3960	2559	14181	23181	1092	2336	474	857
15941614	9056341	2463809	12617078	309499	738369	49822	386719
712859	592517	216013	780431	112885	172980	25742	59036
966957	629270	162086	203787	12445	23868	3534	9576

12-14 国有控股工业企业主要经济指标(2011年)

单位：万元

项目 Item	企业单位数(个) Number of Enterprises (unit)	工业总产值 Gross Industrial Output Value	工业增加值 Value added of Industry	资产总额 Total Assets
合计 Total	**430**	**32291262**	**8692199**	**40466901**
按隶属关系分 Grouped by Subordination				
中央企业 Central Enterprises	60	10720282	2627457	13419926
地方企业 Local Enterprises	370	21570981	6064742	27046975
按轻重分 Grouped by Light &Heavy Industry				
轻工业 Light Industry	103	3955417	2259381	5360075
以农产品为原料 Using Farm Products as Raw Materials	65	3527500	2090931	3611335
以非农产品为原料 Using Non-Farm Products as Raw Materials	38	427918	168450	1748739
重工业 Heavy Industry	327	28335845	6432818	35106826
采掘工业 Mining and Quarrying	39	852409	549306	1260859
原料工业 Raw Materials Industry	201	22047006	4672837	28736808
加工工业 Manufacturing Industry	87	5436430	1210675	5109160
按规模分 Grouped by Size of Enterprises				
大型企业 Large Scale	38	12938885	4252195	14057321
中型企业 Medium Scale	146	15530050	3361850	18979065
小型企业 Small Scale	220	3744242	1054290	7183138
微型企业 Micro-Scale	26	78084	23864	247378
按行业分 Grouped by Sector				
煤炭开采和洗选业 Coal Mining and Dressing	16	481341	356210	593251

注：1.2003年起大中型企业划分标准改变，故大中型企业数与往年不可比。2.2011年起增加微型企业规模分类，故小型企业数与往年不可比。

Note: a)Changed by the standard of enterprise , number of enterprises by Large and Medium size from 2003 is not comparable with the previous years.b)Since 2011,including Micro-enterprises,Ssize from 2003 is not comparable with the previous years.

Main Financial Indicators of State-holding Industrial Enterprise(2011)

(10000 yuan)

固定资产原值年末数 Original Value of Fixed Assets at the Year-end	固定资产净值年末数 Net Value of Fixed Assets at the Year-end	流动资产年末数 Circulating Funds at the Year-end	主营业务收入 Sale Revenue	利润总额 Total Profit	利税总额 Total Profits and Tax	应交所得税 Income Tax Payable	本年应交增值税 Value Added Tax Payable in Current Year
29474851	**18720716**	**12688367**	**32184408**	**2038783**	**4578761**	**370233**	**1196771**
13196232	8313091	2381644	10607701	308221	1451042	49994	431189
16278619	10407626	10306723	21576707	1730562	3127719	320239	765583
3218997	1858924	2229633	3865097	319785	1757536	68517	290822
2074138	1125605	1831553	3431468	283413	1699114	60541	272148
1144859	733319	398080	433629	36371	58422	7975	18674
26255854	16861793	10458735	28319311	1718998	2821225	301717	905949
403711	236230	500776	895060	174371	282166	41329	89874
24214701	15643333	6554022	21973459	1258331	2021440	223305	680517
1637442	982230	3403936	5450791	286296	517620	37083	135559
6543850	4057887	6347292	13058604	1063400	2824145	192386	517144
16962961	10385183	4320016	15297149	693595	1291393	120266	520241
5732087	4096029	1957441	3751293	276340	452005	57182	154834
235953	181618	63618	77362	5448	11218	400	4552
184101	86315	253208	541366	72946	132684	19749	51131

12-14 续表1

单位：万元

项目 Item	企业单位数(个) Number of Enterprises (unit)	工业总产值 Gross Industrial Output Value	工业增加值 Value added of Industry	资产总额 Total Assets
石油和天然气开采业 Petroleum and Natural Gas Mining				
黑色金属矿采选业 Ferrous Metals Mining and Dressing	6	194971	83160	453614
有色金属矿采选业 Nonferrous Metals Mining and Dressing	6	88368	52420	97162
非金属矿采选业 Nonmetal Minerals Mining and Dressing	12	84725	59523	366295
其他采矿业 Others Mining and Quarrying				
农副食品加工业 Agricultural and Sideline Products Processing	10	235836	51187	43166
食品制造业 Food Manufacturing	10	105088	29229	285215
饮料制造业 Beverage Manufacturing	12	155480	57347	231408
烟草制品业 Tobacco Processing	6	2086579	1686683	1770187
纺织业 Textile Industry	3	165437	25986	129591
纺织服装、鞋、帽制造业 Textile Garments , Shoes and Caps Products	4	163034	63380	24911
皮革、毛皮、羽毛(绒)及其制品业 Leather , Furs , Down and Relate Products				
木材加工及木、竹、藤、棕、草制品业 Timber Processing , Bamboo , Cane , Palm Fiber and Straw Products	4	185564	48531	301791
家具制造业 Furniture Manufacturing				
造纸及纸制品业 Papermaking and Paper Products	6	382135	63935	771901
印刷业和记录媒介的复制 Printing and Record Medium Reproduction	11	91978	34309	103269
文教体育用品制造业 Cultural , Educational and Sports Goods				
石油加工、炼焦及核燃料加工业 Petroleum Processing , Coking and Nuclear Fuel Processing	4	55655	22189	58771
化学原料及化学制品制造业 Raw Chemical Materials and Chemical Products	18	755662	176509	866276
医药制造业 Medical and Pharmaceutical Products	7	206336	101775	323847

Continued

(10000 yuan)

固定资产原值年末数 Original Value of Fixed Assets at the Year-end	固定资产净值年末数 Net Value of Fixed Assets at the Year-end	流动资产年末数 Circulating Funds at the Year-end	主营业务收入 Sale Revenue	利润总额 Total Profit	利税总额 Total Profits and Tax	应交所得税 Income Tax Payable	本年应交增值税 Value Added Tax Payable in Current Year
136566	88964	130207	184146	38294	59636	6463	17552
52855	39958	47308	78252	34991	48549	9008	11110
152543	142636	89548	88137	27096	40150	5829	9983
24344	12724	25617	226357	31445	37353	344	5832
72338	48763	100241	107102	5935	12161	373	5646
216139	92003	75033	157971	4533	29953	911	9137
849021	485153	1060288	2020140	179981	1533440	44065	230245
76333	39331	74126	155036	8842	11034	1366	1917
10500	8996	14869	160639	6608	13296	1282	6004
159341	80296	146702	171338	1198	4232	288	2714
714837	387815	241990	378682	-19677	-18238	2039	994
70082	29970	49513	90522	9615	14374	1752	4206
37708	24607	33534	54447	8945	11629	2209	2334
646753	370599	404270	815476	35799	57733	10539	18753
79570	43047	227999	198002	62498	75567	9778	11099

12-14 续表2

单位：万元

项目 Item	企业单位数(个) Number of Enterprises (unit)	工业总产值 Gross Industrial Output Value	工业增加值 Value added of Industry	资产总额 Total Assets
化学纤维制造业 Chemical Fiber				
橡胶制品业 Rubber Products				
塑料制品业 Plastic Products	3	17849	4791	24564
非金属矿物制品业 Nonmetal Minerals Products	31	841174	249698	617697
黑色金属冶炼及压延加工业 Smelting and Pressing of Ferrous Metals	5	3442106	565545	3503506
有色金属冶炼及压延加工业 Smelting and Pressing of Nonferrous Metals	12	2796308	756784	4468817
金属制品业 Metal Products	5	164538	30608	281198
通用设备制造业 General Equipment	13	234907	67641	377022
专用设备制造业 Special Purpose Equipment	10	994763	163631	1442173
交通运输设备制造业 Transport Equipment	14	2660063	588730	1872015
电气机械及器材制造业 Electric Equipment and Machinery	12	232753	42231	298235
通信设备、计算机及其他电子设备制造业 Telecommunications , Computer , and other Electronic Equipment	16	805461	219732	587509
仪器仪表及文化、办公用机械制造业 Instruments , Meters , Cultural and Clerical Machinery	4	51173	21246	108459
工艺品及其他制造业 Handicraft Article and Other Manufacturing				
废弃资源和废旧材料回收加工业 Waste Resources and Materials Recovering	2	24008	6883	26766
电力、热力的生产和供应业 Production and Supply of Electric Power and Hot Power	141	13637400	2727385	18095005
燃气生产和供应业 Production and Supply of Gas	3	731949	218285	872579
水的生产和供应业 Production and Supply of Water	24	218621	116637	1470703

Continued

(10000 yuan)

固定资产原值年末数 Original Value of Fixed Assets at the Year-end	固定资产净值年末数 Net Value of Fixed Assets at the Year-end	流动资产年末数 Circulating Funds at the Year-end	主营业务收入 Sale Revenue	利润总额 Total Profit	利税总额 Total Profits and Tax	应交所得税 Income Tax Payable	本年应交增值税 Value Added Tax Payable in Current Year
9708	3535	20631	18469	1579	3017	84	1305
293418	156512	396241	878727	57803	95577	8572	30468
2158167	1559100	1340352	3432768	106633	220333	6170	105599
916318	606490	1746071	2795280	638012	676939	120398	20938
38740	29666	158619	178206	48776	51623	6844	2109
115892	73707	202559	239566	15804	21413	2749	4934
271713	190629	1076942	1389926	85727	108428	10439	19821
738539	420087	1204503	2389593	53362	201198	5698	69281
82272	51477	174051	231336	9240	13486	2569	3644
137071	73921	476821	663178	68760	93732	5600	18500
34416	25144	54590	49144	10233	11628	1508	1052
13563	9479	13762	26130	3643	5889	1170	1746
19440203	12281804	2389809	13494445	301178	808724	52939	457975
702112	587203	211058	738659	111890	171185	25500	58239
1039690	670786	247909	231370	17096	32038	3997	12503

12-15 规模以上外商及港澳台投资工业企业主要经济指标(2011年)

单位：万元

项目 Item	企业单位数(个) Number of Enterprises (unit)	工业总产值 Gross Industrial Output Value	工业增加值 Value added of Industry	资产总额 Total Assets
合计 Total	**4245**	**126677234**	**32641701**	**85720916**
按登记注册类型分 Grouped by Status of Registration				
港、澳、台商投资企业 Enterprises with Funds from HongKong, Macao and TaiWan	**2683**	**67462940**	**18146067**	**44544901**
合资经营企业 Joint Ventures Enterprises	582	15917284	4341871	9814949
合作经营企业 Cooperative Operation Enterprises	18	529267	152681	419392
独资企业 Sole Investment	2059	47051716	12761701	30436866
股份有限公司 Share-holding Corporations Ltd with Investment	24	3964675	889814	3873694
外商投资企业 Foreign Funded Enterprises	**1562**	**59214294**	**14495634**	**41176014**
中外合资经营企业 Joint Ventures Enterprises	424	22274165	5155051	15947934
中外合作经营企业 Cooperative Operation Enterprises	12	427604	119063	250172
外资企业 Sole Foreign Investment Enterprises	1096	34179535	8617281	22444267
外商投资股份有限公司 Foreign Investment share Enterprises	30	2332990	604238	2533641
按轻重分 Grouped by Light &Heavy Industry				
轻工业 Light Industry	**2830**	**61182757**	**17419807**	**39842744**
以农产品为原料 Using Farm Products as Raw Materials	1969	42402711	12520650	27536105
以非农产品为原料 Using Non-Farm Products as Raw Materials	861	18780046	4899157	12306639
重工业 Heavy Industry	**1415**	**65494477**	**15221894**	**45878172**
采掘工业 Mining and Quarrying	27	332629	118484	211514
原料工业 Raw Materials Industry	449	23363169	5218530	19570001
加工工业 Manufacturing Industry	939	41798679	9884880	26096656
按规模分 Grouped by Size of Enterprises				

注：1.2003年起大中型企业划分标准改变，故大中型企业数与往年不可比。2.2011年起增加微型企业规模分类，故小型企业数与往年不可比。

Note: a)Changed by the standard of enterprise , number of enterprises by Large and Medium size from 2003 is not comparable with the previous years.b)Since 2011,including Micro-enterprises,Ssize from 2003 is not comparable with the previous years.

Main Finanical Indicators of Industrial Enterprises with Foreign Capital above Designated Size(2011)

(10000 yuan)

固定资产原值年末数 Original Value of Fixed the year-end	固定资产净值年末数 Net Value of Fixed Assets year-end	流动资产年末数 Circulating the year-end	主营业务收入 Sale Revenue	利润总额 Total Profit	利税总额 Total Profits and Tax	应交所得税 Income Tax Payable	本年应交增值税 Value Added Tax Payable in Current Year
37272255	**23230646**	**50964130**	**123400203**	**10012304**	**14060971**	**1247197**	**3046324**
17196944	**10738214**	**27266725**	**65401251**	**6104172**	**8237249**	**754817**	**1865056**
3852509	2360772	6228029	15511514	1463770	2049645	148527	513307
701641	274769	123905	504951	43711	64315	7294	17850
11105589	7308555	19000759	45604910	4144058	5540894	538339	1214959
1537205	794118	1914031	3779876	452633	582395	60657	118939
20075311	**12492432**	**23697405**	**57998951**	**3908132**	**5823722**	**492380**	**1181268**
7969024	5719555	7989300	21792675	1139617	2243440	136147	508634
151391	69662	171198	500944	55989	72603	9480	14434
10410541	5905795	14365117	33460168	2515748	3248078	336035	599756
1544355	797420	1171790	2245165	196779	259601	10718	58445
14212653	**9018750**	**25154749**	**58777084**	**5784527**	**7746410**	**707060**	**1689004**
9276039	6118333	17308962	40667684	4403003	5904341	507998	1286983
4936614	2900417	7845787	18109401	1381524	1842069	199062	402021
23059602	**14211896**	**25809381**	**64623118**	**4227777**	**6314561**	**540137**	**1357320**
78655	56603	115876	326485	29657	44656	2934	11878
13392013	8319318	8948864	23200389	1201185	2317717	150965	593401
9588934	5835975	16744642	41096244	2996935	3952188	386237	752041

12-15 续表1

单位：万元

项目 Item	企业单位数(个) Number of Enterprises (unit)	工业总产值 Gross Industrial Output Value	工业增加值 Value added of Industry	资产总额 Total Assets
大型企业 Large Scale	253	59450937	14938369	35172817
中型企业 Medium Scale	1366	41260000	10911719	32648001
小型企业 Small Scale	2556	25523077	6680033	17564572
微型企业 Micro-Scale	70	443220	111580	335526
按行业分 **Grouped by Sector**				
煤炭开采和洗选业 Coal Mining and Dressing	1	4379	2857	34245
石油和天然气开采业 Petroleum and Natural Gas Mining				
黑色金属矿采选业 Ferrous Metals Mining and Dressing	2	11650	4931	6691
有色金属矿采选业 Nonferrous Metals Mining and Dressing	8	112244	44262	40539
非金属矿采选业 Nonmetal Minerals Mining and Dressing	8	82635	27117	29188
其他采矿业 Others Mining and Quarrying				
农副食品加工业 Agricultural and Sideline Products Processing	179	4851896	1085771	3050259
食品制造业 Food Manufacturing	100	2368376	661254	1273016
饮料制造业 Beverage Manufacturing	69	2627977	804424	1712111
烟草制品业 Tobacco Processing				
纺织业 Textile Industry	373	7072113	1854133	5449200
纺织服装、鞋、帽制造业 Textile Garments , Shoes and Caps Products	577	8271875	2799439	4864566
皮革、毛皮、羽毛(绒)及其制品业 Leather , Furs , Down and Relate Products	455	13157170	4201807	7263097
木材加工及木、竹、藤、棕、草制品业 Timber Processing , Bamboo , Cane , Palm Fiber and Straw Products	63	790304	225593	505928
家具制造业 Furniture Manufacturing	75	1189286	320506	783438
造纸及纸制品业 Papermaking and Paper Products	112	2719101	707550	2974805
印刷业和记录媒介的复制 Printing and Record Medium Reproduction	27	260485	79031	167578

Continued

(10000 yuan)

固定资产原值年末数 Original Value of Fixed the year-end	固定资产净值年末数 Net Value of Fixed Assets year-end	流动资产年末数 Circulating the year-end	主营业务收入 Sale Revenue	利润总额 Total Profit	利税总额 Total Profits and Tax	应交所得税 Income Tax Payable	本年应交增值税 Value Added Tax Payable in Current Year
14883339	9845197	21049790	57804795	4608950	6618379	581020	1274855
14353248	8390825	19042081	39995499	3619324	4923420	442055	1137457
7934344	4922803	10670277	25152086	1784961	2512196	223382	627196
101324	71822	201983	447823	-932	6976	741	6817
18172	17161	2219	4258	-968	-485		
6392	4690	1702	11650	714	901	178	155
9246	5741	25442	109267	6521	11990	471	4948
8939	5697	21432	82866	7706	13606	499	4153
715740	417511	2425615	4745988	357807	532533	23454	166132
525338	358821	701865	2310172	270530	350414	26554	72820
842864	489329	898378	2596130	303011	449179	45447	86709
2381662	1502410	3121173	6744811	588411	737079	48563	123130
1222641	868587	3390470	7873357	972920	1296892	116200	285675
2271407	1565926	4811275	12592972	1491421	1961425	205703	408774
245835	133284	286534	772386	51891	72129	4354	18132
291751	171725	498608	1178651	65332	97041	7318	27734
931742	686410	1370191	2495116	303084	410775	31132	100088
105313	52695	94070	254324	26503	36664	4189	8940

12-15 续表2

单位：万元

项目 Item	企业单位数(个) Number of Enterprises (unit)	工业总产值 Gross Industrial Output Value	工业增加值 Value added of Industry	资产总额 Total Assets
文教体育用品制造业 Cultural , Educational and Sports Goods	100	1165434	352511	846789
石油加工、炼焦及核燃料加工业 Petroleum Processing , Coking and Nuclear Fuel Processing	11	6127413	1163655	4424304
化学原料及化学制品制造业 Raw Chemical Materials and Chemical Products	124	4015612	905404	2935316
医药制造业 Medical and Pharmaceutical Products	23	548949	167957	545735
化学纤维制造业 Chemical Fiber	35	3505534	744315	3183637
橡胶制品业 Rubber Products	81	2583410	711695	2247812
塑料制品业 Plastic Products	254	4326986	1161471	3044789
非金属矿物制品业 Nonmetal Minerals Products	250	4486869	1374101	4312524
黑色金属冶炼及压延加工业 Smelting and Pressing of Ferrous Metals	43	4462891	952431	2900472
有色金属冶炼及压延加工业 Smelting and Pressing of Nonferrous Metals	28	1496142	286110	1325490
金属制品业 Metal Products	132	2638701	677832	1796796
通用设备制造业 General Equipment	116	1857625	512730	1535124
专用设备制造业 Special Purpose Equipment	106	1917989	477714	1548733
交通运输设备制造业 Transport Equipment	176	7155455	1762467	5249664
电气机械及器材制造业 Electric Equipment and Machinery	158	5864025	1599914	4016294
通信设备、计算机及其他电子设备制造业 Telecommunications , Computer , and other Electronic Equipment	205	23918597	4991490	11159575
仪器仪表及文化、办公用机械制造业 Instruments , Meters , Cultural and Clerical Machinery	66	1676366	461275	866620
工艺品及其他制造业 Handicraft Article and Other Manufacturing	253	3096131	949660	1412235
废弃资源和废旧材料回收加工业 Waste Resources and Materials Recovering	3	42447	10346	45786
电力、热力的生产和供应业 Production and Supply of Electric Power and Hot Power	22	2097248	500119	3770301
燃气生产和供应业 Production and Supply of Gas	2	78294	19419	104828
水的生产和供应业 Production and Supply of Water	8	95628	40411	293430

Continued

(10000 yuan)

固定资产原值年末数 Original Value of Fixed the year-end	固定资产净值年末数 Net Value of Fixed Assets year-end	流动资产年末数 Circulating the year-end	主营业务收入 Sale Revenue	利润总额 Total Profit	利税总额 Total Profits and Tax	应交所得税 Income Tax Payable	本年应交增值税 Value Added Tax Payable in Current Year
358119	207493	544647	1122070	78195	108923	6383	26826
3153974	2625478	1356359	6142129	-106360	450943	451	79071
1272510	658385	1673668	4116077	458753	580130	64509	106369
199752	128449	343642	529815	72569	97932	8849	22343
1512239	906702	1691734	3223346	301965	356740	35378	50463
1241659	717742	1116325	2647324	226369	317033	29776	69340
1400791	777849	1945793	4246932	332882	450309	32752	96813
2127275	1435899	2019571	4400497	549699	677131	43983	101599
1430599	916474	1676552	4466404	348016	507862	12455	153714
828895	612129	601835	1457692	77591	122368	9178	41405
605330	353534	1270406	2571047	159214	226671	25905	59914
696008	433454	957122	1891008	174146	220456	22404	38816
462983	306245	1098338	1824236	152001	212298	21477	50054
1990275	1146731	3200975	7012632	524231	930361	78059	315673
1192552	693181	2852128	5729324	513328	736347	121296	197185
3424653	2111959	8183421	23302471	1217717	1393825	153925	138257
307180	152480	624468	1639381	84217	114114	12185	25064
513607	323918	870887	3000116	272676	357391	23381	71753
4544	3483	35756	31760	341	830	176	439
4604169	2203849	1180764	2101626	118198	213114	28692	89600
57001	27923	33532	80628	7203	7792	242	820
311099	207301	37237	91739	4472	8261	1679	3419

主要统计指标解释

工业　指从事自然资源的开采，对采掘品和农产品进行加工和再加工的物质生产部门。具体包括：(1)对自然资源的开采，如采矿、晒盐等(但不包括禽兽捕猎和水产捕捞)；(2)对农副产品的加工、再加工，如粮油加工、食品加工、缫丝、纺织、制革等；(3)对采掘品的加工、再加工，如炼铁、炼钢、化工生产、石油加工、机器制造、木材加工等，以及电力、自来水、煤气的生产和供应等；(4)对工业品的修理、翻新，如机器设备的修理、交通运输工具(包括小卧车)的修理等。

1984 年以前农村的村及村以下办工业归属农业，1984 年以后划归工业。

工业统计调查单位为独立核算法人工业企业。

独立核算法人工业企业指从事工业生产经营活动的单位。独立核算法人工业企业应同时具备以下条件：①依法成立，有自己的名称、组织机构和场所，能够承担民事责任；②独立拥有和使用资产，承担负债，有权与其他单位签订合同；③独立核算盈亏，并能够编制资产负债表。

轻工业

指主要提供生活消费品和制作手工工具的工业。按其所使用的原料不同，可分为两大类：(1)以农产品为原料的轻工业，是指直接或间接以农产品为基本原料的轻工业。主要包括食品制造、饮料制造、烟草加工、纺织、缝纫、皮革和毛皮制作、造纸以及印刷等工业；(2)以非农产品为原料的轻工业，是指以工业品为原料的轻工业。主要包括文教体育用品、化学药品制造、合成纤维制造、日用化学制品、日用玻璃制品、日用金属制品、手工工具制造、医疗器械制造、文化和办公用机械制造等工业。

重工业

指为国民经济各部门提供物质技术基础的主要生产资料的工业。按其生产性质和产品用途，可以分为下列三类：(1)采掘(伐)工业，是指对自然资源的开采，包括石油开采、煤炭开采、金属矿开采、非金属矿开采等工业；(2)原材料工业，指向国民经济各部门提供基本材料、动力和燃料的工业。包括金属冶炼及加工、炼焦及焦炭、化学、化工原料、水泥、人造板以及电力、石油和煤炭加工等工业；(3)加工工业，是指对工业原材料进行再加工制造的工业。包括装备国民经济各部门的机械设备制造工业、金属结构、水泥制品等工业，以及为农业提供的生产资料如化肥、农药等工业。

根据上述划分原则，修理业中以重工业产品为修理作业对象的划为重工业，反之划为轻工业。

工业总产值

(1)定义：工业总产值是以货币形式表现的，工业企业在一定时期内生产的工业最终产品或提供工业性劳务活动的总价值量。它反映一定时间内工业生产的总规模和总水平。

(2)计算原则：

工业生产的原则，即凡是企业在报告期生产的经检验合格的产品，不管是否在报告期销售，均包括在内。

最终产品的原则，即凡是计入工业总产值的产品，必须是本企业生产的经检验合格的，不需要再进行任何加工的最终产品。如果企业有中间产品(半成品)对外销售，则对外销售的中间产品应视为企业的最终产品。

工厂法原则，即工业总产值是以工业企业作为基本计算(核算)单位，即按企业的最终产品计算工业总产值。按这种方法计算的工业总产值，不允许同一产品价值在企业内部重复计算，不能把企业内部各个车间(分厂)生产的成果相加，但允许企业间的重复计算。

(3)内容及计算方法：1995 年全国工业普查对工业总产值(原规定)的内容及计算原则和方法做了某些修订，修订后的工业总产值(新规定)包括三项内容：即本期生产成品价值、对外加工费收入、在制品半成品期末期初差额价值三部分。

本期生产成品价值：指企业本期生产，并在报告期内不再进行加工，经检验、包装入库的全部工业成品(半产品)价值合计，包括企业生产的自制设备及提供给本企业在建工程、其他非工业部门和福利部门等单位使用的成品价值。本期生产成品价值为按自备原材料生产的产品的数量乘以本期不含增值税(销项税额)的产品实际销售平均单价计算；会计核算中按成本价格转帐的自制设备和自产自用的成品，按成本价格计算生产成品价值。生产成品价值中不包括用定货者来料加工的成品(半产品)价值。

对外加工费收入：指企业在报告期内完成的对外承接的工业品加工(包括用定货者来料加工产品)的加工费收入和对外工业修理作业所取得的加工费收入。对外加工费收入按不含增值税(销项税额)的价格计算，可根据会计“主营业务收入”科目的有关资料取得。

对于本企业对内非工业部门提供的加工修理、设备安装的劳务收入，如果企业会计核算基础较好，能取得这部分资料，而且这部分价值所占比重较大，应包括在对外加工费收入中。

自制半成品在制品期末期初差额价值：指企业报告期在制品期末减期初的差额价值，本指标一般可以从会计核算资料中取得。如果会计产品成本核算中不计算半成品、在制品的成本，则总产值中也不包括这部分价值，反之则包括。

(4)工业总产值统计范围变化和计算方法修订情况：

1984 年以前工业总产值不包括村办工业，村办工业总产值划归农业。1984 年以后工业总产值包括村办工业。

1995 年工业普查对工业总产值计算方法做了修订，即从 1995 年始按新修订(新规定)方法计算工业总产值。新规定与原规定的区别如下：

全价与加工费的计算原则不同：新规定为凡自备原材料，不论其生产繁简程度如何，一律按全价计算工业总产值；凡来料加工，允许按加工费计算工业总产值。原规定则视生产加工的繁简程度不同，规定哪些行业按全价，哪些行业按加工费计算工业总产值。

自制半成品、在产品期末期初差额价值的计算原则不同：新规定要求，凡会计产品成本核算时计算了成本的差额价值，总产值中就应包括，否则可不包括；原规定则按生产周期六个月的界限区分，凡生产周期六个月以上的企业，总产值计算中应包括这部分差额价值，否则可不包括。

计算价格不同：新规定按不含增值税(销项税额)的价格计算；原规定则按含增值税(销项税额)的价格计算。

工业增加值

指工业企业在报告期内以货币表现的工业生产活动的最终成果。

工业增加值有两种计算方法：一是生产法，即工业总产出减去工业中间投入加上应交增值税；二是收入法，即从收入的角度出发，根据生产要素在生产过程中应得到的收入份额计算，具体构成项目有固定资产折旧、劳动者报酬、生产税净额、营业盈余，这种方法也称要素分配法。本年鉴中的工业增加值是以生产法计算的。

生产法工业增加值的计算方法为：

工业增加值=工业总产出-工业中间投入+应交增值税

(1)工业总产出：指工业企业在一定时期内工业生产活动的总成果。工业总产出包括：成品生产价值，对外加工费收入，自制半成品、在产品期末期初差额价值。1995 年后用新规定计算的工业总产值代替。

(2)工业中间投入：指工业企业在工业生产活动中消耗的外购物质产品和对外支付的服务费用。服务费用包括支付给物质生产部门(工业、农业、批发零售贸易业、建筑业、运输邮电业)的服务费用和支付给非物质生产部门(如保险、金融、文化教育、科学研究、医疗卫生、行政管理等)的服务费用。工业中间投入的确定须遵循以下原则：必须从外部购入的，并已计入工业总产出的产品和服务价值；必须是本期投入生产，并一次性消耗掉(包括本期摊销的低值易耗品等)的产品和服务价值。

工业中间投入包括直接材料费用、制造费用中的工业中间投入、管理费用中的工业中间投入、销售费用中的工业中间投入和利息支出五部分。

资产总计

指企业拥有或控制的能以货币计量的经济资源，包括各种财产、债权和其他权利。资产按流动性分为流动资产、长期投资、固定资产、无形资产、递延资产和其他资产。该指标根据企业会计“资产负债表”中“资产总计”项目的期末数增列。

流动资产平均余额

指企业在报告期内全部流动资产的平均余额。

固定资产净值年平均余额

指固定资产净值在报告期内余额的平均数。计算公式为：

固定资产净值年平均余额=1至12月各月月初、月末固定资产净值之和/24

该指标根据“资产负债表”中“固定资产原价”、“累计折旧”指标的期初、期末数计算填列。

固定资产净值指固定资产原价减去历年已提折旧额后的净额。计算公式为：

固定资产净值=固定资产原价-累计折旧

负债合计

指企业所承担的能以货币计量，将以资产或劳务偿付的债务，偿还形式包括货币、资产或提供劳务。负债一般按偿还期长短分为流动负债和长期负债。根据会计“资产负债表”中“负债合计”的年末数填列。

所有者权益

指企业投资人对企业净资产的所有权。企业净资产等于企业全部资产减去全部负债后的余额，包括企业投资人对企业的最初投入的实际到位的资产及资本公积金、盈余公积金和未分配利润。所有者权益合计数小于零，表示企业资不抵债。

主营业务收入

指企业销售产品和提供劳务等主要经营业务取得的业务总额。

主营业务成本

指企业销售产品和提供劳务等主要经营业务的实际成本。

主营业务税金及附加

指企业销售产品和提供工业性劳务等主要经营业务应负担的城市维护建设税、消费税、资源税和教育费附加。

利润总额

指企业生产经营活动的最终成果，是企业在一定时期内实现的盈亏相抵后的利润总额(亏损以“-”号表示)，它等于营业利润加上补贴收入加上投资收益加上营业外净收入再加上以前年度损益调整。

本年应交增值税

指企业在报告期内应交纳的增值税额。它等于本年销项税额加上出口退税加上进项税额转出数减去本年进项税额。小规模纳税企业直接按全年计税销售额乘以征收率计算取得。

从业人员平均人数 是指报告期内每天拥有的从业人员人数。其计算公式为：

月平均人数=报告月内每天实有人数之和/报告月日历日数

季平均人数=季内各月平均人数之和/3

年平均人数=年内各月平均人数之和/12

工业经济效益综合指数

是指现行综合评价工业经济效益总体水平及工业经济运行质量的指数。它是以若干项代表性经济效益指标，分别除以各项指标的标准值，再乘以各自的权数，加总后除以总权数求得。其计算公式为：

工业经济效益综合指数=(某项经济效益指标报告期数值/该项指标标准值×权数)/总权数

上式总权数为100。

总资产贡献率

反映企业全部资产的获利能力，是企业经营业绩和管理水平的集中体现，是评价和考核企业盈利能力的核心指标。计算公式为：

总资产贡献率（%）=(利润总额+税金总额+利息支出/平均资金总额)×100%

公式中：税金总额为产品销售税金及附加与应交增值税之和；平均资产总额为期初期末资产之和的算术平均值。

资产负债率

该指标既反映企业经营风险的大小，也反映企业利用债权人提供的资金从事经营活动的能力。计算公式为：

资产负债率（%）=(负债总额/资产总额)×100%

资产与负债均为报告期期末数。

流动资产周转次数

指一定时期内流动资产完成的周转次数，反映投入工业企业流动资金的周转速度。计算公式为：

流动资产周转次数=产品销售收入/全部流动资

产平均余额

公式中：全部流动资产平均余额为期初和期末的流动资产之和的算术平均值。

成本费用利润率

反映企业投入的生产成本及费用的经济效益，同时也反映企业降低成本所取得的经济效益。计算公式为：

成本费用利润率（%）=(利润总额/成本费用总额)×100%

公式中：成本费用总额为产品销售成本、销售费用、管理费用、财务费用之和。

Explanatory Notes on Main Statistical Indicators

Industry refers to the material production sector which is engaged in extraction of natural resources and processing and reprocessing of minerals and agricultural products, including (1) extraction of natural resources, such as mining, salt production (but not including hunting and fishing); (2) processing and reprocessing of farm and sideline produces, such as rice husking, flour milling, wine making, oil pressing, silk reeling, spinning and weaving, and leather making; (3) manufacture of industrial products, such as steel making, iron smelting, chemicals manufacturing, petroleum processing, machine building, timber processing; water and gas production and electricity generation and supply; (4)repairing of industrial products such as the repairing of machinery and means of transport (including cars).

Prior to 1984, the rural industry run by villages and cooperative organizations under village was classified into agriculture. Since 1984, it has been grouped into industry.

Units of industrial statistics survey corporate industrial enterprises with independent accounting system.

Corporate industrial enterprises with independent accounting system refer to enterprises engaging in industrial production activities, which meet the following requirements: ① They are established legally, having their own names, organizations, location, able to take civil liability; ②They possess and use their assets independently, assume liabilities, and are entitled to sign contracts with other units; ③ They are financially independent and compile their own balance sheets.

Light Industry refers to the industry that produces consumer goods and hand tools. It consists of two categories, depending on the materials used:

(1) Industries using farm products as raw materials. These are branches of light industry which directly or indirectly use farm products as basic raw materials, including the manufacture of food and beverages, tobacco processing, textile, clothing, fur and leather manufacturing, paper making, printing, etc.

(2) Industries using non farm products as raw materials. These are branches of light industry which use manufactured goods as raw materials, including the manufacture of cultural, educational articles and sports goods, chemicals, synthetic fiber, chemical products for daily use, glass products for daily use, metal products for daily use, hand tools, medical apparatus and instruments, and the manufacture of cultural and office machinery.

Heavy Industry refers to the industry which produces capital goods, and provides various sectors of the national economy with necessary material and technical basis. It consists of the following three branches according to the purpose of production or the use of products:

(1) Mining, quarrying and logging industry refers to the industry that extracts natural resources, including extraction of petroleum, coal, metal and non-metal ores.

(2) Raw materials industry refers to the industry that provides various sectors of the national economy with raw materials, fuels and power. It includes smelting and processing of metals, coking and coke chemistry, chemical materials and building materials such as cement, plywood, and power, petroleum refining and coal dressing.

(3) Manufacturing industry refers to the industry that processes raw materials. It includes machine-building industry which equips sectors of the national economy, industries of metal structure and cement products, industries producing means of agricultural production, such as chemical fertilizers and pesticides.

According to the above principle of classification, the repairing tradesss, which are engaged primarily in repairing products of heavy industry are classified as heavy industry while these engaged in repairing products of light industry are classified as light industry.

Gross Industrial Output Value

(1) Definition: Gross industrial output value is the total volume of final industrial products produced and industrial services provided during a given period. It reflects the total achievements and overall scale of industrial production during a given period.

(2) Principles for calculation:

Statistics on industrial production follow the principle that all products produced by the enterprises and accepted during the reference period are to be included no matter whether they are sold or not during the reference period.

Determination of final products follow the principle that all products that are included in the calculation of grow industrial output value are the final products of the enterprise which have been accepted through quality check and require no further processing. If an enterprise has intermediate (semi-finished) products to sell, these intermediate products are considered as the final products of the enterprise.

Gross industrial output value is calculated following the principle of factory approach, i.e. industrial enterprise is used as the basic accounting unit in calculating the gross industrial output value. By this approach, value of the same product is not to be double counted, and the output value of different workshops (branch factories) should not be added. However, this approach does not exclude the possibility of double counting between enterprises.

(3) Content and calculation method: The old definition of gross industrial output value was modified during the national industrial census in 1995. The revised (new) definition of gross industrial output value consists of 3 components: value of the finished products during the reference period, income from external processing, and value of change in semi-finished products at the end and at the beginning of the reference period.

Value of the finished products during the reference period: refers to the value of all finished (semi-finished) industrial products that are produced during the reference period without the need for further processing, checked for acceptance, packed and put into the warehouse of the enterprise, including the value of own-produced equipment and the value of products provided to the projects under construction of the enterprise, and to other non-industrial or welfare units. Value of finished products during the reference period is calculated by the quantity of products produced using own materials multiplied by the average unit prices at which products are sold (excluding value-added tax). Own-produced equipment and products produced for own use are value at cost prices as in the case of enterprise accounting. Value of finished products does not include the value of finished products (semi-finished products) that are produced using the materials from the clients who make the orders.

Income from external processing: refers to income from contracted external processing of industrial products (including processing of industrial products using materials from the clients), and the income from industrial repairing work provided to other units. Income from external processing is calculated using information from the item "products sales income" in the enterprise accounting at the prices excluding value-added tax.

For income from services such as processing, repairing and installation of equipment provided to non-industrial units within the enterprise, if the accounting work of the enterprise is good enough to separate it from other records, and the share of such services is significant, it should also be included in the income from external processing.

Value of change in semi-finished products at the end and at the beginning of the reference period: refers to the value of change in semi-finished products at the end and at the beginning of the reference period, which generally can be obtained from accounting records of enterprises. If the enterprise accounting excludes the cost of semi-finished products, then it should not be included in the gross industrial output value, and vice versa.

(4) Changes in the coverage and method of calculation of gross industrial output value

Prior to 1984, the value of rural industry run by

villages was classified into agriculture instead of industry. Since 1984, it has been included in the gross industrial output value. Method of calculation for the gross industrial output value was modified in the industrial census in 1995. The difference in the new method as compared with the old one is outlined below:

Principle in using full value vs. processing fee: The new method stipulates that all products produced using own materials are to be calculated with full value in reporting the gross industrial output value irrespective of sophistication of production, and for external processing, it allows calculation using processing fee. In the old method, however, the use of full value or processing fee was determined by the degree of sophistication of production in different branches of industries.

Principle in determining the value of change in semi-finished products: The new method requires that value of the change in semi-finished products should be included in the gross industrial output value if it is included in the accounting record of the enterprise, otherwise it should not be included. By the old method, it is determined by the type of enterprises in terms of production cycle. If the production cycle is over 6 months, the value of change in semi-finished products is included in the gross industrial output value, otherwise it is excluded.

Difference in prices: The new method uses prices excluding value-added tax in the calculation of gross industrial output value, while the old method used prices including value-added tax.

Value-added of Industry refers to the final results of industrial production of industrial enterprises in money terms during the reference period.

Industrial value-added can be calculated by two approaches: the production approach, i.e. gross industrial output value minus intermediate input plus value-added tax, and the income approach, i.e. income for various factors used in the course of production, including depreciation of fixed assets, remuneration of labourers, net of production tax, and operating surplus. Value-added of industry in the Yearbook is calculated by production approach as following:

Value-added of industry = gross industrial output industrial intermediate input + value-added tax

(1) Gross industrial output: refers to the total achievements of industrial production during a given period. Gross industrial output includes value of finished products, income from external processing, and value of change in semi-finished products at the end and at the beginning of the reference period. Since 1995, it was substituted by the gross industrial output value by new method.

(2) Industrial intermediate input: refers to purchased goods and paid services consumed during the industrial production of enterprises. Fees paid for services include fees paid for the services provided by material production sectors (industry, agriculture, wholesale and retail Tradess, construction, transport, post and telecommunications) and by non-material production sectors (insurance, banking, culture, education, scientific research, health and medical care, public administration, etc.). The determination of industrial intermediate input follows the principle that the goods and services must be purchased from outside and included in the gross industrial output, and that the goods and services are inputted into production and consumed (include low-value consumables) during the reference period.

Industrial intermediate input includes 5 components, namely direct consumption of materials, industrial intermediate input in manufacturing cost, industrial intermediate input in management cost, industrial intermediate input in marketing cost and expenditure on interest.

Total Assets refer to all economic resources, in monetary terms, that is owned or controlled by enterprises, including properties, creditors Equities and other economic rights of all forms. Classified by the degree of equitability, total assets include circulating assets, long-term investment, fixed assets, intangible assets and deferred assets, and other assets. Data on this indicator can be obtained by the year-end figures of total assets in the Assets and Liability Table of accounting records of enterprises.

Annual Average Value of Working Capitals refers to the average value of all working capitals of the enterprise during the reference period.

Annual Average of Net Value of Fixed Assets refer to average of the net value of fixed assets during the reference period, calculated with the following formula:

Annual Average of Net Value of Fixed Assets = sum of net value of fixed assets at the beginning and at the end of each month from January to December / 24.

Information on this indicator can be obtained from the beginning and ending figures of the original value of fixed assets and cumulative depreciation from the Assets and Liability Table of enterprises.

Net value of fixed assets refers to the original value of fixed assets minus depreciation over the years, i.e.:

Net value of fixed assets = original value of fixed assets -cumulative depreciation

Total Liabilities refer to payable liabilities of enterprises that have to repay in terms of money, assets or labour services. In terms of payment, it can be divided into Total Working liabilities and long-term liabilities. Data on this item is obtained from the ending figures on total liabilities from the Assets and Liability Table from the enterprises.

Owner's Equities refers to the wonershiip of net assets of enterprises by its investors.The net assets equal the total assets minus total liabilities of the enterprise,including the actual assets invested into the enterprise by investors,accumulation of capitals and operating surplus and non-distributed profits.The enterprise's assets is less than its liabilities if the sum of owner's Equities is smaller than zero.

Revenue from Principal Business refers to the annual accumulation of corresponding item in the "profit table"of the accountant. For enterprises that do not follow the 2001 Enterprises Accounting Standards,the year-end accumulation of revenue from the sales of products is used as a substitute.

Cost of Principal Business refers to the annual accumulation of corresponding item in the "profit table" of the accountantForenterprises that do not follow the 2001 Enterprise Accounting Standards,the year-end accumulation of cost for the sales of products is used as a substitute.

Tax and Extra Charges from Principal Business refers to the annual accumulation of correspongding item in the "profit table"of the accountant.For enterprises that do not follow the 2001 Enerprise Accounting Standards,the year-end accumulation of tax and extra charges from the sales of products is used as a substitute.

Total Profits refer to the final achievements of production and operation of the enterprises, represented by the total profits after deducting losses (loss is expressed by the negative figure). It is the sum of profits from operation, income from subsidies, investment earnings, net income from activities other than operation, and adjustment of profits and losses of previous years.

Value-added Tax Payable refers to the amount of the value-added tax which should be paid by the enterprises during the reference period. It is the sum of tax on sales, export rebate, and transferred tax on purchases of the current year, minus the tax on purchases of the current year. Value-added tax payable of small-size enterprises is determined by the taxable sales of the year multiplied by the tax rate.

Average Annual Number of Employed Persons Employed persons refer to all those who are employed in enterprises and receive remunerations there from, including currently working employees, retirees who are re-employed, teachers of local-run schools, as well as foreigners, staff from Hong Kong, Macao and Taiwan, part-time employees and persons with second job who are employed by the enterprise, and employees of other units temporarily working in the enterprises, but excluding former employees who left the enterprise with their employment records still kept by the enterprises.

Average number of employed persons refers to the number of employees everyday during the reference period, calculated with the following formula:

Monthly average number = sum of actual employees everyday in reference month/number of calendar dates in reference month

Quarterly average number = sum of monthly average number in reference quarter/3

Annual average number = sum of monthly average number in reference year/12

Aggregative Index on Economic Results of Industry refers to the current comprehensive index to evaluate the general level of economic results of industry and the performance quality of industrial economy. It is calculated as follows:

Aggregative Index on Economic Results of Industry=(Value of an Indicator on Economic Results in Reference Period/Standard Value of the Indicator×Weight) ÷Total Weight

Total Weight=100

Ratio of Profits, Taxes and Interests to Average Assets reflects the profit-making capability of all assets of the enterprise and is a key indicator manifesting the performance and management and evaluating the profit-making potential of the enterprise. It is calculated as follows:

Ratio of Profits, Taxes and Interests to Average Assets (%) = [(total profits + total taxes + interest payment) / average assets]×100%

In the above formula, total taxes is the sum of tax and extra charges on the sales of products and value-added tax payable; and average assets is the arithmetic mean of the sum of beginning assets and ending assets.

Ratio of Debts to Assets reflect both the operation risk and the capability of the enterprise in making use of the capital from the creditors. It is calculated as follows:

Ratio of Debts to Assets (%) = (total debts / total assets)×100%

Both assets and debts are figures at the end of the reference period.

Turnover of Working Capita refers to the number of times of turnover of working capital in a given period of time, which reflects the speed of the turnover of working capital of industrial enterprises, and is calculated as follows:

Turnover of Working Capital=(sales revenue of products) / (average balance of total working capital)

In the above formula, average balance of total working capital refers to the arithmetic mean of the sum of working capital at the beginning and at the end of the reference period.

Ratio of Profits to Total Industrial Costs refers to the ratio of profits realized in a given period to the total costs in the same period, which reflects the economic efficiency of input cost and is calculated as follows:

Ratio of Profits to Total Industrial Cost (%)=(total profits/ total costs)×100%

Total Costs in the above formula is the sum of cost of products sold, marketing cost, management cost and financial cost.

第十三篇　建筑业

Chapter 13　Construction

资料整理：黄长贵 吴锦洛

Database Editor:Huangchanggui Wujinluo

简 要 说 明

本篇资料的主要内容及来源

本篇资料反映了全省建筑业基本情况，主要包括主要年份建筑业总产值及从业人员、建筑企业生产指标、财务指标等方面的内容。

本篇资料来源于建筑业统计年报，由省统计局固定资产投资统计处整理提供。

Brief Introduction

Main Content and Source of Data

Data in this chapter show the basic conditions of the construction industry in Fujian Province, mainly including the gross output value of construction, number of employed persons, major production indices and financial indicators.

Data in this chapter are based on the annual report of construction industry, and are compiled and provided by the Division of Investment and Construction Statistics of Fujian Provincial Bureau of Statistics.

13-1 建筑企业基本情况(1978-2011年)

Basic Situation of Construction Enterprises(1978-2011)

年份 Year	建筑业企业单位数(个) Number of Construction Enterprises (unit)	#国有 State- owned	#集体 Collective - owned	建筑业企业从业人员(万人) Number of Persons Employed (10000 persons)	#国有 State- owned	#集体 Collective - owned	建筑业企业总产值(亿元) Gross Output Value (100 million yuan)	#国有 State- owned	#集体 Collective - owned
1978	146	65	81	4.54	2.34	2.20	3.31	1.88	1.32
1979	152	33	119	12.79	6.60	6.19	4.33	2.39	1.94
1980	241	34	207	15.15	7.11	8.04	4.93	2.30	2.63
1981	257	41	216	15.88	7.58	8.30	5.44	2.43	3.01
1982	273	41	232	15.99	7.56	8.39	6.33	2.91	3.42
1983	267	43	224	17.06	8.30	8.76	7.11	3.49	3.62
1984	832	51	243	30.45	9.17	9.79	12.97	4.88	4.22
1985	956	51	278	30.62	9.12	11.18	16.66	6.80	5.87
1986	951	47	280	30.48	9.17	11.01	17.40	7.44	5.78
1987	1037	47	296	33.25	10.55	11.50	20.75	9.12	6.74
1988	1028	47	293	28.99	8.85	9.76	23.20	10.58	6.95
1989	1001	48	307	30.67	8.48	11.17	29.87	12.33	9.95
1990	1009	49	308	30.98	8.24	11.51	32.54	13.36	11.30
1991	967	49	315	31.75	9.07	11.98	39.11	16.32	14.09
1992	985	70	314	34.45	10.42	13.03	54.13	22.65	19.43
1993	1236	146	441	41.00	13.37	14.81	101.97	46.89	35.61
1994	1379	163	567	40.60	13.50	14.86	149.69	73.91	53.60
1995	1376	170	552	46.90	15.24	20.36	190.85	97.53	62.56
1996	1576	202	1051	47.15	15.44	27.11	211.88	106.21	84.94
1997	1585	236	1056	47.36	17.44	22.46	227.00	107.49	84.43
1998	1707	263	1133	47.93	13.96	28.65	244.67	115.66	95.61
1999	1849	295	1069	47.28	13.53	23.54	251.17	123.23	90.74
2000	1846	283	976	41.37	13.46	19.99	271.15	131.82	89.53
2001	1708	237	787	44.09	12.49	19.12	369.06	139.51	129.47
2002	1672	224	465	49.34	12.42	16.09	408.81	149.02	102.91
2003	1606	138	326	59.99	10.48	15.15	557.31	158.37	107.40
2004	1782	141	266	58.45	9.37	9.66	679.35	181.08	91.05
2005	1878	132	210	81.72	12.93	9.30	889.41	194.89	88.01
2006	1914	106	113	95.33	11.05	5.99	1189.37	198.12	57.81
2007	2022	104	114	124.97	11.96	8.09	1596.69	243.22	90.29
2008	2398	101	90	153.90	18.15	6.51	1921.26	282.88	85.13
2009	2479	93	75	182.97	26.39	5.41	2302.37	361.57	60.09
2010	2606	93	73	229.57	29.32	4.21	3062.17	448.16	61.44
2011	2734	92	79	219.09	14.82	4.28	3873.87	507.57	75.13

注：1996年及以前年份含农村建筑队；1997至2002年为乡及乡以上四级以上建筑企业；2003年起统计范围为具有新资质等级的建筑企业。

Note: In this table,the data in 1996 and before include the individual construction team in rural,the data since 1997 to 2002 include the construction enterprises over town and town level, from 2003 the statistical coverage include the construction enterprises with new grade.

13-1 续表

Continued

年份 Year	建筑业企业增加值（亿元） Total Value-added of Construction Enterprises (100 million yuan)	建筑业企业资产合计（亿元） Total Assets (100 million yuan)	建筑业企业利润总额（亿元） Total Profits (100 million yuan)	建筑业企业税金总额（亿元） Total Tax (100 million yuan)	房屋建筑面积(万平方米) Floor Space of Building Construction(10000 sq.m) 施工面积 Under Construction	 竣工面积 Completed	按总产值计算的劳动生产率（元/人） Overall Labor Productivity by Gross Output Value
1978					416.57	183.40	3038
1979					610.14	275.90	3326
1980					673.38	30.70	3461
1981	1.87		0.30		758.34	358.86	3801
1982	1.74		0.46		802.22	366.12	4083
1983	2.80		0.59		805.37	385.80	4296
1984	3.53		0.65		832.13	426.68	7366
1985	3.34		0.70		951.87	475.25	8425
1986	3.50		0.60		892.56	457.40	9226
1987	4.58		0.66		930.84	463.20	9998
1988	5.03		0.44		987.97	399.30	12053
1989	6.12		0.48		1033.22	502.70	15359
1990	7.16		0.50		969.35	499.30	16788
1991	5.90		0.70		1061.58	519.10	19246
1992	11.78		0.77		1313.86	588.73	23863
1993	22.24	127.32	1.69	2.96	1863.70	747.20	28480
1994	31.78	189.05	2.16	4.21	2462.50	1029.30	37976
1995	41.72	237.86	1.86	5.43	3283.60	1371.10	48560
1996	57.14	312.93	2.39	7.42	3523.30	1424.10	47347
1997	63.32	357.46	2.84	8.16	3478.50	1546.70	47043
1998	74.74	410.03	2.61	10.34	3742.41	1494.34	56860
1999	81.39	427.84	2.55	9.54	3991.20	1825.00	63364
2000	82.26	445.80	2.55	11.65	4085.40	1729.00	64884
2001	101.56	461.10	8.85	14.72	4931.31	2436.95	86280
2002	76.26	511.06	9.04	13.28	5237.11	2393.50	93020
2003	103.23	631.12	11.58	19.10	6440.08	2952.12	108288
2004	132.71	641.72	15.70	23.10	7587.15	3587.05	117831
2005	205.50	784.23	19.46	31.42	10268.29	4191.35	120406
2006	298.41	906.31	30.98	40.60	13854.50	4825.62	127097
2007	440.45	1061.70	37.91	57.51	17743.89	6010.26	123490
2008	632.77	1274.48	52.40	71.76	20028.29	7637.76	111960
2009	756.18	1494.09	66.05	94.82	21690.97	7435.06	118616
2010	969.86	1767.68	87.91	107.69	28406.86	9095.78	134520
2011	1180.79	2147.00	127.02	139.61	35674.45	10943.78	120330

13-2 建筑企业主要经济指标

Major Indicators of Construction Enterprises

项目 Item	2000	2003	2005	2010	2011
企业单位数（个） Number of Enterprises(unit)	**1846**	**1606**	**1878**	**2606**	**2734**
建筑业总产值（亿元） Gross Output Value (100 million yuan)	**271.15**	**557.31**	**889.41**	**3062.17**	**3873.87**
建筑业增加值 Value Added	82.26	103.23	205.50	969.86	1180.79
建筑业竣工产值 Output Value of Completed	196.70	395.83	608.01	1742.46	2215.23
房屋施工面积（万平方米） Floor Space of Building under (10000 sq.m)	**4085.40**	**6440.08**	**10268.29**	**28406.86**	**35674.45**
#本年新开工 Newly Started Building in Current Year	1937.23	3843.05	5282.23	14349.31	16628.65
房屋竣工面积（万平方米） Floor Space of Building(10000 sq.m)	**1729.00**	**2952.12**	**4191.35**	**9095.78**	**10943.78**
#住宅 Residential Building	995.08	1712.69	2257.72	5474.72	6772.69
年末从业人员（万人） Number of Staff & Workers at the Year-end(10000 persons)	**41.37**	**59.99**	**81.72**	**229.57**	**219.09**
全员劳动生产率（元/人） Overall Labor productivity (yuan/person)					
按总产值计算 In Terms of Gross Output Value	64884	108288	120406	134520	120330
按增加值计算 In Terms of Value-added	20402	20379	26597	42605	36678
工资总额（亿元） Total Wages(100 million yuan)	**34.21**	**69.41**	**146.97**	**713.35**	**890.32**
财务指标（亿元） Financial Indicators(100 million yuan)					
资本金合计 Total Capital	103.39	198.45	247.70	511.59	663.86
流动资产年末数 Circulating Funds at Year-end	343.64	460.14	608.16	1321.15	1643.98
固定资产原值 Original Value of Fixed Assets	96.59	129.43	161.89	327.21	370.07
固定资产净值 Net Value of Fixed Assets	72.15	113.95	129.21	268.69	282.90
企业总收入 Total Income	274.06	550.86	883.22	2816.29	3647.99
工程结算收入 Project Settle Accounts	267.96	527.76	872.12	2801.82	3627.84
工程结算成本 Actual Cost of Projects Settle	239.53	473.93	787.44	2512.58	3247.24
利润总额 Total Profits	2.55	11.58	19.46	87.91	127.02
#工程结算利润 Profits of Project Settle Accounts	17.24	35.42	51.10	168.45	245.39
利税总额 Total Pre-Tax Profits	14.20	30.95	51.46	195.61	266.64

13-3 国有经济建筑企业主要经济指标

Major Indicators of State-Owned Construction Enterprises

项目 Item	2000	2003	2005	2010	2011
企业单位数（个） **Number of Enterprises(unit)**	**283**	**138**	**132**	**93**	**92**
建筑业总产值（亿元） **Gross Output Value (100 million yuan)**	**131.82**	**158.37**	**194.89**	**448.16**	**507.57**
建筑业增加值 Value Added	42.15	27.90	41.90	113.77	117.65
建筑业竣工产值 Output Value of Completed	90.38	96.26	136.78	167.59	227.50
房屋施工面积（万平方米） **Floor Space of Building under (10000 sq.m)**	**1574.56**	**1487.55**	**1862.81**	**3063.41**	**4055.68**
#本年新开工 Newly Started Building in Current Year	606.60	704.00	774.05	1417.80	1308.16
房屋竣工面积（万平方米） **Floor Space of Building(10000 sq.m)**	**546.36**	**533.10**	**655.17**	**498.51**	**696.16**
#住宅 Residential Building	381.47	333.17	401.27	376.06	544.73
年末从业人员（万人） **Number of Staff & Workers at the Year-end(10000 persons)**	**13.46**	**10.48**	**12.93**	**29.32**	**14.82**
全员劳动生产率（元/人） **Overall Labor productivity (person/yuan)**					
按总产值计算 In Terms of Gross Output Value	96111	140804	140828	158901	275182
按增加值计算 In Terms of Value-added	30731	24805	30277	40339	63786
工资总额（亿元） **Total Wages(100 million yuan)**	**14.46**	**16.28**	**26.56**	**88.03**	**92.66**
财务指标（亿元） **Financial Indicators(100 million yuan)**					
资本金合计 Total Capital	29.60	48.85	33.00	44.25	51.07
流动资产年末数 Circulating Funds at Year-end	123.18	136.63	163.22	221.40	249.16
固定资产原值 Original Value of Fixed Assets	41.23	38.18	38.45	59.54	60.73
固定资产净值 Net Value of Fixed Assets	28.66	26.89	26.73	44.36	44.15
企业总收入 Total Income	133.52	163.47	219.39	424.75	469.58
工程结算收入 Project Settle Accounts	129.93	156.99	215.85	420.07	464.26
工程结算成本 Actual Cost of Projects Settle	115.89	142.09	196.03	386.16	428.28
利润总额 Total Profits	0.27	1.55	2.35	5.42	7.84
#工程结算利润 Profits of Project Settle Accounts	8.08	9.69	12.19	19.06	21.59
利税总额 Total Pre-Tax Profits	6.40	6.90	9.72	19.20	22.48

13-4 集体经济建筑企业主要经济指标

Major Indicators of Collective Construction Enterprises

项目 Item	2000	2003	2005	2010	2011
企业单位数（个） **Number of Enterprises(unit)**	**976**	**326**	**210**	**73**	**79**
建筑业总产值（亿元） **Gross Output Value (100 million yuan)**	**89.53**	**107.40**	**88.01**	**61.44**	**75.13**
建筑业增加值 Value Added	26.99	22.33	21.85	18.04	19.41
建筑业竣工产值 Output Value of Completed	69.59	82.42	63.57	43.29	54.62
房屋施工面积（万平方米） **Floor Space of Building under (10000 sq.m)**	**1783.01**	**1725.70**	**1657.55**	**884.06**	**1148.52**
#本年新开工 Newly Started Building in Current Year	944.55	1045.04	724.47	339.27	438.13
房屋竣工面积（万平方米） **Floor Space of Building(10000 sq.m)**	**846.18**	**776.31**	**643.80**	**277.51**	**332.38**
#住宅 Residential Building	496.95	466.51	427.31	196.10	242.09
年末从业人员（万人） **Number of Staff & Workers at the Year-end(10000 persons)**	**19.99**	**15.15**	**9.30**	**4.21**	**4.28**
全员劳动生产率（元/人） **Overall Labor productivity (yuan/person)**					
按总产值计算 In Terms of Gross Output Value	44526	81207	91269	137908	186664
按增加值计算 In Terms of Value-added	13423	16884	22659	40501	48232
工资总额（亿元） **Total Wages(100 million yuan)**	**15.71**	**15.23**	**15.65**	**13.95**	**14.88**
财务指标（亿元） **Financial Indicators(100 million yuan)**					
资本金合计 Total Capital	43.55	38.21	26.27	9.97	13.39
流动资产年末数 Circulating Funds at Year-end	144.02	78.81	67.18	33.75	46.00
固定资产原值 Original Value of Fixed Assets	35.50	26.66	18.98	6.50	7.72
固定资产净值 Net Value of Fixed Assets	28.83	25.32	16.07	5.23	5.52
企业总收入 Total Income	93.00	97.52	89.07	51.92	63.15
工程结算收入 Project Settle Accounts	91.48	95.42	88.05	51.61	62.44
工程结算成本 Actual Cost of Projects Settle	82.83	87.22	80.92	46.52	55.90
利润总额 Total Profits	1.03	1.59	1.39	1.10	1.39
#工程结算利润 Profits of Project Settle Accounts	5.19	4.72	3.75	3.05	4.35
利税总额 Total Pre-Tax Profits	4.72	5.32	4.70	3.02	4.01

13-5 各种资质等级建筑企业主要经济指标(2011年)

Major Indicators of Construction Enterprises by Grade(2011)

项目 Item	合计 Total	#总承包 General Contract	一级及以上 First and Above	二级 Second	三级 Third	#专业承包 Special Contract	一级 First and Above	二级 Second	三级及不分等级 Third and Others
企业单位数（个） Number of Enterprises(unit)	**2734**	**1248**	**148**	**508**	**592**	**1057**	**136**	**419**	**502**
建筑业总产值（亿元） Gross Output Value (100 million yuan)	**3873.87**	**3309.15**	**2029.06**	**948.04**	**332.05**	**383.47**	**193.37**	**102.48**	**87.62**
建筑业增加值 Value Added	1180.79	921.83	540.16	276.94	104.74	106.99	44.18	33.31	29.50
建筑业竣工产值 Output Value of Completed	2215.23	1986.04	1211.30	567.42	207.31	229.19	106.90	62.74	59.55
房屋施工面积（万平方米） Floor Space of Building under (10000 sq.m)	**35674.45**	**35105.78**	**22390.21**	**9819.30**	**2896.27**	**568.67**	**398.76**	**109.56**	**60.35**
#本年新开工 Newly Started Building in Current Year	16628.65	16165.18	9815.67	4763.15	1586.37	463.48	326.97	78.90	57.61
房屋竣工面积（万平方米） Floor Space of Building (10000 sq.m)	**10943.78**	**10735.72**	**6092.20**	**3522.15**	**1121.36**	**208.06**	**127.83**	**67.23**	**12.99**
#住宅 Residential Building	6772.69	6721.56	4176.22	2076.43	468.91	51.12	26.70	18.63	5.80
年末从业人员（万人） Number of Staff & Workers at the Year-end(10000 persons)	**219.09**	**153.36**	**85.67**	**48.94**	**18.74**	**15.49**	**5.23**	**5.68**	**4.58**
全员劳动生产率（元/人） Overall Labor productivity(yuan/person)									
按总产值计算 In Terms of Gross Output Value	120330	143834	193353	92284	148262	87993	63302	155460	136049
按增加值计算 In Terms of Value-added	36678	40068	51473	26957	46768	24552	14464	50536	45804
工资总额（亿元） Total Wages(100 million yuan)	**890.32**	**677.98**	**413.24**	**195.25**	**69.48**	**69.13**	**28.35**	**22.73**	**18.05**
财务指标（亿元） Financial Indicators (100 million yuan)									
资本金合计 Total Capital	663.86	486.76	183.41	199.13	104.23	118.09	32.08	42.41	43.59
流动资产年末数 Circulating Funds at Year-end	1643.98	1375.07	744.11	462.97	167.99	268.91	83.27	104.29	81.35
固定资产原值 Original Value of Fixed Assets	370.07	304.31	135.02	108.07	61.22	62.18	15.72	22.82	23.64
固定资产净值 Net Value of Fixed Assets	282.90	233.99	98.18	83.48	52.33	45.76	10.60	15.89	19.28
企业总收入 Total Income	3647.99	3059.75	1832.44	907.90	319.41	396.89	188.46	114.27	94.16
工程结算收入 Project Settle Accounts	3627.84	3044.99	1818.52	907.39	319.08	391.95	186.31	112.61	93.03
工程结算成本 Actual Cost of Projects Settle	3247.24	2737.81	1658.93	805.51	273.37	328.08	160.92	92.57	74.58
利润总额 Total Profits	127.02	107.12	53.69	37.00	16.43	19.21	7.67	5.36	6.18
#工程结算利润 Profits of Project Settle Accounts	245.39	192.81	95.41	64.98	32.42	50.57	18.95	16.17	15.45
利税总额 Total Pre-Tax Profits	266.64	224.69	119.21	74.96	30.52	33.72	14.52	9.63	9.57

13-6 按行业分建筑企业主要经济指标(2011年)
Major Indicators of Construction Enterprises by Sector(2011)

项目 Item	房屋和土木工程建筑业 Building and Civil Engineering	#房屋建筑业 Building	建筑安装业 Installation	建筑装饰业 Building Decontion	其他建筑业 Others
企业单位数（个） Number of Enterprises(unit)	**1469**	**1056**	**390**	**478**	**397**
建筑业总产值（亿元） Gross Output Value(100 million yuan)	**3377.81**	**2679.16**	**176.02**	**125.48**	**194.57**
建筑业增加值 Value Added	967.03	788.20	51.13	39.22	123.42
建筑业竣工产值 Output Value of Completed	1991.41	1582.09	98.93	82.81	42.09
房屋施工面积（万平方米） Floor Space of Building under(10000 sq.m)	**35215.32**	**33484.76**	**241.79**	**30.95**	**186.38**
#本年新开工 Newly Started Building in Current Year	16334.61	15348.50	134.50	29.86	129.68
房屋竣工面积（万平方米） Floor Space of Building(10000 sq.m)	**10802.12**	**10170.92**	**54.69**	**0.10**	**86.88**
#住宅 Residential Building	6695.35	6505.59	32.00	0.10	45.24
年末从业人员（万人） Number of Staff & Workers at the Year-end(10000 persons)	**164.13**	**137.14**	**7.66**	**7.04**	**40.26**
全员劳动生产率（元/人） Overall Labor productivity (yuan/person)					
按总产值计算 In Terms of Gross Output Value	180680	168451	27899	36594	51735
按增加值计算 In Terms of Value-added	51727	49558	8104	11437	32816
工资总额（亿元） Total Wages(100 million yuan)	**720.65**	**597.49**	**33.71**	**26.91**	**109.05**
财务指标（亿元） Financial Indicators(100 million yuan)					
资本金合计 Total Capital	537.88	404.76	53.96	42.25	29.77
流动资产年末数 Circulating Funds at Year-end	1351.82	935.55	166.55	86.39	39.22
固定资产原值 Original Value of Fixed Assets	302.48	201.95	30.41	14.39	22.78
固定资产净值 Net Value of Fixed Assets	234.16	161.09	21.33	10.61	16.79
企业总收入 Total Income	3138.70	2447.98	190.64	125.64	193.00
工程结算收入 Project Settle Accounts	3125.64	2436.36	184.64	125.02	192.54
工程结算成本 Actual Cost of Projects Settle	2813.81	2199.90	152.97	106.02	174.44
利润总额 Total Profits	106.45	83.92	9.90	6.36	4.32
#工程结算利润 Profits of Project Settle Accounts	194.29	144.49	26.29	14.57	10.24
利税总额 Total Pre-Tax Profits	227.25	178.43	15.60	11.24	12.55

13-7 按经济类型分建筑企业主要经济指标(2011年)

Major Indicators of Construction Enterprises by Ownership(2011)

项目 Item	国有经济 State-owned	集体经济 Collect-owned	港澳台经济 Hong Kong, Macao and Taiwan Funded	外商经济 Foreign Funded	其他经济 Others
企业单位数（个） Number of Enterprises(unit)	**92**	**79**	**30**	**7**	**2526**
建筑业总产值（亿元） Gross Output Value(100 million yuan)	**507.57**	**75.13**	**39.77**	**3.09**	**3248.31**
建筑业增加值 Value Added	117.65	19.41	14.38	0.62	1028.73
建筑业竣工产值 Output Value of Completed	227.50	54.62	26.64	0.87	1905.60
房屋施工面积（万平方米） Floor Space of Building under(10000 sq.m)	**4055.68**	**1148.52**	**466.03**	**3.91**	**30000.32**
#本年新开工 Newly Started Building in Current Year	1308.16	438.13	190.03	2.00	14690.34
房屋竣工面积（万平方米） Floor Space of Building(10000 sq.m)	**696.16**	**332.38**	**93.50**	**2.00**	**9819.75**
#住宅 Residential Building	544.73	242.09	87.29		5898.58
年末从业人员（万人） Number of Staff & Workers at the Year-end(10000 persons)	**14.82**	**4.28**	**2.57**	**0.08**	**197.33**
全员劳动生产率（元/人） Overall Labor productivity(yuan/person)					
按总产值计算 In Terms of Gross Output Value	275182	186664	144298	376723	109507
按增加值计算 In Terms of Value-added	63786	48232	52161	75527	34681
工资总额（亿元） Total Wages(100 million yuan)	**92.66**	**14.88**	**11.32**	**0.35**	**771.10**
财务指标（亿元） Financial Indicators(100 million yuan)					
资本金合计 Total Capital	51.07	13.39	4.94	1.13	593.34
流动资产年末数 Circulating Funds at Year-end	249.16	46.00	18.00	4.07	1326.75
固定资产原值 Original Value of Fixed Assets	60.73	7.72	1.42	1.14	299.05
固定资产净值 Net Value of Fixed Assets	44.15	5.52	0.68	0.74	231.80
企业总收入 Total Income	469.58	63.15	48.58	3.59	3063.08
工程结算收入 Project Settle Accounts	464.26	62.44	48.58	3.58	3048.98
工程结算成本 Actual Cost of Projects Settle	428.28	55.90	44.93	3.09	2715.04
利润总额 Total Profits	7.84	1.39	1.35	0.07	116.37
#工程结算利润 Profits of Project Settle Accounts	21.59	4.35	2.06	0.42	216.97
利税总额 Total Pre-Tax Profits	22.48	4.01	3.00	0.15	236.99

13-8 按构成分建筑企业增加值(2011年)

Value-added of Construction Enterprises by Composition(2011)

单位：亿元 (100 million yuan)

项目 Item	总计 Total	国有经济 state-Owned	集体经济 Collective-Owned	其他经济 Others
建筑业增加值 Value added	**1180.79**	**117.65**	**19.41**	**1043.72**
#固定资产折旧 Depreciation of Fixed Assets	23.84	3.53	0.54	19.77
应付工资 Wages Payable	890.32	92.66	14.88	782.78
工程结算税金及附加 Taxes and Extra charges on project Settle Accounts	135.20	14.39	2.19	118.62
管理费用中的税金 Taxes in Management Expenses	4.41	0.25	0.44	3.72
营业利润 Profits of project settle Account	127.02	6.81	1.37	118.84

13-9 建筑企业技术装备情况

Basic Statistics of Technology Equipment of Construction Enterprises

项目 Item	2000	2003	2005	2010	2011
自有施工机械设备总台数（台） Number of Machinery and Equipment owned(set)	**139374**	**185389**	**208362**	**284783**	**297513**
自有施工机械设备总净值（万元） Total Net value of machinery and Equipment owned (10000 yuan)	**313552**	**509383**	**634457**	**1153013**	**1347171**
自有施工机械设备总功率（万千瓦） Total power of machinery and Equipment owned (10000 kw)	**196.77**	**250.05**	**308.48**	**577.49**	**643.36**
技术装备率（元/人） Value of machines per laborer(yuan/person)					
按全部职工计算 In terms of total staff & worker	7503	9170	7764	5065	4185
按工人计算 In terms of workers	10147	12402	10980	6551	9005
动力装备率(千瓦/人) Power of machines per laborer(kw/person)					
按全部职工计算 In terms of total staff & worker	4.70	4.50	3.78	2.54	2.00
按工人计算 In terms of workers	6.00	5.60	5.34	3.28	4.30

13-10 按经济类型分的建筑企业技术装备情况(2011年)

Basic Statistics on Technical Equipment of Construction Enterprises by Ownership(2011)

项目 Item	总计 Total	国有经济 State- Owned	集体经济 Collective-Owned	其他经济 Others
自有施工机械设备总台数(台) **Number of Machinery and Equipment owned(unit)**	**297513**	**20469**	**9502**	**267542**
自有施工机械设备总净值(万元) **Total Net value of machinery and Equipment owned(10000 yuan)**	**1347171**	**101476**	**23252**	**1222443**
自有施工机械设备总功率(千瓦) **Total power of machinery and Equipment owned(kw)**	**6433578**	**652535**	**151769**	**5629274**
技术装备率(元/人) **Value of machines per laborer(yuan/person)**				
按全部职工计算 In Terms of total staff & worker	4185	5502	5777	4082
按工人计算 In Terms of workers	9005	8229	13346	9020
动力装备率(千瓦/人) **Power of machines per laborer(kw/person)**				
按全部职工计算 In Terms of total staff & worker	2.00	3.54	3.77	1.88
按工人计算 In Terms of workers	4.30	5.29	8.71	4.15

13-11 房屋竣工建筑面积（2011年）

Floor Space of Completed Building(2011)

单位：万平方米　　(10000 sq.m)

项目	Item	竣工面积 Floor Space Completed
合计	**Total**	**10943.78**
住宅房屋	Residential Building	6772.69
商业及服务用房屋	Building for Business and Service	557.23
商厦房屋（批发和零售用房）	Wholesal and Retail Trade	249.88
宾馆用房屋（住宿用房）	Lodgings	106.19
餐饮用房屋（餐饮用房）	Gatering Services	39.73
商务会展用房屋	Business Showing	3.56
其他商业及服务用房屋（居民服务业用房）	Others	157.87
办公用房屋	Building for Office	675.07
科研、教育、医疗用房屋	Building for Scientific Research,Education,Medical	490.82
科学研究用房屋	Scientific Research	28.62
教育用房屋	Education	391.24
医疗用房屋（卫生医疗用房）	Medical	70.95
文化、体育、娱乐用房屋	Building for Culture, Sports and Enterainment	135.21
厂房及建筑物	Factory Building	1940.20
#厂房	Factory	1234.60
仓库	Storehouse	134.71
其他未列明的房屋建筑物	Others	237.87

13-12 各设区市建筑企业数(2011年)

Number of Construction Enterprises by City(2011)

单位：个 (unit)

地区 Area	合计 Total	#总承包 Gereral Contract	一级及以上 First and Above	二级 Second	三级 Third	#专业承包 Special Contract	一级 First	二级 Second	三级及不分等级 Third and Others
全 省 total	**2734**	**1248**	**148**	**508**	**592**	**1057**	**136**	**419**	**502**
福州市 Fuzhou	804	311	50	150	111	334	50	148	136
厦门市 Xiamen	484	142	30	42	70	231	32	96	103
莆田市 Putian	150	99	9	25	65	38	1	24	13
三明市 Sanming	157	88	7	34	47	53	4	6	43
泉州市 Quanzhou	488	227	26	104	97	208	34	80	94
漳州市 Zhangzhou	175	102	6	40	56	51	3	21	27
南平市 Nanping	155	92	2	30	60	51	1	17	33
龙岩市 Longyan	197	119	14	52	53	67	8	23	36
宁德市 Ningde	124	68	4	31	33	24	3	4	17

13-13 各设区市建筑企业从业人员数(2011年)

Number of persons employed by Construction Enterprises by City(2011)

单位：人 (person)

地区 Area	合计 Total	#总承包 Gereral Contract	一级及以上 First and Above	二级 Second	三级 Third	#专业承包 Special Contract	一级 First	二级 Second	三级及不分等级 Third and Others
全 省 total	**2190858**	**1533564**	**856742**	**489395**	**187427**	**154850**	**52296**	**56780**	**45774**
福州市 Fuzhou	673324	486936	290175	165628	31133	57899	18253	21670	17976
厦门市 Xiamen	558572	175423	137889	18968	18566	34907	13687	13159	8061
莆田市 Putian	100352	97686	58379	20566	18741	2411	12	1583	816
三明市 Sanming	105056	98119	31598	46577	19944	5822	1300	567	3955
泉州市 Quanzhou	359628	314966	171605	110727	32634	24968	10514	7658	6796
漳州市 Zhangzhou	87783	81159	38738	30275	12146	4071	707	1927	1437
南平市 Nanping	43220	33794	6200	18406	9188	9240	1002	5874	2364
龙岩市 Longyan	195799	181951	105715	50700	25536	12695	6211	4175	2309
宁德市 Ningde	67124	63530	16443	27548	19539	2837	610	167	2060

13-14 各设区市建筑企业劳动生产率(2011年)

Labor Productivity Construction Enterprises by City(2011)

单位：元/人　(yuan/person)

地区 Area	按总产值计算 In terms of Total Output value	#国有企业 State- Owned	#集体企业 Collective- Owned	按增加值计算 In terms of Added-value	#国有企业 State- Owned	#集体企业 Collective- Owned
全　省 total	**120330**	**275182**	**186664**	**36678**	**63786**	**48232**
福州市 Fuzhou	199175	336930	181371	54849	77385	37706
厦门市 Xiamen	84838	210011	152393	29741	49419	65104
莆田市 Putian	177839	121029	363679	63841	47048	107079
三明市 Sanming	231701	366948	144110	69177	55629	47688
泉州市 Quanzhou	73798	196290	215217	22359	49026	68681
漳州市 Zhangzhou	187993	215703	172871	56790	67991	52114
南平市 Nanping	186524	234662	264193	56721	58345	69707
龙岩市 Longyan	169285	302410	66870	52992	54696	27217
宁德市 Ningde	40688	218022	140878	13050	45192	47263

13-15 各设区市建筑企业技术装备情况(2011年)

Basic Statistics on Technical Equipment of Construction Enterprises by City(2011)

地区 Area	房屋建筑竣工面积（万平方米） Floor Space of Buildings Completed (10000 sq.m)	技术装备率（元/人） Value of Machines Per Laborer(yuan/person)	动力装备率（千瓦/人） Power of Machines per Laborer(kw/person)
全　省 total	**10943.78**	**4185**	**2.00**
福州市 Fuzhou	3731.70	5197	2.46
厦门市 Xiamen	1332.42	1548	0.83
莆田市 Putian	537.03	8915	4.03
三明市 Sanming	752.82	6460	3.22
泉州市 Quanzhou	2154.72	4114	1.86
漳州市 Zhangzhou	710.66	8185	3.19
南平市 Nanping	226.96	8466	5.18
龙岩市 Longyan	1149.00	7790	4.09
宁德市 Ningde	348.48	2297	1.06

13-16 各设区市建筑企业总收入(2011年)

Gross Income of Construction Enterprises by City(2011)

单位：万元 (10000 yuan)

地区 Area	企业总收入 Total Incomes of Enterprises	#工程结算收入 Incomes of Project Settle Accounts	#工程结算成本 Costs ofProject Settle Accounts	#工程结算利润 Profits of Project Settle Accounts	#其他业务收入 Other Incomes	#其他业务利润 Profits of Others
全 省 total	**36479877**	**36278379**	**32472401**	**2453929**	**201499**	**48474**
福州市 Fuzhou	13425241	13303484	12123615	722632	121757	20439
厦门市 Xiamen	6525760	6497168	5975326	305696	28592	8265
莆田市 Putian	1694905	1691664	1446761	172124	3241	3140
三明市 Sanming	2149868	2135220	1871698	175399	14648	1315
泉州市 Quanzhou	6443183	6419120	5547801	609555	24064	8579
漳州市 Zhangzhou	1413734	1411143	1278275	80716	2591	1280
南平市 Nanping	729210	725951	631043	67806	3258	2078
龙岩市 Longyan	3135408	3132509	2730156	264668	2899	2855
宁德市 Ningde	962569	962120	867727	55334	449	525

13-17 各设区市建筑企业利税总额(2011年)

Total Pre-tax Profits of Construction Enterprises by City(2011)

单位：万元 (10000 yuan)

地区 Area	利税总额 Total Pre-tax Profits	利润总额 Total Profits	工程结算税金及附加 Taxes and Extra Charges on Project Settle Accounts	管理费用中的税金 Taxes in Management Expenses	产值利税率(%) Ratio of pre-tax Profits to Gross Output Value (%)	资产利税率(%) Ratio of pre-tax Profit to Assets (%)
全 省 Total	**2666360**	**1270237**	**1352048**	**44075**	**6.9**	**12.4**
福州市 Fuzhou	780255	312913	457238	10104	5.5	10.2
厦门市 Xiamen	343281	123102	216147	4032	5.1	6.7
莆田市 Putian	169930	95327	72779	1825	9.3	18.0
三明市 Sanming	207091	117282	88123	1686	8.8	23.4
泉州市 Quanzhou	655604	375592	261764	18248	10.0	20.5
漳州市 Zhangzhou	101174	46257	52152	2765	5.9	10.8
南平市 Nanping	60727	32464	27102	1161	8.0	11.3
龙岩市 Longyan	271211	130699	137686	2826	8.2	18.1
宁德市 Ningde	77089	36603	39059	1427	6.6	11.3

主要统计指标解释

建筑业统计单位　指从事房屋、构筑物建造和设备安装活动的法人企业。建筑业法人企业应同时具备的条件是：①依法成立，有自己的名称、组织机构和场所，能够承担民事责任；②独立拥有和使用资产，承担负债，有权与其他单位签订合同；③独立核算盈亏，能够编制资产负债表。

建筑业总产值(即自行完成施工产值)　指以货币表现的建筑安装企业在一定时期内生产的建筑业产品和提供的服务的总和。建筑业总产值包括：

(1)建筑工程产值：指列入建筑工程预算内的各种工程价值。

(2)设备安装工程产值：指设备安装工程价值，不包括被安装设备本身价值。

(3)房屋、构筑物修理产值：指房屋、构筑物修理所完成的价值，但不包括被修理房屋、构筑物本身的价值和生产设备的修理价值。

(4)非标准设备制造产值：指加工制造没有定型的、非标准的生产设备的加工费和原材料价值，以及附属加工厂为本企业承建工程制作的非标准设备的价值。

建筑业增加值　指建筑业企业在报告期内以货币表现的建筑业生产经营活动的最终成果。目前建筑业增加值采用分配法(收入法)计算，即从收入的角度出发，根据生产要素在生产过程中应得的收入份额计算。具体计算公式为：

建筑业增加值＝本年提取的固定资产折旧+主营业务应付工资+主营业务应付福利费+管理费用中的劳动待业保险费、税金+工程结算税金及附加+营业利润

房屋建筑施工面积　指在报告期内施工的全部房屋建筑面积，包括本期新开工的房屋面积、上期施工跨入本期继续施工的房屋面积、上期停缓建在本期恢复施工的房屋面积、本期竣工的房屋面积及本期施工后又停缓建的房屋面积。

房屋建筑竣工面积　指在报告期内房屋建筑按照设计要求全部完工，达到了住人和使用条件，经验收鉴定合格，正式移交使用单位的房屋建筑面积。

自有机械设备年末总台数　指归本企业所有，属于本企业固定资产的生产性机械设备年末总台数。包括施工机械、生产设备、运输设备以及其他设备。

自有机械设备年末总功率　指本企业自有施工机械、生产设备、运输设备以及其他设备等列为在册固定资产的生产性机械设备年末总功率，按设定能力或查定能力计算。包括机械本身的动力和为该机械服务的单独动力设备，如电动机等。计算单位用千瓦，动力换算可按 1 马力＝0.735 千瓦折合成千瓦数。电焊机、变压器、锅炉不计算动力。

工程结算收入　指企业承包工程实现的工程价款结算收入，以及向发包单位收取的除工程价款以外的按规定列作营业收入的各种款项，如临时设施费、劳动保险费、施工机械调迁费等以及向发包单位收取的各种索赔款。

工程结算利润　指已结算工程实现的利润，如亏损以“－”号表示。计算公式为：

工程结算利润＝工程结算收入－工程结算成本－工程结算税金及附加

企业总收入　指与企业生产经营直接有关的各项收入，包括工程结算收入和其他业务收入。计算公式为：

企业总收入＝工程结算收入＋其他业务收入

Explanatory Notes on Main Statistical Indicators

Statistical Unit in the Construction Industry refers to corporate enterprise engaged in the construction of buildings and structures and in the installation of equipment.A corporate construction enterprise should have qualification certifieates with independent accounting system,and should meet the following 3 requirements:①being set up in line with relevant legal basis,having its full name,organization and location,and capable of taking civil liabilities;② independently possessing and using its assets and assuming its liabilities,and entitled to sign contracts with other institutions;and ③ making independent accounts of its profits and losses,and capable of compiling its own balance sheet.

Gross Output Value of Construction (Output Value of Projects Under Construction) refers to total of construction products and services, expressed in money terms, completed by construction and installation enterprises during a given period of time. It includes:

(1) Output value of construction projects, that is the value of projects covered by the project budgets;

(2) Output value of installation projects, that is the value of the installation of equipment, (excluding the value of the equipment to be installed);

(3) Output value of repair of buildings and structures, that is the value created through the repairs of buildings or structures,but does not include the value of buildings or structures being repaired and the value of the repair of production equipment;

(4) Output value of manufactured non-standard equipment, that is the value of non-standard production equipment (including raw materials and manufacturing cost) made for the construction project, and the equipment manufactured by subsidiary workshops.

Value-added of Construction refers to the final result of the activities of production and management of construction in monetary terms in the reference period. At present, the value-added of construction is calculated with the income approach. In other words, it is the sum of income of various production factors in the production process. The formula is as follows:

Value-added of construction=depreciation of fixed assets in the year+wages payable+welfare expenses payable+insurance premium and tax for waiting for employment in the administrative expenses +taxes and surcharges on project settlement+profit gained from project settlement.

Floor Space of Buildings Under Construction refers to floor space of buildings under construction during the reference period, including newly started buildings,buildings started earlier and Continued during the reference period,and buildings suspended earlier but restarted during the reference period, buildings completed during the reference period, and buildings under construction and then suspended during the reference period.

Floor Space of Buildings Completed refers to the floor space of buildings that are completed in the reference period in accordance with the requirements of the design, up to the standard for putting them into use, and have been checked and accepted by concerned departments as qualified ones.

Total Number of Machinery and Equipment Owned by the End of Year refers to the number of machines and equipment owned by the enterprises, and listed as the fixed assets of the enterprises by the end of the year, including machinery and equipment for construction, production and transportation.

Total Power of Machinery and Equipment Owned by the End of Year refers to the total power of machinery and equipment owned by the enterprises,and listed as the fixed assets of the enterprises by the end of the year, including machinery and equipment for construction,production and transportation.Thc power of the machinery is calculated on basis of the designed or verified capacity,covering the power of the machinery/equipment and the separate power equipment serving the machinery/equipment (such as electric motors), but excluding welders, transformers and boilers.The unit used for the calculation of power is kilowatt, with horsepower converted to kilowatt by 1 horsepower=0.735 kilowatt.

Income from Settlement of Projects refers to the income received by the construction enterprise from the contracted project through settlement procedures, and other charges to the contractoree as operational costs in addition to the value of the project, such as temporary facility fee,labour insurance premium,moving cost of construction equipment,as well as various types of claims to the contractee.

Profit from Settlement of Projects refers to profit realized through settled projects. It is calculated with the following formula:

Profit from Settlement of Projects=Income from Settlement of Projects-Settled Cost-Settled Taxes and Other Cost

Total Revenue of Enterprises refers to the sum of income from production and operation of enterprises, including income from settlement of projects and other operational income, namely:

Total Revenue of Enterprises=Income from Settlement of Projects+Other Operational Income

第十四篇　交通运输和邮电通信业

Chapter 14　Transportation, Postal and Telecommunication Services

资料整理：林武兴

Database Editor:Linwuxing

简 要 说 明

本篇资料的主要内容及来源

本篇资料反映了全省交通运输业与邮电通讯业发展的基本状况，主要包括交通设施基本情况、客货运量及周转量、交通运输企业主要技术经济指标、沿海主要港口货物吞吐量、邮政和电信基本情况、民用汽车拥有量等方面的内容。

铁路资料来源于南昌铁路局，公路、水路和港口资料来源于福建省交通厅，民航运输资料来源于福建省民航局，邮电信资料来源于福建省通信管理局和省邮政公司。

本篇资料由省统计局工业交通统计处收集整理。

Brief Introduction

Main Content and Source of Data

Data in this chapter cover mainly the basic conditions of the development of transport, post and telecommunications in Fujian Province, including the basic conditions of transport, the freight traffic and passenger traffic accomplished by various means, major financial indices of related enterprises, cargo handled at principal sea ports and the basic conditions of post and telecommunication services.

Data on railways transportation come from the Nanchang Bureau of the Railway. Data on highways waterway and port come from the Bureau of the Transportation. Data on the civil aviation transport come from the Bureau of Fujian Aviation Administration. Data on telecommunication services come from the Telecommunication Bureau. Data on post are provided by the Post Company.

Data in this chapter are compiled and provided by the Division of Investment and Construction Statistics of Fujian Provincial Bureau of Statistics.

14-1 主要年份各类运输总量

Passenger Traffic and Freight Traffic in Selected Years

年份 Year	客运量（万人） Passenger Traffic (10000 persons)	旅客周转量（亿人公里） Passenger-Kilometers (100 million passenger-km)	货运量（万吨） Freight Traffic (10000 tons)	货物周转量（亿吨公里） Freight ton-kilometers (100 million ton-km)
1952	251	1.72	156	1.44
1957	1966	8.81	1553	10.07
1962	2634	16.97	1845	21.65
1965	3226	16.22	2948	39.47
1970	3324	17.59	2862	40.92
1975	5887	28.36	3747	53.73
1978	7928	35.73	4871	74.03
1979	9996	43.71	5149	80.63
1980	16676	62.37	7979	100.34
1981	20013	73.45	8302	103.34
1982	22570	82.01	9077	120.39
1983	24620	91.50	10175	131.78
1984	29155	109.50	11479	151.61
1985	33984	130.33	13317	161.97
1986	34426	137.09	16931	195.48
1987	35693	159.38	18231	225.02
1988	37216	175.91	20131	242.02
1989	39622	173.66	19859	270.06
1990	39495	175.40	20321	272.71
1991	34038	186.70	12124	267.26
1992	36283	205.17	19836	347.28
1993	40465	232.27	25824	434.02
1994	36416	240.56	28447	577.73
1995	40080	247.65	28922	608.61
1996	42956	267.20	30593	590.58
1997	43658	253.15	30496	605.78
1998	42047	279.76	30010	661.61
1999	41413	301.58	28637	746.71
2000	44203	333.97	29483	687.65
2001	47393	372.72	30547	779.92
2002	49134	392.00	31837	827.44
2003	48097	386.19	33422	1223.82
2004	53950	441.40	37279	1401.26
2005	55615	477.82	40400	1576.12
2006	59369	524.99	44304	1904.36
2007	64244	587.90	50500	2083.72
2008	72742	561.77	57254	2401.41
2009	76121	597.75	58231	2477.46
2010	77153	648.76	66159	2983.52
2011	81082	723.83	75272	3404.11

14-2 交通运输业基本情况

Basic Conditions of Transport

项目	Item	2000	2005	2010	2011
铁路营业长度（公里）	**Length of Railways in Operation(km)**	**1454**	**1613**	**2110**	**2110**
公路通车里程（公里）	**Length of Highway(km)**	**51073**	**58286**	**91015**	**92322**
#高速公路	Expressway	351	1208	2350	2652
内河通航里程（公里）	**Length of Navigable Inland Waterways(km)**	**3701**	**3245**	**3245**	**3245**
旅客发送量（万人）	**Passenger Traffic(10000 persons)**	**44203**	**55615**	**77153**	**81082**
铁路	Railways	1428	1486	3640	4696
公路	Highways	41696	52452	70714	73259
水运	Waterways	726	985	1444	1596
航空	Civil Aviation	353	692	1356	1532
旅客周转量（亿人公里）	**Passenger-kilometers(100 million persons-km)**	**333.97**	**477.82**	**648.76**	**723.83**
铁路	Railways	71.57	87.90	137.70	172.30
公路	Highways	223.44	309.99	346.68	360.15
水路	Waterways	1.44	1.39	2.14	2.41
航空	Civil Aviation	37.52	78.54	162.23	188.97
货运量（万吨）	**Freight Traffic(10000 tons)**	**29483**	**40400**	**66159**	**75272**
铁路	Railways	2475	3601	3765	3826
公路	Highways	22924	27579	45575	52558
水运	Waterways	4078	9210	16803	18872
航空	Civil Aviation	6	10	16	17
货物周转量（亿吨公里）	**Freight Ton-Kilometers (100 million ton-km)**	**687.65**	**1576.12**	**2983.52**	**3404.11**
铁路	Railways	152.51	201.95	184.20	187.93
公路	Highways	175.83	238.25	578.32	659.52
水路	Waterways	358.63	1134.64	2218.88	2554.34
航空	Civil Aviation	0.67	1.27	2.12	2.33
全社会机动车拥有量（辆）	**Number of Motor Vehicles**	**1954426**	**4198416**	**7249619**	**7995828**
汽车	Automobiles	321278	742611	1996529	2422264
沿海主要港口货物吞吐量（万吨）	**Freight Handled at Principal Seaports (10000 tons)**	**6944.17**	**19605.25**	**32687.01**	**37278.95**
福州港	Fuzhou	2425.48	7443.45	7124.79	8218.28
厦门港	Xiamen	1965.26	4770.76	12728.05	15653.55
泉州港	Quanzhou	1712.18	4046.16	8455.37	9330.48
漳州港	Zhangzhou	418.72	2081.31	1202.47	
湄州湾港	Meizhouwan	201.34	1050.03	1755.99	2073.84
宁德港	Ningde	221.19	213.54	1420.33	2002.80

注：2011年漳州港并到厦门港。
Note:In 2011,Zhangzhou seaports divided to Xiamen Seaports.

14-3 运输线路长度（年底数）

Length of Transportation Routes,End of Year

单位：公里 (km)

项目 Item	2000	2003	2005	2010	2011
铁路营业长度 Length of Railways in Operation	**1454**	**1467**	**1613**	**2110**	**2110**
#电气化长度 Electrified Railways	821	892	821	1498	1498
公路通车里程 Length of Highway	**53506**	**54876**	**58286**	**91015**	**92322**
#二级以上公路里程 Above Second Class	6121	6762	7829	10327	10846
内河通航里程 Length of Navigable Inland Waterways	**3701**	**3245**	**3245**	**3245**	**3245**
公路通车里程中 Length of Highways					
干线公路 Main Highways	7894	8321	8892	10357	10695
国道 National Highways	2443	2783	3129	4206	4379
省道 Provincial Highways	5451	5538	5763	6151	6316
县级公路 County Highways	12527	12634	12814	13485	13463
乡镇公路 Village Highways	27101	27936	30579	35676	35679
专用公路 Highway for Special Purpose	5984	5985	6001	486	491
公路通车里程中 Length of Highways					
等级路里程合计 Total of Expressway and Class Highway	40637	42222	47986	70655	73669
高速公路 Expressway	351	727	1208	2351	2652
一级 First Class	255	312	358	603	683
二级 Second Class	5515	5723	6262	7373	7510
三级 Third Class	3440	3834	4518	6419	6998
四级 Fourth Class	31076	31626	35640	53910	55826
公路通车里程中 Length of Highways					
绿化里程 Length of Greened Highways	28068	29058	31010	45906	78901
养护里程 Length of Maintenced Highways	52776	54116	57430	91009	92322

14-4 各类运输工具拥有量（年底数）

Number of Means of Transport, End of Year

项目	Item	2000	2003	2005	2010	2011
公路	**Highway**					
全社会机动车拥有量（辆）	**Number of Motor Vehicles(unit)**	**1954426**	**3298909**	**4198416**	**7246919**	**7995828**
#民用汽车	Automobiles	321278	520751	742611	1996529	2422264
#载客汽车	Possenger Vehicles	156890	294034	449592	1502963	1863029
大型	Large-Size		14534	15623	24704	26795
中型	Medium-Size		32526	31203	39736	40178
小型	Small-Size		209701	362861	1384498	1737509
微型	Mini-Size		37273	39905	54025	58547
载货汽车	Trucks	154219	214292	231351	451130	517735
重型	Large-Capacity		9261	16437	64942	75986
中型	Medium-Capacity		49862	40678	47062	47773
轻型	Small-Capacity		117418	147566	329155	385704
微型	Mini-Capacity		37751	26670	9971	8272
水路	**Waterway**					
内河	**Island River**					
客轮	Passenger Vesssel					
艘数（艘）	Number of Passenger Vesssel (unit)	139	254	465	319	321
载客量（客位）	Passenger Capacity(seat)	7671	12002	15319	9395	9594
货轮	Cargo Vessel					
艘数（艘）	Number of Cargo Vessel(unit)	865	867	830	722	666
净载重量（吨位）	Payload(ton)	67493	108146	154777	313962	303563
沿海	**Coastal**					
客轮	Passenger Vesssel					
艘数（艘）	Number of Passenger Vesssel (unit)	167	180	212	259	261
总吨（吨位）	Total Weight(ton)	4527	8666	10706	16617	17045
载客量（客位）	Passenger Capacity(seat)	7221	11350	9764	15259	15647
货轮	Cargo Vessel					
艘数（艘）	Number of Cargo Vessel(unit)	1313	1017	1290	952	898
总吨（吨位）	Total Weight(ton)	787442	1023946	1681411	2593122	2783019
净载重量（吨位）	Payload(ton)	1128810	1499915	2736521	4061378	4315751
远洋	**Ocean**					
货轮	Cargo Vessel					
艘数（艘）	Number of Cargo Vessel(unit)	190	126	81	91	87
总吨（吨位）	Total Weight(ton)	384749	512096	543878	818337	939001
净载重量（吨位）	Payload(ton)	589392	704210	769838	1297002	1525536

14-5 主要年份客货平均运距

Average Transport Distance of Passenger and Freight Traffic in Selected Years

单位：公里 (km)

年份 Year	平均运距 Average Transport Distance	铁路 Railway	公路 Highway	水运 Waterway	民用航空 Civil Aviation
旅客运输平均运距 **Average Transport Distance of Passenger**					
1978	45	184	33	21	
1980	44	212	31	27	
1985	38	261	29	29	71
1990	44	309	35	26	897
1995	61	403	41	35	949
1996	62	400	44	32	963
1997	58	429	39	29	967
1998	67	438	47	22	982
1999	73	449	52	20	995
2000	76	501	54	20	1062
2001	79	539	57	17	1045
2002	80	530	57	16	1040
2003	80	528	57	16	1074
2004	82	544	56	15	1095
2005	86	592	59	14	1135
2006	88	570	60	13	1151
2007	92	528	62	13	1187
2008	77	524	49	13	1182
2009	78	497	50	14	1187
2010	84	378	49	15	1196
2011	89	367	49	15	1234
货物运输平均运距 **Average Transport Distance of Freight**					
1978	151	400	31	166	
1980	125	429	41	188	
1985	122	537	42	280	391
1990	134	547	55	454	964
1995	210	593	62	1051	1062
1996	193	565	58	908	1139
1997	199	603	57	908	1008
1998	220	611	63	993	1145
1999	261	603	84	1021	1086
2000	233	616	77	879	1135
2001	255	586	81	942	1143
2002	260	595	81	935	1132
2003	366	606	81	1320	1167
2004	376	586	83	1275	1214
2005	390	561	86	1232	1254
2006	430	553	89	1324	1279
2007	413	583	91	1281	1296
2008	419	565	126	1124	1326
2009	426	503	126	1251	1327
2010	450	489	127	1321	1339
2011	452	491	125	1354	1399

14-6 主要年份铁路运输情况

Railway Transportation in Selected Years

年份 Year	营业长度（公里） Length of Railways in Operation (km)	旅客发送量（万人） Passenger Traffic (10000 persons)	旅客周转量（亿人公里） Passenger-Kilometers (100 million person/km)	货物发送量（万吨） Freight Traffic (10000 tons)	货物周转量（亿吨公里） Freight Ton-kilometers (100 million ton-km)
1957	644	130	1.77	232	3.64
1962	841	476	8.17	267	12.47
1965	876	376	6.65	602	25.38
1970	876	432	7.56	694	27.97
1975	982	606	10.68	962	35.49
1978	1009	718	13.24	1261	50.40
1979	1009	840	16.20	1318	55.17
1980	1009	986	20.92	1320	56.56
1981	1009	997	23.16	1268	55.54
1982	1006	1102	24.34	1305	64.71
1983	1005	1223	28.44	1334	70.06
1984	1005	1349	32.71	1477	79.98
1985	1006	1349	35.25	1536	82.43
1986	1028	1363	37.18	1486	90.37
1987	1028	1423	40.40	1802	95.69
1988	1028	1551	46.24	1810	97.98
1989	1029	1485	44.49	1892	101.08
1990	1021	1234	38.13	1902	104.01
1991	1015	1235	41.10	1988	113.00
1992	1015	1332	49.01	2064	125.91
1993	1015	1556	62.28	2216	136.04
1994	1024	1685	68.01	2301	140.02
1995	1024	1662	67.05	2456	145.69
1996	1025	1466	58.63	2500	141.18
1997	1068	1401	60.09	2373	143.00
1998	1381	1399	61.25	2325	141.94
1999	1383	1480	66.38	2389	144.09
2000	1454	1428	71.57	2475	152.51
2001	1453	1372	73.90	2813	164.78
2002	1454	1446	76.65	2856	169.96
2003	1467	1417	74.85	3206	194.34
2004	1471	1568	85.30	3739	219.10
2005	1613	1486	87.90	3601	201.95
2006	1613	1730	98.60	3646	201.70
2007	1616	1911	100.98	3595	209.70
2008	1618	2066	108.30	3681	207.80
2009	2110	2083	103.60	3631	182.70
2010	2111	3640	137.70	3765	184.20
2011	2110	4696	172.30	3826	187.93

14-7 主要年份公路运输情况

Highway Transportation in Selected Years

年份 Year	公路通车里程（公里） Length of Highways (km)	汽车数(辆) Number of Vehicles(set)	客运量（万人） Passenger Traffic (10000 persons)	旅客周转量（亿人公里） Passenger-Kilometers (100 million person/km)	货运量（万吨） Freight Traffic (10000 tons)	货物周转量（亿吨公里） Freight Ton-kilometers (100 million ton-km)
1952	2839	1470	86	0.77	39	0.27
1957	6034	2118	1254	4.70	725	1.69
1962	13243	4872	1096	5.93	840	2.12
1965	14251	6304	2135	8.06	1455	3.30
1970	18136	7490	2195	8.52	1470	3.98
1975	24204	17189	4385	15.77	1972	6.46
1978	29109	26148	6285	20.53	2671	8.20
1979	32112	30611	8115	25.16	2832	9.14
1980	32577	35999	14593	38.54	5548	22.88
1981	32982	39862	17834	46.45	6041	24.54
1982	33827	44316	20197	53.73	6674	28.66
1983	34445	46662	22154	58.90	7633	31.72
1984	35020	50966	26487	72.51	8793	36.07
1985	35987	63062	31355	91.33	10531	44.54
1986	37175	74490	31643	96.04	13965	60.99
1987	38148	83405	32670	111.79	14970	78.65
1988	39124	92218	33955	121.30	16775	90.37
1989	39124	102413	36439	119.69	16276	89.53
1990	41011	110208	36639	128.27	16710	91.12
1991	41745	121247	31683	135.81	8924	74.43
1992	41882	137272	33668	142.47	15832	93.12
1993	43558	166299	37970	150.92	21276	111.48
1994	44608	210404	33916	149.08	23147	135.17
1995	46574	200765	37508	153.48	23444	145.41
1996	47196	201210	40474	177.30	24732	144.17
1997	47680	221208	41212	160.37	24562	139.18
1998	48021	248062	39618	187.37	23979	151.37
1999	50202	278218	38884	201.13	22162	185.35
2000	51073	321278	41696	223.44	22924	175.83
2001	53547	366707	44926	254.37	23193	187.03
2002	54155	436254	46570	264.89	24023	193.96
2003	54876	520751	45483	257.55	23884	193.50
2004	56208	632739	50862	286.52	25964	216.10
2005	58286	742611	52452	309.99	27579	238.25
2006	86560	935410	55713	335.28	29806	266.34
2007	86926	1143059	60088	375.46	34829	317.44
2008	88607	1339831	68409	338.06	38367	483.57
2009	89504	1622123	71586	360.26	40317	507.23
2010	91015	1996529	70714	346.68	45575	578.32
2011	92322	2422264	73259	360.15	52558	659.52

注：2006年及以后年份公路通车里程含村道，以前年份不含村道。

Note: Lengh of Highways in 2006 include village highways, but not the before.

14-8 民用汽车拥有量

项目 Item	民用汽车总计(辆) Total(units)	载客汽车 Passenger Vehicles	大型 Large	中型 Medium	小型 Small	微型 Minicar
1978	26148	5436				
1979	30611	6388				
1980	35999	7803				
1981	39862	9101				
1982	44316	10642				
1983	46662	11750				
1984	50966	14755				
1985	63062	20908				
1986	74490	25125				
1987	83405	27341				
1988	92218	29915				
1989	102413	33722				
1990	110208	37351				
1991	121247	42267				
1992	137272	50379				
1993	166299	63815				
1994	210404	76411				
1995	200765	82319				
1996	201300	87416				
1997	221808	102238				
1998	248062	115711				
1999	278218	129613				
2000	321278	156890				
2001	366707	174359				
2002	436254	226854	13602	31433	150756	31063
2003	520751	294034	14534	32526	209701	37273
2004	632739	354640	15112	32240	268634	38654
2005	742611	449592	15623	31203	362861	39905
2006	935410	601426	17877	35720	504444	43385
2007	1143059	773989	19171	37642	672830	44346
2008	1339836	947323	20815	38216	842699	45593
2009	1622123	1192518	22393	38913	1081539	49673
2010	1996529	1502963	24704	39736	1384498	54025
2011	2422264	1863029	26795	40178	1737509	58547

Possession of Civil Vehicles

载货汽车 Trucks	重型 Heavy	中型 Medium	轻型 Light	微型 Minicar	其他汽车 Other	机动车驾驶员（万人） Number of Motor Drivers (10000 persons)	#汽车 Automobile Drivers
19056					1656	12.93	3.41
22756					1467		
26719					1477	17.81	4.69
29226					1535		
32006					1668		
33012					1900		
34710					1501		
40259					1895	24.39	6.46
47244					2121	33.77	8.90
53716					2348	38.17	10.05
59180					3123	46.10	11.09
63283					5408	49.10	11.96
67320					5537	52.84	12.87
73081					5899	58.13	14.16
81086					5807	64.36	26.31
95476					7008	75.64	32.20
126228					7765	115.40	23.39
111129					7317	143.32	31.84
107480					6404	167.81	44.08
111109					8461	203.33	57.30
125044					7307	228.02	65.31
140924					7681	255.93	73.24
154219					10169	300.43	86.84
172847					19501	282.18	91.50
198201	9808	50210	99815	38368	11199	315.51	104.59
214292	9261	49862	117418	37751	12425	350.54	119.01
221759	16420	41106	130409	33824	56340	379.30	148.29
231351	16437	40678	147566	26670	61668	442.79	176.70
272312	21261	45415	183797	21839	61672	485.50	201.19
306995	25951	49610	213939	17495	62075	537.80	242.62
328518	27647	48799	238084	13986	63995	571.65	248.55
384572	51124	47155	274372	11921	45033	632.89	335.71
451130	64942	47062	329155	9971	42436	692.10	395.26
517735	75986	47773	385704	8272	41500	753.72	461.83

14–9 私人汽车拥有量

Possession of Private Vehicles

单位：辆

年份 Year	私人汽车（辆） Total(units)	载客汽车 Passenger Vehicles	大型 Large	中型 Medium	小型 Small	微型 Minicar
1985	3610	308				
1986	5736	697				
1987	10869	1579				
1988	17537	3718				
1989	24894	7969				
1990	26786	8826				
1991	38693	11464				
1992	43801	13996				
1993	54632	17609				
1994	70125	21444				
1995	63513	23572				
1996	55805	19519				
1997	67289	26304				
1998	59282	20945				
1999	71788	24743				
2000	151664	64490				
2001	180452	81197				
2002	228318	116503	881	8759	82554	24309
2003	287760	167499	772	8896	128012	29819
2004	341427	217712	580	8422	177408	31302
2005	420734	292894	413	8327	250720	33434
2006	569852	414642	531	9812	367077	37222
2007	775574	564416	639	10879	513874	39024
2008	945292	717899	535	11349	665055	40960
2009	1206193	943872	630	12041	885907	45294
2010	1541509	1225667	720	12662	1162370	49915
2011	1915787	1550413	789	13364	1481737	54523

14-9 续表

Continued

单位：辆

年份 Year	载货汽车 Trucks	大型 Large	中型 Medium	小型 Small	微型 Minicar	其他汽车 Others
1985	3292					10
1986	5038					1
1987	9286					4
1988	13782					37
1989	16864					61
1990	17940					20
1991	26674					555
1992	29539					266
1993	36642					381
1994	48237					444
1995	39500					441
1996	35938					348
1997	38987					1998
1998	37908					429
1999	46542					503
2000	86256					918
2001	97975					1280
2002	111078	3471	28928	51773	26906	737
2003	119459	3113	27535	62485	26326	802
2004	122833	5661	22336	71715	23121	882
2005	126890	5016	19010	83288	19576	950
2006	153818	6135	21503	109414	16766	1392
2007	179081	7389	23363	134076	14253	32077
2008	196626	7749	22467	154577	11833	30767
2009	234951	11450	22723	190293	10485	27370
2010	290366	15584	23792	241991	8999	25476
2011	341324	18746	24986	290048	7544	24050

14-10 主要年份水路运输情况

Waterway Transportation in Selected Years

年份 Year	内河航运里程（公里） Length of Navigable Inland Waterways (km)	#通航里程 Length of Waterways	客运量（万人） Passenger Traffic (10000 persons)	旅客周转量（亿人公里） Passenger-Kilometers (100 million person/km)	货运量（万吨） Freight Traffic (10000 tons)	货物周转量（亿吨公里） Freight Ton-kilometers (100 million ton-km)
1952	4078		165	0.95	117	1.16
1957	4315		582	2.35	596	4.75
1962	5141		1062	2.87	742	7.06
1965	4723		715	1.51	891	10.79
1970	3726		697	1.51	698	8.97
1975	3793		895	1.91	812	11.78
1978	3629		924	1.96	939	15.43
1979	3857		1040	2.35	999	16.32
1980	3857		1095	2.91	1111	20.90
1981	3857		1179	3.54	993	23.26
1982	3857		1266	3.34	1098	27.02
1983	3857		1237	3.36	1208	30.00
1984	3849		1312	3.28	1209	35.56
1985	3888		1273	3.70	1250	35.00
1986	3888		1401	3.74	1480	44.09
1987	3888		1567	4.07	1458	50.63
1988	3888		1664	3.92	1545	53.59
1989	3888		1646	4.44	1689	79.36
1990	3888		1567	4.02	1708	77.50
1991	3888		1047	2.71	1211	79.72
1992	3888		1174	3.08	1938	128.08
1993	3888		784	3.53	2330	286.26
1994	3888		600	2.41	2996	302.28
1995	3888		649	2.30	3017	317.01
1996	3888		714	2.29	3355	304.57
1997	3725		729	2.13	3555	322.92
1998	3725		728	1.60	3700	367.55
1999	3701		721	1.44	4079	416.48
2000	3701		726	1.44	4078	358.63
2001	3701		680	1.13	4535	427.39
2002	3701		643	1.03	4950	462.62
2003	3955	3245	707	1.11	6324	835.07
2004	3955	3245	897	1.32	7567	964.99
2005	3955	3245	985	1.39	9210	1134.64
2006	3955	3245	1148	1.50	10841	1434.92
2007	3955	3245	1320	1.75	12130	1553.84
2008	3955	3245	1305	1.67	15193	1708.39
2009	3955	3245	1340	1.83	14271	1785.85
2010	3955	3245	1444	2.14	16803	2218.88
2011	3955	3245	1596	2.41	18872	2554.34

注：2003年起货物运输量及货物周转量含厦门远洋总公司，与往年不可比。

Note: Freight traffic and turnover ton-kilometers from 2003 include the data of Xiaman Ocean Company , and are not comparable with that in previous years.

14-11 民用航空情况（1978-2011年）

Basic Statistics of Civil Aviation(1978-2011)

年份 Year	空港数（个） Number of Air Ports (unit)	旅客发送量（万人） Passenger Departing (10000 persons)	货物发送量（万吨） Freight Departing (10000 tons)	旅客周转量（万人公里） Passenger-kilometers (10000 person km)	货物周转量（万吨公里） Freight Ton-kilometers (10000 ton-km)
1978	1	1.15	0.02		
1979	1	1.10	0.04		
1980	1	1.94	0.06		
1981	2	3.12	0.08		
1982	2	5.11	0.11		
1983	3	5.50	0.18		
1984	2	6.66	0.29		
1985	2	7.00	0.11	500	43
1986	2	18.94	0.28	1300	300
1987	2	32.61	0.54	31200	500
1988	2	45.55	0.69	44500	800
1989	2	51.55	0.82	50400	900
1990	2	55.49	0.83	49800	800
1991	2	72.90	1.06	70800	1100
1992	2	108.68	1.54	106100	1700
1993	3	155.20	2.27	155400	2400
1994	3	214.60	2.79	210600	2600
1995	3	261.50	4.71	248200	5000
1996	3	301.20	5.82	289799	6627
1997	4	316.10	5.81	305534	6856
1998	4	301.96	6.49	295519	7432
1999	4	327.85	7.20	326223	7816
2000	4	353.25	5.84	375163	6700
2001	4	414.56	6.30	433095	7200
2002	4	475.51	7.62	494742	8623
2003	4	490.61	7.84	526763	9146
2004	5	623.24	8.78	682610	10655
2005	5	692.19	10.09	785426	12655
2006	5	778.50	10.96	896084	14017
2007	5	924.92	12.15	1097429	15742
2008	5	961.89	12.41	1137307	16458
2009	5	1112.39	12.66	1320686	16770
2010	5	1356.10	15.81	1622300	21200
2011	5	1531.65	16.65	1889700	23300

14-12 主要年份沿海港口货物吞吐量

Freight Handled at Principal Seaports in Selected Years

单位：万吨　　(10000 tons)

年份 Year	总计 Total	福州港 Fuzhou	厦门港 Xiamen	泉州港 Quanzhou	宁德港 Ningde	湄州湾港 Meizhouwan	漳州港 Zhangzhou	吞吐总量指数(以1950年为100) Index(1950=100)
1952	56.68	32.00	5.76	6.50	5.00	7.42		169.6
1957	165.96	85.87	54.87	9.60	8.38	7.24		496.7
1962	135.14	49.33	48.68	13.49	5.56	18.08		404.5
1965	239.87	57.75	110.53	34.10	10.20	27.29		718.0
1970	211.23	59.26	102.94	25.37	9.91	13.75		632.2
1975	284.26	120.00	104.27	23.26	20.33	16.40		850.8
1978	408.13	172.04	120.44	29.54	18.75	22.11		1174.5
1980	685.40	208.89	164.87	31.30	25.60	19.77		1802.2
1981	761.05	217.98	162.28	25.36	26.49	17.85		1841.8
1982	816.44	259.87	190.44	21.54	28.26	21.77		2110.7
1983	869.55	311.15	200.02	24.29	29.31	22.06		2294.2
1984	943.46	347.00	250.52	23.36	30.36	22.38		2623.7
1985	1114.09	357.15	290.97	26.02	51.53	31.60	61.84	2813.8
1986	1159.90	442.46	203.89	38.04	44.39	33.52	107.90	3241.8
1987	1303.36	439.61	417.01	42.24	46.36	40.79	105.63	3565.0
1988	1396.79	445.36	457.12	60.01	43.67	57.88	124.34	3785.0
1989	1614.99	597.90	499.45	59.78	47.71	59.58	135.90	4833.9
1990	1496.50	560.89	519.11	52.65	49.27	27.55	115.60	4479.2
1991	1706.38	725.07	581.87	125.28	97.64	41.26	130.04	5107.4
1992	1862.12	720.51	661.07	217.27	46.53	92.75	120.24	5573.5
1993	2679.09	939.66	940.39	469.54	111.53	57.23	153.47	8018.8
1994	3002.33	914.39	1166.50	558.06	139.68	82.12	125.47	8986.3
1995	3460.80	1098.89	1313.87	680.47	137.94	99.65	116.61	10358.6
1996	3959.00	1248.00	1553.00	804.00	138.00	86.00	130.00	11849.7
1997	4485.00	1371.00	1754.00	1006.00	124.00	78.00	151.00	13424.1
1998	4518.00	1288.00	1639.00	1111.00	183.00	108.00	189.00	13522.9
1999	5285.00	1481.00	1773.00	1521.00	182.00	136.00	192.00	15818.9
2000	6944.17	2425.48	1965.26	1712.18	221.19	201.34	418.72	20785.1
2001	8278.42	2961.29	2098.91	2102.08	261.00	320.80	534.34	24778.7
2002	10200.62	3906.72	2734.51	2122.85	185.38	480.41	770.75	30532.2
2003	12495.48	4753.07	3403.88	2511.53	141.78	600.16	1085.06	37401.1
2004	15834.76	5938.63	4261.37	3093.82	184.17	836.04	1520.73	47396.1
2005	19605.25	7443.45	4770.76	4046.16	213.54	1050.03	2081.31	58681.8
2006	23687.61	8847.82	7792.07	5134.93	447.00	1301.11	164.68	70901.0
2007	23602.90	6433.32	8117.20	6215.32	691.13	1612.74	533.19	70647.5
2008	27070.06	6702.59	9701.96	7224.30	1007.26	1802.26	631.69	81025.2
2009	30541.81	8094.10	11096.28	7666.34	1240.45	1542.38	902.26	91416.7
2010	32687.01	7124.79	12728.05	8455.37	1420.33	1755.99	1202.47	97806.7
2011	37278.95	8218.28	15653.55	9330.48	2002.80	2073.84		111546.8

注：2011年漳州港并到厦门港。
Note:In 2011,Zhangzhou seaports divided to Xiamen Seaports.

14-13 主要年份邮电通信业务情况

Basic Conditions of Postal and Telecommunication Services in Selected Years

年份 Year	邮电业务总量（亿元） Business Volume of Post and Telecommunications Service (100 million yuan)	邮政业务总量（亿元） Business Volume of Post (100 million yuan)	电信业务总量（亿元） Business Volume of Telecommunications Service (100 million yuan)	函件（万件） Number of Letters Delivered (10000 piece)	本地电话用户（万户） Number of Fixed Telephone Subscribers at Year-end (10000 household)	移动电话用户（万户） Mobile Phones Users (10000 household)
1952	0.13			1780.8	0.60	
1957	0.26			5278.4	1.25	
1965	0.60			8039.3	3.24	
1970	0.60			6736.8	3.19	
1975	0.86			8449.3	4.46	
1978	1.01			8789.7	5.88	
1980	1.22			11508.9	6.57	
1981	1.35			11910.6	6.86	
1982	1.40			11941.1	7.28	
1983	1.53			12142.4	7.84	
1984	1.72			13172.9	8.83	
1985	2.08			15239.9	10.14	
1986	2.31			16057.5	11.15	
1987	2.80			17483.5	11.07	
1988	3.72			18972.2	14.45	
1989	5.42			17714.5	17.91	
1990	7.32			16227.8	22.82	
1991	9.51			16842.5	29.04	
1992	14.69			20412.5	42.75	
1993	24.22			25632.2	75.00	
1994	36.48			28359.0	117.73	
1995	52.75	4.26	48.50	31567.9	168.65	15.50
1996	73.02	4.85	68.17	32858.1	219.26	35.65
1997	99.52	5.62	86.98	30292.7	285.51	77.82
1998	131.84	6.59	125.25	29511.0	347.46	142.20
1999	179.93	7.98	171.95	24980.3	436.25	281.29
2000	246.34	10.22	236.12	24163.2	562.70	441.00
2001	194.43	17.71	176.72	23832.2	750.28	619.97
2002	257.49	19.49	238.00	26959.3	937.10	792.04
2003	318.24	22.36	295.88	28166.2	1124.87	965.00
2004	426.76	22.62	404.14	26223.9	1266.00	1134.00
2005	519.76	25.61	494.15	22878.9	1398.53	1302.00
2006	633.04	27.93	605.11	30463.5	1485.53	1538.91
2007	787.79	29.24	758.55	25445.0	1482.00	1809.00
2008	883.43	32.65	850.78	26671.0	1431.00	2368.00
2009	995.77	35.66	960.11	25991.0	1245.00	2639.00
2010	1194.20	35.98	1158.22	25198.6	1046.00	3022.00
2011	513.50	59.31	454.19	24494.0	1015.00	3553.00

注：2011年邮电业务总量以2010年不变价计算。

Note:Business Volume of Post and Telecommunications Service was calculated at 2010 constant prices.

14-14 邮电业务总量(1995-2011年)

Business Volume of Postal and Telecommunication Services(1995-2011)

年份 Year	邮电业务总量（亿元） Business Volume of Post and Telecommunications Service (100 million yuan)	电信业务总量（亿元） Business Volume of Telecommu- nication Services (100 million yuan)	特快专递（万件） Express Mail Services (10000 piece)	集邮业务（万枚） Stamp Collection Business(10000 pcs)	互联网用户（万户） Internet Service Users (10000 household)	固定电话交换机容量（万户） Capacity of Telephone Exchanges (10000 household)
1995	52.75	48.50				353
1996	73.02	68.17				396
1997	99.52	86.98				453
1998	131.84	125.25	315.20	13050.82	3.85	547
1999	179.93	171.95	582.14	13308.40	13.10	655
2000	246.34	236.12	701.38	11007.97	70.70	808
2001	194.43	176.72	743.80	8871.11	183.29	1048
2002	257.49	238.00	543.01	7775.50	253.57	1182
2003	318.24	295.88	682.10	5409.86	298.08	1445
2004	426.76	404.14	789.39	5569.77	285.44	1671
2005	519.76	494.15	898.36	4375.56	600.21	1813
2006	633.04	605.11	1040.60	4364.30	760.83	1959
2007	787.79	758.55	1250.00	4379.70	876.00	1941
2008	883.43	850.78	1663.90	4509.00	1240.00	1973
2009	995.77	960.11	2063.00	4196.80	1640.00	1942
2010	1194.20	1158.22	2566.00	3526.30	2388.00	1807
2011	513.50	454.19	3378.00	4567.70	2872.00	1748

注：2011年邮电业务总量以2010年不变价计算。

Note:Business Volume of Post and Teleco...munications Service was calculated at 2010 constant prices.

14-15 主要年份邮电通信条件

Condition of Postal and Telecommunication Services in Selected Years

年份 Year	邮路单程长度（公里） Length of Postal One-way Route (km)	农村投递路线（公里） Rural Delivery Routes (km)	长途电话业务电路（路） Long-distance Telephone Lines(line)	年份 Year	邮路单程长度（公里） Length of Postal One-way Route (km)	农村投递路线（公里） Rural Delivery Routes (km)	长途电话业务电路（路） Long-distance Telephone Lines(line)
1952	34224		126	1995	123874	72627	52622
1957	65092		178	1996	132759	73640	40786
1962	53188	20442	345	1997	139623	73513	58830
1965	33228	81199	326	1998	140781	73755	88937
1970	13227	85211	387	1999	139511	74786	112368
1975	12057	93305	565	2000	138037	74340	181255
1978	11143	92814	696	2001	135521	75111	143927
1980	12463	88884	773	2002	138195	79411	162694
1985	38159	69553	1390	2003	136627	78661	404340
1986	49104	69527	1657	2004	142804	79186	503304
1987	54867	70167	2206	2005	136434	81607	800640
1988	53525	70779	2824	2006	137001	85590	988590
1989	73624	70757	3778	2007	136176	89950	1349850
1990	102316	71005	5436	2008	151200	88314	2877480
1991	96348	71239	7332	2009	225977	88940	3662370
1992	105386	71931	10298	2010	219893	89432	4380000
1993	111069	72170	13496	2011	218912	89999	4890000
1994	125534	72991	19969				

注：本表长途电话业务电路2004年起包括固定长途电话、移动长途电话、长途数据通信的电路、出租给其他运营商使用的电路。
Note:In this table,the data of long-distance telephone lines from 2004 include fixed long-distance telephone,mobile long-distance telephone,long-distance data telepcommunication lines and that rent to other operators.

14-16 邮政局所技术经济指标

The Technical and Economic Indicators of Post Office

项目	Item	2003	2004	2005	2006	2007	2008	2009	2010	2011
邮电局数（所）	Telecommunication Post Bureau(unit)	1635	1661	1628	1596	1507	1451	1430	1423	1357
#邮政局	post Office	67	67	67	67	67	67	68	68	68
邮政支局	Postal Branches	933	926	923	927	929	921	909	910	881
自办邮政所	Self-managing Post Office	153	148	142	178	174	171	138	136	98
代办所	Agency Post Office	481	519	496	424	337	292	315	309	310
邮政报刊图书销售点（处）	Newspapers and Books Outlets(unit)	1455	1417	1282	1213	1239	1347	1359	1268	1091
集邮品销售点（处）	Stamp Collecting Outlets(unit)	176	189	156	154	140	794	731	123	233
邮政储蓄点（处）	Postal Savings(unit)	789	788	790	842	849	869	740	809	816
邮路总条数（条）	The Total Number of Postal Route(unit)	815	753	720	721	742	782	854	938	921
邮政汽车总数（辆）	The Total Number of Postal Cars(unit)	1396	1494	1523	1651	1906	2048	1938	1944	1958
商函制作系统（套）	The Total Number of Business Letters Making System(sets)	69	68	68	68	67	69	70	70	70

主要统计指标解释

铁路营业里程　又称营业长度(包括正式营业和临时营业里程)，指办理客货运输业务的铁路正线总长度。凡是全线或部分建成双线及以上的线路，以第一线的实际长度计算复线、站线、段管线、岔线和特殊用途线以及不计算运费的联络线都不计算营业里程。该指标可以反映铁路运输业基础设施的发展水平，也是计算客货周转量、运输密度和机车车辆运用效率等指标的基础资料。

铁路电气化里程　指在全部铁路营业里程中已安装了供电线路及设备，可以供电力机车牵引列车运行的区段的总里程。

铁路自动、半自动闭塞里程　指装有列车自动或人工完成闭塞状态的铁路设备里程。为保证列车安全运行，在一个区间、同一时间内，一般只允许一列列车运行，这种保证列车在这个区间安全间隔运行的技术方法称为"闭塞"。自动或半自动闭塞里程占铁路营业里程的比重是反映铁路现代化的重要标志之一。

公路里程　指在一定时期内实际达到《公路工程［WTBZ］技术标准 JTJ01-88》规定的等级公路，并经公路主管部门正式验收交付使用的公路里程数。包括大中城市的郊区公路以及通过小城镇街道部分的公路里程和桥梁、渡口的长度，不包括大中城市的街道、厂矿、林区生产用道和农业生产用道的里程。两条或多条公路共同经由同一路段，只计算一次，不得重复计算里程长度。该指标可以反映公路建设的发展规模，也是计算运输网密度等指标的基础资料。

民用航空航线里程　指民航运输定期班机飞行的航线长度的总和。航线长度按机场之间的距离计算，通常有两种计算方法：一是将每条航线长度相加称为重复计算航线里程;一是将两线或两条以上航线经过同一区段里程，只计算一次航线长度称为不重复计算航线里程。一般常用的是后者，该指标可以确切反映民航运输网的规模，是表明民航事业为国民经济服务和方便人民生活程度的主要指标。

输油(气)管道长度　也称输油(气)里程，指油品(或天然气)的实际输送距离，一般按输油(气)管道的单线长度计算。若包括复线和备用线长度则称为输油(气)管道延展长度，是指管道铺设的实际长度。我们通常使用的是不包括复线的"输油(气)管道里程"，该指标可以反映管道运输的发展规模和水平。

货(客)运量　指在一定时期内，各种运输工具实际运送的货物(旅客)数量。该指标是反映运输业为国民经济和人民生活服务的数量指标，也是制定和检查运输生产计划、研究运输发展规模和速度的重要指标。货运按吨计算，客运按人计算。货物不论运输距离长短、货物类别，均按实际重量统计。旅客不论行程远近或票价多少，均按一人一次客运量统计；半价票、小孩票也按一人统计。

货(客)运密度　指在一定时期内某种运输方式在营运线路的某一区段平均每公里线路通过的货物(旅客)运输周转量。计算公式为:

货(客)运密度=Σ货物(旅客)周转量/营业线路长度

该指标可以反映交通运输线路上的货物(旅客)运输量运输繁忙程度，是平衡运输线路运输能力和通过能力，规划线路建设及改造、配备技术设备，研究运输网布局的重要依据。

货物(旅客)周转量　指在一定时期内，由各种运输工具运送的货物(旅客)数量与其相应运输距离的乘积之总和。该指标可以反映运输业生产的总成果，也是编制和检查运输生产计划，计算运输效率、劳动生产率以及核算运输单位成本的主要基础资料。计算货物周转量通常按发出站与到达站之间的最短距离，也就是计费距离计算。计算公式为:

货物(旅客)周转量= 货物(旅客)运输量×运输距离

铁路货车平均静载重　指铁路货车在始发站静止状态下平均每车装载的货物重量，用以分析货车完成装车时车辆载重力的利用情况。计算公式为:

货车平均静载重=货物发送吨数/装车数

静载重的多少取决于运送货物的性质、种类、车辆的类型和装载技术的高低。根据货车的平均标记载重与静载重进行对比，可以反映货车载重能力的利用程度。计算公式为:

货车载重力利用率(%)=(货车平均静载重/货车平均标记载重)×100%

铁路货运机车日产量　指在一定时期内，平均每台货运机车在一昼夜内所完成的总重吨公里数，包括载运货物的重量和车辆本身的自重。该指标从时间和牵引能力两方面反映了机车运用效率。计算公式为:

货运机车平均日产量=货运总重吨公里数/货运机车台日数

民用汽车拥有量 指报告期末，在公安交通管理部门按照《机动车注册登记工作规范》，已注册登记领有民用车辆牌照的全部汽车数量。汽车拥有量统计的主要分类: 根据汽车结构分为载客汽车、载货汽车及其他汽车; 根据汽车所有者不同分为个人(私人)汽车、单位汽车; 根据汽车的使用性质分为营运汽车、非营运汽车和特种汽车; 根据汽车大小规格不同载客汽车分为大型、中型、小型和微型，载货汽车分为重型、中型、轻型和微型。

邮电业务总量 指以价值量形式表现的邮电通信企业为社会提供各类邮电通信服务的总数量。邮电业务量按专业分类包括函件、包件、汇票、报刊发行、邮政快件、特快专递、邮政储蓄、集邮、公众电报、用户电报、传真、长途电话、出租电路、无线寻呼、移动电话、分组交换数据通信、出租代维等。计算方法为各类产品乘以相应的平均单价(不变价)之和，再加上出租电路和设备、代用户维护电话交换机和线路等的服务收入。该指标综合反映了一定时期邮电业务发展的总成果，是研究邮电业务量构成和发展趋势的重要指标。计算公式为:

邮电业务总量= Σ(各类邮电业务量×不变单价)+ 出租代维及其他业务收入= 邮电业务总量+电信业务总量

移动电话用户 指通过移动电话交换机进入移动电话网、占用移动电话号码的各类电话用户。包括签约用户和智能网预付费用户。一个移动电话号码统计为一户。

本地电话用户 指接入本地电信运营商固定电话网上的电话用户。包括: 住宅用户、单位用户、公用电话用户等。按电话用户位置又分为市内电话用户和农村电话用户。1997 年以前，“市内电话用户”是指接入县城及县以上城市的电话网上的电话用户; “农村电话用户”是指接入县邮电局农话台及县以下农村电话交换点，以县城为中心(除市话用户外)联通县、乡(镇)、行政村、村民小组的用户。从 1997 年起，电话用户数分组调整为以用户所在区域划分为“城市电话用户”和“乡村电话用户”，与过去的按市内电话和农村电话划分方法不同。而电话用户总数、电话机总部数统计范围不变。

城市电话用户 指直辖市、省辖市、地级市、县级市的市区、市郊区及县城(包括县人民政府所在地的县城关区或行政建制相当于县人民政府所在地的镇)范围内接入局用交换机的电话用户数，包括分布在农村地区的独立工矿区、林区、驻军等电话用户数。

乡村电话用户 指按行政区划属于城市范围以外的乡(镇)、村的电话用户数。

住宅电话用户 指安装在居民住宅或农民家里并按照住宅电话用户登记注册和收费的电话用户。包括私人付费、单位付费和按规定免费安装的住宅电话用户。

长途电话交换机容量 指用于接入长途电话网的电话交换机设备的额定容量，包括国际电话交换机容量。局用交换机容量指安装在电信运营企业内用于接续本地固定电话的电话交换机容量，包括现用和备用的人工或自动交换机的全部容量。不包括用户交换机容量。

移动电话交换机容量 指移动电话交换机根据一定话务模型和交换机处理能力计算出来的最大同时服务用户的数量。

Explanatory Notes on Main Statistical Indicators

Length of Railways in Operation refers to the total length of the trunk line under passenger and freight transportation (including both full operation and temporary operation). The calculation is based on the actual length of the first line even if this line has a full or partial double track or more tracks, excluding double tracks, station sidings, tracks under the charge of stations, branch lines, special-purpose lines and the non-payable connecting lines. The length of railways in operation is an important indicator to show the development of the infrastructure for the railway transport, and also the essential data to calculate volume of passenger freight transport, traffic density and utilization efficiency of the locomotives and carriages.

Length of Electrified Railways refers to the length of the section of railways in operation in which the power supply lines and other equipment are installed for the running of electrified locomotives. The proportion of the length of electrified railways to the total length of railways in operation is an important indicator to show the modernization of railways.

Automatic-blocking and Semi-automatic-blocking Length of Railways refer to length of railways installed with equipment to perform automatic or manual blocking of trains. Blocking is a spacing technique by which a section of the railway only allows one train to pass at a time in the aim of ensuring the traffic safety. the proportion of automatic/semi-automatic blocking length to the total length of railways in operation is an important indicator to show the modernization of railways.

Length of Highways refers to the length of highways which are built in conformity with the grades specified by the highway engineering standard formulated by the Ministry of Communications, and have been formally checked and accepted by the departments of highways and put into use. The length of highways includes that of the suburb highways at large and medium sized cities, highways passing through streets at small cities and towns, and also the length of bridges and ferries. It does not include the length of streets in big and medium-sized cities and highways built for the production purpose at factories, mines, forest areas and agricultural areas. If two or more highways go the same section of the way, the length of the section is only calculated for once and no duplication is allowed. The length of highways is an important indicator to show the development of the highway construction and to provide essential information to calculate the transport network density.

Length of Civil Aviation Routes refers to the length of all routes for regular civil aviation flights. There are usually two ways to calculate the distance between airports connected by the route length: One is to put the length of all air routes together, called duplicated calculation of the length of the routes; the other is not to allow the duplication in calculation when two or more routes passing the same section of aviation routes. The latter is usually used, as it can precisely show the size of the civil aviation network and indicate the extent of civil aviation serving the national economy and the people.

Length of Oil (Gas) Pipelines used as an indicator to show the development, scale and level of the pipeline transportation, it refers to the actual transport distance of oil (or gas) products, and is in general calculated in the length of single pipeline. If the length of the double pipelines and alternate pipeline are included, it is called the extension length of the oil (gas) pipelines, which indicates the actual length of the pipelines built, excluding double pipelines.

Freight (Passenger) Traffic refers to the volume of freight (passenger) transported with various means within a specific period of time. This indicator reflects the service of the transport industry towards the national economy and people's living conditions, as well as an important indicator used in formulating and monitoring transport production plans and research into the scale and pace of transport development. Freight transport is calculated in tons and passenger traffic is calculated in terms of number of persons. Freight transport is calculated in terms of the actual weight of the goods and takes no account of the type of freight and distance of travel. Passenger traffic is calculated by the principle that one person can be counted only once in one trip and takes no account of the travelling distance and ticket price. The passengers who travel with a half price ticket or a child's ticket is also calculated as one person.

Freight (Passenger) Traffic Density refers to the freight (passenger) traffic volume carried by a particular means of transportation during a given period through one kilometer of a specific section of transportation route. The formula is as follows:

Freight (Passenger) Traffic Density =[Freight Ton-kilometers (Passenger-kilometers)] / (Length of Rout e in Operation)

Measuring unit: ton-kilometer / kilometer (or person-kilometer/ kilometer)

Freight (passenger) traffic density reflects the degree of business of freight (passenger) traffic on transportation routes, and therefore provides important information for balancing transport cap ability, planning const ruction and up grading of transport routes and studying t he distribution of transport network.

Freight Ton-kilometers (Passenger-kilometers) refer to the sum of the products of the volume of transported cargo (passengers) multiplying by the transport distance. It is an important indicator to reflect the achievement of transportation industry. Normally, the shortest distance between the departure station and the destination station (i.e., the payable distance) is the basis to calculate the freight ton-kilometers. This is an import ant indicator to show the total results of the transport industry, to prepare and examine the transport plan and to measure the efficiency, the lab our productivity and t he unit cost of transport.The formula is as follows:

Freight Ton-kilometers (Passenger-kilometers) =? [Freight(Passenger) Traffic×Distance of Transportation]

Static Load of Freight Cars refers to the average cargo weight as loaded by each freight car under the static condition at the departure station. It is used to show the utilization extent of the loading capacity of the freight cars. The formula is:

Static Load (ton) of Freight Car= (Tonnage of Goods Dispatched)/ (Number of Freight Cars Loaded)

The static load of freight cars is determined by the nature and type of goods loaded, the type of vehicles, and the technique of loading. The difference between the average marked load and the static load of freight cars reflects the utilization of loading capacity of freight cars. For its calculation the following formula is app lied:

Utilization Rate of Capacity of Freight Cars(%)=[(Average Static Load)× 100%] / (Average Marked Load)

Average Daily Haul of Freight Locomotives refers to the average total ton-kilometers accomplished by each freight transport locomotive over day and night during a given period of time. It includes both the weight of the goods carried and the deadweight of the train itself. It is a comprehensive indicator reflecting the locomotive efficiency in terms of both time and the pulling force.

Average Daily Haul of Freight Transport Locomotive (ton kilometer)=[(Total Ton/(Kilometers of Freight)) / (Daily Number of Freight Transport Locomotive)

Possession of Civil Motor Vehicles refer to the total numbers of vehicles that are registered and received vehicles' license tags according to the Work Standard for Motor Vehicles Registration formulated by transport management office under department of public security at the end of reference period. They are divided into following categories according to the structure of motor vehicles: passenger vehicles, trucks and others; and private vehicles and vehicles for units use according to ownerships; working vehicles, non-working vehicles and special motor vehicles according to kind of usage; large passenger vehicles, medium passenger vehicles and small passenger vehicles, heavy trucks, light-heavy trucks and light trucks according to sizes of vehicles.

Business Volume of Post and Telecommunications refers to the total amount of post and telecommunication services, expressed in value terms, provided by the post and telecommunications departments for the society. Post and telecommunication services can be classified as letters, parcels, remittance, issue of newspapers and magazines, fast mail service, express mail service, savings deposits, stamps for collection, public and individual telegraph service, facsimiles, long-distance telephone service, leasing of telephone lines, urban paging service, mobile telephone service, data transfer and transmission, etc. The accounting approach is to multiply the service products of all types with their average unit price (constant price) to get sum of business value, plus income from other services such as leasing of telephone lines and equipment, maintenance of telephone switchboards and lines on behalf of customers . This indicator reflects the overall results of post and telecommunications service during a given period, and is important to study the composition of business service and the development of post and telecommunications service.The formula is as follows:

Business Volume of Post and Telecommunications= ? (Transaction of Post and Telecommunication Service × Constant Price) + Income from Leasing, Maintenance and other Services

Mobile Telephone Subscribers refer to the persons who own mobile telephone numbers and are connected with the mobile telephone communication network through the mobile telephones witch boards, including contracted subscribers and prepaid subscribers for intelligent network. One mobile telephone is taken as a subscriber.

Local Telephone Subscribers refer to subscribers that are connected to the local telecommunication service provider through fix line network, including household subscribers, institutional subscribers and public telephones. They are also classified as city subscribers and rural subscribers according to locations. Before 1997, city subscribers referred to those connected to city telephone networks in county towns and cities, while village subscribers referred to those connected to village telephone stations at and below counties. Since 1997, the classification of telephone subscribers was modified on the basis of physical location of the subscribers as urban telephone subscribers and rural telephone subscribers , which is different from the previous classification of categorizing local telephones and rural telephones , while the definition of total subscribers and total number of telephones remain unchanged.

Urban Telephone Subscribers refer to number of telephone subscribers, located at municipalities, cities under the jurisdiction of province, cities at prefecture level, downtown and suburb of city at county level town and county towns (including country towns where county government located, and towns of count y level according to the administrative organizational system),that are connected to the public line telephone network, including rural mineral area, forest area, military area.

Rural Telephone Subscribers refer to telephone subscribers, located at counties (towns) and villages out side the range of cities according to administrative jurisdiction.

Household Telephone Subscribers refer to telephone sets in stalled in the dwelling units of urban or rural residents, and registered as residence subscribers for payment, including 3 types of payment for the service: private payment, public payment and free service.

Capacity of Long Distance Telephone Exchanges refers to the rated cap a city of telephone exchanges to connect long distance telephone network, including capacity of international telephone exchanges.Capacity of Office Telephone Exchanges refers to the capacity (measured in gate) of telephone exchanges installed in the offices of telecommunication service providers for communication between fixed telephones. It includes the capacity of both manual and automatic exchanges in use and for stand-by purpose, excluding the capacity of subscribers' exchanges.

Capacity of Mobile Telephone Exchanges refers to the capacity of the maximum services provided to subscribers at onetime basing on a certain model and transacting capacity of the mobile telephone exchanges.

第十五篇　批发零售、住宿餐饮和旅游业

Chapter 15　Wholesales, Retail Sales, Hotels,Catering Service and Tourism

资料整理：许红琳 程遥 刘喆 林小静
Database Editor:Xuhonglin Chengyao Liuzhe Linxiaojing

简要说明

本篇资料的主要内容及来源

本篇资料反映了全省国内市场发展情况、批发和零售业、住宿和餐饮业经营情况和旅游业发展情况，主要包括批发和零售业商品流转情况及财务状况、住宿和餐饮业经营情况及财务状况、社会消费品零售总额、旅游业等内容。

本篇资料中限额以上批发和零售业、住宿和餐饮业资料来源于批发和零售业、住宿和餐饮业统计年报资料，限额以下批发和零售业、住宿和餐饮业经营情况来源于抽样调查，旅游资料来源于省旅游局。

本篇资料由省统计局贸易外经统计处、国家统计局福建省调查总队商业处整理提供。

Brief Introduction

Main Content and Source of Data

Data in this chapter show the development of Fujian's domestic market, wholesale and retail trade, hotels and catering services, mainly including the circulation of commodities in the wholesale and retail trade, the total retail sales of consumer goods and the financial indices of related businesses and tourism etc.

Except the data noted, all data in this chapter are based on the annual report of wholesale, retail, hotels and catering services and periodic statistical statements of 2011.Data on tourism are provided by Fujian Tourism Administration.

Data in this chapter are collected and compiled by the Division of Trade and External Economic Relations Statistics of Fujian Provincial Bureau of Statistics.

15-1 限额以上批发零售与住宿餐饮业企业基本情况

Basic Conditions of Enterprises above Designated Size in Wholesale and Retail Trades,Hotels and Catering Services

项目	Item	2005	2006	2007	2008	2009	2010	2011
法人企业（个）	**Number of Corporation(unit)**	**3107**	**3100**	**3294**	**4470**	**4356**	**4997**	**6274**
批发和零售业	Wholesale and Retail Trades	2499	2436	2500	3509	3347	3924	5038
住宿和餐饮业	Hotels and Catering Services	608	664	794	961	1009	1073	1236
批发和零售业（亿元）	**Wholesale and Retail Trades (100 million yuan)**							
商品购进总额	Total Goods Purchase	2796.41	3285.98	4619.72	4841.00	5424.41	7707.09	10475.45
商品销售总额	Total Goods Sales	3051.03	3595.99	4198.44	5743.39	5961.43	8304.12	11852.48
商品库存总额	Total Goods Inventory	192.07	214.51	285.09	448.67	550.37	657.42	848.54
住宿和餐饮业营业收入（亿元）	Total Sales in Hotels and Catering Services	79.36	92.64	114.93	141.38	158.84	197.63	237.95

15-2 限额以下批发零售与住宿餐饮业经营情况

Total Value of Enterprises under Designated Size in Wholesale and Retail Trades,Hotels and Catering Services

单位：亿元 (100 million yuan)

项目	Item	2005	2006	2007	2008	2009	2010	2011
批发和零售业	**Wholesale and Retail Trades**							
销售额	Sales	2884.0	3210.2	3703.6	4376.7	5059.9	5263.1	5968.7
批发额	Wholesale	1408.3	1585.1	1858.5	2221.6	2539.3	2553.0	2987.3
零售额	Retail Sale	1475.7	1625.1	1845.1	2155.1	2520.6	2710.1	2981.4
住宿和餐饮业	**Hotels and Catering**							
营业额	Business Revenue	230.0	259.4	310.2	382.7	441.2	533.0	607.0
客房收入	From Hotel rooms	8.3	11.0	15.3	18.4	22.4	24.7	27.5
餐费收入	From Meals	212.6	237.5	279.0	345.7	397.2	449.5	511.7
商品销售收入	From Commodities Income	7.9	9.9	15.4	18.1	21.1	27.3	30.5
其他营业收入	From Others	1.2	1.0	0.5	0.5	0.5	31.5	37.3

15-3 限额以上批发和零售企业基本情况（2011年）

Basic Conditions of Wholesale and Retail Trades(2011)

项目 Item	法人企业（个） Number of Corporation (unit)	商品购进额（万元） Total Goods Purchase (10000 yuan)	商品销售额（万元） Sales (10000 yuan)	#批发额（万元） Wholesale (10000 yuan)	期末商品库存额（万元） Inventory at the Year-end (10000 yuan)
合计 Total	**5038**	**104754458**	**118524793**	**90986472**	**8485399**
批发业 Wholesale	**2828**	**85175005**	**93035615**	**88339197**	**6465937**
按登记注册类型分 By Registration Category					
内资企业 Domestic Funded Enterprises	2731	77317919	82860814	80833329	5778344
国有企业 State-owned Enterprises	183	15068804	16381147	16008630	1007074
集体企业 Collective-owned Enterprises	34	414996	459472	423576	65187
股份合作企业 Cooperative Enterprises	8	95643	102129	101661	7571
联营企业 Joint Ownership Enterprises	11	217745	224672	224672	43385
有限责任公司 Limited Liability Corporations	951	25750445	27595703	27269089	1940931
股份有限公司 Share-holding Corporations Ltd.	47	12821385	13279764	13090463	1133099
私营企业 Private Enterprises	1397	21395467	22961157	21947672	1453461
其他企业 Other Enterprises	100	1553435	1856770	1767566	127637
港澳台商投资企业 Funds from Hong Kong, Macao and Taiwan	59	2326974	2563161	2467650	224324
外商投资企业 Foreign Funded Enterprises	38	5530112	7611641	5038219	463269
按行业分 By Sector					
农畜产品批发 Wholesale of Farm Crops and Livestock Products	50	790540	859397	850498	255422
食品、饮料及烟草制品批发 Wholesale of Food, Beverages and Tobaccos	251	10809766	12715626	12268402	896241
#米、面制品及食用油批发 Sholesale of Rice, Wheat Products and Rdible Oil	51	1501110	1517937	1455549	255455

15-3 续表1

Continued

项目 Item	法人企业（个） Number of Corporation (unit)	商品购进额（万元） Total Goods Purchase (10000 yuan)	商品销售额（万元） Sales (10000 yuan)	#批发额（万元） Wholesale (10000 yuan)	期末商品库存额（万元） Inventory at the Year-end (10000 yuan)
烟草制品批发 Wholesale of Tobaccos	19	6163558	7264158	7264158	388819
纺织、服装及日用品批发 Wholesale of Textiles, Garments and Daily Consumer Articles	587	13071228	14264893	14015826	513909
#服装批发 Wholesale of Garments	151	6189925	6676243	6596528	209748
文化、体育用品及器材批发 Wholesale of Culture, Sports Products and Appliances	56	449580	491816	478229	41135
医药及医疗器材批发 Wholesale of Medicines and Medical Appliances	117	2032300	2201436	2100784	157208
矿产品、建材及化工产品批发 Wholesale of Mineral Products, Building Materials and Chemical Products	1155	44522130	46974336	43510940	3146047
#煤炭及制品批发 Wholesale of Coal and Its Products	89	2197263	2318706	2230902	60775
石油及制品批发 Wholesale of Petroleum and Its Products	132	10638997	11719745	8740252	337768
金属及金属矿批发 Wholesale of Metal and Metal Mineral	355	20081253	20678188	20484769	1682407
建材批发 Wholesale of Building Materials	246	5951394	6244975	6104672	559880
化肥批发 Wholesale of Chemical Fertilizer	40	751318	795594	772052	108920
机械设备、五金交电及电子产品批发 Wholesale of Machinery, Equipment, Hardware,Transport and Electic Products	396	6526006	7911078	7517348	1059873
#汽车、摩托车及零配件批发 Wholesale of Motor Vehicles, Motorcycles and Parts	96	915190	1003025	928306	93653
家用电器批发 Whole of Family Electrical Equipments	63	1193838	1412891	1297727	200526
计算机、软件及辅助设备批发 Wholesale of Computer Software and Supplementary Equipments	60	644410	719511	610037	88433
贸易经纪与代理 Trade Broker and Agent	49	1639361	1716603	1716603	93561
其他批发 Other Wholesale not Classified Elsewhere	167	5334093	5900432	5880569	302540

15-3 续表2

Continued

项目 Item	法人企业（个） Number of Corporation (unit)	商品购进额（万元） Total Goods Purchase (10000 yuan)	商品销售额（万元） Sales (10000 yuan)	#批发额（万元） Wholesale (10000 yuan)	期末商品库存额（万元） Inventory at the Year-end (10000 yuan)
零售业 Retail Trade	**2210**	**19579453**	**25489177**	**2647275**	**2019462**
按登记注册类型分 By Registration Category					
内资企业 Domestic Funded Enterprises	2123	17222820	19435179	1730584	1780372
国有企业 State-owned Enterprises	74	655155	1073995	112647	49033
集体企业 Collective-owned Enterprises	74	169826	184147	24668	9675
股份合作企业 Cooperative Enterprises	7	17835	20251	3355	2167
联营企业 Joint Ownership Enterprises	8	61084	83445		1173
有限责任公司 Limited Liability Corporations	662	7172220	7877219	599815	796881
股份有限公司 Share-holding Corporations Ltd.	51	2691923	3235189	398056	174324
私营企业 Private Enterprises	1138	5508011	5965526	459010	635472
其他企业 Other Enterprises	109	946767	995408	133034	111647
港澳台商投资企业 Funds from Hong Kong, Macao and Taiwan	36	1111173	1151824	33234	61724
外商投资企业 Foreign Funded Enterprises	51	1245461	4902174	883456	177366
按行业分 By Sector					
综合零售 General Retail	392	3869437	4571994	61196	387277
#百货零售 Retail of Consumer Goods	113	957938	1461710	14280	91304
超级市场零售 Retail of Supermarkets	223	2419420	2663979	26494	208507

15-3 续表3

Continued

项目 Item	法人企业（个） Number of Corporation (unit)	商品购进额（万元） Total Goods Purchase (10000 yuan)	商品销售额（万元） Sales (10000 yuan)	#批发额（万元） Wholesale (10000 yuan)	期末商品库存额（万元） Inventory at the Year-end (10000 yuan)
食品、饮料及烟草制品专门零售 Retail of Food, Beverages and Tobaccos	218	984047	1022536	80858	129755
纺织、服装及日用品专门零售 Retail of Textiles, Garments, Shoes and Hats	120	595787	662343	94256	92669
#服装零售 Retail of Garments	46	263151	284600	43506	48934
文化、体育用品及器材专门零售 Retail of Culture, Sports Products and Equipments	57	598413	614336	226753	93758
#图书零售 Retail of Books	8	376214	375634	187787	54345
医药及医疗器材专门零售 Retail of Medicines and Medical Appliances	89	522331	577501	173183	47864
#药品零售 Retail of Medicines	83	506472	558836	173183	44996
汽车、摩托车、燃料及零配件专门零售 Retail of Motor Vehicles, Motorcycles Fule and Parts	778	9864393	14606511	1717932	933226
#汽车零售 Retail of Motor Vehicles	500	7051936	7392975	456686	812535
机动车燃料零售 Retail of Vehicles Fule	173	2536724	6918563	1229925	85262
家用电器及电子产品专门零售 Retail of Family Electric Equipment and Product	322	1947676	2016078	147078	208028
#家用电器零售 Retail of Family Electric Equipment	228	1361427	1419444	57071	152963
计算机、软件及辅助设备零售 Wholesale of Computer Software and Supplementary Equipments	65	328404	339826	35113	20096
通信设备零售 Retail of Telecommunicate Equipment	24	153507	154588	32615	27675
五金、家具及室内装修材料专门零售 Retail of Hardware, Furniture and Inside Decoration Materials	139	740631	890766	90122	70845
无店铺及其他零售 Retail of No Stores and Others	95	456739	527113	55897	56040

15-4 限额以上批发和零售企业年末资产及负债情况（2011年）

Main Financial Indicators of Wholesale and Retail Trades Corporation Enterprises(2011)

单位：万元　(10000 yuan)

项目 Item	资产总计 Total Assess	#流动资产合计 Total Circulating Funds	固定资产原价 Oringinal Prices of Fixed Assets	负债总计 Total Liabilities	所有者权益合计 Total Creditors Equity
合计 Total	**53562113**	**40520038**	**4000341**	**35926783**	**17635330**
批发业 Wholesale	**43602097**	**33944185**	**2234822**	**29739622**	**13862475**
按登记注册类型分 By Type of Registration					
内资企业 Domestic Funded Enterprises	39658172	30894125	1956660	27251349	12406823
国有企业 State-owned Enterprises	7894263	4588177	734500	3337320	4556944
集体企业 Collective-owned Enterprises	189172	167956	13721	153914	35257
股份合作企业 Cooperative Enterprises	29025	25242	4815	19986	9039
联营企业 Joint Ownership Enterprises	69600	64013	3288	55142	14458
有限责任公司 Limited Liability Corporations	13221499	10958097	579031	10221333	3000167
股份有限公司 Share-holding Corporations Ltd.	5544978	3998546	109102	3967739	1577239
私营企业 Private Enterprises	10960889	9671162	474778	8359854	2601035
其他企业 Other Onterprises	1748746	1420933	37427	1136061	612685
港澳台商投资企业 Funds from Hong Kong, Macao and Taiwan	1972687	1604651	87714	1285559	687128
外商投资企业 Enterprises with Sole Foreign Investment	1971239	1445409	190448	1202715	768524
按行业分 By Sector					
农畜产品批发 Wholesale of Farm Crops and Livestock Products	653722	536673	68954	510240	143482
食品、饮料及烟草制品批发 Wholesale of Food, Beverages and Tobaccos	5593257	3858634	673816	2425828	3167429

15-4 续表1

Continued

单位：万元 (10000 yuan)

项目 Item	资产总计 Total Assess	#流动资产合计 Total Circulating Funds	固定资产原价 Oringinal Prices of Fixed Assets	负债总计 Total Liabilities	所有者权益合计 Total Creditors Equity
#米、面制品及食用油批发 Sholesale of Rice, Wheat Products and Rdible Oil	739710	652663	50699	590393	149317
烟草制品批发 Wholesale of Tobaccos	3217022	2011231	433151	678378	2538644
纺织、服装及日用品批发 Wholesale of Textiles, Garments and Daily Consumer Articles	7191462	6011521	262349	5035587	2155874
#服装批发 Wholesale of Garments	3575320	3181695	83013	2562129	1013191
文化、体育用品及器材批发 Wholesale of Culture, Sports Products and Appliances	297852	236878	27804	198900	98952
医药及医疗器材批发 Wholesale of Medicines and Medical Appliances	1127382	968155	58581	810265	317116
矿产品、建材及化工产品批发 Wholesale of Mineral Products, Building Materials and Chemical Products	21545427	16298145	831325	15351890	6193537
#煤炭及制品批发 Wholesale of Coal and Its Products	911171	848415	26500	712340	198831
石油及制品批发 Wholesale of Petroleum and Its Products	3089219	1496715	288409	1645554	1443665
金属及金属矿批发 Wholesale of Metal and Metal Mineral	10747607	8178559	216328	7910688	2836919
建材批发 Wholesale of Building Materials	3980116	3395977	173093	3013432	966684
化肥批发 Wholesale of Chemical Fertilizer	389479	353845	42740	308265	81214
机械设备、五金交电及电子产品批发 Wholesale of Machinery, Equipment, Hardware,Transport and Electic Products	4182117	3672677	153320	3173797	1008320
#汽车、摩托车及零配件批发 Wholesale of Motor Vehicles, Motorcycles and Parts	525091	454540	42670	351726	173365
家用电器批发 Whole of Family Electrical Equipments	557573	536090	12451	505222	52351
计算机、软件及辅助设备批发 Wholesale of Computer Software and Supplementary Equipments	504207	349922	21282	279759	224448
贸易经纪与代理 Trade Broker and Agent	829923	638823	56910	579739	250184

15-4 续表2

Continued

单位：万元 (10000 yuan)

项目 Item	资产总计 Total Assess	#流动资产合计 Total Circulating Funds	固定资产原价 Oringinal Prices of Fixed Assets	负债总计 Total Liabilities	所有者权益合计 Total Creditors Equity
其他批发 Other Wholesale not Classified Elsewhere	2180957	1722680	101761	1653375	527582
零售业 **Retail Trade**	**9960015**	**6575853**	**1765520**	**6187161**	**3772854**
按登记注册类型分 **By Type of Registration**					
内资企业 Domestic Funded Enterprises	8485194	5882187	1467681	5434205	3050990
国有企业 State-owned Enterprises	317531	222400	51344	176074	141457
集体企业 Collective-owned Enterprises	41249	18702	17454	19223	22026
股份合作企业 Cooperative Enterprises	11634	9557	1837	9480	2155
联营企业 Joint Ownership Enterprises	8888	5751	1794	2740	6148
有限责任公司 Limited Liability Corporations	3294383	2473068	602534	2240993	1053391
股份有限公司 Share-holding Corporations Ltd.	1704808	711481	376253	858935	845874
私营企业 Private Enterprises	2767100	2173657	371378	1876366	890734
其他企业 Other Onterprises	339601	267571	45087	250395	89206
港澳台商投资企业 Funds from Hong Kong, Macao and Taiwan	940075	271022	215202	384285	555790
外商投资企业 Enterprises with Sole Foreign Investment	534746	422644	82637	368671	166075
按行业分 **By Sector**					
综合零售 General Retail	2513628	1418573	511530	1538298	975330
#百货零售 Retail of Consumer Goods	992498	683795	230423	633098	359400

15-4 续表3

Continued

单位：万元 (10000 yuan)

项目 Item	资产总计 Total Assess	#流动资产合计 Total Circulating Funds	固定资产原价 Oringinal Prices of Fixed Assets	负债总计 Total Liabilities	所有者权益合计 Total Creditors Equity
超级市场零售 Retail of Supermarkets	1342349	610939	235046	770641	571708
食品、饮料及烟草制品专门零售 Retail of Food, Beverages and Tobaccos	391061	289327	73051	181420	209641
纺织、服装及日用品专门零售 Retail of Textiles,Garments, Shoes and Hats	305362	268359	20045	215688	89674
#服装零售 Retail of Garments	165700	147838	9026	118391	47309
文化、体育用品及器材专门零售 Retail of Culture, Sports Products and Equipments	394844	274777	103117	160295	234550
#图书零售 Retail of Books	296368	184608	98305	117220	179149
医药及医疗器材专门零售 Retail of Medicines and Medical Appliances	257110	198312	36222	172686	84424
#药品零售 Retail of Medicines	251484	193851	35324	169416	82068
汽车、摩托车、燃料及零配件专门零售 Retail of Motor Vehicles, Motorcycles Fule and Parts	4371333	2899079	737104	2750185	1621147
#汽车零售 Retail of Motor Vehicles	2999910	2366412	371362	2199016	800894
机动车燃料零售 Retail of Vehicles Fule	1254699	430074	352589	478888	775811
家用电器及电子产品专门零售 Retail of Family Electric Equipment and Product	882583	721139	59028	677305	205278
#家用电器零售 Retail of Family Electric Equipment	606922	522555	44469	472264	134657
计算机、软件及辅助设备零售 Retail of Computer Software and Supplementary Equipment	163263	111306	3488	122209	41055
通信设备零售 Retail of Telecommunicate Equipment	72804	53960	9903	47071	25733
五金、家具及室内装修材料专门零售 Wholesale of Computer Software and Supplementary Equipments	369066	258888	74465	241948	127118
无店铺及其他零售 Retail of No Stores and Others	475029	247399	150959	249335	225694

15-5 限额以上批发和零售企业财务状况（2011年）

Main Financial Indicators of Wholesale and Retail Trades Corporation Enterprises(2011)

单位：万元 (10000 yuan)

项目 Item	主营业务收入 Main Operating Income	主营业务成本 Main Operating Expenses	主营业务税金及附加 Main Operating Tax and Extra Charges	营业利润 Profits of Business
合计 **Total**	**101034280**	**94023493**	**418046**	**2306696**
批发业	**82337210**	**77316220**	**347270**	**1777034**
按登记注册类型分 **By Type of Registration**				
内资企业 Domestic Funded Enterprises	73492631	69446408	327009	1319865
国有企业 State-owned Enterprises	14052895	12661332	205558	696010
集体企业 Collective-owned Enterprises	410971	386599	1143	6559
股份合作企业 Cooperative Enterprises	97061	93557	705	249
联营企业 Joint Ownership Enterprises	208700	200300	84	1683
有限责任公司 Limited Liability Corporations	24563782	23562390	33619	188218
股份有限公司 Share-holding Corporations Ltd.	11732210	11173366	28097	266188
私营企业 Private Enterprises	20683816	19700591	56205	161816
其他企业 Other Onterprises	1743197	1668274	1599	-858
港澳台商投资企业 Funds from Hong Kong, Macao and Taiwan	2266713	1887461	6936	152780
外商投资企业 Foreign Funded Enterprises	6577866	5982352	13326	304389
按行业分 **By Sector**				
农畜产品批发 Wholesale of Farm Crops and Livestock Products	831771	778565	895	5389
食品、饮料及烟草制品批发 Wholesale of Food, Beverages and Tobaccos	11086314	9654711	212263	641941

15-5 续表1

Continued

单位：万元 (10000 yuan)

项目 Item	主营业务收入 Main Operating Income	主营业务成本 Main Operating Expenses	主营业务税金及附加 Main Operating Tax and Extra Charges	营业利润 Profits of Business
#米、面制品及食用油批发 Sholesale of Rice, Wheat Products and Rdible Oil	1379806	1319222	1074	-8651
烟草制品批发 Wholesale of Tobaccos	6124790	5032969	199349	605187
纺织、服装及日用品批发 Wholesale of Textiles, Garments and Daily Consumer Articles	13411697	12281258	44021	464797
#服装批发 Retail of Garments	6289493	5716787	8232	257699
文化、体育用品及器材批发 Retail of Culture, Sports Products and Equipments	443449	403140	1612	10328
医药及医疗器材批发 Retail of Medicines and Medical Appliances	1886507	1774855	2908	29861
矿产品、建材及化工产品批发 Wholesale of Mineral Products, Building Materials and Chemical Products	40862211	39304977	64683	453014
#煤炭及制品批发 Wholesale of Coal and Its Products	2040902	1966781	2714	14301
石油及制品批发 Wholesale of Petroleum and Its Products	10127657	9632178	11445	245538
金属及金属矿批发 Wholesale of Metal and Metal Mineral	18019577	17395350	35108	155759
建材批发 Wholesale of Building Materials	5319406	5155897	3519	8906
化肥批发 Wholesale of Chemical Fertilizer	771907	739624	6320	6072
机械设备、五金交电及电子产品批发 Wholesale of Machinery, Equipment, Hardware,Transport and Electic Products	6816732	6365491	11072	106116
#汽车、摩托车及零配件批发 Wholesale of Motor Vehicles, Motorcycles and Parts	854639	799892	918	20761
家用电器批发 Whole of Family Electrical Equipments	1073023	986399	1704	5094
计算机、软件及辅助设备批发	654815	584653	3303	-3709
贸易经纪与代理 Trade Broker and Agent	1639293	1543151	2822	33556

15-5 续表2

Continued

单位：万元 (10000 yuan)

项目 Item	主营业务收入 Main Operating Income	主营业务成本 Main Operating Expenses	主营业务税金及附加 Main Operating Tax and Extra Charges	营业利润 Profits of Business
其他批发 Other Wholesale not Classified Elsewhere	5359235	5210071	6996	32032
零售业 Retail Trade	**18697070**	**16707272**	**70775**	**529662**
按登记注册类型分 By Type of Registration				
内资企业 Domestic Funded Enterprises	16502692	14892291	61312	423771
国有企业 State-owned Enterprises	664731	604389	1373	18296
集体企业 Collective-owned Enterprises	167601	151673	762	1755
股份合作企业 Cooperative Enterprises	17916	15687	58	561
联营企业 Joint Ownership Enterprises	76151	70602	94	3669
有限责任公司 Limited Liability Corporations	6846295	6121684	32456	165497
股份有限公司 Share-holding Corporations Ltd.	2538068	2355033	5748	113064
私营企业 Private Enterprises	5294602	4757050	18722	100816
其他企业 Other Onterprises	897328	816173	2099	20113
港澳台商投资企业 Funds from Hong Kong, Macao and Taiwan	1127246	941592	4739	55476
外商投资企业 Foreign Funded Enterprises	1067132	873389	4724	50415
按行业分 By Sector				
综合零售 General Retail	3993214	3361574	24936	108007
#百货零售 Retail of Consumer Goods	1264344	1038031	12116	57331

15-5 续表3

Continued

单位：万元 (10000 yuan)

项目 Item	主营业务收入 Main Operating Income	主营业务成本 Main Operating Expenses	主营业务税金及附加 Main Operating Tax and Extra Charges	营业利润 Profits of Business
超级市场零售 Retail of Supermarkets	2364614	2005865	10375	51418
食品、饮料及烟草制品专门零售 Retail of Food, Beverages and Tobaccos	923075	765357	13773	48332
纺织、服装及日用品专门零售 Retail of Textiles, Garments, Shoes and Hats	579987	460797	3423	30470
#服装零售 Retail of Garments	249451	201347	1560	6972
文化、体育用品及器材专门零售 Retail of Culture, Sports Products and Equipments	393987	322335	4378	15845
#图书零售 Retail of Books	177018	128468	1594	10446
医药及医疗器材专门零售 Retail of Medicines and Medical Appliances	507208	445741	1435	23968
#药品零售 Retail of Medicines	490535	433036	1345	23286
汽车、摩托车、燃料及零配件专门零售 Retail of Motor Vehicles, Motorcycles Fule and Parts	9167329	8555479	12814	221009
#汽车零售 Retail of Motor Vehicles	6589111	6128256	9162	116494
机动车燃料零售 Retail of Vehicles Fule	2314292	2185237	2859	98734
家用电器及电子产品专门零售 Retail of Family Electric Equipment and Product	1787754	1634921	4445	26385
#家用电器零售 Retail of Family Electric Equipment	1252282	1133319	3367	23795
计算机、软件及辅助设备零售 Wholesale of Computer Software and Supplementary Equipments	297287	277682	728	2095
通信设备零售 Retail of Telecommunicate Equipment	137992	126140	267	958
五金、家具及室内装修材料专门零售 Wholesale of Computer Software and Supplementary Equipments	775554	666871	4145	31994
无店铺及其他零售 Retail of No Stores and Others	568962	494197	1428	23653

15-6 限额以上批发和零售企业主要效益指标（2011年）

Main Indicators Economic Benefit of Whole Sale Enterprises and Retail Trade above Designated Size(2011)

单位：%　　(%)

项目 Item	资产负债率 Assets Liability Rate	销售毛利率 Ratio of Gross Profits to Sales Revenue	经营费用率 Ratio of Operating Costs to Total Costs	成本费用利润率 Ratio of Profits to Costs
合计 Total	**67.1**	**6.9**	**4.8**	**2.6**
批发业 Wholesale	**68.2**	**6.1**	**3.9**	**2.6**
按登记注册类型分 By Registration Category				
内资企业 Domestic Funded Enterprises	68.7	5.5	3.7	2.2
国有企业 State-owned Enterprises	42.3	9.9	4.2	5.4
集体企业 Collective-owned Enterprises	81.4	5.9	4.5	1.5
股份合作企业 Cooperative Enterprises	68.9	3.6	2.8	0.2
联营企业 Joint Ownership Enterprises	79.2	4.0	3.3	0.7
有限责任公司 Limited Liability Corporations	77.3	4.1	3.5	0.9
股份有限公司 Share-holding Corporations Ltd.	71.6	4.8	3.2	2.5
私营企业 Private Enterprises	76.3	4.8	3.8	0.7
其他企业 Other Enterprises	65.0	4.3	4.4	12.2
港澳台商投资企业 Funds from Hong Kong, Macao and Taiwan	65.2	16.7	9.7	7.6
外商投资企业 Enterprises with Sole Foreign Investment	61.0	9.1	4.5	4.8
按行业分 By Sector				
农畜产品批发 Wholesale of Farm Crops and Livestock Products	78.1	6.4	5.7	2.7
食品、饮料及烟草制品批发 Wholesale of Food, Beverages and Tobaccos	43.4	12.9	6.0	6.7

15-6 续表1

Continued

单位：% (%)

项目 Item	资产负债率 Assets Liability Rate	销售毛利率 Ratio of Gross Profits to Sales Revenue	经营费用率 Ratio of Operating Costs to Total Costs	成本费用利润率 Ratio of Profits to Costs
#米、面制品及食用油批发 Sholesale of Rice, Wheat Products and Rdible Oil	79.8	4.4	5.2	0.1
烟草制品批发业 Wholesale of Tobaccos	21.1	17.8	5.9	11.9
纺织、服装及日用品批发 Wholesale of Textiles, Garments and Daily Consumer Articles	70.0	8.4	5.0	3.6
#服装批发 Wholesale of Garments	71.7	9.1	5.7	4.3
文化、体育用品及器材批发 Wholesale of Culture, Sports Products and Appliances	66.8	9.1	6.7	2.6
医药及医疗器材批发 Wholesale of Medicines and Medical Appliances	71.9	5.9	4.7	1.5
矿产品、建材及化工产品批发 Wholesale of Mineral Products, Building Materials and Chemical Products	71.3	3.8	2.9	1.6
#煤炭及制品批发 Wholesale of Coal and Its Products	78.2	3.6	3.0	0.7
石油及制品批发 Wholesale of Petroleum and Its Products	53.3	4.9	2.4	2.2
金属及金属矿批发 Wholesale of Metal and Metal Mineral	73.6	3.5	2.8	2.1
建材批发 Wholesale of Building Materials	75.7	3.1	3.0	0.4
化肥批发 Wholesale of Chemical Fertilizer	79.1	4.2	4.7	0.7
机械设备、五金交电及电子产品批发 Wholesale of Machinery, Equipment, Hardware,Transport and Electic Products	75.9	6.6	5.4	1.7
#汽车、摩托车及零配件批发 Wholesale of Motor Vehicles, Motorcycles and Parts	67.0	6.4	4.6	2.0
家用电器批发 Whole of Family Electrical Equipments	90.6	8.1	7.6	0.5
计算机、软件及辅助设备批发 Wholesale of Computer Software and Supplementary Equipments	55.5	10.7	11.2	-0.3
贸易经纪与代理 Trade Broker and Agent	69.9	5.9	4.1	2.3

15-6 续表2

Continued

单位：%　(%)

项目 Item	资产负债率 Assets Liability Rate	销售毛利率 Ratio of Gross Profits to Sales Revenue	经营费用率 Ratio of Operating Costs to Total Costs	成本费用利润率 Ratio of Profits to Costs
其他批发 Other Wholesale not Classified Elsewhere	75.8	2.8	2.6	0.6
零售业 **Retail Trade**	**62.1**	**10.6**	**8.8**	**2.8**
按登记注册类型分 **By Registration Category**				
内资企业 Domestic Funded Enterprises	64.0	9.8	8.1	2.5
国有企业 State-owned Enterprises	55.5	9.1	7.0	2.9
集体企业 Collective-owned Enterprises	46.6	9.5	8.3	1.5
股份合作企业 Cooperative Enterprises	81.5	12.4	9.3	3.3
联营企业 Joint Ownership Enterprises	30.8	7.3	2.7	3.5
有限责任公司 Limited Liability Corporations	68.0	10.6	8.7	2.1
股份有限公司 Share-holding Corporations Ltd.	50.4	7.2	6.6	5.6
私营企业 Private Enterprises	67.8	10.2	8.6	1.7
其他企业 Other Enterprise	73.7	9.0	7.1	2.0
港澳台商投资企业 Funds from Hong Kong, Macao and Taiwan	40.9	16.5	13.6	5.1
外商投资企业 Foreign Funded Enterprises	68.9	18.2	14.7	4.9
按行业分 **By Sector**				
综合零售 General Retail	61.2	15.8	15.1	3.5
#百货零售 Retail of Consumer Goods	63.8	17.9	15.2	7.1

15-6 续表3

Continued

单位：%　　(%)

项目 Item	资产负债率 Assets Liability Rate	销售毛利率 Ratio of Gross Profits to Sales Revenue	经营费用率 Ratio of Operating Costs to Total Costs	成本费用利润率 Ratio of Profits to Costs
超级市场零售 Retail of Supermarkets	57.4	15.2	15.1	2.2
食品、饮料及烟草制品专门零售 Retail of Food, Beverages and Tobaccos	46.4	17.1	10.6	5.5
纺织、服装及日用品专门零售 Retail of Textiles, Garments, Shoes and Hats	70.6	20.6	15.1	5.5
#服装零售 Retail of Garments	71.4	19.3	16.6	2.7
文化、体育用品及器材专门零售 Retail of Culture, Sports Products and Equipments	40.6	18.2	15.4	3.9
#图书零售 Retail of Books	39.6	27.4	24.9	5.8
医药及医疗器材专门零售 Retail of Medicines and Medical Appliances	67.2	12.1	7.8	4.9
#药品零售 Retail of Medicines	67.4	11.7	7.3	5.0
汽车、摩托车、燃料及零配件专门零售 Retail of Motor Vehicles, Motorcycles Fule and Parts	62.9	6.7	5.4	2.1
#汽车零售 Retail of Motor Vehicles	73.3	7.0	5.5	1.4
机动车燃料零售 Retail of Vehicles Fule	38.2	5.6	4.9	4.1
家用电器及电子产品专门零售 Retail of Family Electric Equipment and Product	76.7	8.5	8.3	1.3
#家用电器零售 Retail of Family Electric Equipment	77.8	9.5	9.1	1.6
计算机、软件及辅助设备零售 Retail of Computer Software and Supplementary Equipment	74.9	6.6	5.8	0.7
通信设备零售 Retail of Telecommunicate Equipment	64.7	8.6	9.9	0.9
五金、家具及室内装修材料专门零售 Retail of Hardware, Furniture and Inside Decoration Materials	65.6	14.0	9.6	3.9
无店铺及其他零售 Retail of No Stores and Others	52.5	13.1	9.1	4.4

15-7 亿元以上商品交易市场主要经济指标（2011年）

Statistics on Commodity Markets with Trade over 100 Million Yuan(2011)

项目	Item	市场数（个）Number of Markets (unit)	摊位数（个）Number of Stalls (unit)	营业面积（平方米）Operation Area(sq.m)	市场成交额（万元）Transaction Value (10000 yuan)
总计	**Total**	**159**	**62842**	**3336967**	**15400586**
按经营环境分	**By Operating Circumstance**				
封闭式	Indoor	136	56966	3073478	13875188
露天式	Outdoor	10	1483	102560	1017596
其他	Others	13	4393	160929	507802
按营业状态分	**By Operating Status**				
常年营业	Perennial Operation	158	62802	3335667	15372755
季节性营业	Seasonal Operation	1	40	1300	27831
其他	Others				
按经营方式分	**By Operating Mode**				
批发（或以批发为主）	Whole Sale	68	29720	2036518	11011422
零售（或以零售为主）	Retail	91	33122	1300449	4389164
按市场类别分	**By Market Category**				
综合市场	General Markets	65	32876	961264	3002936
生产资料综合市场	Product Materials Markets	1	94	30000	13059
工业消费品综合市场	Industrial Products Consume Markets	5	5750	207060	317574
农副产品综合市场	Agricaltural Products General Markets	45	19467	325858	1430580
其他综合市场	Other Markets	14	7565	398346	1241723
专业市场	and Hats	94	29966	2375703	12397650
生产资料市场	Markets for Food, Beverage, Tobacco	13	2969	655362	4087772
农产品市场	and Liquor	36	9244	499670	3095985
食品饮料及烟酒市场	Medicine and Medical Insurments	6	2730	187500	338881
纺织、服装、鞋帽市场	Markets for Furnitures	12	8417	277768	2052759
日用品及文化用品市场	Markets for Small Commodities	2	630	199160	97985
黄金、珠宝、玉器等首饰市场	Markets for Culture Products, VideoProducts	4	1739	39738	1116086
电器、通讯器材、电子设备市场	Newspapers and Magazines	3	1364	58000	181864
医药、医疗用品及器材市场	Markets for Second Hand	1	40	1300	27831
家具、五金及装饰材料市场	Markets for Mechanically-propelled Vehicles	8	1798	319890	576929
汽车、摩托车及零配件市场	Markets for Metal Materials	6	609	102960	737907
花、鸟、鱼、虫市场	Markets for Coal	2	398	31855	72668
旧货市场	Markets for Wood	1	28	2500	10983
其他专业市场	Other Markets				

15-8 亿元以上商品交易市场成交情况（2011年）

Transaction Value of Commodity Markets with Trade over 100 Million Yuan by Region(2011)

项目	Item	出租摊位数（个）Number of Stalls (unit)	市场成交额（万元）Transaction Value (10000 yuan)
总计		**55039**	**15400586**
食品、饮料、烟酒类	Food,Beverages,Tobaccos and Liguor	27530	5259058
粮油、食品类	Grain,Oil and Foods	24686	4749663
饮料类	Beverages	2333	364243
烟酒类	Tobacco and Liquor	511	145152
服装、鞋帽、针纺织品类	Garments,shoes,Caps and Textiles	13176	2519282
#服装类	Clothing	11162	2012828
鞋帽类	Shoes and Hats	1098	103182
针纺织品类	Knitwear and Textiles	916	403272
化妆品类	Cosmetics	122	19593
金银珠宝类	Gold,Silver and Jewelry	1880	1128898
日用品类	Articles for Daily Use	1859	273525
#洗涤用品类	Washing Articles	284	25181
儿童玩具类	Children Toys	68	5714
五金、电料类	Hardware and Electrical Materials	756	155461
体育、娱乐用品类	Sports and Recreation Articles	62	2918
书报杂志类	Newspapers and Magazines	11	117
电子出版物及音像制品类	E-journal and Video Products	58	4557
家用电器和音像器材类	Household Appliances and Video Appliances	612	84324
中西药品类	Traditional Chinese and Western Medicines	145	32591
#西药类	Western Medicines	26	1696
中草药及中成药类	Chinese Herbal Medicine and Mid-product Medicine	106	28472
文化办公用品类	Cultural and Official Goods	1024	126439
家具类	Furniture	280	56729
通讯器材类	Communication Appliances	253	21828
煤炭及制品类	Coal and Related Products		
木材及制品类	Wood and Wooden Products	400	61311
石油及制品类	Petroleum and Related Products	3	78
化工材料及制品类	Raw Chemical Materials	385	96549
金属材料类	Metal Materrials	349	2411175
建筑及装潢材料类	Building and Decoration Materials	2943	1790557
机电产品及设备类	Mechanical and Electrical Products and Equipment	108	9059
#农机类	Agriculture Machinery		
汽车类	Vehicles	591	737907
种子饲料类	Seed and Feedstuff	209	256452
棉麻类	Cotton and Ramie		
其他类	Others	2283	352178

15-9 限额以上住宿业企业基本情况（2011年）

Basic Conditions of Enterprises above Designated Size in Hotels(2011)

项目	Item	法人企业（个）Number of Corporation (unit)	床位数（个）Number of Beds at the year- end (unit)	餐位数（位）Number of seats at the year- end
住宿业	**Hotels**	**606**	**129512**	**277962**
按登记注册类型分	**By Registration Category**			
内资企业	Domestic Funded Enterprises	522	102225	219327
国有企业	State-owned Enterprises	92	22608	41277
集体企业	Collective-owned Enterprises	12	1324	2576
股份合作企业	Cooperative Enterprises	7	1418	1975
联营企业	Joint Ownership Enterprises	5	1684	1295
有限责任公司	Limited Liability Corporations	126	30128	51840
股份有限公司	Share-holding Corporations Ltd.	8	1792	2594
私营企业	Private Enterprises	252	40277	97675
其他企业	Other Enterprises	20	2994	20095
港澳台商投资企业	Funds from Hong Kong, Macao and Taiwan	50	14989	40277
外商投资企业	Foreign Funded Enterprises	34	12298	18358
按行业分	**By Sector**			
旅游饭店	Tourism Hotel	431	100465	230095
一般饭店	General Hotel	151	24984	41265
其他住宿服务	Other Hotel	24	4063	6602

15-10 限额以上餐饮业企业基本情况（2011年）

Basic Conditions of Enterprises above Designated Size in Catering Services(2011)

项目	Item	法人企业（个）Number of Corporation (unit)	年末餐饮营业面积（平方米）Operation Area (sq.m)	餐位数（位）Number of seats at the year- end
餐饮业	**Catering Services**	**630**	**1423754**	**342638**
按登记注册类型分	**By Registration Category**			
内资企业	Domestic Funded Enterprises	570	1203452	284855
#国有企业	State-owned Enterprises	22	123927	23737
集体企业	Collective-owned Enterprises	7	8672	2300
有限责任公司	Limited Liability Corporations	94	243426	46030
股份有限公司	Share-holding Corporations Ltd.	5	11613	1930
私营企业	Private Enterprises	388	730592	191102
其他企业	Other Enterprises	52	82666	19549
港澳台商投资企业	Funds from Hong Kong, Macao and Taiwan	36	112757	32497
外商投资企业	Foreign Funded Enterprises	24	107545	25286
按行业分	**By Sector**			
正餐服务业	Dinner	584	1284030	294690
快餐服务业	Snack	24	126367	45061
饮料及冷饮服务业	Drink and Cold Drink	9	4272	860
其他餐饮服务业	Other	13	9085	2027

15-11 限额以上住宿业和餐饮业企业经营情况（2011年）

Basic Conditions of Enterprises above Designated Size in Hotels and Catering Services(2011)

单位：万元 (10000 yuan)

项目	Item	营业额 Business Revenue	客房收入 From Hotel Rooms	餐费收入 From Meals	商品销售额 From Commodities Income	其他收入 From Others
合计	**Total**	**2379476**	**569217**	**1619276**	**91074**	**99910**
住宿业	**Hotels**	**1203277**	**505099**	**558527**	**54661**	**84990**
按登记注册类型分	**By Registration Category**					
内资企业	Domestic Funded Enterprises	811339	354944	383799	17065	55531
国有企业	State-owned Enterprises	204793	95547	96054	457	12735
集体企业	Collective-owned Enterprises	9273	2892	3008	54	3318
股份合作企业	Cooperative Enterprises	6194	2006	3047	51	1089
联营企业	Joint Ownership Enterprises	32211	17048	13225	298	1640
有限责任公司	Limited Liability Corporations	213210	111306	82938	2737	16228
股份有限公司	Share-holding Corporations Ltd.	18389	6638	9776	1439	536
私营企业	Private Enterprises	295239	110451	159646	9869	15274
其他企业	Other Enterprises	32030	9055	16104	2160	4711
港澳台商投资企业	Funds from Hong Kong, Macao and Taiwan	235692	82527	101636	35752	15777
外商投资企业	Foreign Funded Enterprises	156246	67628	73093	1844	13682
按行业分	**Bye Sector**					
旅游饭店	Tourism Hotel	1042778	422806	492430	52327	75216
一般饭店	General Hotel	135806	72664	54604	1845	6693
其他住宿服务	Other Hotel	24693	9629	11493	489	3082
餐饮业	**Catering Services**	**1176200**	**64118**	**1060749**	**36413**	**14920**
按登记注册类型分	**By Registration Category**					
内资企业	Domestic Funded Enterprises	831882	51815	736812	33008	10248
#国有企业	State-owned Enterprises	45635	8502	35637	188	1307
集体企业	Collective-owned Enterprises	10352	1225	5882	3184	60
有限责任公司	Limited Liability Corporations	117681	19805	95401	420	2056
股份有限公司	Share-holding Corporations Ltd.	6224	610	5614		
私营企业	Private Enterprises	601173	19331	546724	28615	6504
其他企业	Other Enterprises	48348	2341	45087	600	321
港澳台商投资企业	Funds from Hong Kong, Macao and Taiwan	169295	3611	159879	2688	3117
外商投资企业	Foreign Funded Enterprises	175023	8692	164057	718	1556
按行业分	**Bye Sector**					
正餐服务业	Dinner	887383	63418	776153	33327	14486
快餐服务业	Snack	265107	280	264761	63	3
饮料及冷饮服务业	Drink and Cold Drink	5286		4715	410	162
其他餐饮服务业	Other	18424	420	15120	2615	270

15-12 限额以上住宿和餐饮业企业年末资产及负债情况（2011年）

Main Financial Indicators of Hotels and Catering Sevices Corporation Enterprises(2011)

单位：万元　　(10000 yuan)

项目	Item	资产总计 Total Assess	流动资产合计 Total Circhlating Funds	固定资产原价 Oringinal Prices of Fixed Assets	负债总计 Total Liabilities	所有者权益合计 Total Creditors Equity
合计	**Total**	**3644351**	**1272408**	**2018759**	**2134563**	**1509788**
住宿业	**Hotels**	**2773411**	**924878**	**1601496**	**1630827**	**1142584**
按登记注册类型分	**By Registration Category**					
内资企业	Domestic Funded Enterprises	1721613	597446	987342	896868	824746
国有企业	State-owned Enterprises	391249	90549	317222	165697	225552
集体企业	Collective-owned Enterprises	8531	3258	8697	4635	3896
股份合作企业	Cooperative Enterprises	23592	2709	12879	8664	14929
联营企业	Joint Ownership Enterprises	62726	22072	58014	15711	47015
有限责任公司	Limited Liability Corporations	647801	253316	292755	390382	257420
股份有限公司	Share-holding Corporations Ltd.	21661	10824	12253	13956	7705
私营企业	Private Enterprises	489010	189602	251683	263763	225247
其他企业	Other Enterprises	77043	25116	33840	34060	42983
港澳台商投资企业	Funds from Hong Kong, Macao and Taiwan	625254	222145	289132	501033	124221
外商投资企业	Foreign Funded Enterprises	426544	105287	325022	232926	193618
按行业分	**By Sector**					
旅游饭店	Tourism Hotel	2513692	830401	1470878	1474724	1038968
一般饭店	General Hotel	201319	67342	95778	111765	89554
其他住宿服务	Other Hotel	58400	27134	34840	44338	14062
餐饮业	**Catering Services**	**870940**	**347530**	**417263**	**503736**	**367204**
按登记注册类型分	**By Registration Category**					
内资企业	Domestic Funded Enterprises	604719	240497	278635	337408	267311
#国有企业	State-owned Enterprises	40578	15325	26982	21520	19057
集体企业	Collective-owned Enterprises	8776	3666	7727	5700	3076
有限责任公司	Limited Liability Corporations	203182	53211	62859	123069	80113
股份有限公司	Cooperative Enterprises	5082	1730	2253	891	4191
私营企业	Private Enterprises	318993	157598	161244	171243	147749
其他企业	Other Enterprises	25887	8647	17250	14634	11254
港澳台商投资企业	Funds from Hong Kong, Macao and Taiwan	139494	65998	64786	104052	35443
外商投资企业	Foreign Funded Enterprises	126727	41036	73843	62276	64450
按行业分	**By Sector**					
正餐服务业	Dinner	734039	308449	352877	414555	319484
快餐服务业	Snack	118680	31648	54900	84010	34670
饮料及冷饮服务业	Drink and Cold Drink	4308	1170	3246	480	3829
其他餐饮服务业	Other	13913	6263	6240	4692	9221

15-13 限额以上住宿和餐饮业企业主要财务指标（2011年）

Main Financial Indicators of Hotels and Catering Sevices Corporation Enterprises(2011)

单位：万元 (10000 yuan)

项目	Item	主营业务收入 Main Operating Income	主营业务成本 Main Operating Expenses	主营业务税金及附加 Main Operating Tax and Extra Charges	营业利润 Profits of Business
合计	**Total**	**2352294**	**1067118**	**133941**	**111583**
住宿业	**Hotels**	**1186578**	**427550**	**65939**	**42775**
按登记注册类型分	**By Registration Category**				
内资企业	Domestic Funded Enterprises	798264	301983	45415	21521
国有企业	State-owned Enterprises	199545	59395	10781	4577
集体企业	Collective-owned Enterprises	9229	4415	635	1040
股份合作企业	Cooperative Enterprises	5802	2122	459	183
联营企业	Joint Ownership Enterprises	32084	9351	1579	2369
有限责任公司	Limited Liability Corporations	211961	68067	12072	-1133
股份有限公司	Share-holding Corporations Ltd.	18088	6514	1291	-179
私营企业	Private Enterprises	289936	139558	16845	13313
其他企业	Other Enterprises	31620	12562	1752	1352
港澳台商投资企业	Funds from Hong Kong, Macao and Taiwan	231971	80970	11778	12123
外商投资企业	Foreign Funded Enterprises	156343	44597	8746	9130
按行业分	**By Sector**				
旅游饭店	Tourism Hotel	1028517	365522	57215	36669
一般饭店	General Hotel	133911	52562	7011	5021
其他住宿服务	Other Hotel	24151	9466	1713	1085
餐饮业	**Catering Services**	**1165716**	**639568**	**68002**	**68808**
按登记注册类型分	**By Registration Category**				
内资企业	Domestic Funded Enterprises	821263	484755	48479	45108
#国有企业	State-owned Enterprises	45314	24293	1994	-795
集体企业	Collective-owned Enterprises	9913	4819	582	-337
有限责任公司	Limited Liability Corporations	117193	58736	6715	1822
股份有限公司	Share-holding Corporations Ltd.	6465	3630	303	1163
私营企业	Private Enterprises	592434	362467	36164	40252
其他企业	Other Enterprises	47477	29477	2541	2908
港澳台商投资企业	Funds from Hong Kong, Macao and Taiwan	170162	75657	9352	5614
外商投资企业	Foreign Funded Enterprises	174290	79156	10171	18086
按行业分	**By Sector**				
正餐服务业	Dinner	877074	488928	53362	51558
快餐服务业	Snack	265082	134019	13673	15080
饮料及冷饮服务业	Drink and Cold Drink	5280	3322	490	508
其他餐饮服务业	Other	18280	13299	477	1663

15-14 限额以上批发和零售业连锁企业基本经营情况（2011年）

Basic Conditions of Enterprises above Designated Size of Wholesale and Retail Trades(2011)

项目	Item	连锁总店数（个） Number of Head Chain Stores (unit)	年末门店数（个） Number of Stores (unit)	直营店（个） Regular Chain (unit)	加盟店（个） Franchi-se (unit)	年末营业面积（平方米） Operation Area (sq.m)	年末从业人员（人） Persons Employ (person)	商品销售总额（万元） Total Sales (10000 yuan)
总计	**Total**	**131**	**3526**	**3153**	**373**	**5305149**	**73683**	**10793100**
批发业	Wholesale	8	137	137		52466	2213	410324
零售业	Retail Trade	123	3389	3016	373	5252683	71470	10382777
按登记注册类型分	**Grouped by Status of**							
内资企业	Domestic Funded Enterprises	116	2342	2101	241	2234112	36241	5051601
#国有企业	State-owned Enterprises	12	385	271	114	141491	2773	701349
有限责任公司	Limited-Liability Corporations	41	633	554	79	543281	12989	1102575
股份有限公司	Share Holding Corporations Ltd.	15	584	584		816943	6788	2342756
私营企业	Private Enterprises	45	694	661	33	704111	12700	801951
港澳台商投资企业	Funds from HongKong, Macao,TaiWan	5	502	370	132	2012519	27871	2050232
外商投资企业	Foreign Funded Enterprises	10	682	682		1058518	9571	3691267

15-15 限额以上住宿和餐饮业连锁企业基本经营情况（2011年）

Basic Conditions of Enterprises above Designated Size in Hotels and Catering Services(2011)

项目	Item	连锁总店数（个） Number of Head Chain Stores (unit)	连锁门店数（个） Number of Stores (unit)	直营店（个） Regular Chain (unit)	加盟店（个） Franchise (unit)	营业面积（平方米） Operation Area (sq.m)	年末从业人员（人） Persons Employed (person)	营业收入（万元） Total Sales (10000 yuan)
总计	**Total**	**14**	**812**	**287**	**525**	**186540**	**28188**	**391144**
住宿业	Hotels							
餐饮业	Catering Services	14	812	287	525	186540	28188	391144
按登记注册类型分	**Grouped by Status of Registration**							
内资企业	Domestic Funded Enterprises	8	595	70	525	97315	15609	200166
#有限责任公司	Limited-Liability Corporations	2	140	8	132	1535	716	7016
私营企业	Private Enterprises	5	452	59	393	94707	14818	191997
港澳台商投资企业	Funds from HongKong, Macao,TaiWan	3	79	79		28077	3516	60941
外商投资企业	Foreign Funded Enterprises	3	138	138		61148	9063	130037

15-16 主要年份社会消费品零售总额

Total Retail Sales of Consumer Goods in Selected Years

单位：亿元 (100 million yuan)

年份 Year	社会消费品零售总额 Total Retail Sale of Consumer Goods 数值 Vaule	比上年增长(%) Ratio(%)
1952	5.54	17.6
1957	10.70	0.5
1962	13.96	18.1
1965	16.03	2.9
1970	16.91	-0.9
1975	23.68	8.3
1978	30.56	11.9
1979	35.92	17.6
1980	45.47	26.6
1981	51.47	13.2
1982	56.77	10.3
1983	62.59	10.3
1984	74.50	19.0
1985	96.04	28.9
1986	109.07	13.6
1987	126.06	15.6
1988	173.74	37.8
1989	202.30	16.4
1990	207.74	2.7
1991	230.99	11.2
1992	289.38	25.3
1993	374.10	29.3
1994	504.66	34.9
1995	645.47	27.9
1996	801.67	24.2
1997	950.78	18.6
1998	1089.59	14.6
1999	1198.55	10.0
2000	1320.80	10.2
2001	1442.32	9.2
2002	1593.76	10.5
2003	1797.76	12.8
2004	2062.03	14.7
2005	2351.72	14.0
2006	2717.62	15.6
2007	3212.34	18.2
2008	3866.69	20.4
2009	4480.99	15.9
2010	5310.03	18.5
2011	6276.19	18.2

15-17 入境游客人数(1979-2011年)

Foreign Tourists(1979-2011)

单位：人次　　(person-time)

年份 Year	合计 Total	#外国人 Foreigner	台湾同胞 Compatriots from Taiwan	港澳同胞 Compatriots from Hong Kong and Macao	#香港同胞 Compatriots from Hong Kong
1979	115214	37522	59	77633	
1980	135059	43724	119	91216	
1981	173351	50498	874	121979	
1982	177835	52130	1670	124035	
1983	211529	69628	6832	135069	
1984	270443	82996	6654	180793	
1985	355748	102190	8593	244965	
1986	362320	126183	8709	227428	
1987	410821	135488	15693	259640	
1988	522082	110338	145838	265906	
1989	504594	81734	209491	213369	
1990	707903	105374	362815	239714	
1991	686023	141137	282003	262883	
1992	816076	182252	333290	300534	
1993	880344	211919	348037	320388	
1994	844503	228404	272194	343905	
1995	906406	256940	251509	397957	
1996	1045658	311861	271798	461999	
1997	1173932	360091	312767	501074	
1998	1217795	373884	355626	488285	
1999	1356042	409035	414622	532385	
2000	1613349	497466	477894	637989	
2001	1634841	465152	494211	675478	598004
2002	1848214	528015	571668	748531	685742
2003	1497164	459448	475220	562496	517123
2004	1728997	629173	491526	608298	565927
2005	1973894	723621	589373	660900	608059
2006	2298960	791160	740232	767568	706215
2007	2687453	1007969	801587	877897	799571
2008	2931908	986440	984761	960707	894813
2009	3120348	978350	1234255	907743	841895
2010	3681353	1152748	1569186	959419	879506
2011	4274232	1400156	1850715	1023361	928931

注：2000年起合计项含接待海外一日游游客人数。

Note:The data of total from 2000 include the foreign tourists of one day.

15-18 接待游客人数及旅游收入(1979-2011年)

Number of Tourists and Exchange Earnings(1979-2011)

年份 Year	入境旅游人数（人次） Number of International Tourists(person-time)	#外国人 Foreigners	国际旅游外汇收入（万美元） Foreigners Exchange Earnings(10000 USD)	国内旅游人数（万人次） Domestic Tourists (10000 person-time)	国内旅游收入（亿元） Domestic Tourism Earnings (100 million yuan)	国内游客人均花费（元） Domestic Per Capita Expenditure (yuan)
1979	115214	37522				
1980	135059	43724				
1981	173351	50498				
1982	177835	52130				
1983	211529	69628				
1984	270443	82996				
1985	355748	102190				
1986	362320	126183				
1987	410821	135488				
1988	522082	110338				
1989	504594	81734				
1990	707903	105374				
1991	686023	141137				
1992	816076	182252				
1993	880344	211919				
1994	844503	228404				
1995	906406	256940				
1996	1045658	311861	55486			
1997	1173932	360091	61373	1900	110	579
1998	1217795	373884	65109	2100	146	695
1999	1356042	409035	72536	2513	190	756
2000	1613349	497466	89382	2942	231	785
2001	1634841	465152	94202	3322	268	806
2002	1848214	528015	110022	3931	333	848
2003	1497164	459448	91487	3711	311	839
2004	1728997	629173	106507	4643	463	996
2005	1973894	723621	130529	5684	578	1017
2006	2298960	791160	147100	6779	694	1023
2007	2687453	1007969	216918	8041	838	1042
2008	2931908	986440	239353	8562	852	995
2009	3120348	978350	259900	9706	955	984
2010	3681353	1152748	297824	11417	1135	994
2011	4274232	1400156	363444	13595	1362	1002

15-19 入境外国游客人数

Number of Foreign Tourists Arrivals by Country

单位：人次 (Person-time)

国别(地区) Country(Region)	2000	2003	2005	2010	2011
合计 Total	**497466**	**459448**	**723621**	**1152748**	**1400156**
亚洲小计 Total of Asia	**324260**	**305427**	**478130**	**554661**	**769267**
#日本 Japan	97816	114150	163198	169913	209120
菲律宾 Philippines	31974	18180	30668	36655	48525
新加坡 Singapore	83667	63463	79658	95030	155710
泰国 Thailand	4960	6797	23093	12967	22601
印度尼西亚 Indonesia	15748	9125	16840	38728	50100
马来西亚 Malaysia	69303	47426	78826	94515	174523
美洲小计 Total of Amercia	**66832**	**103579**	**151136**	**426759**	**393323**
#美国 United Kingdom	59256	94995	136804	373081	333789
加拿大 Canada	5727	6501	11275	43576	41933
欧洲小计 Total of Europe	**29824**	**38951**	**75692**	**132425**	**181510**
#英国 United Kingdom	5174	7283	11832	24050	32081
法国 France	3494	4363	9233	15152	20868
德国 German,FR	6887	10235	17644	27639	32653
意大利 Italy	3080	3549	8414	15623	17396
俄罗斯 Russia	1626	1608	3063	8027	12554
大洋洲小计 Total of Oceanic	**5845**	**8174**	**12485**	**26010**	**39004**
#澳大利亚 Australia	4587	6683	10195	20125	34030
新西兰 New Zealand	663	1215	1606	5036	6912
非洲小计 Total of Africa	**2185**	**3317**	**6178**	**12895**	**17051**

15-20 国内旅游人数及旅游收入

Number of Domestic Tourists and Exchange Earnings

项目 Item	2000	2003	2005	2010	2011
国内旅游者人数（万人次） Total Number of Domestic Tourist (10000 person-time)	**2942.00**	**3711.00**	**5683.92**	**11417.07**	**13595.01**
住宿设施接待人数 In Hotel	2010.00	1700.00	3556.00	5902.00	7140.22
居民家庭接待人数 In Household	262.00	297.00	373.36	599.81	695.00
一日游游客人数 For One Day	670.00	1714.00	1754.56	4915.26	5759.79
国内旅游收入（亿元） Domestic Tourism Receipts(100 million yuan)	**230.80**	**311.47**	**578.03**	**1135.07**	**1361.66**
外省游客消费 Consumption of Tourists from Other Provinces	143.70	151.95	320.91	655.16	769.63
本省多日游游客消费 Consumption of Tourists Inside the Province	77.20	115.98	208.87	342.28	425.00
一日游游客消费 Consumption of Tourists for One Day	9.90	43.54	48.25	137.63	167.03

15-21 国内游客消费构成

Consumption Composition of Domestic Tourists

单位：% (%)

项目 Item	2000	2003	2005	2010	2011
交给旅行社 Fees Paid to Tour Agencies	12.3	11.6	14.4	11.5	10.7
长途交通 Long Distance Transportation	13.3	15.3	14.3	24.0	23.6
住宿 Accommodation	19.2	15.3	12.6	17.1	16.5
餐饮 Food	14.1	11.8	11.6	12.5	13.9
购物 Shopping	16.5	13.6	16.6	17.0	17.5
游览 Visiting	5.6	6.5	6.8	5.9	6.0
娱乐 Entertainment	5.5	4.4	5.0	5.1	5.3
市区交通 Transport within the City	3.0	2.8	2.5	2.3	2.1
邮电通讯 Postal and Telecommunications	2.0	1.9	1.8	1.2	1.0
其他 Others	8.5	16.8	14.4	3.4	3.5

15-22 国内游客构成

Composition of Domestic Tourists

单位：%　　(%)

项目 Item	2000	2003	2005	2010	2011
按性别分 By Sex					
男 Male	65.1	61.3	59.3	57.0	57.2
女 Female	34.9	38.7	40.7	43.0	42.8
按年龄分 By Age					
14岁以下 14 and under	1.3	1.4	1.5	0.9	1.2
15-24岁 Aged 15-24	26.9	23.6	25.6	18.8	17.2
25-44岁 Aged 25-44	48.8	50.7	50.9	54.9	53.5
45-59岁 Aged 45-59	18.1	18.4	17.7	20.4	22.9
60岁以上 60 and over	4.9	5.9	4.3	5.0	5.3
按旅游目的分 By Aim of Tourist					
休闲观光渡假 Sightseeing and Holiday	44.0	36.3	52.0	54.2	51.0
探亲访友 Visiting Relatives and Friends	12.3	11.0	13.1	10.7	12.9
公务 Offical	15.4	13.9	11.8	13.9	14.0
经商 Bussiness	11.1	9.9	8.1	7.5	6.4
会议 Meeting	4.7	3.9	4.4	6.1	6.5
医疗 Medical Care	0.9	1.4	0.9	0.7	0.7
宗教朝拜 Religious Worship	2.8	2.5	1.9	1.6	1.9
文化科技交流 Exchange of Culture, Science and Technology	2.5	2.5	1.6	1.2	1.9
其他 Others	6.3	18.6	6.2	4.0	4.7
按出游方式分 By Mode					
单位组织 Organized by Unit	20.9	23.5	20.8	24.4	24.8
旅行社 Travel Agency	10.3	9.5	13.2	13.8	13.4
个人亲友结伴 Relatives and Friends as Accompaniers	60.0	58.1	58.6	52.2	53.1
其他 Others	8.8	8.9	7.4	9.6	8.8

15-23 各设区市国际旅游外汇收入

Foreign Exchange Earnings from International Tourism by City

单位：万美元 (USD 10000)

地区	Area	2000	2003	2005	2010	2011
福州市	Fuzhou	22173	23890	27266	84299	102854
厦门市	Xiamen	29920	30153	55233	108552	129901
莆田市	Putian	3476	1547	2585	12922	15659
三明市	Sanming	79	31	541	2034	3402
泉州市	Quanzhou	25428	30116	37728	66737	79661
漳州市	Zhangzhou	2902	1033	1400	15455	18781
南平市	Nanping	4792	4626	5434	6680	10464
龙岩市	Longyan	427	52	277	983	2229
宁德市	Ningde	186	39	65	162	493

15-24 各设区市入境游客人数

Number of Foreign Tourists by City

单位：人次 (Person-time)

地区	Area	2000	2003	2005	2010	2011
福州市	Fuzhou	300269	316762	308883	698607	761665
厦门市	Xiamen	494920	549895	803144	1551864	1799206
莆田市	Putian	103103	70159	110665	184737	203697
三明市	Sanming	3037	1021	9776	29018	40529
泉州市	Quanzhou	485788	395018	535381	770457	846389
漳州市	Zhangzhou	49886	24789	42089	247469	293727
南平市	Nanping	162104	134909	153595	173400	277360
龙岩市	Longyan	8961	2553	7969	22417	41672
宁德市	Ningde	5281	2058	2392	3384	9987

主要统计指标解释

社会消费品零售总额 指批发和零售业、住宿和餐饮业以及其他行业直接售给城乡居民和社会集团的消费品零售额。其中，对居民的消费品零售额，是指售予城乡居民用于生活消费的商品金额；对社会集团的消费品零售额，是指售给机关、社会团体、部队、学校、企事业单位、居委会或村委会等，公款购买的用作非生产、非经营使用与公共消费的商品金额。社会消费品零售总额包括：售给城乡居民作为生活消费用的商品和修建房屋用的建筑材料的金额，以及售给来华的外国人、华侨、港澳台同胞的消费品金额；售给社会集团用作非生产、非经营使用与公共消费的商品金额。

商品购进额 指从本企业以外的单位和个人购进（包括从国外直接进口）作为转卖或加工后转卖的商品金额（含增值税）。商品包括：（1）从工农业生产者、批发和零售业企业、住宿和餐饮业企业、出版社或报社的出版发行部门和其他服务业企业购进的商品；（2）从机关团体、事业单位购进的商品；（3）从海关、市场管理部门购进的缉私和没收的商品；（4）从居民收购的废旧商品等。

商品销售额 指对本单位以外的单位和个人出售的商品金额（包括售给本单位消费用的商品，含增值税）。商品包括（1）售给城乡居民和社会集团消费用的商品；（2）售给农业、工业、建筑业、运输邮电业、服务业、公用事业等国民经济各行业用于生产、经营用的商品，包括售予批发和零售业作为转卖或加工后转卖的商品；（3）对国（境）外直接出口的商品。

期末商品库存额 指报告期末各种登记注册类型的批发和零售业企业(单位)已取得所有权的商品。它反映批发和零售业企业(单位)的商品库存情况和对市场商品供应的保证程度。商品库存包括：(1)存放在批发和零售业经营单位(如门市部、批发站、经营处)仓库、货场、货柜和货架中的商品；(2)挑选、整理、包装中的商品；(3)已记入购进而尚未运到本单位的商品，即发货单或银行承兑凭证已到而货未到的商品；(4)寄放他处的商品，如因购货方拒绝承付而暂时存放在购货方的商品和已办完加工成品收回手续而未提回的商品；(5)委托其他单位代销(未作销售或调出)尚未售出的商品；(6)代其他单位购进尚未交付的商品。不包括所有权不属于本单位的商品、委托外单位加工生产尚未收回成品的商品、外贸企业代理其他单位从国外进口尚未付给订货单位的商品、代国家物资储备部门保管的商品等。

亿元商品交易市场成交额 指年成交额在亿元及以上的商品交易市场。商品交易市场是指经有关部门和组织批准设立，有固定场所、设施，有经营管理部门和监管人员，若干市场经营者入内，常年或实际开业三个月以上，集中、公开、独立地进行生活消费品、生产资料等现货商品交易以及提供相关服务的交易场所，包括各类消费品市场、生产资料市场等。

连锁企业（或称连锁店、连锁公司） 指在核心企业或总店的领导下，由分散的、经营同类商品或服务的企业或活动单位，采取共同方针，实行集中采购和分散销售的有机结合，通过规范化经营，实现规模效益的经济联合组织形式。一般连锁店应由若干个分店组成。其经营特征：(1)经营同类商品；(2)使用统一商号；(3)统一采购配送，采购与销售相分离（部分商品可根据物流合理和保质保鲜原则，由供应商直接送货到门店，其余均由总部统一配送）。

连锁门店包括下列两种形式：

直营连锁：指正规连锁。连锁门店均由总部独资或控股开设，在总部的直接领导下统一经营。

加盟连锁：指特许连锁。各连锁门店（被特许人）通过合同形式，取得使用总部（特许人）商标、商号、经营技术和销售总部开发的商品的特许权，各加盟连锁门店为独立法人，在总部指导下统一经营。

入境国际旅游者人数 指来中国参观、访问、旅行、探亲、访友、休养、考察、参加会议和从事经济、科技、文化、教育、宗教等活动的外国人、华侨、港澳同胞和台湾同胞的人数。不包括外国在我国的常驻机构，如使领馆、通讯社、企业办事处的工作人员；来我国常住的外国专家、留学生以及在岸逗留不过夜人员。

国际旅游(外汇)收入 指入境旅游的外国人、华侨、港澳同胞和台湾同胞在中国大陆旅游过程中发生的一切旅游支出，对于国家来说就是国际旅游(外汇)收入。

Explanatory Notes on Main Statistical Indicators

Total Retail Sales of Consumer Goods refer to the sum of retail sales of commodities sold by wholesale and retail trades, hotel and catering services, and other industries to urban and rural households for household consumption and to social institutions for public consumption. Of which, the ratail sales to households refer to the amount of money of commodities of daily use sold to the urban and rural households. The ratail sales to social institutions refer to the amount of money of commodities sold to the government agencies, social organizations, military units, schools, institutions, neighbourhood (village) committees on public funds for the pupose of non-production and non-operation usage and public consumption. Total retail sale of consumer goods include the amount of money of commodities sold to the urban and rural households for daily consumption and the amount of money of construction materials for building and repairing houses, the amount of money of comsumer goods sold to foreigners, overseas Chinese and Chinese compatriots from Hong Kong, Macao and Taiwan, the amount of money of commodities sold to the social organizations for the purpose of non-production and non-operation usage and public consumption.

Total Purchases of Commodities refer to the total value of purchases of commodities by enterprises (establishments) from other establishments or individuals (including direct import from abroad) for the purpose of re-selling, either with or without further processing of the commodities purchased. The commodities include: (1) commodities purchased from agricultural and industrial producer, wholesaler, retailer, publishing hourse and other service business; (2) commodities purchased from institutions and government departments; (3) confiscated goods purchased from the custums authorities or market management agencies; (4) second-hand goods and wastes purchased from residents.

Total Sales of Commodities refer to value of commodities sold by the establishments to other establishments and individuals (including goods sold for self consumption, including the value-added tax). The commodities include: (1) commodities sold to urban and rural residents and social groups for their consumption; (2) commodities sold to establishments in all industries for their production and operation, including agriculture, industry, construction, transportation, post and telecommunications, catering services, and public utility including commodities sold to wholesale and retail establishments for re-selling, with or without further processing; and (3) commodities for direct export to abroad.

Total Stock of Commodities refers to total commodities possessed by wholesaler and retailer of various types of registration status at the end of the reference period, reflecting the commodity stock level of various wholesaler and retailer and the potential for market supply. It includes: (1) commodities located in storage, garages, counters, and shelves of operating places (such as sale stores, wholesale centres, and operating offices); (2) commodities in the process of being selected, sorted, and packed; (3) commodities not arrived but recorded as purchase in the account, i.e. commodities not arrived but payment receipts for the commodities from the sellers or the banks arrived; (4) commodities deposited in other places rather than places mentioned above, for instance: commodities in the hold of purchasers temporarily due to the refusal of payment and commodities not taken back after going through the formalities; (5) commodities entrusted to other units to sell but not sold yet; (6) commodities purchased for other units but not delivered yet. Commodities not included as stock are those not owned by the enterprises (units), commodities on commission for processing but not yet delivered, imported commodities of agency of foreign trade enterprise but not yet delivered to ordering units and finally those put in stock on behalf of the state material reserves units.

Volume of Transaction at Large Commodity Markets with Transaction Value over 100 Million Yuan refers to the commodity markets with an annual transaction of over 100 million. The commodity market refers to the markets approved and managed by related departments, where there are fixed sites, facilities, managers and administration offices, where there are a certain number of traders to operate for three month and above or all the year, where the commodities including the articles for daily comsuption and capital goods and services are traded in a centralized, independent and open way., Such market includes markets of daily goods and market of capital goods, etc.

Chain Enterprises(also called chain stores or chain corporations) refer to a form of joint economic entities under which scattered enterprises or establishments engaged in providing homogeneous commodities or services, with the central leadership of core enterprise or headquarters and guided by common policies, conduct centralized purchase and distributed selling of commodities, in order to gain better efficiency through standardized operation. Consisting of a number of branch stores, the chain stores have in general following features: 1) homogeneous commodities, 2) unique name of stores, 3) centralized purchase and delivery which is separated from distributed selling operation (most commodities are delivered from the headquarters except some items which, from logistics, quality or freshness considerations, might be delivered by the suppliers directly).

Chain stores have two categories:

a) Chain stores under direct management: These are formal chain stores invested or controlled by the headquarters. They operate under the direct and unified management from the headquarters.

b) Chain stores through license arrangement: Through contracts, chain stores (their owners) obtain licenses from the headquarters to use designated Trades marks, names, operation know-how, and to sell the commodity developed by the headquarters. Under this arrangement, each store in the chain is an independent legal entity and operates under the guidance from the headquarters.

Number of Tourists Visitor arrivals refer to the number of foreigners, Chinese compatriots from Hong Kong, Macao and Taiwan Chinese (mainland) who come to China (mainland) for sight-seeing, vacation, visiting relatives, medical treatment, shopping, attending conference, or to engage in economic, cultural, sports and religious activities. In compiling statistics, each time of entering China is counted as one person-time.

Foreign Exchange Earnings from International Tourism refer to the total expenditures of foreigners, overseas Chinese, Chinese compatriots from Hong Kong, Macao and Taiwan during their stay in the mainland of China, which are earnings of foreign exchange from international tourism from the point of view from China.

第十六篇　科学和教育

Chapter 16　Science and Education

资料整理：廖捷 谢锦华

Database Editor:Liaojie Xiejinhua

简 要 说 明

本篇资料的主要内容及来源

本篇反映我省科学技术活动和教育事业的发展情况。教育部分包括高等教育、中等教育、初等教育、幼儿教育、特殊教育和各种类型的各级成人教育等，主要指标有各级各类学校的校数、在校学生数、招生数、毕业生数、教职工数、教师数等。

教育统计资料主要由省教育厅提供，技工学校的资料来源于省人力资源和社会保障厅。科学技术部分主要包括了我省科技活动的规模、构成、布局和发展状况的资料，收录了全省有关部门年度的科技统计数据。反映科研机构、大中型工业企业和高等院校三大科技活动主体单位的机构数、人员数和经费收支等情况，根据省科技厅、省教育厅、省统计局科技统计综合年报汇总。专利申请受理量和批准量由省知识产权局提供。

本篇资料由省统计局社会和科技统计处整理提供 。

Brief Introduction

Main Content and Source of Data

Data in this chapter show the basic conditions of the activities of science and technology and development of Fujian's education.Data on education cover the situations on higher education, secondary education, primary education, kindergartens and special education and all kinds of adult education etc. The main indicators cover the number of schools of various levels and categories, students enrolled, new students enrolled, graduates, staff and workers and number of teachers etc.

Data on education are mainly provided by the Provincial Commission of Education. In addition, data on the technical training schools are provided by the Department of Labor and Social Security.Data on science and technology cover mainly the scale, composition, distribution and development of the scientific and technological activities, including the statistical data of the departments concerned under the provincial government on science and technology in the table on the basic conditions of the scientific and technological activities show in a summary way the number of institutions and personnel in scientific and technological institutions, large and medium-sized industrial enterprises and universities and colleges, the three main bodies engaged in the scientific and technological activities as well as their income and expenditure. Data are collected and tabulated in accordance with the annual reporting scheme on science and technology statistics of the Provincial Commission of Science, Provincial Commission of Education, Provincial Office of Science, Technology and Industry for National Defence and the provincial Statistical Bureau.Data on the number of patent applications examined and certified are provided by Fujian Patent Office.

Data in this chapter are provided and compiled by the Division of Social, Science and Technology Statistics of Fujian Provincial Bureau of Statistics.

16-1 科技活动基本情况

Basic Statistics on Scientific and Technological Activities

项目 Item	2000	2003	2005	2010	2011
科技活动人员（人） Personnel Engaged in S&T Activities(person)	**68188**	**71504**	**86184**	**179271**	**216082**
#科学研究与开发机构 Science Research & Technical Development Institutions	5754	4495	4852	5573	5935
高等院校 Higher Education Institutions	6350	8280	8563	28895	28900
大中型工业企业 Large-scale and Medium-scale Industrial Enterprises			37174	86111	118694
研究与试验发展折合全时人员（人年） Full-time Equivalent of R&D Personnel(person/year)	**22420**	**26614**	**35815**	**76737**	**96884**
#科学研究与开发机构 Science Research & Technical Development Institutions	2200	1739	1726	2756	2766
高等院校 Higher Education Institutions	3208	4043	3938	5892	6019
大中型工业企业 Large-scale and Medium-scale Industrial Enterprises			16661	44062	63271
研究与试验发展经费内部支出（万元） Internal Expenditures on S&T Activities（10000 yuan）	**211900**	**375000**	**537300**	**1708982**	**2215151**
#科学研究与开发机构 Science Research & Technical Development Institutions		15454	21481	65403	68178
高等院校 Higher Education Institutions		16240	22717	69418	75497
大中型工业企业 Large-scale and Medium-scale Industrial Enterprises			346993	1161171	1612243
研究与试验发展经费支出相当于国内生产总值比例（%） Proportion of Expenditure on R&D to GDP Achievements in S&T and National Prizes Won(%)	**0.56**	**0.75**	**0.82**	**1.16**	**1.26**
技术市场成交额（万元） Transaction Value in Technical Market(10000 yuan)	**172601**	**166778**	**171959**	**381217**	**534130**
专利申请受理数（项） Number of Patents Application Acceptance(unit)	**4211**	**7236**	**9460**	**21994**	**32325**
#发明专利 Inventions	377	797	1202	5117	6896
专利申请授权数（项） Number of Patents Application Granted(unit)	**3003**	**5377**	**5147**	**18063**	**21857**
#发明专利 Inventions	93	137	242	1224	1945

16-2 从事科技活动人员情况(1987-2011年)

Conditions of Personnel Engaged in Scientific and Technological Activities (1987-2011)

单位：人 (person)

年份 Year	合计 Total	科研机构 Science Research & Technical Development Institutions	高等院校 Higher Education Institutions	大中型工业企业 Large-scale and Medium-scale Industrial Enterprises	其他 Others
1987	17893	9052	3557	5284	
1988	17778	8875	3565	5338	
1989	20010	9270	3985	6755	
1990	20428	8796	5392	6240	
1991	21012	9054	4452	7506	
1992	22263	7678	5291	9294	
1993	22305	7399	5516	9390	
1994	22990	6995	5423	10572	
1995	24085	6911	5883	11291	
1996	27621	6656	6051	14914	
1997	30988	6539	6618	17831	
1998	29316	6426	6626	16264	
1999	33621	6127	6563	20931	
2000	68188	5754	6350	17343	38741
2001	70860	4844	7149	26351	32516
2002	67508	4497	7764	25623	29624
2003	71504	4495	8280	28772	29957
2004	79953	4379	9018	30943	35613
2005	86184	4852	8563	37174	35595
2006	101099	5066	9296	46745	39992
2007	112758	5406	10479	53610	43263
2008	131454	5654	11475	65481	48844
2009	167132	5869	27036	77607	56620
2010	179271	5573	28895	86111	58692
2011	216082	5935	28900	118694	62553

注：1、高等院校科技活动人员不包括教学人员；2、2000年起统计范围扩大;3、其他包括小型工业企业、软件开发单位、农业企事业单位和卫生单位等;4、2004年数据为第一次全国经济普查数。

Note:a)Persons engaged in science and technology activities in higher education institutions exclude persons engaged in teaching. b)Statistic coverage has been enlarged since 2000. c)Others include small-scale industrial enterprises,software development units,agriculture enterprises and institutions, health care units,etc. d)The data of 2004 is from the first national ecomonic census.

16-3 研究与试验发展（R&D）活动主要指标

Major Indicators of Research and Development Activities

项目 Item	2000	2003	2005	2010	2011
R&D人员折合全时人员（人） **R&D Personnel(person)**	**22420**	**26614**	**35815**	**76737**	**96884**
基础研究 Fundamental Research	2033	1629	1452	3435	3575
应用研究 Applied Research	3635	5284	7005	8090	8537
试验发展 Experimental Development	16752	19700	27358	65218	84772
R&D经费内部支出(亿元) **Intramural Expenditure for R&D(100 million yuan)**	**21.19**	**37.50**	**53.73**	**170.90**	**221.52**
基础研究 Fundamental Research	0.66	0.69	1.17	4.19	4.07
应用研究 Applied Research	1.41	3.59	5.13	9.49	11.77
试验发展 Experimental Development	18.30	32.23	46.82	157.22	205.68
#科学研究与开发机构 Science Research & Technical Development Institutions	1.38	1.72	2.35	6.54	6.82
基础研究 Fundamental Research		0.40	0.56	1.99	1.96
应用研究 Applied Research		0.60	0.80	2.80	2.46
试验发展 Experimental Development		0.54	0.78	1.75	2.41
高等院校 Higher Education Institutions	1.31	1.78	2.31	6.94	7.55
基础研究 Fundamental Research		0.27	0.59	1.82	1.70
应用研究 Applied Research		0.96	1.11	4.31	5.12
试验发展 Experimental Development		0.40	0.57	0.82	0.73
大中型工业企业 Large-scale and Medium-scale Industrial Enterprises			34.89	116.12	161.22
基础研究 Fundamental Research					0.02
应用研究 Applied Research			1.34	0.43	1.41
试验发展 Experimental Development			33.36	115.68	159.80
R&D经费内部支出按支出来源分(亿元) **Intramural Expenditure for R&D by Expenditure Source(100 million yuan)**					
政府资金 Government Funds	3.09	3.73	5.32	17.61	18.31
企业资金 Enterprises Funds	15.79	27.51	47.14	148.45	197.13
国外资金 Abroad Funds	0.37	0.25	0.13	1.38	1.30
其他 Others	1.94	6.00	1.14	3.46	4.78
R&D经费内部支出占GDP比重（%） **Proportion of Intramural R&D Expenditure to GDP(%)**	**0.56**	**0.75**	**0.82**	**1.16**	**1.26**

16-4 县级以上政府部门科学研究与开发机构情况

Govemment Institutions Engaged in Science Research and Development Activities above county Level

项目 Item	2000	2003	2005	2010	2011
机构数（个）Number of Institutions(unit)	**125**	**109**	**99**	**96**	**97**
职工人数（人）Number of Staff(person)	**6796**	**5594**	**5246**	**6437**	**6408**
自然科学 Natural Sciences and Technology					
机构数（个）Number of Institutions(unit)	107	93	83	80	81
职工人数（人）Number of Staff(person)	6215	5063	4718	5850	5845
#从事科技活动人员（人）Persons Engaged in Scientific and Technological Activities (person)	4723	4026	3890	4618	5015
经费收入总额（万元）Total Funds(1000 yuan)	42187	60149	62057	151715	167917
#政府拔款 Government Appropriations	22566	34516	44249	106849	121083
经费支出总额（万元）Total Expenditures(10000 yuan)	36449	55295	57784	133247	154800
社会、人文科学 Social Sciences and Humanities					
机构数（个）Number of Institutions(unit)	4	3	3	3	3
职工人数（人）Number of Staff(person)	236	210	207	218	216
#从事科技活动人员 Persons Engaged in Scientific and Technological Activities	207	186	183	189	189
经费收入总额(万元) Total Funds(10000 yuan)	1543	2745	2540	5230	5275
#政府拔款 Government Appropriations	1489	2515	2433	4256	5205
经费支出总额（万元）Total Expenditures(10000 yuan)	1443	2179	2801	4874	5073
科学情报和文献 Scientific-Technical Information and Literature					
机构数（个）Number of Institutions(unit)	14	13	13	13	13
职工人数（人）Number of Staff(person)	345	321	321	369	347
#从事科技活动人员（人）Persons Engaged in Scientific and Technological Activities (person)	305	283	288	326	301
经费收入总额(万元) Total Funds(10000 yuan)	2748	2986	4808	6651	7989
#政府拔款 Government Appropriations	2297	2529	4266	5482	6428
经费支出总额（万元）Total Expenditures(10000 yuan)	2680	2540	4763	5744	6448

16-5 各类型专利申请和授权情况(1985-2011年)

Patents Applicated and Granted by Category(1985-2011)

单位：项 (unit)

年份 Year	专利申请数 Number of Patent Applicated Accepted	发明 Creation and Inventions	实用新型 Utility Models	外观设计 Designs	专利授权数 Number Of Patent Applicated Granted	发明 Creation and Inventions	实用新型 Utility Models	外观设计 Designs
1985	137	74	63		1	1		
1986	195	67	125	3	23		23	
1987	305	84	206	15	78	3	73	2
1988	420	90	320	10	132	13	114	5
1989	445	90	318	37	203	20	176	7
1990	540	95	374	71	276	25	239	12
1991	672	102	512	58	277	21	206	50
1992	928	171	661	96	352	17	295	40
1993	1271	199	729	343	850	36	697	117
1994	1510	202	725	583	733	22	455	256
1995	1979	200	816	963	933	17	439	477
1996	2626	224	971	1431	1196	15	468	713
1997	3018	226	1113	1679	1547	24	468	1055
1998	3393	201	1071	2121	2318	20	689	1609
1999	3381	240	1099	2042	2934	32	1089	1813
2000	4211	377	1516	2318	3003	93	1074	1836
2001	4971	361	1757	2853	3296	82	1107	2107
2002	6521	562	2233	3726	4001	63	1306	2632
2003	7236	797	2554	3885	5377	137	1658	3582
2004	7498	850	2524	4124	4758	160	1776	2822
2005	9460	1202	3182	5076	5147	242	1793	3112
2006	10351	1437	3445	5469	6412	310	2578	3524
2007	11341	2170	3878	5293	7761	336	3323	4102
2008	13181	2701	5141	5339	7937	530	3921	3486
2009	17559	3842	7844	5873	11282	824	4939	5519
2010	21994	5117	10846	6031	18063	1224	9664	7175
2011	32325	6896	16688	8741	21857	1945	12697	7215

16-6 各单位专利申请授权情况(1990-2011年)

Partents Applicated and Granted by Unit(1990-2011)

单位：项 (unit)

项目 Item	合计 Total	个人 Individual	大专院校 Universities and College	科研院所 Research Institutions	工矿企业 Industrial and Mineral Enterprises	机关团体 Government Agencies and Organizations
申请专利数 Number of Patent Applicated Accepted						
1990	540	371	22	27	71	49
1991	672	493	30	20	75	54
1992	928	699	29	11	76	113
1993	1271	853	36	29	163	190
1994	1510	964	25	33	157	331
1995	1979	1246	16	27	512	178
1996	2626	1608	47	22	923	26
1997	3018	1748	27	30	1202	11
1998	3393	2069	32	39	1245	8
1999	3381	2257	14	31	1074	5
2000	4211	2839	58	34	1271	9
2001	4971	3511	49	38	1361	12
2002	6521	4849	84	85	1493	10
2003	7236	5312	165	69	1677	13
2004	7498	5713	182	56	1536	11
2005	9460	7276	259	105	1812	8
2006	10351	7500	360	95	2376	20
2007	11341	7437	486	141	3249	28
2008	13181	7553	639	295	4632	62
2009	17559	7960	732	257	8552	58
2010	21994	8267	1035	422	12129	141
2011	32325	10625	1470	590	19340	300
批准专利数 Number Of Patent Applicated Granted						
1990	276	192	25	16	38	5
1991	277	168	19	15	39	36
1992	352	247	18	12	42	33
1993	850	589	29	14	93	125
1994	733	477	20	16	82	138
1995	933	534	19	10	154	216
1996	1196	638	13	9	395	141
1997	1547	776	21	10	722	18
1998	2318	1232	9	2	1071	4
1999	2934	1712	29	22	1158	13
2000	3003	1945	30	13	1006	9
2001	3296	2078	38	28	1144	8
2002	4001	2930	35	19	1006	11
2003	5377	3979	58	34	1298	8
2004	4758	3465	82	33	1170	8
2005	5147	3903	87	25	1125	7
2006	6412	4827	146	43	1391	5
2007	7761	5531	177	39	2001	13
2008	7937	5214	275	57	2382	9
2009	11282	6385	376	82	4402	37
2010	18063	7714	535	135	9587	92
2011	21857	7501	703	173	13334	146

16-7 技术市场基本情况(1990-2011年)

Basic Statistics of Technical Market(1990-2011)

项目 Item	合计 Total	技术开发 Technical Development	技术转让 Technical Transfer	技术咨询 Technical Advisory	技术服务 Technical Service
合同数（项） **Number of Contract**					
1990	8397	151	69	1029	7148
1991	3943	262	104	450	3127
1992	6140	354	270	782	4734
1993	4220	355	350	1172	2343
1994	5992	438	158	1010	4386
1995	4266	642	444	1051	2129
1996	6819	605	284	1310	4620
1997	6310	613	326	1812	3559
1998	5698	531	312	1094	3761
1999	6506	1041	404	1653	3408
2000	5597	731	393	1296	3177
2001	4589	688	346	567	2988
2002	4668	868	492	623	2685
2003	5496	1113	242	1149	2992
2004	5656	1191	204	1406	2855
2005	6510	1457	200	1503	3350
2006	5673	1585	122	1059	2907
2007	5047	1752	98	996	2201
2008	5196	1906	135	1173	1982
2009	4799	2265	231	781	1522
2010	5137	2811	290	639	1397
2011	4839	2954	272	575	1038
合同金额（万元） **Amount of Contracts(10000 yuan)**					
1991	6485	2942	848	407	2288
1992	13545	2935	2472	1124	7014
1993	18758	4058	4437	3113	7150
1994	25118	7629	1938	2783	12768
1995	30550	8960	6404	3914	11272
1996	46206	12635	7766	4477	21328
1997	57459	12924	9836	9066	25633
1998	69363	17323	9228	6063	36749
1999	80868	28268	6888	12477	33235
2000	172601	25411	75045	6701	65444
2001	136941	26488	62482	7752	40219
2002	128988	53778	41271	7399	26540
2003	166778	65108	47015	13001	41654
2004	141395	46021	59653	8989	26732
2005	171959	51837	79761	12574	27787
2006	144122	64191	46261	11288	22382
2007	168662	68989	72069	9696	17908
2008	191223	95052	35414	12954	47803
2009	262349	132945	64562	9691	55151
2010	381217	194219	84986	8519	93494
2011	534130	247146	194359	9176	83450

16-8 技术市场基本情况(2011年)

Basic Statistics of Technical Market(2011)

项目 Item	合同数 (项) Number of Contracts(unit)	合同金额 (万元) Amount of Contracts (10000 yuan)
合　计 Total	**4839**	**534130**
按合同类别分 By Kind of Contract		
技术开发合同 Contract of Technical Development	2954	247146
技术转让合同 Contract of Technical Transfer	272	194359
技术咨询合同 Contract of Technical Advisory	575	9176
技术服务合同 Contract of Technical Service	1038	83450
按服务目标分 By Service Aim		
农业、林业和渔业的发展 Development of Farm, Forestry and Fishery	119	2702
促进工业的发展 Development of Industry	315	105352
能源的生产和合理应用 Production, Storage and Distribution for Energy	51	6135
基础设施的发展 Development of Infrastructure	217	11670
环境治理与保护 Environmental Protection	348	29513
卫生(不包括污染) Health	63	4755
社会发展和社会服务 Development of Social and Social Economic Serves	2376	278903
知识的发展 All-around Development of Knowledge	88	3511
民用空间 Civil Space	411	29107
地球和大气层的探索与利用 Probe and Utilize of Earth and atmasphere	20	2187
国防 National defense	11	152
其他 Others	820	60144
按技术流向分 By the Flaw of Technology		
本省 Native Province	3583	372957
省外 Outside the Province	1256	161173

16-9 各单位技术买卖情况(2011年)

Basic Statistics of Technology Trade by Unit(2011)

项目 Item	合计 Total	机关法人 Government Agencies	事业法人 Institutions	社团法人 Mass Organizations	企业法人 Enterprises	自然人 Natural Person	其他组织 Other Corporation
买卖项数（项） Number(unit)	**4839**		**785**		**3794**	**245**	**15**
机关法人 Government Agencies	334		23		295	16	
事业法人 Institutions	531		64		399	66	2
社团法人 Mass Organizations	13				13		
企业法人 Enterprises	3866		686		3006	161	13
自然人 Natural Person	13		7		5	1	
其他组织 Other Corporation	82		5		76	1	
买卖金额（万元） Value(10000 yuan)	**534130**		**19302**		**465627**	**45185**	**4015**
机关法人 Government Agencies	18388		815		17390	183	
事业法人 Institutions	19457		2458		16009	977	14
社团法人 Mass Organizations	262				262		
企业法人 Enterprises	492974		15887		429072	44014	4001
自然人 Natural Person	370		29		338	3	
其他组织 Other Corporation	2681		113		2558	10	

16-10 地方国有企事业单位专业技术人员数(1978-2011年)

Number of Professional and Technical Personnel in local State-owned Enterprises and Institutions(1978-2011)

单位：人 (person)

年份 Year	合计 Total	#工程技术人员 Engineering	#农业技术人员 Agriculture	#卫生技术人员 Health Care	#科学研究人员 Scientific Research	#教学人员 Teaching
1978	84117	30363	9290	24326	2789	17349
1979	89501	33507	10019	23181	3281	19513
1980	154241	39546	8292	25713	3186	49666
1981	168096	43823	9501	27664	3000	55607
1982	185383	51431	10602	30376	3232	59759
1983	291400	57852	13158	32492	2553	153274
1984	291913	52345	13670	32085	3663	158318
1985	308855	57986	15642	32697	3719	159859
1986	326646	65826	15351	35670	2711	169990
1987	363237	76424	15746	37189	2969	185971
1988	429162	78854	15800	40134	3005	201603
1989	470772	82248	16316	41377	3369	225623
1990	500783	88457	16211	44560	3571	240899
1991	478923	81500	13244	46346	2737	247627
1992	487634	83165	13290	45895	2695	255783
1993	484192	82631	12852	44972	2733	262393
1994	499806	84673	12854	46851	2519	269232
1995	509638	86132	12868	46421	3073	282294
1996	534016	87619	13500	50092	3179	300406
1997	555600	88338	14425	52211	3397	315846
1998	577184	88184	14517	54153	3652	337086
1999	590289	89012	14462	55498	3758	349978
2000	592765	86683	14495	56703	3798	354760
2001	587761	81635	14498	57343	4218	357930
2002	582288	74776	13844	58521	4128	361832
2003	574834	68822	13859	60623	4132	363626
2004	575058	65732	14218	61973	4232	363405
2005	581281	66294	14212	62967	4165	368136
2006	579696	65723	15425	64213	4411	363814
2007	586516	67607	13540	65439	4568	368380
2008	610062	67969	13023	85944	5836	370156
2009	611313	69135	13247	85901	6458	368590
2010	599388	66621	11781	90431	5070	361339
2011	626371	74246	11848	95128	6034	372207

16-11 地方国有企事业单位各行业技术人员数

Number of Specialized Technical Personnel in local state-owned Enterprises and Institutions by Sector

单位：人 (person)

行业 Sector	2004	2005	2006	2010	2011
合　计 Total	**575058**	**581281**	**579696**	**599388**	**626371**
按行业分 By Sectors					
农、林、牧、渔业 Farming, Forestry, Animal Husbandy and Fishery	26007	25496	27187	22813	20213
采矿业 Mining and Quarrying	3241	3233	4106	3635	3926
制造业 Manufacturing	16983	16425	14086	13744	14579
电力、燃气及水的生产和供应业 Production and Supply of Electricity Gas and Water	4439	4987	3617	4175	4324
建筑业 Construction	11092	10719	10550	8766	10415
交通运输、仓储和邮政业 Transport, Storage and Post Services	12547	12918	13783	12670	12705
信息传输、计算机服务和软件业 Information Transmission, Computer Software and Services	2059	1772	1238	5261	7290
批发和零售业 Wholesale and Retail Trade	6940	6301	5381	5253	5132
住宿和餐饮业 Lodgings and Catering Services	804	829	812	703	748
金融业 Finance	3345	3690	5202	6641	8129
房地产业 Real Estate	3648	4100	4370	3783	4574
租赁和商务服务业 Rent and Business Services	1997	1936	1690	2052	2437
科学研究、技术服务和地质勘查业 Scientific Reseach, Ploytechnic Services and Geological Prospecting	12203	11919	12351	11925	12899
水利、环境和公共设施管理业 Water Conservancy, Environment and Public Facilities Management	7664	8304	8274	7971	8098
居民服务和其他服务业 Resident Services and Others	3163	3220	3560	3674	4162
教育 Education	370788	374351	372279	370279	370305
卫生、社会保障和社会福利业 Health Care, Social Ensure and Walfare	61728	63307	66040	94348	97615
文化、体育和娱乐业 Culture, Sports and Entertainment	16492	17116	16174	14193	15731
公共管理和社会组织 Public Management and Social Organizations	9918	10658	8996	7520	23089
按三次产业分 By Three Strata of Industry					
第一产业 Primary Industry	26007	25496	27187	22813	20213
第二产业 Secondary Industry	35755	35364	32359	30320	33244
第三产业 Tertiary Industry	513296	520421	520150	546255	572914

16-12 主要年份教育基本情况

Basic Statistics on Education in Selected Years

年份 Year	专任教师数（人） Full-time Teachers(person)				在校学生数（万人） Student Enrollment(10000 persons)				每万人口拥有大学在校学生数(人) University & College Student Enrollment per 10000 Population (person)
	普通高等学校 Regular Institutions Of Higher Educations	普通中等学校 Regular Institutions Of Secondary Educations	#普通中学 Regular Secondary Schools	普通小学 Primary Schools	普通高等学校 Regular Institutions Of Higher Educations	普通中等学校 Regular Institutions Of Secondary Educations	#普通中学 Regular Secondary Schools	普通小学 Primary Schools	
1952	611	5242	4159	31937	0.47	11.55	9.64	102.59	3.9
1957	1811	7929	6727	42442	0.75	18.69	16.78	137.61	5.4
1962	3484	14609	12328	61998	1.91	23.81	21.74	157.81	17.1
1965	3033	19170	14294	127368	1.52	35.34	27.54	290.11	17.5
1970	1783	18684	18683	85294	0.07	38.68	38.67	238.19	0.4
1975	3142	35782	34680	140353	1.03	80.49	79.34	398.32	6.9
1978	4100	55345	53082	137845	2.05	119.98	116.70	370.23	10.9
1979	5110	58589	55835	143992	3.01	108.85	104.08	379.02	13.9
1980	6106	61128	57124	141812	3.86	114.73	109.41	376.42	22.7
1981	5900	64295	58541	147545	3.04	102.28	95.41	367.08	19.0
1982	6900	62417	55898	146985	2.69	101.65	94.66	360.97	17.6
1983	7300	62947	55665	146351	2.93	101.95	94.82	360.67	19.3
1984	7600	63553	55041	144777	3.40	110.83	101.97	368.68	21.4
1985	8137	64848	55465	138673	4.41	121.39	109.92	372.40	27.8
1986	8671	74734	59589	148043	5.12	128.85	115.67	361.40	28.5
1987	9154	74261	62486	146301	5.41	132.43	118.32	344.50	27.3
1988	9059	79658	65920	145430	5.71	122.68	107.47	333.99	30.9
1989	9154	81487	67919	147437	5.68	115.99	100.64	336.77	29.1
1990	8926	84535	69000	148789	5.56	120.69	104.85	337.08	28.6
1991	8892	88851	73000	152815	5.42	130.03	113.13	342.61	27.3
1992	8891	93655	77100	154807	5.72	142.93	123.36	353.90	27.4
1993	8551	98426	81000	161680	6.41	151.86	127.97	363.85	31.1
1994	8432	103108	84400	164039	6.93	163.69	136.21	371.98	35.2
1995	8354	109879	90400	166191	7.17	185.82	155.25	379.96	38.7
1996	8373	117657	98558	170791	7.34	212.91	181.85	392.01	40.8
1997	8646	124842	105279	176591	7.81	240.46	207.36	404.91	42.9
1998	8279	131910	111986	180587	8.52	253.42	220.05	401.97	45.7
1999	8853	138044	117312	183601	10.26	264.11	228.14	386.85	50.4
2000	9779	140769	120667	183547	13.14	269.46	233.50	369.10	61.0
2001	10716	145152	125866	181816	16.74	275.04	238.30	354.62	74.7
2002	12701	149963	131263	181457	19.73	279.19	240.76	339.18	88.0
2003	16663	155858	135778	177248	25.74	291.62	247.19	311.98	110.8
2004	20980	159838	139549	170962	32.57	299.84	252.10	286.94	123.5
2005	24919	164888	144310	166465	40.70	302.74	250.17	273.27	148.8
2006	28724	169568	148055	163350	46.13	300.26	243.07	269.22	172.9
2007	31444	172288	150636	160911	50.95	291.76	233.71	258.29	186.6
2008	33637	172904	151271	160347	56.26	284.82	226.18	247.15	201.6
2009	35841	173887	151785	156779	60.63	276.25	213.43	239.76	203.9
2010	37733	172901	151469	156601	64.78	260.22	198.21	238.89	214.4
2011	39747	171636	150170	155337	67.48	260.61	186.68	246.09	220.2

16-13 各级各类非学历教育学生情况(2011年)

Basic Statistics on Students by Level and Type of Non-formal Education(2011)

单位：万人 (10000 persons)

项目	Item	毕(结)业生数 Graduates with Degrees or Diplomas	注册学生数 Registered Students
总计	**Total**	**53.05**	**40.99**
高等教育	Higher Education	12.36	8.01
研究生课程进修班	Postgraduate Courses for Advanced Study	0.05	0.1
自考助学班	Classes for Self-learning Programs	0.89	0.97
普通预科生	College Preparatory Courses	0.04	0.08
进修及培训	In-service Training Courses	11.37	6.86
中等职业教育	Vocational Secondary Education	15.56	9.45
中等职业学校	Vocational Secondary Schools	15.56	9.45
资格证书培训	Training for Qualification Certificates	11.62	7.73
岗位证书培训	Training for Post Certificates	3.94	1.73
职业技术培训机构	Vocational Training Institutes	25.13	23.52
资格证书培训	Training for Qualification Certificates	5.44	5.65
岗位证书培训	Training for Post Certificates	19.68	17.88

16-14 各级各类民办教育基本情况(2011年)

Basic Statistics on Private Schools by Level and Type of Schools(2011)

单位：人 (person)

项目	Item	学校数(所) Number of Schools(unit)	毕业生数 Number of Graduates	招生数 New Enrollment	在校学生数 Total Enrollment	教职工数 Teachers and Staff	#专任教师数 Full-time Teachers
民办高等教育	**Private Higher Education**	**35**	**43823**	**58240**	**187738**	**15328**	**10213**
民办高校	Private Institutions of Higher Education	26	28109	33147	101978	8147	4933
本科生	Undergraduate Courses	3	7164	9796	30688	2242	1502
专科生	Specialized Courses	23	20945	23351	71290	5905	3431
独立学院	Non-university Tertiary	9	15714	25093	85760	7181	5280
本科生	Undergraduate Courses	9	15714	25093	85760	7181	5280
专科生	Specialized Courses						
民办中等教育	**Private Secondary Education**	**222**	**86832**	**99066**	**280440**	**23563**	**17671**
高中阶段教育	Senior Secondary Education	138	35829	47723	129700	17309	12874
高中	Private Regular Senior Secondary Schools	86	22528	27593	80361	14951	11312
中等职业学校	Private Vocational Secondary Education	52	13301	20130	49339	2358	1562
初中阶段教育	Junior Secondary Education	84	51003	51343	150740	6254	4797
初中	Private Regular Junior Secondary Schools	84	51003	51343	150740	6254	4797
职业初中	Private Vocational Junior Secondary Education						
民办普通小学	**Private Regular Primary Schools**	**79**	**15062**	**23364**	**105916**	**2828**	**2045**
民办幼儿园	**Private Kindergartens**	**4850**	**186505**	**314227**	**706149**	**66095**	**35030**

16-15 主要年份各类学校数

Number of Schools by Field of Study in Selected Years

单位：所 (unit)

年份 Year	普通高等学校 Regular Institutions Of Higher Educations	成人高等学校 Adult Institions of Higher Educations	中等专业学校 Secondary Schools	普通中学 Regular Secondary Schools	#高中 Senior Secondary Schools	职业中学 Vocational Secondary Schools	技工学校 Technical Schools	小学 Primary Schools	幼儿园 Kinder gartens
1952	5		51	178	67			9081	320
1957	4		41	213	101			12850	1144
1962	18	19	52	408	150	72		15550	1373
1965	10	2	67	429	152	1041	4	34583	1916
1970	3		1	1301	199			25743	
1975	7	43	36	1089	767		1	33946	1902
1980	16	25	82	1148	821	46	28	28170	3608
1985	36	18	94	1180	451	240	35	26607	5210
1990	36	20	103	1362	415	262	43	19472	7958
1995	30	20	109	1771	404	272	54	15765	12748
1996	30	20	110	1834	397	272	85	15603	13315
1997	30	20	111	1880	409	267	135	15535	13033
1998	30	20	112	1902	427	274	138	14824	12612
1999	30	20	118	1893	440	266	110	14355	12522
2000	28	18	118	1921	477	262	119	13935	11885
2001	32	17	109	1988	523	286	101	13664	7398
2002	33	16	106	1998	559	260	93	12924	7329
2003	49	15	355	2006	592	1	93	12406	7064
2004	53	13	389	2022	614	1	98	11614	7200
2005	66	9	391	2030	627	1	93	10560	7541
2006	67	10	403	2020	636	1	95	9867	7550
2007	74	8	364	1984	616	1	96	9388	7567
2008	83	7	350	1963	610		91	8566	7508
2009	86	7	312	1936	606		94	7849	7137
2010	84	4	298	1903	575		95	6974	6179
2011	85	4	262	1830	559		71	5947	6813

注：1.2003年起中等专业学校指中等职业教育，包括中等专业学校、成人中专和职业中学；职业中学仅指初中部职业中学。2.2008年起职业中学并入普通初中。

Note: a)Since 2003, the data of secondary schools include the vocational secondary schools, the only one is middle school of it.b)Since 2008,Regular secondary schools contain vocational schools.

16-16 主要年份各类学校专任教师数

Number of Full-time Teachers by Type of School in Selected Year

单位：人 (person)

年份 Year	普通高等学校 Regular Institutions Of Higher Educations	中等专业学校 Secondary Schools	普通中学 Regular Secondary Schools	#高中 Senior Secondary Schools	职业中学 Vocational Secondary Schools	技工学校 Technical Schools	小学 Primary Schools	幼儿园 Kinder gartens
1952	611	1083	4159	892			31937	641
1957	1811	1202	6727	1790			42442	2127
1962	3484	2030	12328	3039	251		61998	3200
1965	3033	1729	14294	3201	3036	111	127368	4300
1970	1783		18683				85294	
1975	3142	1081	34680	9607			140353	3789
1980	6106	3017	57124	12555	154	800	141812	14026
1985	8137	4721	55465	13025	3384	1300	138673	18586
1990	8926	5969	69000	13641	5700	2100	148789	26907
1995	8354	6703	90400	13306	9600	2300	166191	40640
1996	8373	6739	98558	13727	10214	2100	170791	41409
1997	8646	6927	105279	14632	10563	2100	176591	42446
1998	8279	7149	111986	16394	10636	2100	180587	41771
1999	8853	7162	117312	19295	10770	2800	183601	40033
2000	9779	6920	120667	23170	10382	2800	183547	39409
2001	10716	6798	125866	27411	9988	2500	181816	26647
2002	12701	6100	131263	31514	10100	2500	181457	25790
2003	16663	17357	135778	35853	23	2700	177248	27238
2004	20980	17266	139549	40132	23	3000	170962	28846
2005	24919	17457	144310	45328	21	3100	166465	31228
2006	28724	18216	148055	49593	19	3268	163350	31845
2007	31444	18197	150636	52169	18	3455	160911	33381
2008	33637	18229	151271	52531		3812	160347	33774
2009	35841	18290	151785	52339		3879	156779	36750
2010	37733	18000	151469	52100		3439	156601	38900
2011	39747	17781	150170	52375		3685	155337	53216

16-17 主要年份各类学校在校学生数

Number of Students Enrollment by Type of School in Selected Years

单位：万人 (10000 persons)

年份 Year	普通高等学校 Regular Institutions Of Higher Educations	成人高等学校 Adult Institions of Higher Educations	中等专业学校 Secondary Schools	普通中学 Regular Secondary Schools	#高中 Senior Secondary Schools	职业中学 Vocational Secondary Schools	技工学校 Technical Schools	小学 Primary Schools	幼儿园 Kinder Gartens
1952	0.47		1.91	9.64	1.46			102.59	2.26
1957	0.75		1.91	16.78	3.88			137.61	7.11
1962	1.91	0.82	1.56	21.74	4.79	0.51		157.81	9.94
1965	1.52	1.46	2.00	27.54	5.18	5.66	0.14	290.11	12.52
1970	0.07		0.01	38.67	2.23			238.19	12.47
1975	1.03	0.52	1.10	79.34	20.76		0.05	398.32	12.38
1978	2.05	0.57	2.63	116.70	37.60	0.29	0.36	370.23	19.17
1979	3.01	0.37	3.78	104.08	34.52	0.21	0.78	379.02	29.46
1980	3.86	1.78	3.84	109.41	20.58	0.21	1.27	376.42	41.88
1981	3.04	1.72	3.52	95.41	12.79	1.80	1.55	367.08	39.90
1982	2.69	1.77	3.17	94.66	16.53	2.58	1.24	360.97	44.70
1983	2.93	2.03	3.15	94.82	15.70	2.89	1.09	360.67	47.63
1984	3.40	2.18	3.62	101.97	17.83	3.91	1.33	368.68	49.01
1985	4.41	2.94	4.34	109.92	19.90	5.52	1.61	372.40	52.03
1986	5.12	2.49	4.86	115.67	21.04	6.47	1.85	361.40	55.82
1987	5.41	1.94	4.91	118.32	20.65	7.05	2.15	344.50	67.43
1988	5.71	2.81	5.40	107.47	18.00	7.24	2.57	333.99	69.32
1989	5.68	2.47	5.65	100.64	15.77	6.90	2.80	336.77	69.77
1990	5.56	2.58	5.89	104.85	15.47	7.12	2.83	337.08	74.32
1991	5.42	2.64	5.94	113.13	16.62	7.97	2.99	342.61	80.47
1992	5.72	2.47	6.53	123.36	17.89	9.73	3.31	353.90	88.24
1993	6.41	3.00	7.47	127.97	17.33	12.48	3.94	363.85	97.49
1994	6.93	3.77	8.61	136.21	16.54	14.45	4.42	371.98	100.89
1995	7.17	4.71	9.68	155.25	16.52	16.34	4.55	379.96	103.24
1996	7.34	5.32	10.59	181.85	18.16	16.04	4.43	392.01	102.63
1997	7.81	5.70	11.27	207.36	21.38	17.10	4.73	404.91	92.11
1998	8.52	5.96	11.83	220.05	25.37	16.85	4.69	401.97	83.78
1999	10.26	5.79	12.89	228.14	30.78	18.06	5.02	386.85	81.91
2000	13.14	6.37	12.90	233.50	37.24	18.49	4.57	369.10	78.64
2001	16.74	7.17	13.40	238.30	44.04	18.46	4.88	354.62	73.40
2002	19.73	8.59	13.09	240.76	50.78	19.75	5.59	339.18	66.71
2003	25.74	9.86	37.76	247.19	57.52	0.03	6.64	311.98	69.58
2004	32.57	6.96	40.08	252.10	65.98	0.03	7.66	286.94	74.82
2005	40.70	7.45	44.77	250.17	73.25	0.03	7.87	273.27	82.67
2006	46.13	10.12	48.67	243.07	78.04	0.05	8.52	269.22	87.11
2007	50.95	10.11	49.43	233.71	77.68	0.05	8.62	258.29	91.93
2008	56.26	10.39	49.83	226.18	74.88		8.94	247.15	99.27
2009	60.63	9.95	54.00	213.43	71.91		8.29	239.76	107.72
2010	64.78	9.90	53.60	198.21	70.64		8.40	238.89	116.63
2011	67.48	10.37	57.31	186.68	70.95		16.62	246.09	131.92

注：1.2003年起，职业中学并入中等专业学校，"职业中学在校生数"为职业中学初中部的在校生数。2.2008年起，职业中学并入普通初中。3.2011年起技工学校在校生数含非全日制教育。

Note: a)Since 2003, the data of secondary schools include the vocational secondary schools, the number of students enrollment of vocational secondary schools are the students of junior schools.b)Since 2008,Regular secondary schools contain vocational schools.c)Since 2011,the technical schools exclude full-time education.

16-18 主要年份各类学校招生数

New Students Enrollment by Type of School in Selected Years

单位：万人 (10000 persons)

年份 Year	普通高等学校 Regular Institutions Of Higher Educations	成人高等学校 Adult Institions of Higher Educations	中等专业学校 Secondary Schools	普通中学 Regular Secondary Schools	#高中 Senior Secondary Schools	职业中学 Vocational Secondary Schools	技工学校 Technical Schools	小学 Primary Schools	幼儿园 Kinder gartens
1952	0.19		1.11	5.36	0.85			30.77	
1957	0.19		0.34	5.65	1.26			28.32	
1962	0.27		0.06	8.39	1.63	0.28		34.24	
1965	0.34		0.91	10.53	1.83	4.19	0.04	85.86	
1970	0.08		0.01	20.05	1.65			63.74	
1975	0.38		0.56	48.49	11.08		0.04	81.97	
1978	1.92		1.20	53.62	17.61	0.12	0.25	77.18	
1979	1.06		1.73	48.21	16.49	0.02	0.48	81.12	
1980	0.78		1.55	29.86	0.01	0.08	0.79	72.59	
1981	0.75		1.34	37.81	8.90	1.67	0.75	66.46	28.49
1982	0.80		1.26	36.43	7.87	1.41	0.49	67.21	34.95
1983	0.96		1.33	37.46	7.46	1.79	0.62	69.35	36.50
1984	1.22		1.53	38.36	7.23	2.43	0.71	67.99	36.01
1985	1.79		1.73	40.81	7.18	3.36	0.91	63.22	39.68
1986	1.65		1.87	40.72	7.07	2.99	0.93	54.43	40.00
1987	1.76		1.88	41.69	6.77	3.42	1.09	48.30	46.55
1988	2.01		2.21	36.65	5.45	3.65	1.19	49.32	45.80
1989	1.76		1.96	36.05	5.31	3.09	1.06	57.77	48.19
1990	1.72	0.77	1.91	40.17	5.69	3.33	1.16	56.74	50.12
1991	1.73	0.75	2.01	42.26	6.18	3.87	1.29	59.28	51.29
1992	2.07	0.86	2.40	45.36	6.40	5.01	1.33	64.02	56.11
1993	2.39	1.37	2.85	46.62	5.60	6.55	1.78	62.70	60.67
1994	2.26	1.57	3.18	51.54	5.47	6.13	1.87	65.31	60.91
1995	2.36	1.91	3.37	63.42	6.16	6.54	1.90	68.49	63.53
1996	2.47	1.97	3.57	69.85	7.05	5.72	1.84	71.45	61.89
1997	2.67	1.97	3.73	75.15	8.65	6.60	2.19	74.77	55.21
1998	2.91	2.04	3.93	77.16	10.18	6.31	1.95	63.50	49.71
1999	3.87	2.34	4.30	79.93	12.54	7.30	1.97	52.86	46.37
2000	5.06	2.56	3.48	81.81	15.18	7.50	2.12	49.34	43.67
2001	5.95	3.24	3.28	82.52	17.14	7.45	2.19	50.62	42.22
2002	6.89	3.54	4.23	82.49	19.35	7.85	2.60	47.52	36.86
2003	10.67	3.90	14.51	87.48	21.84	0.01	3.19	40.23	37.46
2004	11.99	3.73	15.46	87.10	25.57	0.01	3.36	36.49	40.09
2005	14.67	3.57	17.59	81.01	27.21	0.01	3.46	35.88	40.45
2006	15.17	3.62	19.45	79.78	27.41	0.01	3.60	41.24	42.36
2007	16.74	3.62	19.14	78.69	25.93	0.01	3.55	41.93	42.81
2008	18.91	3.55	18.94	73.84	24.25		3.58	39.91	44.78
2009	19.37	3.27	23.40	66.46	23.85		3.22	40.40	47.32
2010	20.25	3.60	20.15	62.62	24.31		3.30	42.60	52.91
2011	20.84	3.87	25.17	60.40	24.06		11.36	44.79	59.47

注：1.2003年起职业中学并入中等专业学校，"职业中学招生数"为职业中学初中部的招生数。2.2008年起职业中学并入普通初中。3.2011年起技工学校招生数含非全日制教育。

Note: a)Since 2003, the data of secondary schools include the vocational secondary schools, the new student enrollment of vocational secondary schools are the students of junior schools.b)Since 2008,Regular secondary schools contain vocational schools.c)Since 2011,the technical schools exclude full-time education.

16-19 主要年份各类学校毕业生数

Number of Graduates by Type of School in Selected Years

单位：万人 (10000 persons)

年份 Year	普通高等学校 Regular Institutions Of Higher Educations	成人高等学校 Adult Institions of Higher Educations	中等专业学校 Secondary Schools	普通中学 Regular Secondary Schools	#高中 Senior Secondary Schools	职业中学 Vocational Secondary Schools	技工学校 Technical Schools	小学 Primary Schools
1952	0.09		0.20	1.75	0.33			3.90
1957	0.08		0.37	3.85	0.97			9.05
1962	0.46		0.94	5.29	1.48	0.15		11.89
1965	0.43		0.38	5.38	1.24	0.16	0.01	15.34
1970	0.47			1.48	0.28			46.66
1975	0.21		0.34	22.20	7.75			44.03
1978	0.35		0.19	46.16	12.54	0.14		47.62
1979	0.08		0.61	51.52	17.90	0.02	0.05	43.29
1980	0.90		1.49	14.33	13.63	0.03	0.30	44.37
1981	1.56		1.64	40.40	16.30	0.09	0.47	47.29
1982	1.16		1.60	25.06	3.54	0.05	0.78	48.07
1983	0.73		1.35	27.15	7.84	1.07	0.72	50.82
1984	0.76		1.06	23.41	4.55	0.92	0.48	51.97
1985	0.79		1.01	24.65	4.48	1.23	0.60	55.43
1986	0.94		1.34	27.95	5.45	1.39	0.68	58.66
1987	1.44		1.77	28.70	6.47	2.19	0.81	59.11
1988	1.68		1.74	30.01	6.51	2.46	0.75	51.60
1989	1.73		1.69	28.59	6.22	2.30	0.80	49.52
1990	1.79	0.54	1.64	27.11	5.45	2.32	1.05	53.33
1991	1.80	0.87	1.93	25.16	4.57	2.41	1.11	51.52
1992	1.73	0.65	1.83	28.21	4.78	2.53	0.98	51.53
1993	1.65	0.65	1.89	32.90	5.37	2.80	1.07	51.05
1994	1.69	0.53	1.87	34.43	5.68	3.08	1.12	56.06
1995	2.04	0.85	2.25	38.43	5.57	4.09	1.49	62.56
1996	2.23	1.07	2.61	40.51	4.94	5.32	1.73	64.67
1997	2.14		3.02	47.25	4.95	5.28	1.70	67.57
1998	2.15		3.29	58.75	5.60	5.86	1.64	68.63
1999	2.07	1.67	3.21	64.24	6.40	5.29	1.55	69.59
2000	2.19	1.67	3.31	69.04	7.84	5.79	1.59	68.64
2001	2.84	1.58	2.60	69.65	9.37	5.72	1.41	67.44
2002	3.68	1.80	3.78	71.72	11.58	5.31	1.51	64.77
2003	4.78	2.33	11.12	73.33	13.95	0.01	1.68	66.97
2004	5.28	2.76	11.03	75.03	15.92	0.01	1.86	62.58
2005	6.48	2.83	11.00	75.94	18.26	0.01	2.56	54.71
2006	9.50	1.01	12.49	80.41	20.18	0.01	2.75	52.61
2007	11.41	3.24	12.37	79.88	23.40	0.01	2.51	53.51
2008	13.04	3.07	13.65	73.75	24.22		2.55	50.50
2009	14.28	3.11	14.97	72.69	24.90		2.62	43.90
2010	15.34	3.47	15.53	71.88	24.03		2.63	39.60
2011	17.37	3.23	16.20	68.98	22.63		2.38	37.20

注：1.2003年起职业中学并入中等专业学校，“职业中学毕业生数”为职业中学初中部的毕业生数。2.2008年起职业中学并入普通初中。

Note:a)Since 2003, the data of secondary schools include the vocational secondary schools, the number of vocational secondary schools are the data of junior schools.b)Since 2008,Regular secondary schools contain vocational schools.

16-20 主要年份平均每一专任教师负担学生数

Student-Teacher Ratio in Selected Years

单位：人 (person)

年份 Year	普通高等学校 Regular Institutions of Higher Education	成人高等学校 Adult Institions of Higher Educations	中等专业学校 Specialized Secondary Schools	普通中学 Regular Secondary Schools	#高中 Senior Secondary Schools	职业中学 Vocational Secondary Schools	技工学校 Technical Schools	小学 Primary Schools	幼儿园 Kinder Gartens
1952	7.76		17.62	23.19	16.42			32.12	35.29
1957	4.17		15.91	24.94	21.70			32.42	33.42
1962	5.49		7.67	17.64	15.77	20.51		25.45	31.32
1965	5.01		11.56	19.27	16.20	18.65	12.79	22.78	29.23
1970	0.41		89.00	20.70				27.93	
1975	3.29		10.22	22.88	21.61		23.81	28.38	32.67
1978	4.97		12.02	21.99	21.91	22.24	17.17	26.86	34.15
1980	6.31		11.70	19.15	16.39	13.69	15.27	26.54	29.86
1985	5.42		9.19	19.82	15.28	16.30	12.58	26.85	27.99
1990	6.23	29.21	9.86	14.83	11.34	12.25	13.67	22.65	27.62
1995	8.58	29.21	14.45	17.04	12.42	16.76	19.60	22.86	25.40
1996	8.77	38.76	15.71	18.45	13.23	15.51	20.64	23.00	24.80
1997	9.03	42.01	16.26	19.70	14.61	16.19	22.83	22.90	21.70
1998	10.28	45.97	16.55	19.65	15.47	15.84	17.30	22.26	20.06
1999	11.53	48.03	18.00	19.45	15.95	16.72	18.07	21.07	20.48
2000	13.40	44.98	18.70	19.35	16.05	17.78	16.32	20.11	19.96
2001	15.62	48.16	19.72	18.93	16.07	18.49	19.52	19.50	27.55
2002	15.78	47.80	21.44	18.34	16.12	19.55	22.16	18.69	25.86
2003	15.88	50.53	21.70	18.20	16.02	11.35	24.46	17.61	25.58
2004	15.36	46.95	22.68	18.07	16.44	14.09	25.69	16.78	25.98
2005	16.35	34.80	25.58	17.34	16.17	14.76	25.03	16.41	26.50
2006	16.07	35.94	26.74	16.41	15.73	23.89	26.07	16.48	27.39
2007	16.23	59.35	27.16	15.52	14.88	25.67	24.95	16.05	27.52
2008	16.74	103.90	27.38	14.95	14.26		23.45	15.42	29.37
2009	17.92	90.45	29.53	14.06	13.74		21.38	15.29	29.31
2010	17.18	162.89	29.77	13.08	13.56		24.44	15.25	29.98
2011	17.00	165.00	32.20	12.43	13.54		45.12	15.85	24.80

注：2008年起职业中学并入普通初中。

Note:Since 2008,Regular secondary schools contain vocational schools.

16-21 主要年份研究生数

Number of Postgraduates in Selected Years

单位：人 (person)

年份 Year	在校学生数 Stuent Enrollment	招生数 New Student Enrollment	毕业生数 Graduates	年份 Year	在校学生数 Stuent Enrollment	招生数 New Student Enrollment	毕业生数 Graduates
1978	90	90		1998	3281	1218	701
1980	261	70		1999	3907	1562	889
1985	1064	564	324	2000	5134	2179	929
1986	1246	460	226	2001	6828	2877	1119
1987	1520	557	268	2002	8862	3667	1452
1988	1490	499	504	2003	13266	5860	1871
1989	1350	364	462	2004	18273	7275	2820
1990	1198	366	497	2005	19500	7442	3222
1991	1122	403	425	2006	22798	8150	4560
1992	1268	445	275	2007	25580	8741	5725
1993	1372	512	394	2008	27062	8781	6899
1994	1967	806	374	2009	29012	9934	7790
1995	2248	739	434	2010	30933	10313	8159
1996	2445	933	694	2011	33896	11561	8207
1997	2773	1026	661				

16-22 分科研究生数(2011年)

Number of Postgraduates by Field of Study(2011)

单位：人 (person)

项目	Item	在校生数 Student Enrollment	招生数 New Student Enrollment	毕业人数 Graduates	博士生 Doctor			硕士生 Master		
					在校生数 Student Enrollment	招生数 New Student Enrollment	毕业生数 Graduates	在校生数 Student Enrollment	招生数 New Student Enrollment	毕业生数 Graduates
合计	**Total**	**33896**	**11561**	**8207**	**4739**	**1206**	**872**	**29157**	**10355**	**7335**
哲学	Philosophy	339	112	119	87	28	24	252	84	95
经济学	Economics	2268	813	759	482	140	120	1786	673	639
法学	Law	2704	846	689	344	93	56	2360	753	633
教育学	Education	1505	561	356	123	36	21	1382	525	335
文学	Literature	2893	952	796	347	82	64	2546	870	732
历史学	History	507	143	139	184	36	32	323	107	107
理学	Science	5909	1916	1470	1287	344	262	4622	1572	1208
工学	Engineering	6945	2400	1576	788	179	120	6157	2221	1456
农林学	Agriculture And Forestry	1397	555	232	181	51	30	1216	504	202
医学	Medicine	3772	1212	1035	316	86	61	3456	1126	974
管理学	Manage	5657	2051	1036	600	131	82	5057	1920	954

16-23 普通高等学校本科分科在校学生数

Number of Student Enrollment in Higher Educational Institutions by Field of Study

单位：人 (person)

项目	Item	2007	2008	2009	2010	2011
总计	**Total**	**278032**	**309250**	**336813**	**365516**	**396093**
哲学	Philosophy	229	272	280	258	232
经济学	Economics	26752	28136	29441	31441	34282
法学	Law	13859	15550	16526	17702	16797
教育学	Education	8182	9113	10099	10675	11636
文学	Literature	47564	53784	58642	63314	68218
历史学	History	1798	1816	1792	1792	1812
理学	Science	32615	35147	36170	36624	37091
工学	Engineering	73808	83900	94515	106651	120593
农学	Agriculture	6542	6884	7378	8117	8483
医学	Medicine	17288	18437	19555	20207	21022
管理学	Manage	49395	56211	62415	68735	75927

16-24 普通高等学校本科分科招生数

Number of New Student Enrollment in Higer Educational Institutions

单位：人 (person)

项目	Item	2007	2008	2009	2010	2011
合计	**Total**	**81208**	**89259**	**95953**	**103865**	**113370**
哲学	Philosophy	85	87	74	41	42
经济学	Economics	7094	7431	7648	8733	10125
法学	Law	4292	4684	4557	4653	3876
教育学	Education	2381	2568	2960	2917	3276
文学	Literature	14174	15874	17024	18262	19562
历史学	History	487	460	441	444	499
理学	Science	9246	9831	9444	9447	9825
工学	Engineering	22227	25490	28540	32077	36520
农学	Agriculture	1846	1956	2399	2751	2575
医学	Medicine	4472	4479	4529	4593	5044
管理学	Management	14904	16399	18337	19947	22026

16-25 普通高等学校本科分科毕业生数

Number of Graduates in Higher Educational Institutions by Field of Study

单位：人 (person)

项目	Item	2007	2007	2007	2010	2011
合计	**Total**	**47672**	**55287**	**66158**	**71708**	**79432**
哲学	Philosophy	32	34	53	50	68
经济学	Economics	5518	6221	6564	6905	7398
法学	Law	2682	2907	3436	3373	4200
教育学	Education	1186	1549	1818	2205	2262
文学	Literature	7348	9259	11823	12786	13850
历史学	History	386	421	446	425	458
理学	Science	5769	6740	7793	8207	8393
工学	Engineering	12837	14289	17402	18885	21749
农学	Agriculture	1229	1515	1588	1530	1675
医学	Medicine	2086	2978	3361	3614	4061
管理学	Manage	8599	9374	11874	13728	15318

16-26 普通高等学校分科专任教师数(2011年)

Number of Full-time Teachers in Higher Educational Institutions by Field of Study(2011)

单位：人 (person)

项目	Item	合计 Total	正高级 Senior	副高级 Vice-senior	中级 Junior	初级 Primary	无职称 Non-Title
合计	**Total**	**39747**	**4186**	**10608**	**14799**	**8161**	**1993**
哲学	Philosophy	1049	113	270	393	235	38
经济学	Economics	2966	298	794	1103	591	180
法学	Law	1790	134	428	775	374	79
教育学	Education	3705	242	967	1306	978	212
文学	Literature	8511	574	1944	3397	2122	474
历史学	History	364	75	126	110	44	9
理学	Science	4629	758	1409	1667	653	142
工学	Engineering	9963	972	2634	3878	1938	541
农林学	Agriculture	975	181	328	290	136	40
医学	Medicine	2603	560	931	669	384	59
管理学	Management	3192	279	777	1211	706	219

16-27 普通高等学校专科分科学生数(2011年)

Basic Statistics of Students in Higher Educational Institutions by Field of Study(2011)

单位：人 (person)

项目	Item	在校学生数 Total Enrollment	招生数 New Enrollment	毕业生数 Graduates
合计	**Total**	**278686**	**95049**	**94270**
农林牧渔大类	Agriculture, Forestry, Animal Husbandry and Fishery	4214	1307	1511
交通运输大类	Transport	9791	3240	3124
生化与药品大类	Biology,Chemistry and Medica	5758	2024	1871
资源开发与测绘大类	Energy Exploitation and Mapping	629	217	313
材料与能源大类	Material and Energy	2896	903	1231
土建大类	Construction	25179	9717	5900
水利大类	Water Conservancy	653	271	240
制造大类	Manufacturing	23082	7308	7685
电子信息大类	Electronic Information	48137	15119	18279
环保、气象与安全大类	Environment,Weather and Safety	1219	393	500
轻纺食品大类	Light Industry, Textile, and Food	8531	2757	3242
财经大类	Finance	75580	25450	24073
医药卫生大类	Medicine and Health	17590	7140	5882
旅游大类	Touring	9064	3161	2578
公共事业大类	Public Management and Services	3759	1102	1366
文化教育大类	Culture and Education	29912	10670	11442
艺术设计传媒大类	Arts and Medias	11315	4026	3808
公安大类	Police			
法律大类	laws	1377	244	1225

16-28 成人高等学校本科分科学生情况

Basic Statistics of Students in Adult Higher Educational Institutions by Field of Study

单位：人 (person)

项目	Item	2000	2003	2005	2010	2011
招生数	**Number of New Student Enrollment**	**25629**	**38988**	**35695**	**36025**	**15366**
经济学	Economics	7577	3134	3284	1904	452
法　学	Law	2232	2250	1618	798	443
教育学	Education	1876	3671	3626	5063	2548
文　学	Literature	5090	8745	5952	2226	1427
历史学	History	384	345	209	36	13
理　学	Science	1962	3475	3052	352	86
工　学	Engineering	4733	7058	6381	9142	3581
农　学	Agriculture	359	438	429	338	153
医　学	Medicine	1416	2235	2811	4545	2205
管理学	Manage		7637	8333	11621	4458
在校学生数	**Number of Student Enrollment**	**63663**	**98627**	**74472**	**99038**	**45459**
经济学	Economics	19437	9135	6464	5821	1699
法　学	Law	5802	6223	3897	2352	1871
教育学	Education	3991	9835	7151	11746	7141
文　学	Literature	11496	18921	13501	7489	5061
历史学	History	774	833	556	116	66
理　学	Science	3636	9362	6404	1012	550
工　学	Engineering	13469	18414	14255	24131	9471
农　学	Agriculture	1054	1226	725	1190	517
医　学	Medicine	4004	6208	5722	13041	6360
管理学	Manage		18470	15797	32140	12723
毕业生数	**Number of Graduates**	**16742**	**23290**	**28262**	**34699**	**15806**
经济学	Economics	6231	2660	2765	2854	764
法　学	Law	2149	1737	2018	1120	725
教育学	Education	681	2102	3266	4537	2723
文　学	Literature	3368	3993	5432	4309	2544
历史学	History	245	293	307	75	62
理　学	Science	520	1831	2970	1178	467
工　学	Engineering	2526	4526	4812	6323	2723
农　学	Agriculture	235	368	357	508	288
医　学	Medicine	787	1038	1618	4025	1675
管理学	Manage		4742	4717	9770	3835

注：由于学科分类变化，2011年起数据只含本科生。
Note:Due to the subject classification change, since 2011, the data contained only an undergraduate.

16-29 成人高等学校专科分科学生数(2011年)

Basic Statistics of Students in Adult Higher Educational Institutions by Field of Study(2011)

单位：人 (person)

项目	Item	在校学生数 Total Enrollment	招生数 New Enrollment	毕业生数 Graduates
合计	**Total**	**58202**	**23308**	**16509**
农林牧渔大类	Agriculture, Forestry, Animal Husbandry and Fishery	495	136	236
交通运输大类	Transport	2356	834	625
生化与药品大类	Biology,Chemistry and Medica	425	246	33
资源开发与测绘大类	Energy Exploitation and Mapping	335	133	99
材料与能源大类	Material and Energy	642	75	278
土建大类	Construction	6481	2706	1651
水利大类	Water Conservancy	35	7	71
制造大类	Manufacturing	5364	2226	1160
电子信息大类	Electronic Information	2444	826	1131
环保、气象与安全大类	Environment,Weather and Safety	21		4
轻纺食品大类	Light Industry, Textile, and Food	102	38	
财经大类	Finance	22984	9089	6789
医药卫生大类	Medicine and Health	7031	1949	2059
旅游大类	Touring	284	90	211
公共事业大类	Public Management and Services	1604	692	500
文化教育大类	Culture and Education	7052	4072	1262
艺术设计传媒大类	Arts and Medias	365	138	130
公安大类	Police			17
法律大类	laws	182	51	253

16-30 职业技术培训机构基本情况（2011年）

Basic Statistics on Vocational/Technical Training Institutions(2011)

项目 Item	学校数（所） Number of Schools(unit)	注册学生数（人） Registered Students (person)	结业学生数（人） Graduates (person)	教职工数（人） Teachers and Staff (person)	#专任教师数（人） Full-time Teachers (person)
总计 **Total**	**1926**	**844629**	**878544**	**9839**	**4610**
职工技术培训学校(机构) Vocational/Technical Training Schools	83	134801	146779	2342	1991
教育部门和集体办 Run by Education Departments and Collectives	63	123648	135812	2074	1817
其他部门办 Run by Other Departments	17	10603	10398	202	133
民办 Run by Private Institutions	3	550	569	66	41
农村成人文化技术培训学校(机构) Technical Training Schools for Adult Farmers	1577	561672	580060	3527	494
教育部门和集体办 Run by Education Departments and Collectives	1553	556301	575557	3476	443
#县(市、区) Run by Counties	83	25737	25785	328	49
其他部门办 Run by Other Departments	18	1826	958		
民办 Run by Private Institutions	6	3545	3545	51	51
其他培训机构(含社会培训机构) Others	266	148156	151705	3970	2125
教育部门和集体办 Run by Education Departments and Collectives	22	23984	24012	386	316
其他部门办 Run by Other Departments	29	13975	14569	243	150
民办 Run by Private Institutions	215	110197	113124	3341	1659

16-31 中等职业教育分科学生数(2011年)

Students in Secondary Vocational Schools by Field of Study (2011)

单位：人 (person)

项目	Item	毕业生数 Graduates	招生数 New Enrollment	招初中毕业生数 Junior Secondary School Graduates	在校学生数 Total Enrollment
总计(或小计)	**Total**	**162006**	**251705**	**149085**	**573082**
农林牧渔类	Agriculture, Forestry, Animal Husbandry and Fishery	6979	56506	8486	87767
资源环境类	Resources and Environment	171	111	49	585
能源与新能源类	Energy and New Energy	317	82	80	371
土木水利类	Civil and Hydraulic Engineering	6156	12606	10572	23269
加工制造类	Manufacturing	22535	18931	13674	52003
石油化工类	Petroleum and Chemical	1168	723	604	3077
轻纺食品类	Light Industry, Textile, and Food	1513	8238	4113	13784
交通运输类	Transport	9890	16653	8998	37303
信息技术类	Information Technologies	30661	32697	23425	91798
医药卫生类	Medicine and Health	16545	12292	10762	35540
休闲保健类	Leisure and Health	555	3188	2737	6687
财经商贸类	Finance and Trade	30048	39689	27118	94425
旅游服务类	Tourism Services	7453	10159	7307	28182
文化艺术类	Culture and Arts	12469	15945	12415	41445
体育与健身	Sports and Fitness	666	913	913	3167
教育类	Education	9687	16308	14494	38572
司法服务类	Justice Services	574	3194	677	5204
公共管理与服务类	Public Management and Services	2189	1622	1005	3276
其他	Others	2430	1848	1656	6627

16-32 中等职业教育分类别职称专任教师数(2011年)

Teachers in Secondary Vocational Schools by Field of Study (2011)

单位：人 (person)

项目	Item	总计 Total	按职称分 Classified by Title 副高级 Vice-senior	中级 Junior	初级 Primary	无职称 Non-Title
总计	**Total**	**17781**	**3778**	**7133**	**5368**	**1502**
文化基础课	**Culture Basic Class**	**7644**	**1883**	**3305**	**2034**	**422**
专业课	Specialty Class	9446	1812	3602	3087	945
农林牧渔类	Agriculture, Forestry, Animal Husbandry and Fishery	344	129	148	57	10
资源环境类	Resources and Environment	56	13	20	15	8
能源与新能源类	Energy and New Energy	13	3	4	5	1
土木水利类	Civil and Hydraulic Engineering	290	41	102	109	38
加工制造类	Manufacturing	955	207	348	297	103
石油化工类	Petroleum and Chemical	64	26	20	13	5
轻纺食品类	Light Industry, Textile, and Food	90	27	24	27	12
交通运输类	Transport	466	89	187	125	65
信息技术类	Information Technologies	2065	309	834	755	167
医药卫生类	Medicine and Health	329	65	108	132	24
休闲保健类	Leisure and Health	20	3	4	5	8
财经商贸类	Finance and Trade	1452	304	528	446	174
旅游服务类	Tourism Services	581	90	233	192	66
文化艺术类	Culture and Arts	1121	174	394	447	105
体育与健身	Sports and Fitness	434	94	175	122	43
教育类	Education	558	123	220	171	44
司法服务类	Justice Services	22	4	7	3	8
公共管理与服务类	Public Management and Services	148	27	67	41	13
其他	Others	438	83	179	125	51
实习指导课	**Practice Class**	**691**	**83**	**226**	**247**	**135**

16-33 技工学校数、学生数和教职工数(1985-2011年)

Number of Technical Schools, Students, Teachers and Staff(1985-2011)

年份 Year	学校数(所) Schools (unit)	招生数(人) New Enrollment (person)	在校学生数(人) Total Enrollment (person)	毕业生数(人) Graduates (person)	专任教师数(人) Number of Full-time Teachers (person)
1985	35	9100	16100	6000	1300
1990	43	11600	28300	10500	2100
1995	54	19000	45500	14900	2300
1996	85	18400	44300	17300	2100
1997	135	21900	47300	17000	2100
1998	138	19500	46900	16400	2100
1999	110	19700	50200	15500	2800
2000	119	21200	45700	15900	2800
2001	101	21900	48800	14100	2500
2002	93	26000	55900	15100	2500
2003	93	31900	66400	16800	2700
2004	98	33600	76600	18600	3000
2005	93	34600	78700	25600	3100
2006	95	36000	85200	27500	3268
2007	96	35500	86200	25100	3455
2008	91	35811	89429	25518	3812
2009	94	32190	82922	26220	5227
2010	95	32965	84040	26263	4752
2011	71	113630	166249	23763	4896

注：2011年起招生数和在校生数含非全日制教育。

Note:Since 2011,the technical schools exclude full-time education.

16-34 学龄儿童入学率和各级普通学校毕业生升学率(1990-2011年)

Net Enrollment Ratio of Primary Schools and Promotion Rate of Various Schools(1990-2011)

单位：% (%)

年份 Years	学龄儿童入学率 Graduation Rate of Primary School	小学升学率 Graduation Rate of Junior high school	初中升学率 Enrollment Rate of Pre-primary	年份 Years	学龄儿童入学率 Graduation Rate of Primary School	小学升学率 Graduation Rate of Junior high school	初中升学率 Enrollment Rate of Pre-primary
1990	99.10	64.96	49.71	2001	100.08	97.05	40.60
1991	99.32	70.64	58.58	2002	99.40	97.68	58.70
1992	99.47	76.24	58.20	2003	99.65	98.03	65.60
1993	99.63	83.77	59.99	2004	99.72	98.34	69.42
1994	99.68	82.63	57.40	2005	99.79	98.34	77.66
1995	99.70	91.89	57.29	2006	99.84	99.57	77.80
1996	99.75	97.51	55.32	2007	99.93	98.59	87.80
1997	99.80	97.80	53.80	2008	99.97	98.20	94.14
1998	99.84	97.80	47.60	2009	99.97	97.05	98.86
1999	99.83	97.02	49.88	2010	100.00	96.70	92.90
2000	99.86	97.27	49.97	2011	99.98	97.69	84.08

主要统计指标解释

科技活动 指在自然科学、农业科学、医药科学、工程与技术科学、人文与社会科学领域(简称科学技术领域)中，与科技知识的产生、发展、传播和应用密切相关的有组织的活动。可分为研究与试验发展(R&D)、研究与试验发展成果应用及相关的科技服务三类活动。该定义是联合国教科文组织考虑成员国特别是发展中国家开展科技统计工作的需要，而对科技活动所作的统计界定。

科技活动人员 指直接从事科技活动、以及专门从事科技活动管理和为科技活动提供直接服务，累计的实际工作时间占全年制度工作时间 10%及以上的人员。(1)直接从事科技活动的人员包括：在独立核算的科学研究与技术开发机构、高等学校、各类企业及其他事业单位内设的研究室、实验室、技术开发中心及中试车间(基地)等机构中从事科技活动的研究人员、工程技术人员、技术工人及其它人员；虽不在上述机构工作，但编入科技活动项目(课题)组的人员；科技信息与文献机构中的专业技术人员；从事论文设计的研究生等。(2)专门从事科技活动管理和为科技活动提供直接服务的人员，包括：独立核算的科学研究与技术开发机构、科技信息与文献机构、高等学校、各类企业及其他事业单位主管科技工作的负责人，专门从事科技活动的计划、行政、人事、财务、物资供应、设备维护、图书资料管理等工作的各类人员，但不包括保卫、医疗保健人员、司机、食堂人员、茶炉工、水暖工、清洁工等为科技活动提供间接服务的人员。该指标用来反映投入科技活动人力的规模。

研究与试验发展(R&D) 指在科学技术领域，为增加知识总量、以及运用这些知识去创造新的应用进行的系统的创造性的活动，包括基础研究、应用研究、试验发展三类活动。国际上通常采用 R&D 活动的规模和强度指标反映一国的科技实力和核心竞争力。

基础研究 指为了获得关于现象和可观察事实的基本原理的新知识(揭示客观事物的本质、运动规律，获得新发现、新学说)而进行的实验性或理论性研究，它不以任何专门或特定的应用或使用为目的。其成果以科学论文和科学著作为主要形式。用来反映知识的原始创新能力。

应用研究 指为获得新知识而进行的创造性研究，主要针对某一特定的目的或目标。应用研究是为了确定基础研究成果可能的用途，或是为达到预定的目标探索应采取的新方法(原理性)或新途径。其成果形式以科学论文、专著、原理性模型或发明专利为主。用来反映对基础研究成果应用途径的探索。

试验发展 指利用从基础研究、应用研究和实际经验所获得的现有知识，为产生新的产品、材料和装置，建立新的工艺、系统和服务，以及对已产生和建立的上述各项作实质性的改进而进行的系统性工作。其成果形式主要是专利、专有技术、具有新产品基本特征的产品原型或具有新装置基本特征的原始样机等。在社会科学领域，试验发展是指把通过基础研究、应用研究获得的知识转变成可以实施的计划(包括为进行检验和评估实施示范项目)的过程。人文科学领域没有对应的试验发展活动。主要反映将科研成果转化为技术和产品的能力，是科技推动经济社会发展的物化成果。

研究与试验发展人员 指参与研究与试验发展项目研究、管理和辅助工作的人员， 包括项目(课题)组人员， 企业科技行政管理人员和直接为项目(课题)活动提供服务的辅助人员。反映投入从事拥有自主知识产权的研究开发活动的人力规模。

研究与试验发展人员全时当量 指全时人员数加非全时人员按工作量折算为全时人员数的总和。例如：有两个全时人员和三个非全时人员(工作时间分别为 20%、30% 和 70%)，则全时当量为 2+0.2+0.3+0.7=3.2 人年。为国际上比较科技人力投入而制定的可比指标。

专业技术人员 指从事专业技术工作和专业技术管理工作的人员，即企事业单位中已经聘任专业技术职务从事专业技术工作和专业技术管理工作的人员，以及未聘任专业技术职务，现在专业技术岗位上工作的人员。包括工程技术人员，农业技术人员，科学研究人员，卫生技术人员，教学人×100%员，经济人员，会计人员，统计人员，翻译人员，图书资料、档案、文博人员，新闻出版人员，律师、公证人员，广播电视播音人员，工艺美术人员，体育人员，艺术人员及企业政治思想工作人员，共十七个专业技术职务类别。用来反映科技人力资源情况。

专利 是专利权的简称，是对发明人的发明创造经审查合格后，由专利局依据专利法授予发明人和设计人对该项发明创造享有的专有权。包括发明、实用新型和外观设计。反映拥有自主知识产权的科技和设计成果情况。

发明　指对产品、方法或者其改进所提出的新的技术方案。是国际通行的反映拥有自主知识产权技术的核心指标。

实用新型　指对产品的形状、构造或者其结合所提出的适于实用的新的技术方案。反映具有一定技术含量的技术成果情况。

外观设计　指对产品的形状、图案、色彩或者其结合所作出的富有美感并适于工业上应用的新设计。反映拥有自主知识产权的外观设计成果情况。

普通高等学校　指按照国家规定的设置标准和审批程序批准举办的，通过全国普通高等学校统一招生考试，招收高中毕业生为主要培养对象，实施高等教育的全日制大学、独立设置的学院和高等专科学校、高等职业学校和其他机构。大学、独立设置的学院主要实施本科层次以上教育，高等专科学校、高等职业学校实施专科层次教育，其他机构是承担国家普通招生计划任务不计校数的机构。包括普通高等学校分校和批准筹建的普通高等学校等。

成人高等学校　指按照国家规定的设置标准和审批程序批准举办的，通过全国成人高等学校统一招生考试，招收具有高中毕业或同等学历的在职从业人员为主要培养对象，利用函授、业余、脱产等多种形式对其实施高等学历教育的学校。包括职工高等学校、农民高等学校、管理干部学院、教育学院、独立函授学院、广播电视大学、其他机构等。其他机构是承担国家成人招生计划任务不计校数的机构。

小学学龄儿童入学率　指调查范围内已入小学学习的学龄儿童占校内外学龄儿童总数(包括弱智儿童，不包括盲聋哑儿童)的比重。计算公式为:

小学学龄儿童入学率=已入小学学习的学龄儿童数/按内外学龄儿童总数×100%

Explanatory Notes on Main Statistical Indicators

Scientific and Technological Activities (S&T Activities) refer to organized activities which are closely related with the creation, development, dissemination and application of the scientific and technical knowledge in the fields of natural sciences, agricultural science, medical science, engineering and technological science, humanities and social sciences (referred to as scientific and technological fields). S&T activities can be classified into 3 categories: research and development (R&D) activities, application of R&D results, and related S&T services. This statistical definition is made by UNICHIEF for scientific and technological activities to meet the need of carrying out statistical work in this field for its member countries in particular those developing countries.

Personnel Engaged in S&T Activities refer to personnel directly engaged in S&T activities, in the management of S&T activities, and in providing direct service to S&T activities, who sp end over 10% of the total working hours in a year in S&T activities. (1) Personnel directly engaged in S&T activities include researchers, engineers, technicians and other related personnel engaged in S&T activities in independent-accounting R&D institutions, institutions of higher learning, and in research institutes, laboratories, technology development centers and central experiment workshops under enterprises and institutions. Also included are people working in S&T research project teams, professional and technical personnel working in S&T information archiving institutes, and graduate students working on the design of their thesis. (2) Personnel engaged in the management of S&T activities and in providing direct service to S&T activities include senior management people responsible for S&T activities in independent -accounting R&D institutions, S&T information archiving institutes, institutions of higher learning, and in enterprises and institutions where S&T activities are undertaken. Also included are people responsible for the planning, administration, personnel management, financial management, logistics supply, equipment maintenance, information and library management that are related with S&T activities. People providing indirect services are excluded, such as security, medical service, drivers, plumbers, cleaners and those providing catering and related service. This indicator reflects the size of personnel engaged in S&T activities.

Research and Development (R&D) refers to systematic and creative activities in the field of science and technology aiming at increasing the knowledge and using the knowledge for new application. R&D includes 3 categories of activities: basic research, applied research and experiments and development. The scale and intensity of R&D are widely used internationally to reflect the strength of S&T and the core competitiveness of a country in the world.

Basic Research refers to empirical or theoretical research aiming at obtaining new knowledge on the fundament al principles of phenomena of observable facts to reveal the nature and law of movement of objects and to acquire new discoveries or new theories. Basic research takes no specific or designated application as the aim of the research. Results of basic research are mainly released or disseminated in the form of scientific papers or monographs. This indicator reflects the original innovation capacity for original knowledge.

Applied research refers to creative research aiming at obtaining new knowledge on a specific objective or target. Purpose of the applied research is to identify the possible use of results from basic research, or to explore new (fundamental) methods or new approaches. Results of applied research are expressed in the form of scientific papers , monographs, fundamental models or invention patents This indicator reflects the exploration of ways to apply the results of basic research.

Experiments and Development refer to systematic activities aiming at using the knowledge from basic and applied researches or from practical experience to develop new products, materials and equipment, to establish new production process, systems and services, or to make substantial improvement on the existing products, process or services. Results of experiment and development activities are embodied in patents, exclusive technology, and monotype of new products or equipment. In social sciences, experiment and development activities refer to the process of converting the knowledge from basic or applied researches in to feasible programs (including conduct of demonstration projects for assessment and evaluation). There are no experiment and development activities in the science of humanities. This indicator reflects the capability of transferring the results of S&T into technique and products, which is the materialized measurement of S&T pushing forward the economic and social development.

R&D Personnel refer to persons engaged in research, management and supporting activities of R&D, including persons in the project teams, persons engaged in the management of S&T activities of enterprises and sup porting staff providing direct service to the research projects. This indicator reflects the size of personnel engaged in R&D activities with independent intellectual property.

Full-time Equivalent of R&D Personnel refers to the sum of the full-time persons and the full-time equivalent of part time persons converted by workload. For instance, if there are 2full-time persons and 3 part time workers (20%, 30% and 70%of working hours respectively on R&D activities), the full-time equivalent is 2+0.2+0.3+0.7=3.2 person-years. This is an internationally comp arable indicator of input of personnel in S&T activities.

Professional and Technical Personnel refer to persons engaged in professional and technical work or in the management of professional and technical activities, i.e., people with professional or technical posit ions who are engaged in professional and technical work or in the management of professional and technical activities, and people without professional or technical positions but are working on professional or technical posts. They include professionals and technicians working in 17 categories of technical occupations including engineering, agriculture, scientific researches, medical service, teaching, economic research and application, accounting, statistics, translation, libraries, archives, cultural and museum service, journalism and publication, lawyers, notarization service, radio and television broadcasting, handicraft and fine arts, sports, performing art, and political workers in enterprises. This indicator reflects the condition of human resources in S&T.

Patent is an abbreviation for the patent right and refers to the exclusive right of ownership by the inventors or designers for the creation or inventions, given from the patent offices after due process of assessment and approval in accordance wit h the Patent Law. Patents are grant ed for inventions, utility model sand designs. This indicator reflects the achievements of S&T and design with in dependent intellectual property.

Inventions refer to the new technical proposals to the products or methods or their modifications. This is universal core Indicator reflecting the technologies with independent intellectual property.

Utility Models refer to t he practical and new technical proposals on the shape and structure of the product or the combination of both. This indicator reflects the condition of technological results with certain technical content.

Designs refer to the aesthetics and industrially applicable new designs for the shape, pattern and color of the product, or their combinations. This indicator reflects the appearance design achievements with independent intellectual property.

Regular Institutions of Higher Learning refer to educational establishments set up according to the government evaluation and approval procedures, enrolling graduates from senior secondary schools and providing higher education courses and training for senior professionals. They include full-time universities, colleges, high professional schools, high professional vocational schools and others.Universities and colleges are mainly providing undergraduate courses; those high professional schools and high professional vocational schools are mainly providing professional trainings; and others refer to educational establishments, which hare responsible for enrolling students but not covered in the total number of schools, including: branch schools of universities and colleges, and universities and colleges that have been proved and prepared to construct.

Institutions of Higher Learning for Adults

courses in many forms of correspondence, spare time, or full time for adults. Professionals thus trained receive a qualification equivalent to graduates studying regular courses at regular universities, colleges and professional colleges. Institutions of higher learning for adults include schools of high education for staff and workers, schools of high education for peasants, colleges for management cadres, pedagogical colleges, independent correspondence colleges, Radio and TV universities and other educational establishments. Other educational establishments are responsible for enrolling adult students but not covered in the number

refer to educational establishments, set up in line with relevant rules approved by the government, enrolling staff and workers wit h senior secondary school or equivalent education, and providing higher education

of schools.

Enrollment Rate of Primary School Age Children refers to the proportion of school age children enrolled at schools to the total number of school age children both in and outside schools (including retarded children, but excluding blind, deaf and mute children). The formula is:

Enrollment Rate of Primary School-age Children = (Total Primary School-age Children at Schools/Total Primary School-age Children Both at and Outside Schools) × 100%

第十七篇　文化和体育

Chapter 17　Culture and Sports

资料整理：廖捷

Database Editor:Liaojie

简 要 说 明

本篇资料的主要内容及来源

本篇主要反映我省文化和体育事业发展情况。文化部分主要包括艺术、图书馆、群众文化、文物、广播、电视、新闻出版等文化事业的机构、人员及业务活动情况。体育部分包括群众体育和竞技体育，主要内容有体育系统职工、运动员、教练员和裁判员等人数，体育场地数等。

上述资料分别由省文化厅、省广电局、省新闻出版局、省体育局等部门提供，是根据有关部门制定的统计报表制度进行统计、汇总整理而成的。

本篇资料由省统计局社会和科技统计处整理提供 。

Brief Introduction

Main Content and Source of Data

Data in this chapter show the development of culture, sports and public health. Data on culture cover mainly the situations on institutions, personnel and business activities of arts, libraries, mass culture, cultural relics, broadcasting, films, televisions, news and publication etc. Data on Sports cover mass sports (sports for all) and athletics sports, including mainly the number of staff and workers in sports departments, number of athletes, coaches and referees, number of stadiums and gymnasiums etc.Data on Public health include mainly the number of institutions, personnel, hospital beds, number of patients treated and inpatients.

The above mentioned data are provide By the Provincial Department of Culture , Provincial Administration of Broadcasting, film and Television, Provincial Press and Publication House, the Provincial Commission of Sports, Department of Public Health. Data are collected and tabulated in accordance with the statistical reporting schemes stipulated by the departments concerned.

Data in this chapter are provided and compiled by the Division of Social, Science and Technology Statistics of Fujian Provincial Bureau of Statistics.

17-1 主要年份文化事业基本情况

Basic Statistics on Culture in Selected Years

年份 Year	艺术表演团体(个) Art Performance Troupes(unit)	公共图书馆(座) Public Libraries(unit)	博物馆(座) Museums(unit)	图书出版总印数(万份) Number of Books Published (10000 copies)	杂志出版总印数(万份) Number of Magazines Published (10000 copies)	报纸出版总印数(万份) Number of Newspapers Published (10000 copies)	广播人口覆盖率(%) Listener Rating (%)	电视人口覆盖率(%) Viewer Rating (%)
1952	62	2		127	109	1916		
1957	113	10	1	1041	63	3559		
1962	119	10	9	1846	96	4221		
1965	115	12	13	3956				
1970	66	10	6					
1975	77	14	10					
1978	101	23	13	6818	388	14784	1.00	
1979				7316	345	13005		
1980	107	26	15	8246	960	14913	40.00	60.00
1981				12113	1380	14207		
1982				9988	1433	16003		
1983				11757	1957	19244		
1984				11870	2441	28134		
1985	104	65	24	15603	3375	35847	55.00	65.00
1986	101	68	25	12465	3450	39596	63.00	76.00
1987	98	70	34	17101	4177	44858	63.00	80.00
1988	97	71	42	17047	3429	44135	63.00	80.00
1989	92	73	51	15859	2765	36961	63.00	80.00
1990	91	74	58	16312	3157	41455	67.00	82.00
1991	89	74	61	17667	3688	44176	71.00	84.00
1992	89	75	64	19399	4258	45021	73.00	87.00
1993	90	75	63	17044	4350	45845	76.00	88.00
1994	91	75	62	19745	4004	49208	84.00	89.00
1995	91	78	64	18448	4239	51526	86.00	90.00
1996	91	79	70	21348	3891	53608	90.00	91.00
1997	92	78	76	23282	3974	55027	91.00	94.00
1998	94	80	76	21596	3899	59543	93.00	95.00
1999	93	82	77	21875	3990	64195	95.00	97.00
2000	96	81	81	20298	4463	68897	95.81	97.14
2001	93	82	80	17891	4470	73185	95.97	97.47
2002	94	82	80	19953	4089	79061	96.12	97.62
2003	94	82	79	15595	3937	79809	96.44	97.82
2004	94	83	79	13907	3450	89681	96.45	97.83
2005	91	84	82	10643	2841	87962	96.96	98.10
2006	92	85	84	9840	2902	97246	96.99	98.13
2007	92	85	85	8463	2870	99836	97.05	98.25
2008	90	85	89	7793	2935	103791	97.37	98.34
2009	90	85	93	7689	2828	82900	97.64	98.41
2010	93	86	94	7749	2940	99982	97.80	98.45
2011	93	89	96	8294	3677	111850	98.00	98.54

17-2 主要年份各类文化事业机构数

Number of Cultural Institutions in Selected Years

单位：个　　(unit)

年份 Year	艺术事业 Art Institutions		公共图书馆 Public Libraries	博物馆 Museums	群众文化事业 Mass Culture		
	表演团体 Art Performance Troups	表演场所 Art Centers			艺术馆 Art Centers	文化馆 Cultural Centers	文化站 Cultural Stations
1952	62	32	2			72	152
1957	113	74	10	1		69	149
1962	119	48	10	9	8	72	47
1965	115	52	12	13	8	73	40
1970	66	31	10	6	1	55	34
1975	77	31	14	10	2	72	37
1978	101		23	13	6	76	35
1980	107	26	26	15	9	76	55
1985	104	55	65	24	10	78	134
1986	101	64	68	25	10	78	140
1987	98	67	70	34	10	78	143
1988	97	71	71	42	10	78	144
1989	92	71	73	51	10	79	145
1990	91	75	74	58	10	80	145
1991	89	75	74	61	10	80	128
1992	89	77	75	64	10	80	143
1993	90	77	75	63	10	80	126
1994	91	78	75	62	10	80	115
1995	91	78	78	64	10	80	159
1996	91	79	79	70	10	80	146
1997	92	78	78	76	10	80	149
1998	94	79	80	76	10	80	142
1999	93	79	82	77	10	80	143
2000	96	80	81	81	10	80	995
2001	93	83	82	80	10	80	1042
2002	94	78	82	80	10	80	1042
2003	94	76	82	79	10	78	1066
2004	94	74	83	79	10	78	1001
2005	91	76	84	82	10	80	1026
2006	92	69	85	84	10	80	1018
2007	92	67	85	85	14	77	1050
2008	90	68	85	89	10	82	1090
2009	90	53	85	93	10	84	1093
2010	93	51	86	94	10	85	1095
2011	93	49	89	96	10	85	1104

注：文化站数统计口径调整。2000年起文化站数包括民办与公办，即所有的基层文化站；1999年及以前只包括公办。

Note:The statistic scope of cultural stations has been adjusted. Cultural stations Since 2000 includes those runned by local people or by government, namely,all local cultural stations. Cultural stations in and before 1999 includes those runned by government only.

17-3 群众艺术馆、文化馆站业务活动及经费情况(2011年)

Basic Statistics on Activities and Expenditures of Mass Art Centers and Cultural(2011)

项目	Item	总计 Total	群众艺术馆 Mass Art Centers	文化馆 Cultural Centers	文化站 Cultural Stations
单位数（个）	Number of Units(unit)	1199	10	85	1104
从业人员（人）	Persons Employed(person)	3198	200	820	2178
举办展览（个）	Number of Exhibitions(unit)	2331	129	545	1657
组织文艺活动（次）	Art Performances and Story-telling Sessions(time)	11320	464	2094	8762
藏书（千册）	Collections (volume)	4002	3	112	3887
举办训练班（次）	Training Courses(time)	6397	362	1273	4762
培训人次（千人次）	Number of Persons Completing Courses(1000 person-times)	438	72	99	267
组织各类理论研讨和讲座次数（次）	Number of Organization Theoretical Research and Lectures(time)	226	56	170	
本年收入总额（千元）	Total Income(1000 yuan)(1000 yuan)	269582	42907	89447	137228
本年支出合计（千元）	Total Expenditures(1000 yuan)	277489	38509	82741	156239

17-4 文化部门国有艺术表演团体按剧种分演出情况(2011年)

Basic Statistics on Performance of Art Troupes in Culture(2011)

项目	Item	剧团数（个） Number of Institutions (unit)	从业人员（人） Number of Employed Persons (person)	本年新排上演剧目（个） Plays Showed this Year (unit)	演出场次（千场） Total Number of Performance (1000 shows)	演出观众人数（千人次） Number of Audience (1000 person-times)	演出收入（千元） Total Income (1000 yuan)
国有艺术表演团体	**State-owned Art Performance Group**	**93**	**3957**	**106**	**15.8**	**13870**	**65268**
#话剧、儿童剧、滑稽剧种	Drama, Children's play and Comedy Troupes	1	116	2	0.2	1030	1541
歌剧、舞蹈、歌舞剧团	Opera, Dance, Song and Dance Drama	5	178	12	0.6	260	2888
歌舞团、轻音乐团	Song and Dance, Light Music Troupes	9	628	26	1.5	1640	21449
乐团、合唱团	Philharmonic and Chorus Troupes	1	26	1	0.1	20	208
文工团、文宣队、乌兰牧骑	Cultural and Performance Troupes and Ulanmuchi (Equestrian Art Troupes)	2	36		0.1	150	200
戏曲剧团	Local Opera Troupes	58	2307	59	10.8	9570	32663
#京剧	Local Beijing Opera Troupes	1	113	1	0.2	120	647
曲、杂、木、皮剧	Ballad Troupes,Circus Troupes, Puppet show Troupes,shadow play Troupes	10	364	6	2	390	3523

17-5 图书、博物馆情况(2008-2011年)

Basic Statistics on Libraries and Museums(2008-2011)

项目	Item	2008	2009	2010	2011
图书馆	**Libraries**				
公共图书馆图书总藏量（千册）	Total Collections of Public Library(1000 volumes)	14579	15424	16817	20426
公共图书馆图书藏量（千册）	Total Collections of Books(1000 volumes)	11477	11997	13174	13255
公共图书馆图书报刊藏量（千册）	Total Collections of Newspapers(1000 volumes)	1879	1938	2030	1948
公共图书馆视听文献、缩微制品藏量（千册）	Total Collections of Public Library(1000 volumes)	332	325	475	455
公共图书馆其他藏量（千册）	Others(1000 volumes)	891	1164	1138	618
组织各类讲座次数（次）	All kinds of Sessions for reader(time)	573	853	832	1371
各类讲座参加人次（千人次）	Number of Visitors(1000 person-times)	104	212	236	243
举办展览次数（次）	Number of Exhibitions(time)	312	373	395	478
参观展览人次（千人次）	Number of Exhibitions Persons (1000 person-times)	541	682	1049	1715
举办培训班次数（次）	Training Courses(time)	234	294	352	337
参加培训班人次（千人次）	Number of Persons Completing Courses (1000 person-times)	69	67	45	53
总流通人次（千人次）	Total Number of Circulation(1000 person-times)	9312	11820	11930	13146
图书购置费（千元）	Purchase Expenses for Books(1000 yuan)	15180	15877	26313	29362
博物馆	**Museums**				
文物藏品（件）	Collection of Cultural Relics(piece)	376026	383706	382327	435897
#一级品	Grade one	915	916	962	1029
二级品	Grade two	1931	2074	2193	2750
三级品	Grade three	84605	86054	84961	84970
参观人次（千人次）	Number of Visitors(1000 person-times)	7292	9988	16002	16120
#文物机构青少年参观人次	Number of Visitors	1952	3077	4114	5420

17-6 图书出版情况(1978-2011年)

Basic Statistics of Book Published(1978-2011)

年份 Year	图书种数(种) Number of Publications (kind)	本版图书种数 Book Publications of Original Edition	#新出 New Publications	总印数(万册、万张) Total Printed Copies (10000 copies)	#租型 Copies for Rent	总印张(千印张) Total Pointed Sheets (1000 sheets)	#租型 Copies for Rent	定价总金额(万元) Total Priced Value (10000 yuan)
1978	347	180	150	6818	3709	258719	160714	
1979	335	157	152	7316	4557	293006	174064	
1980	448	224	197	8246	5459	318718	230922	
1981	606	405	358	12113	5716	448673	220433	3377
1982	620	430	376	9988	5324	335147	196042	2747
1983	903	694	520	11757	5084	374473	182416	3293
1984	979	782	588	11870	4523	424764	168286	4107
1985	1219	976	783	15603	5339	609847	183552	8495
1986	1341	1119	874	12465	5132	443306	192474	6572
1987	1454	1207	823	17101	5431	609655	203602	9702
1988	1434	1183	716	17047	5233	614164	202373	13970
1989	1734	1449	1035	15859	5164	579815	195930	16998
1990	1799	1518	1034	16312	5370	588903	198660	18774
1991	1956	1709	1096	17667	5367	687789	212078	26176
1992	2200	1939	1089	19399	6229	747055	255252	28563
1993	2237	1988	1404	17044	5820	692582	269185	33137
1994	2658	2379	1548	19745	6316	786552	306980	52794
1995	2346	2041	1285	18448	6554	799268	350580	60411
1996	2765	2456	1457	21348	7316	923246	392633	87917
1997	2713	2403	1400	23282	7740	1012534	444673	94820
1998	2864	2545	1551	21596	8188	1004826	475610	105493
1999	3250	2956	1688	21875	7942	1021736	458774	107293
2000	2879	2637	1518	20298	7062	969527	444525	99604
2001	2395	2140	1464	17891	7470	933277	475153	83157
2002	3011	2692	2127	19953	7752	1079027	511177	106245
2003	2950	2591	1881	15595	7236	935650	496601	96910
2004	3049	2641	1771	13907	6306	1123920	726166	91232
2005	2943	2623	1693	10643	5066	691813	394674	74571
2006	3002	2692	1793	9840	4458	687082	346972	71235
2007	2966	2678	2009	8463	3902	622153	285318	68507
2008	3471	3259	2265	7793	2501	491166	152947	76128
2009	3422	3246	2052	7689	2197	561484	147631	83165
2010	3574	3415	2320	7749	2169	585841	146601	86650
2011	3568	3568	2401	8294	2621	591332	182355	94065

17-7 图书出版分类情况(2011年)

Composition of Books Published(2011)

项目 Item	本版图书种数(种) Publications of Original Edition (kind)	#新出 New Publica-tions	总印数(万册、万张) Printed Copies (10000 copies)	#新出 New Publica-tions	总印张(千印张) Printed sheets (1000 sheets)	新出 New Publica-tions
合　计 Total	**3568**	**2401**	**8294**	**3454**	**591332**	**251892**
使用"中国标准书号"合计 Publications with "China International Standard Book Number"	**3568**	**2401**	**8294**	**3454**	**591332**	**251892**
马列主义、毛泽东思想 Marxism-Leninism,Mao Zedong Thought	2		1		182	
哲学 Philosophy	29	21	9	5	1282	797
社会科学总论 General Social Sciences	23	16	12	7	2700	1459
政治、法律 Politics and Law	115	78	32	18	6989	4093
军事 Military Affairs	7	5	3	2	507	277
经济 Economics	137	99	47	30	8900	5129
文化、科学、教育、体育 Culture, Science, Education and Sports	1853	1161	7382	2827	501285	191981
语言、文字 Languages	69	36	28	13	3362	1352
文学 Literature	464	408	274	244	27357	24257
艺术 Arts	184	161	65	51	4369	3669
历史、地理 History and Geography	162	143	94	84	7637	6026
自然科学总论 General Natural Sciences	3	3	1	1	71	71
数理科学、化学 Mathematics and Chemistry	21	9	6	2	1087	419
天文学、地球科学 Astronomy and Geology	9	3	6	1	245	60
生物科学 Biology	6	6	2	2	284	284
医学、卫生 Medicine and Health Care	124	60	69	35	5762	3095
农业科学 Agricultural Science	106	44	76	22	4438	1780
工业技术 Industrial Technology	220	123	125	52	13243	5628
交通运输 Transportation	14	7	3	1	312	214
航空、航天 Aeronautics and Aerospace						
环境科学 Environmental Science	7	5	2	1	359	339
综合性图书 General Books	13	13	56	56	961	961

17-8 主要年份书刊报纸出版情况

Books, Magazines and Newspapers Published in Selected Years

年份 Year	出版社（个） Publishing Houses (unit)	出版种数（种） Number of Publications(kinds)			总印数（万份） Printed Copies(10000 copies)		
		图书 Books	期刊 Magazines	报纸 Newspaper	图书 Books	期刊 Magazines	报纸 Newspaper
1978	1	347	8	4	6818	388	14784
1980	4	448	28	6	8246	960	14913
1985	9	1219	114	32	15603	3375	35847
1986	9	1341	119	31	12465	3450	39596
1987	9	1454	124	38	17101	4177	44858
1988	10	1434	126	31	17047	3429	44135
1989	10	1734	128	31	15859	2765	36961
1990	10	1799	123	31	16312	3157	41455
1991	10	1956	126	32	17667	3688	44176
1992	10	2200	134	35	19399	4258	45021
1993	10	2237	139	41	17044	4350	45845
1994	11	2658	150	43	19745	4004	49208
1995	11	2346	159	47	18448	4239	51526
1996	11	2765	159	47	21348	3891	53608
1997	11	2713	157	48	23282	3974	55027
1998	11	2864	159	48	21596	3899	59543
1999	11	3250	134	49	21875	3990	64195
2000	11	2879	187	61	20298	4463	68897
2001	11	2395	189	64	17891	4470	73185
2002	11	3011	186	66	19953	4089	79061
2003	11	2950	186	66	15595	3937	79809
2004	11	3049	176	58	13907	3450	89681
2005	11	2943	174	58	10643	2841	87962
2006	11	3002	174	59	9840	2902	97246
2007	11	2966	176	59	8463	2870	99836
2008	12	3471	174	59	7793	2935	103791
2009	12	3422	175	59	7689	2828	82900
2010	12	3574	175	59	7749	2940	99982
2011	12	3774	177	60	8294	3677	111850

17-9 音像电子出版物出版情况(2007-2011年)

Publication of Video Products and E-journals(2007-2011)

项目	Item	2007		2008		2009		2010		2011	
		种数（种） Type (kinds)	数量（万张） Volume (10000 sheets)	种数（种） Type (kinds)	数量（万张） Volume (10000 sheets)	种数（种） Type (kinds)	数量（万张） Volume (10000 sheets)	种数（种） Type (kinds)	数量（万张） Volume (10000 sheets)	种数（种） Type (kinds)	数量（万张） Volume (10000 sheets)
出版	**Publication**										
录音制品	Audio Products	105	96.39	78	77.22	98	87.83	86	70.22	61	39.99
录像制品	Video Products	692	2022.57	546	2092.91	330	398.00	414	321.01	190	112.22
电子出版物	E-journals	68	11.31	47	19.39	85	14.69	52	10.31	64	7.93
复制	**Reproduction**										
磁带制品	Tape Products		155.86		189.37		90.64		30.00		48.20
光盘制品	CD Products		8934.16		7851.38		5002.48		4951.31		2798.29

17-10 主要年份广播电视基本情况

Basic Statistics on Broadcasting and Television in Selected Years

年份	广播事业 Broadcasting					电视事业 Television				
Year	电台（座） Broadcasting Stations(set)	节目（套） Number of Programs (sets)	每日播音时间（时:分） Broadcasting Hours per day(hours and minutes)	每日制作节目（时:分） Programs Per day(hours and minutes)	覆盖率（%） Listener Rating (%)	电视台（座） Television Stations(set)	节目（套） Number of Programs (sets)	每周播出时间（时:分） Broadcasting Hours per week(hours and minutes)	每日制作节目（时:分） Programs Per day(hours and minutes)	覆盖率（%） Received Rating (%)
1978	3	4	60:25		1.0	1	1	15:41		
1980	3	4	63:50		40.0	1	1	27:00		60.0
1985	3	4	61:20	17:36	55.0	3	4	230:00	3:16	65.0
1990	9	12	110:42	29:52	67.0	9	10	367:53	3:34	82.0
1995	47	50	701:57	194:09	86.0	13	15	909:09	17:07	90.0
1996	48	54	765:08	211:45	90.0	14	15	920:39	18:26	91.0
1997	48	54	764:27	243:34	91.0	14	15	1208:05	25:46	94.0
1998	9	58	752:54	297:09	93.0	10	15	1384:09	24:57	95.0
1999	9	58	869:59	319:43	95.0	10	16	1596:39	39:54	97.0
2000	9	72	1035:07	355:05	95.8	10	16	1612:15	45:15	97.1
2001	9	74	1044:53	386:57	96.0	10	22	8002:15	105:17	97.5
2002	10	76	1092:56	425:54	96.1	10	31	4101:23	114:59	97.6
2003	10	79	1146:32	491:38	96.4	10	30	4549:43	111:14	97.8
2004	10	81	1249:02	498:27	96.5	10	32	4519:40	117:21	97.8
2005	10	85	1308:52	620:24	97.0	10	36	5437:50	109:44	98.1
2006	10	86	1365:23	636:10	97.0	10	36	6065:16	134:34	98.1
2007	10	86	1369:24	619:20	97.1	10	37	6132:21	137:40	98.3
2008	10	86	1398:39	628:43	97.4	10	37	6091:07	144:18	98.3
2009	10	86	1362:26	641:52	97.6	10	37	6273:01	151:35	98.4
2010	10	88	1385:08	687:00	97.8	10	38	6406:17	151:48	98.4
2011	10	89	1396:42	714:36	98.0	10	41	6521:54	167:48	98.5

17-11 广播电视基本情况(2007-2011年)

Basic Statisticts on Wireless Broadcasting and Television(2007-2011)

项目 Item	2007	2008	2009	2010	2011
广播 Broadcasting					
本年广播节目制作（小时）Produced Programs of Broadcasting the Current Year(hours)	226057	230113	234284	250854	260845
#新闻 News and Messages	41186	40607	47098	50761	54983
专题 Special Servics	52212	52123	53089	57467	61889
文艺 General arts	78820	84634	84373	79608	78234
广告 Adierticsement	15984	16504	16094	16489	20864
平均每日播音时间（时:分）Average Broadcasting Time per-day(hours and minutes)	1369:24	1398:39	1362:26	1385:08	1396:42
中短波发射转播台座数（座）Number of Launching and Relaying Stations of Middle and Shore Wave(sets)	36	36	37	37	37
调频发射转播台座数（座）Number of Launching and Relaying Stations of Frequency Modulation(sets)	97	95	95	87	87
调频发射机数量（部）Number of Launching Instruments of Frequency Modulation (units)	207	237	250	255	261
调频发射机功率（千瓦）Power of Launching Instruments of Frequency Modulation (kw)	163	184	191	208	1274
广播覆盖人口数（万人）Population of Broadcasting Covered(10000 persons)	3309	3350	3395	3422	3459
电视 Television					
本年电视节目制作（小时）Produced Programs of Television the Current Year(hours)	50250	52814	55325	55424	61271
#新闻 News and Messages	19248	19142	19555	20553	22778
专题 Special Servics	15001	13427	13351	13377	16930
文艺 Plays	5345	7236	5476	4713	5264
广告 Adierticsement	7228	8320	10759	5776	8975
本年制作电视剧（集）Produced Television Plays the Current Year(volumes)	162	219	120	287	189
平均每周播出时间（时：分）Average Television Time Per-week(hours and minutes)	6132:21	6091:07	6273:01	6406:17	6521:54
电视发射转播台座数（座）Number of Television Transmiting and Transmission Stations (sets)	138	78	77	75	76
电视发射机数量（部）Number of Television Transmitter(units)	259	217	229	240	242
电视发射机功率（千瓦）Power of Television Transmitter(kw)	238	276	312	322	324
电视覆盖人口数（万人）Population of Television Covered(10000 persons)	3350	3384	3422	3444	3478

17-12 各设区市有线电视接收户数

Number of Users of Cable Television by City

单位：万户 (10000 households)

地区	Area	2000	2003	2005	2010	2011
全　省	**Total**	**280.00**	**370.13**	**422.98**	**613.16**	**652.13**
福州市	Fuzhou	67.82	99.50	111.75	163.91	171.05
厦门市	Xiamen	25.19	28.10	37.28	64.60	62.94
莆田市	Putian	19.85	25.40	25.34	36.70	34.03
三明市	Sanming	19.98	25.78	31.20	39.69	42.01
泉州市	Quanzhou	41.64	55.45	68.07	97.47	109.30
漳州市	Zhangzhou	19.57	33.40	37.86	73.04	77.34
南平市	Nanping	35.31	39.29	44.69	55.58	64.20
龙岩市	Longyan	24.35	28.19	29.04	33.20	34.38
宁德市	Ningde	26.29	35.02	37.75	48.97	51.56
平潭综合实验区	Pingtan					5.32

注：2011年起福州市数据不含平潭综合实验区。
Note:Since 2011,The data of Fuzhou exclude Pingtan.

17-13 各设区市电视人口综合覆盖率

Television Coverage of Population by City

单位：% (%)

地区	Area	2000	2003	2005	2010	2011
全　省	**Total**	**97.14**	**97.82**	**98.10**	**98.45**	**98.54**
福州市	Fuzhou	97.65	98.15	98.28	98.59	98.50
厦门市	Xiamen	97.05	97.11	99.59	98.68	100.00
莆田市	Putian	97.35	97.90	98.09	98.30	98.30
三明市	Sanming	98.28	98.60	98.59	99.08	99.08
泉州市	Quanzhou	97.60	97.97	98.15	98.18	98.21
漳州市	Zhangzhou	97.30	98.07	98.11	99.02	99.04
南平市	Nanping	96.07	97.09	97.44	98.13	98.22
龙岩市	Longyan	96.00	97.50	98.48	98.92	98.92
宁德市	Ningde	95.95	97.13	96.93	97.34	97.35
平潭综合实验区	Pingtan					100.00

注：2011年起福州市数据不含平潭综合实验区。
Note:Since 2011,The data of Fuzhou exclude Pingtan.

17-14 当年评定等级裁判员和运动员人数

Referees and Athletes by Grade in Current Year

单位：人 (person)

项目	Item	2000	2003	2005	2010	2011
等级裁判员	**Number of Referees in Grades**	**297**	**498**	**569**	**480**	**974**
国际级裁判	International Referees					
国家级裁判	National Referees	18	12	8		17
一级裁判	First Grade Referees	21	43	155		460
二级裁判	Second Grade Referees	258	443	406	479	497
等级运动员	**Number of Athletes in Grades**	**665**	**710**	**1361**	**1443**	**1314**
国际级运动健将	International Master of Sports	2	3	1		
运动健将	Master of Sports	26	33	30		44
一级运动员	First Grade Sportsman		92	519	278	313
二级运动员	Second Grade Sportsman	637	582	811	1164	957

17-15 竞技体育比赛成绩情况

Results of Athletic Games

单位：枚

项目	Item	2000	2003	2005	2010	2011
世界比赛	**International Games**	**8**	**9**	**25**	**37**	**86**
金牌	Gold Medals	6	3	15	15	52
银牌	Silver Medals	1	4	8	12	18
铜牌	Bronze Medals	1	2	2	10	16
亚洲比赛	Asia Games	20	13	19	40	63
金牌	Gold Medals	10	8	8	22	42
银牌	Silver Medals	6	1	8	7	6
铜牌	Bronze Medals	4	4	3	11	15
全国比赛	**National Games**	**191**	**158**	**134**	**111**	**499**
金牌	Gold Medals	67	52	46	48	221
银牌	Silver Medals	59	53	51	32	139
铜牌	Bronze Medals	65	53	37	31	139

主要统计指标解释

文化事业机构　指从事专业文化工作和为专业文化工作服务的独立建制的单位。不包括这些单位另外举办独立核算的其他机构和各部门的业余文化组织。该指标主要反映文化事业机构发展规模水平。

艺术表演团体　指从事戏曲、音乐、舞蹈、杂技等专业艺术表演，有独立帐户的单位，不包括半工半艺、半农半艺和民间职业剧团。该指标主要反映全国专业艺术表演团体发展规模水平。

艺术表演观众人数(人次)　指售票、包场演出或民族地区免费演出的艺术表演观众人次数，不包括彩排审查和内部观摩演出的观看人次数。该指标主要反映全国观看专业艺术表演团体演出的效益规模。

等级运动员人数　指经考核正式批准授予等级运动员称号的人数。运动员等级分为国际级运动健将、运动健将、一级运动员、二级运动员、三级运动员、少年级运动员。该指标主要反映运动员队伍的技术质量水平。

等级裁判员人数　指经考核正式批准授予等级裁判员称号的人数。裁判员等级分为国际裁判、国家级裁判、一级裁判、二级裁判、三级裁判。该指标主要反映裁判员队伍的技术质量水平。

Explanatory Notes on Main Statistical Indicators

Cultural Institutions refer to units, which have their own organizational system and independent accounting system and specialize in or serve cultural development. They exclude other establishments run by these cultural institutions and amateur cultural groups established by various departments. This indicator reflects the development of cultural units.

Art Troupe refers to t he troupe which is engaged in drama, opera, music, dance, acrobatics or other art performance, opens independent accounts with banks and has self-supporting accounting system; excluding the troupes which are engaged partly in industrial or agricultural activities, partly in art performance and the professional troupes organized by the people. This indicator reflects the development of national professional art troupes.

Number of Spectators at Art Performance refers to the number of attendants at commercial shows, completely booked shows or free shows given in minority national areas, and does not include the number of spectators at rehearsals for examination and internal shows for study. This indicator reflects beneficial results of.

Number of Athletes in Grades refers to the number of athletes who have been given titles through examination. The titles of athletes include international masters of sports, masters of sports, first-grade, second- grade and third-grade sportsmen and young athletes. This indicator reflects skill of the athletes.

Number of Referees in Grades refers to the number of referees who have been given titles after examination. They are classified as international referees, national referees and referees of the first, second and third grades. This indicator reflects the skill of referees.

第十八篇　卫生事业

Chapter 18　Health

资料整理：廖捷

Database Editor:Liaojie

简要说明

本篇资料的主要内容及来源

本篇主要反映福建省卫生事业发展情况。主要内容为卫生机构、人员、床位数，医院诊疗人次及入院人数。

上述资料由卫生厅等部门提供，是根据有关部门制定的统计报表制度进行统计、汇总整理而成的。

本篇资料由省统计局社会和科技统计处整理提供 。

Brief Introduction

Main Content and Source of Data

Data in this chapter show the development of culture, sports and public health. Data on culture cover mainly the situations on institutions, personnel and business activities of arts, libraries, mass culture, cultural relics, broadcasting, films, televisions, news and publication etc. Data on Sports cover mass sports (sports for all) and athletics sports, including mainly the number of staff and workers in sports departments, number of athletes, coaches and referees, number of stadiums and gymnasiums etc.Data on Public health include mainly the number of institutions, personnel, hospital beds, number of patients treated and inpatients.

The above mentioned data are provide By the Provincial Department of Culture , Provincial Administration of Broadcasting, film and Television, Provincial Press and Publication House, the Provincial Commission of Sports, Department of Public Health. Data are collected and tabulated in accordance with the statistical reporting schemes stipulated by the departments concerned.

Data in this chapter are provided and compiled by the Division of Social, Science and Technology Statistics of Fujian Provincial Bureau of Statistics.

18-1 主要年份卫生事业基本情况

Basic Statistics on Health in Select year

项目 Item	卫生机构数（个） Number of Health Institutions (unit)	#医院、卫生院 Hospitals	卫生机构床位数（张） Number of Beds in Health Institution (set)	#医院、卫生院 Hospitals	卫生机构技术人员数（人） Medical Technical Personnel (person)	#医生 Doctors	每千人口拥有 Per 10 000 Persons 床位数（张） Number of Beds (set)	医生数（人） Doctors (persons)
1952	633	113	6933	5902	17281	11416	0.5	0.9
1957	2068	132	10898	9902	26076	15022	0.7	1.0
1962	7434	211	27058	16958	40560	18001	1.7	1.1
1965	6757	420	28246	21818	42692	20437	1.6	1.2
1970	4297	922	31520	25322	34876	15795	1.6	0.8
1975	3403	1070	44905	38746	47059	20404	1.9	0.9
1978	3809	1111	51505	45331	54855	22097	2.1	0.9
1979	4118	1117	52779	46121	56913	21393	2.1	0.9
1980	4191	1130	53001	46772	58764	21033	2.1	0.8
1981	4320	1139	54110	48913	61749	22563	2.1	0.9
1982	4533	1141	54809	48632	65684	24075	2.1	0.9
1983	4654	1149	56501	50266	69312	25202	2.1	0.9
1984	4681	1159	57306	50957	71550	26406	2.1	1.0
1985	4816	1154	58414	52041	74204	26992	2.1	1.0
1986	4822	1132	59764	53165	76339	27487	2.1	1.0
1987	4847	1158	62611	55168	79528	28551	2.2	1.0
1988	4876	1175	64314	56920	81862	32207	2.2	1.1
1989	5059	1191	66700	59252	84431	34850	2.2	1.2
1990	4885	1198	68073	60664	86772	35696	2.2	1.2
1991	4867	1206	68985	61674	88607	36448	2.2	1.2
1992	4914	1218	70554	63005	90730	37623	2.3	1.2
1993	4522	1193	71290	63488	90424	38274	2.3	1.2
1994	4537	1260	72824	64791	91209	38037	2.3	1.2
1995	4537	1257	73644	65919	92811	39130	2.3	1.2
1996	4543	1298	83684	75676	93614	40253	2.6	1.2
1997	10059	1306	88710	80935	94993	40775	2.7	1.2
1998	10159	1315	89280	81759	97361	41924	2.7	1.3
1999	10154	1313	90091	82259	97548	31652	2.7	1.0
2000	9807	1323	90091	82389	97569	41461	2.6	1.2
2001	9765	1331	89769	82125	99440	42414	2.6	1.2
2002	8740	1318	84599	80463	95059	40253	2.5	1.2
2003	8525	1323	86634	79503	96902	41252	2.5	1.2
2004	8672	1315	87836	80523	100502	43586	2.5	1.2
2005	7932	1318	88239	81268	100937	44309	2.5	1.0
2006	9652	1307	91533	84289	106586	46051	2.6	1.3
2007	9230	1307	89366	82603	111192	46628	2.5	1.3
2008	7773	1302	98482	90811	119250	50659	2.7	1.4
2009	6984	1288	104189	95980	127446	51959	3.0	1.5
2010	6999	1325	112334	103933	140133	55402	3.2	1.5
2011	7285	1355	123784	114824	155729	59225	3.3	1.6

注：2002年及以后卫生机构数为登记注册数，医生系执业(助理)医师数。

Note:a) Number of health institutions are the number of registeration since 2002, doctors also refer to the certified (assistant) doctors.

18-2 各类卫生机构数(2005-2011年)

Number of Health Institutions(2005-2011)

单位：个　　(unit)

项目 Item	2005	2006	2007	2008	2009	2010	2011
合计 Total	**7932**	**9652**	**9230**	**7773**	**6984**	**6999**	**7285**
医院 Hospitals	365	370	376	413	411	457	482
疗养院 Sanatorium	16	14	13	12	11	11	12
社区卫生服务中心(站) Health service centers in Communities		300	354	455	429	499	510
卫生院 Rural Township Hospitals	953	937	931	889	877	868	873
门诊部 Clinics	303	313	323	341	403	432	475
诊所、医务室、护理站 Clinigues,Infirmaries,Nursing Stations	5572	7382	6888	5323	4497	4375	4569
妇幼保健院、所、站 Maternity and Child Care Centers	89	88	88	86	86	87	87
专科疾病防治院 Specialized Prevention & Treatment Centers	34	31	31	26	27	25	25
急救中心 First-aid Centers	10	10	7	9	8	7	8
采供血机构 Blood Collected and Supplied Centers	10	9	9	9	10	9	9
疾病预防控制中心 Sanitation and Antiepidemic Stations	93	93	93	93	94	94	95
卫生监督所 Sanitation Supervision Centers	33	46	50	63	71	73	77
医学在职培训机构 Sanitation Supervision and Inspection Centers	26	25	24	26	25	25	25
医学科学研究机构 Research Institutions of Medical Science	9	8	8	8	8	8	7
健康教育所 Health Education Centers	7	5	5	1	1	1	1
其他卫生机构 Other Institutions	20	21	30	19	26	28	30

18-3 各类卫生机构床位数(2005-2011年)

Number of Beds in Health Institutions(2005-2011)

单位：张 (set)

项目 Item	2005	2006	2007	2008	2009	2010	2011
合　计 Total	**88239**	**91533**	**89366**	**98482**	**104189**	**112334**	**123784**
医院 Hospitals	58694	62734	62410	69380	73967	80938	89794
疗养院 Sanatorium	2497	2227	2103	2073	1707	1769	1985
社区卫生服务中心(站) Health service centers in Communities	516	700	560	1609	2430	2426	2359
卫生院 Rural Township Hospitals	22574	21555	20193	21453	22013	22995	25030
门诊部 Clinics	116	170	182	80	133	77	58
妇幼保健院、所、站 Maternity and Child Care Centers	2107	2142	2900	2943	3127	3383	3567
专科疾病防治院 Specialized Prevention & Treatment Centers	1628	1868	959	899	812	706	960
急救中心 First-aid Centers	15	15	29			40	31
其他 Others	92	122	30	45			

18-4 各类卫生技术人员数(2005-2011年)

Number of Medical Technical Personnel by Category(2005-2011)

单位：人 (person)

项目 Item	2005	2006	2007	2008	2009	2010	2011
合　计 Total	**100937**	**106586**	**111192**	**119250**	**127446**	**140133**	**155729**
执业医师 Chartered Doctors	36668	38675	39354	43713	45337	48789	52703
执业助理医师 Assistant Chartered Doctors	7641	7376	7274	6946	6622	6613	6522
注册护士 Certified Nurses	34195	35910	38845	42465	47600	53820	62464
药剂人员 Pharmacists	9128	9335	9002	9692	9417	10027	10774
检验人员 Laboratory Technicians	4620	4791	4783	5148	7126	7582	8205
其他 Others	8685	10499	10854	11286	11344	13302	15061

18-5 各类卫生事业基本情况(2011年)

Basic Statistics on Public Health(2011)

项目 Item	卫生机构（个） Number of Health Institutions (unit)	医疗床位（张） Hospital Beds (set)	卫生技术人员（人） Medical Technical Personnel (person)	#医生 Doctors	#注册护士 Certified Nurses
合　计 **Total**	**7285**	**123784**	**155729**	**59225**	**62464**
医院 Hospitals	482	89794	93935	32042	43675
综合医院 Integrated Hospitals	302	64192	70303	23843	33271
中医医院 Hospitals of Traditional Chinese Medicine	72	11630	12825	4635	5200
中西医结合医院 Hospitals Integrating Traditional Chinese Medicine with Western Medicine	8	2219	2081	774	1029
专科医院 Specialized Hospitals	97	11663	8619	2752	4139
疗养院 Sanatorium	12	1985	315	102	157
社区卫生服务中心(站) Health service centers in Communities	510	2359	7865	3165	2556
卫生院 Rural Township Hospitals	873	25030	23661	9120	7404
门诊部 Clinics	475	58	6179	3040	1857
诊所、医务室、护理站 Clinigues,Infirmaries,Nursing Stations	4569		11311	6579	3424
妇幼保健院、所 Maternity and Child Care Centers	87	3567	5853	2150	2594
专科疾病防治院 Specialized Prevention & Treatment Centers	25	960	754	337	175
急救中心 First-aid Centers	8	31	290	133	136
采供血机构 Blood Collected and Supplied Centers	9		454	75	214
疾病预防控制中心 Sanitation and Antiepidemic Stations	95		3598	2098	233
卫生监督所 Sanitation Supervision Centers	77		1225		
医学在职培训机构 Sanitation Supervision and Inspection Centers	25		62	28	23
医学科学研究机构 Research Institutions of Medical Science	7		95	50	3
健康教育所 Health Education Centers	1		3	3	
其他卫生机构 Other Institutions	30		129	32	13

18-6 诊所、卫生室、医务室、社区卫生服务站基本情况(2011年)

Basic Statistics on Public Health by Gategory(2011)

项目	Item	诊所 Cliniques	卫生所、医务室 Sanitation centers and Infirmaries	社区卫生服务站 Health Service Stations in Communities
机构数（个）	**Number of Institutions(unit)**	**3617**	**952**	**302**
人员数（人）	**Number of Personnel (person)**	**9552**	**2011**	**1930**
执业医师	Chartered Doctors	4688	896	745
执业助理医师	Assistant Chartered Doctors	799	196	110
注册护士	Certified Nurses	2712	712	594
药剂人员	Pharmacists	786	59	175
检验人员	Others	33	10	13
其他	Assistant Chartered Doctors	324	96	114

18-7 农村村级卫生组织情况

Health Organizations in Rural Areas at Village Level

项目	Item	2000	2003	2005	2010	2011
村设置医疗点数（个）	**Medical Treatment Stations of Villages(unit)**	**17476**	**15004**	**18222**	**19976**	**19862**
乡村医生和卫生人员数（人）	**Number of Rural Doctors and Medical Personnel (person)**	**30769**	**27084**	**30384**	**28868**	**28574**
乡村医生	Rural Doctors	20974	21281	29139	28405	28049
卫生员	Medical Personnel	9795	5803	1245	463	525

18-8 主要年份县及县以上医院工作基本情况

Working Status of Hospitals at County Level and above in Selected Years

年份 Year	诊疗人数（万人次） Total Number Of Patients Treated	#门急诊 Out-patients And Emergency Patients	入院人数（万人） Hospital Admissions (10000 persons)	出院人数（万人） Hospital Discharged (10000 persons)	治愈率（%） Cure Rate (%)	病死率（%） Death Rate (%)	病床周转数（次） Turnover of Beds (time)
1980	1561.87	1543.53	51.58	51.47	67.20	1.80	22.90
1985	1895.08	1794.93	70.98	58.39	66.40	1.60	24.60
1986	1931.00	1828.71	72.62	72.43	66.10	1.60	24.30
1987	2425.69	2293.21	83.22	68.38	67.00	1.50	24.90
1988	2460.94	2428.99	88.62	88.56	68.10	1.50	25.70
1989	2299.53	2272.22	89.57	89.65	68.50	1.30	25.00
1990	2410.01	2380.83	91.62	57.60	68.50	1.30	24.70
1991	2471.20	2328.25	97.55	79.39	69.60	1.70	26.00
1992	2496.94	2488.74	93.18	93.14	69.30	1.10	24.90
1993	2930.23	2629.02	94.29	94.33	71.50	1.00	22.60
1994	2749.75	2614.02	100.03	98.29	73.30	0.90	23.50
1995	2709.47	2580.12	91.68	91.19	70.90	0.90	21.70
1996	2838.69	2565.51	79.10	79.09	70.10	0.80	19.00
1997	3249.23	2772.14	81.58	81.44	72.00	0.70	17.60
1998	3351.09	2932.52	85.10	84.54	70.50	0.70	18.10
1999	3157.56	2984.98	89.91	89.57	67.20	0.70	18.40
2000	3326.20	3097.08	98.76	99.26	66.42	0.74	20.77
2001	3201.92	2990.75	105.81	105.81	65.73	0.68	22.21
2002	3288.68	3027.07	128.70	110.23	66.57	0.64	22.73
2003	3430.00	3315.44	115.45	116.29	65.32	0.61	23.72
2004	3767.08	3685.85	129.57	129.53	53.50	0.66	24.79
2005	4248.77	4039.31	137.95	139.26	62.06	0.56	26.26
2006	4421.39	4305.12	152.28	152.13	62.37	0.53	26.81
2007	4674.58	4522.88	167.07	166.15	59.88	0.51	30.30
2008	5872.06	5786.21	205.17	204.78	60.55	0.41	30.97
2009	5850.61	5785.27	206.81	207.10	55.30	0.37	32.53
2010	6558.16	6525.56	271.45	270.89	55.47	0.30	34.08
2011	7200.56	7161.82	308.97	308.37	56.17	0.26	35.12

18-9 医院、卫生院、妇幼保健院工作基本情况(2011年)

Working Status of Various Hospitals at Country Level and Above(2011)

项目 Item	诊疗人数（万人次） Number of Patients Treated (10000 person-times)	#门急诊 Out-patients And Emergency Patients	入院人数（万人） Hospital Admissions (10000 persons)	出院人数（万人） Hospital Discharged (10000 persons)	治愈率（%） Cure Rate (%)	病死率（%） Death Rate (%)	病床周转数（次） Turnover of Beds (time)
医院 **Hospitals**	**7200.56**	**7161.82**	**308.97**	**308.37**	**56.17**	**0.26**	**35.12**
#综合医院 Integrated Hospitals	5300.96	5265.41	242.68	242.44	55.25	0.28	38.63
中医医院 Hospitals of Traditional Chinese Medicine	1204.60	1201.82	37.38	37.15	61.67	0.19	33.44
专科医院 Specialized Hospitals	528.89	528.75	21.84	21.73	61.26	0.09	18.64
卫生院 **Rural Township Hospitals**	**1881.59**	**1861.99**	**103.95**	**103.73**	**80.62**	**0.02**	**42.67**
妇幼保健院 **Maternity and Child Care Centers**	**763.99**	**760.66**	**16.85**	**16.96**	**89.24**	**0.01**	**50.98**

18-10 防病工作情况(2007-2011年)

Basic Condition of Disease Prevention and Cure(2007-2011)

项目	Item	2007	2008	2009	2010	2011
传染病发病总例数(甲、乙)（万个）	Number of Incidence from infectious disease(A、B) (10000 unit)	10.65	11.39	11.64	10.61	20.51
传染病发病率(1/10万)	Incidence Disease Rate (1/100 000)	356.17	417.7	456.82	559.18	556.03
传染病死亡总人数（人）	Number of Death from infectious disease(person)	203	165	233	231	229
传染病死亡率(1/10万)	Death Rate (1/100 000)	0.57	0.46	0.64	0.64	0.62
结核病登记病人数(例)	Number of register of Tuberculosis (1000 persons)	24242	24613	23123	20850	20027
登记患病率（‰）	Register sicken Rate(‰)	0.72	0.69	0.65	0.57	0.55
结核病新发病人数(例)	Number of New Incidence from Tuberculosis (1000 persons)	21965	21751	21886	19439	18761
结核病登记新发病率(1/10万)	Register New Incidence Disease Rate (1/100 000)	65	61	61	54	52
“五苗”接种率（%）	Five Type of bacterins inoculability Rate (%)	99.95	99.95	99.91	99.50	99.59
乙肝疫苗全程接种率（%）	Hepatitis B Bacterins Quite inoculability Rate(%)	99.97	99.96	99.97	99.75	99.78

18-11 法定报告传染病发病及死亡情况（2011年）
Incidence and Death from Infectious Diseases(2011)

项目	Item	传染病发病率(1/10万) Incidence Disease Rate (per100 000)	死亡率(1/10万) Death Rate(per 100 000)	病死率(%) Mortality Rate (%)
总计（或小计）	**Total**	**556.030**	**0.620**	**0.11**
病毒性肝炎	Viral Hepatitis	151.970	0.070	0.05
痢疾	Dysentery	2.840		
伤寒副伤寒	Typhoid and Paratyphoid Fever	0.865		
艾滋病	AIDS	0.713	0.310	43.35
淋病	Gonorrhea	13.880		
梅毒	Syphilis	49.960	0.010	0.01
麻疹	Measles	0.238		
百日咳	Whooping Cough	0.003		
流脑	Epidemic Encephalitis	0.005		
猩红热	Scarlet Fever	1.120		
出血热	Hemorrhage Fever	0.702		
狂犬病	Hydrophobia	0.005	0.005	100.00
布氏杆菌病	Brucellosis	0.043		
乙脑	Encephalitis B	0.076		
疟疾	Malaria	0.184		
新生儿破伤风	Newborn Tetanus	0.069	0.005	6.67
肺结核	Pulmonary Tuberculosis	52.580	0.190	0.37

18-12 前十位疾病死亡原因及构成(2011年)
Death Rate of 10 Major Diseases(2011)

项目 Item	占疾病死亡总人数比重(%) Mortality(%)	项目 Item	占疾病死亡总人数比重(%) Mortality(%)
城市 Urban	**93.74**	**农村 Rural**	**92.50**
恶性肿瘤 Malignant Tumour	31.32	恶性肿瘤 Malignment Tumour	26.46
脑血管病 Cerebrovasular Disease	15.58	脑血管病 Cerebrovasular Disease	19.21
心脏病 Heart Trouble	19.15	呼吸系统疾病 Diseases of the Respiratory System	13.54
呼吸系统疾病 Diseases of the Respi- ratory System	10.27	心脏病 Heart Trouble	13.79
损伤和中毒 Trauma and Toxicosis	5.92	损伤和中毒 Trauma and Toxicosis	10.90
内分泌、营养和代谢 Endocrine,Nutritional & Metabolite Disease	5.66	消化系统疾病 Disease of the Digestive System	2.49
消化系统疾病 Disease of the Digestive System	2.68	内分泌、营养和代谢 Endocrine,Nutritional & Metabolite Disease	2.40
神经系统疾病 Diseases of the Nervous System	1.09	精神障碍 Mental Disorders	1.56
泌尿生殖系统疾病 Diseases of the Genitou-rinary System	0.86	泌尿生殖系统疾病 Diseases of the Genitou- rinary System	1.24
精神障碍 Mental Disorders	0.79	传染病 Infeetions Disease	0.91

主要统计指标解释

卫生机构 包括医疗机构、疾病预防控制中心(防疫站)、采供血机构、卫生监督及监测(检验)机构、医学科研和在职培训机构、健康教育所等。医疗机构包括医院、社区卫生服务中心(站)、疗养院、卫生院、门诊部、诊所(卫生所、医务室)、妇幼保健院(所、站)、专科疾病防治院(所、站)、急救中心(站)和临床检验中心。医疗机构分为非赢利性医疗机构和赢利性医疗机构。

医院 包括综合医院、中医医院、中西医结合医院、民族医院、各类专科医院和护理院。

卫生技术人员 指卫生机构中医生、护理人员、药剂人员、检验人员等卫生技术人员。

医生 指在医疗、预防保健机构工作且取得《执业医师证书》的执业医师和执业助理医师。

Explanatory Notes on Main Statistical Indicators

Health Care Institutions refer to the units which have been qualified the Certification of Health Care Institution by the administration of public health, or qualified the Certification of Corporate Unit by the civil affairs, administration for industry and commerce, commission office for public sector reform, and engaging in medical care, disease prevention and control, health supervision and inspection, medicine research and health education, etc., including: hospitals, sanatoriums, community health service centers (stations), health centers, clinics (health stations and infirmaries), first-aid centres (stations), blood gathering and supplying institutions, women and children care agencies (centres and stations), special disease prevention and curing agencies (centres and stations), disease prevention and control centres (epidemic prevention stations), health supervision and inspection agencies, sanitary inspection institutions, medicinal scientific research and on-job training institutions, health education centres and so on.

Hospitals include: polyclinics, traditional Chinese medical hospitals, hospitals integrated with traditional Chinese therapeutics and western therapeutics, ethical hospitals, various specialties hospitals and nursing hospitals.

Medical Technical Personnel refers to doctors, assistant nurses, pharmacists, and laboratory technicians working in medical institutions.

Doctors refer to certified physicians and certified assistant physicians with certifications working in medical and health care and prevention agencies.

第十九篇　环境保护

Chapter 19　Environment Protection

资料整理：廖捷

Database Editor:Liaojie

简 要 说 明

本篇资料的主要内容及来源

本篇主要反映福建环境保护事业情况。主要内容包括城、乡水环境、大气环境、固体废物、生态环境、自然灾害和环境污染治理投资以及分行业工业污染治理情况。

本篇资料来源于省环境保护厅、水利厅等。

本篇资料由省统计局社会和科技统计处整理提供。

Brief Introduction

Main Content and Source of Data

This chapter contain information that reflect the condition and natural resources and data on development of environment protection ,Social welfare ,the judicial conditions, basic statistics on traffic accidents and fires etc in Fujian. including natural resources and natural condition, total water resources ,atmospheric environment, solid waste, environment noise , eco- environment protection , natural disasters and investments in the treatment of environmental pollution control ; the number of institutions and personnel, social welfare relief, and marital status etc.

The above mentioned data are provide By the Provincial Environment Protection Bureau , the Provincial Department of Water Resources,the Provincial Department of Civil Affairs and the Department of Public Security, the Provincial Meteorological Bureau.

Data in this chapter are provided and compiled by the Division of Social, Science and Technology Statistics of Fujian Provincial Bureau of Statistics.

19-1 环境保护基本情况

Basic Statistics on Environmental Protection

项目	Item	2007	2008	2009	2010	2011
水环境	**Water**					
降水量（毫米）	Precipitation(millimeters)	1452.90	1504.20	1350.60	2084.30	1356.70
水资源总量（亿立方米）	Water Resources(100 million cu.M)	1072.90	1036.93	800.81	1652.93	774.85
地表水	Surface Water Resources	1071.71	1035.70	799.59	1651.68	773.52
地下水	Grounwater Resources	311.95	303.90	246.06	353.81	243.41
人均水资源量（立方米/人）	Per Capita Water Resources(cu.m/person)	3005.74	2886.29	2214.90	4480.19	2046.00
用水总量（亿立方米）	Water Supply(100 million cu.M)	196.28	198.04	201.44	202.45	208.82
#农业	Agriculture	100.94	93.87	95.29	98.85	98.63
工业	Industry	72.77	75.44	77.19	81.26	83.45
生活	Living Consumption	21.15	21.91	23.42	21.05	26.74
废水排放总量（亿吨）	Waste Water Discharge(100 million ton)	22.69	23.63	24.60	23.85	31.62
化学需氧量排放量（万吨）	Discharge Amount of COD(10000 tons)	38.32	37.82	37.57	37.26	67.94
氨氮排放量（万吨）	Ammounia Nitrogen Discharge(10000 tons)	2.98	3.00	3.01	2.98	9.54
大气环境	**Atmosphere Environment**					
二氧化硫排放量（万吨）	Sulphur Dioxide Emission(10000 tons)	44.57	42.89	41.97	40.91	38.92
工业	Industry	42.69	40.93	39.92	39.12	37.03
生活	Living Consumption	1.88	1.96	2.05	1.78	1.88
集中式治理设施	Centralized Treatment Facilities					0.01
氮氧化物排放量（万吨）	Nitrogen and Oxide(10000 tons)					39.39
工业	Industry					39.13
城镇生活	Urban Living Consumption					0.24
集中式治理设施	Centralized Treatment Facilities					0.02
烟（粉）尘排放量（万吨）	Smoke Dust(10000 tons)					21.57
工业	Industry					20.99
城镇生活	Urban Living Consumption					0.58
固体废物	**Solid Waste**					

注：2011年废水排放总量、化学需氧量排放量、氨氮排放量包括农业源、集中式治理设施等，工业固体废物产生量及综合利用量只包含一般工业固体废物。

Note:In 2011 the Waste Water Discharge Amount, Chemical Oxygen Demand (COD) Emissions, Ammonia Nitrogen Emissions include only General Industrial Solid Waste.

19-1 续表

Continued

项目	Item	2007	2008	2009	2010	2011
工业固体废物产生量（万吨）	Industrial Solid Wastes Produced(10000 tons)	4814.86	5370.86	6348.91	7486.58	4414.89
危险废物产生量（万吨）	Hazardous Wastes	10.86	10.33	8.04	8.01	10.31
工业固体废物综合利用量（万吨）	Industrial Solid Wastes Utilizeed(10000 tons)	3401.20	3930.07	5425.81	6214.89	3024.33
生态环境	**Eco-Environment Protection**					
森林覆盖率（%）	Forest Coverage(%)	62.96	63.10	63.10	63.10	63.10
当年造林面积（万公顷）	Area of Reforestation of the Year(10000 hectare)	3.60	3.31	16.92	2.99	2.13
自然保护区数（个）	Number of Nature Reserves(unit)	92	93	93	92	92
#国家级	National Level	12	12	12	12	12
自然保护区面积（万公顷）	Area of Nature Reserves(10000 hectare)	51.20	50.22	50.22	45.36	45.40
自然灾害	**Natural Disaster**					
发生地质灾害起数（起）	Geological Disaster	1141	318	391	4189	102
发生地震灾害次数（次）	Seismic Disaster(time)		1	3		
海洋灾害发生次数（次）	Red Tide(time)	35	20	20	21	42
森林火灾次数（次）	Forest Fire(time)	237	520	579	131	412
环境污染治理投资	**Investment in the Treatment of Environmental Pollution**					
城市环境基础设施投资（亿元）	Investment in Urban Environmental Infrastructure(100 million yuan)	40.21	33.83	31.49	78.04	113.71
燃气	Gas Supply	5.36	3.69	3.45	6.08	3.14
集中供热	Centralized Heating		0.98			
排水	Drainage Works	12.68	13.78	12.35	14.54	42.78
园林绿化	Gardening and Greening	17.83	7.08	6.94	36.06	49.89
市容环境卫生	Environmental Sanitation	4.34	8.31	8.75	21.35	17.91
工业污染治理投资（亿元）	Investment Completed this Year(100 million yuan)	13.80	15.58	12.87	15.33	15.28
治理废水	Waste Water	5.77	5.17	5.13	7.09	6.27
治理废气	Waste Gas	1.25	9.40	6.15	4.98	6.34
治理固体废物	Solid Wastes	0.32	0.18	0.94	0.77	1.05
治理噪声	Noise Pollution	0.01	0.01	0.11	0.06	0.06

19-2 城市环境情况

Basic Statistics on City Enviroment

项目	Item	2007	2008	2009	2010	2011
城市个数（个）	**Number of Cities(unit)**	**23**	**23**	**23**	**23**	**23**
城区人口（万人）	**Population of City(10000 persons)**	**719.09**	**718.21**	**740.86**	**750.41**	**811.47**
城市基础设施投资额（亿元）	**Investment on Fundation Facilities (100 million yuan)**	**296.93**	**285.23**	**290.88**	**385.08**	**464.02**
城市面积（平方公里）	**Area of City(sq km)**	**4411.06**	**4406.94**	**4334.36**	**4361.84**	**4481.44**
#建成区面积（平方公里）	Developed Area(sq.km)	819.35	877.35	918.64	1059.00	1129.96
年底供水综合生产能力	**Production Capacity of Top Water Supply at the Year-end**	**568.13**	**672.73**	**680.43**	**676.42**	**682.94**
全年供水总量（万立方米）	Volume of Top Water Supply(10000 cu.m)	121593.20	129342.84	134264.38	132626.56	137724.24
#生活用量	Water Consumption for Residential Use (10000 cu.m)	53471.52	56620.03	65774.93	67462.28	70351.11
人均日生活用水量（升）	Per Capital Water Consumption for Residential Use(L)	211.73	219.64	191.92	186.62	188.18
用水普及率（%）	Percentage of Population with Access to Tap Water(%)	98.86	97.47	99.18	99.50	99.11
公共交通标准运营车辆（标台）	**Number of Standard Public Vehicles under Operation(unit)**	**8661**	**9442**	**11858**	**11917**	**13289**
运营公交车辆数（辆）	Number of Public Vehicles under Operation (unit)	6292	9084	11246	11334	12514
年末出租车运营总量（辆）	Number of Taxis under Operation at the Year-end(unit)	15736	15905	16002	18684	19596
每万人拥有公交车辆（标台）	Number of public Transportation Vehicles Per 10000 Population(unit)	9.52	10.42	12.50	11.93	12.86
煤气供应总量（亿立方米）	**Gaswork Gas Supply**	**0.25**	**0.24**	**0.25**	**0.27**	**0.29**
#家庭用量（亿立方米）	Consumption of Gaswork Gas for Residential Use	0.17	0.18	0.19	0.19	0.22
液化石油气家庭用量（万吨）	Consumption of Liguefied Petroleum Gas for Residential Use(10000 tons)	40.74	19.26	19.06	18.89	19.55
用气普及率（%）	Percentage of City Population with Access to Gas(%)	97.34	97.23	98.63	98.92	98.67
道路长度（公里）	**Length of Paved Roads(km)**	**5787**	**6011**	**6380**	**6756**	**7238**
道路面积（万平方米）	Area of Paved Roads(10000 sq.m)	9947	10919	11959	12560	13908
排水管道长度（公里）	Length of Sewage Pipes(km)	7091	7962	8565	9686	10767
建成区绿化覆盖面积（公顷）	**Green Areas of Developed City(hectare)**	**30317**	**34090**	**36478**	**43385**	**46766**
建成区绿化覆盖率（%）	Ratio of Green Areas to City Areas(%)	37.00	38.86	39.71	40.97	41.39
公园绿地面积（公顷）	Green Areas of Park(hectare)	7833	9435	9986	10972	12111
人均公园绿地面积（平方米）	Per Capita Public Green Areas(sq.m)	8.64	10.42	10.51	10.99	11.72
公园个数（个）	**Number of Parks and Zoos(unit)**	**307**	**313**	**349**	**392**	**451**
公园面积（公顷）	Area of Parks and Zoos(hectare)	5378	6882	7999	8819	9681
生活垃圾清运量（万吨）	**Volume of Garbage, Excrement and Urine Disposal(10000 tons)**	**376.10**	**398.95**	**392.40**	**417.30**	**433.52**
城市生活垃圾无害化处理率(%)	Percentage of Garbage Disposal with Standard(%)	81.62	87.97	92.53	91.96	94.55
城市污水处理率(%)	**Percentage of Sewage Disposal of City(%)**	**66.72**	**72.72**	**80.31**	**84.44**	**85.29**
城市污水处理厂集中处理率(%)	Percentage of Sewage Collection Disposal in Factory of City(%)	49.17	54.75	64.30	76.91	80.99

19-3 农村环境情况

Basic Statistics on Rural Environment

项目	Item	2007	2008	2009	2010	2011
农村总户数（万户）	**Number of Rural Households(10000 household)**	**693.53**	**693.53**	**693.53**	**693.53**	**718.46**
累计卫生厕所户数（万户）	**Number of Households with Lavatories (10000 household)**	**437.36**	**476.81**	**505.89**	**552.68**	**614.12**
农村卫生厕所普及率（%）	**Pencentage of Villages with Access to Lavatories(%)**	**63.06**	**68.75**	**72.94**	**79.69**	**85.48**
当年新增无害化卫生厕所户数（万户）	**Number of Households with Newly Built Lavatories Current Year(10000 household)**	**15.84**	**39.45**	**28.08**	**45.77**	**62.26**
累计使用卫生公厕户数（万户）	**Number of Households with Public Lavatories (10000 household)**	**44.90**	**51.36**	**43.43**	**45.15**	**51.14**
当年用于改厕投资（万元）	**Investment on Rebuilt Lavatories Current Year (10000 yuan)**	**16863.51**	**22434.97**	**30669.08**	**60429.77**	**51570.76**
#国家	National	3789.00	3420.98	4501.77	13134.26	6434.53
集体	Collective	1885.55	1619.15	4462.33	1754.08	2635.79
个人	Individual	10994.65	17061.74	20962.54	44536.20	42370.88
其他	Others	194.31	333.10	742.44	1005.23	129.56
农村可再生能源利用情况	**Utilization of Repeat Energy in Rural**					
沼气池产气总量（万立方米）	Marsh Gas Production(10000 cu.m)	22218.07	22218.07	21557.69	24351.31	22930.00
农村户用沼气池（万口）	Number of Methane-generating Pits Used by Rural Household(10000 pits)	35.24	35.24	42.03	46.03	47.53
生活污水净化沼气池（处）	Methane-generating Pits Used for Waste Water Treatment(set)	1907	1907	1621	1319	1319

19-4 工业污染排放及处理利用情况
Emission and Treatment of Industrial Pollution

项目	Item	2007	2008	2009	2010	2011
企业基本情况	**Enterprises Status**					
汇总企业数（个）	Number of Enterprises(unit)	6238	6180	6117	6080	5802
工业废水	**Industrial Waste Water**					
工业用水总量（亿吨）	Total Volume of Water for Industrial Use (100 million tons)	72.77	75.44	87.32	79.33	96.43
废水治理设施数（套）	Number of Facilities for Treatment of Waste Water(sets)	4205	4196	3949	3153	3429
废水治理设施处理能力（万吨/日）	Handling Ability of Facilities for Treatment of Waste Water (10000 tons-day)	936.72	987.98	990.14	1135.44	961.62
废水治理设施设备运行费用（万元）	Operation Expenditure of Facilities(10000 yuan)	105884.80	92059.80	86769.10	126817.20	159360.10
工业废水排放量（万吨）	Volume of Waste Water Discharged(10000 tons)	136407.77	139996.92	142746.99	124168.21	177185.62
#直接排入环境的	Discharged Directly	63516.66	67540.05	73810.86	59215.46	163335.15
工业废水中污染物排放量（吨）	Volume of Pollutants in Waste Water Discharged(ton)					
汞	Hydrargyrum				0.06	
镉	Cadmium	0.29	0.29	0.15	0.45	0.03
六价铬	Hexadic Chromium	2.13	2.05	1.81	62.13	0.29
铅	Plumum	5.33	4.82	3.88	2.05	0.50
砷	Arsenic	0.53	0.26	0.11	1.32	0.15
挥发酚	Volatile Hydroxybenzene	17.60	4.38	3.70	10.06	1.65
氰化物	Cyanide	7.03	6.75	4.95	58.95	0.74
化学需氧量	Volume of Oxygen Required chemically	91084.73	84392.50	75425.07	82946.13	95915.30
石油类	Petroleum	241.62	224.93	211.95	565.24	441.24
氨氮	Ammonia and Nitrogen	5882.23	6880.79	6228.23	6613.60	7700.19
工业废气	**Industrial Waste Gas**					
工业废气排放总量（亿标立方米）	Total Volume of Waste Gas Emission(100 million cu.m)	9747.38	9149.97	10497.10	13507.13	14972.89
废气治理设施数（套）	Number of Facilities for Treatment for Waste Gas(sets)	6711	6833	6931	6470	7592
#脱硫设施数（套）	Number of Sulphur Removed Facilities (sets)	350	437	506	159	145
废气治理设施设备运行费用（万元）	Expenditure on Facilities for Treatment of Waste Gas(10000 yuan)	144766.80	152388.40	186136.10	237264.50	283903.90

注：2010年以前工业废水中直接排入环境的只含直接排入海的，2011年工业固体废物只含一般工业固体废物。

Note:Before 2010,Discharged Directly only contained Discharged Directly into sea.2011,Industrial Solid Wastes only contained ordinary Solid Wastes.

19-4 续表
Continued

项目	Item	2007	2008	2009	2010	2011
工业二氧化硫排放量（万吨）	Volume of Sulphur Dioxide Emission(10000 tons)	42.69	40.93	39.92	39.12	37.03
工业烟（粉）尘排放量（万吨）	Volume of soot Emission and Dust Emission (10000 tons)	26.84	24.60	22.73	24.01	20.99
工业固体废物	**Industrial Solid Wastes**					
工业固体废物产生量（万吨）	Volume of Industrial Solid Wastes Produced (10000 tons)	4814.86	5370.86	6348.91	7486.58	4414.89
危险废物产生量	Volume of Dangerous Wastes Produced	10.86	10.33	8.04	8.01	10.31
工业固体废物综合利用量（万吨）	Volume of Industrial Solid Wastes Utilized in a Comprehesive way(10000 tons)	3401.20	3930.07	5425.81	6214.89	3024.33
综合利用往年贮存量（万吨）	Volume of Industrial Solid Wastes Accumulated in Previous Years and utilized in a Comprehesive way(10000 tons)	10.60	23.51	7.10	10.88	9.83
危险废物综合利用量（万吨）	Volume of Dangerous Wastes Utilized in a Comprehesive way(10000 tons)	8.51	7.74	3.94	3.44	4.38
工业固体废物贮存量（万吨）	Volume of Industrial Solid Wastes Accumulated(10000 tons)	95.81	89.29	55.87	107.73	98.43
危险废物贮存量（吨）	Volume of Dangerous Wastes Accumulated (ton)	48.98	50.04	333.36	393.31	206.40
工业固体废物处置量（万吨）	Volume of Industrial Solid Wastes Treated (10000 tons)	1332.10	1373.25	874.47	1181.14	1304.14
#处置往年贮存量	Volume of Industrial Solid Wastes Treated, Which have been Accumulated in Previous years	0.50	0.06	0.07	8.55	4.99
危险废物处置量（万吨）	Volume of Dangerous Wastes Treated (10000 tons)	2.35	2.62	4.07	4.98	5.71
工业固体废物排放量（万吨）	Volume of Industrial Solid Wastes Discharged(10000 tons)	2.75	2.65	2.43	3.52	

19-5 各设区市工业污染治理投资额

Investment on Industrial Pollution Treatment by City

单位：万元　　　　(10000 yuan)

地区	Area	2005	2006	2007	2008	2009	2010	2011
总　计	**Total**	**345431**	**286194**	**138007**	**155763**	**128692**	**153296**	**152834**
福州市	Fuzhou	34416	41419	31789	42102	15197	11641	19186
厦门市	Xiamen	65063	35062	14161	9267	5582	11854	14587
莆田市	Putian	11679	167	2082	337	16128		690
三明市	Sanming	28978	14076	11213	15676	10757	14782	14543
泉州市	Quanzhou	113684	86695	58834	73054	72007	96421	81336
漳州市	Zhangzhou	78020	93481	1500	8797	1859	9054	3955
南平市	Nanping	4687	12505	15127	2323	6877	3021	7683
龙岩市	Longyan	3301	2590	3248	4193	285	6323	10780
宁德市	Ningde	5574	199	53	15		200	75

19-6 设区市一般工业固体废物产生和处置情况(2011年)

Discharge and Treatment of Industrial Sold Waste by City(2011)

单位：万吨　　　　(10000 tons)

项目	Item	工业固体废物产生量 Volume of Industrial Solid Wastes Produced	工业固体废物综合利用量 Industrial Solid Wastes Utilized	综合利用往年工业固体废物贮存量 Industrial Solid Wastes Utilized in Stocks	工业固体废物处置量 Volume of Industrial Solid Wastes Treated	处置往年工业固体废物贮存量 Industrial Solid Wastes Treated in Stocks	工业固体废物贮存量 Volume of Industrial Solid Wastes in Stocks	一般工业固体废物倾倒丢弃量 Volume of Industrial Solid Wastes Discharged
全　省	**Total**	**4414.89**	**3024.33**	**9.83**	**1304.14**	**4.99**	**98.43**	**0.87**
福州市	Fuzhou	693.68	623.02	0.01	68.87	3.8	5.33	0.27
厦门市	Xiamen	119.18	111.67	2.8	5.38	0.18	5.11	
莆田市	Putian	157.82	156.82	5.9	0.5		6.16	0.23
三明市	Sanming	985.86	582	0.07	342		61.85	0.08
泉州市	Quanzhou	711.86	672.24	...	25.07		14.47	0.08
漳州市	Zhangzhou	234.81	225.87		8.33		0.61	
南平市	Nanping	297.82	238.91	0.01	57.74	0.01	1.18	
龙岩市	Longyan	1119.32	334.59	1.04	782.84	1	3.73	0.2
宁德市	Ningde	94.4	79.04	...	13.41			0.01
平潭综合实验区	Pintan	0.15	0.15					

19-7 设区市废气排放情况(2011年)

项目	Item	生活煤炭消费量(万吨) Coal (10000 tons)	生活天然气消费量(万立方米) Natural Gas(10000 cu.m)	二氧化硫排放量(吨) Sulfur Dioxide (ton)	工业 Industry	城镇生活 Urban Living Consumption	集中式治理设施 Centralized Treatment Facilities	氮氧化物排放量(吨) Nitrogen and Oxide (ton)
全　省	**Total**	**115.8**	**6948.91**	**389167.32**	**370268.52**	**18790.88**	**107.92**	**393888.71**
福州市	Fuzhou	6.84	4059.17	92546.05	91320.05	1226		102071.77
厦门市	Xiamen	2.71	2110.21	19594	19108	486		18359.05
莆田市	Putian	10.3	5.3	15212.79	13892.78	1320	0.01	27074.72
三明市	Sanming	19	356.4	49472.39	46238.48	3230	3.91	35647.1
泉州市	Quanzhou	22.14	417	102512.99	99210.06	3198.94	104	81258.14
漳州市	Zhangzhou	5.73		30083.08	29303.8	779.28		46360.99
南平市	Nanping	16.36	0.83	25717.65	22785.94	2931.71		10479.72
龙岩市	Longyan	26		34939.42	30519.42	4420		42581.21
宁德市	Ningde	6.68		19037.95	17844.95	1193		30038.58
平潭综合实验区	Pintan	0.04		51	45.05	5.95		17.44

19-8 设区市废水排放情况(2011年)

项目	Item	废水排放总量(万吨) Waste Water Discharge (10000 tons)	工业 Industry	城镇生活 Urban Living Consumption	集中式治理设施 Centralized Treatment Facilities	化学需氧量排放量(吨) Discharge Amount of COD (ton)	工业 Industry
全　省	**Total**	**316177.52**	**177185.62**	**138728.88**	**263.02**	**679440.17**	**95915.3**
福州市	Fuzhou	36068.98	5491.91	30436.9	140.17	109004.91	6820.34
厦门市	Xiamen	48774.85	31542.47	17232.38		48055.26	4313.1
莆田市	Putian	11250.99	2122.31	9122.08	6.6	41160.87	4852.01
三明市	Sanming	23170.38	14842.64	8306.2	21.53	56997.05	15086.39
泉州市	Quanzhou	54324.32	20715.74	33585.35	23.24	132542.61	28842.38
漳州市	Zhangzhou	101553.2	86621.76	14903.68	27.76	103132.52	11879
南平市	Nanping	16339.04	8263.86	8055.62	19.56	72216.66	15561
龙岩市	Longyan	13866.3	6042	7811.58	12.71	65628.4	4418
宁德市	Ningde	9816.28	1523.13	8281.7	11.44	46170.07	4053.09
平潭综合实验区	Pintan	1013.19	19.8	993.38		4531.83	90

Waste Gas Discharge by City(2011)

工业 Industry	城镇生活 Urban Living Consumption	机动车 Indicator	集中式治理设施 Centralized Treatment Facilities	烟（粉）尘排放量（吨） Smoke Dust (ton)	工业 Industry	城镇生活 Urban Living Consumption	机动车 Indicator	集中式治理设施 Centralized Treatment Facilities
391276.89	**2364.04**	**10.06**	**237.72**	**215723.14**	**209852.03**	**5777.52**	**0.96**	**92.63**
101833.6	236	2.17		34360.01	33812.77	547	0.24	
18303	54	2.05		3194.49	3140.28	54	0.21	
26686.31	388	0.41	0.01	6243.74	5263.13	980.56	0.04	…
35547.76	95	0.63	3.71	34868.55	34819.37	47.5	0.05	1.63
80463.65	558.71	1.78	234	50594.92	49955.38	548.38	0.16	91
46245.4	114.6	0.98	0.01	10169.22	10083.18	85.95	0.08	
10151.82	327.2	0.7		19258.71	19013.05	245.6	0.06	
42060.35	520	0.86		41779.13	39179.06	2600	0.07	
29968.09	70	0.49		15215.39	14547.35	668	0.04	
16.91	0.53			38.99	38.46	0.53		

Waste Water Discharge by City(2011)

农业 Agriculture	城镇生活 Urban Living Consumption	集中式治理设施 Centralized Treatment Facilities	氨氮排放量（吨） Ammounia Nitrogen Discharge (ton)	工业 Industry	农业 Agriculture	城镇生活 Urban Living Consumption	集中式治理设施 Centralized Treatment Facilities
225214.23	**354193.39**	**4117.25**	**95385.97**	**7700.19**	**34027.25**	**53259.65**	**398.88**
37163.69	64266	754.88	16262.08	730.05	6379.55	9094	58.48
14668.18	28985	88.98	8663.42	345.5	1950.57	6354	13.35
13281.96	22987	39.91	5680.58	226.01	1915.31	3531.7	7.56
14998.66	26429	483	6764.68	1644.32	1596.36	3476	48
15565.31	87931.39	203.53	17248.23	1998.8	2213.85	13018.45	17.13
45969.52	44918	366	13818.37	883	6220.77	6677	37.6
28484.57	27495	676.09	7984.1	898	3202.9	3801	82.2
41289.53	19211	709.87	9309.01	848	5294.65	3098	68.36
11960.99	29361	794.99	8794.35	123.51	4765.15	3839.5	66.2
1831.83	2610		861.13	3	488.13	370	

主要统计指标解释

水资源总量　一定区域内的水资源总量指当地降水形成的地表和地下产水量，即地表径流量与降水入渗补给量之和，不包括过境水量。

地表水资源量　指河流、湖泊、冰川等地表水体中由当地降水形成的、可以逐年更新的动态水量，即天然河川径流量。

地下水资源量　指当地降水和地表水对饱水岩土层的补给量。

地表水与地下水资源重复量　指地表水和地下水相互转化的部分，即在河川径流量中包括一部分地下水排泄量，地下水补给量中包括一部分来源于地表水的入渗量。

供水总量　指各种水源工程为用户提供的包括输水损失在内的毛供水量。

用水总量　指分配给用户的包括输水损失在内的毛用水量。按用户特性分为农业、工业、生活和生态用水四大类。

农业用水　包括农田灌溉和林牧渔业用水。林牧渔业用水指林果地灌溉、草地灌溉和鱼塘补水。

工业用水　按新水取用量计，不包括企业内部的重复利用水量。

生活用水　包括城镇生活用水和农村生活用水。城镇生活用水由居民用水和公共用水（含服务业、商饮业、货运邮电业及建筑业等用水）组成；农村生活用水除居民生活用水外，还包括畜用水在内。

城镇生活污水排放量　指城镇居民每年排放的生活污水。用人均系数法测算。测算公式为：

城镇生活污水排放量=城镇生活污水排放系数×市镇非农业人口×365

城镇生活污水中化学需氧量（COD）产生量　指城镇居民每年排放的生活污水中的COD的产生量。用人均系数法测算。测算公式为：

城镇生活污水中 COD 产生量=城镇生活污水中 COD 产生系数×市镇非农业人口×365

化学需氧量（COD）　测量有机和无机物质化学所消耗氧的质量浓度的水污染指数。

工业固体废物产生量　指报告期内企业在生产过程中产生的固体状、半固体状和高浓度液体状废弃物的总量，包括危险废物、冶炼废渣、粉煤灰、炉渣、煤矸石、尾矿、放射性废物和其他废物等；不包括矿山开采的剥离废石和掘进废石(煤矸石和呈酸性或碱性的废石除外)。酸性或碱性废石指采掘的废石其流经水、雨淋水的pH值小于4或pH值大于10.5者。

危险废物　指列入国家危险废物名录或根据国家规定的危险废物鉴别标准和鉴别方法认定的，具有爆炸性、易燃性、易氧化性、毒性、腐蚀性、易传染疾病等危险特性之一的废物。

工业固体废物综合利用量　指报告期内企业通过回收、加工、循环、交换等方式，从固体废物中提取或者使其转化为可以利用的资源、能源和其他原材料的固体废物量(包括当年利用往年的工业固体废物贮存量)，如用作农业肥料、生产建筑材料、筑路等。综合利用量由原产生固体废物的单位统计。

工业固体废物综合利用率　指工业固体废物综合利用量占工业固体废物产生量(包括综合利用往年贮存量)的百分率。计算公式为：

工业固体废物综合利用率=工业固体废物综合利用量/（工业固体废物产生量+综合利用往年贮存量）×100%

工业固体废物贮存量　指报告期内企业以综合利用或处置为目的，将固体废物暂时贮存或堆存在专设的贮存设施或专设的集中堆存场所内的数量。专设的固体废物贮存场所或贮存设施必须有防扩散、防流失、防渗漏、防止污染大气、水体的措施。

工业固体废物处置量　指报告期内企业将固体废物焚烧或者最终置于符合环境保护规定要求的场所，并不再回取的工业固体废物量(包括当年处置往年的工业固体废物贮存量)。处置方式有填埋(其中危险废物应安全填埋)、焚烧、专业贮存场(库)封场处理、深层灌注、回填矿井及海洋处置(经海洋管理部门同意投海处置)等。

工业固体废物排放量

指报告期内企业将所产生的固体废物排到固体废物污染防治设施、场所以外的数量，不包括矿山开采的剥离废石和掘进废石(煤矸石和呈酸性或碱性的废石除外)。

生活垃圾清运量　指报告期内收集和运送到垃圾处理厂(场)的生活垃圾数量。生活垃圾指城市日常生活或为城市日常生活提供服务的活动中产生的固体废物以及法律行政规定的视为城市生活垃圾的固体废物。包括：居民生活垃圾、商业垃圾、集市贸易市场垃圾、街道清扫垃圾、公共场所垃圾和机关、学校、厂矿等单位的生活垃圾。

生活垃圾无害化处理率　指报告期生活垃圾无害化处理量与生活垃圾产生量比率。在统计上，由于生活垃圾产生量不易取得，可用清运量代替。计算公式为：

生活垃圾无害化处理率=生活垃圾无害化处理量/生活垃圾产生量×100%

环境污染治理投资　指在工业污染源治理和城市环境基础设施建设的资金投入中，用于形成固定资产的资金。包括工业新老污染源治理工程投资、建设项目“三同时”环保投资，以及城市环境基础设施建设所投入的资金。

Explanatory Notes on Main Statistical Indicators

Total Water Resources refers to total volume of water resources measured as run-off for surface water from rainfall and recharge for groundwater in a given area, excluding transit water.

Surface Water Resources refers to total renewable resources which exist in rivers, lakes, glaciers and other collectors from rainfall and are measured as run-off of rivers.

Groundwater Resources refers to replenishment of aquifers with rainfall and surface water.

Duplicated Measurement Between Surface Water and Groundwater refers to mutual exchange between surface water and groundwater, i.e. run-off of rivers includes some depletion with groundwater while groundwater includes some replenishment with surface water.

Water Supply refers to gross water supply by supply systems from sources to consumers, including losses during distribution.

Water Use refers to gross water use distributed to users, including loss during transportation, broken down with use by agriculture, industry, living consumption and biological protection.

Water Use by Agriculture includes uses of water by irrigation of farming fields and by forestry, animal husbandry and fishing. Water use by forestry, animal husbandry and fishing includes irrigation of forestry and orchards, irrigation of grassland and replenishment of fishing pools.

Water Use by Industry refers to new withdrawals of water, excluding reuse of water within enterprises.

Water Use by Living Consumption includes use of water for living consumption in both urban and rural areas. Urban water use by living consumption is composed of household use and public use (including services, commerce, restaurants, cargo transportation, posts, telecommunication and construction). Rural water use by living consumption includes both households and animals.

Urban Non-industrial Waste Water Discharge refers to annual discharge of non-industrial waste water by urban households. It is estimated by per capita coefficient using the formula:

Urban non-industrial waste water discharge = urban non-industrial waste water discharge coefficient urban non-agricultural population 365

Volume of Chemical Oxygen Demand (COD) Generated by Urban Non-industrial Waster Water refers to chemical oxygen demand generated through the annual discharge of non-industrial waste water by urban households. It is estimated as:

Volume of chemical oxygen demand (cod) generated by urban non-industrial waster water = Coefficient of COD generated through urban non-industrial waste water× urban non-agricultural population ×365

Chemical Oxygen Demand (COD) refers to index of water pollution measuring the mass concentration of oxygen consumed by the chemical breakdown of organic and inorganic matter.

Industrial Solid Wastes Produced refers to total volume of solid, semi-solid and high concentration liquid residues produced by industrial enterprises from production process in a given period of time, including hazardous wastes, slag, coal ash, gangue, tailings, radioactive residues and other wastes, but excluding stones stripped or dug out in mining (gangue and acid or alkaline stones not included). A stone is acid or alkaline depending on the pH value of the water below 4 or above 10.5 when the stone is in, or soaked by, the water.

Hazardous Wastes refers to those included in the national hazardous wastes catalogue or specified as any one of the following properties in the national hazardous wastes identification standards: explosive, ignitable, oxidizable, toxic, corrosive or liable to cause infectious diseases or lead to other dangers.

Industrial Solid Wastes Utilized refers to

volume of solid wastes from which useful materials can be extracted or which can be converted into usable resources, energy or other materials by means of reclamation, processing, recycling and exchange (including utilizing in the year the stocks of industrial solid wastes of the previous year). Examples of such utilizations include fertilizers, building materials and road materials. The information shall be collected by the producing units of the wastes.

Ratio of Industrial Solid Wastes Utilized refers to the percentage of industrial solid wastes utilized over industrial solid wastes produced (including stocks of the previous years). It is calculated as:

Ratio of industrial solid wastes utilized = volume of industrial solid wastes utilized / (industrial solid wastes produced + stock of previous years) 100%

Stocks of Industrial Solid Wastes refers to volume of solid wastes placed in special facilities or special sites for purposes of utilization or disposal. The sites or facilities should take measures against dispersion, loss, seepage, and air and water contamination.

Industrial Solid Wastes Disposed refers to quantity of industrial solid wastes which are burnt or placed ultimately in the sites meeting the requirements for environmental protection and not salvaged or recycled (including disposition in the year of those wastes of previous years). The disposition includes landfill (Safe landfills should be conducted for hazardous wastes), incineration, containment spaces, deep underground disposal, backfill in mining pits and disposal at sea.

Industrial Solid Wastes Discharged refers to volume of industrial solid wastes discharged by producing enterprises to disposal facilities or to other sites. The wastes exclude stones stripped or dug from mining (gangue and acid or alkaline waste stones not included).

Consumption Wastes Transported refers to volume of consumption wastes collected and transported to disposal factories or sites. Consumption wastes are solid wastes produced from urban households or from service activities for urban households, and solid wastes regarded by laws and regulations as urban consumption wastes, including those from households, commercial activities, markets, cleaning of streets, public sites, offices, schools, factories, mining units and other sources.

Ratio of Consumption Wastes Treated refers to consumption wastes treated over that produced. In practical statistics, as it is difficult to estimate, the volume of consumption wastes produced is replaced with that transported. It is calculated as:

Ratio of consumption wastes treated = (consumption wastes treated / consumption wastes produced) ×100%

Investment in Environment Pollution Harnessing Projects refers to the proportion of investment in fixed assets in the total investment in harnessing industrial pollution and in the construction of urban environment infrastructure facilities. It includes investment in harnessing sources of industrial pollution, investment in environment protection facilities designed concurrently with construction projects, and investment in urban environment infrastructure facilities.

第二十篇　公共管理及其他社会活动

Chapter　20　Publish Administration and Others

资料整理：廖捷

Database Editor:Liaojie

简 要 说 明

本篇资料的主要内容及来源

本篇主要反映福建社会福利，司法情况、交通事故、火灾事故情况等情况。主要内容包括社会福利事业的机构人员、社会福利救济、婚姻状况等。

本篇资料来源于省人力资源和社会保障厅、省民政厅、省司法厅、省安监局等。

本篇资料由省统计局社会和科技统计处整理提供。

Brief Introduction

Main Content and Source of Data

This chapter contain information that reflect the condition and natural resources and data on development of environment protection ,Social welfare ,the judicial conditions, basic statistics on traffic accidents and fires etc in Fujian. including natural resources and natural condition, total water resources ,atmospheric environment, solid waste, environment noise , eco- environment protection , natural disasters and investments in the treatment of environmental pollution control ; the number of institutions and personnel, social welfare relief, and marital status etc.

The above mentioned data are provide By the Provincial Human Resource and Social Guarantee Bureau,the Provincial Department of Civil Affairs and the Department of Public Security, the Provincial Meteorological Bureau,the Provincial Safety Supervision and Administration Bureau.

Data in this chapter are provided and compiled by the Division of Social, Science and Technology Statistics of Fujian Provincial Bureau of Statistics.

20-1 婚姻登记和离婚情况(2000-2011年)

Number of Marriages and Divorces(2000-2011)

单位：对

年份 Year	结婚登记对数 Total number of Registered Marriages	内地居民登记结婚 Registered Marriages of Mainland	涉外及华侨、港澳台居民登记结婚 Regisered Marriages with Foreigner and the Citizen of Hong Kong,Macao,Taiwan	离婚登记对数 Total Number of Divorces	内地居民登记离婚 Divorces Marriages of Mainland	涉外及华侨、港澳台居民登记离婚 Divorces with Foreigner and the Citizen of Hong Kong,Macao,Taiwan
2000	261314	246171	15143	12035	11982	53
2001	252815	231327	21488	11546	11392	154
2002	256323	236695	19628	15321	15175	146
2003	280770	256112	24658	21541	21058	483
2004	294973	279488	15485	26515	25553	962
2005	272172	258551	13621	25786	23536	2250
2006	328698	314784	13914	35227	33759	1468
2007	350877	342916	7961	32646	30112	2534
2008	364892	356814	8078	33251	31414	1837
2009	360613	351989	8624	41441	40272	1169
2010	378792	371045	7747	43935	42703	1232
2011	382772	372761	10011	48413	47132	1281

注：离婚对数不包括法院判决数。

Note:Number of divorce not including court number

20-2 社会救济与捐赠工作情况

Basic Statistics on Social Relief and Donation

项目	Item	2007	2008	2009	2010	2011
社会救济	**Social Relief**					
城镇居民最低生活保障人数（人）	**Number of Persons Receiving Minimum Living Allowance in Rural Areas(person)**	**199408**	**195706**	**186306**	**181530**	**181207**
按人员性质分类	**By Person**					
#女性	Female	65293	60736	57150	59498	60011
#残疾人	Disabled Persons	21338	20724	17715	19764	20381
#三无人员	Persons without Stable Residence, Employment and Identity	17340	15535	8852	8741	8535
按人员年龄分类	**By Age**					
老年人	Old People	45596	34138	35038	35936	35489
成年人	Minors	116273	125086	115906	110615	113335
未成年人	Adults	37539	36482	35362	18469	18516
城市居民最低保障家庭数（户）	Number of Family Receiving Minimum Living Allowance in Urban Areas(household)	83644	83130	83647	84876	88082
城市低保资金全年计划支出（万元）	The Annual Plan Expenditure of Minimum Living Allowance in Urban Areas(10000 yuan)	20124	23996	27439	28851	33056
其他城市定期救济人数（人）	Number of Other Persons Receiving Regularly Relief in Urban Areas(person)	2086	484	168	530	
城市临时救济人次数（人）	Number of Persons Receiving Temporary Relief in Urban Areas(person)	23500	9754	6083	6487	8358
农村最低生活保障人数（人）	**Number of Persons Receiving Minimum Living Allowance in Rural Areas(person)**	**673461**	**684989**	**704093**	**713217**	**727205**
#女性	Female	174170	172476	196175	194465	200709
老年人	Old People	173944	156790	161982	174188	200430
未成年人	Minors	39607	66697	73164	80935	82477
残疾人	Disabled Persons	47476	56017	75698	85429	85513
农村居民最低生活保障家庭数（户）	Number of Family Receiving Minimum Living Allowance in Rural Areas(household)	273228	280693	295342	305692	323718
社会捐赠	**Social Donation**					
直接接受捐赠情况	**Donation Directing Received**					
捐赠款数额（万元）	Donated Funds(10000 yuan)	3714.90	116189.20	4959.70	124204.40	95367.10
捐赠衣被合计（万件）	Donated Clothes and Quilts(10000 piece)	23.70	76.20	0.30	8.70	126.70
捐赠其他物资价值（万元）	Valus of Other Materials Donated(10000 yuan)	3.10	1388.30	118.00	294.00	11071.80
间接接受捐赠情况	**Donation Indirectly Received**					
捐赠款数额（万元）	Donated Funds(10000 yuan)	201.30	1322.50	134.50	5277.90	801.90
捐赠衣被合计（万件）	Donated Clothes and Quilts(10000 piece)	0.70			0.30	
捐赠其他物资价值（万元）	Valus of Other Materials Donated(10000 yuan)		95.70		1.20	
受益人数（次）	**Persons Receiving Donation(time)**	**32750**	**344630**	**100589**	**162286**	**163221**
社会接收工作站、点数（个）	**Working Stations for Social Donation(unit)**	**911**	**912**	**1096**	**1233**	**1123**

20-3 社会福利事业企业单位机构情况

Basic Statistics on Social Welfare of Enterprises and Institutions

单位：个 (unit)

项目	Item	2007	2008	2009	2010	2011
收养性社会福利单位	**Adopting Social Welfare Institutions**	**801**	**780**	**811**	**839**	**1054**
优抚类收养性单位	Adopting Institutions for Martyrs					
荣誉军人康复医院	Convalescent Hospitals for Honour Armymen	1	1	1	1	1
光荣院	Homes for Disabled Veterans	58	57	58	58	57
福利类收养性单位	Welfare Adopting Insitutions					
社会福利院	Social Welfare Homes	72	72	73	85	70
儿童福利院	Baby Welfare Homes	9	10	9	9	9
精神病福利院	Psychopathy Welfare Homes	10	11	14	14	15
城镇收养性老年性福利机构	Urban Elderly Adopting Welfare Units	108	67	72	68	129
农村五保户供养服务机构	Adopting Welfare Institutions in Rural Households with Five Aspects	509	546	581	601	739
其他收养性福利机构	Other Adopting Welfare Institutions	30	12			32

20-4 收养类社会福利事业单位基本情况(2011年)

Basic Statistics on Adopting Social Welfare Institutions(2011)

项目	Item	院数（个） Number of Institutions (unit)	床位（张） Number of Beds (set)	年末收养人数（人） Number of Persons Housed in the year-end (person)
收养性社会福利单位	**Adopting Social Welfare Institutions**	**1054**	**49996**	**22225**
优抚类收养性单位	Adopting Institutions for Martyrs			
荣誉军人康复医院	Convalescent Hospitals for Honour Armymen	1	250	150
光荣院	Homes for Disabled Veterans	57	1671	1084
福利类收养性单位	Welfare Adopting Insitutions			
社会福利院	Social Welfare Homes	70	7186	3839
儿童福利院	Baby Welfare Homes	9	1150	765
精神病福利院	Psychopathy Welfare Homes	15	3080	2901
城镇收养性老年性福利机构	Urban Elderly Adopting Welfare Units	129	10604	4588
农村五保户供养服务机构	Adopting Welfare Institutions in Rural Households with Five Aspects	739	21737	7640

20-5 老龄事业发展情况

Basic Statistics on Old People

项目	Item	2007	2008	2009	2010	2011
老年人口数（人）	**Number of Old People(person)**					
60岁以上	60 and over	2919364	3434512	3503577	3743614	3912192
65岁以上	65 and over	2649487	2573439	2494342	2878658	2812026
80岁以上	80 and over	591057	569240	610800	623331	778366
100岁以上	100 and over	1202	1036	1283	8081	1340
老年维权	**Old People's Right-safeguarding**					
老龄系统接待来信来访次数（次）	Numbers of Letters and Visitors(time)	10448	9838	33649	12085	11100
老年法律援助中心（个）	Old People Legal aid center(unit)	449	880	852	891	1048
维权协调组织数（个）	Numbers of Right-safeguarding(unit)	1990	2523	2289	1851	2376
老年服务设施	**Old People Service Equipment**					
老年活动站/中心/室数（个）	Action Stations，Center，Room number(unit)	14184	14545	14518	15166	15493
老年福利	**Elderly Welfare**					
享受高龄补贴的老年人数（人）	Numbers of Age Allowance Old People(person)	141367	129715	234377	197587	162359
老年医疗护理机构	**Old People Medical care**					
老年医院（个）	Old People Hospitals(unit)	38	41	40	38	40
其中:床位数（张）	Beds(set)	827	2155	2448	2115	2487
老年临终关怀医院（个）	Old People Hospice care Hospitals(unit)	4	8	7	6	5
其中:床位数（张）	Beds(set)	328	803	738	844	448
年底在院人数（人）	Numbers of Old People in Hospital(person)	110	254	255	396	229
老年群众组织	**Mass organizations of Old People**					
老年协会（个）	Elderly association(unit)	40937	12697	13028	13827	13903
参加人数（人）	Number of attendees(person)	2437183	2136594	2220165	2243303	2225801
老年基金会（个）	Elderly Foundation(unit)	1459	620	537	470	398
事业投入经费（万元）	Funds(10000 yuan)	41040	4967	3817	3370	7490
其他老年社团组织（个）	Other Mass organizations(unit)	3158	1732	1288	1164	1467
参加人数	Number of attendees	391217	384249	357856	261839	285734
老年教育	**Older Education**					
老年大学个数（个）	Number of Older University (unit)	7998	6324	10770	11268	8341
在校人数（人）	Number of Old People Enrollment(person)	639863	502493	568072	592429	627212

20-6 社会保险统筹情况

Basic Statistics on Social Insurance

项目	Item	2008	2009	2010	2011
各种保险总收入（亿元）	**Total Revenue of Varied Insurance(100 million yuan)**	**574.69**	**629.19**	**774.27**	**915.08**
各种保险总支出（亿元）	**Total Expenses of Varied Insurance(100 million yuan)**	**295.23**	**344.33**	**403.26**	**499.38**
养老保险	**Pension Insurance**				
城镇企业职工养老保险	**Pension Insurance for Staff and Workers of Urban Enterprises**				
期末参加基本养老保险职工人数（万人）	Number of Employment Covered at the Year-end(10000 persons)	401.49	423.27	466.88	518.57
期末参加基本养老保险离退休人数（万人）	Retiress as Covered at the Year-end(10000 persons)	84.11	88.65	93.33	97.32
基本养老保险基金收入（亿元）	Revenue(100 million yuan)	128.08	141.43	149.55	188.93
基本养老保险基金支出（亿元）	Expenses(100 million yuan)	104.90	123.20	135.85	160.55
基本养老保险基金累计结余（亿元）	Balance(100 million yuan)	122.92	146.86	104.63	133.00
机关事业单位养老保险	**Pension Insurance for Government Agencies and Institutions**				
期末参加基本养老保险职工人数（万人）	Number of Staff Covered at the Year-end(10000 persons)	53.13	54.17	54.93	58.14
基本养老保险基金收入（亿元）	Revenue(100 million yuan)	45.31	49.10	55.32	77.91
基本养老保险基金支出（亿元）	Expenses(100 million yuan)	39.77	49.17	52.65	69.97
基本养老保险基金累计结余（亿元）	Balance(100 million yuan)	31.42	33.93	36.60	44.53
农村养老保险	**Pension Insurance in Rural Areas**				
期末参加基本养老保险的职工人数（万人）	Number of Staff Covered at the Year-end(10000 persons)	150.85	145.07	144.66	
期末领取基本养老保险金的职工人数（万人）	Beneficiaries at the Year-end(10000 persons)	2.04	2.37	2.57	
基本养老保险基金收入（亿元）	Revenue(100 million yuan)	1.00	1.02	0.73	
基本养老保险基金支出（亿元）	Expenses(100 million yuan)	1.62	0.25	0.19	
基本养老保险基金累计结余（亿元）	Balance(100 million yuan)	9.73	10.51	11.04	
新型农村社会养老保险	**A new type of rural rension insurance**				
期末参加基本养老保险的职工人数（万人）	Number of Staff Covered at the Year-end(10000 persons)			475.81	1173.78
基本养老保险基金收入（亿元）	Revenue(100 million yuan)			9.49	32.60
基本养老保险基金支出（亿元）	Expenses(100 million yuan)			4.25	15.77
基本养老保险基金累计结余（亿元）	Balance(100 million yuan)			5.25	22.07
医疗保险	**Insurance for Medical Care**				
期末参加基本医疗保险人数（万人）	Number of Staff Covered at the Year-end (10000 persons)	796.46	1137.19	1226.25	1255.17
城镇职工	Urban Workers	435.73	503.71	554.67	626.35
城镇居民	Urban Non-Retirees employment	360.73	633.48	671.58	628.82
基本医疗保险基金收入（亿元）	Revenue(100 million yuan)	91.50	92.80	113.72	144.68
城镇职工	Urban Workers	86.88	87.01	106.22	133.73

注：2011年起农村养老保险并到新型农村社会养老保险统计。

Note:Since 2011,a new type of rural rension insurance include rural rension insurance

20-6 续表

Continued

项目	Item	2008	2009	2010	2011
城镇居民	Urban Non-Retirees employment	4.62	5.79	7.50	10.95
基本医疗保险基金支出（亿元）	Expenses(100 million yuan)	52.89	72.32	96.01	114.74
城镇职工	Urban Workers	51.17	67.51	88.96	106.49
城镇居民	Urban Non-Retirees employment	1.72	4.81	7.05	8.25
基本医疗保险基金累计结余（亿元）	Balance(100 million yuan)	136.68	157.15	174.86	204.81
城镇职工	Urban Workers	133.24	152.73	169.99	197.23
城镇居民	Urban Non-Retirees employment	3.44	4.42	4.87	7.58
基本医疗保险基金收缴率（%）	Insurance Paid Rate(%)	98.70	98.84	99.29	99.43
失业保险	**Unemployment Insurance**				
期末参加失业保险人数（万人）	Number of Population Covered at the Year-end(10000 persons)	338.69	348.14	374.18	430.90
期末领取失业保险金人数（万人）	Number of Beneficiaries Unemployment Insurance at the Year-end(10000 persons)	4.64	3.61	3.17	3.57
失业保险基金收入（亿元）	Revenue(100 million yuan)	13.99	11.31	11.63	21.23
失业保险基金支出（亿元）	Expenses(100 million yuan)	4.00	4.31	5.60	6.33
失业保险基金累计结余（亿元）	Balance(100 million yuan)	39.24	46.23	52.25	68.15
工伤、生育保险	**Insurance for Work Injury and Maternity**				
期末参加工伤保险的企业职工人数（万人）	Contributors of Work Injury Insurance at the Year-end (10000 persons)	305.89	331.50	368.84	440.27
工伤保险基金收入（亿元）	Revenue of Work Injury Insurance(100 million yuan)	4.67	4.52	5.36	9.12
工伤保险基金支出（亿元）	Expenses of Work Injury Insurance(100 million yuan)	1.83	2.46	2.80	4.35
工伤保险基金累计结余（亿元）	Balance of Work Injury Insurance(100 million yuan)	15.04	17.10	19.66	24.16
期末参加生育保险的企业职工人数（万人）	Beneficiaries of Maternity at the Year-end(10000 persons)	235.81	273.64	326.40	395.54
生育保险基金收入（亿元）	Revenue of Maternity Insurance(100 million yuan)	3.07	3.00	3.60	6.56
生育保险基金支出（亿元）	Expenses of Maternity Insurance(100 million yuan)	1.49	2.43	2.70	3.44
生育保险基金累计结余（亿元）	Balance of Maternity Insurance(100 million yuan)	4.35	4.91	5.82	8.95
商业保险	**Commercial Insurance**				
人身保险保费收入金额（亿元）	Personal Insurance Revenue(100 million yuan)	209.47	234.46	290.87	273.90
人身保险赔偿支出金额（亿元）	Personal Insurance Expenses(100 million yuan)	40.61	38.73	37.46	47.02
财产保险保费收入金额（亿元）	Poroperty Insurance Revenue(100 million yuan)	81.21	96.19	132.74	158.51
财产保险赔偿支出金额（亿元）	Poroperty Insurance Expenses(100 million yuan)	49.57	56.00	65.44	76.88

20-7 律师 公证 调解工作基本情况

Basic Statistics on Lawyers, Notarization and Mediation

项目 Item	2000	2003	2005	2010	2011
律师工作 **Lawyers**					
律师事务所（个） Number of Law Office(unit)	269	312	333	454	482
专职律师（人） Full-time Lawyers(person)	1803	2842	3115	4455	5019
兼职律师（人） Part-time Lawyers(person)	544	216	230	332	358
聘请常年法律顾问单位（个） Number of Units with Permanent Legal Advisors(unit)	8384	8251	9889	12876	12991
律师业务情况 **Status of Lawyers'Business**					
民事诉讼（件） Civil Cases(case)	41213	46256	56352	78765	80790
行政诉讼（件） Administrative Action(case)	2321	2408	2221	2280	2357
非诉讼法律事务（件） Agent of Non-Litigious Legal Affairs(case)	14649	12849	12259	10331	11431
解答法律咨询和代写法律事务文书（件） Agent of Legal Advisory Services (cases)	139391	115945	129436	148256	151062
公证工作 **Notarization**					
公证处（个） Number of Notary Offices(unit)	95	93	94	90	90
公证人员（人） Notarial Personnel(person)	612	622	644	726	768
公证员（人） Notaries(person)	397	388	373	374	380
办理公证书（件） Number of Notarized Documents(piece)	400748	381728	418052	422154	396140
国内经济合同公证 Notarization of Domestic Economic Contracts	48978	33009	20586	22764	24836
国内民事公证 Notarization of Domestic Civil Affairs	59366	58516	58778	107379	112091
涉外及港澳台 Notarization of Foreign-related,Hongkong, Macao & Taiwan Affairs	288181	290203	338688	292011	259213
调解工作 **Number of Mediation**					
人民调解委员会（个） Number of People's Mediation Committees(unit)	17180	18073	18354	18868	19392
调解人员（万人） Number of Mediators(10000 persons)	26	21	19	12	12
调解纠纷（万件） Number of Disputes Mediated(10000 cases)	16	15	15	15	16
专职司法助理员（人） Number of Full-time Judicial Assistants(person)	1103	1013	1356	1842	2896

注：1.调解纠纷数不含口头达成协议。2.民事诉讼代理已包括经济诉讼代理.

Note:a)Disputes Mediated do mot exclude those mediated by oral agreements. b)The data Number of Lawyers in 2007 is the number of lawyers with license.

20-8 国内公证文书分理情况

Domestic Notarial Documents by Type

单位：件　(case)

项目 Item	2000	2003	2005	2010	2011
经济公证事项 Notarized Documents on Economic Affairs	**48978**	**33009**	**20586**	**22764**	**24836**
购销合同 Contracts of Purchases and Sales of Products	17808	10176	578	2672	2709
联营合同 Joint Business Contracts	53	75	28	32	27
拍买 Auctions	866	485	230	341	445
贷款合同 Loans Contracts	12595	10986	9283	3468	2480
担保书 Guarantees	956	1848	185	1329	12
招标投标 Bidding	2382	1321	2533	718	1025
科技协作 Scientific and Technological Contracts	2	2	9	1	1
供用电合同 Supply and Use of Electric Power Contracts	46	12	10	5	3
劳务合同 Labor Contracts	1016	429	258	30	34
建筑工程承包 Construction Project Contracts	170	69	108	20	1
工商服务业承包 Industrial and Commercial Service Contracts	290	42	43	15	
农林牧副渔业承包 Farming, Forestry, Animal Husbandry, Sideline Production and Fishery Contracts	1502	312	239	42	38
乡镇企业承包 Township Enterprise Contracts	51	25	9	2	
财产租赁 Property Leases	146	47	23	6	4
企业租赁 Leases of Enterprise	40	31	6	10	1
资产经营责任制 Asset Business Contracts	4	77			
还款协议 Payment Contracts	461	53	68	51	52
土地使用权出让转让 Selling or Transfer of Right of Land Utilization	383	446	259	305	402
其他经济合同 Other Business Contracts	2519	1056	1307	1426	2196
法人资格 Legal Person Identification	113	138	354	243	275
法人委托书 Legal Person Trust Deeds	549	1935	1936	1435	2825
公司章程 Corporation Constitution	53	33	150	15	12
执行许可证明 Operating Permits	1381	63	59	14	40
提存 Consignation	45	46	116	118	86
抵押登记 Mortgage Registration	684	153	145	26	50
公司会议记录 Minutes of Corporation Meetings	32	21	5	15	10
其他 Others	4831	3128	2645	10425	12108

20-8 续表

Continued

单位：件　　(case)

项目　Item	2000	2003	2005	2010	2011
民事公证事项 Notarized Documents On Civil Legal Relations	**59366**	**58516**	**58778**	**107379**	**112091**
收养 Child Adoption	76	63	29	15	29
解除收养 Adoption Renouncements	9	18	26	32	228
继承权 Rights of Inheritance	4319	6073	6796	14117	13855
遗嘱 Testaments	1871	1598	1271	1684	1870
产权 Property Rights	337	510	190	136	101
亲属关系 Kinship Confirmation	12622	2839	2698	2302	1940
死亡 Death Certificates	297	436	405	217	130
房屋买卖 Purchases and Sale of	2739	4772	2182	1289	1012
房屋租赁 Houses Leases	325	83	171	11	19
留学协议 Foreign Study Contracts	30	58	39	49	71
遗赠扶养协议 Donations and Family Fostering	72	106	457	81	63
委托书 Trust Deeds	5484	8080	14893	45350	47175
赠与书 Presentation Documents	3500	2375	2154	4354	5516
声明书 Declarations	7564	8490	8528	14261	13317
现场监警 Field Supervision	1931	1031	747	1420	458
签名印鉴属实 Confirmation of Signatures and Seals	1308	1220	1576	3111	3895
文本相符 Confirmation of Copies and Photo offset Copies to Originals"	426	2150	1478	1989	3642
宅基地使用权 Rights to Housing Site	192	42	18	155	25
证据保全 Evidence Preservation	707	1789	1959	3609	4465
拆迁协议 Housing Demolition	741	327	36	243	13
计划生育 Agreements Family Planning	440	685	1077	200	109
赡养协议 Agreements on Supporting Parents	161	109	129	209	243
合伙协议 Partnership Agreements	72	31	42	5	14
夫妻财产协议 Property Agreements Between Spouses	373	540	314	698	511
其他民事协议 Other Civil Agreements	5149	5062	3516	2687	2923
其他 Others	8621	10029	7501	9155	10467

20-9 安全生产事故起数、损失额及伤亡情况

Number of Case,Damage and Death of Work Safety Accidents

项目	Item	2000	2003	2005	2010	2011
事故起数（起）	**Number of Accident Case(unit)**	**65161**	**42192**	**35249**	**16743**	**15523**
工矿企业	Mineral Enterprises	336	450	381	209	185
消防火灾	Fire	3839	8261	8135	3649	3682
道路交通	Road Traffic	60719	33290	26195	12714	11521
水上运输	Water Traffic	46	25	26	12	10
铁路交通	Railway Traffic	221	166	227	67	64
经济损失（万元）	**Amount of Loss(10000 yuan)**	**25938**	**29148**	**21644**	**18023**	**15851**
工矿企业	Mineral Enterprises	2330	4300	3436	2415	2310
消防火灾	Fire	6915	8661	6733	8728	7169
道路交通	Road Traffic	13686	14230	9279	4756	4692
水上运输	Water Traffic	2900	1840	1137	907	889
铁路交通	Railway Traffic	108	117		138	94
死亡人数（人）	**Death(person)**	**4631**	**4672**	**4901**	**3239**	**2996**
工矿企业	Mineral Enterprises	233	430	397	237	201
消防火灾	Fire	99	95	97	50	44
道路交通	Road Traffic	4155	3993	4125	2822	2680
水上运输	Water Traffic	27	51	35	5	5
铁路交通	Railway Traffic	117	103	145	47	37
受伤人员数（人）	**Population of Injured(person)**	**42868**	**26322**	**28024**	**15254**	**13778**
工矿企业	Mineral Enterprises	170	139	52	9	24
消防火灾	Fire	175	117	86	18	10
道路交通	Road Traffic	42417	26003	27696	15151	13709
水上运输	Water Traffic				18	5
铁路交通	Railway Traffic	106	63	89	22	10

主要统计指标解释

社会福利事业单位 指集中收养社会孤老、残、幼的机构，包括由民政部门管理的社会福利院、儿童福利院、精神病人福利院和城镇集体举办的福利院及农村集体举办的敬老院以及优抚医院和具有收养能力的社区服务中心等。该指标主要反映我国在社会福利性单位投入的水平。

社会福利事业单位收养人数 包括民政部门管理和城镇、农村集体举办的社会福利事业单位中收养的老人、少年儿童、缺乏生活自理能力的残疾人员和精神病人。该指标主要反映收养性社会福利单位的收养能力。

社会福利企业单位 指以安置城镇有一定劳动能力的盲、聋、哑和肢体残疾人员就业为目的，享受国家减免税待遇的国有或集体企业。包括福利工厂、福利商业和服务业、假肢厂和安置农场等单位。该指标主要反映我国对残疾人照顾的特殊政策。

农村五保户 指农村中既无劳动能力，又无经济来源的老、弱、孤、残的农民，其生活由集体供养，实行保吃、保穿、保住、保医、保葬(孤儿保教)，简称“五保”，享受五保待遇的家庭叫五保户。该指标主要反映农村弱势群体的人员数量。

律师 指依法取得律师执业证书，担任法律顾问，民事(刑事、行政)案件代理人、刑事案件辩护人、办理非诉讼业务，解答法律询问，代写法律事务文书等，为社会提供法律服务的人员。

公证人员 指在公证处工作的人员总称，包括公证处主任、副主任、公证员、公证员助理(助理公证员)和其他从事辅助性工作的人员。

公证文书 指公证处根据当事人申请，依照事实和法律，按照法定程序制作的，具有法律效力的司法证明文书。根据公证书用途和使用地，公证书分为国内公证书、国内经济公证书、涉外民事公证书、涉外经济公证书四类。

Explanatory Notes on Main Statistical Indicators

Social Welfare Institutions refer to institutions taking care of old pople without children, handicapped people and orphans. They include social welfare institutions run by civil affairs departments, children welfare institutions, social welfare institutions for mental patients, collective-owned old peoples homes in rural areas, convalescent homes and community service centers with the capaCity of receiving those people. This indicator reflects the input in social welfare institutions.

Number of People Taken in by Social Welfare Institutions refers to the number of old people, children, totally dependent handicapped people and mental patients taken in by social welfare institutions run by civil affairs departments and those run by collective units in urban and rural areas. This indicator reflects the cap a City of social welfare institutions.

Social Welfare Enterprises are collective owned enterprises which employ the blind, deaf-mute, and other handicapped people who are able to work in cities and towns and enjoy exemption from state taxes, including welfare plants, welfare commercial services, artificial limb plants and farms, etc. This indicator reflects the preferential policies toward disabled persons.

Rural Households with Livelihood Guaranteed in Five Aspects refer to the households in which there are old people without child, orphans and handicapped people who are unable to work and without financial resources in rural areas. They are taken care of by the collective units and their food, clothing, housing, medical care, funeral expenses (or schooling for orphans) are guaranteed to be provided for. This indicator reflects the total number of disadvantageous groups of rural population.

Lawyers are certified legal workers according to law, and who are employed by legal counseling firms to act as legal advisers, agents in criminal or civil lawsuits, or defenders in criminal lawsuits, or to handle non-litigious legal affairs, to advise on matters of law or t o write legal papers for others, and provide service to the public.

Notary Personnel refers to people working for notary offices including: directors, deputy direct or, notaries, assistant notaries, and other people providing assistance.

Notary Documents refer to the judicatory notary documents drawn up by the request of the party and are in accordance with facts and laws and following certain legal proceedings. According to usage and locality, the notary documents are divided into following 4 types: domestic notary documents, domestic economic notary documents, foreign-related civil notary documents and foreign-related economic notary documents.

第二十一篇　企业调查

Chapter 21　Enterprise Survey

资料整理：杨杭华 黄长贵 陈海丹 吴锦洛 许红琳

Database Editor:Yanghanghua Huangchanggui Chenhaidan Wujinluo Xuhonglin

简要说明

本篇资料的主要内容及来源

本篇资料主要包括企业景气指数、企业家信心指数；工业、建筑业和贸易企业的主要企业名录。

企业景气指数资料由国家统计局福建调查总队统计监测处提供；销售额前 300 家工业企业由省统计局工业交通处整理提供，建筑业总产值前 300 家建筑企业由省统计局国民经济投资统计处提供，主营业务收入前 300 家贸易企业由省统计局贸易外经统计处提供。

Brief Introduction

Main Content and Source of Data

The data in this chapter mainly include main indicator of enterprises group, main indicator in finance of enterprises group, entrepreneur confidence index and enterprises business climate index.

Data on the business group and enterprises business climate index are provide by the Department of Monitoring Statistics, NBS survey office in Fujian.

21-1 企业景气指数（2011年）

Business Climate Index of Enterprises(2011)

项目 Item	第一季度 1st Quarter	第二季度 2nd Quarter	第三季度 3rd Quarter	第四季度 4th Quarter
总体状况 Total	**131.7**	**137.8**	**132.3**	**129.3**
按行业分 Grouped by Sector				
工业 Industry	126.9	134.7	128.2	125.2
采矿业 Mining and Quarrying	110.9	139.5	153.8	146.2
制造业 Manufacturing	128.2	135.0	128.2	126.2
电力、燃气及水的生产和供应业 Production and Supply of Electricity Gas and Water	113.2	130.2	124.5	111.3
建筑业 Mining and Quarrying	125.6	138.0	129.1	136.4
交通运输、仓储和邮政业 Transportation, Storage,Post and Telecommunications	121.4	122.4	119.2	110.2
批发和零售业 Wholesale and Retail Trade	155.6	161.8	156.9	152.1
房地产业 Real Estate	133.8	127.8	125.9	110.3
社会服务业 Social Services	135.6	140.6	136.3	139.5
信息传输、计算机服务和软件业 Information Transmission,Computer Services and Software Industries	178.5	177.2	173.5	178.4
住宿和餐饮业 Accommodation and Catering Services	142.4	137.3	147.5	145.8
按企业登记注册类型分 Grouped by Status of Registration				
国有企业 State-owned Enterprises	136.5	150.1	147.9	141.3
集体企业 Collective-owned Enterprises	109.7	106.6	109.8	103.4
股份合作企业 Cooperative Enterprises	92.9	94.6	74.2	111.7
有限责任公司 Limited-Liability Corporations	129.0	132.3	125.6	122.4
股份有限公司 Share Holding Corporations Ltd.	153.6	161.1	154.9	148.8
私营企业 Private Enterprises	129.7	140.5	127.0	124.3

21-1 续表

Continued

项目 Item	第一季度 1st Quarter	第二季度 2nd Quarter	第三季度 3rd Quarter	第四季度 4th Quarter
港澳台商投资企业 Enterprises with Funds from Hongkong,Macao and Taiwan	127.5	130.6	130.9	138.2
外商投资企业 Foreign Funded Enterprises	134.0	139.5	134.0	128.2
按企业规模分 **Grouped by Size of Enterprises**				
大型 Large	153.4	161.7	156.0	152.5
中小型企业 Small and medium enterprises	127.6	132.9	127.7	125.2
中型企业 Medium enterprises	140.0	145.3	139.3	136.2
小型企业 Small enterprises	116.8	121.9	117.5	115.5
按特殊群体分 **Grouped by Special Group**				
上市公司 Listed Companies	163.0	172.6	163.4	157.6
国有控股企业 State-owned and State-holding Enterprises	141.0	151.1	145.9	138.4
主要观察指标景气状况 **Climate classification**				
生产总量 Total Production	95.4	129.5	126.5	115.5
盈利(亏损)变化 Change of Profits or Losses	99.2	114.0	114.9	104.3
流动资金 Circulating Funds	112.5	111.6	110.7	107.5
货款拖欠 Delinquent Loads	105.5	100.2	97.3	100.2
劳动力需求 Demand for Labor Force	124.1	126.9	121.7	115.1
固定资产投资 Investment of Fixed Asset	104.9	116.3	110.7	110.2
产品订货 Product Order	106.4	122.3	119.4	111.1
企业融资 Accommodation	98.8	97.8	94.5	93.9

21-2 企业家信心指数（2011年）
Confidence Expectation Index of Enterprepreneurs(2011)

项目 Item	第一季度 1st Quarter	第二季度 2nd Quarter	第三季度 3rd Quarter	第四季度 4th Quarter
总体状况 Total	**136.7**	**133.9**	**130.6**	**122.7**
按行业分 Grouped by Sector				
工业 Industry	135.2	133.7	126.9	120.6
采矿业 Mining and Quarrying	131.9	146.2	160.5	146.2
制造业 Manufacturing	136.3	134.5	127.4	120.6
电力、燃气及水的生产和供应业 Production and Supply of Electricity Gas and Water	122.6	122.6	117.0	118.9
建筑业 Construction	142.2	137.2	135.7	129.1
交通运输、仓储和邮政业 Transportation,Storage,Post and Telecommunications	123.4	112.0	114.3	104.9
批发和零售业 Wholesale and Retail Trade	149.4	145.1	156.6	140.7
房地产业 Real Estate	115.7	116.0	108.9	89.6
社会服务业 Social Services	135.0	136.7	141.0	136.1
信息传输、计算机服务和软件业 Information Transmission, Computer Software and Services	177.4	173.7	166.3	165.2
住宿和餐饮业 Accommdation and Catering Services	149.2	147.9	139.0	150.9
按企业登记注册类型分 Grouped by Status of Registration				
国有企业 State-owned Enterprises	142.8	141.1	140.4	134.9

21-2 续表
Continued

项目 Item	第一季度 1st Quarter	第二季度 2nd Quarter	第三季度 3rd Quarter	第四季度 4th Quarter
集体企业 Collective-owned Enterprises	100.1	100.1	112.9	93.6
股份合作企业 Cooperative Enterprises	112.5	112.5	87.5	112.5
有限责任公司 Limited-Liability Corporations	132.9	127.2	123.8	117.8
股份有限公司 Share Holding Corporations Ltd.	153.3	147.7	151.4	128.2
私营企业 Private Enterprises	137.4	129.6	126.4	121.2
港澳台商投资企业 Enterprises with Funds from HongKong,Macao and Taiwan	134.9	135.0	130.3	123.2
外商投资企业 Foreign Funded Enterprises	141.7	142.1	134.3	131.2
按企业规模分 Grouped by Size of Enterprises				
大型 Large	156.2	149.4	155.8	134.9
中小型企业 Small and medium enterprises	133.0	130.9	125.7	121.1
中型企业 Medium enterprises	142.2	141.4	134.6	132.3
小型企业 Small enterprises	124.8	121.7	117.9	111.1
按特殊群体分 Grouped by Special Group				
上市公司 Listed Companies	162.3	154.1	160.4	135.8
国有控股企业 State-owned and State-holding Enterprises	143.5	137.2	139.4	125.9

21-3 主营业务收入前300家工业企业(2011年)

Industrial Enterprises before the three hunderdth by Main Operating Income,2011

位次 No.	企业名称 Name	位次 No.	企业名称 Name
1	福建省电力有限公司	51	厦门金龙旅行车有限公司
2	福建联合石油化工有限公司	52	厦门太古飞机工程有限公司
3	戴尔（中国）有限公司	53	福建吴航不锈钢制品有限公司
4	友达光电（厦门）有限公司	54	捷星显示科技（福建）有限公司
5	宸鸿科技（厦门）有限公司	55	三六一度（中国）有限公司
6	福建捷联电子有限公司	56	龙工(福建)机械有限公司
7	福建省三钢（集团）有限责任公司	57	厦门松下电子信息有限公司
8	翔鹭石化股份有限公司	58	金莱克（中国）体育用品有限公司
9	厦门厦工机械股份有限公司	59	福建铂阳精工设备有限公司
10	紫金矿业集团股份有限公司	60	达运精密工业（厦门）有限公司
11	龙岩烟草工业有限责任公司	61	乔丹体育股份有限公司
12	特步（中国）有限公司	62	福建省南平铝业有限公司
13	正兴车轮集团有限公司	63	连江清禄鞋业有限公司
14	厦门银鹭食品有限公司	64	中国国际钢铁制品有限公司
15	福建华映显示科技有限公司	65	福建省长乐市供电有限公司
16	厦门烟草工业有限责任公司	66	漳州金龙客车有限公司
17	宝钢德盛不锈钢有限公司	67	厦门ABB开关有限公司
18	华阳电业有限公司	68	厦门钨业股份有限公司
19	福建省安溪新田矿产开发有限公司	69	宝宸(厦门)光学科技有限公司
20	东南（福建）汽车工业有限公司	70	福建锦江科技有限公司
21	戴尔（厦门）有限公司	71	明达实业(厦门)有限公司
22	联想移动通信科技有限公司	72	福建省圣农实业有限公司
23	冠捷显示科技（厦门）有限公司	73	厦门华侨电子股份有限公司
24	中海福建天然气责任有限公司	74	厦门翔鹭化纤股份有限公司
25	福建荣新矿业有限公司	75	林德（中国）叉车有限公司
26	福建华冠光电有限公司	76	福建省长乐市金源纺织有限公司
27	厦门金龙联合汽车工业有限公司	77	福建上杭太阳铜业有限公司
28	福建省安溪集荣矿业有限公司	78	福建南平太阳电缆股份有限公司
29	厦门正新橡胶工业有限公司	79	腾龙特种树脂(厦门)有限公司
30	福建百宏聚纤科技实业有限公司	80	福建元成豆业有限公司
31	福建省晋江市电力有限责任公司	81	福建永强力加动力设备有限公司
32	华能国际电力股份有限公司福州电厂	82	福耀玻璃工业集团股份有限公司
33	福建三宝特钢有限公司	83	福建省南安市电力有限责任公司
34	福建省金纶高纤股份有限公司	84	福州奋安铝业有限公司
35	华映光电股份有限公司	85	景智电子（厦门）有限公司
36	福建三安钢铁有限公司	86	中铝瑞闽铝板带有限公司
37	福建亿鑫钢铁有限公司	87	漳州灿坤实业有限公司
38	福建大唐国际宁德发电有限责任公司	88	厦门华夏国际电力发展有限公司
39	泉州福海粮油工业有限公司	89	安踏（中国）有限公司
40	福建鑫海冶金有限公司	90	厦门厦顺铝箔有限公司
41	福建华电可门发电有限公司	91	喜得龙（中国）有限公司
42	石狮市佳龙石化纺纤有限公司	92	国电福州发电有限公司
43	福建鼎信实业有限公司	93	福建省长乐市长源纺织有限公司
44	南靖万利达科技有限公司	94	闽清金盛钢业有限公司
45	长乐力恒锦纶科技有限公司	95	英博雪津啤酒有限公司
46	福建佳通轮胎有限公司	96	泉州市天纶纺织科技有限公司
47	厦门正新海燕轮胎有限公司	97	贵人鸟股份有限公司
48	福建三钢小蕉实业发展有限公司罗源分公司	98	福建星网锐捷股份有限公司
49	祥兴(福建)箱包集团有限公司	99	中宇建材集团有限公司
50	福建戴姆勒汽车工业有限公司	100	九牧集团有限公司

21-3 续表1

Continued

位次 No.	企业名称 Name	位次 No.	企业名称 Name
101	福建省闽发铝业股份有限公司	151	福建亚通新材料科技股份有限公司
102	福建省马尾造船股份有限公司	152	泉州闽华电器有限公司
103	福州大通机电有限公司	153	福建省东山县海魁水产集团有限公司
104	厦门ABB低压电器设备有限公司	154	福建达利食品集团有限公司
105	龙岩畅丰车桥制造有限公司	155	飞毛腿电池有限公司
106	福建省鸿山热电有限责任公司	156	锐珂(厦门)医疗器材有限公司
107	福建龙净环保股份有限公司	157	中国重汽集团福建海西汽车有限公司
108	厦门船舶重工股份有限公司	158	大亚木业（福建）有限公司
109	福建凯西不锈钢有限公司	159	飞毛腿（福建）电子有限公司
110	路达（厦门）工业有限公司	160	安溪县恒珀利锰铁矿有限公司
111	利郎(中国)有限公司	161	福建省大众金属有限公司
112	厦门众达钢铁有限公司	162	福建方兴化工有限公司
113	厦门宏发电声股份有限公司	163	瑞世达科技（厦门）有限公司
114	福州福泰钢铁有限公司	164	石狮市斯舒郎体育用品有限公司
115	福建康宏股份有限公司	165	厦门建松电器有限公司
116	雀氏(福建)实业发展有限公司	166	福建湄洲湾氯碱工业有限公司
117	安踏(泉州)体育用品有限公司	167	福建省福清供电有限公司
118	福建通达集团有限公司	168	厦门多威电子有限公司
119	福建三金钢铁有限公司	169	长乐市聚泉食品有限公司
120	福建源盛纺织服装城有限公司	170	福州翔隆纺织有限公司
121	福建晋江天然气发电有限公司	171	福建时代包装材料有限公司
122	福建金牛水泥有限公司	172	福州吴航钢铁制品有限公司
123	福建省南纸股份有限公司	173	福建凯景钢铁开发有限公司
124	福建省晋江福源食品有限公司	174	福建金山黄金冶炼有限公司
125	福建省东南造船厂	175	泉州明恒纺织有限公司
126	漳州新福达底盘有限公司	176	玉晶光电(厦门)有限公司
127	中海福建燃气发电有限公司	177	福建统一马口铁有限公司
128	福建南平南孚电池有限公司	178	福建鸿星尔克体育用品有限公司
129	福建龙和食品实业有限公司	179	漳州中集集装箱有限公司
130	石狮市大帝集团有限公司	180	福建省长乐市正隆纺织有限公司
131	鸿一粮油资源股份有限公司	181	福州利亚船舶工程有限公司
132	福建省长乐市华源纺织有限公司	182	晋江柒牌服饰有限公司
133	厦门金鹭特种合金有限公司	183	莆田新飞天鞋业有限公司
134	冠科（福建）电子科技实业有限公司	184	厦门蒙发利科技(集团)股份有限公司
135	福建省石狮市电力联营公司	185	虎都（中国）男装有限公司
136	福建太平洋电力有限公司	186	恒安（中国）卫生用品有限公司
137	宁德海螺水泥有限责任公司	187	福建希源纸业有限公司
138	福建省洪泰铜业有限公司	188	漳州旗滨玻璃有限公司
139	乐捷显示科技（厦门）有限公司	189	南方铝业(中国)有限公司
140	厦门中盛粮油集团有限公司	190	福建三宝钢铁有限公司
141	龙岩盛丰机械制造有限公司	191	漳州蒙发利实业有限公司
142	石狮市富贵鸟集团公司	192	泉州鸿荣轻工有限公司
143	福建龙麟集团有限公司	193	晋江市锦福化纤聚合有限公司
144	福建省长乐市金磊纺织有限公司	194	厦门正新实业有限公司
145	龙岩卓龙钢铁有限公司	195	福建省莆田荔兴轻工实业有限责任公司
146	厦门TDK有限公司	196	福建省罗源县供电有限公司
147	欣贺（厦门）服饰有限公司	197	石狮市卡宾服饰发展有限公司
148	福建新世纪电子材料有限公司	198	福建宏远集团有限公司
149	福建欧美龙体育用品有限公司	199	福建煤电股份有限公司
150	九牧王（中国）有限公司	200	国电泉州热电有限公司

21-3 续表2

Continued

位次 No.	企业名称 Name	位次 No.	企业名称 Name
201	长乐力源锦纶实业有限公司	251	福建三钢（集团）三明化工有限责任公司
202	福建宇星实业有限公司	252	厦门中禾实业有限公司
203	捷太格特转向系统（厦门）有限公司	253	福建冠盖金属包装有限公司
204	世纪宝姿服装（厦门）有限公司	254	厦门通士达照明有限公司
205	蜡笔小新(福建)食品工业有限公司	255	龙工（福建）桥箱有限公司
206	莆田市集友艺术框业有限公司	256	福建三和集团番茄制品有限公司
207	福建福马食品集团有限公司	257	福建新华旭专用车制造有限公司
208	福建南纺股份有限公司	258	厦门泓信特种纤维有限公司
209	福建省长乐市金沙港针纺实业有限公司	259	福建省冠海造船工业有限公司
210	福建省青山纸业股份有限公司	260	乔丹（厦门）实业有限公司
211	漳州联盛纸业有限公司	261	莆田市力天红木艺雕有限公司
212	福建邵化化工有限公司	262	福建海壹食品饮料有限公司
213	福建泉州匹克体育用品有限公司	263	福建塔牌水泥有限公司
214	福建省闽光新型材料有限公司	264	福建鸿星沃登卡集团有限公司
215	泉州匹克鞋业有限公司	265	龙岩卓鹰制铁有限公司
216	双翔（福建）电子有限公司	266	劲霸男装股份有限公司
217	莆田市涵江区章圣鞋业有限公司	267	周宁县昌顺铸造有限公司
218	福建省联盛纸业有限责任公司	268	福建省长乐市金鑫纺织有限公司
219	福建蓝田水泥有限公司	269	石狮市益兴针织服装有限公司
220	福建鑫华股份有限公司	270	贝莱胜电子（厦门）有限公司
221	漳州百佳实业有限公司	271	诚丰家具(中国)有限公司
222	福建省龙海市供电有限公司	272	永定县煤炭工业公司
223	福建省长乐市创造者锦纶实业有限公司	273	明达工业(福建)有限公司
224	厦门太古可口可乐饮料有限公司	274	福建省长乐市泰源纺织实业有限公司
225	漳平红狮水泥有限公司	275	福建凯邦锦纶科技有限公司
226	福建福贞金属包装有限公司	276	福建宝德集团有限公司
227	辉煌水暖集团有限公司	277	周宁县丰盛钢业贸易有限公司
228	福建恒安集团有限公司	278	福建上润精密仪器有限公司
229	石狮市猛士达鞋业有限公司	279	泉州天宇化纤织造实业有限公司
230	福建万华实业有限公司	280	晋江三益钢铁有限公司
231	金保利（泉州）科技实业有限公司	281	福建三山集团有限公司
232	福建振云塑业股份有限公司	282	福建经纬集团有限公司
233	中纺粮油（福建）有限公司	283	福建中科万邦光电股份有限公司
234	锦兴（福建）化纤纺织实业有限公司	284	福州住电装有限公司
235	青蛙王子（中国）日化有限公司	285	福建省永安林业(集团)股份有限公司
236	福建省长乐市宏顺型材有限公司	286	福建宏丰实业集团有限公司
237	星泉（福建）鞋塑有限公司	287	福州淘帝服饰有限公司
238	福安市鑫茂冷轧硅钢有限公司	288	福建省名乐体育用品有限公司
239	柯达(厦门)数码影像有限公司	289	福建省晋江万利瓷业有限公司
240	厦门市同安源水水产有限公司	290	福建省辉源金属制品有限公司
241	柯达（中国）股份有限公司	291	晋江市恒达陶瓷有限公司
242	兴业皮革科技股份有限公司	292	福建省闽华电源股份有限公司
243	泉州市燃气有限公司	293	恒安（中国）纸业有限公司
244	匹克(中国)有限公司	294	福建鑫宇有色金属制品有限公司
245	福建省永安万年水泥有限公司	295	福建省惠安县供电有限责任公司
246	福建省福安市供电有限公司	296	福建省周宁鑫源发展有限公司(周宁县康达钢铁有限公司)
247	福建德胜能源有限公司	297	福建新华威化纤染织有限公司
248	石狮市华宝集团有限公司	298	福建省晋江优兰发纸业有限公司
249	福建省长乐市华亚纺织有限公司	299	福建省万达汽车玻璃工业有限公司
250	日立数字映像（中国）有限公司	300	福建省永安市供电有限公司

21-4 建筑业总产值前300家企业(2011年)

Construction Enterprises before the three hunderdth by Output Value Completed by self,2011

位次 No.	企业名称 Name	位次 No.	企业名称 Name
1	中建七局第三建筑有限公司	51	漳州诚安建设有限公司
2	福建建工集团总公司	52	福建联谊建筑工程有限公司
3	福建六建集团有限公司	53	福建省国泰建设有限公司
4	福建省闽南建筑工程有限公司	54	福建华荣建设集团有限公司
5	福建省沈澄建设集团有限公司	55	福建金鼎建筑发展有限公司
6	福建省九龙建设集团有限公司	56	福建星原建设工程发展有限公司
7	中交一公局厦门工程有限公司	57	福建省东霖建设工程有限公司
8	福建省八方建筑工程有限公司	58	福建众诚建设工程有限公司
9	中铁十七局集团第六工程有限公司	59	福建省中禹水利水电工程有限公司
10	福建省中马建设工程有限公司	60	福建福阳建筑工程有限公司
11	福建二建建设集团公司	61	福建惠丰建筑工程有限公司
12	福建省惠五建设工程有限公司	62	福建建隆建筑工程有限公司
13	福建省第五建筑工程公司	63	永安市海宇建设有限责任公司
14	福建省惠东建筑工程有限公司	64	福建天翔建设工程有限公司
15	福建省第一建筑工程公司	65	福建省浦口建筑工程有限公司
16	福建成森建设集团有限公司	66	福建省华夏建设发展有限公司
17	福建省永泰建筑工程公司	67	福建普尔泰工程建设有限公司
18	福建发展集团有限公司	68	福建省惠一建设工程有限公司
19	福建九鼎建设集团有限公司	69	福建省汀江水电工程有限公司
20	福建省隆盛建设工程有限公司	70	福建祥瑞建设发展有限公司
21	葛洲坝集团第六工程有限公司	71	永安市华宇建设工程有限责任公司
22	恒晟集团有限公司	72	厦门辉煌装修工程有限公司
23	福建省榕源建设工程有限公司	73	泉州市亿民建设发展有限公司
24	厦门特房建设工程集团有限公司	74	三明市第一建筑工程公司
25	福建鑫泰建筑集团有限公司	75	福建省凯信建设工程有限公司
26	中国水利水电第十六工程局有限公司	76	福建省金恒昌建筑工程有限公司
27	福建省安泰建筑工程有限公司	77	福建融大建设工程有限公司
28	宏峰集团（福建）有限公司	78	福建新华夏建工有限公司
29	福建省隧道工程有限公司	79	福建宏大建设工程有限公司
30	福建章诚隆建设工程有限公司	80	福建红建工程有限公司
31	福建省海天建设工程有限公司	81	福建省福圣建设有限公司
32	福建省海坛隧道工程有限公司	82	福建弘祥建设工程有限公司
33	福建省永富建设集团有限公司	83	福建省燕城建设工程有限公司
34	福建省第一公路工程公司	84	厦门地山建设发展集团有限公司
35	福建地矿建设集团公司	85	福建士联建设有限公司
36	福建宏盛建设集团有限公司	86	厦门开联装饰工程有限公司
37	中铁二十四局集团福建铁路建设有限公司	87	福州亨源建设工程有限公司
38	厦门中联建设工程有限公司	88	厦门市环海华建设集团有限公司
39	中铁二十二局集团第三工程有限公司	89	厦门纵横集团建设开发有限公司
40	福建路桥建设有限公司	90	福建省力天建设发展有限公司
41	福建璟榕工程建设发展有限公司	91	福建省广电智能系统集成工贸有限公司
42	福建三建工程有限公司	92	福建省天闽建筑装饰有限公司
43	福建七建集团有限公司	93	福建省海泉建筑工程有限公司
44	福建省恒基建设股份有限公司	94	福建泰景建设有限公司
45	厦门思总建设有限公司	95	龙岩市永顺路桥工程有限公司
46	福建省环宇建筑工程有限公司	96	福建省富茂建筑工程有限公司
47	福建省中木建设集团有限公司	97	厦门市安港港口疏浚工程有限公司
48	福建路港（集团）有限公司	98	福建中择建设有限公司
49	福建卓越建设工程开发有限公司	99	厦门市嘉颐建筑工程股份有限公司
50	福州市第三建筑工程公司	100	福建省隆恩建设集团有限公司

21-4 续表1

Continued

位次 No.	企业名称 Name	位次 No.	企业名称 Name
101	福建博业建设工程有限公司	151	福建省上杭县亿鑫钢业有限公司
102	福建省莆田市东风建筑工程有限公司	152	福建省琯头建筑工程有限公司
103	福建登凯成龙建设集团有限公司	153	福建省上杭县才溪建筑工程有限公司
104	厦门源昌城建集团有限公司	154	福建省兴盛建设工程有限公司
105	福建巨岸建设工程有限公司	155	福建省锦秋建筑工程有限公司
106	福建省华航建设工程有限公司	156	福建省艾邦建设工程有限公司
107	恒亿建设集团有限公司	157	福建省华峰建设发展有限公司
108	福建省兴创建筑工程有限公司	158	福建南阳建筑工程有限公司
109	福建省南安市第一建设有限公司	159	福建利房桥建筑工程有限公司
110	福建省泉州市东海建筑有限公司	160	福建省闽鑫建设工程有限公司
111	福州市一建建设股份有限公司	161	福建中联建设工程有限公司
112	福建省桃城建设工程有限公司	162	华宇（福建）置业集团有限公司
113	福建省昌源建筑工程有限公司	163	厦门万安智能股份有限公司
114	福州建工(集团)总公司	164	福建省三明市阳光工程建设有限公司
115	福建亨立建设集团有限公司	165	三明市绿源工程建设有限公司
116	福建省工业设备安装有限公司	166	福建恒超建筑工程有限公司
117	中标建设集团有限公司	167	福建省永旺建设工程有限公司
118	福建省同源建设工程有限公司	168	福建市政建设有限公司
119	福建省杭辉建设工程有限公司	169	福建省温泉建设工程有限公司
120	福州铁建建筑有限公司	170	福建省龙芝建筑工程有限公司
121	福建省融旗建设工程有限公司	171	厦门市开建建设有限公司
122	华盛置业集团建设工程有限公司	172	福建省惠南建筑工程有限公司
123	福建省涵城建设工程有限公司	173	福建建盛建设工程有限公司
124	永同昌建设集团有限公司	174	福建省邵武三建工程有限公司
125	福州第七建筑工程有限公司	175	厦门市广厦工程建设有限公司
126	大成工程股份有限公司	176	福建省顺安建筑工程有限公司
127	福建省第二电力建设公司	177	福建省东昇建设工程有限公司
128	福建省惠建发建设工程有限公司	178	福建龙辉建设工程有限公司
129	福建省水利水电工程局有限公司	179	福建省霞浦恒晟建设工程有限公司
130	中国武夷实业股份有限公司	180	福建大华鑫建设工程有限公司
131	莆田市建工投资集团有限公司	181	福建省永辉霞建设工程有限公司
132	福建省闽西交通工程有限公司	182	福建省富林建设工程有限公司
133	福建省吴航建筑工程有限公司	183	福清市一建建筑工程有限公司
134	福建四海建设有限公司	184	福建根茂建筑有限公司
135	福建省惠三建设发展有限公司	185	福建成信绿集成有限公司
136	神州建设集团有限公司	186	福建元宏建筑工程有限公司
137	莆田市飞阳建筑工程有限公司	187	福建省东泉建筑工程有限公司
138	厦门市建安集团有限公司	188	福建省长龙建筑工程有限公司
139	福建海峡金岸建设工程有限公司	189	福建省鑫宇工程建设有限公司
140	福建省晓沃建设工程有限公司	190	福建天虹建设工程有限公司
141	福建省正泰建设工程有限公司	191	福建省泉州市第一建筑工程公司
142	厦门市吉兴集团建设有限公司	192	福建省鸿达电子技术开发有限公司
143	福建省邮电工程有限公司	193	厦门市同安区第一建筑工程公司
144	福州亿力电力工程有限公司	194	福建省百盛建设发展有限公司
145	福建省中大工程建设有限公司	195	福建省东日工程有限公司
146	福建名城建工有限公司	196	福建省华辉建设发展有限公司
147	福建联美建设集团有限公司	197	福建省中晟建设投资有限公司
148	福建省高德工程建设有限公司	198	福建省隆晟建设发展有限公司
149	福建省成业建设工程有限公司	199	福建省城乡建设工程有限公司
150	福建省长汀县第一建筑工程有限公司	200	福建省鑫景建筑工程有限公司

21-4 续表2

Continued

位次 No.	企业名称 Name	位次 No.	企业名称 Name
201	福建省高华建设工程有限公司	251	福建省龙津建筑工程有限公司
202	宁德市海军第六工程建筑处	252	福建省鸿官通信工程有限公司
203	福建联泰建设工程有限公司	253	厦门准信机电工程有限公司
204	福建省土木建设实业有限公司	254	福建省上杭县宏庄建筑工程有限公司
205	中建（福建）建设有限公司	255	福清市三建建筑工程有限公司
206	福建省透堡建筑工程有限公司	256	福建方大电力工程有限公司
207	中泛建设集团有限公司	257	厦门市聚雄市政工程有限公司
208	福建省长乐市新纪建筑工程有限责任公司	258	福建省潮兴建设工程有限公司
209	福建省中嘉建设有限公司	259	泉州市丰泽建筑工程有限公司
210	福建华通路桥建设有限公司	260	福建省佳特市政建筑有限公司
211	福建省永太建设发展有限公司	261	福建省五建装修装饰工程公司
212	厦门安能建设有限公司	262	莆田市建宏建筑工程有限公司
213	福建省惠安房屋建造实业公司	263	泉州市祥恒建筑工程有限公司
214	福建省协兴建设有限公司	264	福建省南铝铝材工程有限公司
215	福建八建建筑工程有限公司	265	福建省东方富隆建设工程有限公司
216	福建第二公路工程有限公司	266	厦门宗顺建筑工程有限公司
217	福建煤炭工业基本建设有限公司	267	三明市水利水电工程有限公司
218	福建省闽清第一建筑工程公司	268	龙岩市兰天建筑工程有限公司
219	福建省八闽建设工程有限公司	269	平潭县第五建筑工程有限公司
220	福建省利恒建设工程有限公司	270	福建省第一电力建设公司
221	福建省高速公路养护工程有限公司	271	福建省金泉建设集团有限公司
222	福建中森建设有限公司	272	福建九九建设有限公司
223	厦门中宸集团有限公司	273	福建三钢冶金建设有限公司
224	福建方圆建设发展有限公司	274	福建福华建设工程有限公司
225	龙岩市西安建筑工程有限公司	275	福建省惠裕建设工程有限公司
226	福建省九建建筑工程有限公司	276	福建华建工程建设有限公司
227	福建宏晖市政工程有限公司	277	福建恒泰建设工程有限责任公司
228	福建省荔隆建设工程有限公司	278	福建省闽清县第三建筑工程公司
229	福建十建建设有限公司	279	福建华星建设工程有限公司
230	福建新纪建设集团有限公司	280	福建省上杭鸿阳矿山工程有限公司
231	福建麒麟建设工程有限公司	281	福建省世新工程营造有限公司
232	福建联发建设工程有限公司	282	福建益新建筑工程有限公司
233	福建兴万祥建设集团有限公司	283	厦门永祥建设工程有限公司
234	福建省来宝建设工程有限公司	284	福建省金正建设工程有限公司
235	福建兴艺建设集团有限公司	285	福州闽发建筑工程有限公司
236	福建闽盛建设工程有限公司	286	南平市延平昌隆建筑有限公司
237	福建名筑实业集团有限公司	287	福州闽铄水利水电工程有限公司
238	福建纵横建筑工程有限公司	288	福建省兴岩建设集团有限公司
239	福建省交建集团工程有限公司	289	闽晟（福建）建设工程有限公司
240	福建省榕圣市政工程股份有限公司	290	厦门鹭路兴绿化工程建设有限公司
241	福建省亿鑫建设有限公司	291	福清市嘉盛建设工程有限公司
242	厦门市政工程公司	292	福建径坊建造工程有限公司
243	福建省莆田市联发建筑工程有限公司	293	福建省友诚建筑工程有限公司
244	福建省永泰县第三建筑工程公司	294	福建青隆建筑工程有限公司
245	福建恒盛建筑集团有限公司	295	泉州亿兴电力工程建设有限公司
246	福建省安立信实业集团有限公司	296	福建闽安建筑工程有限公司
247	福建勘察基础工程公司	297	福建省日晟建设工程有限公司
248	福建城建建设有限公司	298	福建景翔建设工程有限公司
249	福建省亿方建筑工程有限公司	299	福建省东辰岩土基础工程公司
250	福建佳福建设工程有限公司	300	福建歌楠雅建设工程有限公司

21-5 主营业务收入前300家贸易企业(2011年)

Sale Enterprises before the three hunderdth by Main Operating Income,2011

位次 No.	企业名称 Name	位次 No.	企业名称 Name
1	厦门建发股份有限公司	51	福建省烟草公司莆田市公司
2	中石化森美(福建)石油有限公司	52	中国轻鑫工程厦门有限公司
3	福建中烟工业公司	53	福建省烟草公司宁德市公司
4	厦门国贸集团股份有限公司	54	福建七匹狼实业股份有限公司
5	厦门象屿股份有限公司	55	厦门夏商农产品集团有限公司
6	厦门信达股份有限公司	56	福建图图儿童用品有限责任公司
7	龙工（中国）机械销售有限公司	57	中国石油天然气股份有限公司泉州销售分公司
8	中国石油化工股份有限公司福建分公司	58	厦门市明穗粮油贸易有限公司
9	福建省烟草公司泉州市公司	59	福建省电力物资有限公司
10	福建炼油化工有限公司	60	中国石油天然气股份有限公司福建福州销售分公司
11	厦门安踏贸易有限公司	61	厦门成大进出口贸易有限公司
12	中国石油天然气股份有限公司福建销售分公司	62	福建省福农农资集团有限公司
13	永辉超市股份有限公司福建福州鼓楼分公司	63	福建新华都购物广场股份有限公司
14	福建省烟草公司福州市公司	64	晋江市进出口有限公司
15	厦门特步投资有限公司	65	中国石化燃料油销售有限公司福建分公司
16	中国航油集团福建石油有限公司	66	福州华闽进出口有限公司
17	福建省福能电力燃料有限公司	67	泉州新华都购物广场有限公司
18	厦门海翼国际贸易有限公司	68	厦门建发象屿保税区贸易有限公司
19	福建省烟草公司漳州分公司	69	中国石油天然气股份有限公司福建厦门销售分公司
20	厦门市中信隆进出口有限公司	70	福建裕华石油化工有限公司
21	福州闽台茶业有限公司	71	厦门市旺紫洲工贸有限公司
22	厦门市嘉晟对外贸易有限公司	72	福建苏闽石油有限公司
23	中国铁路物资厦门钢铁有限公司	73	沃尔玛深国投百货有限公司福州山姆会员商店
24	福建闽海石化有限公司	74	厦门嘉华进出口贸易有限公司
25	福建三钢国贸有限公司	75	福建荣源钢铁有限公司
26	福建省烟草公司三明市公司	76	厦门航空开发股份有限公司
27	福建省烟草公司厦门烟草分公司	77	厦门青岛啤酒东南营销有限公司
28	福建恒安集团厦门商贸有限公司	78	石狮市龙整进出口贸易有限公司
29	福建凯西钢铁集团有限公司	79	厦门市海澳石油有限公司
30	福建省烟草公司南平市公司	80	厦门佳事通贸易有限公司
31	福建省龙岩烟草分公司	81	福建省储备粮管理有限公司
32	厦门海翼厦工金属材料有限公司	82	福建同春药业股份有限公司
33	鑫东森集团有限公司	83	福建省榕江进出口公司
34	国投京闽（福建）工贸有限公司	84	厦门华特爱思开有限公司
35	福建闽侯永辉商业有限公司	85	厦门兴海龙石油有限公司
36	永恩投资（集团）有限公司	86	厦门欣华晟进出口有限公司
37	厦门海沧经济贸易发展总公司	87	福建省三农碳酸钙有限责任公司
38	福州喜盈门实业有限公司	88	厦门空港航星汽车维修服务有限公司
39	中国航空技术厦门有限公司	89	福建新华发行（集团）有限责任公司
40	厦门市信达安贸易有限公司	90	福州中宝销售服务有限公司
41	均和(厦门)商贸有限公司	91	福州民天实业有限公司
42	厦门七匹狼服装营销有限公司	92	国药控股福建有限公司
43	住重中骏（厦门）建机有限公司	93	中国石油天然气股份有限公司华南化工销售厦门分公司
44	厦门育哲进出口有限公司	94	厦门中兵贸易有限公司
45	厦门嘉联恒进出口有限公司	95	阳光城集团股份有限公司
46	华信石油有限公司	96	厦门华特集团有限公司
47	龙岩鸿裕贸易有限公司	97	福州国美电器有限公司
48	厦门合鑫铜金属材料有限公司	98	厦门中宝汽车有限公司
49	厦门路桥工程物资有限公司	99	晋江市大长江钢管贸易有限公司
50	厦门翰达进出口贸易有限公司	100	厦门明鑫达贸易发展有限公司

21-5 续表1

Continued

位次 No.	企业名称 Name	位次 No.	企业名称 Name
101	五矿钢铁厦门有限公司	151	鸿星尔克（厦门）投资管理有限公司
102	中国石油天然气股份有限公司福建省漳州销售分公司	152	厦门市天虹商场有限公司
103	荣鑫盛(厦门)商贸有限公司	153	厦门市东之星汽车销售有限公司
104	中海石油福建新能源有限公司	154	鹭燕(福建)药业股份有限公司
105	福建新华都综合百货有限公司	155	厦门宇信兴业进出口贸易有限公司
106	中国卷烟销售公司厦门卷烟调拨站	156	莆田市宏发钢材交易市场有限公司
107	福建闽钢实业发展有限公司	157	南安市广宇贸易有限公司
108	明一世代（福建）贸易有限公司	158	福州华百隆贸易有限公司
109	福建福泰钢铁有限公司	159	福建天福茗茶销售有限公司
110	厦门墩峰进出口有限公司	160	泉州鹏润国美电器有限公司
111	厦门市诚丰瑞贸易有限公司	161	厦门华润燃气有限公司
112	厦门森宝集团有限公司	162	厦门三峡国际贸易有限公司
113	福建宏森建材有限公司	163	福建省新世纪经贸发展有限公司
114	福建省化工建材有限公司	164	厦门市金华穗商贸有限责任公司
115	福建中农农业生产资料有限公司	165	福建漳龙实业有限公司
116	厦门柒牌贸易有限公司	166	泉州隆星汽车销售服务有限公司
117	福州之星汽车贸易有限公司	167	福州轻工进出口有限公司
118	九牧王股份有限公司厦门分公司	168	福州展纳贸易有限公司
119	厦门锦厦科技有限公司	169	福建新吉福企业有限公司
120	福建省漳州市对外贸易公司	170	厦门新五菱汽车销售有限公司
121	福建华信能源进出口有限公司	171	福州恒瑞金属材料有限公司
122	福州麦多万嘉超市有限公司	172	厦门兴荣国际物流有限公司
123	厦门万盛基业能源有限公司	173	福建浩伦东方资源物产有限公司
124	泉州福宝汽车销售服务有限公司	174	厦门市中鹭达进出口有限公司
125	福建朝阳钢材市场有限公司	175	厦门市兆千塑胶有限公司
126	福建省旅游贸易公司	176	厦门厦工国际贸易有限公司
127	福建东百集团股份有限公司	177	重庆新日日顺家电销售有限公司福州分公司
128	厦门中谷粮油贸易有限公司	178	三明市永达物资贸易有限公司
129	福州永力通汽车贸易有限公司	179	福建小松工程机械有限公司
130	厦门永乐思文家电有限公司	180	福建省南安市华龙石油有限公司
131	厦门拓兴成集团有限责任公司	181	厦门市荣鑫行化工有限公司
132	厦门信和达电子有限公司	182	漳州宝鼎贸易有限公司
133	泉州五矿（集团）公司	183	福州常春药业有限公司
134	福建九州通医药有限公司	184	厦门展志投资有限公司
135	厦门美的制冷产品销售有限公司	185	泉州恒义信贸易发展有限公司
136	泉州泉港鸿鑫化工商贸有限公司	186	漳州新鑫贸易有限公司
137	福建中鹭医药有限公司	187	厦门英南进出口有限公司
138	华信（福建）石油有限公司	188	泉州市烟草公司城区分公司
139	福建苏宁电器有限公司	189	厦门融银贸易有限公司
140	厦门协力五金矿产进出口有限公司	190	龙岩市亿炜贸易发展有限公司
141	福建天成集团针棉毛织品进出口有限公司	191	厦门海宏物流有限公司
142	厦门森那美信昌机器工程有限公司	192	福建省农化经贸有限公司
143	福建华信控股股份有限公司	193	福州建发汽车销售服务有限公司
144	福建省泉州万国发展有限公司	194	莆田启峰木业有限公司
145	大生（福建）农资有限公司	195	福建华夏汽车城发展有限公司
146	厦门海润进出口有限公司	196	泉州化建股份有限公司
147	福建省金属材料有限公司	197	一丁集团股份有限公司
148	福建省大东石油化工有限公司	198	福州中城大洋百货有限公司
149	福建省泉州市侨乡建材有限公司	199	福建远翔贸易有限公司
150	厦门大邦通商汽车贸易有限公司	200	福建省饲料工业公司

21-5 续表2

Continued

位次 No.	企业名称 Name	位次 No.	企业名称 Name
201	长乐国际机场航空油料有限责任公司	251	厦门同业能源有限公司
202	中纤联合石化有限公司	252	厦门市东方龙金属材料有限公司
203	福建省润通汽车销售服务有限公司	253	福建东南医药有限公司
204	福建盈众汽车有限公司	254	福建华贸进出口有限责任公司
205	厦门鑫通贸易有限公司	255	厦门中舜进出口有限公司
206	厦门新立基有限公司	256	厦门金华南进出口有限公司
207	厦门新成功汽车贸易有限公司	257	福建福日实业发展有限公司
208	厦门市华东海石油仓储有限公司	258	厦门市金海顺石油有限公司
209	厦门市天润贸易有限公司	259	厦门百城商贸有限公司
210	福建美的制冷产品销售有限公司	260	福建津福贸易有限公司
211	沃尔玛深国投百货有限公司厦门世贸分店	261	福建省三明市浩伦园艺植保有限公司
212	厦门国贸实业有限公司	262	福宁高速公路服务有限公司
213	泉州华奥汽车销售服务有限公司	263	中国船舶燃料供应福建有限公司
214	厦门万翔网络商务有限公司	264	福建省莆田华闽进出口有限公司
215	厦门俊永商贸有限公司	265	厦门中马进出口有限公司
216	福建阳光集团有限公司	266	泉州中大发展有限公司
217	晋江市深沪海上供油有限公司	267	漳州市广源物流有限公司
218	福建省瑞丰进出口有限公司	268	泉州晋宝汽车销售服务有限公司
219	福州玖玖丰田汽车销售服务有限公司	269	厦门瀚龙贸易有限公司
220	中国石油天燃气股份有限公司福建龙岩销售分公司	270	福建省惠明医药有限公司
221	厦门非金属矿进出口有限公司	271	福建省石狮市长江实业有限公司
222	南平市榕楠物质贸易有限公司	272	三六一度（厦门）工贸有限公司
223	福州华物实业(集团)有限公司	273	福建省鹭明鑫实业发展有限公司
224	厦门骏泰通用机械有限公司	274	厦门宝达纺织有限公司
225	福建省晋江市福明鑫化建贸易有限公司	275	深圳市天音通信发展有限公司厦门分公司
226	厦门福厦苏宁电器有限公司	276	厦门古龙进出口有限公司
227	金光纸业（厦门）有限公司	277	福建省闽粮购销有限公司
228	福建中糖糖业发展有限公司	278	福建省荣泰物流集团有限公司
229	福州中升丰田汽车销售有限公司	279	厦门市盟友进出口有限公司
230	福建省莆田富力进出口有限公司	280	厦门好聚合进出口有限公司
231	厦门国美电器有限公司	281	福建省优拓贸易有限公司
232	厦门信达通宝汽车销售服务有限公司	282	厦门南湖石化股份有限公司
233	福建三木进口贸易有限公司	283	龙岩瑞荣通用金属材料有限公司
234	福建省农资集团厦门公司	284	厦门人亮贸易有限公司
235	厦门富山诚达百货商业广场有限公司	285	厦门森宝电子科技集团有限公司
236	福建中闽化工有限公司	286	福建省漳诏高速公路服务有限公司漳州分公司
237	厦门欧乐德贸易有限公司	287	厦门宏仁医药有限公司
238	福州龙泽投资有限公司	288	中国石油天然气股份有限公司福建宁德销售公司
239	泉州市泉港区爱德利贸易有限公司	289	厦门漳龙进出口有限公司
240	福建和盛集团有限公司	290	中国石油天然气股份有限公司福建南平销售分公司
241	三明市三元金属材料有限公司	291	厦门永佳和塑胶有限公司
242	福建省惠安县对外加工装配公司	292	福建众和营销有限公司
243	福建省医药有限责任公司	293	泉州市中闽百汇购物有限公司
244	三明三木轻工贸易有限公司	294	厦门新日精工贸易有限公司
245	福建省惠安县进出口贸易公司	295	泉州市七匹狼体育用品有限公司
246	福建省泉州闽星汽车销售服务有限公司	296	福建省安溪县对外贸易公司
247	中石化中海船舶燃料供应有限公司厦门分公司	297	福州天浩贸易集团有限公司
248	厦门市格朗经贸有限公司	298	厦门世纪新物流配送有限公司
249	福安市良兴机电有限公司	299	厦门市诚景进出口有限公司
250	福建省糖酒副食品总公司	300	厦门昌和贸易发展有限公司

主要统计指标解释

企业景气调查　是通过对部分企业家定期进行问卷调查，并根据企业家对企业经营状况及宏观经济形势的判断和预期来编制景气指数，从而对现实经济运行状况及其发展趋势进行分析和预测的一种统计调查方法。

景气指数　又称为景气度，它是对企业景气调查中的定性指标通过定量方法加工汇总，综合反映某一特定调查群体或某一社会经济现象所处的状态或发展趋势的一种指标。通过其上升和下降的动态变化，反映经济发展状态及其变化过程。景气指数取值于 0--200 之间，100 为景气指数的临界值；当景气指数大于 100 时，表明经济状况趋于上升或改善，处于景气状态；当景气指数小于 100 时，表明经济状况趋于下降或恶化，处于不景气状态。

企业家信心指数　也称宏观经济景气指数，是根据企业家对企业外部市场经济环境与宏观政策的认识、看法、判断与预期而编制的指数，用以综合反映企业家对宏观经济环境的感受与信心。

企业景气指数　也称企业综合生产经营景气指数，是根据企业家对本企业综合生产经营情况的判断与预期而编制的指数，用以反映企业的综合生产经营状况。

Explanatory Notes on Main Statistical Indicators

Enterprises Climate Survey It is a statistics survey, which compile the climate index by regular paper survey to a section of entrepreneurs, based on entrepreneur's judgement and forecast to the production situation of their own enterprises and the macro-economy situation, and thus we can analyse and predict the current situation and future trend of the economic performance.

Business climate index It is the quantitative disposition and compilation of the qualitative economic indicators of the business climate survey, which can improve a comprehensive description of the real situation or the future trend of a special survey group or a social and economic phenomenon. The business climate index is ranging from 0 to 200. 100 is the critical value, when the climate index is larger than 100, it shows that the economic performance is picking up or improving. When it is lower than 100, it shows that the economic performance is declining or worsening.

Entrepreneur confidence index also called as the macro-economy climate index. It is a index based on entrepreneur's recognition, opinion, judgement and forecast to the market circumstances and macro-policies, It is a comprehensive description of the entrepreneur's impression and confidents of the macro-economy circumstances .

Business climate index also called as the comprehensive production and management climate index of enterprises. It is compiled basing on entrepreneur's judgement on production situation of their own expectation for the future performance. It is the description of the comprehensive production and management situation of the enterprises.

第二十二篇　市县国民经济主要指标

Chapter 22　Main Economic Indicators of City Prefecture and County

资料整理：孙晓峰 陈玲 廖瑛 林增武 程思怡 彭锦华 戴斌 范李功 唐洪民 胡自明 詹蔚洁 余波 陈尔琪 吴新榕 林卿 刘志昭 林武兴 陈海丹 王洵 廖捷 刘喆

Database Editor: Sunxiaofeng Chenling Liaoying linzengwu Chengsiyi Pengjinhua Daibin Fanligong Tanghongmin Huziming Zhanweijie Yubo Chen'erqi Wuxinrong Linqing Liuzhizhao Linwuxing Chenhaidan Wangxun Liaojie Liuzhe

简 要 说 明

本篇资料的主要内容及来源

本篇资料反映了全省各市（县）经济社会事业发展基本情况，主要包括地区生产总值、人口、从业人员、农业、工业、投资、社会消费品零售总额、财政、职工工资和教育、卫生等方面的内容。

本篇资料由省统计局各相关专业处室整理提供。

Brief Introduction

Main Content and Source of Data

Data in this chapter show the development in society and economy of Urban districts or counties or cities on the county level, mainly including GDP, population, employed persons, agriculture, industry, investment, total retail sales of consumer good，finance, income of rural households, wage of staff and works, education and public health.

Data on this chapter are compiled and provided by the related department of Bureau of Fujian Provincial Bureau of Statistics.

22-1 地区生产总值（2011年）

Gross Domestic Products(2011)

单位：亿元 (100 million yuan)

地区	Area	地区生产总值 Gross Domestic Product	第一产业 Primary Industry	第二产业 Secondary Industry	工业 Industry	建筑业 Construction	第三产业 Tertiary Industry
福州市	**Fuzhou**	**3736.38**	**325.09**	**1711.19**	**1355.19**	**356.00**	**1700.10**
福州市辖区	District under Fuzhou	1848.48	12.30	690.53	489.43	201.10	1145.65
福清市	Fuqing	555.01	75.55	280.65	230.18	50.47	198.81
长乐市	Changle	384.61	33.52	255.31	239.25	16.06	95.78
闽侯县	Minhou	300.22	27.66	182.19	162.25	19.94	90.37
连江县	Lianjiang	232.71	77.33	92.04	81.55	10.49	63.34
罗源县	Luoyuan	135.23	21.90	93.65	89.39	4.26	19.68
闽清县	Minqing	95.44	17.78	53.75	45.98	7.77	23.91
永泰县	Yongtai	85.83	28.56	31.83	8.92	22.90	25.44
平潭县	Pintan	111.86	30.12	31.77	8.77	23.00	49.97
厦门市	**Xiamen**	**2539.31**	**24.68**	**1297.15**	**1109.76**	**187.39**	**1217.49**
莆田市	**Putian**	**1050.62**	**98.80**	**613.28**	**517.04**	**96.24**	**338.54**
莆田市辖区	District under Putian	878.90	74.80	532.01	447.34	84.66	272.10
仙游县	Xianyou	171.71	24.00	81.28	69.70	11.58	66.44
三明市	**Sanming**	**1211.81**	**195.30**	**610.90**	**521.08**	**89.82**	**405.62**
三明市辖区	District under Sanming	274.62	12.27	150.28	128.65	21.64	112.07
永安市	Yongan	225.28	22.93	127.65	113.23	14.42	74.70
明溪县	Mingxi	39.72	11.36	16.43	13.48	2.95	11.93
清流县	Qingliu	53.22	11.68	23.97	20.29	3.68	17.57
宁化县	Ninghua	73.13	20.70	29.70	23.76	5.94	22.73
大田县	Datian	109.91	21.18	57.72	53.15	4.57	31.01
尤溪县	Youxi	124.08	36.15	51.48	43.83	7.65	36.44
沙县	Shaxian	131.69	20.76	67.36	61.78	5.58	43.58
将乐县	Jiangle	69.91	12.86	36.89	28.94	7.95	20.16
泰宁县	Taining	57.33	12.00	23.60	19.82	3.79	21.73
建宁县	Jianning	52.93	13.40	25.82	14.16	11.66	13.71
泉州市	**Quanzhou**	**4270.89**	**151.78**	**2662.37**	**2423.18**	**239.20**	**1456.74**
泉州市辖区	District under Quanzhou	996.78	14.85	586.79	515.06	71.73	395.13
石狮市	Shishi	431.41	16.93	248.13	226.92	21.21	166.35
晋江市	Jinjiang	1095.70	17.50	739.01	701.46	37.55	339.18
南安市	Nan'an	577.77	21.59	372.24	348.33	23.91	183.94
惠安县	Huian	496.19	25.72	318.80	276.57	42.24	151.67
安溪县	Anxi	355.86	28.40	216.66	199.43	17.23	110.80
永春县	Yongchun	198.36	18.00	103.75	92.82	10.93	76.61
德化县	Dehua	120.22	8.87	69.70	55.31	14.39	41.65
漳州市	**Zhangzhou**	**1768.20**	**293.30**	**836.26**	**723.38**	**112.88**	**638.64**
漳州市辖区	District under Zhangzhou	430.68	10.90	212.52	173.31	39.21	207.25

22-1 续表

Continued

单位：亿元 (100 million yuan)

地区	Area	地区生产总值 Gross Domestic Product	第一产业 Primary Industry	第二产业 Secondary Industry	工业 Industry	建筑业 Construction	第三产业 Tertiary Industry
龙海市	Longhai	434.14	49.31	251.33	226.19	25.14	133.51
云霄县	Yunxiao	88.83	20.64	36.46	31.72	4.74	31.73
漳浦县	Zhangpu	183.81	49.57	65.65	48.92	16.74	68.59
诏安县	Zhao'an	117.89	29.94	47.27	42.00	5.27	40.69
长泰县	Changtai	106.72	14.18	63.18	61.06	2.12	29.35
东山县	Dongshan	101.50	26.41	42.92	38.56	4.35	32.17
南靖县	Nanjing	136.69	34.84	63.28	58.52	4.76	38.56
平和县	Pinghe	109.15	42.53	26.12	19.84	6.28	40.50
华安县	Hua'an	58.79	14.98	27.52	23.26	4.27	16.29
南平市	**Nanping**	**894.31**	**212.99**	**376.78**	**297.60**	**79.18**	**304.54**
南平市辖区	District under Nanping	210.38	29.22	114.69	84.93	29.76	66.47
邵武市	Shaowu	131.73	25.89	61.60	48.78	12.82	44.24
武夷山市	Wuyishan	84.47	18.51	28.15	17.81	10.34	37.81
建瓯市	Jian'ou	127.37	38.42	43.81	37.94	5.87	45.14
建阳市	Jianyang	98.35	25.83	43.86	37.32	6.54	28.66
顺昌县	Shunchang	63.40	15.57	23.29	19.83	3.46	24.54
浦城县	Pucheng	75.13	21.46	26.70	20.94	5.76	26.97
光泽县	Guangze	45.95	19.20	15.04	13.70	1.34	11.71
松溪县	Songxi	28.64	9.46	10.04	7.89	2.15	9.14
政和县	Zhenghe	28.87	9.42	9.60	8.47	1.13	9.85
龙岩市	**Longyan**	**1242.15**	**153.24**	**701.97**	**596.60**	**105.37**	**386.95**
龙岩市辖区	District under Longyan	509.79	23.50	342.05	303.30	38.75	144.25
漳平市	Zhangping	126.57	17.58	57.79	46.91	10.88	51.19
长汀县	Changting	111.37	22.48	52.32	40.38	11.94	36.56
永定县	Yongding	140.88	22.26	75.78	65.79	9.98	42.85
上杭县	Shanghang	164.94	24.53	93.13	74.83	18.30	47.28
武平县	Wuping	92.29	22.84	37.03	27.03	10.00	32.43
连城县	Liancheng	96.33	20.05	43.88	38.36	5.52	32.40
宁德市	**Ningde**	**930.12**	**168.65**	**435.75**	**362.21**	**73.54**	**325.72**
宁德市辖区	District under Ningde	155.40	23.43	54.07	29.22	24.85	77.90
福安市	Fu'an	233.12	29.16	138.53	127.04	11.49	65.42
福鼎市	Fuding	177.11	24.29	97.48	88.30	9.18	55.34
霞浦县	Xiapu	115.37	31.43	36.87	26.14	10.73	47.07
古田县	Gutian	97.08	27.47	37.85	32.88	4.97	31.76
屏南县	Pingnan	41.48	9.49	16.74	14.11	2.63	15.26
寿宁县	Shouning	44.58	11.64	19.28	14.43	4.85	13.67
周宁县	Zhouning	32.77	6.02	16.22	13.46	2.76	10.52
柘荣县	Zherong	33.21	5.72	18.71	16.63	2.08	8.78

22-2 地区生产总值指数（2011年）

Indices of Gross Domestic Products(2011)

单位：以上年为100 (preceding year=100)

地区	Area	地区生产总值 Gross Domestic Product	第一产业 Primary Industry	第二产业 Secondary Industry	工业 Industry	建筑业 Construction	第三产业 Tertiary Industry
福州市	**Fuzhou**	**113.0**	**104.1**	**115.9**	**115.2**	**118.6**	**111.9**
福州市辖区	District under Fuzhou	113.0	99.9	113.9	113.4	115.1	112.6
福清市	Fuqing	112.0	104.4	114.0	113.7	115.4	111.9
长乐市	Changle	114.5	104.6	117.7	117.8	115.0	110.4
闽侯县	Minhou	115.0	105.1	117.9	118.2	115.6	112.9
连江县	Lianjiang	113.2	104.8	125.9	127.5	115.3	108.3
罗源县	Luoyuan	117.5	103.6	123.9	125.0	104.9	108.5
闽清县	Minqing	109.2	104.6	109.7	108.3	119.2	111.8
永泰县	Yongtai	112.0	105.4	118.0	117.9	118.1	112.1
平潭县	Pintan	117.2	103.9	161.6	115.2	192.9	107.0
厦门市	**Xiamen**	**115.1**	**95.0**	**116.9**	**118.6**	**108.0**	**113.6**
莆田市	**Putian**	**114.3**	**101.3**	**118.9**	**118.3**	**122.0**	**110.6**
莆田市辖区	District under Putian	114.4	101.1	118.2	117.6	121.6	111.3
仙游县	Xianyou	113.8	102.0	123.8	123.6	125.0	108.0
三明市	**Sanming**	**114.1**	**104.9**	**120.5**	**120.4**	**121.2**	**109.5**
三明市辖区	District under Sanming	111.2	104.1	114.2	115.6	106.4	107.9
永安市	Yongan	114.7	105.2	120.4	120.2	121.6	108.4
明溪县	Mingxi	113.8	103.9	125.1	120.1	155.9	109.3
清流县	Qingliu	114.9	105.6	124.2	123.1	131.1	109.9
宁化县	Ninghua	114.1	104.2	123.2	126.4	111.7	112.5
大田县	Datian	115.5	105.4	121.9	121.3	129.2	111.8
尤溪县	Youxi	115.1	105.1	127.8	127.7	128.4	109.1
沙县	Shaxian	115.7	105.2	120.4	121.7	107.9	113.8
将乐县	Jiangle	115.8	104.9	123.1	117.9	146.9	110.4
泰宁县	Taining	115.4	104.5	127.0	123.3	150.9	110.5
建宁县	Jianning	114.4	105.1	125.9	126.2	125.6	105.0
泉州市	**Quanzhou**	**113.5**	**102.5**	**117.0**	**116.7**	**119.2**	**108.9**
泉州市辖区	District under Quanzhou	111.9	99.4	113.7	112.9	119.9	109.9
石狮市	Shishi	114.2	104.5	117.5	117.7	114.5	110.6
晋江市	Jinjiang	114.0	101.4	116.8	116.8	116.5	109.2
南安市	Nan'an	114.1	103.2	116.0	116.0	115.5	111.6
惠安县	Huian	114.2	100.0	119.0	118.5	122.0	108.0
安溪县	Anxi	114.1	103.9	117.5	117.2	121.5	110.2
永春县	Yongchun	113.2	105.2	120.1	119.5	126.5	106.3
德化县	Dehua	113.0	102.9	116.7	116.0	119.6	109.2
漳州市	**Zhangzhou**	**114.7**	**104.2**	**121.1**	**120.3**	**126.6**	**112.0**
漳州市辖区	District under Zhangzhou	115.2	101.7	121.2	120.2	125.6	110.3

22-2 续表

Continued

单位：以上年为100　　　　　　　　　　　　　　　　　　　　　　　　　　　　　　　　(preceding year=100)

地区	Area	地区生产总值 Gross Domestic Product	第一产业 Primary Industry	第二产业 Secondary Industry	工业 Industry	建筑业 Construction	第三产业 Tertiary Industry
龙海市	Longhai	112.9	104.0	114.5	112.3	142.9	112.8
云霄县	Yunxiao	116.3	104.0	131.3	133.9	116.0	111.5
漳浦县	Zhangpu	115.7	103.8	128.3	130.6	121.4	113.3
诏安县	Zhao'an	114.3	104.2	123.1	123.0	123.2	114.1
长泰县	Changtai	117.1	104.5	121.4	121.9	109.3	115.1
东山县	Dongshan	116.4	104.6	126.9	126.6	129.9	111.9
南靖县	Nanjing	115.7	104.2	126.9	128.3	112.0	111.4
平和县	Pinghe	112.7	105.5	129.4	131.8	122.3	111.1
华安县	Hua'an	116.5	104.1	125.9	126.8	121.8	114.3
南平市	**Nanping**	**112.2**	**106.1**	**118.5**	**118.4**	**118.7**	**108.7**
南平市辖区	District under Nanping	112.1	105.8	116.2	116.3	115.9	107.6
邵武市	Shaowu	112.4	105.6	119.1	116.4	130.7	107.6
武夷山市	Wuyishan	112.4	105.6	117.4	118.7	115.2	111.6
建瓯市	Jian’ou	111.9	105.7	119.0	120.3	110.4	110.0
建阳市	Jianyang	113.0	105.7	122.0	120.8	129.0	106.7
顺昌县	Shunchang	111.9	106.0	119.0	118.5	122.0	108.9
浦城县	Pucheng	111.9	105.4	117.7	119.6	110.7	111.4
光泽县	Guangze	112.2	111.0	117.9	117.9	117.9	106.9
松溪县	Songxi	112.2	105.4	125.1	127.1	118.0	106.5
政和县	Zhenghe	111.5	105.3	123.9	123.3	129.5	106.5
龙岩市	**Longyan**	**113.0**	**104.3**	**118.3**	**117.8**	**120.9**	**108.2**
龙岩市辖区	District under Longyan	113.0	100.7	116.0	115.2	122.6	108.6
漳平市	Zhangping	113.2	105.6	120.6	121.0	118.9	108.9
长汀县	Changting	113.5	105.3	122.4	123.3	119.6	108.0
永定县	Yongding	112.5	104.4	118.7	118.7	119.2	107.5
上杭县	Shanghang	113.6	103.7	119.2	118.6	121.7	108.3
武平县	Wuping	113.0	105.7	125.3	130.0	114.3	106.3
连城县	Liancheng	112.4	105.1	120.4	119.3	128.9	107.5
宁德市	**Ningde**	**115.2**	**105.7**	**124.0**	**124.6**	**121.2**	**110.0**
宁德市辖区	District under Ningde	114.4	105.8	125.9	125.0	127.1	110.1
福安市	Fu'an	118.2	105.3	126.2	127.4	115.5	110.1
福鼎市	Fuding	118.0	105.7	126.5	128.1	113.6	111.0
霞浦县	Xiapu	113.1	106.4	123.7	127.3	115.4	109.9
古田县	Gutian	111.0	104.8	116.7	115.0	130.1	109.8
屏南县	Pingnan	113.1	106.3	121.9	123.0	116.3	108.6
寿宁县	Shouning	113.1	106.2	121.4	120.4	124.3	108.8
周宁县	Zhouning	111.7	105.9	116.6	114.8	126.2	108.0
柘荣县	Zherong	114.1	106.3	119.3	118.6	125.5	108.8

22-3 年末户籍统计人口数（2011年）

Total Population at the Year-end(2011)

单位：人 (persons)

地区	Area	年末户籍统计总人口 Total Population at the Year-end	按城乡分 By Residence		按性别分 By sex	
			非农业 Non-agriculture	农业 Agriculture	男 Male	女 Female
福州市	**Fuzhou**	**6494105**	**2677860**	**3816245**	**3344623**	**3149482**
鼓楼区	Gulou District	578623	578623		291358	287265
台江区	Taijiang District	327201	327201		164241	162960
仓山区	Cangshan District	470092	292361	177731	233893	236199
马尾区	Mawei District	165140	55336	109804	83452	81688
晋安区	Jin'an District	359108	329769	29339	179374	179734
福清市	Fuqing	1282346	367461	914885	662665	619681
长乐市	Changle	690183	242374	447809	364093	326090
闽侯县	Minhou	645942	66210	579732	334555	311387
连江县	Lianjiang	635895	146959	488936	330537	305358
罗源县	Luoyuan	255912	67739	188173	134051	121861
闽清县	Minqing	314131	67623	246508	165840	148291
永泰县	Yongtai	362822	60777	302045	193247	169575
平潭县	Pintan	406710	75427	331283	207317	199393
厦门市	**Xiamen**	**1852646**	**1495039**	**357607**	**924150**	**928496**
思明区	Siming District	651141	651141		321734	329407
海沧区	Haicang District	132461	103499	28962	65459	67002
湖里区	Huli District	232996	232996		118117	114879
集美区	Jimei District	208752	147090	61662	105015	103737
同安区	Tong'an District	328120	147517	180603	164130	163990
翔安区	Xiang'an District	299176	212796	86380	149695	149481
莆田市	**Putian**	**3264955**	**635836**	**2629119**	**1659374**	**1605581**
城厢区	Chengxiang District	384798	130080	254718	193760	191038
涵江区	Hanjiang District	434207	104921	329286	215238	218969
荔城区	Licheng District	512025	129717	382308	255984	256041
秀屿区	Xiuyu District	843219	70462	772757	433585	409634
仙游县	Xianyou	1090706	200656	890050	560807	529899
三明市	**Sanming**	**2733476**	**881451**	**1852025**	**1425849**	**1307627**
三元区	Sanyuan District	142066	94815	47251	72567	69499
梅列区	Meilie District	140102	124091	16011	70823	69279
永安市	Yongan	325633	167973	157660	168393	157240
明溪县	Mingxi	116494	31866	84628	60258	56236
清流县	Qingliu	146376	34650	111726	76021	70355
宁化县	Ninghua	357833	50976	306857	186704	171129
大田县	Datian	368926	90219	278707	196788	172138
尤溪县	Youxi	423685	66755	356930	226008	197677
沙县	Shaxian	255443	117813	137630	132555	122888
将乐县	Jiangle	175859	46903	128956	91217	84642
泰宁县	Taining	131145	29527	101618	67755	63390
建宁县	Jianning	149914	25863	124051	76760	73154
泉州市	**Quanzhou**	**6895087**	**1965356**	**4929731**	**3539367**	**3355720**
鲤城区	Licheng District	252725	252725		125537	127188
丰泽区	Fengze District	219616	219616		107646	111970
洛江区	Luojiang District	175972	40869	135103	91553	84419
泉港区	Quangang District	383652	112662	270990	195603	188049
石狮市	Shishi	317550	97415	220135	161472	156078

22-3 续表

Continued

单位：人 (persons)

地区	Area	年末户籍统计总人口 Total Population at the Year-end	按城乡分 By Residence 非农业 Non-agriculture	农业 Agriculture	按性别分 By sex 男 Male	女 Female
晋江市	Jinjiang	1069677	366756	702921	545135	524542
南安市	Nan'an	1510274	376264	1134010	782169	728105
惠安县	Huian	964651	140698	823953	478952	485699
安溪县	Anxi	1116462	138719	977743	588171	528291
永春县	Yongchun	565844	152744	413100	295718	270126
德化县	Dehua	318664	66888	251776	167411	151253
漳州市	**Zhangzhou**	**4792320**	**1390323**	**3401997**	**2461038**	**2331282**
芗城区	Xiangcheng District	431407	331697	99710	214625	216782
龙文区	Longwen District	128749	31486	97263	64889	63860
龙海市	Longhai	823541	159837	663704	414722	408819
云霄县	Yunxiao	437919	70459	367460	229737	208182
漳浦县	Zhangpu	858838	254530	604308	440688	418150
诏安县	Zhao'an	606513	86871	519642	315495	291018
长泰县	Changtai	197506	40051	157455	100192	97314
东山县	Dongshan	209733	110047	99686	105396	104337
南靖县	Nanjing	353182	92655	260527	180491	172691
平和县	Pinghe	581233	155937	425296	309976	271257
华安县	Hua'an	163699	56753	106946	84827	78872
南平市	**Nanping**	**3133979**	**1087365**	**2046614**	**1620630**	**1513349**
延平区	Yanping District	497340	260245	237095	256748	240592
邵武市	Shaowu	303662	134871	168791	156014	147648
武夷山市	Wuyishan	230359	79989	150370	118006	112353
建瓯市	Jian'ou	540334	163892	376442	278640	261694
建阳市	Jianyang	343412	147352	196060	176904	166508
顺昌县	Shunchang	239285	67843	171442	122772	116513
浦城县	Pucheng	425132	95509	329623	219926	205206
光泽县	Guangze	160206	38655	121551	83429	76777
松溪县	Songxi	164498	41484	123014	85428	79070
政和县	Zhenghe	229751	57525	172226	122763	106988
龙岩市	**Longyan**	**2950771**	**888470**	**2062301**	**1521465**	**1429306**
新罗区	Xinluo District	485855	325878	159977	245302	240553
漳平市	Zhangping	280706	85340	195366	147712	132994
长汀县	Changting	506781	161317	345464	263795	242986
永定县	Yongding	480258	102324	377934	249163	231095
上杭县	Shanghang	493255	84042	409213	250948	242307
武平县	Wuping	372984	75451	297533	192168	180816
连城县	Liancheng	330932	54118	276814	172377	158555
宁德市	**Ningde**	**3400272**	**1056639**	**2343633**	**1788158**	**1612114**
蕉城区	Jiaocheng District	451669	142562	309107	233491	218178
福安市	Fu'an	648195	193326	454869	342040	306155
福鼎市	Fuding	582230	206702	375528	302257	279973
霞浦县	Xiapu	532562	176620	355942	280094	252468
古田县	Gutian	425646	146780	278866	224711	200935
屏南县	Pingnan	186360	42728	143632	99745	86615
寿宁县	Shouning	265969	52058	213911	141245	124724
周宁县	Zhouning	202808	65663	137145	109285	93523
柘荣县	Zherong	104833	30200	74633	55290	49543

22-4 年末常住人口数（2011年）

Total Population at the Year-end(2011)

单位：万人 (10000 persons)

地区	Area	常住人口数 Total Population on Census	城镇人口 Urban	乡村人口 Rural	城镇化水平(%) Lever of Township(%)
福州市	**Fuzhou**	**720.00**	**455.76**	**264.24**	**63.30**
鼓楼区	Gulou	69.00	69.00		100.00
台江区	Taijiang	45.10	45.10		100.00
仓山区	Cangshan	77.10	77.10		100.00
马尾区	Mawei	24.10	16.29	7.81	67.60
晋安区	Jin'an	81.00	79.46	1.54	98.10
福清市	Fuqing	124.20	51.17	73.03	41.20
长乐市	Changle	68.70	28.79	39.91	41.90
闽侯县	Minhou	67.90	31.17	36.73	45.90
连江县	Lianjiang	56.20	20.57	35.63	36.60
罗源县	Luoyuan	20.50	7.56	12.94	36.90
闽清县	Minqing	23.50	7.26	16.24	30.90
永泰县	Yongtai	24.70	7.93	16.77	32.10
平潭县	Pintan	38.00	14.36	23.64	37.80
厦门市	**Xiamen**	**361.00**	**319.49**	**41.51**	**88.50**
思明区	Siming	94.80	94.80		100.00
海沧区	Haicang	29.90	27.06	2.84	90.50
湖里区	Huli	95.60	95.60		100.00
集美区	Jimei	59.50	50.99	8.51	85.70
同安区	Tong'an	50.40	34.22	16.18	67.90
翔安区	Xiang'an	30.80	17.28	13.52	56.10
莆田市	**Putian**	**279.00**	**142.01**	**136.99**	**50.90**
城厢区	Chengxiang	41.50	27.75	13.75	66.87
涵江区	Hanjiang	47.20	36.89	10.31	78.16
荔城区	Licheng	50.10	32.95	17.15	65.77
秀屿区	Xiuyu	57.20	13.75	43.45	24.04
仙游县	Xianyou	83.00	30.67	52.33	36.95
二明市	**Sanming**	**251.00**	**129.27**	**121.73**	**51.50**
梅列区	Meilie	17.77	17.08	0.69	96.14
三元区	Sanyuan	19.92	16.49	3.43	82.80
永安市	Yongan	34.83	21.57	13.26	61.94

22-4 续表1

Continued

单位：万人 (10000 persons)

地区	Area	常住人口数 Total Population on Census	城镇人口 Urban	乡村人口 Rural	城镇化水平(%) Lever of Township(%)
明溪县	Mingxi	10.27	4.69	5.58	45.72
清流县	Qingliu	13.62	5.48	8.14	40.20
宁化县	Ninghua	27.29	8.32	18.97	30.49
大田县	Datian	31.21	13.41	17.80	42.95
尤溪县	Youxi	35.28	13.08	22.20	37.08
沙　县	Shaxian	22.76	13.08	9.68	57.46
将乐县	Jiangle	14.94	7.06	7.88	47.26
泰宁县	Taining	11.05	4.79	6.26	43.38
建宁县	Jianning	12.06	4.22	7.84	34.96
泉州市	**Quanzhou**	**821.00**	**486.85**	**334.15**	**59.30**
鲤城区	Licheng	41.23	41.23		100.00
丰泽区	Fengze	53.84	53.84		100.00
洛江区	Luojiang	18.92	9.50	9.42	50.20
泉港区	Quangang	31.59	13.18	18.41	41.72
石狮市	Shishi	64.67	48.35	16.32	74.76
晋江市	Jinjiang	201.25	120.67	80.58	59.96
南安市	Nan'an	142.84	73.68	69.16	51.58
惠安县	Huian	95.31	47.9	47.41	50.26
安溪县	Anxi	98.22	34.64	63.58	35.27
永春县	Yongchun	45.28	24.29	20.99	53.65
德化县	Dehua	27.85	19.57	8.28	70.27
漳州市	**Zhangzhou**	**484.00**	**231.84**	**252.16**	**47.90**
芗城区	Xiangcheng	54.11	48.03	6.08	88.76
龙文区	Longwen	16.85	14.02	2.83	83.21
龙海市	Longhai	88.29	43.6	44.69	49.35
云霄县	Yunxiao	41.84	17.01	24.83	40.64
漳浦县	Zhangpu	80.92	31.79	49.13	39.28
诏安县	Zhao'an	60.15	20.95	39.20	34.83
长泰县	Changtai	20.79	8.89	11.90	42.76
东山县	Dongshan	21.25	10.54	10.71	49.60
南靖县	Nanjing	33.58	13.81	19.77	41.13

22-4 续表2

Continued

单位：万人 (10000 persons)

地区	Area	常住人口数 Total Population on Census	城镇人口 Urban	乡村人口 Rural	城镇化水平(%) Lever of Township(%)
平和县	Pinghe	50.19	17.1	33.09	34.07
华安县	Hua'an	16.03	6.1	9.93	38.06
南平市	**Nanping**	**265.00**	**135.41**	**129.59**	**51.10**
延平区	Yanping	46.88	30.52	16.36	65.10
邵武市	Shaowu	27.56	18.41	9.15	66.80
武夷山	Wuyishan	23.46	12.38	11.08	52.80
建瓯市	Jian'ou	45.30	19.43	25.87	42.90
建阳市	Jianyang	28.97	15.18	13.79	52.40
顺昌县	Shunchang	19.15	8.77	10.38	45.80
浦城县	Pucheng	30.52	13.03	17.49	42.70
光泽县	Guangze	13.43	5.63	7.80	41.90
松溪县	Songxi	12.55	5.17	7.38	41.20
政和县	Zhenghe	17.19	6.89	10.30	40.10
龙岩市	**Longyan**	**256.00**	**121.6**	**134.40**	**47.50**
新罗区	Xinluo	67.12	47.02	20.10	70.06
漳平市	Zhangping	23.93	12.08	11.85	50.50
长汀县	Changting	39.27	17.52	21.75	44.61
永定县	Yongding	36.08	14.24	21.84	39.47
上杭县	Shanghang	37.20	12.50	24.70	33.60
武平县	Wuping	27.67	9.03	18.64	32.62
连城县	Liancheng	24.73	9.21	15.52	37.23
宁德市	**Ningde**	**283.00**	**139.25**	**143.75**	**49.20**
蕉城区	Jiaocheng	43.46	26.21	17.25	60.30
福安市	Fu'an	56.75	33.32	23.43	58.71
福鼎市	Fuding	53.35	27.74	25.61	52.00
霞浦县	Xiapu	46.13	18.25	27.88	39.56
古田县	Gutian	32.50	11.62	20.88	35.75
屏南县	Pingnan	13.50	5.02	8.48	37.18
寿宁县	Shouning	17.51	7.27	10.24	41.50
周宁县	Zhouning	11.00	4.84	6.16	44.00
柘荣县	Zherong	8.80	4.98	3.82	56.55

22-5 城镇单位年末从业人员数（2011年）

Persons Employed in Urban Units at the Year-end (2011)

单位：人 (person)

地区	Area	单位从业人员数 Number of persons Employed in Units	在岗职工 Number of Staff and Workers on the Job	国有 State-Owned Units	城镇集体 Urban Collective - Owned Units	其他 Units of Other Types of Ownerships	其他从业人员 Other Employed Persons
福州市	**Fuzhou**	**1280693**	**1091669**	**314971**	**35445**	**741253**	**70621**
福州市辖区	District under Fuzhou	750762	609864	204130	16973	388761	52545
福清市	Fuqing	204585	196691	27359	3954	165378	4959
长乐市	Changle	50532	45097	15035	1476	28586	4056
闽侯县	Minhou	90907	85148	20561	3530	61057	3999
连江县	Lianjiang	110808	88052	12467	1578	74007	1746
罗源县	Luoyuan	16816	16034	7070	267	8697	220
闽清县	Minqing	23492	22551	9581	6561	6409	175
永泰县	Yongtai	12222	11053	9088	464	1501	617
平潭县	Pingtan	20569	17179	9680	642	6857	2304
厦门市	**Xiamen**	**1105001**	**960740**	**169515**	**11127**	**780098**	**25583**
莆田市	**Putian**	**340227**	**321560**	**94625**	**5999**	**220936**	**11249**
莆田市辖区	District under Putian	300745	283846	74625	4629	204592	10413
仙游县	Xianyou	38056	36326	18954	1355	16017	800
三明市	**Sanming**	**237857**	**213542**	**121785**	**12480**	**79277**	**12179**
三明市辖区	District under Sanming	73076	65922	33994	3315	28613	3505
永安市	Yongan	40575	34260	17962	2234	14064	1917
明溪县	Mingxi	8926	6319	5171	289	859	2145
清流县	Qingliu	13005	12139	6356	491	5292	774
宁化县	Ninghua	12486	11667	9373	497	1797	543
大田县	Datian	20709	19719	11028	2651	6040	587
尤溪县	Youxi	17475	16855	11215	991	4649	322
沙县	Shaxian	22015	19705	8678	1164	9863	622
将乐县	Jiangle	10064	9478	7034	365	2079	282
泰宁县	Taining	7683	7183	5654	140	1389	70
建宁县	Jianning	11843	10295	5320	343	4632	1412
泉州市	**Quanzhou**	**1739566**	**1684924**	**226114**	**31233**	**1427577**	**36830**
泉州市辖区	District under Quanzhou	377032	360974	97183	6977	256814	12968
石狮市	Shishi	159312	156019	6481	8897	140641	2594
晋江市	Jinjiang	615460	605367	30041	5210	570116	5945
南安市	Nan'an	122390	116584	28243	3205	85136	3265
惠安县	Huian	209872	199063	16317	2006	180740	5785
安溪县	Anxi	104935	99016	24557	1918	72541	4219
永春县	Yongchun	45578	44655	11943	2185	30527	717
德化县	Dehua	31171	30359	9066	516	20777	700
漳州市	**Zhangzhou**	**457015**	**390976**	**134816**	**13736**	**242424**	**48351**
漳州市辖区	District under Zhangzhou	138556	108345	39103	3899	65343	16769
龙海市	Longhai	89472	83212	17675	1918	63619	4692

22-5 续表

Continued

单位：人 (person)

地区	Area	单位从业人员数 Number of persons Employed in Units	在岗职工 Number of Staff and Workers on the Job	国有 State-Owned Units	城镇集体 Urban Collective - Owned Units	其他 Units of Other Types of Ownerships	其他从业人员 Other Employed Persons
云霄县	Yunxiao	24396	17617	10606	968	6043	6608
漳浦县	Zhangpu	61615	50266	16527	1432	32307	11039
诏安县	Zhao'an	29935	24880	10816	742	13322	4929
长泰县	Changtai	33121	31913	5717	1064	25132	519
东山县	Dongshan	18950	17370	8532	282	8556	1140
南靖县	Nanjing	23921	22851	8748	1358	12745	724
平和县	Pinghe	20879	19707	11815	1379	6513	1065
华安县	Hua'an	15255	14143	5189	694	8260	864
南平市	**Nanping**	**250962**	**218780**	**113729**	**7330**	**97721**	**14688**
南平市辖区	District under Nanping	73266	58316	30126	1698	26492	2801
邵武市	Shaowu	36179	33347	13249	905	19193	2093
武夷山市	Wuyishan	23848	19429	10763	775	7891	3565
建瓯市	Jian'ou	19430	17971	12588	1047	4336	706
建阳市	Jianyang	19287	17347	11686	730	4931	1492
顺昌县	Shunchang	20825	18155	7866	738	9551	1860
浦城县	Pucheng	18151	16000	9759	830	5411	1027
光泽县	Guangze	20832	20242	5906	106	14230	423
松溪县	Songxi	8706	8008	5724	238	2046	512
政和县	Zhenghe	10438	9965	6062	263	3640	209
龙岩市	**Longyan**	**343882**	**315237**	**111885**	**12691**	**190661**	**14386**
龙岩市辖区	District under Longyan	150903	135226	40500	7169	87557	7299
漳平市	Zhangping	27577	25781	12155	1190	12436	1096
长汀县	Changting	56885	55329	11452	1418	42459	1143
永定县	Yongding	27527	26100	15660	1354	9086	757
上杭县	Shanghang	36671	32941	13135	292	19514	1497
武平县	Wuping	25967	23180	9746	505	12929	1782
连城县	Liancheng	18276	16635	9192	763	6680	795
宁德市	**Ningde**	**176820**	**159850**	**109058**	**5994**	**44798**	**10724**
宁德市辖区	District under Ningde	58099	52118	30086	437	21595	3779
福安市	Fu'an	28366	27297	20286	1294	5717	500
福鼎市	Fuding	22560	21214	13427	1057	6730	683
霞浦县	Xiapu	17844	15524	11058	782	3684	1129
古田县	Gutian	17001	14360	10625	1140	2595	2115
屏南县	Pingnan	9151	8302	6119	252	1931	207
寿宁县	Shouning	9186	8126	7404	127	595	911
周宁县	Zhouning	7512	6667	5881	586	200	616
柘荣县	Zherong	7101	6242	4172	319	1751	784

22-6 城镇固定资产投资（2011年）

Fixed Asset Investment in Urban(2011)

单位：万元 (10000 yuan)

地区	Area	固定资产投资 Investment in Fixed Assets	按三次产业分 Gruop by Three Stata of Industry 第一产业 Primary Industy	第二产业 Secondary Industy	第三产业 Tertiary Industy	本年新增固定资产 Newly Increased Fixed Assests	本年住宅竣工面积(平方米) Floor Space of Completed Residential Buildings (sq.m)
福州市	**Fuzhou**	**26496316**	**202050**	**6547127**	**19747139**	**9443930**	**5448791**
福州市辖区	District under Fuzhou	11943827	37056	1366079	10540692	4061028	3414652
福清市	Fuqing	3557652	111458	1984311	1461883	1247273	399951
长乐市	Changle	2165105		1306748	858357	1437294	786139
闽侯县	Minhou	2574486	15802	764459	1794225	616444	240130
连江县	Lianjiang	1696335	11695	433686	1250954	1023970	300733
罗源县	Luoyuan	854215	4395	411509	438311	561438	
闽清县	Minqing	151083	2250	62187	86646	79931	10137
永泰县	Yongtai	226875		30554	196321	72006	83280
平潭县	Pintan	1918278	19394	187594	1711290	344546	213769
厦门市	**Xiamen**	**11121734**	**2276**	**2329935**	**8789523**	**4698577**	**3839437**
莆田市	**Putian**	**6502138**	**95156**	**2221832**	**4185150**	**2513039**	**1447186**
莆田市辖区	District under Putian	5275386	61524	1833979	3379883	2007638	1295763
仙游县	Xianyou	872588	33632	387853	451103	505401	151423
三明市	**Sanming**	**7815015**	**165290**	**4089606**	**3560119**	**5493709**	**1687842**
三明市辖区	District under Sanming	1536193	1985	707358	826850	1373455	453211
永安市	Yongan	1097506	12879	669708	414919	794827	319554
明溪县	Mingxi	255747	20757	132972	102018	145507	32815
清流县	Qingliu	343002	39880	177838	125284	334101	61887
宁化县	Ninghua	466242	23094	283869	159279	359986	142506
大田县	Datian	761711	2477	631605	127629	545894	61298
尤溪县	Youxi	619696	8148	475939	135609	450361	79469
沙县	Shaxian	890032	26272	426899	436861	538418	225333
将乐县	Jiangle	443569	26066	271474	146029	316584	120335
泰宁县	Taining	284753	3732	142610	138411	345215	144115
建宁县	Jianning	279197		169334	109863	289361	47319
泉州市	**Quanzhou**	**14549018**	**64034**	**6637882**	**7847102**	**7627777**	**4533773**
泉州市辖区	District under Quanzhou	3198478	5362	888028	2305088	1223695	1792098
石狮市	Shishi	1626058	17327	866037	742694	950829	206952
晋江市	Jinjiang	3528706		1792189	1736517	2022805	879504
南安市	Nan'an	1830425	3690	1058321	768414	886686	631125
惠安县	Huian	2002741	17615	1354517	630609	1781672	319642
安溪县	Anxi	904735	15480	337798	551457	533450	455304
永春县	Yongchun	354141		182605	171536	85736	38123
德化县	Dehua	319049	4560	158387	156102	142904	211025
漳州市	**Zhangzhou**	**10305004**	**47848**	**5123395**	**5133761**	**4170417**	**1499391**
漳州市辖区	District under Zhangzhou	2132455	5391	592418	1534646	983069	872416

注：1.本表不包含城镇私人建房投资；2.本表中分县（市、区）不包含跨区建设的高速公路、铁路项目投资。

Note: a)The data in this table excluded the Investment in private housing construction. b)The data in this table excluded the investment of highway.

22-6 续表

Continued

单位：万元 (10000 yuan)

地区	Area	固定资产投资 Investment in Fixed Assets	按三次产业分 Gruop by Three Stata of Industry 第一产业 Primary Industy	第二产业 Secondary Industy	第三产业 Tertiary Industy	本年新增固定资产 Newly Increased Fixed Assests	本年住宅竣工面积(平方米) Floor Space of Completed Residential Buildings (sq.m)
龙海市	Longhai	1938465	5714	1181425	751326	646098	187269
云霄县	Yunxiao	462655		306374	156281	161381	78028
漳浦县	Zhangpu	1269056	5497	845121	418438	176763	47948
诏安县	Zhao'an	504017	8199	365792	130026	306985	52079
长泰县	Changtai	1029000	8175	640377	380448	890855	40831
东山县	Dongshan	660075	2045	396421	261609	350714	98232
南靖县	Nanjing	575864	5963	306856	263045	376570	21517
平和县	Pinghe	390718	6864	146358	237496	157171	85875
华安县	Hua'an	526756		342253	184503	120811	15196
南平市	**Nanping**	**5776732**	**221353**	**2070796**	**3484583**	**2871906**	**1886284**
南平市辖区	District under Nanping	725354	19215	256866	449273	429855	605272
邵武市	Shaowu	704234	37206	429880	237148	431425	162379
武夷山市	Wuyishan	819242	50000	158404	610838	568918	388251
建瓯市	Jian'ou	632217	20680	287496	324041	355751	60817
建阳市	Jianyang	739035	10512	351559	376964	532268	377088
顺昌县	Shunchang	198498	11345	97270	89883	134194	160011
浦城县	Pucheng	510422	63075	318610	128737	333088	71481
光泽县	Guangze	195878	1389	121126	73363	57873	39591
松溪县	Songxi	85982	7931	29994	48057	7075	
政和县	Zhenghe	67121		19591	47530	21459	21394
龙岩市	**Longyan**	**6860238**	**63436**	**3462760**	**3334042**	**3621141**	**1726429**
龙岩市辖区	District under Longyan	2460157	12757	1129301	1318099	1375862	501800
漳平市	Zhangping	746035	4095	501284	240656	408470	629883
长汀县	Changting	592780	21946	381878	188956	488952	118999
永定县	Yongding	506282	2270	283218	220794	286944	136787
上杭县	Shanghang	806610		486708	319902	418750	203787
武平县	Wuping	560847	2482	338072	220293	330276	83801
连城县	Liancheng	495499	19886	342299	133314	311887	51372
宁德市	**Ningde**	**4284035**	**43676**	**2180799**	**2059560**	**1448262**	**1081456**
宁德市辖区	District under Ningde	1710358	5830	1114412	590116	259840	221536
福安市	Fu'an	618558		298779	319779	351009	261063
福鼎市	Fuding	604249	3196	319867	281186	262785	196959
霞浦县	Xiapu	363253	3772	173191	186290	130708	120752
古田县	Gutian	87769	4005	19312	64452	96065	19126
屏南县	Pingnan	129324	14690	46763	67871	111589	112289
寿宁县	Shouning	212128	7102	85239	119787	116098	114030
周宁县	Zhouning	100529	1021	35697	63811	55357	3703
柘荣县	Zherong	131552	4060	87539	39953	64811	31998

22-7 房地产开发投资（2011年）

Investment in Real Estate Development(2011)

单位：万元　　(10000 yuan)

地区	Area	房地产投资 Investment in Real Estate Development	按工程用途分 By use of Project：住宅 Residential Buildings	办公楼 Office Buildings	商业营业用房 Houses for Business Use	其他 Other	本年新增固定资产 Newly Increased Fixed Assests	本年住宅竣工面积（平方米） Floor Space of Completed Residential Buildings (sq.m)
福州市	**Fuzhou**	**9564451**	**6875136**	**410643**	**823956**	**1454716**	**1756326**	**4578680**
福州市辖区	District under Fuzhou	6350477	4234164	408135	658527	1049651	1117686	3048503
福清市	Fuqing	525112	391535	40	44292	89245	138530	399951
长乐市	Changle	510510	393170	246	13660	103434	202730	416319
闽侯县	Minhou	910646	789657	32	34180	86777	152452	235020
连江县	Lianjiang	528932	474466	190	21828	32448	54155	176713
罗源县	Luoyuan	191554	113847		21277	56430		
闽清县	Minqing	64334	54555		9224	555	1420	5125
永泰县	Yongtai	78567	72138		1381	5048	25036	83280
平潭县	Pintan	404319	351604	2000	19587	31128	64317	213769
厦门市	**Xiamen**	**4363097**	**2545342**	**303502**	**396356**	**1117897**	**1348632**	**3768337**
莆田市	**Putian**	**1528347**	**931819**	**68775**	**286545**	**241208**	**426922**	**1140414**
莆田市辖区	District under Putian	1266825	775705	65659	202943	222518	368299	1002011
仙游县	Xianyou	261522	156114	3116	83602	18690	58623	138403
三明市	**Sanming**	**1057275**	**700222**	**10547**	**171703**	**174803**	**488297**	**1482632**
三明市辖区	District under Sanming	287184	189449	3450	36905	57380	122044	395005
永安市	Yongan	254704	181684	4386	35154	33480	95527	304463
明溪县	Mingxi	37532	6868		23055	7609	3048	19259
清流县	Qingliu	26861	21191	678	4751	241	12580	61887
宁化县	Ninghua	57234	34955	510	18136	3633	55514	142506
大田县	Datian	41557	25401	356	11327	4473	40130	61298
尤溪县	Youxi	93357	63052		5242	25063	12259	79469
沙县	Shaxian	144390	105736		7866	30788	75005	142833
将乐县	Jiangle	67040	36835	412	20012	9781	28221	84478
泰宁县	Taining	28957	22282		5070	1605	28217	144115
建宁县	Jianning	18459	12769	755	4185	750	15752	47319
泉州市	**Quanzhou**	**2732351**	**1638107**	**75132**	**301606**	**717506**	**1218562**	**4237011**
泉州市辖区	District under Quanzhou	856705	591354	31528	116344	117479	534537	1773042
石狮市	Shishi	212582	128622	3157	7695	73108	121438	203701
晋江市	Jinjiang	799381	343587	8140	60348	387306	217813	770070
南安市	Nan'an	410231	241792	16848	63261	88330	111826	540162
惠安县	Huian	175024	131048	12752	9562	21662	88708	319642
安溪县	Anxi	190254	132791	2390	38374	16699	89100	387446
永春县	Yongchun	39535	30785	255	2452	6043	12190	31923
德化县	Dehua	48639	38128	62	3570	6879	42950	211025
漳州市	**Zhangzhou**	**2234841**	**1537684**	**26652**	**265263**	**405242**	**479136**	**1414025**
漳州市辖区	District under Zhangzhou	1112000	659189	17194	139872	295745	361313	872416

注：本表数据根据全省基层数据库汇总整理。

Note:The data in this table comes from the Basic Database.

22-7 续表

Continued

单位：万元 (10000 yuan)

地区	Area	房地产投资 Investment in Real Estate Development	按工程用途分 By use of Project 住宅 Residential Buildings	办公楼 Office Buildings	商业营业用房 Houses for Business Use	其他 Other	本年新增固定资产 Newly Increased Fixed Assests	本年住宅竣工面积（平方米） Floor Space of Completed Residential Buildings (sq.m)
龙海市	Longhai	327958	272454	174	29779	25551	48452	177269
云霄县	Yunxiao	63883	58676		4399	808	13764	78028
漳浦县	Zhangpu	159429	100829	7069	32298	19233	12261	47648
诏安县	Zhao'an	38553	31458		5002	2093	8870	51109
长泰县	Changtai	155101	124200	500	7345	23056	6930	30191
东山县	Dongshan	174889	130721	15	18696	25457	17132	98232
南靖县	Nanjing	88109	65052	1700	11576	9781	4716	17467
平和县	Pinghe	62905	55606		4782	2517	4578	34875
华安县	Hua'an	52014	39499		11514	1001	1120	6790
南平市	**Nanping**	**683070**	**517612**	**6923**	**80107**	**78428**	**339595**	**1433531**
南平市辖区	District under Nanping	195991	145548		11253	39190	62263	244493
邵武市	Shaowu	55027	48899		4558	1570	37993	158579
武夷山市	Wuyishan	101247	81420	3750	14337	1740	78507	386851
建瓯市	Jian'ou	52101	40079	353	10095	1574	11338	51367
建阳市	Jianyang	126240	97885	2488	19919	5948	86342	346664
顺昌县	Shunchang	35497	25736		5178	4583	33479	119011
浦城县	Pucheng	30306	25743		3030	1533	15282	69831
光泽县	Guangze	41457	21686	332	1290	18149	11702	39591
松溪县	Songxi	20777	16169		869	3739		
政和县	Zhenghe	24427	14447		9578	402	2689	17144
龙岩市	**Longyan**	**878315**	**483614**	**83063**	**158277**	**153361**	**359182**	**1131366**
龙岩市辖区	District under Longyan	470990	206400	78529	81446	104615	136356	307120
漳平市	Zhangping	81692	62857	355	11776	6704	98012	441194
长汀县	Changting	60543	47938	220	8730	3655	15683	106999
永定县	Yongding	61147	33347	430	14983	12387	30666	110129
上杭县	Shanghang	82130	46790	2314	20429	12597	40417	85854
武平县	Wuping	94127	64525	725	17034	11843	28975	55968
连城县	Liancheng	27686	21757	490	3879	1560	9073	24102
宁德市	**Ningde**	**984309**	**686094**	**16633**	**161333**	**120249**	**270595**	**887426**
宁德市辖区	District under Ningde	450550	289643	1447	87339	72121	84703	188826
福安市	Fu'an	130551	88980	10796	24401	6374	55987	261063
福鼎市	Fuding	157953	119473	206	19368	18906	55130	170763
霞浦县	Xiapu	89956	53287	2484	17773	16412	18258	69478
古田县	Gutian	36431	33633	348	1105	1345	5472	19126
屏南县	Pingnan	22748	14956	1332	4063	2397	37149	110289
寿宁县	Shouning	59545	53247		5700	598	8460	39628
周宁县	Zhouning	18264	15001		1172	2091	901	3703
柘荣县	Zherong	18311	17874	20	412	5	4535	24550

22-8 城镇单位在岗职工平均工资（2011年）

Average Annual Wages of Staff and Worker on the Job in Urban Areas(2011)

单位：元　　(yuan)

地区	Area	在岗职工平均工资 Total Wages of Staff and Workers on the Job	国有 State-Owned Units	城镇集体 Urban Collective-Owned Unit	其他 Units of Other Types of Ownerships	在岗职工平均工资比上年增长(%) Increase Rate in 2010 over 2009(%)
福州市	**Fuzhou**	**41725**	**50528**	**30412**	**38429**	**19.9**
福州市辖区	District under Fuzhou	43225	50777	28564	40005	13.8
福清市	Fuqing	37124	48244	35341	35355	26.7
长乐市	Changle	45699	53611	36406	41960	33.3
闽侯县	Minhou	37208	51103	22029	33384	22.9
连江县	Lianjiang	44291	51402	40666	42628	48.6
罗源县	Luoyuan	41224	48970	53487	34152	29.4
闽清县	Minqing	40206	53594	31597	29457	14.2
永泰县	Yongtai	37300	39904	27116	24819	19.4
平潭县	Pingtan	42054	52206	35065	29772	22.8
厦门市	**Xiamen**	**46098**	**70111**	**40395**	**41198**	**14.4**
莆田市	**Putian**	**34083**	**42583**	**38769**	**30313**	**22.5**
莆田市辖区	District under Putian	34199	43786	40863	30571	22.1
仙游县	Xianyou	33153	38036	32913	27342	24.7
三明市	**Sanming**	**37114**	**37603**	**31738**	**37218**	**21.3**
三明市辖区	District under Sanming	40871	39000	25574	44494	20.0
永安市	Yongan	37761	42390	33285	33404	20.2
明溪县	Mingxi	34850	36154	26676	29360	23.1
清流县	Qingliu	32960	36699	31828	28570	18.7
宁化县	Ninghua	34468	35311	19864	34216	14.8
大田县	Datian	31378	37152	36870	18673	22.8
尤溪县	Youxi	33215	32834	34136	33970	18.1
沙县	Shaxian	33107	36454	33207	30168	11.5
将乐县	Jiangle	39346	37878	36184	45086	38.1
泰宁县	Taining	36227	35703	32890	38815	31.9
建宁县	Jianning	44033	34036	47326	55428	54.3
泉州市	**Quanzhou**	**35902**	**52542**	**37040**	**33224**	**24.2**
泉州市辖区	District under Quanzhou	36314	53246	34415	30009	24.0
石狮市	Shishi	38797	55015	34702	38301	45.8
晋江市	Jinjiang	32888	63437	43788	31190	13.3
南安市	Nan'an	45604	50471	39489	44147	47.4
惠安县	Huian	39927	52788	36614	38672	35.3
安溪县	Anxi	35804	47445	38024	32181	31.3
永春县	Yongchun	31304	42447	37157	26651	17.1
德化县	Dehua	31666	41174	29596	27695	29.0
漳州市	**Zhangzhou**	**34898**	**42108**	**35198**	**30650**	**18.2**
漳州市辖区	District under Zhangzhou	38335	47406	30760	32499	14.7
龙海市	Longhai	37618	42820	37783	36115	16.9

22-8 续表

Continued

单位：元 (yuan)

地区	Area	在岗职工平均工资 Total Wages of Staff and Workers on the Job	国有 State-Owned Units	城镇集体 Urban Collective-Owned Unit	其他 Units of Other Types of Ownerships	在岗职工平均工资比上年增长(%) Increase Rate in 2010 over 2009(%)
云霄县	Yunxiao	32935	39117	24249	23387	19.4
漳浦县	Zhangpu	32458	38217	42792	28917	27.2
诏安县	Zhao'an	27603	33524	36585	22207	15.3
长泰县	Changtai	32466	45204	54352	28825	21.9
东山县	Dongshan	32088	42332	60299	20948	22.3
南靖县	Nanjing	34051	42423	23897	29424	19.6
平和县	Pinghe	29502	33938	33994	20856	11.8
华安县	Hua'an	32069	42305	41510	24522	13.2
南平市	**Nanping**	**33378**	**38884**	**27759**	**27319**	**17.9**
南平市辖区	District under Nanping	37080	43575	28240	31072	20.6
邵武市	Shaowu	31219	39535	32125	25232	16.8
武夷山市	Wuyishan	31765	36591	24808	26131	16.2
建瓯市	Jian'ou	34704	37378	20621	30082	24.3
建阳市	Jianyang	34253	38888	24879	24748	17.2
顺昌县	Shunchang	30848	34686	30753	26882	18.5
浦城县	Pucheng	33481	38291	30125	24980	16.5
光泽县	Guangze	28204	36126	11427	24525	15.1
松溪县	Songxi	30928	34161	43203	19491	6.2
政和县	Zhenghe	30260	32914	28057	25851	12.9
龙岩市	**Longyan**	**35557**	**42117**	**35106**	**31555**	**15.3**
龙岩市辖区	District under Longyan	39323	50911	34690	34131	14.1
漳平市	Zhangping	37547	41549	41623	33006	15.3
长汀县	Changting	27925	34375	37791	25681	25.5
永定县	Yongding	37506	38220	38989	35635	17.6
上杭县	Shanghang	38558	40621	20224	37491	17.5
武平县	Wuping	27994	33112	23988	24007	0.3
连城县	Liancheng	27569	31888	29987	21085	12.1
宁德市	**Ningde**	**38311**	**39717**	**41282**	**34196**	**22.4**
宁德市辖区	District under Ningde	40661	45184	31677	33934	14.3
福安市	Fu'an	41141	40726	61950	37533	38.4
福鼎市	Fuding	41783	42218	52491	39099	23.4
霞浦县	Xiapu	33011	35055	29358	27326	19.8
古田县	Gutian	35149	37640	32080	25952	22.3
屏南县	Pingnan	33157	33279	36517	32129	26.9
寿宁县	Shouning	33869	33983	34347	32525	18.9
周宁县	Zhouning	32113	32711	26523	34240	21.1
柘荣县	Zherong	36183	36311	34505	36179	19.3

22-9 农民人均纯收入及生活消费支出（2011年）

Peasants' Net Income and Consumption Expenditure Per Capita(2011)

单位：元 (yuan)

地区	Area	农民人均纯收入 Per Capita Net Income of Rural Residence	人均生活消费支出 Per Capita Living Expenditure	#食品 Food	#衣着 Clothing	#居住 Residence	农民人均纯收入比上年增长(%) Ratio(%)
福州市	**Fuzhou**	**10107**	**7353**	**3294**	**528**	**1014**	**18.3**
福州市辖区	District under Fuzhou	13257	9190	4095	664	1040	14.6
福清市	Fuqing	11913	7468	3391	570	1062	17.4
长乐市	Changle	11709	7965	3642	711	791	17.5
闽侯县	Minhou	9512	7158	3301	499	844	18.5
连江县	Lianjiang	9081	6751	3163	403	810	17.3
罗源县	Luoyuan	8243	7710	3210	637	1725	18.4
闽清县	Minqing	8163	6375	2915	434	951	17.4
永泰县	Yongtai	7338	5346	2548	285	732	18.4
平潭县	Pintan	7978	6415	2664	397	1030	21.1
厦门市	**Xiamen**	**11928**	**9142**	**3947**	**599**	**1412**	**18.9**
莆田市	**Putian**	**9066**	**6748**	**3158**	**334**	**1133**	**18.3**
莆田市辖区	District under Putian	9503	7204	3358	358	1225	18.8
仙游县	Xianyou	7562	5177	2469	251	815	16.4
三明市	**Sanming**	**8205**	**5896**	**2741**	**387**	**888**	**18.1**
三明市辖区	District under Sanming	9247	7100	3227	565	545	15.8
永安市	Yongan	8586	7930	3708	579	1289	16.2
明溪县	Mingxi	7690	5459	2582	411	679	14.3
清流县	Qingliu	8177	5016	2441	194	878	18.5
宁化县	Ninghua	7366	5397	2590	203	1184	19.0
大田县	Datian	8227	6095	2776	439	798	20.3
尤溪县	Youxi	8322	5931	2866	317	629	17.0
沙县	Shaxian	9113	7684	3228	695	1419	17.3
将乐县	Jiangle	8033	4565	2111	233	817	19.2
泰宁县	Taining	7837	5296	2606	326	888	16.8
建宁县	Jianning	7507	4506	2091	328	748	18.8
泉州市	**Quanzhou**	**10578**	**7701**	**3269**	**490**	**1232**	**13.8**
泉州市辖区	District under Quanzhou	10005	7002	3075	405	1175	13.7
石狮市	Shishi	14228	9619	3744	654	1251	13.9
晋江市	Jinjiang	11965	10037	4154	717	1517	13.5
南安市	Nan'an	10923	7966	3367	397	1638	14.2
惠安县	Huian	10930	7420	3153	605	989	14.4
安溪县	Anxi	9542	7505	3241	386	1405	13.5
永春县	Yongchun	8808	5855	2588	388	887	12.6
德化县	Dehua	8223	6876	3024	468	842	11.8
漳州市	**Zhangzhou**	**9128**	**6650**	**3181**	**304**	**1017**	**16.1**
漳州市辖区	District under Zhangzhou	9389	7719	3394	276	774	13.6
龙海市	Longhai	9131	6515	3328	335	821	13.3

22-9 续表

Continued

单位：元 (yuan)

地区	Area	农民人均纯收入 Per Capita Net Income of Rural Residence	人均生活消费支出 Per Capita Living Expenditure	#食品 Food	#衣着 Clothing	#居住 Residence	农民人均纯收入比上年增长(%) Ratio(%)
云霄县	Yunxiao	8384	5728	3033	257	967	14.9
漳浦县	Zhangpu	9346	6756	2960	295	1926	16.8
诏安县	Zhao'an	8575	5846	2827	342	887	17.4
长泰县	Changtai	9278	7680	3457	353	1238	17.3
东山县	Dongshan	10153	6759	3478	314	1001	19.6
南靖县	Nanjing	8631	6381	3063	362	706	15.4
平和县	Pinghe	8812	5485	2704	193	895	15.9
华安县	Hua'an	9256	6689	3347	338	1089	15.6
南平市	**Nanping**	**7861**	**5787**	**2606**	**375**	**980**	**16.3**
南平市辖区	District under Nanping	9066	6088	2680	430	909	17.9
邵武市	Shaowu	9210	7319	3154	355	1177	17.2
武夷山市	Wuyishan	8932	6309	3054	444	977	14.7
建瓯市	Jian'ou	9114	5537	2366	427	1034	14.9
建阳市	Jianyang	8267	6102	2614	351	1172	17.0
顺昌县	Shunchang	7910	5474	2464	360	936	16.5
浦城县	Pucheng	7841	5151	2290	345	891	16.3
光泽县	Guangze	6756	5723	2605	406	1218	16.7
松溪县	Songxi	5546	5228	2465	363	754	13.5
政和县	Zhenghe	5792	5039	2413	242	659	13.1
龙岩市	**Longyan**	**8234**	**6161**	**2833**	**311**	**911**	**18.8**
龙岩市辖区	District under Longyan	11207	7886	3688	537	785	17.5
漳平市	Zhangping	8284	5530	2348	384	835	18.3
长汀县	Changting	7085	5707	2576	171	1402	18.8
永定县	Yongding	8926	6218	3012	390	605	18.4
上杭县	Shanghang	7402	6140	2945	214	855	19.1
武平县	Wuping	7634	6009	2612	213	1107	19.2
连城县	Liancheng	7484	5594	2579	336	692	17.7
宁德市	**Ningde**	**7756**	**5338**	**2571**	**333**	**903**	**18.5**
宁德市辖区	District under Ningde	7723	4974	2483	256	904	19.4
福安市	Fu'an	8372	6315	3000	483	1133	19.1
福鼎市	Fuding	8185	6595	2974	452	993	19.0
霞浦县	Xiapu	8195	5654	3103	315	873	18.0
古田县	Gutian	9012	5385	2549	237	1093	18.2
屏南县	Pingnan	7104	4540	2172	448	523	20.2
寿宁县	Shouning	6920	5059	2497	199	772	18.8
周宁县	Zhouning	7251	5141	2287	299	1081	18.4
柘荣县	Zherong	7114	4448	2099	306	781	18.7

22-10 城镇居民人均可支配收入及人均生活消费支出（2011年）

Annual Per Capita Disposable Income and Per Capita Consumption of Urban Households(2011)

单位：元 (yuan)

项目	Item	城镇居民人均可支配收入 Annual Per Capita Disposable Income of Urban Households	城市居民人均消费支出 Per Capita Consumption of Urban Households	食品 Food	衣着 Clothing	居住 Residence	城镇居民人均可支配收入比上年同期累计增长(%) Ratio(%)
福州市	**Fuzhou**	**26050**	**17847**	**6722**	**1875**	**1591**	**14.6**
福州市辖区	District under Fuzhou	26633	18363	6907	1870	1659	14.6
福清市	Fuqing	26380	18258	6407	2467	1561	14.9
长乐市	Changle	26731	17193	6459	1796	1408	14.4
闽侯县	Minhou	26172	15017	5471	1344	969	15.3
连江县	Lianjiang	22085	14551	6092	1426	1369	15.0
罗源县	Luoyuan	19217	13188	5836	2097	992	14.8
闽清县	Minqing	18278	12171	4952	1340	1047	14.0
永泰县	Yongtai	17847	13251	5481	1454	1195	14.0
平潭县	Pintan	22123	14339	5214	1962	1160	15.2
厦门市	**Xiamen**	**33565**	**22314**	**7897**	**1590**	**2482**	**14.7**
莆田市	**Putian**	**21843**	**14282**	**6188**	**1223**	**1570**	**14.6**
莆田市辖区	District under Putian	22937	15034	6400	1262	1681	14.5
仙游县	Xianyou	16775	10798	5210	1042	1058	15.0
三明市	**Sanming**	**20778**	**13825**	**5620**	**1505**	**1307**	**14.2**
三明市辖区	District under Sanming	22724	15308	5989	1650	1664	14.0
永安市	Yongan	20676	14558	5841	1706	1058	15.5
明溪县	Mingxi	16792	11061	5084	1485	952	13.8
清流县	Qingliu	17829	11331	4941	1155	899	14.1
宁化县	Ninghua	16797	10662	5005	1038	1039	13.8
大田县	Datian	19565	11260	4740	1089	1417	14.3
尤溪县	Youxi	18194	11564	4788	1204	626	15.2
沙县	Shaxian	20280	13623	5849	1474	1119	14.0
将乐县	Jiangle	18443	11349	4904	1057	836	14.2
泰宁县	Taining	18068	10418	4436	1197	945	13.7
建宁县	Jianning	16922	11577	5040	1327	1349	15.2
泉州市	**Quanzhou**	**28703**	**18413**	**7046**	**1455**	**2122**	**14.1**
泉州市辖区	District under Quanzhou	31207	19614	7303	1486	2477	13.7
石狮市	Shishi	32365	18788	6989	1906	1512	14.0
晋江市	Jinjiang	24731	16306	6501	1179	2352	13.1
南安市	Nan'an	24326	17087	6974	1515	1256	14.0
惠安县	Huian	24048	15346	6348	1225	1295	14.2
安溪县	Anxi	15876	11035	5011	1139	1319	13.6
永春县	Yongchun	17229	10751	4736	1014	996	13.7
德化县	Dehua	17857	13095	5424	1439	1575	11.3
漳州市	**Zhangzhou**	**21137**	**14314**	**6335**	**1182**	**1351**	**14.4**

22-10 续表

Continued

单位：元 (yuan)

项目	Item	城镇居民人均可支配收入 Annual Per Capita Disposable Income of Urban Households	城市居民人均消费支出 Per Capita Consumption of Urban Households	食品 Food	衣着 Clothing	居住 Residence	城镇居民人均可支配收入比上年同期累计增长(%) Ratio(%)
漳州市辖区	District under Zhangzhou	22426	15265	6658	1234	1427	14.1
龙海市	Longhai	18915	11575	5117	1149	1048	13.5
云霄县	Yunxiao	15297	10060	5171	735	1177	15.2
漳浦县	Zhangpu	17224	12097	5665	830	1343	15.2
诏安县	Zhao'an	14919	12838	5685	1283	1100	15.3
长泰县	Changtai	18208	12749	5308	1129	1673	15.1
东山县	Dongshan	16777	11789	5297	1125	1015	15.2
南靖县	Nanjing	17185	10884	5339	1229	941	15.0
平和县	Pinghe	16139	11396	5196	1019	1669	15.9
华安县	Hua'an	16501	11229	4946	1067	1461	15.5
南平市	**Nanping**	**19735**	**12522**	**5253**	**1196**	**1095**	**13.9**
南平市辖区	District under Nanping	20750	13165	5263	1018	1128	14.8
邵武市	Shaowu	20537	12858	5601	1696	1107	13.6
武夷山市	Wuyishan	19907	12055	5310	1373	1126	12.0
建瓯市	Jian’ou	18851	11782	5435	1160	1090	12.4
建阳市	Jianyang	18989	11976	5019	1513	856	13.5
顺昌县	Shunchang	16608	10997	5067	1383	849	11.3
浦城县	Pucheng	17403	11227	5318	1309	999	12.5
光泽县	Guangze	16476	11052	4773	1472	1027	13.0
松溪县	Songxi	14527	9309	3988	928	1275	12.6
政和县	Zhenghe	15227	11926	4991	1292	1551	10.6
龙岩市	**Longyan**	**21085**	**16337**	**6219**	**1390**	**1567**	**14.6**
龙岩市辖区	District under Longyan	23277	17972	6553	1516	1646	14.3
漳平市	Zhangping	16939	14243	6190	1386	1766	15.0
长汀县	Changting	12378	9821	4745	884	1012	14.6
永定县	Yongding	19591	14049	6240	1384	1028	14.2
上杭县	Shanghang	18000	12525	5271	922	1139	14.5
武平县	Wuping	16119	14757	5180	1077	2487	14.0
连城县	Liancheng	16306	11758	5196	977	1229	14.1
宁德市	**Ningde**	**19314**	**12730**	**5648**	**1395**	**1154**	**14.9**
宁德市辖区	District under Ningde	19724	12998	5786	1548	1046	13.6
福安市	Fu'an	19924	12879	6078	1242	1358	17.4
福鼎市	Fuding	20214	13886	5933	1453	1394	16.9
霞浦县	Xiapu	18893	12177	5097	1192	1258	17.8
古田县	Gutian	16870	10983	4878	1118	1022	14.0
屏南县	Pingnan						
寿宁县	Shouning						
周宁县	Zhouning	14825	10747	5167	1185	1114	16.3
柘荣县	Zherong						

22-11 地方财政收入（2011年）

Budgetary Revenue of Local Government(2011)

单位：万元 (10000 yuan)

地区	Area	地方财政收入 Budgetary Revenue of Local Government	#增值税 Value-added Tax	#营业税 Business Tax	#企业所得税 Enterprises' Income Tax	#个人所得税 Individual Income Tax
福州市	**Fuzhou**	**3200356**	**291191**	**895716**	**404238**	**190076**
鼓楼区	Gulou	214780	21702	55024	49670	
台江区	Tianjiang	128913	16545	21182	24167	
仓山区	Cangshan	133377	14220	39401	23658	
晋安区	Jin'an	122126	15833	38775	15246	
马尾区	Mawei	180032	20926	39443	47615	9461
福清市	Fuqing	309111	37675	78340	33233	13393
长乐市	Changle	186923	25916	35773	25744	18161
闽侯县	Minhou	285955	38332	70801	30378	11461
连江县	Lianjiang	146922	13103	44444	14315	6236
罗源县	Luoyuan	61105	8425	17660	6481	3545
闽清县	Minqing	39919	9770	5683	3428	2856
永泰县	Yongtai	28005	2101	8420	3698	861
平潭县	Pintan	82300	1537	30902	9702	2440
厦门市	**Xiamen**	**3804968**	**407279**	**976483**	**583471**	**184633**
思明区	SIming	264121	23214	93848	44525	20252
海沧区	Haicang	221382	32423	48678	52903	8430
湖里区	Huli	178260	18642	65555	24579	8552
集美区	Jimei	213663	29533	57114	47273	10528
同安区	Tong'an	159153	20564	39287	18636	5180
翔安区	Xiang'an	134114	15092	34080	44297	3903
莆田市	**Putian**	**639272**	**66612**	**152799**	**80713**	**24376**
城厢区	Chengxiang	103578	5764	35566	14443	4106
涵江区	Hanjiang	106570	21960	13750	13689	3591
荔城区	Licheng	137795	12502	36384	25068	4797
秀屿区	Xiuyu	79601	9949	12527	11364	1776
仙游县	Xianyou	92532	8246	21770	8209	3673
三明市	**Sanming**	**645368**	**84175**	**184660**	**64085**	**31671**
三元区	Sanyuan	26503	2516	9711	2453	1147
梅列区	Meilie	46237	4099	16529	6430	2845
永安市	Yongan	121223	15217	35292	16347	5881
明溪县	Mingxi	13428	1466	3959	899	647
清流县	Qingliu	18480	3421	4527	2814	1028
宁化县	Ninghua	29629	2560	7743	2827	1348
大田县	Datian	59071	9919	11330	5372	2058
尤溪县	Youxi	47577	6788	12105	3539	1938
沙县	Shaxian	67222	6160	17486	6056	4160
将乐县	Jiangle	37718	5278	9030	4009	1473
泰宁县	Taining	18716	1258	6999	1481	901
建宁县	Jianning	15030	1194	4355	1609	591
泉州市	**Quanzhou**	**2420856**	**430786**	**509382**	**385189**	**132133**
鲤城区	Licheng	88855	18012	18086	19324	5730
丰泽区	Fengze	153222	10605	54758	17942	10122
洛江区	Luojiang	60232	7526	15050	9047	2425
泉港区	Quangang	117518	44224	17192	10711	4329
石狮市	Shishi	240012	35801	44412	37728	12806
晋江市	Jinjiang	639164	150121	110655	144963	35590

22-11 续表

Continued

单位：万元 (10000 yuan)

地区	Area	地方财政收入 Budgetary Revenue of Local Government	#增值税 Value-added Tax	#营业税 Business Tax	#企业所得税 Enterprises' Income Tax	#个人所得税 Individual Income Tax
南安市	Nan'an	284426	48351	57174	37545	19301
惠安县	Huian	178106	18394	36900	25213	7879
安溪县	Anxi	131851	18535	31730	12974	5326
永春县	Yongchun	81016	10213	15005	8164	3658
德化县	Dehua	61959	10148	9780	8082	4321
漳州市	**Zhangzhou**	**1120936**	**117913**	**257531**	**122770**	**41327**
芗城区	Xiangcheng	103332	12924	29045	12429	6414
龙文区	Longwen	49259	3537	17212	6094	1507
龙海市	Longhai	265932	30820	47453	29710	8434
云霄县	Yunxiao	30918	1856	9812	2076	1052
漳浦县	Zhangpu	96648	10199	22848	11392	3884
诏安县	Zhao'an	38922	2781	7565	2202	816
长泰县	Changtai	63116	9983	15248	6561	2630
东山县	Dongshan	65000	6827	16139	5335	1276
南靖县	Nanjing	54415	5377	10987	3608	2195
平和县	Pinghe	37800	3690	9073	2362	1201
华安县	Hua'an	31828	4541	4922	2308	741
南平市	**Nanping**	**486803**	**53934**	**152911**	**51954**	**24346**
延平区	Yanping	45694	4527	14753	5206	2368
邵武市	Shaowu	64580	7909	15761	6713	2534
武夷山市	Wuyishan	60016	2443	22934	5165	2353
建瓯市	Jian'ou	45751	5050	15030	3502	2441
建阳市	Jianyang	55622	5183	17874	5482	2278
顺昌县	Shunchang	25666	4878	6391	2809	861
浦城县	Pucheng	32740	2490	10148	2965	1218
光泽县	Guangze	19988	1494	7384	2492	1549
松溪县	Songxi	14587	1331	4923	877	590
政和县	Zhenghe	14665	1295	6278	1400	1037
龙岩市	**Longyan**	**842832**	**134827**	**163379**	**123209**	**35809**
新罗区	Xinluo	143745	17425	35254	19694	7669
漳平市	Zhangping	63150	9167	15183	11085	3119
长汀县	Changting	42875	9203	8130	3759	1691
永定县	Yongding	89319	21475	17120	9622	5019
上杭县	Shanghang	107160	4304	17441	39260	5103
武平县	Wuping	40536	3575	10278	5547	1983
连城县	Liancheng	26289	3188	5850	3146	1364
宁德市	**Ningde**	**543043**	**55494**	**152329**	**47338**	**27131**
蕉城区	Jiangcheng	46871	2780	11903	4107	2019
福安市	Fu'an	121355	21348	23494	13666	5560
福鼎市	Fuding	102936	8618	33102	9202	6488
霞浦县	Xiapu	45602	2351	13818	2876	2223
古田县	Gutian	37713	3910	8460	2635	1655
屏南县	Pingnan	18923	2057	6009	1060	685
寿宁县	Shouning	16135	2967	4407	2108	793
周宁县	Zhouning	16135	1991	3851	1982	558
柘荣县	Zherong	11596	3022	2335	966	1004

22-12 财政支出（2011年）

Budgetary Expenditures of Local Government(2011)

单位：万元　　(10000 yuan)

地区	Area	地方财政支出 Budgetary Expenditure	#一般公共服务支出 Expenditure for General Public Service	#教育支出 Expenditure for Education	#科学技术支出 Expenditure for Science	#农林水事务支出 Expenditure for Agriculture Forestry and Water Conservancey
福州市	**Fuzhou**	**3633008**	**374367**	**713825**	**49275**	**291350**
鼓楼区	Gulou	180300	22964	48245	2483	4377
台江区	Tianjiang	122509	15188	33461	1874	155
仓山区	Cangshan	132968	19271	39843	1948	6352
晋安区	Jin'an	148816	16997	26790	1770	23854
马尾区	Mawei	131414	18329	21590	2666	3970
福清市	Fuqing	397184	47043	95897	4276	25757
长乐市	Changle	255220	30533	67012	3600	27755
闽侯县	Minhou	322514	33906	86555	3626	22223
连江县	Lianjiang	224809	29225	57582	2619	32868
罗源县	Luoyuan	99183	16318	20960	1161	13238
闽清县	Minqing	95057	11271	24427	257	11486
永泰县	Yongtai	103133	13005	28909	306	14915
平潭县	Pintan	444766	21928	30217	332	54898
厦门市	**Xiamen**	**3983700**	**409029**	**583700**	**121892**	**115482**
思明区	SIming	331525	37841	97308	7362	2058
海沧区	Haicang	248985	27901	49797	9486	7908
湖里区	Huli	201631	38242	59438	4139	2654
集美区	Jimei	253028	36651	67037	5580	14660
同安区	Tong'an	231561	31432	67003	3186	26323
翔安区	Xiang'an	176944	19287	51356	2354	14016
莆田市	**Putian**	**954086**	**119342**	**293189**	**14497**	**98168**
城厢区	Chengxiang	110202	14336	35419	2200	8059
涵江区	Hanjiang	134446	15500	45888	2618	10141
荔城区	Licheng	150403	14979	58653	2116	13200
秀屿区	Xiuyu	120765	14061	35953	1529	20156
仙游县	Xianyou	214579	22005	75836	1878	24327
三明市	**Sanming**	**1208542**	**154582**	**285690**	**16210**	**213662**
三元区	Sanyuan	40837	5718	12222	569	3885
梅列区	Meilie	52434	6590	12437	726	14272
永安市	Yongan	154623	22886	31780	2237	18056
明溪县	Mingxi	51960	6846	12622	688	9934
清流县	Qingliu	69690	7165	15731	683	18597
宁化县	Ninghua	97883	9925	24090	1293	19373
大田县	Datian	112627	13052	33722	1696	18169
尤溪县	Youxi	125115	15131	36687	935	21829
沙县	Shaxian	106948	22170	26473	2056	15051
将乐县	Jiangle	81247	9471	16960	1253	18420
泰宁县	Taining	59159	6880	12822	549	13031
建宁县	Jianning	58130	6836	12840	765	14857
泉州市	**Quanzhou**	**2969907**	**393883**	**700505**	**67413**	**301714**
鲤城区	Licheng	84561	13194	23760	2104	1355
丰泽区	Fengze	134138	22160	28599	2397	6131
洛江区	Luojiang	65903	14399	16222	1177	5630
泉港区	Quangang	130363	19574	32246	2384	10019

22-12 续表

Continued

单位：万元 (10000 yuan)

地区	Area	地方财政支出 Budgetary Expenditure	#一般公共服务支出 Expenditure for General Public Service	#教育支出 Expenditure for Education	#科学技术支出 Expenditure for Science	#农林水事务支出 Expenditure for Agriculture Forestry and Water Conservancey
石狮市	Shishi	303960	40972	45695	5092	47325
晋江市	Jinjiang	701225	60437	155462	22856	77013
南安市	Nan'an	402827	38818	101242	7714	40325
惠安县	Huian	239131	44620	67995	4958	22665
安溪县	Anxi	248785	43561	79208	3179	29212
永春县	Yongchun	141264	24907	44840	1637	17921
德化县	Dehua	117606	15506	29453	1604	17506
漳州市	**Zhangzhou**	**1824288**	**209123**	**334937**	**25778**	**246671**
芗城区	Xiangcheng	97624	14516	15876	1452	3828
龙文区	Longwen	43441	10870	8197	1374	5139
龙海市	Longhai	353944	33340	66248	5531	49052
云霄县	Yunxiao	102506	11247	25134	1604	14147
漳浦县	Zhangpu	211087	19719	47796	3319	29446
诏安县	Zhao'an	127336	16352	29937	1501	21209
长泰县	Changtai	106092	16766	18274	2110	17013
东山县	Dongshan	151484	11630	18791	846	55770
南靖县	Nanjing	118796	13414	25392	1866	10883
平和县	Pinghe	122175	15188	33934	1124	14566
华安县	Hua'an	67864	6981	12612	789	11078
南平市	**Nanping**	**1163218**	**114859**	**209918**	**12923**	**171366**
延平区	Yanping	104832	10013	24009	1491	22768
邵武市	Shaowu	133195	13476	23087	1387	23511
武夷山市	Wuyishan	120923	10559	20503	1327	18427
建瓯市	Jian’ou	123708	13701	28750	1577	16976
建阳市	Jianyang	123678	13830	24245	1448	17364
顺昌县	Shunchang	72295	8855	17072	403	14152
浦城县	Pucheng	94292	9186	20091	931	15611
光泽县	Guangze	66439	6806	11723	332	15994
松溪县	Songxi	48225	5969	8753	614	8386
政和县	Zhenghe	56486	5023	11635	763	9059
龙岩市	**Longyan**	**1377312**	**172836**	**285476**	**18739**	**164937**
新罗区	Xinluo	169150	28114	52504	2720	24228
漳平市	Zhangping	136419	21063	23169	1346	19776
长汀县	Changting	157691	14233	30358	2024	25610
永定县	Yongding	180672	15644	40921	2302	21210
上杭县	Shanghang	198598	22272	48128	2840	32785
武平县	Wuping	123482	16949	31789	1862	21244
连城县	Liancheng	90117	13186	22051	1856	11417
宁德市	**Ningde**	**1140729**	**146830**	**274919**	**7003**	**163394**
蕉城区	Jiangcheng	110241	16031	29764	516	16112
福安市	Fu'an	213830	25643	56745	406	19893
福鼎市	Fuding	194283	19338	47985	739	34286
霞浦县	Xiapu	148566	13770	33618	406	38174
古田县	Gutian	108105	12551	26569	1195	15036
屏南县	Pingnan	59374	6576	14847	867	8134
寿宁县	Shouning	70616	9918	18596	327	9997
周宁县	Zhouning	57982	7069	15225	201	8912
柘荣县	Zherong	45346	7265	10555	248	6043

22-13 金融机构货币存货款余额（2011年）

Deposits and Loans of Financial institutions by Country and City

单位：万元 (10000 yuan)

地区	Area	金融机构人民币各项存款余额 RMB Deposits of National Banking System	单位存款 Deposits by Enterprises	储蓄存款 Savings Deposits	金融机构人民币各项贷款余额 RMB Loans of National Banking System	中长期贷款 Medium-term & Long-term Loans	短期贷款 Short-term Loans
福州市	**Fuzhou**	**67714350**	**35752363**	**25507706**	**58958104**	**39092375**	**18624506**
福州市辖区	District under Fuzhou	51974587	29967990	15971769	48888538	34130522	13566333
福清市	Fuqing	4864987	1233228	3598217	3034805	1634700	1385880
长乐市	Changle	3761435	1633335	1982502	3151546	1023396	2112905
闽侯县	Minhou	2183371	1006876	1152248	1138081	618286	513979
连江县	Lianjiang	1867332	597787	1192017	1039326	725528	304833
罗源县	Luoyuan	592541	265244	295502	383066	169138	212089
闽清县	Minqing	658948	154300	490956	281859	57519	221906
永泰县	Yongtai	595201	185372	387888	285737	173551	112155
平潭县	Pintan	1215947	708231	436609	755144	559735	194425
厦门市	**Xiamen**	**46964033**	**29113847**	**15266020**	**40357510**	**23913244**	**14555543**
莆田市	**Putian**	**8593347**	**2846843**	**5411795**	**7300701**	**3035854**	**4253201**
莆田市辖区	District under Putian	7023006	2528050	4172596	6350547	2621360	3718744
仙游县	Xianyou	1570341	318793	1239200	950153	414494	534457
三明市	**Sanming**	**9032853**	**4186111**	**4553820**	**8267179**	**4249451**	**3932229**
三明市辖区	District under Sanming	2978247	1589054	1231196	3248482	1361068	1836542
永安市	Yongan	1311272	621315	671027	1248234	655294	584164
明溪县	Mingxi	346964	136156	202133	143206	65407	77789
清流县	Qingliu	326594	139883	183667	209392	133068	76319
宁化县	Ninghua	582590	228782	345584	268518	179104	89315
大田县	Datian	628791	252138	351070	422623	240927	181492
尤溪县	Youxi	670072	217780	440278	653460	483042	166886
沙县	Shaxian	979393	460433	500978	1261473	679067	560529
将乐县	Jiangle	514012	235661	264759	416926	246563	170239
泰宁县	Taining	338700	148822	185837	225134	133430	91704
建宁县	Jianning	356219	156087	177290	169730	72480	97250
泉州市	**Quanzhou**	**37796692**	**15891718**	**20496672**	**30209719**	**12344264**	**17611105**
泉州市辖区	District under Quanzhou	14066025	7723836	5242726	12396810	6053946	6202524
石狮市	Shishi	4106134	1328191	2709323	3317628	1156512	2113230
晋江市	Jinjiang	8873230	3682313	5119632	6290507	2137685	4113927
南安市	Nan'an	4876430	1439866	3366171	4234980	1213423	3003231
惠安县	Huian	2335411	651370	1632993	1615628	735799	875594
安溪县	Anxi	1712717	482489	1197440	1292576	666887	625099
永春县	Yongchun	1053993	270645	778124	547956	159772	384361
德化县	Dehua	772750	313006	450264	513633	220239	293139
漳州市	**Zhangzhou**	**12478341**	**5257628**	**6951654**	**9617053**	**4188414**	**5296635**
漳州市辖区	District under Zhangzhou	5388722	2908376	2286928	5146863	2109133	2911981
龙海市	Longhai	2374794	965861	1403462	1535978	659648	873460

22-13 续表

Continued

单位：万元 (10000 yuan)

地区	Area	金融机构人民币各项存款余额 RMB Deposits of National Banking System	单位存款 Deposits by Enterprises	储蓄存款 Savings Deposits	金融机构人民币各项贷款余额 RMB Loans of National Banking System	中长期贷款 Medium-term & Long-term Loans	短期贷款 Short-term Loans
云霄县	Yunxiao	657223	173080	467272	294953	129322	165554
漳浦县	Zhangpu	975120	332832	636744	596691	407236	189167
诏安县	Zhao'an	561809	127319	421413	274020	110443	163376
长泰县	Changtai	568146	212859	349347	332639	116901	215221
东山县	Dongshan	471637	148262	315389	482163	255732	225029
南靖县	Nanjing	524277	149441	369188	441405	122071	318433
平和县	Pinghe	677227	159370	514632	304606	148465	156141
华安县	Hua'an	279387	80228	187278	207736	129463	78273
南平市	**Nanping**	**8649318**	**3675144**	**4574014**	**7184666**	**3573735**	**3548533**
南平市辖区	District under Nanping	2656827	1422386	1092021	3022959	1742444	1242639
邵武市	Shaowu	986203	329439	609149	777771	335390	439970
武夷山市	Wuyishan	826632	318959	496021	680207	290613	387377
建瓯市	Jian'ou	961701	361006	542393	788750	363937	424695
建阳市	Jianyang	969897	473103	474694	645434	310698	326942
顺昌县	Shunchang	509681	152489	319348	310986	160749	139854
浦城县	Pucheng	717056	188718	495661	395265	163340	230385
光泽县	Guangze	374324	161520	195702	206547	70600	135947
松溪县	Songxi	330843	145367	173542	220324	75818	144448
政和县	Zhenghe	316154	122156	175483	136423	60146	76277
龙岩市	**Longyan**	**9084257**	**4200578**	**4517663**	**8745487**	**4626638**	**4082956**
龙岩市辖区	District under Longyan	4307280	2086817	1984355	5284571	2978845	2280777
漳平市	Zhangping	612278	235645	355641	599261	327074	268811
长汀县	Changting	718279	241877	442703	540435	226390	313721
永定县	Yongding	895028	336653	518906	572922	264651	304338
上杭县	Shanghang	1605742	954460	634131	1081498	497584	580614
武平县	Wuping	536194	191957	326975	380437	187672	192765
连城县	Liancheng	409456	153168	254951	286362	144422	141929
宁德市	**Ningde**	**7869101**	**3513561**	**3376545**	**8505766**	**4041082**	**4462657**
宁德市辖区	District under Ningde	2776997	1191006	665257	2481230	1329270	1150539
福安市	Fu'an	1686956	888698	792454	1959402	561309	1398060
福鼎市	Fuding	1198491	555761	629360	2202505	1312186	889926
霞浦县	Xiapu	550931	243645	292796	567513	328513	238820
古田县	Gutian	671278	197882	470870	402931	135504	267427
屏南县	Pingnan	232596	76267	146343	297345	145323	152022
寿宁县	Shouning	258811	75888	176503	203028	102296	100732
周宁县	Zhouning	334399	217520	112278	206852	63749	143103
柘荣县	Zherong	158643	66894	90684	184960	62932	122027

22-14 农作物播种面积（2011年）

Sown Areas of Farm Crops(2011)

单位：千公顷 (1000 hectares)

项目	Item	农作物播种面积 Sown Areas of Farm Crops	粮食作物 Grain Crops	春收粮食播种面积 Sown Areas of Spring Harvested Farm Crops	夏收粮食播种面积 Sown Area of Summer Harve- sted Farm Crops	秋收粮食播种面积 Sown Area of Autumn Harve- sted Farm Crops	非粮作物 Non-grain Crops
福州市	**Fuzhou**	**262.55**	**113.17**	**8.76**	**22.78**	**81.63**	**149.38**
福州市辖区	District under Fuzhou	14.77	2.02		0.36	1.67	12.75
福清市	Fuqing	53.40	23.63	1.17	7.21	15.26	29.77
长乐市	Changle	33.12	16.62	2.56	5.91	8.14	16.50
闽侯县	Minhou	38.90	13.37	0.97	2.23	10.17	25.53
连江县	Lianjiang	21.45	10.51	0.55	2.41	7.54	10.95
罗源县	Luoyuan	14.28	8.75	0.47	0.27	8.01	5.53
闽清县	Minqing	32.29	12.22	0.39	1.55	10.28	20.07
永泰县	Yongtai	41.47	20.96	2.17	2.69	16.10	20.51
平潭县	Pintan	12.87	5.10	0.47	0.16	4.47	7.78
厦门市	**Xiamen**	**28.67**	**7.63**	**1.53**	**2.31**	**3.79**	**21.04**
莆田市	**Putian**	**107.95**	**52.96**	**2.52**	**18.59**	**31.84**	**54.99**
莆田市辖区	District under Putian	65.27	29.01	1.67	10.22	17.12	36.26
仙游县	Xianyou	42.68	23.95	0.86	8.38	14.72	18.73
三明市	**Sanming**	**416.09**	**214.94**	**11.81**	**33.92**	**169.21**	**201.15**
三明市辖区	District under Sanming	13.25	5.63	0.19	0.60	4.84	7.62
永安市	Yongan	36.89	19.24	0.49	3.89	14.86	17.65
明溪县	Mingxi	29.38	18.19	1.28	3.05	13.86	11.19
清流县	Qingliu	31.50	17.26	1.14	3.32	12.80	14.23
宁化县	Ninghua	63.45	35.99	1.73	4.41	29.85	27.45
大田县	Datian	56.16	24.91	3.17	5.72	16.03	31.24
尤溪县	Youxi	70.94	35.57	2.69	6.08	26.80	35.37
沙县	Shaxian	29.10	15.48	0.34	3.31	11.82	13.63
将乐县	Jiangle	24.52	14.04	0.44	0.71	12.89	10.48
泰宁县	Taining	21.85	12.18	0.28	0.77	11.13	9.66
建宁县	Jianning	39.06	16.45	0.06	2.07	14.32	22.62
泉州市	**Quanzhou**	**251.35**	**154.20**	**20.92**	**46.37**	**86.90**	**97.15**
泉州市辖区	District under Quanzhou	22.41	13.13	1.53	4.70	6.90	9.28
石狮市	Shishi	4.50	2.10	0.31	0.63	1.17	2.40
晋江市	Jinjiang	27.19	11.12	1.42	3.30	6.40	16.06
南安市	Nan'an	53.52	33.84	2.94	13.97	16.93	19.68
惠安县	Huian	41.50	26.32	3.13	7.33	15.85	15.19
安溪县	Anxi	41.14	27.46	3.80	8.65	15.01	13.68
永春县	Yongchun	35.98	25.22	4.01	7.66	13.55	10.76
德化县	Dehua	25.11	15.01	3.77	0.15	11.09	10.10
漳州市	**Zhangzhou**	**257.23**	**117.79**	**10.99**	**47.24**	**59.56**	**139.44**
漳州市辖区	District under Zhangzhou	6.45	1.39	0.09	0.50	0.79	5.07

22-14 续表

Continued

单位：千公顷 (1000 hectares)

项目	Item	农作物播种面积 Sown Areas of Farm Crops	粮食作物 Grain Crops	春收粮食播种面积 Sown Areas of Spring Harvested Farm Crops	夏收粮食播种面积 Sown Area of Summer Harve- sted Farm Crops	秋收粮食播种面积 Sown Area of Autumn Harve- sted Farm Crops	非粮作物 Non-grain Crops
龙海市	Longhai	35.93	16.43	2.63	6.61	7.19	19.51
云霄县	Yunxiao	26.56	15.99	1.14	6.91	7.94	10.56
漳浦县	Zhangpu	65.30	32.39	4.01	12.91	15.47	32.92
诏安县	Zhao'an	33.77	19.49	1.84	7.91	9.74	14.28
长泰县	Changtai	18.60	6.01	0.04	2.65	3.32	12.59
东山县	Dongshan	6.39	1.32	0.14	0.16	1.03	5.07
南靖县	Nanjing	23.77	8.81	0.20	3.29	5.32	14.96
平和县	Pinghe	32.34	13.29	0.81	5.48	7.00	19.05
华安县	Hua'an	8.08	2.67	0.08	0.84	1.75	5.40
南平市	**Nanping**	**427.71**	**249.57**	**7.38**	**35.26**	**206.93**	**178.14**
南平市辖区	District under Nanping	34.01	18.32	0.66	3.28	14.38	15.69
邵武市	Shaowu	58.59	38.26	1.68	9.39	27.18	20.33
武夷山市	Wuyishan	37.61	22.55	1.08	1.57	19.90	15.06
建瓯市	Jian'ou	70.98	38.28	0.76	6.28	31.24	32.70
建阳市	Jianyang	55.69	35.01	0.47	5.19	29.36	20.68
顺昌县	Shunchang	24.40	13.94	0.31	1.32	12.31	10.46
浦城县	Pucheng	82.67	42.79	1.68	4.30	36.81	39.88
光泽县	Guangze	22.79	14.44	0.22	0.28	13.94	8.36
松溪县	Songxi	19.40	11.68	0.39	1.14	10.15	7.73
政和县	Zhenghe	21.64	14.32	0.14	2.53	11.65	7.32
龙岩市	**Longyan**	**301.93**	**179.44**	**7.48**	**56.29**	**115.67**	**122.50**
龙岩市辖区	District under Longyan	23.28	12.40	0.61	3.77	8.02	10.88
漳平市	Zhangping	25.78	13.91	0.38	3.82	9.71	11.87
长汀县	Changting	56.79	33.97	2.69	11.63	19.66	22.81
永定县	Yongding	37.52	22.58	0.55	5.87	16.16	14.93
上杭县	Shanghang	52.82	29.74	0.28	10.07	19.38	23.08
武平县	Wuping	57.61	37.35	0.79	12.89	23.67	20.25
连城县	Liancheng	48.14	29.48	2.17	8.24	19.06	18.66
宁德市	**Ningde**	**232.32**	**137.08**	**16.98**	**11.56**	**108.55**	**95.23**
宁德市辖区	District under Ningde	19.47	12.11	0.75	1.83	9.54	7.36
福安市	Fu'an	43.10	22.23	3.60	2.63	16.00	20.87
福鼎市	Fuding	31.04	17.17	2.31	2.50	12.36	13.86
霞浦县	Xiapu	32.02	17.98	2.43	3.55	12.00	14.04
古田县	Gutian	35.51	26.63	1.51	0.23	24.88	8.89
屏南县	Pingnan	19.39	11.38	1.28	0.03	10.06	8.01
寿宁县	Shouning	21.69	12.73	1.71	0.44	10.58	8.96
周宁县	Zhouning	13.24	8.07	1.50	0.08	6.48	5.18
柘荣县	Zherong	16.87	8.79	1.88	0.27	6.64	8.07

22-15 主要农产品产量（2011年）

Output of Major Agricultural Products(2011)

单位：吨 (ton)

地区	Area	粮食 Grain Crops	油料 Oil-bearing	甘蔗 Sugercane	茶叶 Tea	园林水果 Fruit	肉类 Meat	水产品 Aquatic Products
福州市	**Fuzhou**	**599800**	**47158**	**25448**	**18168**	**380241**	**257969**	**1847918**
福州市辖区	District under Fuzhou	11166	5		1400	22197	8609	127625
福清市	Fuqing	126897	30261		86	58666	122016	333910
长乐市	Changle	92956	1403	1484	92	20784	26797	123640
闽侯县	Minhou	73223	1212	9258	573	61535	41429	30011
连江县	Lianjiang	52307	1134	1818	4888	33522	10509	718566
罗源县	Luoyuan	43847	105		5560	8484	7727	118219
闽清县	Minqing	63170	1007	1114	1174	84330	12739	7001
永泰县	Yongtai	112944	3186	11774	4395	88704	20920	8296
平潭县	Pintan	23290	8845			2019	7223	380650
厦门市	**Xiamen**	**42007**	**9054**	**2643**	**1326**	**17527**	**55284**	**32499**
莆田市	**Putian**	**301246**	**45154**	**42074**	**3929**	**163285**	**123352**	**727092**
莆田市辖区	District under Putian	162079	31082	31319	696	98532	92332	711242
仙游县	Xianyou	139167	14072	10755	3233	64753	31020	15850
三明市	**Sanming**	**1140754**	**24207**	**47349**	**29712**	**952407**	**157000**	**82520**
三明市辖区	District under Sanming	29853	348	1785	296	134684	11687	2878
永安市	Yongan	110024	1807	12055	1489	98257	24762	10023
明溪县	Mingxi	91650	2586	637	1706	37034	5428	5170
清流县	Qingliu	89832	4139	4820	1140	49432	8580	16558
宁化县	Ninghua	194514	6447	350	2020	49632	16115	8030
大田县	Datian	114823	1733	20184	6428	98550	22137	5196
尤溪县	Youxi	173223	1530	1488	9775	168325	18133	7741
沙县	Shaxian	89766	2123	2914	5074	160270	27144	6715
将乐县	Jiangle	78973	1416	2820	355	42307	8488	4416
泰宁县	Taining	65124	1551		547	19853	7378	10319
建宁县	Jianning	102974	527	296	882	94063	7148	5474
泉州市	**Quanzhou**	**797118**	**54935**	**10355**	**55811**	**442707**	**236335**	**1006230**
泉州市辖区	District under Quanzhou	68260	7719	3136	509	21542	23492	120235
石狮市	Shishi	10297	1345			869	1164	374407
晋江市	Jinjiang	57655	8827			6601	24067	208266
南安市	Nan'an	190284	13015	3088	749	78962	61608	35534
惠安县	Huian	119171	22690		8	12394	35161	263137
安溪县	Anxi	127534	1052	2033	43157	26969	39323	1718
永春县	Yongchun	135737	227	2098	10568	227481	25013	1253
德化县	Dehua	88181	60		820	67889	26507	1680
漳州市	**Zhangzhou**	**705470**	**39901**	**285057**	**50728**	**2702821**	**271560**	**1490370**

注：本表粮食产量中的稻谷产量为原报面积推算的抽样调查数,非稻谷部分产量为全面统计数.各设区市数为所辖县(市、区)汇总数。
Note:The grain output in this table is calculated on spot check basis.

22-15 续表

Continued

单位：吨 (ton)

地区	Area	粮食 Grain Crops	油料 Oil-bearing	甘蔗 Sugercane	茶叶 Tea	园林水果 Fruit	肉类 Meat	水产品 Aquatic Products
漳州市辖区	District under Zhangzhou	6072	512	19589	201	86633	54387	17369
龙海市	Longhai	107233	3374	4966	73	83166	44412	355581
云霄县	Yunxiao	99751	4345	4715	604	207099	13017	172262
漳浦县	Zhangpu	199041	16550	24068	422	334281	36046	344663
诏安县	Zhao'an	110227	5319	1100	5148	140437	13211	251174
长泰县	Changtai	37094	2295	169499	4057	88319	21034	19500
东山县	Dongshan	7170	3689			10048	4528	308482
南靖县	Nanjing	47195	829	193	12985	392277	45781	12000
平和县	Pinghe	76259	2460		8730	1312204	26281	6439
华安县	Hua'an	15436	528	60927	18508	48357	12863	2900
南平市	**Nanping**	**1416505**	**28996**	**87492**	**51056**	**756575**	**338729**	**94191**
南平市辖区	District under Nanping	90948	1009	2269	1218	88287	104648	8311
邵武市	Shaowu	202374	5879	2534	7782	40929	19273	16670
武夷山市	Wuyishan	135911	2342	8778	10399	28716	11990	8640
建瓯市	Jian'ou	218086	3718	36538	9582	313731	17087	15203
建阳市	Jianyang	219408	1349	6752	2866	85769	10186	8969
顺昌县	Shunchang	73849	1005	1498	104	129263	8014	5827
浦城县	Pucheng	245927	10629	6970	1501	17517	17225	15146
光泽县	Guangze	81041	1348	199	685	3325	140617	8227
松溪县	Songxi	66062	1214	8802	5700	33809	4695	5338
政和县	Zhenghe	82899	503	13152	11219	15229	4994	1860
龙岩市	**Longyan**	**1043750**	**20006**	**16747**	**15219**	**344037**	**437601**	**62163**
龙岩市辖区	District under Longyan	75379	2893	1699	1232	37222	117036	6006
漳平市	Zhangping	81026	567	1689	7386	53500	23577	8242
长汀县	Changting	199553	6490	6650	1395	42032	52886	10910
永定县	Yongding	130994	1607	2287	963	97196	68679	4667
上杭县	Shanghang	180678	1698	754	1082	40298	73925	7837
武平县	Wuping	208970	2882	2054	2468	33571	64569	9519
连城县	Liancheng	167149	3869	1614	693	40218	36929	14982
宁德市	**Ningde**	**681332**	**5219**	**42556**	**70027**	**299726**	**80005**	**694818**
宁德市辖区	District under Ningde	56641	478	9982	6382	16167	15834	147002
福安市	Fu'an	104978	1068	23120	19100	160504	19672	69511
福鼎市	Fuding	85630	459	2884	15206	14526	7300	147664
霞浦县	Xiapu	85691	2061	4070	4741	15602	7824	307158
古田县	Gutian	147497	209		1494	69290	8901	16525
屏南县	Pingnan	62284			1307	11986	6680	2355
寿宁县	Shouning	63568	44		12646	8046	5243	1902
周宁县	Zhouning	39101	76	2500	6426	2911	4663	1640
柘荣县	Zherong	35942	824		2725	694	3888	1061

22-16 规模以上工业总产值（2011年）

Gross Output Value of Industrial Enterprises above Designated Size(2011)

单位：亿元　　(100 million yuan)

地区	Area	工业总产值 Total	轻工业 Light Industy	重工业 Heavy Industry	工业总产值比上年增长（%） Ratio（%）
福州市	**Fuzhou**	**5321.18**	**2155.19**	**3165.99**	**21.1**
福州市辖区	District under Fuzhou	1839.18	696.41	1142.76	17.1
福清市	Fuqing	1082.48	347.05	735.44	8.2
长乐市	Changle	1132.96	813.87	319.09	32.9
闽侯县	Minhou	497.08	127.03	370.05	23.1
连江县	Lianjiang	270.42	127.26	143.16	38.9
罗源县	Luoyuan	321.14	13.23	307.91	46.0
闽清县	Minqing	120.35	6.97	113.38	17.9
永泰县	Yongtai	27.12	16.63	10.50	28.2
平潭县	Pintan	30.45	6.74	23.71	32.5
厦门市	**Xiamen**	**4399.52**	**1356.29**	**3043.23**	**21.3**
莆田市	**Putian**	**1523.81**	**1022.78**	**501.03**	**27.3**
莆田市辖区	District under Putian	1316.69	872.62	444.07	26.3
仙游县	Xianyou	207.12	150.16	56.96	34.4
三明市	**Sanming**	**1951.09**	**547.41**	**1403.68**	**44.6**
三明市辖区	District under Sanming	486.98	59.86	427.12	31.3
永安市	Yongan	428.46	141.81	286.65	42.6
明溪县	Mingxi	47.29	17.02	30.28	39.6
清流县	Qingliu	56.93	8.93	48.00	51.7
宁化县	Ninghua	63.88	21.26	42.63	52.1
大田县	Datian	197.58	21.04	176.54	65.8
尤溪县	Youxi	145.28	80.93	64.35	57.6
沙县	Shaxian	314.78	131.34	183.45	47.4
将乐县	Jiangle	100.95	17.29	83.66	57.0
泰宁县	Taining	50.53	15.89	34.64	55.0
建宁县	Jianning	58.41	32.05	26.37	45.9
泉州市	**Quanzhou**	**7961.83**	**4755.15**	**3206.68**	**29.3**
泉州市辖区	District under Quanzhou	2079.19	1029.01	1050.18	22.9
石狮市	Shishi	757.72	585.24	172.49	30.6
晋江市	Jinjiang	2437.35	1856.59	580.76	30.8
南安市	Nan'an	944.42	286.79	657.64	30.2
惠安县	Huian	797.12	517.14	279.98	31.4
安溪县	Anxi	572.53	223.91	348.62	37.5
永春县	Yongchun	243.56	165.15	78.42	37.4
德化县	Dehua	129.93	91.33	38.60	35.7
漳州市	**Zhangzhou**	**2411.90**	**1238.74**	**1173.16**	**30.8**
漳州市辖区	District under Zhangzhou	576.22	215.38	360.83	32.4

注：本表工业总产值比上年增长速度为现价工业总产值增长速度。

Note:Growth ratio of Industrial Output Value in this table is acculated according to the current price.

22-16 续表

Continued

单位：亿元 (100 million yuan)

地区	Area	工业总产值 Total	轻工业 Light Industy	重工业 Heavy Industry	工业总产值比上年增长（%） Ratio（%）
龙海市	Longhai	809.64	395.19	414.45	16.9
云霄县	Yunxiao	97.76	51.11	46.65	54.2
漳浦县	Zhangpu	148.95	99.48	49.47	44.2
诏安县	Zhao'an	123.86	98.06	25.81	40.2
长泰县	Changtai	196.05	95.78	100.27	45.2
东山县	Dongshan	126.13	101.40	24.73	43.8
南靖县	Nanjing	188.71	124.66	64.05	33.9
平和县	Pinghe	64.42	38.90	25.52	53.6
华安县	Hua'an	80.16	18.77	61.39	50.1
南平市	**Nanping**	**931.75**	**412.50**	**519.26**	**26.2**
南平市辖区	District under Nanping	299.67	105.14	194.53	21.5
邵武市	Shaowu	172.37	67.65	104.72	26.3
武夷山市	Wuyishan	41.64	36.99	4.65	26.2
建瓯市	Jian’ou	104.76	56.02	48.73	22.7
建阳市	Jianyang	126.83	53.13	73.71	29.7
顺昌县	Shunchang	57.01	4.25	52.76	36.5
浦城县	Pucheng	51.21	29.20	22.01	24.1
光泽县	Guangze	43.02	36.23	6.79	50.1
松溪县	Songxi	17.95	10.53	7.42	29.8
政和县	Zhenghe	17.30	13.36	3.94	29.5
龙岩市	**Longyan**	**1564.89**	**467.99**	**1096.90**	**36.8**
龙岩市辖区	District under Longyan	762.37	247.59	514.78	27.1
漳平市	Zhangping	117.03	35.21	81.81	33.9
长汀县	Changting	126.04	77.10	48.94	54.5
永定县	Yongding	151.62	18.84	132.78	35.4
上杭县	Shanghang	234.25	7.25	226.99	68.5
武平县	Wuping	65.97	27.00	38.97	42.2
连城县	Liancheng	107.62	54.99	52.63	40.7
宁德市	**Ningde**	**1377.93**	**363.06**	**1014.86**	**48.0**
宁德市辖区	District under Ningde	156.74	59.60	97.15	46.7
福安市	Fu'an	532.36	58.98	473.39	48.7
福鼎市	Fuding	332.43	131.85	200.59	61.2
霞浦县	Xiapu	73.86	27.55	46.31	51.5
古田县	Gutian	87.96	40.76	47.20	17.6
屏南县	Pingnan	42.72	14.64	28.08	49.2
寿宁县	Shouning	52.39	5.31	47.08	48.7
周宁县	Zhouning	41.29	3.85	37.44	25.6
柘荣县	Zherong	58.17	20.54	37.63	43.3

22-17 规模以上工业企业主要财务指标（2011年）

Finacial Indicators of Industrial Enterprises above Designated Size(2011)

单位：万元 (10000 yuan)

地区	Area	固定资产净值年末数 Net Value of Fixed Assets at the Year-end	流动资产年末数 Balance of Circulating Funds	主营业务收入 Sale of Products	利润总额 Total Profits	利税总额 Total Pre-tax Profits
福州市	**Fuzhou**	**10586031**	**18596738**	**49412936**	**3412733**	**4840069**
福州市辖区	District under Fuzhou	2339369	6491455	16000917	959614	1400499
福清市	Fuqing	1722216	3662342	10465258	553691	788379
长乐市	Changle	2732439	4067136	10917433	844598	1040701
闽侯县	Minhou	790701	1788184	4597371	272179	574968
连江县	Lianjiang	1032512	629350	2561229	352165	425652
罗源县	Luoyuan	1226068	1578694	3111424	263976	384193
闽清县	Minqing	504853	210940	1197599	121856	161500
永泰县	Yongtai	116596	100928	286587	11976	19588
平潭县	Pintan	121277	67710	275119	32679	44589
厦门市	**Xiamen**	**8253119**	**21953130**	**43593171**	**2993430**	**4276778**
莆田市	**Putian**	**3156678**	**4096006**	**14711575**	**1240786**	**1674920**
莆田市辖区	District under Putian	2949923	3375926	12721548	985839	1376666
仙游县	Xianyou	206755	720080	1990027	254947	298254
三明市	**Sanming**	**3729146**	**4531140**	**19148422**	**583101**	**1226558**
三明市辖区	District under Sanming	1031713	1383445	4752182	112857	250971
永安市	Yongan	881215	928730	4271149	118451	283788
明溪县	Mingxi	87144	86808	461855	20303	31306
清流县	Qingliu	108026	150837	524503	41229	70838
宁化县	Ninghua	129204	97326	635374	41669	69731
大田县	Datian	240555	331924	1952891	71819	150664
尤溪县	Youxi	401596	400201	1388882	6281	36976
沙县	Shaxian	551880	792235	3086654	95076	185529
将乐县	Jiangle	141682	185317	992799	20274	50859
泰宁县	Taining	71146	88406	501675	21039	39639
建宁县	Jianning	84987	85912	580458	34102	56256
泉州市	**Quanzhou**	**15674180**	**25609731**	**75496874**	**8044122**	**10918858**
泉州市辖区	District under Quanzhou	4564520	6742212	18975787	1207541	2169920
石狮市	Shishi	2066147	2352423	7274713	837463	1048949
晋江市	Jinjiang	4535670	10657375	22954766	2573787	3451526
南安市	Nan'an	1573755	3249672	9153270	1045490	1322708
惠安县	Huian	958356	973895	7820808	801818	1000035
安溪县	Anxi	1338671	717943	5641391	1218767	1368551
永春县	Yongchun	428866	629199	2415243	287832	419665
德化县	Dehua	208195	287012	1260895	71426	137504
漳州市	**Zhangzhou**	**4189158**	**9432635**	**23420870**	**2088216**	**3331498**
漳州市辖区	District under Zhangzhou	586472	2469357	5288216	500705	825342
龙海市	Longhai	1739633	3585125	8032457	764993	1121388

22-17 续表

Continued

单位：万元 (10000 yuan)

地区	Area	固定资产净值年末数 Net Value of Fixed Assets at the Year-end	流动资产年末数 Balance of Circulating Funds	主营业务收入 Sale of Products	利润总额 Total Profits	利税总额 Total Pre-tax Profits
云霄县	Yunxiao	142351	244302	965440	58841	82239
漳浦县	Zhangpu	309008	553069	1463366	122135	188288
诏安县	Zhao'an	99843	294874	1213256	75957	149018
长泰县	Changtai	340762	710994	1953412	155297	308856
东山县	Dongshan	321717	513766	1231475	66014	185442
南靖县	Nanjing	237990	582720	1846758	223064	290931
平和县	Pinghe	108799	182393	636263	54957	73252
华安县	Hua'an	302583	296035	790227	66254	106743
南平市	**Nanping**	**2394481**	**3283025**	**8667948**	**533144**	**753520**
南平市辖区	District under Nanping	907370	1284194	2531078	108695	161533
邵武市	Shaowu	293860	485544	1682443	91509	143894
武夷山市	Wuyishan	82827	127443	402511	59079	70850
建瓯市	Jian'ou	242678	299716	1037625	75665	112714
建阳市	Jianyang	177080	368906	1219590	50303	75919
顺昌县	Shunchang	172236	180096	576782	36093	52495
浦城县	Pucheng	129078	137106	486485	25338	35177
光泽县	Guangze	330379	257220	390081	46129	49063
松溪县	Songxi	21852	78976	174054	22589	28622
政和县	Zhenghe	37121	63826	167299	17745	23253
龙岩市	**Longyan**	**3476512**	**5825523**	**15088741**	**1479061**	**2707299**
龙岩市辖区	District under Longyan	1544767	2984216	7223551	480535	1483246
漳平市	Zhangping	430852	345421	1147582	108881	175023
长汀县	Changting	218035	554755	1163160	117837	151609
永定县	Yongding	529797	341598	1502031	68961	100463
上杭县	Shanghang	280269	1278458	2352533	562432	591170
武平县	Wuping	297101	136730	654869	78025	104850
连城县	Liancheng	175692	184346	1045015	62392	100937
宁德市	**Ningde**	**2777100**	**4020200**	**13039419**	**674838**	**1079019**
宁德市辖区	District under Ningde	273864	657083	1282163	109470	144309
福安市	Fu'an	1327111	1913829	5253581	160020	306845
福鼎市	Fuding	328545	756360	3182458	272416	382220
霞浦县	Xiapu	167712	244781	693138	19498	33428
古田县	Gutian	131390	100690	722113	31383	53456
屏南县	Pingnan	202491	117774	419870	12439	39534
寿宁县	Shouning	134137	119077	508430	27479	50492
周宁县	Zhouning	154551	45942	421578	29912	45292
柘荣县	Zherong	57300	64666	556088	12221	23443

22-18 运输邮电基本情况（2011年）

Basic Indicators of Transportation and Post(2011)

单位：公里 (KM)

地区	Area	邮路单程长度 Length of Postal Route	农村投递路线总长度 Rural Delivery Routes	公路通车里程 Length of Highways in Operation
福州市	**Fuzhou**	**77471**	**10178**	**10371**
福州市辖区	District under Fuzhou	74718	1076	808
福清市	Fuqing	224	1356	1642
长乐市	Changle	163	1238	964
闽侯县	Minhou	406	1544	1476
连江县	Lianjiang	249	1140	1072
罗源县	Luoyuan	463	862	864
闽清县	Minqing	291	921	1344
永泰县	Yongtai	438	1395	1670
平潭县	Pintan	519	646	531
厦门市	**Xiamen**	**95770**	**5622**	**1871**
莆田市	**Putian**	**2724**	**4596**	**5804**
莆田市辖区	District under Putian	2389	2830	3395
仙游县	Xianyou	335	1766	2409
三明市	**Sanming**	**6010**	**10191**	**14017**
三明市辖区	District under Sanming	2294	557	1017
永安市	Yongan	348	1345	1420
明溪县	Mingxi	224	548	1016
清流县	Qingliu	456	872	888
宁化县	Ninghua	420	1313	1564
大田县	Datian	347	1372	1507
尤溪县	Youxi	613	1673	2397
沙县	Shaxian	270	779	1204
将乐县	Jiangle	281	623	1071
泰宁县	Taining	363	631	890
建宁县	Jianning	394	478	1043
泉州市	**Quanzhou**	**32485**	**21709**	**14349**
泉州市辖区	District under Quanzhou	29639	1963	1290
石狮市	Shishi	109	556	334
晋江市	Jinjiang	340	7295	1283
南安市	Nan'an	116	6398	2501
惠安县	Huian	157	1898	741
安溪县	Anxi	686	1539	3408
永春县	Yongchun	489	981	2647
德化县	Dehua	949	1079	2145
漳州市	**Zhangzhou**	**5249**	**8827**	**10196**
漳州市辖区	District under Zhangzhou	2249	846	538
龙海市	Longhai	527	1752	1367

22-18 续表

Continued

单位：公里 (KM)

地区	Area	邮路单程长度 Length of Postal Route	农村投递路线总长度 Rural Delivery Routes	公路通车里程 Length of Highways in Operation
云霄县	Yunxiao	301	510	597
漳浦县	Zhangpu	472	1120	1182
诏安县	Zhao'an	394	981	1004
长泰县	Changtai	139	562	894
东山县	Dongshan	323	372	268
南靖县	Nanjing	164	1277	1998
平和县	Pinghe	326	934	1192
华安县	Hua'an	354	473	1156
南平市	**Nanping**	**7314**	**10540**	**13734**
南平市辖区	District under Nanping	3177	1531	1716
邵武市	Shaowu	729	813	1468
武夷山市	Wuyishan	456	833	1161
建瓯市	Jian'ou	269	1333	2267
建阳市	Jianyang	371	1391	1379
顺昌县	Shunchang	482	900	1154
浦城县	Pucheng	745	1221	1846
光泽县	Guangze	379	553	945
松溪县	Songxi	279	691	761
政和县	Zhenghe	427	1274	1037
龙岩市	**Longyan**	**5881**	**8152**	**12337**
龙岩市辖区	District under Longyan	2598	997	1893
漳平市	Zhangping	612	1858	1912
长汀县	Changting	652	1682	2206
永定县	Yongding	318	1006	1562
上杭县	Shanghang	732	1139	1841
武平县	Wuping	638	885	1256
连城县	Liancheng	331	585	1667
宁德市	**Ningde**	**4744**	**10185**	**9644**
宁德市辖区	District under Ningde	1840	857	1102
福安市	Fu'an	496	2094	1545
福鼎市	Fuding	447	977	1271
霞浦县	Xiapu	486	2071	1090
古田县	Gutian	248	1356	1343
屏南县	Pingnan	370	635	808
寿宁县	Shouning	481	879	1179
周宁县	Zhouning	175	809	782
柘荣县	Zherong	201	507	525

22-19 普通教育教师及在校学生数（2011年）

Number of Teachers and Students Enrollment in Regular Schools(2011)

单位：人　　(person)

项目	Item	专任教师数 Full-time Teachers			在校生数 Students Enrollment		
		普通高中 Regular Senior Secondary Schools	普通初中 Regular Junior Secondary Schools	小学 Primary Schools	普通高中 Regular Senior Secondary School	普通初中 Regular Junior Secondary Schools	小学 Primary Schools
福州市	**Fuzhou**	**8384**	**15513**	**24474**	**109504**	**198696**	**432486**
福州市辖区	District under Fuzhou	3174	4751	7987	41037	69924	166008
福清市	Fuqing	1919	3533	5234	27791	49511	96422
长乐市	Changle	773	1566	2498	10270	17211	42543
闽侯县	Minhou	652	1547	2328	8417	19520	44031
连江县	Lianjiang	773	1574	2233	7875	15719	33428
罗源县	Luoyuan	316	689	1133	4128	5562	12721
闽清县	Minqing	377	943	1564	4068	9980	20047
永泰县	Yongtai	400	910	1497	5918	11269	17286
厦门市	**Xiamen**	**3354**	**5629**	**9468**	**42711**	**80614**	**207667**
莆田市	**Putian**	**5165**	**9368**	**15643**	**71087**	**121668**	**212583**
莆田市辖区	District under Putian	3657	6103	11043	47671	77346	142831
仙游县	Xianyou	1508	3265	4600	23416	44322	69752
三明市	**Sanming**	**3899**	**7935**	**12857**	**51758**	**84914**	**158286**
三明市辖区	District under Sanming	572	910	1356	9205	11247	22474
永安市	Yongan	461	1060	1604	5750	10537	21638
明溪县	Mingxi	164	299	602	1701	3917	6918
清流县	Qingliu	182	474	684	1898	4249	8171
宁化县	Ninghua	488	925	1584	6593	10250	16329
大田县	Datian	504	926	1604	7436	9050	18513
尤溪县	Youxi	628	1342	1612	8962	12683	20907
沙县	Shaxian	353	765	1420	3837	8401	18992
将乐县	Jiangle	247	514	810	2783	5427	9481
泰宁县	Taining	162	303	764	1738	4256	7175
建宁县	Jianning	138	417	817	1855	4897	7688
泉州市	**Quanzhou**	**11493**	**19304**	**29524**	**164963**	**212621**	**568277**
泉州市辖区	District under Quanzhou	2959	4020	6282	41006	43205	104433
石狮市	Shishi	637	1066	1926	8449	13411	46533
晋江市	Jinjiang	1784	3390	5209	27135	49365	160513
南安市	Nan'an	2314	3975	5244	32710	35683	93749
惠安县	Huian	1220	2027	2734	18130	16616	45721
安溪县	Anxi	1405	2612	4654	22017	28771	67979
永春县	Yongchun	668	1476	2246	8279	16943	30643
德化县	Dehua	506	738	1229	7237	8627	18706
漳州市	**Zhangzhou**	**6177**	**13263**	**20004**	**83412**	**174237**	**335255**
漳州市辖区	District under Zhangzhou	1294	2142	2624	17224	29660	53136
龙海市	Longhai	1130	2196	3049	15952	28238	56252

注：福州市数据不含平潭综合实验区

Note: The data of fuzhou exclude pingtan

22-19 续表

Continued

单位：人 (person)

项目	Item	专任教师数 Full-time Teachers 普通高中 Regular Senior Secondary Schools	普通初中 Regular Junior Secondary Schools	小学 Primary Schools	在校生数 Students Enrollment 普通高中 Regular Senior Secondary School	普通初中 Regular Junior Secondary Schools	小学 Primary Schools
云霄县	Yunxiao	566	1201	2150	6908	15921	32121
漳浦县	Zhangpu	950	2427	3040	13512	25355	51779
诏安县	Zhao'an	592	1345	2234	8789	21796	37735
长泰县	Changtai	233	556	866	2840	6371	12405
东山县	Dongshan	287	536	892	4026	6934	12451
南靖县	Nanjing	403	964	1619	4940	11975	19413
平和县	Pinghe	546	1510	2755	7544	24002	50742
华安县	Hua'an	176	386	775	1677	3985	9221
南平市	**Nanping**	**3607**	**8162**	**14757**	**51793**	**96267**	**180625**
南平市辖区	District under Nanping	576	1404	2340	7845	16715	30668
邵武市	Shaowu	381	830	1543	5649	9556	16823
武夷山市	Wuyishan	245	659	1221	3740	6842	14454
建瓯市	Jian’ou	547	1204	2257	7711	15302	30522
建阳市	Jianyang	397	881	1598	5825	11542	19910
顺昌县	Shunchang	394	745	1195	6077	6608	11569
浦城县	Pucheng	370	1012	1880	5339	12978	25196
光泽县	Guangze	212	384	876	2892	5615	10311
松溪县	Songxi	209	441	860	2632	4127	8088
政和县	Zhenghe	276	602	987	4083	6982	13084
龙岩市	**Longyan**	**5024**	**8646**	**12202**	**55318**	**83570**	**163626**
龙岩市辖区	District under Longyan	749	1420	2206	8555	15809	40198
漳平市	Zhangping	489	814	1342	4785	6364	15238
长汀县	Changting	669	1218	1974	9724	16749	28380
永定县	Yongding	977	1614	2115	7626	12787	24658
上杭县	Shanghang	911	1404	1822	10487	13806	22438
武平县	Wuping	619	1082	1500	6909	9804	18127
连城县	Liancheng	610	1094	1243	7232	8251	14587
宁德市	**Ningde**	**4521**	**8639**	**14423**	**67688**	**87739**	**174484**
宁德市辖区	District under Ningde	780	1343	2175	11455	10339	28162
福安市	Fu'an	905	1575	2554	14288	18286	36570
福鼎市	Fuding	733	1233	2411	12479	16974	30196
霞浦县	Xiapu	573	1276	2034	8569	12130	25247
古田县	Gutian	625	1080	1545	7622	8443	18272
屏南县	Pingnan	193	546	921	2492	4371	8155
寿宁县	Shouning	276	770	1316	4350	8513	14205
周宁县	Zhouning	272	551	914	3778	5331	8077
柘荣县	Zherong	164	265	553	2655	3352	5600
平潭综合实验区	**Pingtan**	**751**	**1336**	**1985**	**11281**	**16940**	**27569**

22-20 卫生主要指标(2011年)

Main Indicators of Sanitation(2011)

地区	Area	卫生机构床位数(张) Number of Beds in Health Institutions (set)	卫生技术人员数(人) Medical Technical Personnel (person)	执业医师(人) Medical practitioner (person)	执业助理医师(人) Assistant doctor of the operation (person)	注册护士(人) Registered Nurse (person)
福州市	**Fuzhou**	**25886**	**38640**	**13910**	**1094**	**15693**
福州市辖区	District under Fuzhou	17153	26958	10268	541	11243
福清市	Fuqing	2708	3624	1105	129	1486
长乐市	Changle	1627	2221	680	117	783
闽侯县	Minhou	1178	1692	590	67	644
连江县	Lianjiang	785	1439	424	103	480
罗源县	Luoyuan	810	933	254	32	336
闽清县	Minqing	993	896	266	69	398
永泰县	Yongtai	632	877	323	36	323
厦门市	**Xiamen**	**11533**	**20379**	**7961**	**439**	**8091**
莆田市	**Putian**	**8656**	**10509**	**3402**	**439**	**4208**
莆田市辖区	District under Putian	6499	8471	2719	343	3433
仙游县	Xianyou	2157	2038	683	96	775
三明市	**Sanming**	**10748**	**12038**	**3619**	**581**	**4849**
三明市辖区	District under Sanming	2470	3039	980	73	1326
永安市	Yongan	2163	2229	732	75	1003
明溪县	Mingxi	406	400	107	18	163
清流县	Qingliu	462	580	153	54	195
宁化县	Ninghua	1106	1019	254	87	408
大田县	Datian	932	1028	299	78	384
尤溪县	Youxi	951	1170	348	75	441
沙县	Shaxian	832	950	309	63	356
将乐县	Jiangle	590	618	170	24	211
泰宁县	Taining	478	610	168	13	211
建宁县	Jianning	358	395	99	21	151
泉州市	**Quanzhou**	**21606**	**22840**	**7987**	**1236**	**8623**
泉州市辖区	District under Quanzhou	7191	9044	3319	355	3680
石狮市	Shishi	1360	1909	642	90	748
晋江市	Jinjiang	3632	3521	1216	231	1145
南安市	Nan'an	3355	2705	890	211	975
惠安县	Hui'an	2329	2078	699	147	772
安溪县	Anxi	1867	1831	583	93	743
永春县	Yongchun	1278	1100	335	75	382
德化县	Dehua	594	652	303	34	178
漳州市	**Zhangzhou**	**11924**	**13615**	**4465**	**842**	**5272**
漳州市辖区	District under Zhangzhou	3860	5238	1888	234	2162

注：福州市数据不含平潭综合实验区

Note: The data of fuzhou exclude pingtan

22-20 续表

Continued

地区	Area	卫生机构床位数(张) Number of Beds in Health Institutions (set)	卫生技术人员数(人) Medical Technical Personnel (person)	执业医师(人) Medical practitioner (person)	执业助理医师(人) Assistant doctor of the operation (person)	注册护士(人) Registered Nurse (person)
龙海市	Longhai	1589	1799	576	116	673
云霄县	Yunxiao	961	943	318	74	365
漳浦县	Zhangpu	1777	1721	492	113	682
诏安县	Zhao'an	875	866	245	59	323
长泰县	Changtai	483	568	191	33	216
东山县	Dongshan	397	623	192	31	229
南靖县	Nanjing	657	793	230	80	266
平和县	Pinghe	875	762	247	73	234
华安县	Hua'an	450	302	86	29	122
南平市	**Nanping**	**10569**	**11653**	**3645**	**600**	**4811**
南平市辖区	District under Nanping	2473	2605	855	90	1119
邵武市	Shaowu	1329	1538	446	74	648
武夷山市	Wuyishan	588	902	262	96	329
建瓯市	Jian'ou	1644	1672	531	61	746
建阳市	Jianyang	1333	1338	372	54	625
顺昌县	Shunchang	664	547	189	39	214
浦城县	Pucheng	1098	1224	415	108	472
光泽县	Guangze	432	633	180	30	260
松溪县	Songxi	462	501	162	28	168
政和县	Zhenghe	546	693	233	20	230
龙岩市	**Longyan**	**12261**	**13383**	**3924**	**547**	**5851**
龙岩市辖区	District under Longyan	4464	5636	1745	156	2711
漳平市	Zhangping	1137	969	279	67	400
长汀县	Changting	1539	1671	420	102	663
永定县	Yongding	1464	1446	388	69	580
上杭县	Shanghang	1368	1463	448	75	569
武平县	Wuping	1318	1070	292	26	439
连城县	Liancheng	971	1128	352	52	489
宁德市	**Ningde**	**9780**	**11490**	**3433**	**659**	**4576**
宁德市辖区	District under Ningde	2231	2693	872	74	1199
福安市	Fu'an	2083	2127	672	91	915
福鼎市	Fuding	1711	2087	617	147	770
霞浦县	Xiapu	1195	1674	446	103	663
古田县	Gutian	790	986	318	109	331
屏南县	Pingnan	518	519	149	16	213
寿宁县	Shouning	527	526	131	52	172
周宁县	Zhouning	396	513	106	31	196
柘荣县	Zherong	329	365	122	36	117
平潭综合实验区	**Pingtan**	**821**	**1182**	**357**	**85**	**490**

22-21 社会消费品零售总额（2011年）

Total Retail Sales of Consumer Goods(2011)

单位：万元　　(10000 yuan)

地区	Area	社会消费品零售总额 Total Retail Sales of Consumer Goods 数量 Value	比上年增长(%) Ratio(%)
福州市	**Fuzhou**	**19478102**	**19.9**
福州市辖区	District under Fuzhou	14141775	20.2
福清市	Fuqing	1836430	19.5
长乐市	Changle	887444	20.4
闽侯县	Minhou	869358	23.6
连江县	Lianjiang	541525	23.3
罗源县	Luoyuan	275922	19.3
闽清县	Minqing	266098	18.3
永泰县	Yongtai	278180	20.5
平潭县	Pintan	381370	20.7
厦门市	**Xiamen**	**8002779**	**16.4**
莆田市	**Putian**	**3380182**	**16.4**
莆田市辖区	District under Putian	2811105	15.0
仙游县	Xianyou	569077	22.0
三明市	**Sanming**	**2915092**	**18.7**
三明市辖区	District under Sanming	810926	16.6
永安市	Yongan	533928	16.5
明溪县	Mingxi	90741	17.0
清流县	Qingliu	107330	17.9
宁化县	Ninghua	187558	20.8
大田县	Datian	250893	21.9
尤溪县	Youxi	255640	17.8
沙县	Shaxian	318916	22.0
将乐县	Jiangle	130753	23.2
泰宁县	Taining	124262	21.4
建宁县	Jianning	104145	21.7
泉州市	**Quanzhou**	**14620868**	**18.4**
泉州市辖区	District under Quanzhou	4392134	18.8
石狮市	Shishi	2269648	19.3
晋江市	Jinjiang	2872320	19.0
南安市	Nan'an	2056842	18.4
惠安县	Huian	985204	14.3
安溪县	Anxi	1066407	18.6
永春县	Yongchun	583490	19.6
德化县	Dehua	394823	15.0
漳州市	**Zhangzhou**	**5635127**	**19.2**
漳州市辖区	District under Zhangzhou	1842361	18.4
龙海市	Longhai	960648	16.2
云霄县	Yunxiao	369353	19.9
漳浦县	Zhangpu	654235	20.1
诏安县	Zhao'an	509438	21.0
长泰县	Changtai	170143	20.4
东山县	Dongshan	275254	18.4
南靖县	Nanjing	321695	22.6
平和县	Pinghe	411785	19.8
华安县	Hua'an	120215	33.5
南平市	**Nanping**	**3062653**	**16.9**
南平市辖区	District under Nanping	789110	17.0
邵武市	Shaowu	545670	19.0
武夷山市	Wuyishan	289122	16.6
建瓯市	Jian'ou	402732	16.2
建阳市	Jianyang	270511	16.9
顺昌县	Shunchang	180593	14.3
浦城县	Pucheng	261034	16.5
光泽县	Guangze	118608	16.1
松溪县	Songxi	101219	15.1
政和县	Zhenghe	104054	16.5
龙岩市	**Longyan**	**3743250**	**19.9**
龙岩市辖区	District under Longyan	1650981	25.0
漳平市	Zhangping	350305	15.5
长汀县	Changting	338909	16.3
永定县	Yongding	416138	15.7
上杭县	Shanghang	373837	16.1
武平县	Wuping	266729	15.7
连城县	Liancheng	346351	18.0
宁德市	**Ningde**	**2752795**	**17.3**
宁德市辖区	District under Ningde	621784	18.0
福安市	Fu'an	537001	19.1
福鼎市	Fuding	479941	16.5
霞浦县	Xiapu	450739	18.0
古田县	Gutian	277480	16.4
屏南县	Pingnan	98198	14.5
寿宁县	Shouning	118644	14.6
周宁县	Zhouning	96689	14.0
柘荣县	Zherong	72319	16.5

22-22 社会保险和低保参保人数（2011年）

Total Retail Sales of Consumer Goods(2011)

单位：万人 (10000 persons)

地区	Area	期末参加基本养老保险职工人数 Number of People Participated in Basic Pension Insurance at the Year-end	期末参加基本医疗保险的职工人数 Number of People Participated in Basic Medical Insurance at the Year-end	城镇居民最低生活保障人数 Number of Person Receiving Minimum Living Allowance in Urban Areas	农村居民最低生活保障人数 Persons Receiving Minimum Living Allowance in Rural Areas	期末参加新型农村医疗保险人数 Number of People Participated in New Medical Insurance in Rural Areas
福州市	**Fuzhou**	**104.39**	**116.07**	**2.04**	**8.65**	**335.98**
福州市辖区	District under Fuzhou	75.52	84.53	1.22	0.76	17.50
福清市	Fuqing	11.04	11.82	0.26	1.31	102.40
长乐市	Changle	3.50	3.60	0.09	0.97	49.56
闽侯县	Minhou	4.86	5.49	0.08	1.31	48.87
连江县	Lianjiang	3.26	3.99	0.08	1.11	47.65
罗源县	Luoyuan	1.91	1.97	0.13	1.13	18.88
闽清县	Minqing	2.56	2.62	0.09	1.04	22.84
永泰县	Yongtai	1.74	2.04	0.08	1.02	28.27
厦门市	**Xiamen**	**154.29**	**165.15**	**1.85**	**1.06**	
莆田市	**Putian**	**24.50**	**38.43**	**1.28**	**8.85**	**258.49**
莆田市辖区	District under Putian	20.34	32.02	0.70	4.19	170.64
仙游县	Xianyou	4.16	6.22	0.57	4.25	87.85
三明市	**Sanming**	**34.63**	**39.74**	**1.63**	**7.01**	**202.02**
三明市辖区	District under Sanming	10.88	14.55	0.35	0.09	6.70
永安市	Yongan	6.29	7.50	0.13	0.31	21.92
明溪县	Mingxi	1.14	1.41	0.13	0.58	8.82
清流县	Qingliu	1.34	1.35	0.11	0.52	11.33
宁化县	Ninghua	2.06	1.89	0.13	1.01	29.25
大田县	Datian	2.26	2.72	0.16	1.26	29.09
尤溪县	Youxi	2.75	2.62	0.19	1.48	38.28
沙县	Shaxian	3.79	3.41	0.17	0.47	18.47
将乐县	Jiangle	1.70	1.68	0.12	0.44	14.59
泰宁县	Taining	1.27	1.36	0.08	0.35	11.41
建宁县	Jianning	1.15	1.23	0.07	0.51	12.18
泉州市	**Quanzhou**	**86.95**	**84.31**	**2.39**	**11.44**	**559.95**
泉州市辖区	District under Quanzhou	33.52	36.23	0.68	1.16	69.76
石狮市	Shishi	6.62	5.89	0.48		28.44
晋江市	Jinjiang	22.15	16.83	0.52	1.59	96.71
南安市	Nan'an	8.46	8.38	0.11	2.67	124.00
惠安县	Huian	5.72	5.24	0.28	2.31	70.29
安溪县	Anxi	3.80	5.14	0.15	2.05	95.16
永春县	Yongchun	3.22	3.51	0.10	1.01	47.12
德化县	Dehua	3.46	3.09	0.06	0.65	28.48
漳州市	**Zhangzhou**	**49.40**	**44.92**	**3.18**	**12.21**	**378.10**
漳州市辖区	District under Zhangzhou	16.67	18.34	0.71	0.62	27.30
龙海市	Longhai	8.33	5.96	0.67	2.17	73.58

注：福州市数据不含平潭综合实验区

Note: The data of fuzhou exclude pingtan

22-22 续表

Continued

单位：万人　　(10000 persons)

地区	Area	期末参加基本养老保险职工人数 Number of People Participated in Basic Pension Insurance at the Year-end	期末参加基本医疗保险的职工人数 Number of People Participated in Basic Medical Insurance at the Year-end	城镇居民最低生活保障人数 Number of Person Receiving Minimum Living Allowance in Urban Areas	农村居民最低生活保障人数 Persons Receiving Minimum Living Allowance in Rural Areas	期末参加新型农村医疗保险人数 Number of People Participated in New Medical Insurance in Rural Areas
云霄县	Yunxiao	3.07	2.26	0.22	1.39	33.80
漳浦县	Zhangpu	5.76	4.96	0.25	1.87	78.17
诏安县	Zhao'an	2.58	1.99	0.20	1.90	46.78
长泰县	Changtai	3.02	2.04	0.11	0.54	17.04
东山县	Dongshan	2.18	2.47	0.38	0.49	13.22
南靖县	Nanjing	3.61	3.16	0.24	1.06	28.31
平和县	Pinghe	2.97	2.65	0.21	1.52	46.57
华安县	Hua'an	1.21	1.11	0.17	0.59	13.32
南平市	**Nanping**	**34.48**	**40.50**	**2.22**	**8.12**	**224.60**
南平市辖区	District under Nanping	11.87	12.87	0.46	0.77	28.61
邵武市	Shaowu	4.43	4.87	0.26	0.69	19.49
武夷山市	Wuyishan	2.33	2.78	0.20	0.59	16.65
建瓯市	Jian'ou	3.46	4.83	0.24	1.43	42.07
建阳市	Jianyang	3.06	4.27	0.34	0.93	25.09
顺昌县	Shunchang	2.89	3.19	0.23	0.65	16.62
浦城县	Pucheng	3.22	3.37	0.12	1.27	33.83
光泽县	Guangze	1.49	1.77	0.17	0.58	12.05
松溪县	Songxi	0.88	1.23	0.06	0.57	12.65
政和县	Zhenghe	0.85	1.32	0.13	0.63	17.55
龙岩市	**Longyan**	**34.45**	**35.01**	**1.35**	**10.80**	**220.53**
龙岩市辖区	District under Longyan	15.23	15.75	0.19	0.49	26.01
漳平市	Zhangping	2.72	2.99	0.15	0.93	21.77
长汀县	Changting	3.29	3.21	0.31	2.00	40.62
永定县	Yongding	3.97	3.60	0.25	1.86	32.90
上杭县	Shanghang	4.11	3.92	0.13	1.97	42.40
武平县	Wuping	2.65	2.71	0.19	1.65	30.40
连城县	Liancheng	2.48	2.82	0.13	1.92	26.43
宁德市	**Ningde**	**26.06**	**25.40**	**2.01**	**11.88**	**243.11**
宁德市辖区	District under Ningde	6.16	6.51	0.27	1.13	27.70
福安市	Fu'an	5.56	4.71	0.54	2.88	43.83
福鼎市	Fuding	5.45	4.01	0.27	1.47	45.12
霞浦县	Xiapu	2.97	2.96	0.31	1.51	37.78
古田县	Gutian	2.34	2.59	0.23	1.42	31.10
屏南县	Pingnan	0.76	1.25	0.05	0.94	14.81
寿宁县	Shouning	1.33	1.36	0.17	1.11	20.83
周宁县	Zhouning	0.69	1.06	0.07	0.86	13.04
柘荣县	Zherong	0.80	0.95	0.10	0.57	8.91
平潭综合实验区	**Pingtan**	**2.28**	**2.51**	**0.18**	**1.89**	**27.21**

第二十三篇　海峡西岸经济区主要经济指标

Chapter 23　Main Economic and Social Indicators of the Economic Zone on the West Coast of Taiwan Straits

资料整理：康梅华

Database Editor: Kangmeihua

简要说明

本篇资料的主要内容及来源

本篇资料反映了海峡西岸经济区各设区的市经济社会发展基本情况，主要包括行政区划、人口、地区生产总值及其构成、劳动工资、财政、农业、工业、投资、建筑业、交通运输、国内贸易、进出口、价格指数等方面的资料。

本篇资料由江西省统计局、浙江省统计局、广东省统计局和福建省统计局综合统计处整理提供。

Brief Introduction

Main Content and Source of Data

Data in this chapter reflect the basic socio-economic development of some Urban districts of the region In the west side of the Straits Economic Area, mainly including divisions of administrative areas, population, GDP and its components, wages, finance, agriculture, industry, investment, construction industry, communications, domestic trade, exports and imports, price indices and livelihood etc.

Data in this chapter are compiled and provided by the Division of Comprehensive Statistics of Jiangxi, Zhejiang, Guangdong and the Divison of Comprehensive Satatistics of the Fujian Provincial Bureau of Statistics.

23-1 各市生产总值

Gross Domestic Products by City

地区	Area	地区生产总值（亿元） Gross Domestic Product(100 million yuan)									
		2007		2008		2009		2010		2011	
		总计 Total	比上年增长(%) Ratio(%)	总计 Total	比上年增长(%) Ratio(%)	总计 Total	比上年增长(%) Ratio(%)	总计 Total	比上年增长(%) Ratio(%)	总计 Total	比上年增长(%) Ratio(%)
总计	**Total**	**16351.54**	**15.5**	**19212.77**	**13.1**	**21111.45**	**12.0**	**25190.61**	**13.9**	**30252.29**	**13.0**
福州市	Fuzhou	2029.28	15.8	2355.67	13.7	2604.04	13.0	3123.41	14.2	3736.38	13.0
厦门市	Xiamen	1402.58	17.0	1610.71	13.5	1737.23	8.0	2060.07	15.1	2539.31	15.1
莆田市	Putian	511.76	16.5	610.01	14.7	691.42	14.5	850.33	15.3	1050.62	14.3
三明市	Sanming	571.76	15.9	723.01	14.7	800.24	13.2	975.10	13.9	1211.81	14.1
泉州市	Quanzhou	2343.30	16.9	2795.63	15.0	3069.50	12.5	3564.97	12.8	4270.89	13.5
漳州市	Zhangzhou	877.63	15.1	1002.39	13.6	1178.01	13.3	1430.71	14.9	1768.20	14.7
南平市	Nanping	466.07	15.0	559.20	14.1	621.65	13.9	728.65	11.7	894.31	12.2
龙岩市	Longyan	595.16	16.6	734.06	15.1	824.88	14.0	990.90	13.9	1242.15	13.0
宁德市	Ningde	457.45	16.3	542.98	14.5	612.28	13.3	738.61	15.0	930.12	15.2
温州市	Wenzhou	2158.91	14.3	2424.29	8.5	2527.88	8.5	2925.57	11.1	3418.53	9.5
丽水市	Lishui	441.02	15.9	515.06	11.9	546.55	10.6	663.29	12.9	798.22	11.5
衢州市	Quzhou	478.50	16.5	580.05	13.0	617.50	11.1	752.78	13.3	919.62	11.4
汕头市	Shantou	829.49	13.0	951.81	10.5	1035.87	10.7	1208.97	13.9	1275.74	12.0
梅州市	Meizhou	411.62	12.5	479.61	10.2	519.29	9.8	612.85	14.1	707.54	13.6
潮州市	Chaozhou	372.80	14.5	438.08	12.2	480.18	12.5	559.24	14.1	647.22	13.0
揭阳市	Jieyang	585.99	18.1	724.23	16.0	816.09	16.0	1009.51	19.6	1225.86	14.6
上饶市	Shangrao	528.12	13.7	628.69	13.5	728.50	13.6	901.00	14.8	1110.58	13.1
鹰潭市	Yingtan	220.20	13.0	256.81	14.2	256.80	12.3	344.89	14.1	426.70	12.3
抚州市	Fuzhou	367.92	14.0	439.63	14.2	502.91	13.9	630.01	15.0	742.51	12.5
赣州市	Ganzhou	701.97	13.5	840.85	13.2	940.63	13.3	1119.74	13.8	1335.98	12.5

23-2 各市规模以上工业增加值

Value-added of Industrial Enterprises above Designated Size by City

地区	Area	工业增加值（亿元） Gross Industrial Value-added(100 million yuan)									
		2007		2008		2009		2010		2011	
		总计 Total	比上年增长(%) Ratio(%)	总计 Total	比上年增长(%) Ratio(%)	总计 Total	比上年增长(%) Ratio(%)	总计 Total	比上年增长(%) Ratio(%)	总计 Total	比上年增长(%) Ratio(%)
总计	**Total**	**5824.81**	**23.3**	**7232.03**	**17.9**	**7648.46**	**14.1**	**9975.29**	**21.5**	**11395.13**	**19.4**
福州市	Fuzhou	744.54	21.6	881.63	17.0	873.53	14.1	1117.55	20.4	1283.99	16.8
厦门市	Xiamen	661.53	16.9	707.58	12.0	686.79	2.8	915.27	24.5	1055.50	19.5
莆田市	Putian	223.40	23.6	283.24	22.2	319.17	18.7	404.05	24.6	474.36	21.5
三明市	Sanming	200.28	23.4	274.36	24.8	301.26	19.6	400.32	22.6	543.94	24.3
泉州市	Quanzhou	1037.39	21.7	1352.21	19.1	1440.65	14.0	1826.20	18.0	2209.61	19.3
漳州市	Zhangzhou	265.37	21.8	313.00	20.4	399.75	15.8	542.47	25.3	671.95	22.0
南平市	Nanping	126.86	22.6	165.46	20.3	172.79	18.6	213.43	18.0	230.55	19.0
龙岩市	Longyan	229.11	26.7	311.58	18.6	322.55	14.6	448.46	20.1	555.12	20.0
宁德市	Ningde	110.21	36.4	143.16	25.8	158.63	19.8	243.70	32.5	353.59	26.9
温州市	Wenzhou	737.68	15.8	872.30	5.5	815.25	6.0	1023.06	16.8	916.80	10.1
丽水市	Lishui	139.46	24.7	198.81	23.3	216.13	16.1	272.39	16.2	282.52	15.6
衢州市	Quzhou	151.72	22.8	203.21	20.5	224.14	16.1	303.74	22.0	315.39	17.0
汕头市	Shantou	270.75	19.7	350.05	18.0	389.59	15.4	483.20	17.6	416.86	18.0
梅州市	Meizhou	109.68	20.4	125.30	9.5	134.35	8.1	166.00	18.7	161.71	21.1
潮州市	Chaozhou	115.36	23.8	143.00	14.5	152.41	13.6	194.91	20.0	215.79	21.6
揭阳市	Jieyang	156.23	49.4	236.92	36.7	307.48	26.8	512.46	38.9	547.05	29.9
上饶市	Shangrao	134.17	48.2	178.99	26.6	221.08	20.4	266.15	22.6	316.23	21.2
鹰潭市	Yingtan	134.34	14.9	143.48	22.1	128.82	15.8	190.85	20.0	239.55	15.0
抚州市	Fuzhou	93.31	49.8	114.60	22.1	133.60	22.0	160.15	22.5	174.27	19.6
赣州市	Ganzhou	183.41	40.0	233.15	22.3	250.49	20.2	290.93	21.0	430.35	18.7

23-3 各市全社会固定资产投资

Total Investment in Fixed Assets by City

地区	Area	全社会固定资产投资（亿元） Total Investment in Fixed Assets(100 million yuan)									
		2007		2008		2009		2010		2011	
		总计 Total	比上年增长(%) Ratio(%)	总计 Total	比上年增长(%) Ratio(%)	总计 Total	比上年增长(%) Ratio(%)	总计 Total	比上年增长(%) Ratio(%)	总计 Total	比上年增长(%) Ratio(%)
总计	**Total**	**7258.20**	**31.3**	**8809.96**	**21.4**	**10883.64**	**23.5**	**14000.93**	**28.6**	**16467.28**	**31.1**
福州市	Fuzhou	1001.45	36.7	1252.71	25.1	1646.72	31.5	2317.44	40.7	2692.07	23.2
厦门市	Xiamen	927.70	40.1	931.38	0.4	882.12	-5.3	1009.99	14.5	1117.26	30.4
莆田市	Putian	240.93	45.9	301.83	25.3	362.70	20.2	496.52	36.9	699.33	63.0
三明市	Sanming	363.14	50.5	512.73	41.2	678.26	32.3	847.81	25.0	900.20	23.3
泉州市	Quanzhou	695.11	40.6	860.66	23.8	976.47	13.5	1250.81	30.0	1527.11	28.2
漳州市	Zhangzhou	327.04	36.6	441.40	35.0	579.21	31.2	837.11	44.5	1075.65	39.9
南平市	Nanping	299.48	38.7	396.29	32.3	502.03	26.7	622.02	23.9	669.24	19.3
龙岩市	Longyan	248.63	50.8	322.61	29.8	433.97	34.5	582.95	34.3	754.98	41.8
宁德市	Ningde	181.31	14.8	237.22	30.8	287.15	21.0	371.71	29.4	446.03	37.4
温州市	Wenzhou	737.03	14.2	758.44	2.9	837.78	10.5	925.98	10.5	1751.52	89.2
丽水市	Lishui	237.26	6.8	248.85	4.9	279.19	12.2	320.38	14.8	358.47	20.3
衢州市	Quzhou	317.00	15.9	361.19	13.9	415.40	15.0	481.80	16.0	504.63	12.9
汕头市	Shantou	206.69	18.0	261.36	26.5	291.90	11.7	361.68	23.9	438.15	21.1
梅州市	Meizhou	125.00	15.3	140.54	12.4	162.98	16.0	195.52	20.0	197.65	1.1
潮州市	Chaozhou	120.83	11.9	128.31	6.2	162.98	27.0	182.78	12.2	198.94	8.8
揭阳市	Jieyang	203.19	34.1	265.79	30.8	393.50	48.1	564.07	43.3	658.08	16.7
上饶市	Shangrao	405.06	27.8	516.91	27.6	728.92	41.0	943.97	29.5	828.46	25.9
鹰潭市	Yingtan	95.00	30.0	129.47	36.3	185.71	43.4	260.00	40.0	276.86	23.0
抚州市	Fuzhou	226.05	42.5	336.27	48.8	481.95	43.3	647.40	34.3	553.12	15.3
赣州市	Ganzhou	300.30	34.7	406.00	35.2	594.70	46.5	781.00	31.3	819.55	28.1

注：2010年以前为全社会固定资产投资；2011年起固定资产投资统计起点由50万元提高至500万元，且不包含农村农户投资；增长速度为可比口径。

Note:2010 years ago for the social fixed assets investment,Since 2011, fixed asset investment 0.5 million increase by statistical starting point to 5 million yuan, and does not contain rural farmers investment; Growth of comparable size.

23-4 各市社会消费品零售总额

Total Retail Sales of Consumer Goods by City

地区	Area	社会消费品零售总额（亿元） Total Retail Sales of Consumer Goods(100 million yuan)									
		2007		2008		2009		2010		2011	
		总计 Total	比上年增长(%) Ratio(%)	总计 Total	比上年增长(%) Ratio(%)	总计 Total	比上年增长(%) Ratio(%)	总计 Total	比上年增长(%) Ratio(%)	总计 Total	比上年增长(%) Ratio(%)
总计	**Total**	**6073.05**	**18.3**	**7345.13**	**20.9**	**8594.42**	**17.0**	**10286.53**	**19.7**	**12173.12**	**18.3**
福州市	Fuzhou	947.37	21.6	1144.64	20.8	1338.64	16.9	1624.28	21.3	1947.81	19.9
厦门市	Xiamen	410.85	19.9	495.86	20.7	566.12	14.2	685.02	21.0	800.28	16.4
莆田市	Putian	178.44	19.8	215.06	20.5	246.13	14.4	290.37	18.0	338.02	16.4
三明市	Sanming	142.60	16.7	172.09	20.7	206.65	20.1	245.58	18.8	291.51	18.7
泉州市	Quanzhou	754.05	16.7	903.54	19.8	1055.20	16.8	1234.43	17.0	1462.09	18.4
漳州市	Zhangzhou	289.08	15.3	342.75	18.6	400.21	16.8	472.63	18.1	563.51	19.2
南平市	Nanping	165.85	13.6	195.34	17.8	225.22	15.3	262.04	16.3	306.27	16.9
龙岩市	Longyan	174.70	16.5	220.00	25.9	261.97	19.1	312.17	19.2	374.33	19.9
宁德市	Ningde	149.39	13.1	177.28	18.7	202.03	14.0	234.64	16.1	275.28	17.3
温州市	Wenzhou	906.46	16.3	1082.95	19.5	1264.72	16.8	1498.10	18.2	1767.64	18.1
丽水市	Lishui	169.07	16.1	202.98	20.1	232.62	14.6	266.13	14.4	315.89	18.7
衢州市	Quzhou	179.45	16.6	215.61	20.2	250.25	16.1	290.82	16.2	344.34	18.4
汕头市	Shantou	474.98	18.3	572.01	20.4	661.96	15.7	830.41	25.4	972.21	17.1
梅州市	Meizhou	184.60	19.1	228.94	24.0	267.98	17.1	319.05	19.1	372.79	16.8
潮州市	Chaozhou	142.89	20.2	172.85	21.0	207.89	20.3	245.47	18.1	287.73	17.2
揭阳市	Jieyang	215.15	25.5	275.90	28.2	341.46	23.8	446.62	30.8	573.45	28.4
上饶市	Shangrao	186.92	18.3	231.51	23.9	276.36	19.4	330.10	19.6	378.23	18.0
鹰潭市	Yingtan	49.50	17.4	61.27	23.8	72.67	18.6	86.64	19.4	103.27	17.5
抚州市	Fuzhou	135.46	17.1	167.61	23.7	199.21	18.9	236.68	19.0	266.17	17.2
赣州市	Ganzhou	216.24	17.1	266.95	23.5	317.14	18.8	375.35	18.6	432.32	17.3

23-5 各市进出口总额

Total Exports and Imports by City

地区	Area	进出口总额（亿美元） Gross Value of Imports and Exports(100 million USD)									
		2007		2008		2009		2010		2011	
		总计 Total	比上年增长(%) Ratio(%)	总计 Total	比上年增长(%) Ratio(%)	总计 Total	比上年增长(%) Ratio(%)	总计 Total	比上年增长(%) Ratio(%)	总计 Total	比上年增长(%) Ratio(%)
总计	**Total**	**1031.64**	**20.1**	**1174.97**	**13.9**	**1122.85**	**-4.4**	**1531.08**	**36.4**	**1993.77**	**31.4**
福州市	Fuzhou	186.41	12.0	203.21	9.0	178.49	-12.2	245.86	37.7	346.45	40.9
厦门市	Xiamen	397.78	21.3	453.77	14.1	433.07	-4.6	570.31	31.7	701.58	23.0
莆田市	Putian	21.49	25.7	23.21	8.0	23.47	1.1	34.22	45.8	46.47	35.8
三明市	Sanming	8.71	44.0	7.95	-8.7	8.81	10.8	12.80	45.2	17.75	38.7
泉州市	Quanzhou	68.51	24.8	85.03	24.1	81.79	-3.8	112.56	37.6	170.64	51.6
漳州市	Zhangzhou	46.48	9.0	53.19	14.4	47.99	-9.8	73.99	54.2	97.13	31.3
南平市	Nanping	6.26	20.1	7.62	21.8	8.28	8.6	10.83	30.8	14.73	36.0
龙岩市	Longyan	2.71	37.6	5.39	99.0	6.81	26.3	15.13	122.1	24.01	58.7
宁德市	Ningde	6.17	40.9	8.84	43.1	7.78	-11.9	12.11	55.7	16.47	36.0
温州市	Wenzhou	122.48	23.8	139.92	14.3	132.79	-5.1	170.94	28.7	215.72	26.2
丽水市	Lishui	8.43	48.2	12.68	50.4	11.11	-12.4	15.33	38.0	21.25	38.6
衢州市	Quzhou	10.61	65.8	13.25	24.9	11.84	-10.6	18.89	59.5	26.87	42.2
汕头市	Shantou	61.12	12.9	62.98	3.1	60.28	-4.3	73.64	22.2	87.88	19.3
梅州市	Meizhou	5.28	13.8	7.62	44.5	7.89	3.5	11.73	48.7	13.65	16.4
潮州市	Chaozhou	21.73	-5.4	22.31	2.7	27.88	24.9	38.23	37.2	41.81	9.4
揭阳市	Jieyang	20.87	23.6	24.62	18.0	29.82	21.1	36.27	21.6	42.24	16.5
上饶市	Shangrao	2.99	65.3	5.62	88.2	6.44	14.6	16.67	158.9	26.54	59.2
鹰潭市	Yingtan	21.89	74.9	21.94	0.2	21.43	-2.3	39.68	85.2	43.77	10.3
抚州市	Fuzhou	2.57	96.4	3.04	18.4	4.77	56.8	5.59	17.2	9.59	71.7
赣州市	Ganzhou	9.16	32.4	12.79	39.7	12.12	-5.2	16.30	34.5	29.23	79.3

23-6 各市进口总额

Total Imports by City

地区	Area	进口总额（亿美元） Imports(100 million USD)									
		2007		2008		2009		2010		2011	
		总计 Total	比上年增长(%) Ratio(%)	总计 Total	比上年增长(%) Ratio(%)	总计 Total	比上年增长(%) Ratio(%)	总计 Total	比上年增长(%) Ratio(%)	总计 Total	比上年增长(%) Ratio(%)
总计	**Total**	**322.79**	**18.2**	**359.23**	**11.3**	**350.59**	**-2.4**	**494.68**	**41.1**	**647.53**	**35.7**
福州市	Fuzhou	63.31	10.4	67.34	6.4	58.39	-13.3	82.78	41.7	105.31	27.2
厦门市	Xiamen	142.24	15.8	159.79	12.3	156.47	-2.1	217.07	38.7	275.12	26.8
莆田市	Putian	6.00	39.9	6.05	0.7	6.73	11.2	12.32	83.1	18.66	51.5
三明市	Sanming	0.62	-8.2	0.93	50.7	1.19	27.5	1.53	28.4	2.29	50.4
泉州市	Quanzhou	18.70	28.6	27.08	44.8	22.88	-15.5	29.76	30.0	62.81	111.1
漳州市	Zhangzhou	12.31	-4.0	14.43	17.2	14.15	-2.1	23.31	65.0	32.22	38.2
南平市	Nanping	1.23	34.0	1.28	4.1	1.83	43.0	1.74	-4.9	2.82	61.8
龙岩市	Longyan	0.27	-34.3	0.80	199.8	0.88	11.0	2.00	124.3	5.50	175.1
宁德市	Ningde	0.42	150.7	0.59	39.3	0.79	33.7	2.37	201.0	2.11	-10.9
温州市	Wenzhou	21.00	15.9	20.89	-0.6	23.43	12.2	25.51	8.9	34.06	33.3
丽水市	Lishui	0.94	336.9	2.37	151.8	1.76	-25.7	1.84	4.5	3.11	69.0
衢州市	Quzhou	3.39	92.3	4.26	25.7	4.54	6.6	6.85	50.9	9.26	35.2
汕头市	Shantou	22.00	14.0	19.75	-10.1	20.12	1.9	24.31	20.7	28.35	16.6
梅州市	Meizhou	0.92	10.6	1.84	101.0	1.18	-35.9	2.21	88.5	2.71	22.6
潮州市	Chaozhou	4.27	-13.6	4.76	11.6	9.18	92.7	14.82	61.5	14.72	-0.7
揭阳市	Jieyang	3.18	16.9	3.64	14.8	4.57	25.4	5.47	19.5	4.32	-21.0
上饶市	Shangrao	0.18	12.5	0.80	342.0	0.60	-25.5	1.46	143.0	2.36	62.0
鹰潭市	Yingtan	19.35	110.9	19.52	0.9	18.48		36.01	84.4	37.67	4.5
抚州市	Fuzhou	0.01	-67.2	0.04	305.5	0.03	-50.0	0.13	508.1	0.11	-15.7
赣州市	Ganzhou	2.45	27.0	3.05	24.9	2.33	-23.7	3.20	37.2	4.00	25.3

23-7 各市出口总额

Total Exports by City

地区	Area	出口总额（亿美元）（亿美元） Exports(100 million USD)									
		2007		2008		2009		2010		2011	
		总计 Total	比上年增长(%) Ratio(%)	总计 Total	比上年增长(%) Ratio(%)	总计 Total	比上年增长(%) Ratio(%)	总计 Total	比上年增长(%) Ratio(%)	总计 Total	比上年增长(%) Ratio(%)
总计	**Total**	**708.82**	**21.0**	**815.76**	**15.1**	**772.27**	**-5.3**	**1036.35**	**34.2**	**1346.24**	**31.3**
福州市	Fuzhou	123.09	12.8	135.87	10.4	120.11	-11.6	163.08	35.8	241.14	47.9
厦门市	Xiamen	255.54	24.6	293.99	15.0	276.58	-5.9	353.24	27.7	426.45	20.7
莆田市	Putian	15.48	21.0	17.16	10.8	16.74	-2.5	21.90	30.8	27.81	27.0
三明市	Sanming	8.09	50.6	7.02	-13.3	7.62	8.6	11.27	47.9	15.46	37.1
泉州市	Quanzhou	49.80	23.4	57.95	16.4	58.91	1.7	82.79	40.6	107.83	30.2
漳州市	Zhangzhou	34.17	14.6	38.76	13.4	33.87	-12.6	50.68	49.7	64.91	28.1
南平市	Nanping	5.03	17.2	6.34	26.1	6.45	1.7	9.09	41.0	11.91	31.1
龙岩市	Longyan	2.44	56.5	4.59	87.9	5.92	29.0	13.13	121.8	18.52	41.0
宁德市	Ningde	5.75	36.7	8.25	43.4	6.99	-15.2	9.74	39.3	14.36	47.4
温州市	Wenzhou	101.48	25.6	119.04	17.3	109.34	-8.1	145.43	33.0	181.65	24.9
丽水市	Lishui	7.49	36.9	10.31	37.7	9.35	-9.3	13.49	44.3	18.14	34.5
衢州市	Quzhou	7.22	55.6	8.99	24.6	7.30	-19.0	12.05	65.1	17.61	46.2
汕头市	Shantou	39.12	12.3	43.23	10.5	40.16	-7.1	49.35	22.9	59.53	20.6
梅州市	Meizhou	4.36	14.4	5.78	32.6	6.71	16.0	9.51	41.7	10.94	15.0
潮州市	Chaozhou	17.46	-3.1	17.55	0.5	18.70	6.5	23.41	25.2	27.09	15.7
揭阳市	Jieyang	17.69	24.9	20.98	18.6	25.25	20.4	30.80	22.0	37.92	23.1
上饶市	Shangrao	2.80	70.6	4.81	70.0	5.84	21.3	15.21	160.5	24.18	59.0
鹰潭市	Yingtan	2.54	23.9	2.41	5.0	1.90	-21.1	3.62	90.4	6.10	68.2
抚州市	Fuzhou	2.56	100.7	2.99	4.5	4.74	58.4	5.45	14.9	9.48	73.9
赣州市	Ganzhou	6.71	34.4	9.73	45.0	9.79	0.6	13.10	33.9	25.23	92.5

23-8 各市实际利用外商直接投资

Direct Foreign Investment Actually Used by City

地区	Area	实际利用外资（亿美元） Foreign Capital Actually Used(100 million USD)									
		2007		2008		2009		2010		2011	
		总计 Total	比上年增长(%) Ratio(%)	总计 Total	比上年增长(%) Ratio(%)	总计 Total	比上年增长(%) Ratio(%)	总计 Total	比上年增长(%) Ratio(%)	总计 Total	比上年增长(%) Ratio(%)
总计	**Total**	**63.06**	**24.9**	**78.39**	**24.3**	**77.30**	**-1.4**	**81.90**	**6.0**	**89.29**	**9.0**
福州市	Fuzhou	7.00	5.9	10.02	43.1	10.32	3.1	11.85	14.8	12.77	7.8
厦门市	Xiamen	12.72	33.2	20.42	60.6	16.87	-17.4	16.97	0.6	17.26	1.7
莆田市	Putian	1.20	26.3	1.30	8.3	1.83	40.4	2.30	25.4	2.53	10.1
三明市	Sanming	0.54	5.9	0.66	23.4	0.75	13.0	0.86	15.8	0.92	6.6
泉州市	Quanzhou	12.75	38.6	17.00	33.3	17.20	1.2	14.93	-13.2	16.15	8.1
漳州市	Zhangzhou	4.50	12.2	5.01	11.1	5.50	9.9	7.01	27.4	8.87	26.6
南平市	Nanping	0.48	20.0	0.59	22.5	0.62	5.3	0.68	10.1	0.78	14.8
龙岩市	Longyan	1.20	55.8	1.34	11.7	1.52	13.4	1.65	8.4	1.78	7.6
宁德市	Ningde	0.22		0.38	76.1	0.57	48.7	0.71	25.1	0.95	34.0
温州市	Wenzhou	6.18	33.5	2.62	-57.6	2.34	-10.7	1.76	-24.8	1.02	-41.9
丽水市	Lishui	0.22	14.2	0.81	264.3	0.29	-64.0	0.38	31.0	0.44	40.5
衢州市	Quzhou	0.41	2.9	0.58	43.3	0.64	9.8	0.62	-1.6	0.45	-27.2
汕头市	Shantou	1.72	22.9	1.94	13.0	2.04	5.2	2.56	25.2	3.46	35.0
梅州市	Meizhou	1.12	36.9	1.29	14.3	0.80	-37.7	0.90	11.9	1.02	13.2
潮州市	Chaozhou	0.82	21.0	0.91	20.7	1.01	11.1	1.12	11.0	1.26	12.4
揭阳市	Jieyang	0.91	30.0	1.27	45.5	1.32	4.1	1.49	12.5	1.71	14.7
上饶市	Shangrao	2.57	38.5	3.01	15.0	3.49	16.0	5.04	44.5	5.94	17.7
鹰潭市	Yingtan	0.85	4.8	1.02	20.5	1.11	8.8	1.20	8.1	1.45	21.4
抚州市	Fuzhou	1.08	22.5	1.22	3.1	1.36	11.2	1.52	11.5	1.76	16.3
赣州市	Ganzhou	6.58	11.5	7.00	11.0	7.72	10.3	8.36	8.3	8.77	5.0

23-9 各市地方财政一般预算收入

General Budgetary Revenue of Local Government by City

地区	Area	地方财政一般预算收入（亿元） General Budgetary Revenue of Local Government (100 million yuan)									
		2007		2008		2009		2010		2011	
		总计 Total	比上年增长(%) Ratio(%)	总计 Total	比上年增长(%) Ratio(%)	总计 Total	比上年增长(%) Ratio(%)	总计 Total	比上年增长(%) Ratio(%)	总计 Total	比上年增长(%) Ratio(%)
总计	**Total**	**1046.16**	**28.2**	**1249.68**	**19.5**	**1423.08**	**13.9**	**1780.63**	**25.1**	**2282.78**	**28.2**
福州市	Fuzhou	146.56	26.8	168.86	15.2	195.26	15.6	247.82	26.9	320.04	29.1
厦门市	Xiamen	186.53	37.0	220.23	18.1	240.55	9.2	289.17	20.2	380.50	31.6
莆田市	Putian	23.82	28.8	29.56	24.1	37.91	28.3	47.63	25.7	63.93	34.2
三明市	Sanming	27.49	24.8	32.96	19.9	37.96	15.2	49.64	30.8	64.54	30.0
泉州市	Quanzhou	114.61	23.2	137.17	19.7	150.05	9.4	181.53	21.0	242.09	33.4
漳州市	Zhangzhou	47.41	35.2	60.49	27.6	70.95	17.3	88.57	24.8	112.09	26.6
南平市	Nanping	23.89	29.7	28.05	17.4	31.31	11.6	38.59	23.0	48.68	26.2
龙岩市	Longyan	36.66	28.7	46.28	26.2	54.34	17.4	66.75	22.8	84.28	26.3
宁德市	Ningde	20.18	28.2	24.22	20.0	27.54	13.8	40.51	47.1	54.30	34.1
温州市	Wenzhou	157.03	21.9	180.15	14.7	195.64	8.6	228.49	16.8	270.87	18.5
丽水市	Lishui	32.66	31.0	36.15	10.7	37.42	3.5	44.94	20.1	57.36	27.6
衢州市	Quzhou	29.35	24.7	34.39	17.2	37.85	10.1	46.98	24.1	57.57	22.6
汕头市	Shantou	42.49	21.6	51.22	20.6	58.54	14.3	72.65	24.1	85.58	17.8
梅州市	Meizhou	22.97	25.9	27.11	18.0	30.77	13.5	38.95	26.6	46.89	20.4
潮州市	Chaozhou	13.50	26.8	16.02	18.8	18.25	13.9	23.25	27.4	27.27	17.3
揭阳市	Jieyang	17.32	25.9	22.37	29.1	28.87	29.0	38.65	33.9	46.35	19.9
上饶市	Shangrao	32.06	26.3	36.65	14.3	48.10	31.2	72.56	50.9	95.58	31.7
鹰潭市	Yingtan	12.54	46.8	16.34	30.3	18.11	10.9	29.51	62.9	38.82	31.6
抚州市	Fuzhou	20.15	44.7	26.00	29.0	35.59	36.9	55.43	55.7	75.99	37.1
赣州市	Ganzhou	38.93	27.8	55.47	42.5	68.08	22.8	79.01	16.0	110.05	39.3

23-10 各市城镇居民人均可支配收入

Per Capita Disposable Income of Urban Areas by City

单位：元 (yuan)

地区	Area	城镇居民人均可支配收入（元） Per Capita Disposable Income in Urban Areas(yuan)									
		2007		2008		2009		2010		2011	
		总计 Total	比上年增长(%) Ratio(%)	总计 Total	比上年增长(%) Ratio(%)	总计 Total	比上年增长(%) Ratio(%)	总计 Total	比上年增长(%) Ratio(%)	总计 Total	比上年增长(%) Ratio(%)
福州市	Fuzhou	16642	17.1	19009	16.0	20289	9.1	22723	12.0	26050	14.6
厦门市	Xiamen	21503	16.2	23948	11.4	26131	9.1	29253	12.0	33565	14.7
莆田市	Putian	14351	16.9	16495	16.2	17308	10.1	19068	10.2	21843	14.6
三明市	Sanming	14246	12.8	16013	13.8	16500	9.4	18194	10.3	20778	14.2
泉州市	Quanzhou	18097	13.3	20420	12.8	22913	8.0	25155	9.8	28703	14.1
漳州市	Zhangzhou	14153	13.1	16023	15.9	16616	10.0	18482	11.2	21137	14.4
南平市	Nanping	13161	17.1	15098	16.4	15867	7.9	17332	9.2	19735	13.9
龙岩市	Longyan	14128	20.6	15689	13.4	16572	10.6	18406	11.1	21085	14.6
宁德市	Ningde	12504	16.4	13936	11.5	15147	9.8	16815	11.0	19314	14.9
温州市	Wenzhou	20922	-3.7	22855	9.2	24467	7.1	27250	11.4	31749	13.5
丽水市	Lishui	15910	14.0	17710	11.3	19018	7.4	21093	10.9	23391	12.2
衢州市	Quzhou	16388	12.7	18069	10.3	19539	8.1	21811	11.6	24900	14.2
汕头市	Shantou	11716	7.0	12542	7.0	13651	8.8	15179	11.2	17474	15.1
梅州市	Meizhou	10802	16.7	12109	12.1	13113	8.3	14728	12.3	16761	13.8
潮州市	Chaozhou	10391	8.5	11320	8.9	12398	9.5	13669	10.3	15664	14.6
揭阳市	Jieyang	10751	9.2	11757	9.4	13169	12.0	14907	13.2	16879	13.2
上饶市	Shangrao	11341	15.3	12676	11.8	13989	10.4	15535	11.0	17698	13.9
鹰潭市	Yingtan	11290	17.0	12808	13.4	14140	10.4	15618	10.5	17518	12.2
抚州市	Fuzhou	11101	17.7	12293	10.7	13119	6.7	14445	10.1	16633	15.1
赣州市	Ganzhou	10540	15.2	11834	12.3	12901	9.0	14203	10.1	16058	13.1

23-11 各市农村居民人均纯收入

Per Capita Disposable Income of Rural Areas by City

单位：元 (yuan)

地区	Area	农民人均纯收入（元） Per Capita Disposable Income in Rural Areas(yuan)									
		2007		2008		2009		2010		2011	
		总计(或小计) Total	比上年增长(%) Ratio(%)	总计 Total	比上年增长(%) Ratio(%)	总计 Total	比上年增长(%) Ratio(%)	总计 Total	比上年增长(%) Ratio(%)	总计 Total	比上年增长(%) Ratio(%)
福州市	Fuzhou	6286	12.4	7142	13.6	7669	7.4	8543	11.4	10107	18.3
厦门市	Xiamen	7637	11.2	8475	11.0	9153	8.0	10033	9.6	11928	18.9
莆田市	Putian	5628	14.3	6436	14.4	6921	7.5	7663	10.7	9066	18.3
三明市	Sanming	5141	12.5	5853	13.8	6327	8.1	6949	9.8	8205	18.1
泉州市	Quanzhou	7244	9.7	7973	10.1	8563	7.4	9296	8.6	10578	13.8
漳州市	Zhangzhou	5696	12.3	6506	14.2	7054	8.4	7861	11.4	9128	16.1
南平市	Nanping	5059	14.7	5712	12.9	6116	7.1	6759	10.5	7861	16.3
龙岩市	Longyan	5086	13.2	5775	13.5	6252	8.2	6931	10.9	8234	18.8
宁德市	Ningde	4687	14.1	5404	15.3	5838	8.0	6542	12.1	7756	18.5
温州市	Wenzhou	8591	13.9	9469	10.2	10100	7.1	11416	13.0	13243	16.0
丽水市	Lishui	4373	13.0	5050	15.5	5703	12.9	6537	14.6	7809	19.5
衢州市	Quzhou	6071	13.3	6843	12.7	7336	7.2	8270	12.7	9635	16.5
汕头市	Shantou	4581	4.0	4885	6.6	5260	7.7	6518	16.6	7893	21.1
梅州市	Meizhou	4613	5.6	5038	9.2	5390	7.0	6367	18.1	7825	22.9
潮州市	Chaozhou	4599	6.5	4977	8.2	5492	10.4	6373	13.0	7787	22.2
揭阳市	Jieyang	4561	5.2	4926	8.0	5433	10.3	6128	12.8	6993	14.1
上饶市	Shangrao	3902	10.7	4353	11.6	4701	8.0	5317	13.1	6134	15.4
鹰潭市	Yingtan	4406	13.4	5100	15.8	5510	8.0	6249	13.4	7623	22.0
抚州市	Fuzhou	4096	14.9	4718	15.2	5117	8.5	5848	14.3	7051	20.6
赣州市	Ganzhou	3271	9.0	3570	9.1	3856	8.0	4182	8.5	4684	12.0